Handboek beeldende therapie

Website

In de oorspronkelijke uitgave van *Handboek beeldende therapie* was een cd-rom toegevoegd met aanvullend digitaal materiaal. Vanaf deze editie is echter al dit aanvullende materiaal vindbaar op: http://extras.springer.com
Vul op deze website in het zoekveld Search ISBN het ISBN van het boek in:
978-90-313-5253-1
Let op: het is belangrijk om precies deze schrijfwijze aan te houden, dus met tussenstreepjes.

Overal waar in deze uitgave verwezen wordt naar de cd-rom, wordt bovenstaande website extras.springer.com bedoeld.

Handboek beeldende therapie

Uit de verf

Celine Schweizer
Jacqueline de Bruyn
Suzanne Haeyen
Bert Henskens
Henriette Visser
Marijke Rutten-Saris

Bohn Stafleu van Loghum
Houten 2009

© 2009 Bohn Stafleu van Loghum, onderdeel van Springer Uitgeverij

Alle rechten voorbehouden. Niets uit deze uitgave mag worden verveelvoudigd, opgeslagen in een geautomatiseerd gegevensbestand, of openbaar gemaakt, in enige vorm of op enige wijze, hetzij elektronisch, mechanisch, door fotokopieën of opnamen, hetzij op enige andere manier, zonder voorafgaande schriftelijke toestemming van de uitgever.

Voor zover het maken van kopieën uit deze uitgave is toegestaan op grond van artikel 16b Auteurswet 1912 j° het Besluit van 20 juni 1974, Stb. 351, zoals gewijzigd bij het Besluit van 23 augustus 1985, Stb. 471 en artikel 17 Auteurswet 1912, dient men de daarvoor wettelijk verschuldigde vergoedingen te voldoen aan de Stichting Reprorecht (Postbus 3051, 2130 KB Hoofddorp). Voor het overnemen van (een) gedeelte(n) uit deze uitgave in bloemlezingen, readers en andere compilatiewerken (artikel 16 Auteurswet 1912) dient men zich tot de uitgever te wenden.

Samensteller(s) en uitgever zijn zich volledig bewust van hun taak een betrouwbare uitgave te verzorgen. Niettemin kunnen zij geen aansprakelijkheid aanvaarden voor drukfouten en andere onjuistheden die eventueel in deze uitgave voorkomen.

ISBN 978 90 313 5253 1
NUR 777

Ontwerp omslag: Bottenheft, Marijenkampen
Ontwerp binnenwerk: Studio Bassa, Culemborg

Automatische opmaak: Pre Press Media Groep, Zeist

Bohn Stafleu van Loghum
Het Spoor 2
Postbus 246
3990 GA Houten

www.bsl.nl

Inhoud

		12
	Voorwoord	13
	Inleiding	15
	Inhoud van het boek	20

DEEL I ACHTERGRONDEN 23

1	**Beeldende therapie**	25
1.1	Definiëring van het begrip 'beeldende therapie'	25
1.2	Geschiedenis van het beroep in Nederland	30
1.2.1	Veranderingen in de beeldende kunst	31
1.2.2	Ontwikkelingen in de waardering van creativiteit en expressie	33
1.2.3	Eind negentiende eeuw tot WO II: van pioniersgeest naar 'culturele therapie'	34
1.2.4	Vanaf WO II tot 1960: de vorming van creatieve en expressieve therapie als een volwaardig beroep	36
1.2.5	1960-1980: van groei en variatie in het beroep naar institutionalisering	38
1.2.6	1980-2000: professionalisering	40
1.2.7	Vanaf 2000: op weg naar een federatief verband van vaktherapieën	42
1.3	Ontwikkeling vanuit drie basistheorieën	43
1.3.1	Creatiefprocestheorie	44
1.3.2	Kunstanaloge benadering	58
1.3.3	Analoge procesmodel	63
1.4	Beelden en hersenen	71
1.4.1	Hersenfuncties	72

1.4.2	Het Visuele systeem: van oog naar beeld	73
1.4.3	Aandoeningen van het visuele systeem	74
1.4.4	Emoties en de hersenen	75
1.4.5	Kunstenaars met een visuele aandoening	76
2	**Fundamentele vaardigheden**	**78**
2.1	De creatieftherapeutische driehoek: drie perspectieven	79
2.1.1	Het perspectief van de cliënt	82
2.1.2	Het perspectief van het medium	96
2.1.3	Het perspectief van de therapeut	113
2.2	De mediumdriehoek: ambacht/kunst-reflectie-toepassing	119
2.2.1	Ambacht en kunst	121
2.2.2	Reflectie	123
2.2.3	Toepassing	126
2.3	De functionele driehoek: denken-voelen-handelen	126
2.3.1	Denken, voelen, handelen	127
2.3.2	Het creatieftherapeutisch continuüm van Vija Lusebrink	128

DEEL II
DE BEROEPSPRAKTIJK   133

3	**Fasering van de behandeling**	**135**
3.1	Enkele definities	136
3.1.1	Regulatieve cyclus	136
3.1.2	Klinisch redeneerproces	137
3.1.3	Behandelcyclus in fasen	138
3.2	Aanmelding, kennismaking en observatie	139
3.2.1	Aanmelding	139
3.2.2	Kennismaking	142
3.2.3	Observatie	144
3.3	Diagnostiek en indicatiestelling	150
3.3.1	Beeldendtherapeutische diagnostiek	150
3.3.2	Beeldendtherapeutisch-diagnostische instrumenten	151
3.3.3	Indicatiestelling	154
3.4	Behandelplan opstellen	155
3.4.1	Behandeldoelen in beeldende therapie	156
3.4.2	Opstellen van het behandelplan	164

3.5	Behandelplan uitvoeren	165
3.5.1	De cliënt en de therapeut tijdens de uitvoering	165
3.5.2	Uitvoering, fasen en programma's	169
3.5.3	Bijhouden van het verloop van de therapie	171
3.6	Evalueren en afsluiten	172
3.6.1	Evaluatie	173
3.6.2	Afscheid nemen	179
3.6.3	Verslaglegging	184
4	**Interventies**	**190**
4.1	Definitie	190
4.2	Aanleidingen in beeldende therapie waarop interventies gepleegd worden	192
4.2.1	Voorspelbare momenten	193
4.2.2	Onvoorspelbare momenten	193
4.2.3	Bewuste en onbewuste interventies	193
4.3	Doelen	194
4.4	Soorten interventies in beeldende therapie	195
4.4.1	De creatieftherapeutische driehoek	196
4.4.2	Afstemmen	200
4.4.3	Structuur ontwikkelen van binnenuit en structuur aanbrengen van buitenaf	201
4.5	Praten in beeldende therapie	204
4.5.1	Taal in beeldende therapie	204
4.5.2	Ontwikkelingslijn	205
4.5.3	Communicatievormen met taal	207
4.5.4	Structureren met taal	208
4.5.5	Verbale communicatie en de verschillende werkwijzen	211
4.5.6	Praten in beeldende groepstherapie	216
4.5.7	Beeldende therapie met specifieke doelgroepen voor wie taal een barrière vormt	219
5	**Methoden, methodieken en diagnostische instrumenten**	**220**
5.1	Definiëring van begrippen	221
5.1.1	Verschillende indelingen van werkwijzen	223
5.1.2	Ordening van methoden en methodieken	224
5.2	Methoden en methodieken gebaseerd op de combinatie van vormgevingsprocessen en psychologische stromingen	229
5.2.1	Creatiefprocestheorie in de praktijk	229

5.2.2	Het analoge procesmodel in beeldende therapie	235
5.2.3	Beeldwaarneming, een beeldend benoemingssysteem	243
5.2.4	MOVE, een vormgevingsmethode in beeldende therapie	250
5.2.5	't Tijdloze Uur	255
5.2.6	Emerging Boby Language (EBL)	264
5.3	Methoden en methodieken gebaseerd op psychotherapeutische stromingen	273
5.3.1	Beeldende werken gecombineerd met gestalttherapie	273
5.3.2	Beeldende dialectische gedragstherapie	280
5.3.3	Beeldende schematherapie	286
5.3.4	Beeldende therapie binnen 'mentalization-based treatment'	292
5.3.5	Psychodynamische beeldende groepstherapie	298
5.3.6	Interactieve methode	305
5.3.7	Gezinscreatieve therapie	312
5.3.8	Beeldende gezinsobservatie en -therapie	318
5.3.9	Life-review en reminiscentie in beeldende therapie, werken met levensverhalen en herinneringen	326
5.3.10	Analytische tekentherapie	333
5.4	Methoden en methodieken gebaseerd op een techniek of werkvorm	341
5.4.1	Imaginatie in beeldende therapie	341
5.4.2	Meditatief kunstzinnig werken: boetseren, tekenen en schilderen	347
5.4.3	Twee Duitse methoden: Geführtes Zeichnen en Arbeit am Tonfeld	353
5.4.4	Aanschilderen	362
5.4.5	Sandplaytherapie (methode D. Kalff)	368
5.4.6	Phototherapy	372
5.4.7	Computergebruik in beeldende therapie, een innovatieve ontwikkeling: gigabytes en therapie...	378
5.4.8	Mandala tekenen	385
5.4.9	Taal en beeld in therapie	390
5.4.10	Multimediaal werken: een samenspel van beeldend en muziek	394

5.4.11	Beeldende werkwijze geïnspireerd op het werk van Florence Cane	400
5.4.12	Mindfulness en beeldende therapie – aandachttrainingen	403
5.4.13	Sensopatische beeldende werkvormen	411
5.5	Beeldendtherapeutisch-diagnostische instrumenten	415
5.5.1	Diagnostic Drawing Series	415
5.5.2	RS-index Grafische Elementen (RSiGE)	423
6	**De beeldend therapeut in de organisatie**	**429**
6.1	Organisatie van de zorg	430
6.1.1	Geestelijke gezondheidszorg	431
6.1.2	Onderwijs	437
6.1.3	Eigen praktijk	439
6.1.4	Overige werkvelden	443
6.1.5	Doelgroepen	443
6.1.6	Verwijzing	444
6.2	Financieringssysteem	447
6.2.1	Standaardisering	447
6.2.2	Onderwijs	448
6.2.3	De eigen praktijk	449
6.3	Producten en modulen	449
6.4	Multidisciplinaire samenwerking	451
6.4.1	De positie van de beeldend therapeut	456
6.4.2	Beleidsontwikkeling	461
6.5	Aanverwante beroepen	463
6.5.1	Vaktherapieën	464
6.5.2	Speltherapie, psychotherapie voor kinderen en beeldcommunicatie	467
6.5.3	Kunstzinnige therapie	468
6.5.4	Arbeidstherapie/activiteitenbegeleiding	468
6.5.5	De creatieve professional	468
6.5.6	Indicaties	469
6.6	Behandelvormen van de beeldend therapeut	471
6.6.1	Behandelduur	471
6.6.2	Individuele therapie, groepstherapie, partnerrelatietherapie en gezinstherapie	473
6.7	Rapportage	478
6.7.1	Rapportagevormen	478
6.7.2	Kwaliteit van de rapportage	480
6.7.3	Dossiervorming	481

7	**Faciliteiten**	**486**
7.1	Ruimte	487
7.1.1	Werken met water	490
7.1.2	Opbergruimte	490
7.1.3	Meubilair	492
7.1.4	Sfeer	493
7.2	Veiligheid	493
7.2.1	Fysieke veiligheid	494
7.2.2	Emotionele veiligheid	496
7.2.3	Risico's	497
7.3	Materialen	499
7.4	Tijd	500
7.4.1	Tijd als therapeutische factor	501
7.4.2	Timing	502
7.4.3	Start van de zitting	503
7.4.4	Afronding van de zitting	504
7.4.5	Tijd als economische factor	505
7.4.6	Behandelduur	509
7.5	Budgettering	509
7.5.1	Begroting	510
7.5.2	Variabele kosten	514
7.5.3	Andere kosten	515

DEEL III
PROFESSIONALISERING EN POSITIONERING   517

8	**Onderzoek en beeldende therapie**	**519**
8.1	Praktijkonderzoek	520
8.2	Professionaliteit en onderzoek	520
8.3	'Evidence-based practice'	522
8.3.1	Maatschappelijke context	522
8.3.2	Wat is 'evidence-based practice'?	523
8.4	'Practice-based evidence'	526
8.4.1	Onderzoek naar interventies van de professional	527
8.4.2	De cliënt als ervaringsdeskundige	530
8.5	De beeldend therapeut en niveaus van kennis	531
8.6	Onderzoeksbenaderingen	533
8.7	Een onderzoek ontwerpen in de praktijk	536
8.7.1	Kwalitatief en kwantitatief onderzoek	536
8.8	Onderzoek naar instrumenten en methoden voor beeldende therapie	539

8.9	Onderzoek in het medium en over de grenzen van het vak	541
9	**Professionalisering en positionering in perspectief**	**544**
9.1	Inleiding	544
9.2	Scholing	544
9.2.1	Huidige opleidingenstructuur	545
9.3	Supervisie en intervisie	549
9.3.1	Supervisie	549
9.3.2	Intervisie	550
9.3.3	Beeldend werk en reflectie	551
9.4	Registratie	551
9.5	Maatschappelijke positionering	554
9.5.1	Beroepsvereniging	554
9.5.2	De overheid in de context van de beroepsuitoefening	556
9.5.3	Positionering van de beeldend therapeut binnen de organisatie	558
9.6	Professionalisering en positionering in perspectief	560
	Toelichting bij dvd en website	563
	Toelichting bij de dvd	563
	Toelichting bij de internetsite	568
	Bronnen	569
	Literatuur	569
	Websites	596
	Verantwoording	599
	Eindredactie	599
	Redactie	599
	Auteurs	601
	Nawoord	610
	Register	**612**

Voorwoord

De beeldend therapeuten in Nederland hebben de handen ineengeslagen om een handboek over beeldende therapie samen te stellen. Deze actie is prijzenswaardig, want het is geen kleine klus, maar wel een noodzakelijke. De hoeveelheid informatie die beschikbaar is over beeldende therapie is overweldigend. Er verschijnen wereldwijd tal van publicaties in de vorm van artikelen en boeken. De hoeveelheid 'body of knowledge' vereist dat bij het publiceren, onderzoeken en opleiden de krachten gebundeld worden. Dit boek getuigt hiervan en het is bijzonder dat het gelukt is. Het betekent immers ook dat de teksten een proces doorgemaakt hebben waarbij diverse auteurs, de redactie en meelezers met elkaar de discussie aangegaan zijn. Voor de toekomst van het vak is het belangrijk dat beeldend therapeuten met ervaringkennis, theoretische kennis en onderzoekskennis met elkaar kritisch de discussie aangaan om dit prachtige beroep zo te onderbouwen dat het als een vorm van *evidence-based practice* gezien wordt.
Dit boek is een handboek, en dat betekent dat verschillende theorieën en methoden de revue passeren. Gezien de diversiteit van werkvelden, probleemgebieden en indicaties waar beeldend therapeuten mee werken, houdt cliëntgericht werken in dat zij moeten kunnen beschikken over verschillende invalshoeken. De tijd dat gedacht werd dat met een methode elke problematiek behandeld kan worden is definitief voorbij.
Toch is de beeldende therapie in Nederland niet zo eclectisch dat beeldend therapeuten elke methode met dezelfde frequentie inzetten. De beeldende therapie in Nederland heeft een duidelijk profiel. Hoewel het boek laat zien dat de beeldende therapie aansluit bij actuele psychologische en psychotherapeutische stromingen, is zij niet te beschouwen als een vorm van psychotherapie aangevuld met beeldend werken. Het is evenmin een therapievorm waarbij uitsluitend psychotherapeutische technieken in het medium worden toegepast. Dat onderscheid is essentieel en laat zien dat in Nederland de eigenschappen van het beeldend materiaal en het beeldend werken het centrale ver-

trekpunt zijn van de beeldende therapie. Beeldende therapie is geen praatje bij een plaatje, maar het doorlopen van een beeldend proces in het medium dat op basis van de kenmerken van dit mediumproces het psychische proces van de cliënt beïnvloedt.

In het boek wordt ook ingegaan op enkele hete hangijzers in een tijd waarin het gestandaardiseerd werken als uitvloeisel van het experimenteel onderzoek hoogtijdagen doormaakt. Het interventiemodel, gebaseerd op het idee dat de techniek van de interventie voorspelbaar en controleerbaar inwerkt op de afgebakende problematiek, verhoudt zich moeilijk tot beeldende therapie waarbij de dialoog tussen cliënt, medium en beeldend therapeut er een is van spelen, ontdekken en experimenteren. Daar komt bij dat het denken in gestandaardiseerde interventies het vermogen van de cliënt om zelf problemen op te lossen veronachtzaamt. Als de empowerment van de cliënt vooropstaat, vergt dit een andere kijk op behandelen, onderzoek en 'evidence'. Het boek schuwt deze discussie niet en gaat in op de niet-cognitieve vorm van 'weten' en de niet-positivistische vorm van kennisvergaring die past bij de beleving in het medium.

Ik beveel het boek aan bij beeldend therapeuten, studenten aan de opleidingen voor beeldende therapie en iedereen die geïnteresseerd is in de therapeutische werking van het beeldend medium. Het impliciete 'weten', dat tot stand komt tijdens het werken in het medium en het beschouwen van beeldend werk is geïntegreerd met theoretische inzichten en resultaten van onderzoek.

Dr. Henk Smeijsters, lector *KenVaK (Kenniskring Kennisontwikkeling en Vaktherapieën)*

Inleiding

Beeldende therapie in Nederland

Een beeldend therapeut helpt mensen met problemen met behulp van beeldende werkvormen op professionele wijze. Een diepgaande belangstelling voor beeldende materialen is nodig voor de uitoefening van dit beroep. Bij de beroepsuitoefening spelen zowel technisch ambachtelijke toepassingsmogelijkheden van beeldende materialen een rol, als kunstzinnige en expressieve mogelijkheden. Daarnaast is het persoonlijk vermogen om een goede hulpverlenersrelatie op te bouwen en te onderhouden een vereiste. Theoretische kennis ondersteunt het handelen in de praktijk: mensvisies, psychologische stromingen, kennis van psychische en psychiatrische problematieken, psychosociale ontwikkelingsmogelijkheden.
De vaardigheden en kennis van de beeldend therapeut zijn zowel theoretisch georiënteerd als ervaringsgericht. Het leveren van kwaliteit van behandeling vraagt om afstemming van het contact tussen cliënt, therapeut en de beeldende activiteit. Met dit *Handboek beeldende therapie* wordt bijgedragen aan de ontwikkeling van deze beroepsbeoefenaar. Beeldend therapeut is een beroep dat het verdient om met verve uitgeoefend te worden!
De cliënt die naar beeldende therapie komt, heeft een probleem waardoor hij in het dagelijks leven niet uit de verf komt zoals hij zou willen en het lukt hem niet om er zelfstandig uit te komen. Met behulp van beeldende materialen, zoals klei, hout, draad, krijt, kwast of verf helpt de beeldend therapeut de cliënt zich te uiten. De vormgeving van de problematiek in beeldende materialen draagt vaak bij aan het verwerken en/of anders leren omgaan met de problematiek, opdat de cliënt beter uit de verf kan komen in het dagelijks leven.
In beeldende therapie wordt een analogie verondersteld tussen het beeldend werken en ervaringen en gedrag in het dagelijks leven. Wie kent niet het gevoel zich uit te leven door een stuk papier te verfrommelen en weg te smijten? Of op een mooie zonnige dag op het strand het zachte zand gedachteloos door de vingers te laten stromen? De stof van een mooi gekleurde zachte trui roept een ander gevoel op bij

aanraking dan het vaatdoekje op het aanrecht. Een uitzicht over de velden ontroert onverwacht, een sfeervol schilderij raakt. Van dergelijke principes maakt de beeldend therapeut al zo'n zestig jaar gebruik.

Er is al veel te lezen over beeldende therapie. In het *Tijdschrift voor vaktherapie* wordt gepubliceerd en ook in andere bladen gericht op diverse terreinen van hulpverlening en psychotherapeutische behandelvormen worden artikelen gepubliceerd met casusbeschrijvingen, over onderzoeksrapporten en behandelmethoden. Ook zijn er diverse Nederlandse boeken beschikbaar over het werken met specifieke doelgroepen volgens bepaalde methoden en methodieken. Internationaal is er veel vakliteratuur gepubliceerd, vooral in het Engelse taalgebied. Bij de samenstelling van dit boek heeft een brede oriëntatie plaatsgevonden op de vele publicaties, met als doel een goed overzicht te geven van de inhoud van het beroep.

Het behandelaanbod van beeldende therapie is een veelkleurig boeket van verschillende behandelmethoden en visies in diverse settings. De ene beeldend therapeut is meer een kunstenaar en de andere is vooral psychotherapeutisch ingesteld. De een werkt vooral gericht op gedragsverandering in een cognitief georiënteerde instelling en een andere beeldend therapeut werkt ontwikkelingsgericht volgens een psychodynamische visie. De specialisatie vindt bij onze beroepsgroep vooralsnog plaats in de praktijk en leidt tot inzichten en interventies die gerelateerd zijn aan een specifieke problematiek.

De beroepsuitoefening heeft een historie waarin verschillende stromingen en uitgangspunten naast elkaar en door elkaar liepen. Deze diversiteit bestaat nog steeds, zowel in de beroepspraktijk als op de opleidingen. Het is een weerspiegeling van verschillen tussen mensen, hun mogelijkheden, mensvisie, benaderingen van beeldende kunst of beeldende expressie, en opvattingen over hulpverlening. Met het in kaart brengen van de basiskennis over het beroep beeldend therapeut in dit handboek is ook deze diversiteit in kaart gebracht. Hierbij was het uitgangspunt de beroepspraktijk zodanig te omschrijven dat een kader wordt geboden voor de praktische beroepsuitoefening. Tevens wordt er verantwoording afgelegd met betrekking tot het beroepsmatig handelen met behulp van praktijkvoorbeelden, theoretische onderbouwing en onderzoek. Er worden geen exemplarische situaties beschreven, de beschrijvingen van de beroepspraktijk, de visies en theoretische kaders zijn algemeen erkend. Het aangeven van standaarden voor de beroepsuitoefening in dit boek mag niet leiden tot een verstarring van opvattingen. Overeenkomstige opvattingen bieden een flexibel kader waarmee de beroepsuitoefening én het beroep in

ontwikkeling blijven. Tijdens het maken van dit boek bleek dat dit proces leidde tot ontwikkeling van een nieuw product. Door de beeldende therapie te beschrijven werd het beroep geherdefinieerd.
De vier uitgangspunten voor dit boek die uit het bovenstaande voortvloeien zijn dan ook:
1 overzicht;
2 onderbouwing;
3 overeenkomstigheid;
4 ontwikkeling.

OVERZICHT
De samenstelling van een handboek voor de beeldend therapeut berust op veel keuzes. Dit handboek begint bij de basis en biedt informatie die aansluit bij de basisopleiding. In Nederland is dat een hogere beroepsopleiding (hbo), tegenwoordig bacheloropleiding genoemd. Daarnaast is het een naslagwerk voor de beroepsbeoefenaar. Vanwege de diversiteit in de beroepsuitoefening biedt dit handboek een zo volledig mogelijk overzicht vanaf de ontstaansgeschiedenis van het beroep beeldend therapeut in Nederland. De huidige stand van zaken is in kaart gebracht en er is aandacht voor toekomstige ontwikkelingen. Er wordt een overzicht gegeven van verschillende visies en stromingen binnen de beeldende therapie. Binnen het kader van dit boek kunnen echter niet alle visies, stromingen en methodieken uitputtend behandeld worden. De belangrijkste kenmerken worden beschreven en er wordt verwezen naar actuele literatuur voor nadere bestudering. Behalve van de achtergronden van het beroep en de aspecten van de beroepsuitoefening wordt een overzicht gegeven van de praktijksituaties waarin de beeldend therapeut dagelijks werkt. Ook is beschreven wat de aandachtspunten zijn voor de professionaliteit van de beroepsbeoefenaar en de professionaliteit van een beroep dat in ontwikkeling blijft onder invloed van nieuwverworven kennis en inzichten en maatschappelijke ontwikkelingen.

ONDERBOUWING
Een van de uitgangspunten van dit boek is de fundering van het professioneel handelen.
Spinoza had het al over 'scientia intuitiva', het onmisbare maar ook feilbare intuïtieve denken. Dit geldt bij uitstek voor onze beroepsgroep. Zonder (geschoolde) intuïtie kan het beroep niet uitgeoefend worden. Tegelijkertijd kan vanuit het 'goede gevoel' onvoldoende verantwoording afgelegd worden over de beroepsuitoefening. Kwaliteit van hulpverlening wordt beschouwd als 'dicht bij de praktijk' staand;

kwaliteit schuilt in de professionele relatie, die afgestemd is op de individuele vraag van een cliënt. Tegelijkertijd is theoretische fundering onmisbaar. Ter onderbouwing van de beroepspraktijk is in dit handboek gebruikgemaakt van literatuur en onderzoek, zowel nationaal als internationaal, waarin de diverse aspecten worden beschreven die bij de beroepsuitoefening horen. Er wordt veel waarde gehecht aan theoretische fundering.

De wijze waarop theorie wordt beschreven in dit boek is niet bedoeld als gevangenis voor de theorievorming van het beroep. Taal en theorie zijn hulpmiddelen en om werkelijk te begrijpen wat er bedoeld wordt, is een actieve manier van lezen nodig. De lezer gebruikt zijn eigen voorstellingsvermogen, zijn eigen kennis, leest kritisch. Er worden veel praktijkvoorbeelden gegeven en dat zijn slechts mogelijkheden. Het gaat niet altijd op die manier. Het boek is een handleiding waarmee de beroepsbeoefenaar zijn eigen beroepsvaardigheden en visie op het beroep kan ontwikkelen.

Behalve de theoretische onderbouwing van het professioneel handelen van de beeldend therapeut in alle hoofdstukken, is één hoofdstuk specifiek gewijd aan onderbouwen door middel van onderzoek. In hoofdstuk 8 zijn onderzoeksmogelijkheden naar de praktijk van de beeldend therapeut beschreven als een vanzelfsprekend onderdeel van de beroepspraktijk.

OVEREENKOMSTIGHEID

Het beroep van beeldend therapeut is niet eenduidig. Vandaar dat dit boek niet geschreven is vanuit één visie op het beroep. Er is voor gekozen om in dit handboek methoden en werkvormen te beschrijven op een algemener niveau. Door deze wijze van beschrijven ontwikkelt het beroep zich naar een meer algemeen geldend en toetsbaar niveau. Tegelijkertijd is het belangrijk om zo veel mogelijk overeenkomstigheid over begripshantering te verkrijgen, zodat we van elkaar weten wat we bedoelen. Het introduceren van standaarden roept associaties op met eenheidsworst en biedt op het eerste gezicht geen ruimte voor de persoonlijke unieke situaties, de eigen vormgevingsprocessen en zegt niets over de interventies van de beeldend therapeut die telkens afgestemd zijn op het individu.

Tegelijkertijd stelt de overheid eisen aan professionals die werkzaam zijn in de geestelijke gezondheidszorg (ggz) om hun werkzaamheden 'evidence-based' te maken. Een eenduidig begrippenkader draagt hieraan bij. Het bevordert de onderbouwing en toetsing van de beeldende therapie. In hoofdstuk 5 wordt een aantal standaarden naast elkaar gezet, die bij het maken van behandelmodulen voor beeldende therapie gebruikt worden. Hieruit blijkt hoe lastig het is om werkelijk overeenkomsten te scheppen.

De identiteit van dit beroep kan echter niet afhangen van overheidseisen alleen. Het is van belang dat de fundamenten van het beroep gebaseerd zijn op eigen theoretische kaders, los van de eisen van de overheid. De kwaliteit van de Nederlandse beeldend therapeut was altijd die van de ervaringsgerichte professional. Hutschemaekers (2006) waarschuwt de professionals in de ggz voor te sterke standaardisering van behandelingen volgens overheidsnormen. De beeldend therapeut moet 'eigen'(wijs) durven blijven. Het 'goede gevoel', de professionele intuïtie, vormt samen met de theoretische onderbouwing de basis.

Er wordt bijgedragen aan de definiëring en profilering van het beroep door het gebruik van specifieke vaktermen. Het is zinvol om belangrijke begrippen een herkenbare betekenis te geven, zoals: fasering van een behandeling, methoden, methodieken en werkwijzen. Deze begrippen en hun toepassingsmogelijkheden worden zo veel mogelijk onderbouwd met theoretische kaders en onderzoeksgegevens.

Bij sommige bestaande begrippen bleek dat deze in de praktijk een andere betekenis hebben gekregen, of dat de betekenis ervan is uitgebreid. In het handboek is op actuele ontwikkelingen ingespeeld, bijvoorbeeld ten aanzien van de begrippen 'analoog proces' en 'werkwijze' in de hoofdstukken 2, 3 en 4.

Overeenkomstig gehanteerde begrippen dragen bij aan een steviger beroepsbeeld. En bij het streven naar standaardisering blijkt niet altijd een 'gouden standaard' realiseerbaar in een zich ontwikkelend beroep. Voortschrijdend inzicht tijdens het verzamelen van informatie bracht een aantal vernieuwende keuzes met zich mee op het gebied van terminologie.

ONTWIKKELING

Het in kaart brengen van de 'state of the art' bracht nieuwe inzichten met zich mee. Zo kwam bijvoorbeeld aan het licht dat er in Nederland geen vaststaande definitie gehanteerd wordt voor 'beeldende therapie'. Dit leidde tot een interessant onderzoek en tot formulering van een beroepsdefinitie.

De huidige wetenschappelijke ontwikkelingen brengen kennis voort over de werking van de hersenen op het gebied van emoties, cognities en beeldverwerking. Deze kennis wordt nog nauwelijks gebruikt in praktijk en onderzoek. Toch is het van belang om het functioneren van de hersenen meer te betrekken in de beroepsontwikkeling. Sensorische en motorische impulsen maken deel uit van het handelen in beeldende therapie en verdienen nadere bestudering. Gezien de groeiende mogelijkheden om via deze weg effecten aan te tonen is er een paragraaf gewijd aan dit onderwerp.

De beschrijving van de geschiedenis van beeldende therapie en het hoofdstuk over de fundamentele vaardigheden brachten nieuwe inzichten met zich mee. De creatiefprocestheorie is altijd beschouwd als de beste theoretisch onderbouwde visie. Er blijkt echter sprake te zijn van veel uitgebreider onderzoek en onderbouwing naar het analoge procesmodel. En in Nederland hebben kunstenaars lange tijd veel betekend in de psychiatrie. Dit heeft geleid tot de 'kunstanaloge methode'. Hier is echter nauwelijks een publicatie over gevonden in het Nederlandse taalgebied.

Hoofdstuk 5 bevat een beschrijving van methoden en methodieken, los van de doelgroep waarmee gewerkt wordt. Hiermee is duidelijker in kaart gebracht welke overeenkomsten en verschillen er zijn tussen diverse methoden. Ook de mate van theoretische onderbouwing is zeer verschillend.

Het handboek biedt tal van aanknopingspunten om meer te onderzoeken en te beschrijven wat verbanden zijn tussen beroepspraktijk, methodische interventies en theorie.

Inhoud van het boek

Het *Handboek beeldende therapie* biedt een breed overzicht van basiskennis over het beroep. Voor wie zich verder wil verdiepen in onderwerpen, is de literatuurlijst te raadplegen. Deze lijst is behalve als literatuurverwijzing ook bedoeld voor verdere verdieping in een onderwerp. Het boek is opgebouwd uit drie delen. Deel I (Achtergronden) begint met de definitie van het beroep van beeldend therapeut zoals dat in Nederland wordt uitgeoefend. De geschiedenis van de beeldende therapie wordt in kaart gebracht evenals de belangrijkste theoretische fundamenten. De beschrijving van de ontwikkeling van het beroep door de tijd heen geeft perspectief aan ons beroepsbeeld in de zich veranderende contexten van visies op gezondheid en behandelen. Vanuit deze en ook vanuit de theoretische achtergronden is beter te begrijpen en te definiëren waarom we het beroep uitoefenen, onderzoeken en beschrijven zoals we dat nu doen. De werking van de hersenen is in dit deel opgenomen omdat kennis over hersenfuncties verklaringsmogelijkheden aanreikt voor het begrijpen en beschrijven van psychologische, emotionele, sensomotorische en beeldende ontwikkelingsprocessen.

In deel II komt de beroepsuitoefening aan bod. Allereerst komt in hoofdstuk 3 de fasering van de behandeling aan de orde. In grote lijnen wordt weergegeven hoe een beeldendtherapeutisch proces kan verlopen. De kennismakingsfase heeft andere kenmerken dan de behandelfase of de afronding. Voorbeelden maken de theorie inzichtelijk. Hoofdstuk 4 is gewijd aan interventies, de aansturing van het beeldendtherapeutisch proces. Kenmerken van non-verbale communicatie en communicatie in en met het medium worden beschreven. Ook is er een gedeelte gewijd aan verbale interventies, tijdens of naar aanleiding van beeldend werk.

In hoofdstuk 5 wordt het begrippenkader van methoden en methodieken gedefinieerd. In vier verschillende aandachtsgebieden worden de methoden beschreven:
1 methoden en methodieken gebaseerd op vormgevingsprincipes en psychologische stromingen;
2 methoden en methodieken, gebaseerd op psychotherapeutische stromingen;
3 methoden en methodieken gebaseerd op een techniek of werkvorm;
4 beeldendtherapeutisch-diagnostische instrumenten.

Bezien vanuit de inhoud zijn de methoden en methodieken ingedeeld volgens het daaruit voortvloeiende ordeningsprincipe.

Deel III is gewijd aan professionaliteit en het beroep in ontwikkeling. Beschreven worden voorwaarden voor professionaliteit op microniveau (intervisie en de beeldende ruimte), mesoniveau (positionering in instelling) en macroniveau (maatschappelijke positionering met beroepsvereniging). In het hoofdstuk over onderzoek worden geen specifieke onderzoeksmethoden beschreven, want die zijn in onderzoeksliteratuur te vinden. Wel wordt aangegeven welke vormen van onderzoek heden ten dage van belang zijn voor beeldend therapeuten.

Dit *Handboek beeldende therapie* is een product dat tot stand is gekomen dankzij bijna drie jaar intensieve samenwerking van de redactie en een stuk of veertig schrijvers. De kennis die beschreven is, bestrijkt een breed terrein en had niet anders dan door ons samen in kaart kunnen worden gebracht. Deze samenwerking komt tot uitdrukking in de diversiteit van het tekstmateriaal. Hiermee is 'the state of the art' zichtbaar: de mate van kennis op de verschillende terreinen van het beroep beeldend therapeut wordt weerspiegeld. De gebieden waarin het beroep verder ontwikkeld kan worden, zijn hiermee tevens in kaart gebracht. Het beroep van beeldend therapeut wordt in dit handboek onderbouwd vanuit historisch besef, theoretische kaders, maatschappelijke relevantie en een betrokken, creatieve en verantwoorde beroepshouding.

Bij dit handboek is een dvd gevoegd om verschillende onderwerpen die in het boek worden behandeld inzichtelijk te maken. In de tekst is dit te zien aan een dvd-icoontje.

Aanvullende informatie wordt gegeven op de internetsite www.hboswitch.nl. Verwijzing ernaar vindt plaats met een interneticoon.

1 Beeldende therapie

1.1 Definiëring van het begrip 'beeldende therapie'

Een handboek over beeldend therapie zou geen handboek zijn als het niet zou beginnen met de definiëring van het begrip 'beeldende therapie'. De identiteit van het beroep wordt onderschreven door eenduidige hantering van dit begrip.
Volgens de huidige visie is beeldende therapie een van de disciplines binnen het cluster van vaktherapieën, samen met danstherapie, dramatherapie, muziektherapie en psychomotorische therapie. Met de introductie van de overkoepelende term 'vaktherapie' is de naam creatieve therapie in het werkveld naar de achtergrond verdwenen. De vier hbo/bacheloropleidingen creatieve therapie, hanteren deze naam echter nog steeds. Hier worden beeldend therapeuten opgeleid samen met vaktherapeuten uit een ander medium. De Federatie Vaktherapeutische Beroepen (FVB) ziet vijf sterk verwante maar zelfstandige beroepsgroepen. In het door haar opgestelde concept-beroepsprofiel (2007) wordt onder vaktherapie verstaan: de behandeling van psychosociale en/of psychiatrische problemen van cliënten, waarbij op methodische wijze gebruik wordt gemaakt van beeldende, dans-, drama-, muzikale of psychomotorische interventies (www.vaktherapie.nl). In het eerder verschenen methodisch handboek *In Beeld* lezen we dat beeldende therapie een vorm is van creatieve therapie 'waarin gewerkt wordt met beeldend vormen als therapeutisch middel' (Schweizer, 2001). In de cliëntfolder voor beeldende therapie van de FVB wordt beeldende therapie omschreven als 'een behandelmethode voor mensen met psychosociale problemen en psychiatrische stoornissen. De therapie kan individueel plaatsvinden maar er kan ook gewerkt worden in groepen of in zorgsystemen zoals ouder-kind, gezin of relatie'.
Dergelijke definiëringen hebben het karakter van een werkdefinitie: ze verwijzen primair naar de praktijk van het beroep van de beeldend therapeut en naar de professionele beoefening van het vak: welke

therapeutische middelen worden ingezet, hoe wordt de inzet van het vak in de gezondheidszorg georganiseerd, over welke beroepskwalificaties dient de beeldend therapeut te beschikken om het vak professioneel te kunnen uitoefenen? Vanuit die pragmatische invalshoek vraagt de definiëring van het begrip beeldend therapeut om een beschrijving van de competenties van het beroep en om een zekere gebiedsafbakening die de positie en grenzen van het vak beeldende therapie aangeeft ten opzichte van aanpalende gebieden van de overige vaktherapieën en andere beroepsgroepen zoals arbeidstherapie, ergotherapie, psychotherapie, activiteitentherapie en overige vormen van begeleiding. In latere hoofdstukken in dit boek zullen wij hierop terugkomen.

De positionering van het beroep van beeldend therapeut vraagt om een algemeen aanvaarde definitie van het beroep. In andere landen bestaat vergelijkingsmateriaal, waarin de inhoudelijk met beeldende therapie vergelijkbare vormen van 'Kunsttherapie', 'thérapie d'art', 'expression picturale', 'expressive therapy' en 'art therapy' gedefinieerd worden. Een definitie van de American Art Therapy Association (AATA) bijvoorbeeld expliciteert dat het gebruik van creatieve middelen het therapeutische doel dient om het 'fysieke, mentale en emotionele welbevinden van mensen' te verbeteren. Daarbij wordt onder meer verwezen naar de positieve functie van het creatieve proces en van kunstzinnige expressie voor de verbetering van het zelfbeeld, de waardering voor en het inzicht in zichzelf, alsook voor het ontwikkelen van communicatieve vermogens van mensen om conflicten op te lossen en stress te verminderen. Een ander interessant punt van verschil met de eerdergenoemde Nederlandse werkdefinities is dat 'art therapy' als een vorm van psychotherapie wordt gezien, en dat wordt aangegeven dat creatieve middelen naast counselingmethoden worden toegepast voor nader benoemde specifieke doelgroepen en behandeldoelen (bijvoorbeeld met betrekking tot angststoornissen, depressieve klachten, traumabehandeling, verslaving, relatieproblematiek; zie de website van de American Art Therapy Association: www.arttherapy.org).

Het Anglo-Amerikaanse voorbeeld geeft aan hoe een pragmatische omschrijving van creatieve therapie gekoppeld kan worden aan een meer inhoudelijke waarin ook (de discussie over) de identiteit van het vak is weerspiegeld. In discussies over de identiteit van het vak spelen filosofische kwesties mee waarop geen eenduidig antwoord te geven is. In een notendop zou zo'n ruimere definitie de neerslag laten zien van ideeënvorming over principiële vragen over het vak, hoe de filosofische knopen in de loop van de tijd zijn doorgehakt over achterliggende visies op de mens, op ziekte en zorg, op behandeling en genezing en op de vraag in hoeverre het creatieftherapeutisch handelen beheersbaar, planbaar en meetbaar is. In zo'n ruimere definitie kan creatieve therapie zowel vanuit haar historisch-culturele en filosofische wortels worden beschouwd als meer pragmatisch worden aangegeven hoe de afbakening in de organisatie van de zorg tot stand is gekomen en de grenzen zijn gesteld ten opzichte van aanpalende professies.

Gaan we uit van de omschrijving van het nieuwste beroepsprofiel, dan is het belangrijk als uitgangspunt te nemen dat creatieve therapie een vorm van behandeling is. Daar komt vervolgens bij dat de vaktherapeutische behandeling ook ondersteunend, begeleidend, activerend kan werken en een zinvolle dagbesteding biedt. Verder lezen we in de definitie uit het beroepsprofiel als onderscheidend kenmerk dat het om een behandelvorm gaat die zich richt op psychosociale en/of psychiatrische problemen van cliënten, op basis van de methodische interventies in het medium. De uitwerking van deze omschrijving tot een inhoudelijke en wetenschappelijk onderbouwde definitie van beeldende therapie zal geen gemakkelijke onderneming zijn.

In het *Handboek creatieve therapie* heeft Smeijsters (2008) veertien elementen, ontleend aan de literatuur, samengevat in het zogenaamde 'CT-molecuul'. Hierop kan worden voortgebouwd om langs de weg van wetenschappelijk en praktijkgericht onderzoek een onderbouwde begripsbepaling te ontwikkelen; zie verder *Praktijkonderzoek in vaktherapie* (Smeijsters, 2005).

> **Aandachtspunten CT-molecuul**
> Creatieve therapie:
> – is een specialistische vorm van behandeling voor cliënten met psychische stoornissen en/of handicaps;
> – levert door observatie van de cliënt in de omgang met het medium een bijdrage aan de multidisciplinaire diagnose;
> – levert een bijdrage aan de opstelling van de multidisciplinaire behandelvisie en indicatiestelling;
> – vindt plaats op basis van een specifieke indicatie voor creatieve therapie die aansluit bij de multidisciplinaire behandelvisie en indicatiestelling;

- is een behandeling waarbij de specifieke doelstellingen voor creatieve therapie aansluiten bij de multidisciplinaire behandelvisie en indicatiestelling;
- heeft geëxpliciteerde doelen, zoals het onderkennen, overwinnen of verminderen van psychische, psychomotorische of psychosociale problemen, het verwerken van en leren omgaan met problemen in cognitieve, emotionele en psychomotorische en sociale ontwikkeling;
- maakt gebruik van een aan de doelstellingen gerelateerde creatieftherapeutische methode met bijbehorende werkvormen en technieken;
- maakt gebruik van een systematisch proces van interventies;
- vindt plaats in een procesmatige wisselwerking tussen cliënt, creatief therapeut en medium;
- hanteert het medium op methodische wijze;
- gebruikt als middel de ervaringen in het medium en handelt altijd op basis van karakteristieken, kenmerken en mogelijkheden van het medium zonder artisticiteit als norm te hanteren;
- baseert de creatieftherapeutische methoden, werkvormen en technieken mede op bestaande kennisvelden zoals psychologie en ontwikkelingspsychologie, de psychotherapie, psychiatrie, neuropsychologie, fysiologie enzovoort;
- kent meerdere methodische modellen met bijbehorende werkvormen en technieken;
- is een vorm van behandeling met een vooraf omschreven duur en voorspelbare effecten in verschillende settings: individueel in groepen kortdurend langdurend.

Bron: *Handboek creatieve therapie* (Smeijsters, 2008).

In een ruimere inhoudelijke definitie van creatieve therapie zou naast de organisatorische inbedding in de gezondheidszorg en hulpverlening verwezen kunnen worden naar de belangrijkste door creatief therapeuten gebruikte werkwijzen, en de aansluiting bij psychotherapeutische en filosofische stromingen die van belang zijn voor een theoretische fundering en wetenschappelijke onderbouwing. De ontwikkeling naar professioneel en 'evidence-based' werken kan op die manier rijker en genuanceerder worden uitgebouwd in verschillende richtingen van filosofisch-wetenschappelijke tradities, zoals de antropologisch-fenomenologische richting, hermeneutisch-narratieve benaderingen, pragmatische en cognitief gedragstherapeutische stromingen en psychoanalytische invalshoeken (Muijen, 2001). In latere hoofdstukken wordt op deze begrippen nader ingegaan. In de volgende hoofdstukken worden diverse richtingen en tradities nader uitgewerkt.

Onderstaande definitie is te zien als een kernachtige en pragmatische omschrijving van de belangrijkste algemene uitgangspunten, doelstelling en facetten van het beeldendtherapeutische handelen.

> **Definitie beeldende therapie**
> Beeldende therapie is een vorm van behandeling waarbij de ervaring van mensen ten behoeve van ontwikkelingsprocessen centraal staat. De beeldend therapeut hanteert het proces van beeldend vormen (tekenen, schilderen, beeldhouwen en andere beeldende vormen) en de zichtbare en tastbare beeldende producten die hieruit voortkomen, als middel binnen de therapeutische relatie. In een behandelsetting wordt beeldende therapie in combinatie met andere behandel- en begeleidingsvormen gericht op een specifiek behandeldoel aangeboden met als doel op emotioneel, cognitief, sociaal of lichamelijk gebied een wenselijke verandering, ontwikkeling, stabilisatie of acceptatie bij de cliënt te bewerkstelligen.

In de definitie lezen we dat het gaat om een breed inzetbare vorm van therapeutisch behandelen en ontwikkelingsgericht begeleiden van mensen, waarbij het beeldende werken (bijvoorbeeld schilderen, tekenen, beeldhouwen) het voornaamste middel is om ervaringen te faciliteren, adequate uitdrukkingsvormen hiervoor te vinden en om hierover te communiceren op een wijze die dicht bij de ervaring blijft, teneinde de beleving, gedragingen en ontwikkeling van mensen te stimuleren, bespreekbaar te maken en te beïnvloeden. De therapeutische deskundigheid bestaat uit kennis van methodieken en theoretische stromingen, kundigheid om deze in de praktijk toe te passen door bijvoorbeeld een behandelplan op te stellen, en uit de kunst om het beeldende medium en de therapeutische relatie op heel directe en gerichte wijze vorm te geven. Deze drie aspecten van kennis, kundigheid en kunst komen samen wanneer de beeldend therapeut het vak heel specifiek concretiseert in therapeutisch handelen, toegesneden op de behandelvraag van de betreffende cliënt met emotionele, cognitieve, sociale, somatische of psychosociale vragen. Deze vragen worden in de betreffende behandelsetting overeenkomstig benoemd als behandeling voor een bepaalde psychologische problematiek of een psychiatrische stoornis, al dan niet in samenhang met fysieke of neurologische problemen. Uit ondervinding blijkt dat beeldende therapie in de context van dergelijke multidisciplinaire behandelvormen bijzonder geschikt is om mensen uiting te laten geven aan gevoelens en om meer inzicht te krijgen in achterliggende opvattingen en belevingen. Men kan in de omgang met materialen en gereedschappen het eigen gedrag en de daarmee samenhangende belevingswereld concreet ervaren. Het kader van de beeldende therapie biedt aan cliënten een veilige oefenruimte om hierin een keuzemogelijkheid te creëren en desgewenst andere uitings- en omgangsvormen te ontwikkelen.

Beeldende therapie kan worden uitgevoerd in instellingen voor geestelijke gezondheidszorg (ggz), ziekenhuizen, orthopedagogische en justitiële settings, scholen en centra voor opvoeding, ontwikkeling en welzijn, privépraktijken enzovoort. Een beeldend therapeut is gekwalificeerd in het veelzijdig inzetten van het beeldende medium, in het herkennen van en rekening houden met leeftijdsgebonden vragen en problemen van kinderen, jongeren, adolescenten, volwassenen en ouderen. Hij heeft kennis van psychosociale en psychiatrische problemen, kan inventariseren en beoordelen hoe daarmee te werken in een beeldende therapie, hij weet hoe hij interventies in het medium hierbij kan laten aansluiten om daarmee therapeutische momenten en processen te bevorderen. Een beeldend therapeut is in staat keuzes ten aanzien van mediuminzet en hantering van relationele aspecten te verantwoorden vanuit een of meer methodische, theoretische en praktijkgeoriënteerde kaders. De beeldend therapeut voert behandelingen individueel, in een groep of in een gezin/leefeenheid uit, afhankelijk van de behandelcontext waarin de beeldende therapie plaatsvindt.

1.2 Geschiedenis van het beroep in Nederland

De definitie van beeldende therapie is te plaatsen tegen de achtergrond van historische ontwikkelingen rond het vakgebied. Beeldende therapie is ontstaan in een tijd waarin zich ontwikkelingen parallel aan elkaar voordeden, ontwikkelingen in de beeldende kunst, in de ideeën over het belang van expressie in de opvoeding en ontwikkelingen van inzichten in de psychiatrie. Deze ontwikkelingen waren van invloed op de ontwikkeling van de identiteit van het vakgebied

1.2.1 VERANDERINGEN IN DE BEELDENDE KUNST

Het beeldende medium is in de westerse maatschappij de laatste tweehonderd jaar dichter bij de dagelijkse ervaring van grote groepen mensen komen te staan. In de omslag naar de moderne beeldende kunst werden oude idealen zoals het streven naar 'natuurgetrouwheid' en 'volmaakte schoonheid' losgelaten. Dit gebeurde in de zoektocht naar 'intense expressiviteit, zuiverheid van structuur en directe eenvoud van techniek', aldus Gombrich (1992). De verhouding tussen de waarneming van kunstenaar en publiek en de verwerking daarvan in een kunstproduct veranderde diepgaand.

Zoals onze spreektaal voortdurend verandert, zo is de 'beeldende' taal ook voortdurend aan verandering onderhevig. Beelden hadden niet altijd dezelfde plaats en functie in de maatschappij. In de klassieke oudheid was er het streven om de natuur en de kracht van de mens in beelden te verheerlijken. Maar in de middeleeuwen diende de kunst niet om te behagen, maar om het verhaal van het evangelie te vertellen. De persoon van de kunstenaar was zo onbelangrijk dat veel beeldende kunst anoniem de geschiedenis is ingegaan. In de renaissance kwam een aantal oude principes weer terug en stond de mens weer centraal. De eerste helft van de twintigste eeuw laat een veelheid aan kunststromingen zien waarin steeds andere facetten worden getoond van de nieuwe opvattingen en werkwijzen. Er is sprake van een grote stroom van stijlvormen, zoals het expressionisme, fauvisme, dada, surrealisme en constructivisme.

Na 1950 zetten de ontwikkelingen in kunst en de amateurbeoefening zich voort. In Nederland gaf bijvoorbeeld de Cobra-beweging een belangrijke impuls om bezig te gaan met primitivisme, de kindertekening en de kunst van 'outsiders'. Het experimenteren met zelfexpressie, met vormen, kleuren, structuren en de sterk geïndividualiseerde kunstenaar in de moderne kunst leidden uiteindelijk naar een veelvormigheid in opvattingen en kunstuitingen onder de naam postmodernisme. Hierin staat het persoonlijke centraal. Maatschappelijk gezien was er sprake van een grotere onvoorspelbaarheid en onzekerheid, maar tegelijkertijd waren er meer mogelijkheden om tot een nieuwe vormentaal te komen.

In elke cultuur bestaat de behoefte om het bestaan op een bepaalde manier te ordenen en zin te geven. Vormgeven in beelden is een fundamenteel middel om te ordenen en om die ordening te tonen. Er is altijd een intensieve wisselwerking geweest tussen beelden en de cultuur waarin ze verschenen: de cultuur verandert de beelden, de beelden veranderen de cultuur. Altijd veranderen ze normen en drukken ze 'normen uit van wat mooi, spannend, nuttig of zedelijk vereist is' (Van Peursen, 1970).

In 'het antwoord op een vraag die elke cultuur is' vervult het beeldend vormgeven een eigen functie (Gombrich, 1964). Het vormgeven in symbolen, zoals in het oude Egypte en de vroegchristelijke tijd, was gebaseerd op 'stilzwijgende' afspraken. In de westerse cultuur is men vanaf de Griekse tijd overgegaan op vormgeving naar de visuele waarneming. Vanaf de periode van de Europese renaissance ging dit hand in hand met de ontwikkeling van een objectiverende, onderzoekende houding. Dit leidde op zijn beurt tot een individualiserende houding die in de loop van de moderne tijd langzamerhand veranderde in een houding van wederzijdse betrokkenheid en zichzelf vragen stellen. Deze ontwikkeling begon bij het impressionisme en is nog steeds actueel, met name in postmodernistische kunstopvattingen.

De tijd waarin we leven draagt de erfenis in zich van deze gehele ontwikkeling. De wijze waarop we ons uitdrukken, de beelden waarin we 'kijken' en 'denken', waarmee we communiceren, bepalen onze mogelijkheden en grenzen. Ze vertellen van normen, van conventies. De taal van beelden is vergeleken met 'conventionele' verbale taal buitengewoon veelvormig en veranderlijk. De 'vormgevingstaal' van een stripverhaal is een andere dan die van een schilderij van Johannes Vermeer of Marlene Dumas (Gombrich, 1964). We vinden bijvoorbeeld het tempo van een 'krimi' uit de jaren zeventig van de vorige eeuw waarschijnlijk nogal traag. Beelden hebben door de tijd heen niet altijd dezelfde inhoud en betekenis gehad voor de mens.

Beelden kunnen een magische betekenis hebben, ze kunnen verleiden, een oppervlakkige werkelijkheid 'tonen', de wereld op een bepaalde wijze analyseren of van nieuwe betekenissen voorzien. Beelden kunnen harmoniseren maar ook 'snijdend' en 'pijnlijk' zijn, of 'grof' en 'schokkend' op ons afkomen. We kennen allemaal de verleiding van bijvoorbeeld een fraai vormgegeven cosmeticaverpakking. Waren we eerst geneigd om magische belevingen in het verre verleden te plaatsen en meer rationele inhouden in het moderne heden, nu heeft de veelvormige moderne en postmoderne kunst ons geleerd dat verschillende betekenissen nog steeds ervaren kunnen worden. Je hoeft maar een foto van een bekende te verscheuren om de 'magie' van het beeld te ervaren.

Voor de beeldend therapeut zijn beeldbeschouwing, ervaring met en inzicht in de ontwikkeling van beelden door de eeuwen heen, van belang. Het herkennen van deze erfenis geeft de beeldend therapeut ruimte om zich in dit domein te kunnen bewegen, en de beelden te kunnen 'lezen', ook het beeldend werk van de cliënten. Om de eigen authenticiteit te vinden en de ontwikkeling van cliënten te bevorderen, kan de beeldend therapeut, net als de kunstenaar, grenzen opzoeken in het eigen beeldend werk en die – zo nodig – veranderen. Voor deze 'kennis' zijn vakken als kunstgeschiedenis en beeldbeschouwing een grote stimulans. Ze helpen de beeldend therapeut om met fundamenteel verschillende interpretatiekaders uit de voeten te kunnen.

1.2.2 ONTWIKKELINGEN IN DE WAARDERING VAN CREATIVITEIT EN EXPRESSIE

Behalve de ontwikkelingen in de beeldende kunst veranderde het denken over opvoeding en de ontwikkeling van kinderen en andere doelgroepen. Op scholen en in de vrijetijdsbesteding kwamen deze ontwikkelingen tot hun recht.

Vanuit Oostenrijk en de Verenigde Staten werden de ideeën van beeldend therapeuten 'avant la lettre' als Edith Kramer, Margaret Naumburg en Florence Cane van grote betekenis voor de creatieve therapie (art therapy). Naumburg en Cane werkten hun ideeën uit in het kader van onderwijs aan kinderen met specifieke problemen. De denkbeelden over kunstopvoeding en kunsteducatie van Löwenfeld en die over speciaal pedagogische of therapeutische inzet van beeldend werken van Edith Kramer, Margaret Naumburg en Florence Cane zijn onderling van grote invloed op elkaar geweest. Naumberg, die aanvankelijk als schooldocent en directeur begon, ging later door met alleen haar beeldendtherapeutisch werk en benadrukte zaken als creativiteit, intuïtie, het non-verbale en het onbewuste. Het uiten van onbewuste processen was een centraal doel in deze therapieën. Voor de Tweede Wereldoorlog maakte Kramer deel uit van een groep vrouwen die kinderen hielp om hun ervaringen te uiten en te verwerken door ze een beeldende vorm te geven. Oostenrijkse collega's van Kramer hebben gedurende de oorlog kinderen in Theresienstadt over hun kampervaringen laten tekenen. Kramer vertrok naar Amerika, zoals veel joodse intellectuelen. Zij zette daar na de oorlog haar werk met kindertherapie (creativiteitstherapie) voort en publiceerde hierover nog tientallen jaren. Löwenfeld begon zijn werk in Oostenrijk en vertrok, op dezelfde wijze als Kramer, naar de Verenigde Staten. Hij stelde een fase-indeling op voor stadia in artistieke ontwikkeling die veel invloed gehad heeft op het denken in kunstopvoeding en kunsteducatie (Lowenfeld, 1939, 1947). Een andere invloed, met name op de 'speciale' opvoeding, kwam in deze jaren vanuit kunstzinnig onderwijs en vormingswerk (Visser, 1986). Denkbeelden van pragmatici als Dewey, kunstpedagogen als Cizek, Liberty Tadd, Ellen Key vormden een ervaringsgerichte ondergrond voor het nut en de mogelijkheden van activerende vormen van therapie en de ontwikkeling van kinderen. Nieuwe ideeën over kunstuitoefening en de betekenis van kunst voor mens en maatschappij legden in het interbellum een fundament, waarop na de Tweede Wereldoorlog ook de beeldende therapie ontwikkeld kon worden.

De toepassingen van kunst en ambacht in bijvoorbeeld het Bauhaus waren op een andere manier van invloed. De beeldende theorieën en kunstpraktijken van Klee, Kandinsky en Schlemmer en de kleurenleer van Itten zijn hiervan slechts enkele voorbeelden (Droste, 1990; Itten, 1961).

Tegen het einde van deze periode ging de eerste generatie 'psychologen' aan het werk. Ook in dit opzicht waren aanzetten in het denken en handelen al eerder tot stand gekomen. Rond 1900 was er al sprake van een fysiologische psychologie waarin de betekenis van de hersenen en de waarneming centraal stond. De gestaltpsychologie werd hiervan een bepaalde verfijning en specialisatie, onder woorden gebracht door Wertheimer en anderen. Daarnaast was er de op (onbewust) emotionele dynamiek gerichte psychoanalyse, waarvan de eerder genoemde Naumburg, Cane en Kramer deel uitmaakten. Verder waren in Amerika bijvoorbeeld de pragmatisch filosoof William James en de functionalistische Dewey denkers die zich niet alleen met psychologie bezighielden, maar ook met de betekenis van kunst voor de mens. Piaget was een van degenen die het 'cognitief herstructureren' als motor in de ontwikkelingspsychologie onderzocht. Nagenoeg al deze psychologische richtingen zijn nog in de huidige psychologie terug te vinden.

1.2.3 EIND NEGENTIENDE EEUW TOT WO II: VAN PIONIERSGEEST NAAR 'CULTURELE THERAPIE'

In de behandeling van mensen met psychiatrische problemen of (mentale) beperkingen ontstonden nieuwe inzichten ten aanzien van verpleging, verzorging en activering.

In dit klimaat floreerden de kunstzinnige opvoeding, de ambachtelijke kunstbeoefening door 'leken', de vrije expressie en de inzet van kunst en ambacht als activering en zinvolle bezigheid. Deze ontwikkelingen leidden tot het ontstaan van de beeldende therapie als een specifieke behandelwijze met eigen mogelijkheden.

De veelvormigheid van de hedendaagse beeldende kunst mondde ten slotte uit in de mogelijkheid om beeldend vormen als medium in te zetten. In de psychiatrie nam de kennis over verschillende behandelvormen enorm toe. Ook in jeugdzorg, onderwijs en opvoeding vonden vanaf de Tweede Wereldoorlog een steeds verdergaande differentiatie en specialisatie plaats. Tegen deze achtergrond ontwikkelde zich in dit tijdperk ook de beeldende therapie.

Aanvankelijk werden creatieftherapeutische uitgangspunten enerzijds ontleend aan de praktijk van ambachtelijke kunstbeoefening, geïnspireerd door diverse opvattingen over kunst of een filosofische mensvisie van de spelende mens, de 'homo ludens'. Anderzijds maakte men op eclectische wijze gebruik van allerlei sociaalwetenschappelijke benaderingen, veelal afhankelijk van de persoonlijke visie van de betreffende therapeut of psychiater onder wiens bewind de 'activerende', 'culturele', 'expressieve' en 'spel'therapievormen werden ontwikkeld. Langzamerhand gingen zich enkele meer constante richtingen aftekenen, die vooral een ontwikkelingspsychologisch, fenomenologisch of hermeneutisch referentiekader kozen in de beschrijving van het achterliggende mensbeeld. Toch is geen van deze richtingen zomaar in één wetenschaps- of kunstdomein te plaatsen. Men was zich veelal bewust van de complexiteit van het onderwerp en de veelvormige relatie met de maatschappelijke en culturele werkelijkheid. De relatie tussen deze theoretische en filosofische benaderingen en de dagelijkse therapiepraktijk was vaak groter dan men zich wenste. Lang niet in alle gevallen leidde een theoretisch kader tot transparantie ten aanzien van het beeldendtherapeutisch handelen. Hier speelden behandelvisies of theoretisch-methodische discussies in de werkvelden waar de beeldend therapeuten werkten vaak een aanvullende rol in het ontwikkelen van de eigen verantwoording.

Voordat de beeldende kunst als medium voor een vaktherapie kon gelden, werd door wetenschappers en filosofen al een verband gelegd tussen (beeldende) kunst en waanzin of psychiatrie en door opvoedkundigen tussen kunst en opvoeding ofwel ontwikkeling.

Voorbeelden daarvan zijn Lombroso die vanaf 1864 onderzoek deed naar de relatie tussen waanzin en kunstbeoefening. Genialiteit was daarbij een sleutelbegrip. Prinzhorn, beïnvloed door de denkbeelden van Lombroso over 'het menselijk genie', verzamelde kunstwerken van 'schizofrenen' en beschreef zijn bevindingen in *Bildnerei der Geisteskranken*.

In Nederland waren psychiatrie, jeugdzorg en zorg voor gehandicapten georganiseerd langs lijnen die samenvielen met geloofsopvattingen. In de eerste decennia van de twintigste eeuw waren oude en nieuwe psychiatrische ziekenhuizen op zoek naar een meer humane aanpak. De 'activerende therapie' werd ingevoerd, als alternatief voor de beperkte behandelmogelijkheden van langdurige patiënten. Beeldende therapie ontstond uit onder meer deze activerende therapie. In de jaren twintig van de vorige eeuw introduceerde de psychiater Simon deze therapie in Duitsland in zijn psychiatrische kliniek. In Nederland was Van der Scheer degene die deze activerende therapie invoerde in het provinciaal ziekenhuis in Santpoort. Al snel namen andere psychiatrische ziekenhuizen de therapievorm over. De doelstellingen lagen vooral in de sfeer van arbeidstherapie en speelse vormen van ontspanning, waardoor het klimaat in de instellingen voor de patiënten aanzienlijk verbeterde. De invoering ging gepaard met een algehele verandering van de organisaties, waarbij in plaats van 'opbergen' en 'aanpassen' de medische verpleging van belang was geworden en men zocht naar bezigheden die tot heropvoeding en sociaal aanvaardbaar gedrag konden leiden. De activerende therapieën leidden wel tot structuur en gerichte activiteiten, maar het ontstaan van grotere psychische draagkracht en plezier was nog nauwelijks als mogelijk doel in beeld. Langzamerhand schoten deze ideeën over individuele psychische gezondheid wortel, niet in de laatste plaats onder invloed van de psychoanalyse. De activerende therapie werd veelal uitgevoerd door 'broeders' of 'verplegers'. De activiteit van de patiënten leidde ertoe dat er minder broeders aanwezig hoefden te zijn, omdat de patiënten zich veel meer zelf bezighielden. En door de vele arbeidsgerelateerde activiteiten in tuinen, keukens en werkplaatsen werden instellingen in grote mate selfsupporting. Van een aparte groep deskundige therapeuten was in deze periode nog niet echt sprake.

1.2.4 VANAF WO II TOT 1960: DE VORMING VAN CREATIEVE EN EXPRESSIEVE THERAPIE ALS EEN VOLWAARDIG BEROEP

Na de Tweede Wereldoorlog was er in brede maatschappelijke zin sprake van een periode van wederopbouw. De sociale zekerheid kreeg vorm, maar er was niet altijd evenveel ruimte voor de emotionele verwerking van de achterliggende jaren. Toch kwam langzaam maar zeker een golf van veranderingen op gang in de psychiatrie, jeugdzorg, speciaal onderwijs en verwante sectoren in de maatschappij. Een belangrijk effect had de toepassing van gerichte medicamenteuze zorg. Op bepaalde plekken kon dwang verminderd worden en zelfzorg toenemen dankzij het gebruik van de eerste vormen van antipsychotica, antidepressiva en dergelijke. Naarmate de medisch-wetenschappelijke zorg toenam, werden de levensbeschouwelijke zuilen van minder groot belang. Dit leidde er bijvoorbeeld toe dat niet meer alleen de eigen 'broeders en zusters' het middenkader vormden in de instellingen. Professioneel opgeleide verpleegkundigen en geschoolde inrichtingswerkers betraden in toenemende mate de instellingen. Daarnaast differentieerden en professionaliseerden ook verschillende andere beroepen in snel tempo. De vraag naar goed opgeleide maatschappelijk werkers, psychologen en activerende of bezigheidstherapeuten en uiteindelijk creatief therapeuten nam toe. Binnen de beroepsgroep activerende therapie begonnen zich steeds duidelijker verschillen af te tekenen op grond van te bereiken doelgroepen en doelstellingen. Voor de ene groep stonden vooral arbeid en dagbesteding centraal. Voor een andere groep namen een individueel klinische behandeling en de persoonlijke ontwikkeling een steeds prominenter plek in. Het begrip creativiteit sloot daar in die tijd vrijwel onmiddellijk bij aan. De betekenis van individuele groei was vaak sterk onderbouwd vanuit de fenomenologisch antropologische benadering. Psychiaters als Vaessen, Van der Drift, De Lange en Poslavski gelden hierbij als inspirators en sleutelfiguren. Aan universiteiten waren vooral vanuit de fenomenologische hoek verschillende theorieën ontwikkeld over spel en de spelende mens. Buytendijk, Huizinga en Vermeer sloten aan bij klassieke denkwijzen uit de oudheid en de filosofie uit de negentiende en begin twintigste eeuw. Vanaf het begin van de jaren vijftig van de vorige eeuw nam echter ook de invloed van psychoanalyse op het denken toe, zowel bij psychiaters als bij de 'middenberoepen' in de gezondheidszorg.

Intussen ontwikkelde een deel van de therapeuten in de activerende of bezigheidstherapie een eigen systematiek. Zij ontdekten hoe verschillende interventies therapeutische effecten konden hebben. Zo ontstonden de arbeids-, bewegings- en creatieve therapie, vaak ABC-therapie genoemd. In 1950 werd de ABC-therapie formeel geïntroduceerd. In 1957 werd de naam creatieve therapie geïntroduceerd door de in Heiloo werkzame psychiater Vaessen. 'In Nederland is de creatieve therapie als behandelvorm enorm in opkomst gekomen. In de meeste psychiatrische inrichtingen, zwakzinnigeninrichtingen, neurosesanatoria en dergelijke beschikt men over een afdeling creatieve therapie. Aanvankelijk waren het geïnteresseerde psychiaters en psychologen die de opzet van een afdeling creatieve therapie stimuleerden in de inrichting of instelling waar zij aan verbonden waren. Een veelgenoemd motief om creatieve activiteiten bij de reeds bestaande vormen van therapie te betrekken, was dat dit mogelijkheden zou bieden voor patiënten die zich moeilijk verbaal konden uitdrukken' (Vaessen, 1957).

Op andere plekken werd de benaming 'expressieve en creatieve therapie' ingevoerd, die vooral werd gehanteerd voor het beeldende medium. Creatieve therapie werd echter ook gebruikt als een verzamelnaam voor therapieën met verschillende media, vooral muziek, drama en beeldend vormgeven. Er was een directe link met de bewegingstherapie, de speltherapie en met bepaalde elementen van datgene wat later zou uitgroeien tot de ergotherapie.

In 1960 ten slotte werd de eerste grote landelijke studiedag over creatieve therapie georganiseerd, voornamelijk door psychiaters en psychologen.

1.2.5 1960-1980: VAN GROEI EN VARIATIE IN HET BEROEP NAAR INSTITUTIONALISERING

Na het geleidelijk invoeren van de benaming 'creatieve therapie' werd in 1962 de Nederlandse Vereniging voor Expressieve en Creatieve Therapie (NVECT) opgericht. Het bestuur bestond uit psychiaters en psychologen. Zij legden zich voornamelijk toe op het bestuderen van de producten en effecten van het creatieve proces in de creatieve therapie. Maar enkelen zagen de creatieve therapieën toch vooral als eigenstandige behandelvormen die een eigen beroepsopleiding behoefden.

Vanaf 1967 werd de plaats in het bestuur ingenomen door creatief therapeuten uit de praktijk, die inmiddels hbo-afgestudeerd waren. Bij het vaktijdschrift, de documentatiebladen van de NVECT, gingen de therapeuten zelf de scepter zwaaien. Deze vereniging hield zich vooral bezig met het organiseren van inhoudelijke discussies en studiedagen. Na 1980 namen de creatief therapeuten definitief het heft in handen in hun vereniging om ook van de belangenbehartiging een centraal doel te kunnen maken (Brom, 1984).

De beoefenaars van beeldende therapie hadden verschillende achtergronden. Veelal waren het kunstenaars die nauw samenwerkten met psychiaters en psychologen. Op veel plekken werd de therapie gezien als motiverend, activerend en leidend tot een kunstzinnige dagbesteding. Ook was het beeldend werken een middel tot verdieping van de algehele diagnostiek en psychiatrische of psychotherapeutische behandeling.

In toenemende mate kwamen er de afgestudeerden bij van de sociaalpedagogische opleidingen Middeloo, Kopse Hof en Jelburg, de zogenaamde Mikojel-opleidingen. Aanvankelijk waren dat met name afgestudeerden van Middeloo, waar Maks Kliphuis samen met docenten, studenten en diverse werkveldvertegenwoordigers een handelingstheorie opstelde voor het therapeutisch werk door middel van het creatief proces. Vanaf 1965 werden studenten daar in een vierjarige opleiding geschoold en gekwalificeerd tot 'creatief therapeut' op hbo-niveau. De erkenning van deze opleiding was niet officieel bij wet vastgelegd, maar in samenspraak tussen opleiding en onderwijsinspectie tot stand gekomen. Vanaf 1980 kwamen de Mikojel-opleidingen onder een nieuwe wet te vallen en was de weg vrij voor meer hbo-opleidingen die zich specifiek op het opleiden van creatief therapeuten toelegden.

Binnen de beroepsvereniging lag tot 1970 het accent op inhoud en toegevoegde waarde van de nieuwe therapievorm. De creatieve therapie ontwikkelde zich door reflectie en door vraagtekens te zetten bij de 'kunst' die in de therapie tot stand kwam. De nadruk lag op de waarde van het creëren. De creatieve therapie onderscheidde zich van de andere ABC-therapieën doordat niet het nuttigheidsaspect of het dagbestedingsaspect op de voorgrond stond, maar de emotionele betekenis van het scheppende en creatieve proces. Beeldendcreatieve therapie hielp cliënten bij het uiten van en het experimenteren met persoonlijke behoeften, wensen en angsten (Kliphuis, 1973; Wertheim-Cahen, 2003).
In beroepsvereniging en belangenbehartiging vonden in deze periode nog enkele belangrijke bewegingen en veranderingen plaats. Was tussen bewegingstherapie en creatieve therapie aanvankelijk een sterke verwantschap geconstateerd, in deze periode ontstonden er grote verschillen. Die hadden onder andere te maken met het feit dat psychomotorische therapeuten kozen voor sterke systematisering en disciplinering van hun vak, terwijl veel creatief therapeuten kunstenaars waren die niet veel voelden voor theorievorming. Voor de beroepsvereniging betekende dit een grotere eenheid en duidelijkheid, maar ook een verkleining van het aantal leden. Ten dele werd dit gecompenseerd door de uitbreiding van de vereniging met verschillende kunstzinnige media. In 1976 sloot de in 1960 opgerichte stichting muziektherapie zich aan en veranderde de naam in Nederlandse Vereniging voor Kreatieve Therapie (NVKT), waarbij zich inmiddels ook het Centraal Beraad voor Dramatische Vorming (CBDV) had aangesloten. Vanaf toen vormden de secties muziek, drama en beeldend de kern van de vereniging. In 1990 werden de secties dans en tuin toegevoegd.
Ook binnen de eigen 'beeldende' of 'creatieve' gelederen vormden de verschillen tussen methodiserende 'kunde' en spontaniserende 'kunst'

een bron van discussie en soms zelfs verdeeldheid die de duidelijkheid over de inhoud van het vakgebied soms in de weg stond.

1.2.6 1980-2000: PROFESSIONALISERING

Vanaf het begin van de jaren tachtig van de vorige eeuw werd voor de opleidingen creatieve therapie de ministeriële erkenning officieel geregeld. Alle Mikojel-opleidingen gingen een creatieve therapieopleiding opzetten. Na een lange periode van taakconcentratie en fusie bleven ten slotte vier initiële opleidingen over in Amersfoort (fusie van voormalig Middeloo en Jelburg), Nijmegen, Sittard en Leeuwarden. Bij elke opleiding vormde beeldende therapie een belangrijk onderdeel. De creatieve therapieën waren niet alleen gericht op vormgeving maar ook op sociaalemotionele vragen, wensen en behoeften. In humanistische termen ging het om 'persoonlijke ontplooiing' of 'zelfactualisatie'; in psychoanalytische termen ging het om 'esthetische behoeftebevrediging' en 'ego-integratie', vanuit gedragstherapeutisch oogpunt stonden aanpassing en normalisering van het gedrag voorop, in kunsttermen ging het om kunstenaarschap in het eigen leven. Bij de verschillende praktijktheorieën in paragraaf 1.3 wordt op deze richtingen nader op ingegaan.

Vanaf 1980 werd de professionalisering door de beroepsgroep zelf stevig ter hand genomen. De NVKT werd niet meer alleen een inhoudelijk discussieplatform maar vooral ook belangenbehartiger. In 1982 veranderen de documentatiebladen in een officieel tijdschrift, het *Tijdschrift voor creatieve therapie*. In 1985 stelde de NVKT het Professioneel Statuut Kreatief Therapeut op: hierin is de relatie tussen de creatief therapeut en de werkgever geregeld.

In 1987 werd het beroepsregister voor creatief therapeuten vastgesteld alsmede de eerste beroepscode voor de creatief therapeut (zie www.registervaktherapie.nl). In 1992 werd het beroepsprofiel voor de creatief therapeut vastgesteld. Daarmee was een belangrijke stap in het proces van professionalisering bereikt. Deze professionaliseringsslag werd niet officieel gedragen door de praktijk. Hij gaf geen duidelijke positie binnen de ggz of een van de andere werkvelden. Bij de totstandkoming van de Wet op de beroepen in de individuele gezondheidszorg (Wet BIG) werden de vaktherapeuten, creatief therapeuten en psychomotorisch therapeuten niet opgenomen in de wet. In de beroepsgroepen leidde dit tot bezinning over de meest wenselijke positie binnen de gezondheidszorg. Het antwoord werd gezocht in kwaliteitsbeleid: bewaken en verbeteren van kwaliteit. En er werd gestreefd naar waardering en erkenning. In 1997 betrokken de beide

beroepsgroepen een CONO-kamer (Coördinerend Orgaan Nascholing en Opleiding in de ggz).
De vereniging veranderde haar naam in NVCT (Nederlandse Vereniging voor Creatieve Therapie). De professionalisering binnen de ggz strekte zich ook uit naar verdere systematisering van kennis. Meer dan voorheen werd gezocht naar duidelijk presenteerbare producten en gerichte therapiemodules. Hiertoe werden werkgroepen opgericht die deze modularisering van een 'hardere' basis te kunnen voorzien. 'Schoon schip, koers vooruit!' was het motto waarmee deze ontwikkeling werd ingeluid. (Het onderwerp professionalisering wordt in hoofdstuk 9 verder uitgewerkt.)
Belangrijke tussenstappen waren al gezet met een publicatie in 1990 over het werkveld creatieve therapie, met een beschrijving van acht beeldende methodieken. Dit initiatief van de 'sektie beeldend' van de NVKT, met korte beschrijvingen van De Kreatief Procestherapie, de Kunstzinnige Therapie, de methode tot ontwikkeling van persoonlijk vormgeven (MOVE), Art-Therapy, Gestalt-Art Therapie, Aanschilderen, Werken met symbolen, Performance Kunst was bedoeld als aanzet om het 'onoverzichtelijke gebied' van de zich ontwikkelende professie in kaart te brengen. Het boekje is typerend voor deze ontwikkelingsfase. De pioniersfase van de eerste creatieve vormgeving van het beroep door bevlogen kunstenaars, psychiaters en therapeuten was voorbij. Het werkveld en het beroepsprofiel werden in kaart gebracht. Ten opzichte van de schets van acht methodieken gaf het eerste beroepsprofiel een veel systematischer benadering te zien op basis van een overzicht van indicaties, contra-indicaties, en beschrijving van mogelijke werkwijzen, van steunend en veranderingsgericht, structurerend, ontdekkend en verwerkingsgericht werken, waaraan de verschillende soorten therapiedoelstellingen werden gekoppeld. De beschrijving in dit eerste beroepsprofiel van een zestal essentiële stromingen, van de creatiefprocestheorie tot lichaamsgericht werken, bouwde voort op en ademde dezelfde luchtige geest als voornoemde publicatie. Interessant in het hoofdstukje over middelen, materialen en technieken is dat gesteld wordt dat de keuze uit de geschetste veelheid van mogelijke beeldende middelen, materialen en technieken gekoppeld is aan therapiedoelstelling en het werkveld enerzijds en anderzijds te maken heeft met de persoonlijke visie en methodiek. Dit aspect dreigde ondergesneeuwd te raken in de ontwikkelingen van het vak van creatieve therapie tot vaktherapie, die in de daaropvolgende tien jaar hebben plaatsgevonden.
Met de naamsverandering van creatieve therapie naar vaktherapie leek niet alleen een 'uiterlijke' verandering in de beroepsidentiteit te heb-

ben plaatsgevonden, maar leek zich ook een wezenlijker inhoudelijke wending te voltrekken. Het lastig definieerbare bijvoeglijke naamwoord 'creatief', dat inhoudelijk verwijst naar de moeilijk grijpbare, op de kunsten en expressie geënte kant van het vak was geschiedenis. Daarentegen kregen de aspecten die met de organisatie van de zorg te maken hebben, met de randvoorwaarden, werkvelden en organisatorische faciliteiten, nu veel ruimere en serieuzere aandacht ten opzichte van het eerste beroepsprofiel. Het nieuwe concept-beroepsprofiel en het herziene landelijke opleidingsprofiel is een gedegen en goed doortimmerd plan waarin de luchtigheid ver te zoeken is en de pioniersgeest van het vak definitief overwonnen is.

1.2.7 VANAF 2000: OP WEG NAAR EEN FEDERATIEF VERBAND VAN VAKTHERAPIEËN

Vanaf 2000 vond een volgende slag plaats in de wetenschappelijke fundering van de beeldende therapie. Vaktherapeuten gingen meewerken aan de ontwikkeling van multidisciplinaire richtlijnen in de ggz. De ontwikkeling van deze richtlijnen werd in 1999 landelijk in gang gezet om de kwaliteit van de behandeling van psychiatrische patiënten in de ggz te verbeteren, dat wil zeggen: doelmatiger en transparanter te maken en ervoor te zorgen dat de effecten beter meetbaar zijn.

Hiermee werd de beeldende therapie betrokken bij de ontwikkeling naar werken op grond van wetenschappelijke aantoonbare effectieve werkwijzen, evidence-based medicine (EBM). De eerste ontwikkelde richtlijnen waren die voor angststoornissen en stemmingsstoornissen. In 2002 bestond de NVCT veertig jaar. Dit werd gevierd met een symposium 'De kunst van het hulpverlenen' in Amersfoort en een congres met als thema 'Tijdsbesef'. Dit thema betekende tegelijk een pas op de plaats en een blik naar de toekomst. Er was inbreng vanuit zeer verschillende hoeken. Er werden veel methoden en praktijken gepresenteerd. Het wetenschappelijke en inhoudelijke gehalte verschilde. Inmiddels zijn enkele creatief therapeuten aan het promoveren. En er wordt meer onderzoek gedaan dan ooit tevoren.

Een nieuwe impuls is ontstaan door de toekenning van speciale gelden voor ontwikkeling en onderzoek in het hbo-onderwijs. Aan de betreffende hogescholen gingen verschillende docenttherapeuten functioneren in nieuw opgerichte lectoraten. Op een aantal plaatsen werken ook beeldend therapeuten als onderzoekers mee in deze lectoraten.

De NVCT heeft in deze gedaante haar langste tijd van bestaan gehad. Er wordt hard gewerkt aan een fusie met de Nederlandse Vereniging van Psychomotorisch Therapeuten (NVPMT). In 2006 is de federatie van vaktherapeutische beroepen (FVB) opgericht. De secties van de NVCT werden zelfstandige beroepsgroepen die samen met de psychomotorisch therapeuten een grotere federatie vormen. De voormalige sectie beeldend heet nu Nederlandse Vereniging voor Beeldende Therapie (NVBT).

Op verzoek van het CONO (Coördinerend Orgaan Nascholing en Opleiding) heeft de federatie voor de verschillende therapievormen in 2007 vervolgens een concept opgesteld voor een gemeenschappelijk beroepsprofiel. Bovendien is in opdracht van het Landelijk Overleg Opleidingen Creatieve Therapie (LOO) een herziening geschreven van het landelijk opleidingsprofiel voor de opleidingen creatieve therapie. Daarin wordt, uitgaande van het beroepsprofiel, beschreven aan welke kwalificaties een pas afgestudeerd creatief therapeut dient te voldoen. Aanleiding voor beide nieuwe edities zijn de maatschappelijke ontwikkelingen en veranderingen in de geestelijke gezondheidszorg en in het hoger onderwijs, die een vervanging van de eerdere documenten noodzakelijk maakten. In december 2007 is een nieuw (concept-)beroepsprofiel voor de vaktherapieën verschenen en uitgegeven door de koepelorganisatie Federatie Vaktherapeutische Beroepen (FVB). Het overkoepelende begrip 'vaktherapie' vervangt hierin de benaming creatieve therapie. Deze verandering van naam weerspiegelt zowel de wijziging in de organisatie van de zorg (de herziening van de beroepenstructuur van de ggz in 2001) als een veelzeggende stap in het kader van de professionalisering van het beroep.

De snelheid waarmee de beroepsgroep van creatief therapeuten zich, getuige deze publicaties, weet aan te passen aan de maatschappelijke ontwikkelingen, is bijna net zo sprekend als de feitelijke, inhoudelijke en organisatorische veranderingen van het werk- en opleidingsveld van de creatieve therapie zelf. Deze documenten zijn te beschouwen als mijlpalen in de ontwikkeling van het beroep.

1.3 Ontwikkeling vanuit drie basistheorieën

In Nederland zijn door de jaren heen drie theorieën ontwikkeld die elk een eigen verantwoordingskader bieden voor het handelen van vaktherapeuten met een kunstzinnig medium. Deze theorieën zijn niet uitsluitend gericht op beeldende therapie. Zij trachten een overkoepelend en 'begrijpend' of 'verklarend' kader te beschrijven voor de processen die zich afspelen tijdens beeldende, drama-, dans- en muziektherapie. Deze zogenoemde basistheorieën zijn tegelijkertijd een weerspiegeling van de fase waarin de vaktherapie verkeerde en de discussies die in funderende kennisgebieden en concepten rond gezondheid en zorg een vigerende rol speelden.

Het belang van deze theorieën voor de beeldende therapie is aanzienlijk, omdat ze op samenhangende wijze beschrijven wat in ervaringsgericht werken met en kunstzinnig middel een rol speelt. De mate waarin de concepten uit deze theorieën empirische onderbouwing verkregen is wisselend. Vanuit het oogpunt van bewezen effectief handelen is er nog veel werk te doen. Concepten die in een latere fase tot een theoretisch geheel uitgroeiden hebben in grote lijnen een meer actuele onderbouwing, waarbij de vraag naar evidentie een grotere rol speelde.

Het belang van deze basistheorieën is groot omdat er een duidelijk overdraagbaar verhaal is. De theorieën speelden en spelen nog een belangrijke rol in de scholing van nieuwe generaties beeldend therapeuten.

1.3.1 CREATIEFPROCESTHEORIE

Historische plaatsbepaling

De creatiefprocestheorie is van de drie Nederlandse basistheorieën het eerst ontwikkeld. Kliphuis (1973) heeft op opleidingsinstituut Middeloo tussen 1952 en 1957 samen met docenten, studenten en werkvelddeskundigen uit jeugdhulpverlening, geestelijke gezondheidszorg en vormingsinstituten vanuit een aantal groot aantal vragen en bevindingen een theoretisch kader opgesteld. Bij de oprichting van Middeloo als opleidingsinstituut in 1946 waren 'expressie en vormgeving' de eerste centrale begrippen waarmee de praktische ervaringen benoemd werden. Er waren docenten en praktijkwerkers die meer nadruk legden op de vitale uitdrukking, de 'vrije expressie', en er waren er die meer nadruk legden op de kracht van vormgeven en het vinden van 'de goede vorm'. De laatste groep was in hoge mate geïnspireerd door de kunstenaars van het Bauhaus.

Op een algemener niveau was er een opvatting over het belang van spelen en kunst voor de vorming, ontwikkeling en genezing van mensen. 'De spelende mens' (homo ludens) zoals door Huizinga (1938) en anderen beschreven, was een belangrijke inspiratiebron voor deze algemene opvatting, samen met de beschrijvingen van de speelwereld van het kind door Vermeer (1955). Kliphuis ontwikkelde een theorie waarin de begrippen 'expressie' en 'vormgeving' op samenhangende wijze een plek kregen. Niet alleen muziek, handenarbeid en drama waren daarin belangrijke creatieve middelen, ook 'spel en sport' behoorden aanvankelijk tot de expressievakken waarin alle studenten gevormd werden.

Voor creatieve therapie stond het belang van de goede vorm niet op zichzelf maar in dienst van het therapeutische (creatieve) proces van de cliënt. Vrije expressie werd om dezelfde reden in de praktijk al gauw 'geleide expressie'. In de later aan de orde komende begrippen 'appèl' en 'structuur' lijkt Kliphuis de noties van 'vrije expressie' en 'de goede vorm' met elkaar in verband te willen brengen. Het begrip 'creatief proces' duikt in de documentatie van Kliphuis voor het eerst op in 1956; Vlak daarna is ook het begrip 'creatieve therapie' een feit. In 1957 is 'het creatief proces' als theoretisch concept in zijn eerste versie geheel aanwezig. Door creatieve therapie kregen in deze opvatting cliënten de kans om in en door een medium, te weten beeldend, drama of muziek, 'materieel gestructureerde' processen te ontwikkelen, passend bij hun eigenheid (Documentatiebladen, 1972). In de jaren tachtig en negentig van de vorige eeuw maakte ook het medium tuin deel uit van de opleiding voor creatief therapeuten. Een van binnenuit doorleefd en doorlopen creatief proces zou leiden tot 'controle van binnenuit', versterking van de 'egostructuur' zoals die in de psychodynamische opvatting van die tijd beschreven werd (Erikson, 1964; Kris, 1952; Redl & Wineman, 1970; Freud, 1973).

De theorie van Kliphuis was vooral mediumpsychologisch onderbouwd. Wils werkte een aantal filosofische noties wat eerder uit. Na het verschijnen van *Bij wijze van spelen* (Wils, 1973) ontstond de behoefte om de theorie in de praktijk opnieuw op de proef te stellen en te verankeren (Smitskamp, 1977; Wijze e.a., 1977; Mei & Verbeek, 1978; Smitskamp, 1981). Daarvoor werd in samenwerking met de pedagogische faculteit van de Universiteit van Amsterdam een aantal kwalitatieve onderzoeken uitgevoerd. Vraaggesprekken, participerende observatie en kritische analyse van bestaande schriftelijke en orale bronnen hebben voor de theorie een aantal kritische noties opgeleverd. Ook is gedurende enkele jaren een onderbouwd experiment met creatieve gezinstherapie uitgevoerd en onderzoeksmatig gevolgd en zijn de zogenaamde Wil-Waardenburg-Weken georganiseerd om kennis te ontwikkelen. In 1982 was deze week geheel aan het beeldende medium gewijd (Houben & Smitskamp, 1982).

De laatste publicaties die voortbouwden op de bestaande denk- en werkwijzen volgden in de loop van de jaren tachtig van de vorige eeuw (Brom, 1984; Grabau & Visser, 1987; Smitskamp & Te Velde, 1988).

Creatief proces nader bekeken

Elk creatief proces is te zien als een uniek en persoonlijk proces. Elk individu heeft een unieke samenstelling van mogelijkheden en beperkingen of stoornissen, gebaseerd op de wisselwerking tussen aanleg en omgevingsfactoren.

De mens is lichamelijk, emotioneel, cognitief en sociaal geheel betrokken in zo'n creatief proces. Deze gegevens zijn onderdeel van de analyse van de therapeut, zowel bij de start van de therapie als gedurende het proces. De terminologie en daarmee de betekenisgeving refereren aan de expressie en vormgevingsmogelijkheden.

> Roelof is een grote jongen van 14 jaar. Hij is opgenomen in een kinderpsychiatrische kliniek met ernstige gedragsproblemen en een ontwikkelingsstoornis. Roelof profileert zich als stoer en dapper maar is eigenlijk heel angstig. De eerste sessie zit Roelof meer onder dan aan de tafel. Sanne, de beeldend therapeut, probeert een juiste balans te zoeken tussen het aanbieden van 'structuur' en het 'bieden van ruimte' zodat deze jongen zich 'veilig kan gaan voelen'. Middels de activiteit 'koken' lukt dat.

Vier kernbegrippen zijn te destilleren die bij elkaar de kern van de theorie van Kliphuis vormen. Deze begrippen zijn: appèl, structuur, esthetische illusie en articulatie.

Appèl

Hier gaat het om een expressieanalyse door middel van de zogenaamde appèllijst (zie de website). Tijdens het vormgeven in het (beeldend) medium drukt eenieder zich inhoudelijk uit. Deze gevoelens en behoeften zijn te benoemen door middel van observatieonderzoek en praktijkervaringen. De zogenaamde appèllijst is een observatie-instrument waarmee de persoonlijke expressie van gevoelens en behoeften wordt geordend (zie ook hoofdstuk 4). Dit ordeningsprincipe is de methodische verantwoording om met (beeldende) materialen situaties te componeren, die de cliënt uitnodigen, ofwel 'appelleren' tot expressie te komen zodanig dat het behulpzaam is voor zijn ontwikkelings- en behandelproces.

> Voor Roelof is 'koken' een veilige en geaccepteerde activiteit. Roelof vindt het leuk om voedsel te snijden en in een pannetje te roeren. Al snel herkent hij de werkvormen en kan hij met het

> voedsel doen wat hij wil. Langs deze weg komt Roelof tot vormgeving.
> Roelof kan zich verbinden met wat hij doet. Deze verbinding is echter nog slechts van korte duur omdat het koken uit kleine stappen bestaat en het gerecht direct genuttigd wordt. De beeldend therapeut noteert: Voeding sluit aan bij een dieperliggende behoefte van Roelof, namelijk koestering en geborgenheid.
> Later in de therapie gaat Roelof zagen, meten en timmeren. Het wordt een vogelhuisje aan de hand van een werktekening. Het weerstand biedende materiaal kost hem veel energie. Zijn weerstand is groot tegen een langer durende activiteit. Roelof staat dan ook vaak op het punt om te stoppen met het hele plan. Om het proces vol te houden hebben Roelof en Sanne tussendoor ook weer gekookt, voor henzelf maar ook onder andere vetbolletjes voor de vogels.

De mensvisie achter de appèllijst is psychodynamisch: sommige gevoelens en behoeften kan een cliënt gemakkelijker tot uitdrukking brengen dan andere. Iedereen heeft hierin een individuele balans ontwikkeld, een eigen behoeftehiërarchie. Als deze balans bevredigend is, prettig en functioneel, is te verwachten dat die persoon ook in staat is in het dagelijks leven aan gevoelens en behoeften voldoende veelzijdig vorm en betekenis te geven. In het mediumproces wordt deze balans zichtbaar. Een therapeutisch creatief proces kan helpen om in een medium een nieuwe balans op te bouwen. De cliënt kan zich door het medium zo geappelleerd voelen dat hij zelf gaat experimenteren met de minder gemakkelijk bereikbare gevoelens. Maar ook de therapeut kan actief situaties componeren, waardoor de cliënt uitgedaagd wordt nieuwe stappen te zetten.
Voor Roelof is het kunnen eten van wat hij maakt een middel dat hem aan het begin van de therapie helpt om aan een mediumactiviteit te beginnen en deze ook af te maken. In de loop van zijn therapie daagt de therapeut hem echter actief uit om in het medium ook grotere, meer omvangrijke projecten op te pakken en vol te houden. Een vogelhuisje bezit qua onderwerp het appèl 'koestering' en 'veilig omsluiten'. Aan de andere kant wordt ook geappelleerd aan bijvoorbeeld 'tegenstand overwinnen' en 'initiatief nemen'.
Wat uiteindelijk de belangrijke appèls zijn bepaalt de cliënt. De therapeut probeert daar door middel van een appèlanalyse meer van te begrijpen. Inzicht in handelwijzen van de cliënt vormt aanleiding tot

een meer sturende of volgende houding van de therapeut. De therapeut kan zich beter in de cliënt verplaatsen als hij de gevoeligheid voor deze appèls bij zichzelf heeft ervaren en gereflecteerd. De therapeutische grondhouding vraagt van de therapeut zelf om veelzijdige ervaringen in het medium en bewustzijn van de eigen behoeftebalans.

> Uiteindelijk is het Roelof gelukt het vogelhuisje, gelakt en wel, helemaal af te krijgen. Met veel zorg en betrokkenheid heeft Roelof het nestje voor de moedervogel alvast ingericht met veertjes en takjes en een drinkbakje met water. Zijn eigen vormgeving mag er zijn. Hier komen zijn eigen diepere behoeften, zonder schaamte en in de meest open, pure vorm naar voren. Hij heeft het kunnen beleven en heeft er later met de beeldend therapeut naar terug kunnen kijken.

Structuur
Uitdrukking van gevoelens in het medium vindt altijd plaats in de eigen authentieke vormgeving, gebaseerd op een persoonlijk structureringsproces. Structureren wordt in de creatiefprocestheorie gezien als datgene wat iemand onderneemt om een situatie of activiteit betekenisvol te maken voor zichzelf, waardoor de ervaring van 'eenheid' of 'evenwicht' ontstaat en wensen en belevingen een plek kunnen krijgen.

> Dino is een jongen met ADHD en PDD-NOS, gemiddeld intelligent. Hij is 11 jaar en loopt in het dagelijks leven behoorlijk tegen zijn beperkingen aan. Er zijn veel conflicten met leeftijdgenootjes, thuis en op school. In de beeldendtherapiesessies is Dino vaak van goede wil. Hij heeft grootse plannen en is ook vaardig. De eerste fasen van de therapie doorloopt hij soepel. Hij voelt zich veilig en ervaart veel ruimte. Hij kan er niet goed tegen als de structuur te opgelegd is, dat lijkt hem te blokkeren in zijn creativiteit. De structuur is vooral gericht op duidelijkheid en overzichtelijkheid. Wat zijn de werkafspraken, wat zijn de grenzen? Dino wil graag meten en zagen met hout. Dat kan hij goed.

Dit structurele evenwicht wordt opgevat als een gelaagd geheel van materiële en immateriële structuren: innerlijke structuur, opgebouwd vanuit aanleg en leerervaringen en uiterlijke structuur, aan te treffen in de buitenwereld. Hierbij kan gedacht worden aan de materiële voorzieningen, de tijd, de therapieruimte, maar ook aan de aanwezigheid en interventies van de beeldend therapeut. Bij het structureren gaat het dus om een complex samenspel tussen zaken binnen en buiten de cliënt, waarin voelen, denken, willen en handelen betrokken zijn. Een structurele balans tussen veiligheid en uitdaging is van wezenlijk belang in het creatieftherapeutisch proces en is voorwaarde voor eigen vormgeving.

> Later in het therapieproces wil Dino graag met klei werken. Klei is een materiaal met heel andere eigenschappen dan het voor Dino bekende hout. Voor Dino is klei een betrekkelijk onbekend materiaal dat hij vroeger links liet liggen, omdat hij er eigenlijk een hekel aan had. Dino 'dwingt' de klei in een vorm die hij wil. Hij loopt hierbij tegen frustraties op, omdat klei zo gemakkelijk voegt: één duwtje te veel en je hebt alweer een deuk!

> **Prelogische, logische, zakelijke/formele en normatieve structuren**
> Kliphuis onderscheidde vier typen structuur: prelogische structuren, logische structuren, zakelijke en formele structuren en als vierde normatieve structuren.
> Gevoelens en behoeften kunnen thematisch (inhoudelijk) uitgedrukt worden binnen een zelf gevonden zogenaamde prelogische of symbolische structuur. Symbolen zijn algemeen geldend en prelogische symbolen zijn symbolen met een puur persoonlijke betekenis die niet direct herkenbaar is voor een ander.
> In het medium spelen ook de wetmatige eigenschappen van materialen een belangrijke rol. Het inzicht in de bewerkbaarheid van deze eigenschappen heet zakelijke structuur en formele structuur. De betekenis van beide structuurvormen ligt dicht bij elkaar. Het gaat om eigenschappen van materialen en gereedschappen en wat hier voor wetmatigheden aan verbonden zijn: hout heeft een vaste vorm, water heeft daarentegen van zichzelf geen vorm maar er is bijvoorbeeld een potje nodig om in een vorm te kunnen zijn.
> Dino blijft, tegen het advies van de therapeut in, stukjes klei aan

> elkaar plakken. De waarschuwing dat het dan sneller stukgaat tijdens het drogen, lijkt hij niet te horen en hij kan of wil er niet naar handelen. Dino accepteert de 'zakelijk structuur' van het materiaal niet. Dit therapieproces liep vast en Dino kon niet verder groeien. Echter, door hem te vertellen wat er gebeurde, de parallel te leggen met de dagelijkse praktijk (interactie met leeftijdgenootjes, werken op school) heeft hij kunnen ervaren en snappen dat hij iets moet veranderen in zijn houding. Dit hebben Dino en de therapeut gevisualiseerd met picto's die op zijn tafeltje op school geplakt werden. Zo kan hij oefenen met het afstand nemen van zijn eerste primaire behoefte: beheersen, en kan hij leren zien wat de mogelijkheden zijn.

De drie tot nu besproken structuren zijn uitnodigend. Zij bieden de cliënt mogelijkheden tot groei en ontwikkeling in creatieve vormgevingsprocessen ofwel materieel gestructureerde processen (Kliphuis, 1973). Het is de rol van de therapeut de aansluiting bij de cliënt te zien en te ondersteunen of hem zelfs met enige verleidingskracht te helpen die tevoorschijn te laten komen.
Tegenover deze drie soorten van structureren plaatst Kliphuis het normatief structureren.
Externe oordelen over 'hoe het hoort en hoe het moet' zag Kliphuis als beperking en belemmering voor het ervaren van eigenheid en vormgroei. De samenhang tussen structuur die 'openlegt' en structuur die 'afsluit' is zeer wezenlijk voor de creatiefprocestheorie. Dit onderscheid komt hierna terug in de begrippen 'creatief proces' en 'afweerproces'. Wils heeft de betekenis van de normatieve structuur genuanceerd en verbreed door naast de mogelijke beperking het belang van culturele inbedding aan te geven, een inbedding die onlosmakelijk verbonden is met waarden en normen (Wils, 1973). Deze redenering is vanuit een fenomenologisch-hermeneutisch perspectief verder te ondersteunen (Merleau-Ponty, 1945, 1964; Kwant, 1968; Gadamer, 1960).

Esthetische illusie
Een bijzonder aspect van de creatiefprocestheorie wordt ontsloten door het begrip 'esthetische illusie'. De esthetische illusie heeft een sterke werkingskracht, als ware het een bijzondere 'gestalt'. Hierdoor kan een therapie aan kracht winnen (Kris, 1952). Indertijd leek steeds weer de betekenis van een creatief proces in een medium op een bepaalde manier meer te omvatten dan een proces in woorden. Het

was moeilijk om daar op een theoretisch verantwoorde wijze greep op te krijgen. Toen Ernest Kris beschreef hoe de werking van het ervaren van een 'aesthetic illusion' psychiatrische en alledaagse vormen van angst en schuld kon verminderen, was daarin een beschrijving gevonden die de werkingskracht van het medium begrijpelijk maakte. Voor de creatiefprocestheorie was het heel belangrijk dat een beschrijving van het 'schoonheidsgevoel' mogelijk was en dat dit niet een objectief maar een subjectief karakter had. Dit gevoel kan alleen optreden als er een balans is tussen de posities van 'underdistance' en 'overdistance' (Landy, 1993). Van therapeutisch belang was de verleidingskracht van dit schoonheidsgevoel. Zo lukt het cliënten om stappen te zetten, contacten en activiteiten aan te gaan, waar zij dat zonder dit schoonheidsgevoel vermoedelijk niet snel zullen kunnen of durven. De zo opgedane nieuwe ervaringen konden leiden tot 'controle van binnenuit' (Kris, 1952).

> Puck is een ernstig verwaarloosd, 'boos' meisje. Ze is heel zelfstandig, omdat ze gewend is voor zichzelf te zorgen, maar ze is niet van binnenuit 'autonoom'. Ze heeft een zeer laag zelfbeeld, blokkeert op veel gebieden en durft niet vorm te geven. Puck start haar beeldende therapie in een meidengroepje, gericht op de interactie: hoe gaan we met elkaar om? Hoe zeg je wat je zelf wilt en wat je niet wilt? Deze therapie heeft op een speelse manier verwantschap met een socialevaardighedentraining. Puck is een stoorzender in de groep, ze doet niet mee met beeldende activiteiten, spelletjes en oefeningen maar kraakt vanaf de zijlijn andere kinderen af. In deze situatie komt ze vooralsnog niet tot vormgeving. In overleg met het multidisciplinaire team wordt besloten dat Puck een aantal weken individuele beeldende therapie zal krijgen om contact te maken met het materiaal en tot vormgeving te kunnen komen. Later zal bekeken worden of ze weer in een groepje zal starten of dat er andere hulp nodig is.

Hier ligt in zekere zin de kern van de therapeutische hanteerbaarheid van het creatief proces. Te veel distantie zorgt voor te weinig betrokkenheid bij de handeling. Maar te grote betrokkenheid werkt ook niet zonder meer helend. Als de beheersing door middel van een uiterlijke normatieve structuur te sterk is, kan het mediumproces, met name de gevoelsuitdrukking, niet tot wasdom komen. Wat ontstaat in de cliënt, is een 'normatief afweerproces'. Het tegenovergestelde, te weinig distantie, leidt tot 'ontremming' en verlies van controle. Hiervoor wordt wel de term psychopathiform afweerproces gebruikt. De cliënt schiet door, verliest zijn controle en kan niet tot vormgeving komen (Kliphuis, 1973). Het creatief proces ligt tussen beide afweerprocessen in. Het gevoel van controle van binnenuit neemt toe en biedt mogelijkheden om meer te kunnen dan voorheen mogelijk leek. Nieuwe verbindingen en vormgeving worden aangegaan.

> De activiteiten van Puck worden, om ze veilig, herkenbaar en beheersbaar te maken, beperkt tot het platte vlak: tekenen en schilderen. Puck krijgt eerst 'tekenles' bij het schoolbordje. De eerste opdracht is een vis tekenen; de therapeut doet het voor, Puck doet het na. Dat lukt. Nog een vis en nog een.
> Daarna wordt gewerkt met vetkrijt op papier en dit afwerken met ecoline, het resultaat is een prachtig 'onderwaterschilderij'.
> Daarna volgt een 'tekenles' met als opdracht een ster. Weer oefenen en oefenen en dan op een groot papier en weer afwerken met ecoline. Puck straalt trots uit en haar zelfvertrouwen lijkt te groeien.
> Een aantal therapiezittingen later 'mag' de therapeut Puck op een groot vel papier omtrekken en dan kleurt ze 'zichzelf' in. Op drie grote losse grote vellen papier kan ze vervolgens met grotere vrijheid een achtergrond maken. In gezamenlijkheid wordt de papieren Puck uitgeknipt en op de achtergrond opgeplakt. Puck is heel trots en blij met haar grote 'deurposter'.
> Voor Puck is de groepssituatie veel te complex om zich te laten verleiden deel te nemen aan een activiteit. Ze doet van alles om erbuiten te kunnen blijven. Gelukkig wordt dat door de therapeut en het multidisciplinaire team onderkend. In individuele therapiesessies kan het contact met het medium wel tot stand komen. Puck en haar therapeut ontwikkelen al doende de vorm van 'een tekenles'. Deze vorm helpt Puck om een goede 'structurele' balans te houden: wel betrokken zijn, maar niet overweldigd worden. En dan volgen de betrokkenheid bij en het plezier in de activiteit en de voldoening en de trots achteraf.

Het belang van de eerste 'schoonheidservaring' wordt duidelijk uit het vervolg van de therapie. Door het werken in een multidisciplinaire setting heeft de beeldend therapeut de mogelijkheid om te communiceren over de het blijvend belang voor Puck van toegenomen 'egocontrole' buiten de therapie.

Articulatie

Het creatief proces als articulatieproces vormt een vierde aspect (Ehrenzweig, 1953). Het articulatieproces vindt zijn dieptepsychologische basis niet alleen in psychoanalyse (Freud, 1984), maar ook in de 'psychologendwaling' in de psychologie van William James (James, 1901; Gerritsen, 2004). James noemt het een psychologische dwaling dat, waar de articulatie lukt en een 'gestalt' gevormd is, het 'terugredeneren' naar het ontstaan en het creatieve zoekproces dat daarmee gepaard gaat, grotendeels vergeten en verdwenen blijken te zijn. Toch is, aldus Ehrenzweig, juist de alsnog ervaren spanning tussen 'oppervlaktegestalt' en de vormloosheid van zoekfragmenten van belang voor het ontstaan van een individueel schoonheidsgevoel. 'Gelaagdheid en complexiteit zijn belangrijke kenmerken van dit creatieve waarnemings- en vormgevingsproces.' Ehrenzweig beredeneert waarneming en articulatie zodanig dat de gestalttheorie van Wertheimer, Arnheim en anderen aansluit bij de articulatie volgens onder meer James en Freud.

Petra is een vrouw van 22 jaar. Zij heeft een borderlinepersoonlijkheidsstoornis en is voor het eerst opgenomen in een ggz-instelling. Petra is gestart in een grote onrustige groep, waar zij veel afstand bewaart tot materiaal, groepsgenoten en therapeut, Toch werkt Petra steeds hard en geconcentreerd, maar het lukt niet om 'iets moois of iets goeds' te maken. Petra zegt achteraf dat zij er aanvankelijk van overtuigd was a creatief te zijn. Vervolgens is Petra op eigen initiatief overgestapt naar een inzichtgevende therapiegroep. Aan de hand van haar ervaringen in therapie wordt zij langzamerhand milder en kan zij beter werken aan doelen die opgesteld zijn door haarzelf in samenspraak met de beeldend therapeut. Ze geeft zichzelf meer ruimte en blijkt goed te kunnen reflecteren.

Petra trekt zich aanvankelijk terug in een hoekje in de therapieruimte. Deze afstand geeft Petra de kans en de ruimte om op haar manier te gaan zoeken naar onderwerp en materiaal om aan de gang te gaan met het beeldend werk. Ze blijft streng voor zichzelf en kraakt haar eigen werk vaak af. Maar ondertussen vindt er een opvallende verandering in haar werk plaats. Ze pakt grote en nog grotere, vellen papier. Ze maakt een zoektocht met pastelkrijt en kleuren: kleurkaarten van prachtige warme tinten ontstaan. Daarna grote vellen met een roze achtergrond voor warme blauwe tinten.

Dit ontdekken gaat door totdat de zoektocht uiteindelijk uitkomt bij collage. Petra vindt in tijdschriften niet wat ze wil. Ondertussen is ze een aantal zittingen bezig met dit 'draaien en keren', maar er ontstaat niet iets dat op een collage lijkt en definitief opgeplakt kan worden. Toch is ze betrokken en wil ze verder zoeken. De therapeut wil haar zoekproces stimuleren en Petra geeft als antwoord: 'Laat me maar.' Ze heeft allerlei teksten uit tijdschriften geknipt maar kan er geen collage van maken.

Een (achteraf) als zeer belangrijk aan te merken moment vindt plaats als Petra op een ochtend foto's meeneemt van thuis. De foto's en de teksten vormen een geheel met als thema: dit ben ik! Ze maakt een prachtige collage over haar leven en ervaart een grote doorbraak. Haar leven wordt geordend. Hierdoor kan ze in haar foto's zien wat anders is dan wat haar gevoel aanvankelijk was over haar verleden. Zo beschrijft ze dat ze meer lacht op de foto's dan ze zich kon herinneren. 'De vrolijke momenten van vroeger komen terug. 'Dat is mijn trots', zegt ze met trots.

Het therapieproces gaat daarna nog door. Petra en haar therapeut kijken met tussenpozen terug naar het proces, om dan weer verder te gaan. Petra vertelt achteraf: 'Ik wist steeds dat beeldende therapie belangrijk voor me was. De beeldende therapie hielp me om me beter te ontspannen en aan mijn doelen te werken. Aan de hand van kleuren, foto's en tekeningen is het mij gelukt mijn verleden een stuk te laten rusten. Ook kon ik veel gedachten op papier zetten, zonder dat het er feitelijk staat zoals wanneer je het opschrijft.'

Over haar mediumproces zegt ze: 'Het is belangrijk geweest dat ik mijn eigen weg heb kunnen gaan. Ook dat ik me niet heb gehouden aan het materiaal van de beeldende therapie, maar ook dingen van buiten erbij kon betrekken. De collage heeft ervoor gezorgd dat ik het verleden rustiger kan bekijken.'

Het articulatieproces hangt in de creatiefprocestheorie direct samen met de drie voorgaande aspecten en is er tevens een samenvatting van. De werkingskracht van een creatief proces is te zien als een individueel subjectief articulatieproces. De individuele respons op het materiaa-

Afbeelding 1.1 Petra: collage van het leven.

lappèlmaakt vitale energie vrij die in het materiaalproces haar weg kan vinden naar vormgeving. Een creatief proces leidt tot goede resultaten wanneer schoonheidsgevoel en spelplezier aanwezig zijn in de activiteit van de cliënt. Het procesmatige karakter wordt bereikt als er na de vitale, soms onstuimige en chaotische eerste ontmoeting met materiaal sprake is van een actieve doorwerking en vormgeving. Articulatie houdt in dat er een nieuwe balans tot stand komt tussen wat wel genoemd wordt de 'gestaltmatige' oppervlaktestructuur en de 'psychodynamische' dieptestructuur. In psychodynamische termen: deze doorwerking en articulatie herstellen de 'egocontrole' van de cliënt. Een krachtige 'mooie' en 'diep zinvolle' vorm wordt niet alleen bepaald door zijn oppervlakkige schoonheid of nut, maar juist ook door de spannende, ambigue gelaagdheid die, onder die oppervlakte ervaren, aanwezig is. Een creatief vormgevingsproces is in de diepte werkzaam door de dynamische verhouding tussen de niet of half gearticuleerde en de in het oog springende gearticuleerde elementen (Brom, 1981).

> **Overwegingen van Petra's therapeut**
> In het proces van Petra is er een groot verschil tussen de onzekerheid, de pijn en moeite van het zoeken en de momenten van het genieten tijdens het therapieproces. En dan is er nu de rustige voldoening en tevredenheid achteraf. Het is voor haar belangrijk geweest dat ze zichzelf toestond om van het geëigende pad af te stappen en daarbuiten te zoeken naar haar materiaal voor de collage. En deze foto's voor dat doel te verknippen en te ordenen. Dat zijn de grote veranderingen in haar therapie. Daar kijkt Petra op terug, dat het goed is geweest wat ze heeft gedaan.
> Tijdens het werk waren er veel momenten van proberen, zoeken, experimenteren met kleuren en materialen. Ik kon wel ervaren dat de betrokkenheid 'goed' was, maar vaak was niet precies te zeggen waaróm dat precies zo was. Voor mij betekende dat ook steeds zoeken naar de juiste mate van ruimte en openheid. Vooral in het begin veel indirect zoeken, wanneer er wel en wanneer niet in het medium ondersteuning geboden kon worden. Er speelde zoveel in mee. Pas achteraf is echt helder en duidelijk welke invloed dit beeldend proces heeft op de manier waarop Petra nu naar zichzelf kan kijken.

Plaatsbepaling
De creatiefprocestheorie kan beschouwd worden als indertijd vooroplopend in de Nederlandse theorievorming rond creatieve therapie. Ook ten opzichte van de internationale ontwikkelingen liep deze benadering goed in de pas, zo niet enigszins vooruit.
De theorie ontstond in een tijd waarin niet het specifiek stoornisgericht aansluiten centraal stond, maar waarin ontplooiing en ontwikkeling in het algemeen als een groot goed werden beschouwd. De creatiefprocestheorie was op zichzelf geen methodiek, wel een handelingskader (Grabau, 1989; Smitskamp, 1988). Toch was en is het vooral een dynamische theorie om te verhelderen waarom het medium werkt zoals het werkt op een individueel subjectief niveau. De verankering ligt vooral in psychologische en filosofische concepten. Het bijzondere is dat al in de aanvang van beroeps- en theorieontwikkeling veel elementen die wezenlijk zijn voor 'creatieve' therapieën op een bepaalde manier een plek kregen binnen dit kader.
In veel verschillende praktijken kwamen specifieke afleidingen en toepassingen tot stand. Het best geoperationaliseerde deel van de theorie is de expressieanalyse met behulp van de appèllijst. Met de

structurele analyse is dat veel minder het geval. Therapeuten die het instrumentarium beheersten, konden op een verdiepte wijze de expressie en vormgeving van hun cliënt begrijpen en de complexiteit ervan enigszins in kaart brengen.

De appèllijst heeft niet alleen door de specificiteit van het psychologisch kader, maar juist ook door de concreetheid ervan veel kritiek gekregen. Een kernpunt was dat het als voorschrijvend in plaats van beschrijvend werd geïnterpreteerd.

Andere concrete operationalisaties uit de theorie zijn tot op heden weinig ontwikkeld en doelgroepspecifiek gesystematiseerd. In verschillende doelgroepen en praktijken zal zowel de inhoudelijke als de structurele balans er heel anders uitzien. Dit heeft directe consequenties voor de rol en grondhouding van de therapeut en voor de wijze waarop het medium wordt ingezet.

> Kliphuis coördineerde jarenlang het team van beeldende en andere vaktherapeuten in de toenmalige Jelgersma Kliniek te Oegstgeest. De therapieën vonden plaats in groepen en werden in de loop der jaren steeds meer kortdurend en gericht. Het werken met bijvoorbeeld doelgroepen met problematiek op klinische syndromen (DSM as 1) of met persoonlijkheidsstoornissen (DSM as 2) ontvouwde volgens hem niet de hele rijkdom die mogelijk is vanuit de creatiefprocesbenadering. De theorie is niet specifiek, maar een groot deel van de theorie is zeer goed toepasbaar bij die problematiek waar sprake is van zeer complexe omgangsvormen met emotionele behoeften.
> Een creatief proces hoeft niet per definitie langdurig te zijn; kortdurend, focaal, steunend of inzichtgevend werken is heel goed mogelijk. De grote kracht van de werkwijze lijkt echter toch te liggen in een omvattend ontwikkelingsgericht proces. Kliphuis (1978) merkte op dat juist de werkwijze van creatiefprocestherapie heel geschikt was om ook ontwikkelingsprocessen bij langdurig chronisch psychiatrische patiënten in gang te zetten. De wijze van analyseren, reflecteren en redeneren maakt dat zeer laagdrempelig aansluiting te maken is. Hetzelfde geldt voor het werken met cliënten met uiteenlopende complexe en weerbarstige beperkingen en stoornissen.
> In de orthopedagogische aanpak van kinderen en jeugdigen biedt het werken met beeldend creatieve processen op ontwikkelingsgerichte maar ook doelgerichte wijze veel aanknopingpunten,

> juist omdat structuur ook een grote rol kan spelen op elk kinderlijk ontwikkelingsniveau. Een volledige doorwerking in het therapieproces zelf is overigens niet altijd noodzakelijk. Het werken met creatieve processen geeft daar echter wel de mogelijkheden voor.

In de huidige theorieën en methoden komen veel elementen terug die al door Kliphuis werden geplaatst in het kader van de creatiefprocestheorie. De huidige vraag van de praktijk naar 'evidence' en de huidige stand van de kennis over mediumprocessen maakt het wenselijk en mogelijk om met name op toepassingsniveau veel nauwkeuriger te zijn.

1.3.2 KUNSTANALOGE BENADERING

Vanaf de beginjaren van de beeldende therapie maakten beeldend kunstenaars deel uit van de beroepsgroep. Beeldend kunstenaars werkten vooral in de geestelijke gezondheidszorg als beeldend therapeut. Zij vormden een diverse groep waarin ieder zijn eigen opvattingen had over de relatie tussen kunst en therapie (Wertheim-Cahen, 2003).

De kunstanaloge benadering als samenhangend kader is vooral ontwikkeld voor enkele opleidingen voor creatieve therapie. Deze benadering kwam voort uit de behoefte om specifiek het beeldende te verwoorden. De beeldend therapeuten die de kunstanaloge benadering vormgaven vanaf het begin van de jaren tachtig van de vorige eeuw waren zelf beeldend kunstenaar, werkten als beeldend therapeut en gingen doceren op de toen startende opleidingen creatieve therapie, met name in Nijmegen (Kopse Hof) en Baarn (Jelburg). Daardoor nam de behoefte aan overdraagbare en samenhangende principes en methoden toe. Samen met collega's uit de media drama en muziek kwamen zij tot de benaming 'kunstanaloog'.

De kunstenaar als therapeut en de cliënt als levenskunstenaar

In de kunstanaloge therapie is het beeldend werken nadrukkelijk het hoofdbestanddeel van de beeldende therapie. Veel beeldend kunstenaars in heden en verleden hebben filosofische ideeën en theorieën ontwikkeld over de verhouding tussen de mens, de maatschappij of cultuur en de kunst. Sommigen van hen richten zich specifiek op aspecten van ziekte en gezondheid of ontwikkeling en (kunst)opvoeding.

De beeldende kunstanaloge benadering positioneert zich met haar op de kunsttraditie gebaseerde werkwijze naast de beeldende therapieën die in een meer psychologische/psychotherapeutische traditie staan. Elke kunstenaar werkte aanvankelijk in grote mate vanuit zijn eigen achtergrond, kennis en voorkeur uit. Persoonlijke inzet en een bijzondere bevlogenheid speelden daarin een grote rol. Kenmerkend is dat het kunstdomein, het beeldend vormen, in hoge mate centraal staat. Beeldende therapie is met andere woorden een vorm van (therapeutisch) toegepaste kunst.

Het zoeken naar een eigen inspiratiekader, eigen stijl en vormgevingsproces is typerend voor de therapieën uitgevoerd door beeldend kunstenaars. Beeldend kunstenaar zijn in de westerse maatschappij betekent per definitie zich individueel uitdrukken en zich onderscheiden in vormgeving. Voor de kunstanaloge therapeut of de kunsttherapeut is therapie niet een andere praktijk dan de praktijk van de kunstenaar. Het is veeleer een toegepaste kunstpraktijk. In hoofdstuk 5 en op de website worden enkele van de kunstanaloge therapieën meer in concreto beschreven.

Inspiratiebronnen
Onderbouwing en inspiratie werden gevonden bij belangrijke kunstenaars zoals de veelzijdige en conceptueel kritische Joseph Beuys die ervan uitging dat 'iedere mens een kunstenaar is' en kunst gezien moet worden als 'vrijheidskunst'. Belangrijk voor het kunstanaloge denken en handelen zijn ook kunsttherapeuten uit de 'expressive art therapy'-traditie in Amerika van Shaun McNiff, Steve Levine en Paulo Knill. Shaun McNiff (1979, 1981, 1988, 1991, 1992) is in de jaren tachtig van de vorige eeuw vaak in Nederland geweest en heeft veel invloed op de beeldende kunstanaloge benadering gehad. Hij heeft de helende werking van kunst uitgebreid beschreven en onderzocht (zie ook de dvd).

Ook de kracht van symbolen vormen een inspiratiebron van een aantal kunstanaloge therapeuten. Met name de opvatting van Jung (1992) geeft veel ruimte voor expressie in het beeldende medium.

Ook de filosofische ideeën en kunstuitingen van Goethe, en de fenomenologische en hermeneutische benadering zijn een belangrijke inspiratiebron voor kunstenaars.

De hermeneutische benadering (Muijen, 2001) en de morfologische kunstanaloge richting hebben grote verwantschap met bovenstaande kunstenaars, maar zijn te zelfstandig om direct onder de kunstanaloge benadering geplaatst te kunnen worden.

Visie op vormgeving

Op de achtergrond vigeren betekeniskaders vanuit de kunst en vanuit bijvoorbeeld narrativiteit, hermeneutiek, spiritualiteit, existentiële en humanistische mensvisies. De visies onderbouwen, dat het toepassen van kunst in therapie is gebaseerd op de veronderstelling dat mensen in en aan hun leven vormgeven. Onder vormgeven verstaat men een breed scala van actieve en passieve manieren van beïnvloeding. De vormen komen voort uit de wisselwerking die mensen op alle terreinen en niveaus van hun leven met hun omgeving hebben. 'Compositie' en 'perspectief' zijn termen uit de kunstdiscipline. Vanuit de kunstanaloge benadering zijn het instrumenten waarmee we ons alledaagse leven vormgeven. Vormgeving is datgene waardoor we, als het ons goed gaat, samenhang en zin in ons leven ervaren. Hieruit volgt als basisopvatting: de samenhang en zin die mensen in hun leven ervaren, wordt door hen gecreëerd en moet door hen steeds weer worden vormgegeven. Samenhang en zin zijn dus geen vaststaande gegevenheden; zij moeten steeds opnieuw gemaakt worden. Hieruit volgt dat in deze benadering de klachten of problemen van cliënten als vormgevingsproblemen worden beschouwd. Tevens geldt dat het erom gaat de cliënt beeldende instrumenten aan te reiken om niet alleen huidige, maar ook toekomstige klachten en problemen vaardig en zelfstandig aan te gaan.

Bij de explicitering van de kunstanaloge praktijktheorie werd de noodzaak gevoeld om een meer gezamenlijk uitgewerkte onderliggende praktijktheorie te expliciteren. Daarbij waren niet alleen de beeldend docent/kunstenaars betrokken, maar ook collega's met als medium drama en muziek. Een gemeenschappelijke overkoepelende betekenis voor begrippen als kunst en analogie leidde tot de naamgeving: kunstanaloge benadering (Buurman, 2005). Daarnaast was duidelijk dat deze op kunst gebaseerde benadering expliciet het wederzijds subjectieve karakter van de therapeutische relatie centraal stelt. Naast de bovengenoemde verantwoording uit de beeldende kunst waren daarom met name Buber (1998), Rogers (1951), Perls (1973) en Yalom (1983) van belang voor een methodische onderbouwing van de therapeutische inzet. Kennistheoretisch bleek de geesteswetenschappelijke traditie, met name de fenomenologie en hermeneutiek, grond onder de voeten te kunnen geven, met name Dilthey en Heidegger (Buurman, 2005). Zij bieden een basis voor een op bijzondere wederzijdse betrokken subjectieve relatie in plaats van een natuurwetenschappelijk te verantwoorden subject-objectrelatie. Juist ook kunst was een door hen beschreven onderwerp (Heidegger, 1996). In therapie is dan de cliënt een medesubject, met een eigen 'horizon'.

Deze horizon is actueel uit te werken met 'vraaggerichte/cliëntgerichte invulling (te weten een horizon van eigen wensen en behoeften en opvattingen over wat hij wil ontwikkelen, oefenen, leren, bereiken en wanneer het goed genoeg is). De weer actuele denkbeelden van Gadamer, deels leerling en deels sparringpartner van Heidegger, staat in dezelfde traditie (Gadamer, 1960, 1993). Om volledig te kunnen zijn in een subjectgerichte kennisontwikkeling voerde hij het model van de hermeneutische cirkel aan. In de 'humanistische' benadering is dit een interessant en tevens een behoorlijk compleet methodisch instrument. Niet alleen de persoon in het hier en nu, ook zijn culturele en waardecontext worden meegenomen in het begrijpen en beschrijven. In dit kader voert deze discussie te ver om daar nader op in te gaan.

Analogie als methode
De denkbeelden over mens en maatschappij van deze kunstenaars spelen een rol in de uitwerking van de therapie. Kern van de kunstanaloge benadering is de positie van de cliënt als persoon en als 'kunstenaar' van zijn eigen werk en van zijn eigen leven. De analogie van zijn vormgeving in het beeldend werken en zijn vormgeving in het dagelijks leven is onderwerp van en leidraad voor de beeldende processen. Dat geldt ook voor de wijze waarop de therapeut aansluit en intervenieert. De manier waarop een cliënt zich beeldend uitdrukt in kleur, vorm, beweging, grootte enzovoort is aangrijpingspunt voor observatie, interventie en beschouwing. In het proces dat korter of langer kan duren, en dat verloopt van impuls tot uitwerking en afronding, vormen alle verschillende beeldende elementen belangrijke 'informatie'. De communicatie tussen cliënt en therapeut in beeld en woord gaat daarover. Hoe de therapeut intervenieert en welke betekenis hij geeft aan wat hij ziet, proeft, hoort, ervaart, wordt mede bepaald door een persoonlijke insteek. Persoonlijke insteek klinkt ook door in de mate waarin de therapeutische betekenisgeving (verbaal) met de cliënt gedeeld wordt.
Een voorbeeld van de wijze waarop een kunstanaloog therapeut de beeldelementen kan onderscheiden is weergegeven in tabel 1.1, aangereikt door Louis van Marissing.

Plaatsbepaling en toekomstige positie
De kunstanaloge benadering van beeldende therapie vormt in Nederland een belangrijke basisbenadering naast de creatiefprocestheorie en het analoge procesmodel. Kenmerkend is dat het kunstdomein, het beeldend vormen, zelf centraal staat.
De kennis is individueel, fragmentarisch en de overdracht is vooral

Tabel 1.1	Vormgeving bij de cliënt.				
	ordening	expressie	onderzoek	communicatie	transformatie
beweging					
contact					
verbeelding					

Voor een meer methodische fasering wordt wel gebruikgemaakt van de indeling: kennismaking, exploratie, uitvoering, consolidatie, afronding.

persoonlijk. Voor beeldende therapie zijn de achtergronden gedachten en ideeën summier en fragmentarisch beschreven. In hoofdstuk 5 worden enkele uitgewerkte praktijkmethoden beschreven. De kracht en intentie van de kunstanaloge benadering zijn gelegen in de individuele benadering. In zekere zin draagt de kunstanaloge benadering, meer nog dan de beide andere basistheorieën, vooral kenmerken in zich die zich als 'postmodern' laten beschrijven (Giddens, 1991; Hermans, 1995; Mooij, 2002; Kunneman, 1996, 2005).

Kenmerkend voor het postmodernisme als filosofische stroming en met existentialisme verwante kunstopvatting is dat de (modernistische) idee van algemeen geldige kennis en de kunst met grote K afgewezen wordt. Zij maakt plaats voor variabiliteit, veelvormigheid, fragmentatie en verbrokkeling. Het beschrijven van een algemene kunstanaloge benadering is dan ook eigenlijk enigszins in tegenspraak met de aard en samenhang van de processen die men wil beschrijven.

Waar de algemene opvattingen van creatiefprocestheorie en analoogprocestheorie streven naar een eenduidige visie op de ontwikkeling, de positie en vormgeving van het individu, krijgen in de kunstanaloge opvatting over de kunstenaar als vormgever van het eigen leven de variabiliteit en veelvormigheid veel meer nadruk, maar ook de fragmentatie en verbrokkeling. Deze 'deconstructivistische visie' is inspirerend. Er is echter ook een afbreukrisico. Beeldend therapeuten leren hun beroep en vinden hun werkterrein in een maatschappij met een visie op ontwikkeling, behandeling en zorg, waarin sterk 'modernistische' tendensen de hoofdrol spelen. De eisen aan het beroep die in werkcontexten gesteld worden, kunnen in een aantal opzichten strijdig zijn met de intenties van kunstenaars. Hier liggen grote vragen en dilemma's die de kunstanaloge therapeut moet zien te overbruggen. Profilering kan plaatsvinden met de kwaliteiten van beeldende kunst. Bijvoorbeeld door middel van het tonen van beeldend werk in multidisciplinair overleg of in de gangen van de instelling. Het maken van boekwerkjes met series beeldend werk van cliënten kan veelzeggend zijn. Een samenhangend idioom wordt verkregen door verder doordenken, methodisering, onderzoek en 'op schrift stellen'. Zo kan beeldende kunst in beeldende therapie geëxpliciteerd worden. Het overdraagbaar maken van deze specifieke 'kennis' in een multidisciplinaire setting is noodzakelijk om zich te kunnen profileren en presenteren en om blijvend als werkzame en controleerbare basisbenadering een rol te blijven spelen.

Omdat kunst in de eerste plaats niet een 'psychologische' categorie is, maar veel meer sociologisch en cultuurfilosofisch gefundeerd is, kan naast de genoemde humanistische psychologie ook de (inter)culturele invalshoek op beeldende therapie hierin gefundeerd worden. Bijvoorbeeld de hermeneutische opvatting van Gadamer lijkt een belangrijke inspiratiebron voor een zich ontwikkelende maatschappelijk georiënteerde kunsttherapie. Daarin kan het begrijpen van en vormgeven aan diversiteit in culturele achtergronden, en individuele eigenaardigheden de factor zijn voor een 'community art therapy' gericht op behandeling en begeleiding, integratie en participatie.

1.3.3 ANALOGE PROCESMODEL

Het analoge procesmodel is het op dit moment meest ontwikkelde theoretische basismodel voor de processen die in beeldende therapie en andere vaktherapieën plaatshebben (Smeijsters, 2008). Kerngegeven is de analogie tussen het psychisch proces en het mediumproces. In de beeldende therapie vindt een psychisch proces plaats dat zich binnen het mediumproces voltrekt, net als in de drama-, dans- of muziektherapie. Met behulp van het begrip 'analogie' zijn de handelwijzen in een therapie ten dele op te vatten als betekenisvolle handeling die een afspiegeling zijn van innerlijke psychische processen, 'psychische modi' genoemd.

> In een beeldende therapie tekent Emma, een verlegen, faalangstig meisje, kleine figuurtjes in een hoekje van een groot vel papier. Ze tekent overeenkomstig de manier waarop ze als persoon overkomt. Haar proces in het medium maakt als het ware haar psychische proces zichtbaar. In therapie kan de therapeut naar deze 'analogie' kijken en erop afstemmen. Vanuit het kijken naar de 'onzekere' bewegingen van Emma kan zij proberen door complimentjes (houding) haar houding te veranderen, maar ook

> haar onzekere bewegingen te beïnvloeden tot krachtige bewegingen door bijvoorbeeld samen te werken en haar (non-verbaal) uit te nodigen tot, bijvoorbeeld, lekker krassen. Emma voelt dan het verschil in beweging en kracht. Ook krijgt ze complimenten. Ze toont zich steeds minder onzeker en gaat meer durven.

In deze casus is te zien dat de theorie een psychologische verankering heeft en een verankering in het medium. De psychologische verankering wordt goeddeels beschreven vanuit de ontwikkelingstheorie van Daniel Stern (2000, 2004) en Antonio Damasio (2003, 2004). Samen geven zij een actueel kader om vanuit de neuropsychologische processen in relatie tot de interactie met interpersoonlijke en materiële omgeving gevoelens, gedachten en handelingen te verklaren. Smeijsters heeft op basis van deze theorieën het psychologisch kader van de analoge procesbenadering ontwikkeld (Smeijsters, 2008).

Het zelf van Stern

Stern heeft een ontwikkelingstheorie ontworpen met stadia van de ontwikkeling van het 'zelf'. Hij heeft daartoe onder meer de ontwikkelingspsychologische inzichten vanuit de psychoanalyse en de herstructureringstheorie van Piaget kritisch tegen het licht gehouden. Een sterke empirische basis vond hij noodzakelijk om een samenhangend geheel van theoretische concepten te kunnen ontwikkelen en staande te houden. De psychoanalyse had als theorie het bezwaar te veel gebaseerd te zijn op subjectieve klinische ervaringen, waarmee er speculatieve onjuistheden ingeslopen waren. Ook de theorie van Piaget ten aanzien van de cognitieve ontwikkeling kon niet meer aan actuele standaarden voor onderzoek en theorievorming voldoen (Stern, 2000). Stern zocht naar een samenhangend theoretisch kader, maar dan gebaseerd op empirisch bewezen feiten. Daarom verzamelde hij empirische onderzoeken naar de ontwikkeling van het jonge kind. Door middel van veelal experimenteel onderzoek werden neuropsychologische, interrelationele en ontwikkelingspsychologische evidenties opgespoord. Deze vele afzonderlijke experimentele onderzoeken hadden volgens Stern het bezwaar dat er te weinig samenhang was en geen verbindende theorievorming plaatsvond.

Door middel van een nieuwe samenhangende fasetheorie toont Stern hoe de kinderlijke ontwikkeling op een aan media verwante en tegelijk interrelationele wijze plaatsvindt. Hiermee geeft deze ontwikkelingstheorie aan vaktherapeuten bijzonder veel inzicht in processen die

eerder meestal globaal als 'non-verbaal' werden beschreven. In deze fasen verschijnt langzamerhand het 'zelf' (0-2 maanden), krijgt het 'zelf' meer een eigen kern (2-7 maanden), gaat het zichzelf meer en meer als subject ervaren (7-15 maanden), en ontwikkelt het zich tot een verbaal bewust 'zelf' (vanaf 15 maanden). Met name ten aanzien van de fasen voorafgaand aan het kunnen spreken worden concepten besproken die bijzonder belangrijk zijn vanuit de zintuiglijk-motorische kant van de media. Een concept waarmee Stern een belangrijk en zeer vroeg in de ontwikkeling al aanwezig fenomeen beschrijft is het concept 'vitality affects'. Stern beschrijft dit als globale dynamische kinetische gevoelskwaliteiten. Het gaat hier om 'rushes' of 'vlagen' van gevoelsenergie, die aanzwellen en afnemen, die heftig, spannend en opgewonden kunnen uitbarsten, maar ook weer tot ontspanning en rust kunnen komen. Lichamelijke zintuiglijkheid en motorische vitaliteit zijn betrokken in deze lijn van gevoelskwaliteiten. Het gaat hier nadrukkelijk niet om afzonderlijke gevoelens zoals blijheid, angst boosheid of verdriet. Veeleer kunnen afzonderlijke gevoelens zoals boosheid of verdriet vanuit meer of minder heftigheid, spanning enzovoort ervaren worden. De vitality affects beheersen het bestaan van het jonge kind heel sterk, maar omdat met de gevoelservaring lichamelijke beweging gepaard gaat, is deze uiterlijk waarneembaar. Hier sluit een volgend concept aan, namelijk 'attunement'. De ouder kan vanuit de eigen lichamelijke en innerlijke betrokkenheid afstemmen op de vitality affects van het kind.
Deze vitality affects zijn in de handelingen waar te nemen of in de details die de 'beweging' in een product achterlaat.

> Emma tekent kleine poppetjes in een hoekje met onzekere bewegingen, de therapeut gaat in het tegenovergestelde hoekje meetekenen met onzekere bewegingen. Emma ervaart dat de therapeut haar spiegelt, ze voelt zich hierdoor herkend en durft grotere bewegingen te maken, de therapeut volgt haar, de therapeut gaat de bewegingen nog groter maken, nu volgt Emma de therapeut. In termen van 'vitality affect' heeft zij bepaalde 'affectstromen' in het medium geëxploreerd en is door de 'zich afstemmende' therapeut geholpen bij het zoeken naar een verandering in het mediumproces, die direct correspondeert met een verandering in 'vitality affects'.

Deze basale affectstroom is niet te zien als een onbewuste in traditionele zin. Veel meer is het een soort weten zonder woorden. Mogelijk is het een vorm van intuïtie te noemen, op dezelfde wijze alsook Dijksterhuis (2007) beschrijft. Rutten-Saris heeft mede op basis van de concepten van Stern de methodiek 'emerging body language' voor beeldend therapeuten ontwikkeld (Rutten-Saris, 1990). De aanwezigheid van deze gevoelstroom van vitality affects is echter ook op een andere manier te benaderen. Gevoelens en gedachten hebben een sterke neurofysiologische, sensomotorische emotionele basis. De opvattingen van Damasio zijn hierbij van belang.

Theorie van Damasio
Waar Piaget zich richt op cognitieve ontwikkeling zonder ook de emotionele achtergrond te onderzoeken, baseert Damasio zich juist op de idee dat een scheiding tussen het voelen en het denken op neurobiologische en neuropsychologische basis een 'vergissing' moet zijn (Damasio, 1998). Op basis van ervaren ontstaat intuïtief weten. Emoties spelen een belangrijke rol in reguleringsprocessen in het organisme. Zij detecteren 'onbalans' in het organisme. Door ervaring leert het organisme balans te brengen middels steeds complexere neurale patronen, die leiden tot het ontstaan van een eenvoudige vorm van zelfbewustzijn, het protozelf. Het protozelf is weer de basis voor het ontwikkelen van een kernbewustzijn en ten slotte een autobiografisch bewustzijn. Steeds vormen de nieuwe ervaringen in confrontatie met lichamelijke sensaties en oude mentale beelden de aanleiding voor het ervaren van emotionele spanning die vervolgens weer leidt tot bijstelling van sensaties, mentale beelden en ten slotte vormen van zelfbesef. Bij Damasio is het zelf dus een vorm van bewustzijn. In fasering levert dit de volgende stadia op van zelfbewustzijn op: protozelf, kernzelf en autobiografisch zelf (Damasio, 1998, 2003, 2004).

Er is een grote verwantschap tussen de theorieën van Stern en Damasio. Een belangrijk verschil is dat Stern de interpersoonlijke relatie als motor voor de ontwikkeling ziet en Damasio zoekt de verklaring in het biologisch evolutionaire organisme. Tezamen geven zij echter een belangrijke basis om de betekenis van processen in het medium goed te kunnen begrijpen.
Smeijsters vatte deze beide vormen van zelfontwikkeling samen in een schema. Hierin gaat het om de samenhang tussen de niveaus van zelforganisatie van Stern en de zelfbewustzijnsniveaus van Damasio. Ze worden in verband gebracht met de daarmee verbonden psychische reguleringsprocessen of psychische modaliteiten.

Tabel 1.2 Vormen van zelfontwikkeling volgens Smeijsters (2008).

zelforganisatie	type bewustzijn	psychische modus	medium
autobiografisch zelf	uitgebreid bewustzijn	cognitie, woorden	woord, symbool, metafoor, reflectief bewustzijn
kernzelf	kernbewustzijn	bewust, niet-denkend begrijpen, intuïtie, gevoel	vitality affect, niet-talige analogie, intuïtief, gevoelsmatig en verbeeldend
emergerend of protozelf	onbewustzijn	reflexen, bioregulatie, stofwisseling	

Analoge processen

De verankering in het medium is te begrijpen met het concept 'analogie' (Smeijsters, 2008). Het bovenstaande is belangrijk om onder begrip te brengen wat er gebeurt in 'analoge processen' in het beeldend medium. Analoge processen in het medium spelen met name op het niveau van het kernzelf, in het kernbewustzijn. De analogie speelt zich af tussen non-verbale psychische reguleringsprocessen in de kernzelfmodus en de eveneens non-verbale vormgevingsprocessen in het beeldend medium.

> In de casus van Emma werd al een verband gelegd tussen de affectstromen van Stern en het beeldend samenwerken in een therapie. Emma hoeft zich niet bewust te zijn van de veranderingen die optreden, maar zij ervaart ze wel. En de therapeut 'beweegt' mee in de beweging van de cliënt in haar contact met het medium.

Beeldende vormgevingsprocessen bevatten een sterk lichamelijk-emotionele basis en een intuïtief gevoelsmatig begrijpend en verbeeldend karakter. Deze is, aldus Smeijsters, niet gebaseerd op symboliek in de psychoanalytische betekenis. Veel meer vinden ze plaats door middel van vitality affects (Stern) of kernzelfervaringen (Damasio). Anders gezegd: in een vitality affect wordt een innerlijk proces in een uiterlijk gedrag en vorm weergegeven. Door de kracht van het medium kunnen gevoelens optreden voordat er gedachten tot stand komen. Emoties zijn informatieverschaffers, die ons helpen bij het ontwikkelen van gedachten.

Voor deze gevoelsvlagen of kernbewustzijnservaringen past het begrip analogie beter dan bijvoorbeeld het begrip symbolisering. Symbolisering heeft veel meer te maken met een verwijzing naar en projectie van afzonderlijke gevoelens. Analogie geeft op dynamische wijze aan dat de wezenlijke psychische processen 'stromend' zijn en in mediumprocessen vervat plaatshebben. Afstemmen en contact maken in het medium zijn hiervoor de brug.

Het werken in het beeldend medium is in hoge mate een activiteit waarin het kernzelf wordt aangesproken. Daarmee betekent werken in het medium veelal 'niet-denkend' bezig zijn, al handelend je overgeven in het hier en nu, op basis van intuïtie, zonder vooroverleg. Het lichaam slaat veel informatie non-verbaal op. Het is vaak niet voldoende om een negatieve emotie 'om te denken' in een positieve. Veelal beklijft dat niet, omdat de lichamelijke verankering ontbreekt. Wanneer echter een negatieve ervaring wordt vervangen door een (lijfelijke) positieve ervaring, kan het lichaam de negatieve ervaring loslaten. Veeleer maakt de beweging van het krassen met het krijtje dat de cliënt in een vitality affect komt en tot een explosie van bewegingen komt. Achteraf kunnen deze bewegingen dan bijvoorbeeld soms wel als 'woede' benoemd worden. Zo is het als het ware op een 'omgekeerde manier' naar emoties kijken en ermee werken. Het betekent dat een cliënt door de beeldend therapeut uitgenodigd wordt om op een niet-verbale of letterlijke manier bijvoorbeeld 'zijn woede te verbeelden'.

> Een cliënte durft haar boosheid niet te voelen of te uiten: zij voelt zich dan al snel machteloos. In haar gezin van herkomst was boosheid tonen een taboe, huilen mocht wel. Met andere woorden: deze cliënte heeft geleerd dat boosheid 'angst voor liefdesverlies' oplevert.
>
> Door klei te kneden en de lucht uit de klei te slaan, ervaart zij zichzelf in contact met de klei in een fiere opwaartse houding. Haar negatieve gevoel over boosheid wordt in het hier en nu vervangen door een positief gevoel omdat ze het werken met klei als prettig kan ervaren en zichzelf sterk voelt.

Therapie op basis van het analoge procesmodel

Het analoge procesmodel presenteert zich nadrukkelijk als een niet-generalistische benadering. Ook al zijn de centrale begrippen in algemene termen gesteld, de uitvoering is steeds individueel en bijzonder.

Een tweede belangrijk uitgangspunt is, dat in de analoge procestherapie het hier en nu centraal staat. Het analoge vormgevingsproces waarbij in beeldende therapie met name de ogen en de handen betrokken zijn, speelt zich in het heden af en is gericht is op de affecten zoals ze zich onmiddellijk voordoen in de mediumactiviteit.

De volgende theoretische notie is cruciaal: 'Door beeldende vormen uit te proberen en te veranderen ontdekt de cliënt hoe patronen in het beeldend werk kunnen veranderen en hoe daarmee de vitality affects in het kernzelf kunnen veranderen. Cliënten veranderen in de beeldende therapie doordat ze anders beeldend vormgeven en hierbij ervaren dat deze vormverandering een innerlijke verandering met zich meebrengt' (Smeijsters, 2008).

> In het voorbeeld van Emma leidt dit tot de veronderstelling dat wanneer Emma haar 'affectstroom' in het medium de therapie anders gaat hanteren, zij uiteindelijk buiten de therapie ook veranderd zal zijn. Dit ontstaat door haar contact met het beeldend materiaal en door de stimulerende en spiegelende houding van de therapeut in het medium.

Plaatsbepaling

Het analoge procesmodel is ontwikkeld door Smeijsters, lector Kenniskring Kennisontwikkeling en Vaktherapieën (KenVaK) bij Hogeschool Zuyd. Het model is door de jaren heen ontwikkeld, onderbouwd en verdiept op grond van uitgebreide bronnenstudie en diverse vormen van praktijkonderzoek. Onderzoek door leden van het lectoraat KenVak en anderen hebben hier een belangrijke rol in gehad. Zeer recent zijn weer enkele boeken uitgekomen waarin nieuwe nuanceringen zijn uitgewerkt (Smeijsters, 2008).

Naast de aanvankelijke relatie tussen kunst, psychologie en psychopathologie is vervolgens de neurobiologie en recent ook filosofie toegevoegd aan de wetenschappelijke disciplines die een bijdrage leveren aan de verankering in de theorie (Smeijsters, 2008). De relatie met psychologie en psychopathologie heeft het analoge procesmodel een aantal direct afleidbare stoornisspecifieke beschrijvingen van therapeutische interventies opgeleverd. De relatie met neurobiologie en filosofie hebben de theorie nog weer 'rijker' gemaakt en verder verdiept. Dit levert nog meer zicht op de complexiteit van de processen die in vaktherapieën plaatsvinden. Er ligt nu een grondig en actueel verklaringskader waar goede operationalisaties uit af te leiden zijn.

Dat maakt de theorie toepasbaar voor de uiteenlopende praktijken van de beeldende therapie. Toch is het ook in deze theorie soms lastig om vanuit algemene beschrijvende begrippen tot heldere en concrete operationalisaties van begrippen te komen die het handelen direct kunnen ondersteunen. De vele beschrijvingen van vaktherapie die voortkomen uit onderzoek van bijvoorbeeld KenVak in specifieke praktijken staan dicht bij het therapeutisch proces. Ook daar is niet altijd een directe verbinding met het algemeen theoretisch kader te zien.

De analoge procestheorie geeft verreweg de meest actuele theoretische beschrijving van de stand van zaken in de vaktherapieën en de wetenschap en biedt een goed samenhangend kader dat beschrijvingen dicht bij de zichtbare maar soms slecht te verwoorden werkelijkheid oplevert. Daarnaast stoelt deze theorie ook op inzichten die gedeeltelijk eerder vanuit de een van de andere twee basistheorieën zijn geproblematiseerd of beschreven. Dat is geen wonder. Door de jaren heen is de 'vak'therapeutische praktijk waaraan de drie theoretische kaders hun bestaan danken, in de kern niet wezenlijk veranderd, ook al zijn de contextuele omstandigheden wel aanzienlijk gewijzigd. De relatie tussen 'de cliënt, het medium en de therapeut' vormt de basis van elke beeldende therapie. Deze levert steeds een spannend en uniek samenstel op, uitmondend in individuele en authentieke vormgevings- en ontwikkelingsprocessen.

Met behulp van de drie basistheoretische kaders is steeds gezocht naar een beschrijving of waardering, waarin het 'geheim' van het vormgevingsproces benaderd wordt om het in ieder geval enigszins te kunnen ontsluieren. Men zocht en zoekt naar plausibele of evidente verbindingen van 'geldige' en 'bruikbare' kernbegrippen met de beeldendtherapeutische praktijk. De theorieën nemen alle drie precies die unieke vormgeving en de betekenis voor de 'alledaagse' werkelijkheid tot uitgangspunt van hun beschrijvingen. Daar ligt de kern van het 'creatief proces', van de 'kunstanaloge vormgeving' en van het 'analoge proces'.

De kernbegrippen waarmee het (beeldend)therapeutisch proces beschreven wordt zijn bij de drie basistheorieën echter wel verschillend. Uit het voorgaande mag duidelijk zijn geworden in welke mate dat het geval is. De oorzaak daarvan moeten we onder andere zoeken in het feit dat ze ieder op heel verschillende momenten in de tijd zijn ontstaan, in verschillende werkcontexten en wat de ontwikkelaars betreft voortkomen uit zeer verschillende cultureel-maatschappelijke achtergronden.

Professionalisering heeft ertoe geleid dat de achtergronden van de therapeuten zelf langzamerhand meer overeenkomen en aan gezamenlijk geformuleerde kwaliteitseisen moeten kunnen voldoen. De context van de (geestelijke gezondheids)zorg blijft echter steeds onderhevig aan sterke veranderingen die te maken hebben met de sociaaleconomische en juridische achtergronden waartegen de (geestelijke gezondheids)zorg zich profileert. De ontwikkeling van kennis in wetenschappelijke disciplines en de visie op het gebruik van kennis in de behandelingspraktijk heeft een eigen dynamiek, maar speelt zich ook af in dezelfde maatschappelijke context.

De beeldende therapie zal steeds moeten beantwoorden aan eisen die op grond van deze stand van zaken aan de beroepsuitoefening worden gesteld. Hoe sterker de eigen visie zich heeft ontwikkeld en hoe steviger de theorieën zijn onderbouwd, des te beter zal men maatschappelijke veranderingen tegemoet kunnen treden en een adequaat antwoord kunnen geven op de eisen die aan een professionele therapeut worden gesteld. De analoge procesbenadering heeft zich dit expliciet tot doel gesteld overeenkomstig de inkleuring van de eisen van deze tijd. Voor de andere twee theoretische kaders is er in dit opzicht echter veel werk aan de winkel.

Het is een voorrecht om deel te zijn van een professie waar zo grondig en op zoveel manieren een diepgaande theoretische discussie over de kern van het vak gevoerd wordt. Ten aanzien van de drie basistheoretische kaders zou erkenning van elkaars 'kracht' en bijzonderheid in de beroepsgroep meer ruimte moeten krijgen. Intern elkaar serieus en kritisch aanspreken op punten van 'zwakte' kan in constructieve zin leiden tot versterking en verheldering.

1.4 Beelden en hersenen

Voor het begrijpen van de werkingskracht van beeldende therapie is kennis van de werking van de hersenen niet uit te sluiten. Zelfs de meest gerichte therapeutische interventie spreekt de cliënt aan op een diep lichamelijk gewaarwordingsniveau, waarin neurobiologische en neuropsychologische aspecten een cruciale rol spelen. Ontwikkelingsprocessen die plaatsvinden tijdens de beeldendtherapeutische behandeling zijn geen oppervlakkige aanpassingen van enkele gedragingen.

In de voorgaande beeldendtherapeutische basistheorieën werd verwezen naar filosofische en psychologische concepten en beschouwingen vanuit de kunst, waarin 'lichamelijkheid', 'bewustzijn', 'gewaarwording' en 'ervaring' een belangrijke verklaringsbasis vormden. Een groot aantal van deze concepten wordt in hoofdstuk 2 verder uitgewerkt als zijnde funderende theoretische concepten voor het handelen van de beeldend therapeut. Hier zijn concepten bij uit perioden waarin veel minder bekend was over de hersenen en er werd ook minder direct aandacht aan besteed. Desondanks werd de waarde van sensomotorische of lichamelijke waarneming en ervaren als buitengewoon belangrijk gezien. Belangrijk voor groei en ontwikkeling, voor leren en veranderen. Kortom, voor zelfervaring en identiteitsvorming.

In dit hoofdstuk wordt een aanzet gegeven om de ontwikkelingsmogelijkheden van de cliënt en de genezende werking van het medium te begrijpen vanuit het functioneren van de hersenen. In het domein van de hersenen hebben de laatste jaren veel ontdekkingen plaatsgevonden (Sitskorn, 2006, 2008). Kennis over emotieverwerking (Damasio, 1994) en lichamelijkheid als basis voor leren en ontwikkelen (Bosman, 2008) is een belangrijke informatiebron voor het denken en handelen van de beeldend therapeut die zijn vak wil funderen en legitimeren.

1.4.1 HERSENFUNCTIES

De hersenen van de mens zijn een verbazingwekkend complex orgaan. Het gemiddelde brein bestaat uit ongeveer honderd miljard zenuwcellen, ook wel neuronen genoemd. Op zijn beurt staat iedere zenuwcel weer in verbinding met een of meer andere zenuwcellen (tot wel 20.000 verbindingen). Al met al vormen de hersenen een netwerk waarvan anno 2009 slechts in zeer beperkte mate bekend is hoe het werkt. Om greep te krijgen op deze enorme complexiteit zijn er vanaf het einde van de achttiende eeuw pogingen gedaan om de hersenen in functionele eenheden in te delen. De eerste die daar naam mee heeft gemaakt was Franz Joseph Gall (1758-1828). Hij gebruikte voor zijn indeling de vorm van de schedel. De basisassumptie was dat er een positief verband zou bestaan tussen de omvang van een hersengebied en het belang ervan. Een bekend voorbeeld is de wiskundeknobbel. Wanneer iemand bovengemiddeld goed in wiskunde was en er ergens een verdikking in de schedel te voelen was, dan was de conclusie dat daar het hersengebied verantwoordelijk voor wiskunde moest zitten. Het op deze manier in kaart brengen van hersenfunctionaliteit wordt frenologie genoemd. Ruim een eeuw later maakte Brodmann (1909) een meer gedegen indeling van de hersenen, op basis van hersenonderzoek in vitro. In de neuropsychologie wordt deze indeling – in de vorm van een aantal kaarten van de hersenen – nog steeds vaak gebruikt om hersengebieden te classificeren. Er wordt dan van Brodmanns areanummer 1 tot 52 gesproken. Dankzij de komst van scanapparatuur waarmee in vivo hersenonderzoek kan worden gedaan, gebruikt men tegenwoordig vaak hierop gebaseerde gestandaardiseerde hersenatlassen. Voordat een korte schets van de neuropsychologie van het visuele systeem wordt gegeven, komen de twee meest basale neuroanatomische indelingen van de hersenen aan bod.

De hersenen bestaan uit twee helften, ook wel hemisferen genoemd. Veruit de meeste functies van de hersenen zijn zowel in de linker- als in de rechterhemisfeer aanwezig. Echter, er zijn ook functies die alleen of voornamelijk in de linker- of de rechterhemisfeer aanwezig zijn. Het bekendste voorbeeld hiervan is taal. Bij rechtshandige mensen is het taalvermogen hoofdzakelijk in de linkerhemisfeer gerepresenteerd (Geschwind, 1987). Het overgrote deel van de communicatie tussen beide hemisferen vindt plaats via de hersenbalk, het zogenaamde corpus callosum. Iedere hemisfeer is op zijn beurt in te delen in vier verschillende kwabben of schorsen. Dat wil zeggen: het buitenste deel van de hersenen, de zogenaamde hersenschors, kent vier functioneel van elkaar te onderscheiden gebieden. De frontale kwab bevindt zich vooraan in de schedel, achter de ogen. De belangrijkste functies hiervan zijn de persoonlijkheid en het aansturen van de motoriek. De pariëtale kwab bevindt zich achter de frontale kwab en is primair bezig met het vertalen van de informatie van de verschillende zintuigen. De temporale kwabben bevinden zich aan de zijkant (achter de slaap) en spelen onder andere een belangrijke rol bij het geheugen, taal en auditieve informatieverwerking. Tot slot de interessantste kwab binnen de context van dit boek, de occipitale kwab. Deze bevindt zich aan de achterkant van het hoofd en is vrijwel volledig toegewijd aan visuele informatieverwerking. Hieruit kan worden opgemaakt dat, neuropsychologisch gezien, visuele perceptie veruit het belangrijkste zintuig is. Naast deze vier verschillende kwabben waaruit de hersenschors bestaat, is het limbisch systeem van belang. Dit bestaat uit onder andere hippocampus en amygdala en wordt wel de 'zetel der emoties' genoemd. Geheugenrepresentaties spelen een cruciale rol bij het vormen en verwerken van emoties. Het is dan ook niet verwonderlijk dat het limbisch systeem hierbij een belangrijke rol speelt, in het bijzonder de amygdala.

1.4.2 HET VISUELE SYSTEEM: VAN OOG NAAR BEELD

Beeldend gesproken zou je kunnen zeggen dat het oog het venster op de wereld vormt. Echter, bekeken vanuit neuropsychologisch perspectief is dat maar een klein deel van het verhaal. Wanneer visuele informatie in de vorm van licht op het netvlies aan de achterkant van het oog valt, is een tweedimensionale ruwe schets van de wereld gevormd (voor meer informatie over vroege visuele informatieverwerking, zie Marr, 1976). Via de oogzenuw wordt de visuele informatie doorgestuurd naar de occipitale kwab. Informatie uit het visuele veld links wordt door de rechter occipitale kwab verwerkt, en vice versa voor het visuele veld rechts. Onderweg wordt de informatie verdeeld in een tweetal stromen, de 'wat'stroom en de 'waar'stroom (Goodale & Milner, 1992, 2004; Milner & Goodale, 1993, 1995, 2006). Deze onderverdeling vindt plaats in de zogenaamde laterale geniculate nucleus (LGN). De LGN is de eerste hersenstructuur waar visuele informatie wordt verwerkt, waarschijnlijk met als functie het richten van de aandacht (Kastner, Schneidera & Wunderlich, 2006). De 'waar'stroom beweegt aan de rugzijde (dorsaal) richting de bovenkant van de hersenen. In deze stroom worden verschillende elementen van het uiteindelijke visuele beeld verwerkt, die nodig zijn om te bepalen waar in de buitenwereld zich het object in kwestie bevindt. De belangrijkste hiervan zijn beweging en dynamische vorm. In psychologische zin zou dit de 'actie'stroom kunnen worden genoemd, aangezien deze informatie gebruikt wordt om acties uit te voeren (bijvoorbeeld een bal vangen). De 'wat'stroom beweegt zich aan de buikzijde (ventraal) richting de onderkant van de hersenen. In deze stroom wordt informatie verwerkt die nodig is om te bepalen wat het is waarnaar wordt gekeken. De belangrijkste hiervan zijn kleur en vorm. In psychologische zin is dit dus de 'perceptie'stroom.

1.4.3 AANDOENINGEN VAN HET VISUELE SYSTEEM

Wanneer ergens in de occipitale kwab beschadigingen optreden, heeft dit, afhankelijk van de locatie, specifieke consequenties voor het visuele informatieverwerkingsproces. Zo zijn er enkele gevallen bekend van mensen met beschadigingen aan hersengebieden verantwoordelijk voor kleurverwerking (achromatopsie; Sacks, 1995). Als gevolg van deze aandoening zien zij de wereld in grijstinten. Wanneer slechts één van de beide hemisferen beschadigd is, wordt alleen het linker of rechter visuele veld in grijstinten waargenomen. Visuele vormagnosie is een nog exotischer aandoening (Carey, Dijkerman, Murphy, Goodale & Milner, 2006; McIntosh, Dijkerman, Mon-Williams & Milner, 2004). Het is het gevolg van schade aan de hersengebieden verantwoordelijk voor de verwerking van vorm. Mensen met visuele vormagnosie nemen geen vorm waar maar wel bijvoorbeeld kleur. Het is letterlijk en figuurlijk onvoorstelbaar om te zien welke kleur een object heeft, zonder de vorm te kunnen waarnemen. Het feit dat deze aandoeningen bestaan, geeft veel inzicht in de manier waarop de hersenen een visueel beeld opbouwen, namelijk modulair. Deze modulaire opbouw strookt echter niet met de subjectieve ervaring van het waarnemen. Het raakt dan ook een van de kernproblemen van de neuropsychologie, namelijk het 'binding problem' (Revonsuo & Newman, 1999). Een derde aandoening van de occipitale kwab is het gevolg van schade aan de 'wat'stroom. Mensen met hersenschade aan bepaalde gebieden in de occipitale kwab zien niet wat iets is, maar wel waar het is. Als gevolg hiervan ervaren ze niet dat ze iets zien. Wanneer ze desondanks moeten aangeven (gokken) waar iets zich bevindt (wat ze niet zien), hebben ze het vaker goed dan op basis van kansniveau mag worden verwacht. Deze aandoening wordt dan ook toepasselijk 'blindsight' genoemd (Weiskrantz, 1986). Hemineglect is een veel vaker voorkomende aandoening, als gevolg van een hersenbloeding in een van beide hemisferen. Voor mensen met deze aandoening bestaat de wereld alleen uit de linkerhelft, of alleen uit de rechterhelft. Afhankelijk van de plaats en omvang van de hersenschade heeft een hemineglect effect op meer zintuigen (visueel, auditief, motorisch). Typische verschijnselen zijn het niet opeten van het eten op één helft van het bord, het tekenen van een half huis, en het maar voor de helft aankleden.

1.4.4 EMOTIES EN DE HERSENEN

Er is geen uniform geaccepteerde definitie van emotie binnen de neuropsychologie. In het algemeen wordt aangenomen dat er drie te onderscheiden componenten van emoties zijn. In de eerste plaats zijn er de fysieke componenten van emoties, zoals schommelingen in neurohormonale activiteiten. Veranderingen in hartslagfrequentie en bloeddruk zijn manifestaties hiervan. In de tweede plaats is er het overte gedrag dat hoort bij emoties, zoals bepaalde gezichtsuitdrukkingen of lichaamshoudingen. Ten slotte zijn er cognitieve elementen van emoties. Hieronder worden subjectieve gevoelens van bijvoorbeeld liefde en haat verstaan. Deze drie elementen van emoties bestaan relatief onafhankelijk van elkaar. Door deze driedeling is het lastig een bepaald hersengebied aan te wijzen als het emotiecentrum, aangezien veel hersengebieden op een of andere manier betrokken lijken te zijn bij emoties. Echter, zoals vermeld, is het limbisch systeem van belang. In het bijzonder de amygdala staat onder grote belangstelling vanwege zijn veronderstelde betrokkenheid bij het koppelen van emoties aan voorheen neutrale representaties. Het meest interessante voorbeeld hiervan is uitgewerkt in de zogenaamde somatic-markertheorie (Damasio, 1994; Damasio, Tranel & Damasio, 1991), waarin wordt verondersteld dat emotioneel gekleurde signalen van het lichaam een belangrijke rol spelen bij het nemen van beslissingen. De integratie van deze somatisch-emotionele informatie en de meer rationeel-cognitieve informatie vindt plaats in hogere hersenstructuren, waaronder de amygdala. Met deze theorie wordt getracht te verklaren op welke wijze emoties een rol spelen in het nemen van beslissingen. In gevallen waarin sprake is van een hoog stressniveau (bijvoorbeeld een traumatische ervaring), worden de hogere cognitieve gebieden niet meer betrokken bij de primaire reactie. Deze verloopt dan enkel op basis van meer somatisch-emotionele 'reflexen'. In wezen is dit een heel functionele reactie, want zij maakt een snellere reactie op gevaarlijke stimuli mogelijk. Echter, er kan ook een angst of aversie optreden die niet functioneel is, waardoor er een angststoornis kan ontstaan. Deze uitsluiting van hogere cognitieve, verbale processen biedt een neuropsychologische verklaringsgrond voor de effectiviteit van non-verbale therapievormen bij het behandelen van dit soort problematieken. Een soortgelijke hypothese is denkbaar ten aanzien van de ziekte van Alzheimer. Bij deze aandoening verandert de werking van de amygdala. Echter, in tegenstelling tot de negatieve effecten van ziekte van Alzheimer voor de hogere cognitieve functies, lijkt de amygdala juist overactief te worden. Prikkels roepen in de amygdala een grotere emotionele reactie op dan voordat de ziekte zich openbaart (Wright, Dickerson, Feczko, Negeira & Williams, 2007). Het lijkt er dus op dat non-verbale therapievormen direct aansluiten bij het veranderde neuropsychologische functioneren van mensen met de ziekte van Alzheimer. Een laatste opmerking over de functies van de amygdala heeft betrekking op het functionele onderscheid tussen de linker en de rechter amygdala. Een bevinding die goed aansluit bij de algemene opvatting dat de linkerhersenhelft meer analytisch werkt, terwijl de rechterhersenhelft meer holistisch functioneert (voor nuancering van deze opvatting, zie Sala, 1999), is dat de linker amygdala betrokken is bij het verwerken van bewuste emotionele informatie en de rechter amygdala bij onbewuste informatie (Pizzagalli, Shackman & Davidson, 2003). Daarnaast lijkt de linker amygdala meer gekoppeld aan het beloningssysteem, terwijl de rechter amygdala gekoppeld is aan het bestraffingssysteem.

1.4.5 KUNSTENAARS MET EEN VISUELE AANDOENING

Hoewel het kwalificeren van het werk van kunstenaars bepaald geen exacte wetenschap is, geeft een vergelijking van werk van kunstenaars voor en nadat ze hersenschade hebben opgelopen inzicht in de rol van de verschillende hersengebieden bij het ontstaan van creativiteitsuitingen. De volgende treffende voorbeelden laten zien dat taalvermogens los (kunnen) staan van artistieke vermogens.

> In 1936 liep een 19-jarige kunststudente schade op aan het linker frontaal-pariëtale gebied van de hersenen (Kennedy & Wolf, 1936). Zij was hierdoor geenszins beperkt in haar taalvermogens. Haar vermogen om gedetailleerde portretten te tekenen was echter ernstig aangedaan. Zij produceerde in de periode kort na haar aandoening slechts portretten waarin enkel de omtrek van het gezicht zichtbaar was. In de loop van een halfjaar keerde haar oude vermogen om portretten te tekenen weer terug.
>
> Een voorbeeld van iemand bij wie juist het taalvermogen is aangedaan, maar niet het artistiek vermogen is dat van een 52-jarige beeldend kunstenaar met een herseninfarct in de linkerhemisfeer (Alajouanine, 1948). Hij leed aan wernickeafasie, waarbij het vermogen om betekenisvolle taaluitingen te produceren is aangedaan. Echter, zijn vermogen tot artistieke expressie was niet aangedaan. Integendeel, in zijn beeldende werken liet hij juist een verhoogde artistieke expressie zien.
>
> De casus van MH, een beeldend kunstenares (Franklin, Sommers & Howard, 1992) laat zien dat artistieke prestaties niet gebonden hoeven te zijn aan één enkel hersengebied. MH was gediagnosticeerd met corticale atrofie, als gevolg waarvan ze onder andere leed aan geheugenverlies en ernstige beperkingen in taalvermogens. In allerlei laboratoriumtests bleek ze niet in staat om kunst te produceren van enig niveau. Opmerkelijk genoeg was ze buiten deze kunstmatige condities goed in staat om haar bestaan als professioneel beeldend kunstenares voort te zetten (voor een vergelijkbare casus, zie Mell, Howard & Miller, 2003).
>
> De conclusie die uit deze casussen naar voren komt, is tweeledig. In de eerste plaats blijkt beeldende kunst ook neuropsychologisch gezien in grote mate non-verbaal. Daarnaast lijken verschillende hersengebieden met uiteenlopende functies een rol te spelen bij artistieke expressie. Met andere woorden: beeldende kunst is een zaak van het hele brein.

Fundamentele vaardigheden 2

Op welke fundamenten berust het methodisch handelen van de beeldend therapeut? In dit hoofdstuk staat deze vraag centraal. De drie basistheorieën uit paragraaf 1.4 en de werking van het brein vormen de opmaat naar dit hoofdstuk waarin als grondpatroon drie driehoeken centraal staan (zie afbeelding 2.1). Deze drie driehoeken vormen de basis van de funderende vaardigheden waarmee elke beeldend therapeut op een of andere manier zijn 'gereedschapskist' vult. Elke driehoek betreft een specifiek aandachtsgebied. De drie aandachtsgebieden bij elkaar dragen bij aan de basisvaardigheden, kennis, vaardigheden, attitude en het inzicht van de beeldend therapeut om doelgerichte interventies te plegen. De driehoeken zijn overigens niet specifiek voor de beeldend therapeuten en kunnen door alle vaktherapeuten toegepast worden. De driehoekvorm verwijst naar drie entiteiten en naar de interacties tussen alle drie door middel van de drie lijnen. Welke betekenis op welke plaats staat afgebeeld, boven, onder, links of rechts, maakt geen verschil.

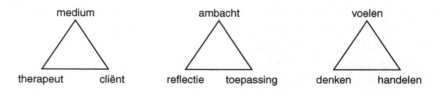

Afbeelding 2.1 *Driehoeken van funderende vaardigheden van de therapeut.*

De driehoek cliënt-therapeut-mediumactiviteit wordt ook wel de creatieftherapeutische driehoek genoemd. Deze driehoek toont het verschil met de lineaire en verbale hulpverleningsrelatie tussen hulpverlener en cliënt. In beeldende therapie zijn zowel de therapeut als de mediumactiviteit middel om de problematiek van de cliënt te behandelen.

De driehoek ambacht-reflectie-toepassing betreft het aandachtsgebied het 'inzetten van het medium'. Hiermee wordt aangeduid dat de therapeut bepaalde materialen, thema's en technieken bewust en doelgericht kan inzetten.

De driehoek denken-voelen-handelen heeft als aandachtsgebied het onderzoeken van de balans in het functioneren van een persoon. Dit geldt zowel voor de zelfreflectie van de hulpverlener als voor het functioneren van de cliënt.

2.1 De creatieftherapeutische driehoek: drie perspectieven

De beeldend therapeut besteedt in elke fase van de therapie aandacht aan de vragen en gedachten over wie de cliënt is en hoe de therapeut zijn hulpvraag en vormgevingsprocessen kan begrijpen en verklaren. Ook vraagt hij zich af hoe het medium zal kunnen aansluiten bij de eigenheid en behoeften, de problematiek of stoornis van de cliënt en welke invalshoek hij zelf als therapeut zal kiezen om effectief en communicatief te kunnen zijn. Deze kernvragen zijn met elkaar in verband gebracht in de 'creatieftherapeutische driehoek' (zie afbeelding 2.2).

Afbeelding 2.2 *De creatieftherapeutische driehoek.*

Welke invalshoeken voor methoden, technieken en theorieën of verklaringskaders er ook zijn, deze driezijdige relatie behoort tot de grondstructuur van beeldende therapie.

Cliënt

De hulpvraag van de cliënt wordt door de beeldend therapeut met behulp van het medium geobserveerd en gediagnosticeerd. Daarmee komt de indicatie voor behandeling tot stand. De behandelmethode wordt gekozen aansluitend bij 'kenmerken' en 'keuzes' van de cliënt. Hier gaat het om leeftijd, ontwikkelingsfase, psychosociale problematiek of psychiatrische stoornis, lichamelijke en neurologische beperkingen, normen en waarden, wensen en behoeften, rol en inbreng van de sociale omgeving enzovoort. De cliënt kan zelf actief partner zijn in het kiezen van de therapiesetting en de doelstelling, maar het kan ook dat deskundigen, waaronder de beeldend therapeut, kiezen of adviseren. De cliënt gaat een relatie aan met het medium en de therapeut. Dat geheel vormt de behandeling.

Therapeut
De beeldend therapeut sluit aan bij de hulpvraag, kenmerken en keuzes van de cliënt. Om deze goed op het spoor te komen, doelen te expliciteren en de beeldendtherapeutische behandeling te begeleiden zet hij het beeldend medium in. De therapeut is in staat om dat op verschillende manieren te doen. Hij kan overzien welke methode voor deze cliënt de best mogelijke zal zijn. Dat is de methode die goed aansluit bij de cliënt, en het beste resultaat zal hebben gezien de hulpvraag die er is en de doelstelling die bereikt zal gaan worden.
De therapeut is op twee terreinen deskundig:
- herkennen, analyseren en interpreteren van kenmerken en doelvragen van cliënten;
- analyseren, en aanbieden van een werkzaam beeldend hulpaanbod.

Vaak analyseert de therapeut niet alleen wat er in het medium gebeurt, maar ook welke inwerking de gehele materiële ruimte heeft op het beeldend proces van de cliënt.

Medium
De beeldende materialen, gereedschappen en technieken zijn bekend vanuit het beeldend vormen en vanuit de kunst. Zo kennen de meeste cliënten deze materialen ook en vaak ligt daar een meer of minder uitgesproken verwachting of normering. Hun betekenis krijgen de beeldende materialen echter in de context van de beeldende therapie (Cilissen, 2008). De keuze voor het type materialen en technieken, opdrachten en werkvormen hangt samen met de setting, de cliëntkenmerken en doelen van de therapie. Zo heeft de ene beeldend therapeut bijna alleen teken- en schildermaterialen die een sterk appèl doen op verbeelden en thematiseren. Een andere therapeut heeft mogelijk een breder arsenaal aan 'technische' en ruimtelijke materialen, waarbij sterk de nadruk ligt op de materiaalomgang en mogelijk zelfs materiaalbeheersing. In bepaalde contexten worden naast kenmerkende beeldende materialen bijvoorbeeld bepaalde spelmaterialen gebruikt.

Relatie tussen cliënt, medium en therapeut

In de beeldende therapie werkt de cliënt op aanraden van of in samenspraak met de therapeut met het medium in een voor de therapeutische doelen van de cliënt werkzame balans tussen veiligheid en uitdaging. De cliënt zelf is daarin de bepalende factor. Hij zoekt, twijfelt, ontwijkt, neemt uitdagingen aan, vindt oplossingen in het medium; met andere woorden: de cliënt beleeft, geeft vorm en geeft betekenis. Het therapeutisch proces in de therapie is voor de cliënt in die zin actief.

De therapeut helpt, steunt, activeert, daagt uit of laat na en helpt in het medium zoeken naar kansen voor het vormgevingsproces. Soms reageert de therapeut als spiegel, soms als inspirator, soms als 'derde hand'. Soms is de therapeut degene die confronteert. En soms is de therapeut degene die bemoedigt, uitlegt of een nieuw stukje medium aandraagt. De therapeut vervult ook een rol in de reflectie en de evaluatie achteraf.

Behandelcontext

Elke therapie speelt zich af in een bepaalde behandelcontext. De cliënt heeft zich aangemeld bij een bepaalde organisatie of bij een vrijgevestigd beeldend therapeut. De beeldend therapeut werkt bijvoorbeeld in de ggz of jeugdzorg, klinisch, ambulant of beide. Het kan ook dat hij werkt in een onderwijsinstelling, in een justitiële omgeving of een organisatie waar mensen met langdurige ondersteuningsvragen verblijven. Ook zijn er de beeldend therapeuten die zelfstandig gevestigd zijn en vooral zelf hun context opbouwen door contacten en netwerken in een bepaalde maatschappelijke omgeving. In elke context zijn wet- en regelgeving, verzekeringsvormen, zorgstructuren en maatschappelijke of persoonlijke verbanden direct of indirect van invloed op de bovenstaande driehoek (www.minvws.nl).

Van de cliënt wordt meer en meer eigen regie en eigen verantwoordelijkheid verwacht. Hoe mondiger de cliënt, hoe beter de cliënt met deze context weet om te gaan, des te beter hij zijn hulpvraag kan formuleren en dat zal ook de kwaliteit van zijn beeldende therapie ten goede komen. Voor de beeldend therapeut geldt dit in feite ook. Hoe beter de therapeut deze context kent en beïnvloedt, des te beter kan de beeldende therapie daarin floreren. De therapeut is in staat te anticiperen en zelf te organiseren, zonder door de contextuele structuren beheerst te worden. Het behoort ook tot de taken van de therapeut om de cliënt goed voor te lichten omtrent de mogelijkheden die de beeldende therapie biedt.

Al naargelang de hulpvraag van de cliënt, de werksetting en de affiniteiten kan de therapeut de vaktherapeutische driehoek nader uitwerken met achterliggende verdieping- of verklaringskaders. Zo construeert elke therapeut de eigen werktheorie c.q. rationale van waaruit het beeldendtherapeutisch handelen wordt gelegitimeerd en onderbouwd. In de volgende paragrafen zullen we de drie entiteiten cliënt, medium en therapeut achtereenvolgens nader onder de loep nemen en als perspectief gebruiken om tot verdere theoretische en filosofische fundering te komen.

2.1.1 HET PERSPECTIEF VAN DE CLIËNT

Om het perspectief van de cliënt te onderbouwen en daarmee het beeldendtherapeutisch handelen te legitimeren, komen in vogelvlucht de volgende onderwerpen ter sprake: de hulpvraag, de mensvisie, de relatie tussen emoties, cognities en ontwikkeling, drie verschillende typen van ontwikkelingstheorieën, psychopathologie en de relatie tussen beeldende therapie en psychopathologie en tussen beeldende therapie en systeemtheorie.

Het begrip 'cliënt' staat voor allen die in een beeldende therapie een behandeling doormaken, waarbij een professional de therapeut is. Wie is die cliënt? Wat beweegt hem? Hoe staat hij in het leven? Hoe is hij geworden die hij nu is? Hoe geeft hij vorm? Hoe komt hij tot zingeving?

Om het perspectief van de cliënt uit te werken komen de volgende invalshoeken aan de orde: dialoog, de ontwikkeling, de psychopathologie, cliënt als systeem.

Hulpvraag van de cliënt

Een cliënt die in een beeldendtherapeutische behandeling gaat, verwacht in het algemeen twee belangrijke zaken die op het eerste gezicht met elkaar wat op gespannen voet staan. Algemeen gesteld verwacht een cliënt enerzijds een persoonlijke interactieve benadering, waarbij hij niet tot 'object' wordt gemaakt van een bepaalde 'strategische' interventie. Anderzijds verwacht hij een op deskundigheid gebaseerde behandeling, die hem helpt bij het 'genezen, verminderen of stabiliseren of accepteren van klachten'. Hij verwacht daarvoor een werkwijze die tot het best mogelijke resultaat leidt.

> Meneer De Vries, oud-natuurkunde- en biologieleraar van 78 jaar is enkele maanden na het overlijden van zijn vrouw voor enkele weken opgenomen op de psychogeriatrische afdeling van een

> zorgcentrum voor ouderen. Hij was verward, vergeetachtig en vermagerde snel. Diagnostisch onderzoek sloot een lichamelijke oorzaak en dementie uit. Er werd een milde depressie geconstateerd. Meneer kreeg medicatie en het advies om een tijdje beeldende therapie te volgen. Toen meneer weer een beetje zichzelf was, wilde hij terug naar zijn eigen flat. Bij de kennismaking kwam het portret van de overleden echtgenote op tafel. Het praten deed hem al zichtbaar goed en hij vertelde dat hij voor zijn werk 'naar de natuur' getekend had.

In principe heeft een gerichte therapie de beste kansen als de cliënt 'probleemeigenaar' blijft en precies die zorg en hulp krijgt aangeboden die nauw aansluit bij de 'vraag' of 'klacht' van de cliënt zelf. Niet elke cliënt is evengoed in staat om zelf expliciet aan te geven en te verwoorden waar het voor hem in de kern om draait. Er komen juist ook veel cliënten in beeldende therapie die dat helemaal niet zo goed kunnen. Het 'gesprek' dat leidt tot een heldere hulpvraag en tot een behandelingsplan verloopt langs veel sporen en vooral ook in het medium en in het betrekkingsniveau van cliënt en therapeut.

> De beeldend therapeut nam bij de volgende afspraak een 'therapiekoffer' met diverse 'platte-vak'materialen mee. Daarbij had zij enkele bloemen en bladeren en natuurfoto's verzameld. Zo kwam het beeldend proces op gang waarin meneer vooral voorwerpen uit zijn weer groeiende interessegebied natekende. Eerst stond vooral de techniek op de voorgrond, maar de tekeningen werden steeds levendiger. In een van de sessies tekende meneer naar een foto het boeket dat zijn vrouw op haar laatste verjaardag kreeg.

In de beeldende therapie is het gebruikelijk om uit te gaan van de driehoek cliënt-medium-therapeut. Op dezelfde wijze wordt in de filosofie en psychologie vaak de interrelationele dialoog tussen 'zelf' (individu), 'ander' en 'wereld' beschreven. Deze verhouding kan vanuit een 'empirisch objectief' of een meer 'hermeneutisch intersubjectief' referentiekader beschouwd worden (zie ook hoofdstuk 8). Van belang is hoe dialogisch denken en resultaatgericht handelen beide vanuit het belang van de cliënt gezien kunnen worden.
Voor een deel speelt hier een kwestie van taalhantering. In klinische

psychiatrische settings is de theoretisch-methodische behandeltaal sterk medisch en gericht op de klachten, stoornissen en de behandeling daarvan. Een opname is een zeer gericht en tijdelijk proces waarin een aantal deskundig te nemen beslismomenten van groot belang is. Onder meer in hoofdstuk 3 en 5 worden verscheidene 'klachtgerichte' beeldende therapieën besproken.

Naarmate de vaktherapeutische beroepen zich ontwikkelden, werd de vaktherapeutische driehoek cliënt-medium-therapeut vanuit sterk uiteenlopende therapeutische benaderingen bekeken en beschreven. Deze verhouding wordt soms als een meer objectieve feitelijkheid beschreven en soms als een meer subjectief beleefde of geconstrueerde ervaring. Dit verschil in benadering is gebaseerd op onderscheiden paradigmatische kaders. Voor meer uitleg over deze paradigma's willen we verwijzen naar hoofdstuk 8, waar dit onderwerp besproken wordt in verband met onderzoek en kennisontwikkeling. Hier is van belang dat dialogisch werken geassocieerd wordt met een persoonlijk, intersubjectief en dialogisch proces waarin de cliënt als 'actor' en ervaringsdeskundige centraal staat. Ervaringen in het medium en in relatie met de therapeut ondersteunen hem in zijn proces. Resultaatgericht werken wordt daarentegen vooral geassocieerd met doelmatigheid, systematische planning en heldere, liefst voorspelbare, resultaatafspraken. De deskundige therapeut stippelt voor de klacht van de cliënt de optimale weg uit, een weg die snel en zeker leidt naar goede resultaten. De cliënt laat zich informeren of meenemen op de weg die de deskundige therapeut als de beste bestempelde. Een breed georiënteerd beeldend therapeut moet beide benaderingen kennen, kunnen hanteren en met elkaar in verband brengen. De basis van een 'dialogische relatie' stelt cliënt en therapeut in staat op vraaggerichte wijze op elkaar betrokken te zijn. Een dialogische benadering vanuit cliëntperspectief stelt de cliënt in staat naar draagkracht 'probleemeigenaar' te zijn. In een 'vraaggerichte' therapie wordt afgestemd op de wensen en behoeften van de cliënt. Hierbij is de dialoog de basis voor herkenning van de wensen en verwachtingen van de cliënt, voor de keuze van een passende behandeling en voor de inzet van het medium (Tromp, 2004; Hermans, 2006; Hutschemaekers, Tiemens & Smit, 2006; Muijen, 2001; Visser, 2007).

> Na zeven sessies kwam er een gesprek waaraan meneer De Vries, zijn twee dochters en de beeldend therapeut deelnamen. Samen bekeken ze een aantal tekeningen die meneer had uitgezocht. Er

> werd bewonderd, er werden herinneringen opgehaald, er werd gelachen en er werd een enkel traantje weggepinkt. Meneer De Vries was, samen met zijn familie, in staat om de draad weer op te pakken.

Een vraaggerichte of dialogische werkwijze werd in het spraakgebruik wel eens wat al te snel gekoppeld aan een bepaalde procesopvatting waarin processen lang duren, veelomvattend geformuleerd worden en daarmee slecht hanteerbaar en meetbaar zijn. Toch is het veranderingsproces van de cliënt niet per definitie een langdurig proces. 'Proces' wordt gezien als een kwalitatieve beschrijving van wat plaatsheeft en verbetert of verandert (Muijen, 2001; Hermans, 2006). Dit kan soms in zeer korte tijd, maar het kan ook meer tijd nodig hebben. Een behandeling is gericht op het best mogelijke resultaat voor de cliënt, gegeven de context of omstandigheden waarin de behandeling plaatsheeft. Een behandeling is gericht op empowerment voor zover dit het in stand houden en/of herstel van de eigen zeggenschap van de cliënt aanspreekt (Boevink e.a, 2007; Hutschemaekers, 2001). De cliënt als vormgevend 'actor', zou het referentiekader bij uitstek moeten kunnen zijn voor lengte en inhoud van een beeldendtherapieproces (Tromp, 2004). De cliënt voelt zich ondersteund en erkend. De behandeling is constructief, waarbij de therapeut een onmisbare deskundige en ondersteunende positie heeft. Waar de cliënt 'in crisis' nauwelijks tot dialoog in staat is, is bescherming noodzakelijk, maar er kan ook gezocht worden naar de mogelijkheid om de dialoog zo snel mogelijk te herstellen. Tegelijk zal dat handelen toch planmatig-methodisch verantwoord moeten zijn, effectief en efficiënt.

Mensvisie: een biopsychosociaal model
Het verdient voorkeur om voor beeldende therapie een funderend 'mensbeeld' te kiezen, vanuit een 'complexe en dynamische' visie. Dit kan het veelzijdige ervaren en ontwikkelen dat in beeldende therapie plaatsheeft het best recht doen. Juist bij vormgevingsprocessen is de hele mens betrokken. Het werken in het beeldend medium is een veelzijdig complex gebeuren waarop in paragraaf 2.1.2 nog nader zal worden ingegaan. Lichamelijke, emotionele, cognitieve en omgevingsfactoren zijn gezamenlijk op een bijzondere manier betrokken in vormgevingsprocessen.
Een visie gebaseerd op een biopsychosociaal model (Van der Molen, Perreijn & Hout, 2008) geeft ruimte om te begrijpen hoe in elke

afzonderlijke therapie steeds heel specifiek en gericht behandeld wordt. Dit betekent dat (neuro)biologische, psychische (emotionele, cognitieve) en sociale factoren een uitlokkende rol of in stand houdende rol kunnen hebben in het ontstaan van problemen of stoornissen. Zicht hebben op deze complexiteit is dan ook van belang. Behandeling en herstel in beeldende therapie is als een dynamisch proces te bestempelen. Zowel de steeds in beweging zijnde innerlijke balans van het hele menselijke organisme of systeem alsook de steeds veranderende balans tussen (menselijke) binnen- en buitenwereld leidt tot een complexe dynamiek. De theoretische inzichten die hierna besproken worden zijn alle hierop betrokken. Ieder in hun eigen tijd en met hun eigen vocabulaire probeerden theoretici de complexe menselijke dynamiek te ontrafelen en ontsluieren.

> Meneer De Vries kreeg de juiste medicatie om de depressie onder controle te krijgen. Maar daarmee was zijn verdriet om zijn grote verlies niet weg. De therapeut van meneer De Vries bood hem niet een kant-en-klare beeldende activiteit aan om hem 'af te leiden'. Zij luisterde en keek naar wat hem bezighield in emotioneel opzicht, en op het juiste moment stimuleerde ze hem ook om 'terug en thuis' te komen bij zaken waarmee hij zich verbonden wist op grond van zijn cultureel-historische biografie en zijn beeldende technische mogelijkheden. Zo kon een stukje levensverhaal verbeeld en gedeeld worden.

Het redeneerproces van de beeldend therapeut is er steeds op gericht tot een specifieke behandeling te komen van gedragingen, cognitieve en emotionele aspecten. Ook in bovenstaand voorbeeld kan vanuit een besef van complexiteit en dynamische compleetheid aangewezen worden welke aspecten bij de cliënt en zijn mediumwerk specifiek aangesproken en gericht behandeld kunnen worden. In deze lijn is het vanzelfsprekend dat een beeldendtherapeutische behandeling bij meer complexe problematiek dikwijls samengaat met andere vormen van therapie in een multidisciplinaire aanpak.
Vooral zo kunnen gerichte en genuanceerde keuzes gemaakt worden ten behoeve van het behandelen en ondersteunen van uiteenlopende groepen van cliënten, van kinderen, jeugdigen en volwassenen en ouderen met ontwikkelingsproblemen, psychische stoornissen, lichamelijke of mentale beperkingen.

Emoties, cognities en ontwikkeling

Ontwikkelingspsychologische denkkaders kunnen de therapeut helpen om de werkelijkheid zoals de cliënt die ervaart inzichtelijk te maken. Dit levert een van de mogelijkheden op om het beeldendtherapeutisch redeneerproces te onderbouwen. Ontwikkelingstheorieën helpen bij het ontdekken, kennen en beschrijven van de verhouding tussen 'het zelf', 'de ander' en 'de wereld'. De wisselwerking tussen deze drie aspecten is te zien als basis van menselijke ontwikkeling. Deze wisselwerking maakt deel uit van het begrijpen van processen in beeldende therapie. Voorbeelden daarvan zijn de theoretische kaders van Erikson, Piaget en Vygotski. Zij beschreven bepaalde facetten van ontwikkeling. De zeggingskracht en de 'empirische' basis van de theorieën verschillen sterk (Verhofstadt-Deneve, Vyt & Geert, 2003).

Psychodynamische theorieën

De vroege psychoanalyse zocht de verklaringen voor gedrag en ontwikkeling in innerlijke emotionele drijfveren. Erikson maakte behalve de 'ouder' als motor in de ontwikkeling ook de sociale inbedding tot onderwerp. In de latere psychodynamische opvattingen is naast de emotionele ontwikkeling op impliciete wijze ook de cognitieve ontwikkeling aan de orde. Enkele theorieën die bij Nederlandse beeldend therapeuten bekend zijn worden hier nader genoemd.
Erikson gaf een psychodynamisch model voor de ontwikkeling van gevoelsmodi in relatie tot de sociale omgeving. Zo beschreef hij vertrouwen, autonomie, initiatief, productiviteit, identiteit, intimiteit, generativiteit en integrativiteit als kernmodaliteiten in achtereenvolgende levensstadia (Erikson, 1960). De fasentheorie van Erikson is herkenbaar in de appèllijst van Kliphuis (1973). Naast dat van Erikson zijn andere psychoanalytische concepten uitgewerkt die tot op vandaag betekenis hebben voor de beeldende therapie. Deze begrippen worden nog steeds gebruikt, al zijn ze vaak gedeeltelijk ontdaan van hun orthodoxanalytische betekenis. Enerzijds gaat het om verwante of aanvullende uitwerkingen van ontwikkelingsstadia. Te denken is aan de objectinternalisatietheorie (Bowlby, 1969; Mahler, 1974; Winnicott, 1964). Anderzijds gaat het om toevoegingen van op therapie gerichte concepten. Zo hebben de concepten van 'afweer en coping' tot buiten de psychoanalyse invloed gehad (Freud, 1973; Malan, 2000; Young & Klosko, 2002). Hetzelfde geldt voor oorspronkelijk geheel als relationele aspecten gedefinieerde concepten zoals 'overdracht' (Sandler, Dare & Holder, 1976; Storr, 1997; Van Delft, 2004) of 'holding en containment' (Cluckers e.a., 1986). Het medium wordt wel gezien als een bijzonder sterke krachtige 'container' die heel verschillende ge-

voelsmatige ervaringen kan bevatten en bewerken. Holding is dan de totale (ego)steunende omgeving die ontwikkeling en groei (weer) mogelijk maakt. Een actuele psychodynamische diagnostiek is te vinden in het ontwikkelingsprofiel van Abraham (2005). Abraham stelde een matrixmodel op van enerzijds ontwikkelingsniveaus en anderzijds ontwikkelingslijnen. De ontwikkelingsniveaus geven stadia van rijpheid aan van vroegkinderlijke naar volwassen stadia. De ontwikkelingslijnen (gebieden waarop de ontwikkeling zich afspeelt, zoals identiteitsnormen en waarden zijn er op zeer verschillende ontwikkelingsgebieden, ontwikkelingslijnen bevatten bepaalde thema's waarop het ontwikkelingsniveau zich kan voordoen in gedrag. Het gaat bijvoorbeeld om sociale attitudes, zelfbeeld, normen enzovoort. Abraham c.s. constateerden dat in geval van ernstiger 'ontwikkelingsschade' een sterker profiel op de ontwikkelingslijn 'probleemoplossend vermogen' een gunstiger beeld geeft voor ontwikkeling. Het beeldende medium is bij uitstek van belang voor het ervaren en ontwikkelen van dit probleemoplossend vermogen.

Uit paragraaf 1.3 blijkt dat bij veel vaktherapeuten de ontwikkelingstheorie van Stern (1985) zeer in de belangstelling staat. In het bijzonder is dit het geval in de analoge procesbenadering.

Ter fundering van het handelen zijn bij Stern de kernconcepten van 'vitality affects' en 'interpersonal attunement' van belang. Hiermee wordt een emotionele gewaarwordingslaag denkbaar en zichtbaar die te zien is als onderstroom voor afzonderlijke gevoelens als angst, blijheid, verdriet en boosheid, en die zeer veel 'beweging en resonantie' teweegbrengt en de intermenselijke relationele en communicatieve processen op gang brengt. Medium en therapeut kunnen op deze 'onderstroom' van affectieve gewaarwording aansluiten en daarmee het op gang komen van 'regulering' of 'ontwikkeling' ondersteunen. Deze beweging en resonantie zijn belangrijke factoren in vormgevingsprocessen.

De theorie van Stern is ten dele als een moderne en psychodynamische theorie op te vatten. Maar het begrip 'vitality affects' is meer, omdat Stern ook naar een sterke empirische verankering zocht in de experimentele ontwikkelingspsychologie. Samen met de benadering van Damasio die de neurologische belichaming van denk- en gevoelsaspecten heeft beschreven, vormt de zelftheorie van Stern de achtergrond van de analoogprocesbenadering die in hoofdstuk 1 en hoofdstuk 4 beschreven staat (Smeijsters, 2008). Voor de fundering van beeldende therapie is in die zin zowel de theorie van Stern (1985, 2004) als die van Damasio (2001) belangrijk, omdat het spelen en werken in het medium zich voltrekken in ontwikkelingslagen van het

eerder besproken 'kernzelf' die qua 'zelforganisatie' een non-verbaal karakter dragen.
De theorie van Stern is ten dele als een psychodynamische theorie op te vatten. 'Affectregulatie' is een centraal begrip in de psychoanalytische therapiepraktijk. Maar het is meer, vooral door de sterke empirische verankering in de experimentele ontwikkelingspsychologie. Samen met de benadering van Damasio, die de neurologische belichaming van denk- en gevoelsaspecten heeft beschreven, vormt de zelftheorie van Stern de achtergrond van de analoogprocesbenadering die hierboven beschreven werd (Smeijsters, 2008).

Van herstructureren naar zelforganisatie
Piaget, van oorsprong bioloog, gaf een model waarin op grond van proefondervindelijke ervaring, voortdurend een 'herstructurering' van kennisinhouden plaatshad. Dit zag hij als basis van een cognitieve ontwikkeling in vier globale fasen: sensomotorische, preoperationele, concreet operationele en abstract operationele fase. Enkele van deze fasen werden verder uitgewerkt en verfijnd. Voor beeldende therapie is jarenlang deze theorie behulpzaam geweest om te begrijpen hoe (sensomotorische) adaptatieprocessen te zien zijn als aanleiding voor het vormen van kennisstructuren van de wereld in een steeds meer omvattend kader van concrete en latere abstracte denkoperaties (Piaget & Inhelder, 1972). Deze theorie heeft haar sporen nagelaten in veel methodieken in onderwijs, ontwikkeling en hulpverlening. Waar Piaget zijn ideeën ontwikkelde op basis van observaties van kinderlijke experimenten, daar heeft de cognitieve psychologie inmiddels een grote vlucht genomen mede door de mogelijkheden die de cybernetica biedt. Op grond van neurowetenschappelijke onderzoeksresultaten zijn door onder meer Damasio (1998, 2001, 2003) en Edelman en Tononi (2001) de ideeën over een op zichzelf staande cognitieve ontwikkeling ingrijpend veranderd.
De ontwikkeling van gevoel en cognitie wordt door Damasio in termen van ontwikkeling veel meer vanuit neurobiologische en neuropsychologische evolutie en homeostase verklaard. Veranderingen in het organisme worden op emotioneel niveau waargenomen. Cognities en gevoelens ontwikkelen zich in de individuele mens op basis van het herstellen van evenwicht. Doel is het ontwikkelen van zelfbewustzijn. Het beeldend medium kan een laag van bewustzijn aanspreken die samenhangt met een eenvoudige bewustzijnsvorm, het kernbewustzijn (Smeijsters, 2008). Het weer op gang brengen van ontwikkeling en leren kan op een veelal niet-cognitieve manier beginnen. Daar ligt

de grote kracht van non-verbale media, ook van het medium in beeldende therapie.

> In dit opzicht is de beeldende therapie die hierna nader beschreven wordt interessant. Mevrouw N., die niet praat na een ernstig verkeersongeluk waarbij zij hersenletsel opliep, kan wel op een niet-verbaal niveau aangesproken worden, wat ook de oorzaak van het niet-spreken is. Als het de therapeut lukt af te stemmen op de werkelijke resterende mogelijkheden in het doen en laten van mevrouw N., dan is er in termen van Smeijsters sprake van afstemmen op het 'kernzelf'. Dit is een in emotioneel opzicht diepe vorm van afstemming die mogelijk bewuste, maar ook niet (verbaal) bewuste, aspecten zal hebben.

Ontwikkeling als ingroeien in de cultuur

Ontwikkeling is niet alleen als individueel verschijnsel te zien. Van belang is ook de wijze waarop culturele beïnvloeding en bemiddeling tot stand komt. De Russische psycholoog Vygotski nam vooral het ingroeien in cultuur en maatschappij tot uitgangspunt. Mensen treffen niet 'de wereld' en 'de medemens' aan, maar een bepaalde omgeving waarin ook alle medemensen gevormd zijn in en door die bepaalde omgeving. Culturele verschillen tussen cliënten die zichtbaar worden in het medium en in de relaties in de therapie worden mede hierdoor begrijpelijk en hanteerbaar. Vygotski legde veel nadruk op de ontwikkeling en integratie door bemiddeling van verbale taal, maar de wereld bestond ook uit de materie en de gereedschappen die deze wereld te bieden had. 'Aansluiting' is ook voor Vygotski een centraal begrip. Hij ziet bij mensen enerzijds een 'zone van actuele prestatie' en anderzijds een 'zone van naaste ontwikkeling'. Deze laatste zone biedt een breed sociaalcultureel aansluitingspunt voor leren en ontwikkelen. Bij Vygotski was het enculturatieproces gericht op de socialistisch-collectieve maatschappij in de Sovjet-Unie. Een zekere mate van verwantschap met de fenomenologisch-hermeneutische gedachtegang van de Nederlandse Huizinga en de Duitse Gadamer is echter opvallend. Huizinga plaatst de 'spelende mens' in de 'werkende' cultuur. Gadamer introduceert 'de hermeneutische cirkel' een hermeneutisch narratief kader om de algehele situatie van cliënten in beeld te brengen. Huizinga en Gadamer worden verder vanuit het perspectief van het medium besproken (Verhofstadt-Deneve, 2003; Heymann, 1999; Huizinga, 1938; Gadamer, 1993).

Psychopathologie en stagnatie van ontwikkeling

In het klinisch redeneerproces speelt psychopathologie een onmiskenbaar grote rol. Geen beeldend therapeut kan zich veroorloven om ernstige ziektebeelden of grote persoonlijke problematiek over het hoofd te zien of te negeren.

Bepaalde gedragingen kunnen door heel verschillende oorzaken tot stand komen. Als bijvoorbeeld de therapeut op grond van gebrek aan informatie verkeerde conclusies trekt, dan dreigt het beeldendtherapeutisch redeneerproces te gaan haperen. Daarmee loopt een effectieve behandeling gevaar.

> Mevrouw N. is sinds een paar maanden op een verpleegafdeling voor dementerenden. Zelf is zij een cliënt met een 'niet-aangeboren hersenletsel' dat zij door een verkeersongeluk heeft gekregen. Haar gedrag is stil en teruggetrokken. Ze toont weinig initiatief, ook al kan zij met een rollator weer kleine stukjes lopen. Mevrouw heeft tijdens haar verblijf nog nooit gesproken. De verzorgenden zijn geneigd de conclusie te trekken dat mevrouw niet meer kan spreken. Toch staat in haar dossier dat zij in de revalidatiekliniek opnieuw heeft geleerd zich verbaal verstaanbaar te maken. In een cliëntbespreking na drie maanden worden de verschillende informatiestromen aan elkaar gekoppeld. Het gedrag en het niet-spreken worden geherinterpreteerd, ook in termen van mogelijke psychopathologie. De herziene diagnose is meer 'ontwikkelingsgericht' dan men aanvankelijk dacht.

Diagnostic and Statistic Manual

Beeldend therapeuten stellen zelf geen psychopathologiediagnose. Deze wordt gesteld door psychodiagnostici, te weten de psychiater en gz-psycholoog. De beeldend therapeut stemt zijn behandeling daarop af. Een beeldend therapeut die er de voorkeur aan geeft om 'open' of 'blanco' een kennismakingsfase in te gaan, zal zich moeten realiseren dat de wetenschappelijke fundering van psychiatrische stoornissen en psychosociale problemen een fundamentele rol speelt in de behandeling. Als er geen diagnose volgens deze wijze gesteld is, zal een beeldend therapeut in staat moeten zijn om te signaleren wanneer een cliënt op het gebied van onderkenning van problemen en stoornissen meer nodig heeft dan de beeldend therapeut kan bieden.

In de ggz wordt vrijwel steeds een diagnose gesteld volgens de classificatie van de *Diagnostic and Statistic Manual (DSM)*, opgesteld door de American Psychiatric Association. Dit 'handboek' is voortdurend onderwerp van ontwikkeling. De versie die sinds 2000 gebruikt wordt is DSM-IV-TR2. Alle psychiatrische stoornissen worden gescoord vanuit vijf gezichtspunten of invalshoeken in een vijfassensystematiek. Achtereenvolgens worden op as I klinische syndromen en symptomen gescoord en op as II persoonlijkheidsstoornissen. Op as III staan de lichamelijke toestand, ziekten, aandoeningen of handicaps benoemd. Op as IV is de psychosociale problematiek beschreven. As V geeft een globale beoordeling van het functioneren uitgedrukt in een cijfer.

> Mevrouw N. heeft door haar hersenletsel ernstige lichamelijke beperkingen die grote consequenties hebben voor het algeheel functioneren. Door nauwkeurig verschillende gedragingen met elkaar in verband te brengen ontstaat mogelijk een idee over een klinisch-psychiatrisch beeld. De gedachten van het verpleeghuisteam gaan in de richting van een depressieve stemming. De aanwezige stagiaire beeldende therapie krijgt de gelegenheid om een aantal dagdelen met mevrouw op zoek te gaan naar haar 'bereikbare ontwikkelingsmogelijkheden'. Als zij binnen een beperkte tijd geen ingang kan vinden, zal mevrouw psychiatrisch onderzocht worden. De stagiaire gaat aan de gang om een soort van 'SWOT'-analyse te maken: wat gaat voor mevrouw nog goed, waar liggen beperkingen, welke mogelijkheden kunnen ontwikkeld worden en wat houdt de ontwikkeling tegen?

Bij elke diagnose wordt naar de uit wetenschappelijk oogpunt best passende behandelvormen gezocht. Bij enkele ziektebeelden is de relatie tussen ziektebeeld en behandeling zo duidelijk empirisch bewezen en vastgesteld dat daarvoor duidelijke behandelrichtlijnen op te stellen zijn, ontwikkeld en geaccordeerd door een multidisciplinaire groep van behandelaren. Vaktherapeuten werken hieraan mee en ook voor de behandeling met beeldende therapie is een aantal richtlijnen vastgelegd. Zo is als aanbeveling bij de *Multidisciplinaire Richtlijn voor depressie* voor beeldende therapie beschreven:
'Het verdient aanbeveling dat depressieve patiënten vanaf de eerste fase van de behandeling fysiek inspanning verrichten. Het is aan te bevelen dat deze inspanning aangepast is aan leeftijd en belangstelling. Dit ter motivering en om regelmaat te bevorderen.' (aanbevelingen bij ggz-richtlijnen van het Trimbos-instituut, maart 2007)

> Mevrouw N. laat zich niet zomaar activeren. De stagiaire is hard voor mevrouw 'aan het werk'. Zelf toont ze echter maar matige belangstelling voor al deze inspanningen. Zij leeft echter op als ze op een mooie middag in haar rolstoel samen met de stagiaire buiten in de zon zit. Als de stagiaire een wilde roos afplukt en die onder de neus van mevrouw N. houdt, ademt ze de lucht diep in en glimlacht. Vervolgens neemt ze de roos in ontvangst en houdt hem bij zich, ook als ze weer naar binnen gaan.

International classification of functioning, disability and health
Een tweede belangrijk diagnostisch classificatiesysteem sluit bij deze ontwikkelingen goed aan. Dit is de ICF/ICDH (*International classification of functioning, disability and health* van de World Health Organization, WHO). Deze classificatie overstijgt het psychiatrische domein. Uitgangspunt is om naast de aanwezige functionele beperkingen ook de mogelijkheden voor (maatschappelijke) participatie in beeld te brengen.

> In het geval van mevrouw N. is een diagnose met behulp van de ICF te maken. De mate van functioneren op verschillende levensdomeinen zal laten zien dat er ernstige beperkingen zijn. De mate van ondersteuning kan daarop afgestemd worden. De beeldend therapeut zal daarin dan een eigen rol kunnen vervullen, in het bijzonder naar het psychisch-sociaal functioneren. Mogelijk kan na enige tijd verbetering van functioneren op enkele domeinen te zien zijn. Het ziet ernaar uit dat mevrouw N. nog niet weer alles eruit gehaald heeft wat erin zit.

Deze twee diagnostische kaders worden soms naast elkaar gebruikt. Bij de behandeling en begeleiding van mensen met chronische en langdurige ziekten en beperkingen wordt wel de ICF toegepast. Daarom komen beeldend therapeuten deze manier van classificeren vooral tegen in de rehabilitatie, revalidatie en soms in de behandeling van lichamelijk of verstandelijk gehandicapten.

Leer- en gedragsstoornissen
Ten slotte is er de diagnostiek rond leer- en gedragsstoornissen. De DSM-IV heeft ook de stoornissen rond opgroeien, ontwikkelen en

leren van kinderen en jeugdigen geclassificeerd. In de orthopedagogische praktijk wordt daarnaast vanuit de invalshoek van ontwikkelingsmogelijkheden dieper ingegaan op leerstoornissen, gedrags- en contactstoornissen en lichamelijke en verstandelijke beperkingen. Hier is een onderscheid van belang tussen tijdelijke vaak aan de ontwikkelingsfase gerelateerde problemen en diep ingrijpende stoornissen die over een langere tijd zijn vast te stellen. Een probleem is vaak op te lossen door het gericht inzetten van tijdelijke extra zorg en aandacht vanuit opvoeders en behandelaars. Stoornissen zijn hardnekkig en vragen om voortdurende aandacht, begeleiding en behandeling gedurende de hele jeugdperiode. Niet behandeld kunnen zij aanleiding zijn voor het ontstaan van ernstige problemen en ontwikkelingsachterstanden. Zo kunnen bijvoorbeeld enkelvoudige leerproblemen als kortdurend beschouwd worden. Met enkelvoudige 'primaire' leerstoornissen zoals dyslexie en dyscalculie heeft de beeldend therapeut meestal geen directe bemoeienis. De leerkracht, ouders, logopedist en remedial teacher vormen daarvoor het meest efficiënte netwerk. Leerstoornissen zijn echter veelomvattend en hardnekkig en vragen om een speciale vaak multidisciplinaire aanpak. In het onderwijs worden gedrags- en ontwikkelingsstoornissen zoals ADHD, PDD enzovoort ook wel benaderd als secundaire leerstoornissen. Een leerstoornis als onderdeel van een groter probleem met psychosociale factoren, is dikwijls aanleiding voor een therapeutische interventie in de orthopedagogische praktijk en bij het schoolse leren. Vaak is er dan sprake van een 'kluwen' aan problemen waar het sociaalemotioneel functioneren en soms de thuissituatie een rol in speelt. De beeldend therapeut moet in deze kluwen een eigen positie innemen en een juiste werkzame werkwijze bepalen (Haeijen, 2007; Schweizer, 2001; Smeijsters, 2000).

De cliënt in zijn systeem

Hierboven is steeds de cliënt als individu tot uitgangspunt genomen. Toch zijn mensen 'sociale' wezens die in netwerken leven, in samenhang met hun omgeving. Systeemtheoretici gaan er zelfs van uit dat de relatie tussen individu en omgeving zodanig van belang is dat de cliënt zelf als systeem gezien moet worden. Zonder een algemeen systeemtheoretisch kader uitputtend te willen uitdiepen, is het ook voor de beeldende therapie van belang om kort stil te staan bij de invalshoek van het systeemdenken. In hoofdstuk 5 worden enkele systeemgerichte methoden besproken en op de site is een casus in beeld gebracht.

In een systeemtheoretisch kader beschouwt men het niveau van de mens als individu als één systeemniveau te midden van minder en meer complexe niveaus. Bijvoorbeeld het systeem op het niveau van de individuele mens is als organisme opgebouwd uit organen die op hun beurt weer opgebouwd zijn uit kleinere biologische en neurologische onderdelen. Tegelijk zijn er meer complexe systeemlagen waarin het individu deel is van families, groepen, gemeenschappen en de maatschappij als totaal (Lange, 2006, Milders & Van Tilburg, 1988, Watzlawick, 1975).

> De therapeut van de eerdergenoemde meneer De Vries is geen systeemtherapeut, maar geeft zich er rekenschap van dat het voor meneer belangrijk is om zijn gevoelens te delen met de dochters. De gezamenlijke bijeenkomst toont duidelijk aan hoe belangrijk dit is.

Systemen staan in open verbinding met hun omgeving en kunnen door de wisselwerking veranderen. Processen van leren door informatieverwerking zijn hiervan een voorbeeld. Op het niveau van het individu gaat het concreet om de verwerking van ervaringen, gevoelens en/of cognities, resulterend in aanpassing of verandering van gedrag. Sommige systeemtheoretici benadrukken ook de verwantschap met individuele benaderingen, zoals een cognitieve ontwikkelingstheorie of het structurele balansconcept uit de psychoanalyse. Een aan systeemtheoretisch denken verwante benadering is ecologie en ethologie. Ethologen benadrukken de verwantschap in gedragingen en leerprocessen van mensen en dieren als verwante biologische soort (Goldschmidt, 2007; De Waal, 2005).
Van groot belang is de systeembenadering in het denken over hulpverlening aan kinderen en gezinnen. Vooral in de jeugdhulpverlening zijn systeemgerichte methodieken veelvuldig in gebruik. Belangrijke bestanddelen van een systemisch veranderingsproces die aangrijpingspunten bieden voor therapeutische interventie zijn de volgende.
- Totaliteit als bijzonder en ondeelbaar samenstel der delen. Zo is een gezin of gemeenschap een unieke totaliteit met geheel eigen ontwikkelingsmogelijkheden.
- Feedback is de bijzondere manier waarop de leden van het systeem elkaar op circulaire wijze te kennen geven hoe zij willen omgaan met elkaar.

– Homeostase, door Watzlawick beschreven als meegroeiend evenwicht, de mate waarin het systeem veranderingen aankan om vervolgens weer in evenwicht te komen.
– Equifinaliteit. Een eindresultaat van een systeemverandering heeft een zodanig eigen belang dat dit niet rechtstreeks gebonden is aan de manier waarop het veranderingsproces wordt vormgegeven (Watzlawick, 1975).

Verschillende interventies, ook beeldende, kunnen eenzelfde systemische verandering bewerkstelligen. Enkele interactieve benaderingen van beeldende therapie worden in hoofdstuk 5 uitgewerkt.
Een systeembenadering wordt ook beschreven door Van der Hart (1984). Hier gaat het om rituelen en structuren in gezinnen, maar ook om de wijze waarop in therapie gebruikgemaakt kan worden van rituelen bij rouw, afscheid en diepgaande veranderingen. Beeldend therapeuten werken samen met cliënten ook met dergelijke rituelen, bijvoorbeeld om op verschillende manieren een afscheid op betekenisvolle wijze vorm te geven.
Ten slotte is er een bijzondere benadering in de contextuele benadering ontwikkeld door Boszormenyi-Nagy, in Nederland vooral bekend geworden door Van den Eerenbeemt c.s. In veel beeldende therapieën spelen begrippen als 'loyaliteit' en 'meervoudige partijdigheid' een belangrijke rol (Beelen, 2003; Van den Eerenbeemt & Heusden, 1983; Van den Eerenbeemt, 2007; Heylen & Janssens, 2001; Klijn & Scheller-Dikkers, 2006).

2.1.2 HET PERSPECTIEF VAN HET MEDIUM

Het medium van de beeldende therapie bestaat uit wat in sociaal-culturele termen overeenkomt met het domein van de 'beeldende kunst'.
'Verbeelding' en 'afbeelding', 'potentie van het materiaal' en 'ambachtelijke beheersing' vormen daarin een spannend samenspel voor de beeldend kunstenaar of ambachtelijk beoefenaar. Een discussie over de precieze kern en de grenzen van dit domein voert hier te ver. Graag verwijzen we daarvoor naar het beeldendekunstdomein zelf (Eco, 2005, 2007; Freeland, 2004; Gombrich, 1996; Henrich & Iser, 1982; Stangos, 1994). Voor beeldende therapie is dit het medium waarin de therapeutische veranderingen ervaren, uitgespeeld en uitgewerkt worden.
Spanning is aanwezig doordat er innerlijke en uiterlijke factoren met elkaar gecombineerd worden en tot een soort van synthese gebracht moeten worden. Verbeeldingskracht of fantasie kan vooroplopen en

vertraagd worden door weerbarstigheid van materiaal. Verbeelding kan ook in aanvang achterwege blijven en getriggerd worden door de ervaring met materiaal. Een bestaande afbeelding kan gevoelens en gedachten uitlokken. Een zelfgemaakte afbeelding kan spiegelen en daarmee bevestigen of choqueren. Er is een proces, maar er is nadrukkelijk ook een product.

Kortom, de visuele en tactiele hantering in het medium kan voertuig zijn voor vormgeving maar ook voor belemmering. Dit geldt zowel voor het ruimtelijk als het tweedimensionale beeldend vormen. Verantwoording en legitimatie van het beeldend medium als therapie maakt het noodzakelijk dit onderwerp ook filosofisch-theoretisch wat verder uit te diepen.

Ervaring is een kernbegrip. Het wordt bekeken vanuit ervaringsleer, vanuit beeldende therapie en het wordt filosofisch wat verder uitgediept. Ook in de fenomenologie en hermeneutiek speelt de ervaring een grote rol; dit zijn de volgende stromingen waar aandacht aan besteed wordt. Ten slotte zal de verhouding tussen 'subjectieve ervaring' en 'objectieve feiten' kort worden aangestipt.

Denken over ervaring in beeldende therapie

De drie basistheoretische kaders proberen allemaal om deze ervaring op een bepaalde manier te begrijpen en te plaatsen. De al besproken ontwikkelingspsychologische theorieën gaan allemaal in een bepaalde mate over het experimenteren met en ontwikkelen door ervaringen. Zoals al geconstateerd werd: niet het 'basisproces' in de beeldende therapie is heel verschillend. In de kern is niet de vraag van de cliënt, de aangeboden mediumomgeving of basale attitude van de therapeut heel verschillend. Wel zijn de context waarin het proces zich afspeelt en de factoren waaronder er beeldendtherapeutisch behandeld wordt aan verandering onderhevig. Menselijke ervaringsprocessen in het medium vinden in de aard van de zaak op een sterk overeenkomstige manier plaats. De context waarin ze plaatsvinden en de wijze waarop ze gereconstrueerd, beschreven en geëvalueerd worden, kan wel sterk verschillen.

> De historische ontwikkeling van het beroep maakt duidelijk dat beeldend therapeuten anders in hun beroep staan dan vlak na de Tweede Wereldoorlog. Ook is duidelijk dat werkcontexten grote veranderingen hebben doorgemaakt. Toch beleeft iemand die een eerste ervaring met de 'Florence Cane'-techniek heeft nog steeds

> dezelfde verrassing of stagnatie. De woorden die we kiezen om deze ervaring te beschrijven zullen echter behoorlijk verschillen met die van het jaar 1952 (Cane, 1951).

In dit hoofdstuk wordt niet ingegaan op de therapie zelf. In deel twee van dit boek zal daar informatie over geboden worden. Hier wordt ingegaan op de wijze waarop de ervaringen worden gereconstrueerd, beschreven en beoordeeld. Dit gebeurt door in te gaan op enkele veelgebruikte theoretisch-filosofische 'paradigma's' als uitgangspunt te nemen en te kijken wat die de beeldend therapeut aan funderende gedachten opleveren.

Psychologen vragen zich af hoe het met de psyche en het gedrag van de mens gesteld is en wat daarvan de achtergrond kan zijn. In de vorige paragraaf hebben we een aantal voorbeelden van theoretische benaderingen gezien en het verband gelegd tussen enkele visies op ontwikkeling en de beeldende therapie.

Filosofen vragen zich op een fundamenteel niveau af waarom de dingen zijn, zoals ze zijn. De filosoof streeft naar kennis en wijsheid. Daarbij stuiten filosofen ook op de vraag: hoe kunnen wij onszelf en de wereld kennen? Kunnen we dat wel en wat is kennis eigenlijk? Bestaat er bijvoorbeeld 'ware kennis'? Is er kennis die altijd blijft gelden? Is kennis iets voor wetenschappers of heeft iedereen belangrijke kennis? In hoofdstuk 8 komen dergelijke vragen ter sprake voor zover het de beeldende therapie betreft. Zij vormen het onderwerp van verschillende soorten van onderzoek.

Er zijn ook filosofen die zich bezighouden met het schone (de esthetica) of het goede (de ethiek). In de filosofie komen overal vraagtekens bij te staan, met als doel meer van het 'hoe, waarom en waartoe' te leren kennen. Hier zal het vooral gaan om de betekenis van deze grondvragen voor de beeldende therapie. De esthetica zal in het onderstaande zijdelings aan bod komen. De zorgethiek houdt zich bezig met vragen als: wat is goede, menswaardige of menslievende zorg? Ook dit onderwerp komt slechts terloops ter sprake. Er zijn veel boeken die daaraan aandacht hebben besteed op een wat algemener niveau dan voor de beeldende therapie (Widdershoven, 2000; Van Heijst, 2006).

Hier zal vooral gekeken worden vanuit enkele filosofische en wetenschapstheoretische kaders die 'ervaring' centraal stellen. Enige aandacht wordt besteed aan hoe deze kaders zich onderling tot elkaar verhouden. In hoofdstuk 6 wordt beschreven welke rol deze kaders spelen in de ontwikkeling van verschillenden vormen van kennis door verschillende methoden van onderzoek.

Pragmatisten en het nut van kunst

Vanaf het ontstaan van de beeldende therapie in Nederland is nadrukkelijk gesteld dat het werkzaam bestanddeel van de therapie vooral te vinden is in het (creatief) proces. Dit proces kon plaatsvinden ongeacht het geniale, creatieve of kunstzinnige vermogen van de individuele cliënt. Ook stond het op zichzelf, los van een creatief (mooi en nieuw) product. Dat product was er wel. Maar het streven naar een mooi product kon evengoed een belemmerende als een bevorderende factor zijn. In het proces vond de verandering plaats waar het in de therapie om draait.

Deze praktische opvatting sluit filosofisch gezien aan bij de denkbeelden van de pragmatisten. Zij zetten zich af tegen de idee van een algemeen geldend esthetisch oordeel dat bepaalt wat 'ware kunst' is en wat niet (Cooper, 1997). Dat 'modernistische' idee over een algemeen geldend 'esthetisch oordeel' was bedacht door Emanuel Kant. Het is van grote invloed op de cultuur in de decennia rond de eeuwwisseling van de negentiende naar de twintigste eeuw. De groep filosofen die zich bij uitstek bezighielden met de ervaring, de pragmatici, kozen een andere invalshoek voor dit onderwerp. Zij zochten veel meer naar de praktische communicatieve betekenis van kunst.

Drie klassieke pragmatische opvattingen over onder andere kunst zijn verwoord door William James, John Dewey en Charles Peirce. James en Peirce ontwikkelden ieder een theorie die meer nadruk legde op de 'utiliteit' dan op een abstracte waarde. Kennis is voor hen minder 'waarhedenkennis' en meer 'emotiekennis' of 'handelingskennis'. Dewey ziet kennis (en kunst) communicatief-instrumenteel en sociaal. William James (1901) hield er een meer abstract idee op na. Hij nam 'pluralisme' en 'gelaagdheid' als het kernpunt in zijn psychologisch-filosofisch betoog. James laat zien dat snelle en heldere algemene standen van zaken belangrijk zijn, maar tegelijk slechts een deel van de complexe ervaring weerspiegelen. James is zeker geen tegenstander van een empirische benadering. Echter, hij waarschuwt in een bepaalde zin wel voor de eenzijdigheid.

William James

William James (1901, 1992) wordt wel beschouwd als een van de grondleggers van de fundamenten van de moderne psychologie. Hij zag natuurwetenschappen en filosofie beide als de fundamenten van de psychologie. Daarmee wordt het denken per definitie gelaagd. Aan alle verschijnselen zitten dus meer kanten. Emoties, de zelfopvatting, de opvatting van wetenschappelijke en methodische kennis; het heeft allemaal in beide stromen een verankering.

Kunst bevat ook die gelaagdheid. Een kern die van betekenis is voor beeldende therapie is wat James noemt 'een psychologische drogreden' (Gerritsen, 2004). In een versimpelde versie komt dit neer op het volgende: in (verbale) taal zoekt en vormt de psycholoog, of de mens in het algemeen, woorden of begrippen die een aantal bijzondere verschijnselen in één algemeen omvattend concept vatten en in het algemeen een betekenis geven. Aan de ene kant bestaat een verschijnsel pas als er een woord voor bestaat. Aan de andere kant leidt het gebruik van dat woord ertoe dat we de bijzonderheden van alles wat eronder valt uit het oog dreigen te verliezen. Iemand die zelf 'buiten' een verschijnsel of proces staat, dit aanschouwt en het wil doorgronden, zoals een psycholoog, moet daarom niet alleen naar het onmiddellijk zichtbare kijken. Wat in de psychologie en de conceptuele taal geldt, geldt ook in de beeldende therapie en voor de uiteindelijke vorm van een beeldend product of voor de benaming die we geven aan het vormgevingsproces dat zich voltrekt. Zowel de cliënt als de therapeut kan gemakkelijk ten prooi vallen aan wat James noemt de 'psychologische drogreden'.

Het proces op een moment in zijn volheid begrijpen is nagenoeg onmogelijk. Daarom is bewustzijn van de volheid, gelaagdheid of complexiteit in een beeldende activiteit, beeldend proces of product van belang. In de basistheorieën uit paragraaf 1.3 komt deze notie meer of minder expliciet terug.

> Een cliënt geeft soms achteraf een betekenis aan zijn werk die slechts een deel omvat van wat hem tijdens het maken cognitief of emotioneel heeft beziggehouden De therapeut als toeschouwer kan slechts gedeeltelijk mee-ervaren wat en hoe de cliënt zich uitdrukt en vormgeeft. Maar door zijn eigen ervaring, houding en kennis kan hij meer oppakken dan alleen oppervlakkige signalen.

Het creatief proces als gestalt-articulatieproces bevat letterlijk de notie van de psychologische drogreden van William James. Ehrenzweig (1975) haalt deze psychologische drogreden aan in een boek over de receptieve beschouwing van kunstwerken. Zijn conclusie is dat schoonheidsgevoel kan ontstaan als de toeschouwer het complexe of gelaagde 'geworstel' van de kunstenaar, het creatieve proces, terugziet als een spannende, goed gelukte en dus mooie vorm. Meestal nemen we als toeschouwer die gelaagdheid 'onbewust' waar, maar door ons bewust te zijn van de psychologendwaling zijn we in staat iets van het procesmatige karakter van het gearticuleerde schoonheidsgevoel terug te zien. Dat is voor een beeldend therapeut heel belangrijk.

> Een cliënt die heel erg met een, in zijn ogen, mooie eindvorm bezig is, kan soms moeilijk iets beleven aan het proces zelf. Dit kan zo sterk zijn dat er helemaal geen proces tot stand komt. Het is dan aan de therapeut om op zoek te gaan naar een beeldende activiteit die meer kansen geeft op beleving en tegelijk net zo voldoet aan de eisende houding van de cliënt dat hij zich laat verleiden om die eisen voor zichzelf wat lager te maken.

In de beide andere theorieën komt James minder expliciet voor. Toch ligt er een verband tussen het opsplitsen van vormgeving in allerlei beeld- en vormgevingselementen en het doorzien van de oppervlaktestructuur. En de notie van interveniëren op het niveau van het kernzelf en daaraan gekoppeld kernbewustzijn, heeft ook verwantschap met het doorzien van de (onbewuste) psychologendwaling.

John Dewey

Een tweede pragmaticus is John Dewey (1934). Hij heeft een heel andere benadering van de 'praktische' werkelijkheid. Voor hem draait het in kunstervaringen niet om een innerlijk gevoel of betekenis, maar om een sociaal gedeelde ervaring. De kunstervaring heeft zijn werkingskracht in het zoeken naar integratie. Het dient om de spanning in de wereld te verminderen en integratie en harmonie te bewerkstelligen. Kunst bevat namelijk de expressie van gemeenschapsleven. Een gemeenschap drukt haar gezamenlijke waarden uit in kunstvormen. Omgekeerd is de kunst een universele taal die ons uitnodigt om de innerlijke ervaring van een andere cultuur te ondergaan. Wanneer een toeschouwer een cultuur van binnenuit wenst te begrijpen, moet hij zich de taal van het kunstwerk eigen maken. De niet-beredeneerde 'samensmelting' in het kunstwerk levert veel meer op dan een verbale redenering. Het is bepalend voor de algehele attitude (Freeland, 2004).
Het gaat voor Dewey niet om de hoge schoonheidswaarde, ook niet van de omgeving, maar om de verdieping van de gewone ervaring van het levende schepsel met zijn omgeving. Dewey heeft veel vertrouwen

in de onmiddellijke ervaring. Deze doet ons de 'innerlijke feiten' kennen. Dewey trekt dit vertrouwen door naar de vorming van democratische verhoudingen.

Er was echter ook kritiek op het optimisme van Dewey. Die kritiek gaat over het belang van kennis van de culturele context om een kunstwerk in volle lengte en breedte te begrijpen. Een toeschouwer heeft deze kennis nodig. Niet alleen het kunstwerk, ook de omstandigheden van de kunstenaar zijn van belang om een kunstwerk op waarde te schatten. De redenering is dan bijvoorbeeld: de kunst van Van Gogh heeft op zichzelf zeggingskracht, maar door iets van de tijd en van de omstandigheden van de kunstenaar te weten, kijkt de toeschouwer nog weer anders. Maar ziet hij meer of ziet hij minder?

Diagnostiek in beeldende therapie maakt ruimschoots gebruik van noties zoals die van Dewey. Er valt voor de therapeut als toeschouwer veel te zien in de expressie van de cliënt. Hij drukt zichzelf en zijn achtergrond uit in zijn beeldend werken. Het gaat om hemzelf, zijn achtergrond en de spanningsvelden die om integratie vragen.

Een spannende vraag die beeldend therapeuten bezighoudt is wel: benadert de therapeut de cliënt en zijn groeiend beeldend werk blanco of met voorkennis? In hoeverre wil de beeldend therapeut van tevoren het dossier van de cliënt al kennen? Spreekt het beeldend werk voor zichzelf en vormt de therapeut zich op grond daarvan voldoende een beeld van de cliënt? Deweys theorie overtuigt van de zeggingskracht van het kunstwerk.

Charles Peirce

Een derde, minder bekende, pragmaticus, Charles Peirce wordt hier slechts heel kort behandeld. Van belang is met name zijn begrip 'firstness' (Aydin, 2007). Eenvoudig gezegd is de 'beginnershouding', de zo volkomen mogelijk 'blanco' houding, van grote betekenis. Pas daarna kunnen een meer uitgewerkte houding en conclusie aangenomen worden. Voor het kunstwerk en het beeldendtherapeutisch werk is een bewuste houding zeker van belang. Steeds opnieuw beginnen betekent ook: niet te ver doorschieten in 'psychologismen' en levert het besef dat geen onderzoeker of therapeut ervan kan uitgaan dat hij op een bepaald moment de waarheid heeft gevonden.

De meeste beeldend therapeuten handelen bij voorkeur pragmatisch en communicatief. Ze zijn niet uit op het mooiste beeldende werk, maar cliënten zijn dat in eerste instantie soms juist wel. De manier waarop niet alleen vanuit de psychologie, maar ook vanuit de filosofie naar kunst gekeken wordt, is daarom interessant als onderbouwing voor het professioneel vakmatig handelen in de beeldende therapie.

Het reflecteren met behulp van filosofische concepten of benaderingen biedt mogelijkheden aan beeldend therapeuten om enerzijds aan de eigen allereerste ervaring groot gewicht toe te kennen en anderzijds aan de eigen ervaringen 'voorbij' te komen om op heel verschillende manieren zin en betekenis toe te kennen.

Fenomenologie en hermeneutiek

Ook in de fenomenologisch-hermeneutische benaderingen wordt grote waarde aan de betekenis van de 'ervaring' gehecht. Er is een geleidelijke overgang, maar de benadering is anders dan die van de pragmatici. Niet het praktisch nut staat voorop maar het juiste kennen, het diepgaand doorgronden staat centraal. Ervaring heeft ook vooral op het menselijke betrekking, op de mens en zijn culturele verschijnselen. Charles Pierce wordt bijvoorbeeld ook wel tot de fenomenologen gerekend (Aydin, 2007).

In Nederland was er al vanaf voor de Tweede Wereldoorlog een sterk fenomenologisch platform waar de betekenis van kunst en spel werd uiteengezet en bediscussieerd. In die zin is Huizinga te zien als een van de grondleggers van de beroepen die beeldende, muzikale, dramatische en bewegingsmiddelen inzetten voor therapie, educatie en agogiek.

Twee Nederlandse fenomenologen: Huizinga en Vermeer

De fenomenoloog Huizinga (1938) staat in zijn beschrijving van de 'spelende mens', de 'homo ludens' stil bij de vraag op welke wijze de beeldende kunst tot het domein van het spel gerekend kan worden. Het begrip 'spel' zoals door Huizinga aangeduid, was door zijn speciale plaatsbepaling in de cultuur van groot belang voor de eerste invulling en afbakening van het beroep van de creatief therapeut. De kenmerken van spel die Huizinga verwoordde in zijn 'homo ludens' hebben veel bijgedragen aan de legitimering van het 'spelenderwijs' behandelen van cliënten in een creatieve vaktherapie. Huizinga benadrukt bij spel als cultuurverschijnsel dat er naast een 'kennende' en een 'werkende' mens ook een 'spelende' mens is. Het spelen definieert hij als een basaal menselijk vermogen dat vormend is geweest voor de cultuur.

Huizinga kent aan het spelen een grote intermenselijke betekenis toe. Hij onderscheidt een 'lagere' en een 'hogere' vorm van spelen. De hogere vorm, het sociale spel, is typisch menselijk en is een vorm van zingevende activiteit die meer betrokken is op de 'psychische' dan op de 'lichamelijke' hoedanigheid van de mens. De lagere, lichamelijke (en meer aan het noodzakelijke grenzende) vorm van spel die het jonge kind vertoont, draagt echter al een aantal kenmerken in zich van het sociale spel. Voor Huizinga is het sociale spelen een kwaliteit van handelen die zich fundamenteel onderscheidt van het 'gewone' leven. Spelen is niet het 'gewone' of 'eigenlijke' leven. Het is een uittreden in een tijdelijke sfeer van activiteit met een eigen strekking. Het is 'overtollig', heeft een belangeloos karakter en staat buiten het proces van onmiddellijke bevrediging van behoeften en noden. Het onderbreekt juist dat proces. Er is in die zin een relatie tussen 'spel' en 'ernst'. Spel kan wel ernstig zijn, maar spel overstijgt de ernst waar het zich verheft tot 'de hoogten van schoonheid en heiligheid'. Spel is een 'vrije handeling', speelt zich af naast het alledaagse leven en heeft een eigen begrenzing in ruimte en tijd. Het begint, houdt op, 'speelt zich af' en is herhaalbaar. Het spel beweegt zich in een eigen speelruimte, de speeltafel, het toneel, de tempel, de vierschaar enzovoort. Het gaat om tijdelijke en begrensde werelden binnen de gewone en er wordt een op zichzelf staande handeling volvoerd. Het spelen is verbonden met alle momenten waarop, of gedaanten waarin, het iets betekent, waarin men iets viert. Spel heeft zijn plaats in feesten en cultus. Spel heeft een eigen absolute orde en kent eigen regels. Wanneer de orde geldt, het spel boeit, kan de ervaring van een eigen schoonheid optreden in waarneming en uitdrukking: ritme en harmonie. De hogere vormen van spel zijn dikwijls te benoemen als spelen 'om iets', een wedkamp, of spelen 'van iets', een vertoning, verbeelding of vertolking. Het spelen heeft een werkzaam belang voor de cultuur of voor de groep, maar dit belang bevindt zich niet onmiddellijk in het spelen zelf. Het spelen heeft wel een uitstraling op de gewone wereld, op de veiligheid, de orde, welstand.

Net als andere cultuurverschijnselen plaatst Huizinga de kunsten in zijn spelbegrip. Beeldende kunst in haar gebondenheid aan materie heeft behalve een esthetische betekenis ook het karakter van handwerk. Dit is niet in dezelfde mate 'overtollig en vrij', want het bevat elementen van alledaagse arbeid. Ook door de blijvende werking van het kunstwerk staat het spelkarakter minder op de voorgrond. Het zichtbaar handelende karakter is op dat moment niet meer aanwezig. Het spelkarakter van beeldende kunst is voor Huizinga echter wel op allerlei andere punten aanwezig. Bijvoorbeeld is er zoiets als een automatische bijna achteloze versieringsbehoefte. Er is het spel van lijnen, vlakken en kleuren en er zijn verwijzingen naar de spelsoorten zoals die ook bij het jonge kind zijn te vinden. Maar de behoefte tot plastische vormgeving gaat verder. Het gaat om versiering, constructie en nabootsing in zoveel 'vervormingen' en 'verwringingen' dat dit op zichzelf een spelkarakter bezit. Ten slotte vindt het opnemen van kunst in de sociale omgeving op een spelmatige manier plaats, bijvoorbeeld in een onderlinge uitdaging om het schoonste kunstwerk te scheppen en als erkend kunstenaar gezien en gewaardeerd te worden. Huizinga spreekt steeds van het 'formele' karakter van het spel. Het gaat om de spelvormen. Met spelinhouden houdt hij zich niet bezig. Kijkend naar beeldende therapie is te zeggen dat de vorm van de therapie in veel opzichten overeenkomsten vertoont met deze formele beschrijving van het spel als menselijke handelingsvorm. Maar ook de wijze waarop in het medium wordt gewerkt vertoont die verwantschap. Niet het nuttige of materieel-ambachtelijke element wordt in beeldende therapie aangegrepen, maar het spelmatige waarin vrijheid en eigenheid ervaren kunnen worden. Een beeldende therapie is in formele zin in hoge mate als spelsituatie te beschrijven.

De speelwerelden van Vermeer

Een klassieke theorie over de spelontwikkeling en therapie verscheen in 1962 van de hand van de fenomenoloog Vermeer. In enkele basale fenomenologische begrippen beschrijft zij het spelen als wereld voor ontwikkeling en als een existentiële relatie van een persoon met zijn wereld. Het spel in therapeutische 'media' is een ontmoetingsplek voor elk mens in ontwikkeling. De speelwereld kan een toevluchtsoord zijn, maar ook een bedreiging die de zich ontwikkelende mens wil ontvluchten.

> Vermeer onderscheidde vier typen speelwereld: de lichamelijke wereld, de hanteerbare wereld, de esthetische wereld en de illusiewereld. In beeldende therapie is de gelaagdheid van deze aspecten te herkennen in materiaalomgang, structuur en vormgeving en de werking van thematiek of onderwerpkeuze. Cliënten ontlenen er hun veiligheid en uitdaging aan; de therapeut onderscheidt statische van dynamische aspecten om ontwikkeling of herstel te stimuleren. Vooral voor therapieën waarin het opgroeien en ontwikkelen van kinderen aan de orde is, bieden de speelwerelden van Vermeer een goede verduidelijking en systematisering van verschijnselen. In de huidige tijd is deze theorie terug te vinden in de hermeneutische narratieve speltheorieën van Hellendoorn en Lubbers (Janssen-Vos, 2006; Hellendoorn, 1985; Lubbers, 1966, 1988; Vermeer, 1962).

Huizinga, maar ook Vermeer, heeft veel invloed gehad op het denken over het spelen, kunst en ambacht. En naast hen waren de pedagoog Langeveld en de psycholoog Buytendijk bij velen bekend.

Op meer plekken werd het spelkarakter in de verhouding van de persoon tot zijn persoonlijke relaties en zijn relatie tot de wereld beschreven. Bij de ontwikkelingsopvatting van Vermeer en haar erfgenamen ging het om de toenemende ontwikkeling van speel- en communicatiemogelijkheden in de kinderlijke wereldbeschouwing. De hierboven genoemde aspecten van verbeelding, afbeelding, materiaal en ambacht komen ook bij Vermeer terug.

De door Kliphuis (1973) beschreven gedachtegang over vier aspecten van structuur, waarin vorm en inhoud, normativiteit en materiële mogelijkheden in verhouding tot elkaar werkzaam zijn, is mede geïnspireerd door deze fenomenologische benaderingen. De beeldcommunicatie dankt haar oorsprong mede aan de fenomenologische speelwerelden van Vermeer (Hellendoorn, 1985; Lubbers, 1988).

Fenomenologie en expressie
Fenomenologie wordt hier als een verzamelnaam gebruikt voor filosofen die de ervaring of de verschijnselen zelf in hun wezensvorm heel centraal willen stellen. Zij gaan ervan uit, dat bij het kennen en begrijpen van de wereld en de mensen het gevaar dreigt dat de ingewikkelde werkelijkheid tot simpele algemene wetten en regels wordt gereduceerd. Het wezen centraal stellen houdt in dit wezen heel goed op zich in te laten werken in alle volheid en aanwezigheid. Door verschijnselen heel goed te doorgronden en te begrijpen, kan de fenomenoloog iets van hun aard ontsluieren. Het blootstellen aan sterke totaalervaringen heeft eenzelfde betekenis.

> In de eerste periode van de twintigste eeuw, de periode van de 'Kunsterziehung' in Duitsland, had deze stroming in het onderwijs veel invloed. Een van de methoden die kunstdocenten hanteerden om kinderen te leren om 'fenomenologisch te aanschouwen' was schilderijen helemaal na te laten tekenen. Pas dan hadden de kinderen de rust genomen om het wezen van het schilderij te kennen.

Van de fenomenologen zullen hier nog Merleau-Ponty en Kwant besproken worden, omdat hun ideeën over expressie en vitaliteit indertijd direct van invloed waren op de ideeën over de vrije expressie in beeldende therapie. Uit de fenomenologie is de hermeneutiek voortgekomen. De overgang tussen de ene en andere stroming is niet altijd helemaal duidelijk. In de hermeneutiek staan het bestaan en de eigen zin en betekenis daarvan voor ieder mens heel centraal. De hermeneutische methode probeert dit bestaan en deze zingeving te 'verstehen', te begrijpen. Door de mens op hermeneutische wijze in al zijn facetten te begrijpen en te erkennen valt de 'ervaringshorizon' van de ene mens even samen met die van de ander. De Duitse filosoof Gadamer is een belangrijke vertegenwoordiger. Hij wordt hier besproken. In Nederland is er een groep beeldend therapeuten die sterk op deze hermeneutiek georiënteerd zijn en zich hermeneutisch therapeuten noemen (Muijen, 2001).

Merleau-Ponty en Kwant

De fenomenoloog Merleau-Ponty (1945) wees op het belang van de zintuiglijke waarneming en de in het lichaam aanwezige kennis van de wereld. Hij neemt de stelling in dat ervaring door waarneming niet de enige basis is van hoe wij de wereld kennen. De (wetenschappelijke) opvatting dat waarneming en dus kennis zich openbaart via de zintuigen is niet de enige die telt. Merleau-Ponty wijst op een positie van al aanwezig zijn in de wereld, een soort basaal aanwezige kennis die maakt dat ons leven niet alleen maar 'bouwen' is aan onszelf en de wereld, maar dat wij zelf juist ook in hoge mate 'wonen' in de wereld. Dit wonen is te zien als een zo vertrouwd en vanzelfsprekend fundament dat wij geneigd zijn te vergeten dat we hierover al ervaringskennis bezitten. Onthullen van deze kennis is niet een empirisch, rationeel of instrumenteel proces. Rationeel-wetenschappelijke kennis verhoedt in existentieel opzicht eerder het bewonen van de wereld. Merleau-Ponty beschouwde kunst, met name ook de beeldende kunst, als een belangrijke plaats waarin deze betekenisvolle lichamelijkheid waarneembaar aanwezig was. Inspirerend in deze benadering voor de beeldende therapie is de nadrukkelijke waardering voor het 'onmiddellijk lichamelijke' en de fundamenteel vanzelfsprekende kennis die geborgen ligt in de vitaal lichamelijke omgang. Kwant (1968) vervolgde het betoog door de menselijke expressie te zien als een sterk door emoties gemotiveerde vorm van constituering van een 'zinvolle' wereld.

In de kritiek van Merleau-Ponty op 'wetenschap' is grote verwantschap met Gadamer te zien. In feite houden fenomenologische benaderingen zo ook beeldend therapeuten een kritische spiegel voor, waar zij zich alleen op natuurwetenschappelijke feiten zouden concentreren als relevantie voor het handelen.

Gadamer

Voor we het fenomenologische kader verlaten, is het van belang om aandacht te besteden aan de Duitse filosoof Gadamer (1960, 1993). Gadamer is een filosoof die de praktische uitwerking van hermeneutiek en narrativiteit een belangrijke impuls heeft gegeven. Er is verwantschap met Huizinga. Gadamer heeft kennisgenomen van het betoog over de spelende mens.

Een interessante toevoeging is gelegen in zijn methode van de contextuele en culturele inbedding van mensen en verschijnselen. Waar vanuit een ontwikkelingsgericht kader vooral de potentie van individuele ontwikkelingsmogelijkheden beschreven wordt, richt Gadamer zich ook op de waarde en het onontkoombaar belang van inbedding in de traditie. Deze is terug te vinden in alle aspecten van kunst, spel en ambacht die ook in beeldende therapie aan de orde zijn. Alle versierende aspecten van het leven worden niet zonder meer door individuele mensen ontwikkeld en vormgegeven, zij vormen ook mensen. Tradities, rituelen, kunst, spelen, feesten, het was er al als een betekenisvol kader en als inbedding van de ontwikkeling van het individu. Om de relatie tussen persoon en context goed neer te zetten, ontwikkelde hij de denkwijze in de 'hermeneutische cirkel'. Alle onderscheiden levensgebieden hebben in onderlinge samenhang een plaats in deze cirkel.

> Het individueel subjectieve verhaal dat de cliënt in spelvormen, beelden en woorden kan vertellen leidt tot zelfbegrip en samenhang met de wereld en de anderen. Een onbevooroordeelde houding van volle openheid is daarbij noodzakelijk. Ook de cliënt wordt uitgenodigd tot openheid. In het kader van een therapeutische ontmoeting geldt dit zowel voor de cliënt als de therapeut.

Waar het begrijpen overgaat in het vertellen en verbeelden van levensverhalen, ontstaat de narratieve variant. Het beeldende medium leent zich bij uitstek om verhalend het eigen leven en eigen zingevingsprocessen te begrijpen.

In hoofdstuk 5 zullen ook therapieën beschreven worden waarin de hermeneutisch-narratieve benadering als theoretisch uitgangspunt is genomen voor het methodisch handelen.

Gadamer heeft niet alleen over deze cultuurgebieden geschreven. Op de achtergrond heeft hij een sterke opvatting over de wijze waarop het wetenschappelijk-methodologische gesprek gevoerd wordt. Gadamer heeft kritiek op de dominantie van natuurwetenschappelijke bewijsvoering in onderzoek en wetenschap. Zijns inziens dankt wetenschap haar bewijskracht aan praktische evidentie. Ervaring, waaraan op een hermeneutische wijze betekenis wordt verleend, is de basis voor kennis. Voor de plaatsbepaling van praktijkonderzoek is dit een belangrijke toevoeging in het debat (Gadamer, 1960).

Subjectieve ervaring en objectieve feiten

In hoofdstuk 8 zal de relatie tussen verschillende soorten kennis en verschillende typen onderzoekspraktijken uitgebreid besproken worden. Hier willen we vast enkele opmerkingen maken om het verband met de werking van ervaringen te verhelderen.

Voor de beeldend therapeut bestaat er vaak een spanningsveld of dilemma tussen wat er intern in de therapie aan rijke ervaringen plaatsheeft en de wijze waarop daarover officieel naar buiten gerapporteerd moet worden. Wat er toe doet voor cliënt en therapeut in de therapie is vaak vanuit de hierboven beschreven referentiekaders nog wel in een bepaalde mate 'onder begrip' en 'onder woorden' te brengen.

> Externe rapportage en verantwoording vraagt echter ook om objectivering, vaak volgens standaardcriteria. Het unieke 'subjectieve' proces van de cliënt moet soms in enkele meerkeuzeantwoorden worden samengevat.

Het maken van de overstap van het proces binnen de therapie naar het resultaat buiten de therapie is de overstap van de ene vorm van 'kennis' naar de andere vorm van 'kennis'. Subjectieve ervaringskennis tegenover objectieve feitenkennis. 'Fenomenologische' of 'hermeneutische' kennis tegen over 'empirische' of 'natuurwetenschappelijke' kennis.

Zo zijn er meer dilemma's. Cliënten komen vaak in het begin van de therapie met ideeën die meer te maken hebben met de algemene en objectieve meetlat van de grote esthetische beoordeling dan met de kleine subjectieve esthetische ervaring.

> Op zijn tijd doet iedereen daar wel eens aan mee. Denk aan oordelen dat 'het zigeunermeisje' of het 'jongetje met de traan'

> kitsch zijn. Of oordelen dat een pakket van 'iedereen kan schilderen' niet kan in een beeldende therapie omdat het geen eigen vormgeving is; of afgeven op oude handwerktechnieken omdat er de herinnering is aan het gepruts van vroeger op school.

Een beeldend therapeut die van de ervaring van de cliënt uitgaat, kijkt waarom deze cliënt hier en nu deze techniek kiest. Dan pas oordeelt hij of deze techniek voor deze cliënt een goede ingang vormt in relatie tot zijn hulpvraag. Dit is dus een subjectgerichte communicatieve methode gericht op betekenis en beleving tegenover een objectgerichte methode gericht op het behalen van onafhankelijk te interpreteren mooie resultaten.

Bovenstaande filosofische benaderingen helpen de beeldend therapeut om te funderen waarom de ene theoretische opvatting de beeldendtherapeutische werkelijkheid beter benadert dan een andere; beter in de zin van dieper, nauwkeuriger, dichter bij het proces van de cliënt in het beeldende medium.

Een theorie die kwalitatief betere beschrijvingen van mediumprocessen kan opleveren, maar ook in voldoende mate algemeen 'empirisch' gefundeerd is, kan beide aspecten recht doen: het begrijpen van de interne subjectieve beeldende ervaringsprocessen en het extern verantwoorden van resultaten in geobjectiveerde termen. Daarom zijn theorieën zoals die van Stern en Damasio, maar ook die van James of Gadamer zo belangrijk. Zij zijn het resultaat van grote en nauwkeurige zoektochten naar beide kanten van dit dilemma. Een beeldend therapeut die oog heeft voor dergelijke dilemma's en ze doorgrondt, staat sterker in zijn professionele schoenen en zal er beter mee kunnen omgaan.

Symbolen in het medium

In een beeldendetherapiesessie komt het nog al eens voor dat een cliënt aan de therapeut vraagt: 'En wat zegt dit nu over mij?' De cliënt denkt dat de therapeut zijn/haar werk kan lezen en een kant-en-klare oplossing heeft voor de problemen van de cliënt. Zo simpel en direct is de inhoudelijke verklaring van thema of product in de beeldende therapie niet. Toch geeft een symbool veel informatie over en aan de cliënt, in het bijzonder over onbewuste conflicten en drijfveren. Het zoeken naar betekenissen achter de symbolen kan veel inzicht geven in de onbewuste belevingswereld.

Wat is een symbool eigenlijk? We kennen allemaal het symbool voor de uitgang in de stations, een vierkant met een pijltje eruit. We zien aan het symbool in één oogopslag waar de richting van de uitgang is. Deze vorm van beeldtaal of tekens wordt wel aangeduid als conventionele symbolen. Ze hebben als functie dat het de communicatie in het leven van alledag vergemakkelijkt. Overal komen we zulke symbolen tegen. Op het beeldscherm van de computer, in de auto, in de pictogrammen die het communiceren moeten vergemakkelijken met mensen die verbale beperkingen hebben.

Daarnaast zijn er symbolen die een andere betekenis hebben en deze worden vooral in de beeldende therapie gebruikt. Deze symbolen kunnen een individuele, een culturele en een universele betekenis hebben. Ze hebben ieder een eigen plaats tijdens beeldende therapieën.

Individuele betekenissen hangen samen met gevoelsuitdrukking op grond van de individuele ervaring, cognitie en emotie. Ze hebben hun ontstaan tijdens de individuele levensgeschiedenis gekregen en ze kunnen veranderen.

Een veelgebruikte manier van begrijpen is, om ze vanuit een psychodynamische wijze betekenis te geven. De geboorte is een ingrijpende gebeurtenis voor een kind. Als foetus zat hij in een ideale omgeving: altijd warm en altijd voedsel. In de koude harde wereld ontdekt hij dat het leven niet altijd makkelijk is; soms is het heerlijk, lekker bij mamma aan de borst of lekker warm slapen en gewiegd worden. De baby ontdekt dat er een verschil is. Soms, in goede tijden, ervaart hij de wereld als subject-subject, alles is hij, de wereld en zijn beleving vallen samen. In slechte tijden ontdekt hij dat er iets anders bestaat, honger, kou, gemis aan beweging. Dat vindt hij niet prettig, hij leert dat er een subject-objectrelatie is. Hij is niet alles, er is ook een wereld buiten hem. Dit is de eerste ervaring van een mens en daarom zo belangrijk. De mens kan in psychodynamische zin zijn hele leven blijven verlangen naar een subject-subjectwereld. Om in een subject-objectwereld te 'overleven', heeft de mens veel aan zijn fantasie en gedachten. Fantasie en creativiteit overbruggen de pijnlijke leemte tussen het subject en het object.

Het symbool is een object dat in zichzelf geen symbolische betekenis heeft. Mensen geven bepaalde objecten, vormen, kleuren enzovoort een symbolische betekenis. Het symbool spreekt zich uit over het 'onuitsprekelijke'. Er wordt iets tot uitdrukking gebracht wat meestal onmogelijk in woorden op dezelfde wijze kan worden weergegeven. Het symbool wordt als hefboom naar het onbewuste gebruikt. Dit begrip wordt veelal uit de psychoanalyse geïnterpreteerd.

In de beeldende therapie worden beelden bekeken vanuit het perspectief van een psychoanalytisch referentiekader. Molenaar-Coppens (1996), die een van de methoden beschrijft in hoofdstuk 5, formuleert het als volgt: 'Als een soort energietransformator probeert het symbool de onbewuste energieën, drijfveren, naar boven te halen en in bewuste energie om te zetten. Er komt een stroom van beelden op gang. Deze drukken innerlijke processen uit en nadat ze tot beeld geworden zijn, dus nadat deze innerlijke processen zich symbolisch in beeldmaterie hebben geïncarneerd, leveren zij weer een indruk op. Deze afwisseling van indrukken uitdrukken, deze 'flow' van vormgeven van het onbewuste, heeft als gevolg dat onverwerkte gebeurtenissen zich complementeren tot een geheel van bij elkaar horende delen.'

Conflicten uit het onbewuste worden tot vorm gebracht, de cliënt neemt zijn beelden waar en kan zichzelf beter begrijpen. Een symbool helpt om het handelen en het gevoel te ordenen, begrijpelijk te maken voor de cliënt, het is een cognitieve constructie, een bedachte oplossing. De cliënt geeft betekenissen aan het beeld. De therapeut kan het proces van betekenis geven ondersteunen. Waar de traditionele psychoanalyse vooral een 'seksuele' duiding gaf, werd in later jaren meer vanuit het perspectief van de 'objectinternalisatie' gedacht over de plek die symboolvoorwerpen hebben. Winnicott (1971) kent de knuffel een belangrijke plaats toe. Hij noemde de knuffel een 'transitioneel object'. Waar de ouder niet altijd in de buurt is, kan de knuffel eerst voor korte en later voor langere tijd de plaats innemen van het 'ouder-object'. Langzamerhand wordt het kind zelfstandiger en heeft hij de ouder niet meer steeds letterlijk nodig. Het ene transitionele object kan gemakkelijker verwisseld worden voor een ander object. Zo komt een proces op gang waarbij allerlei dingen, maar ook bijvoorbeeld dieren of mensen of kunstwerken, betekenissen kunnen krijgen die niet letterlijk uit het object voortkomen.

Een tweede betekenis van symbolen ontstaat in de afspraken, gewoonten en gebruiken die mensen met elkaar delen. Mensen binnen een cultuur herkennen feesten, spelen gebeurtenissen, personen op gedeelde wijze als symbool. Prinsjesdag met alles erop en eraan van gouden koets en hoedenparade door de deelnemers, de vlaggen en pruiken en liederen bij de toeschouwers langs de kant, is een gebeuren vol conventionele symboliek. In de beeldende therapie kan het culturele symbool ook een belangrijke communicatielaag vormen. Denk aan binnenkomst- en afscheidrituelen, het vieren van verjaardagen, overeenstemming over vorm- en kleurgebruik; dit alles helpt een gedeelde sociale werkelijkheid vorm te geven. Dikwijls hebben bepaalde zaken zowel een individuele als een culturele symbolische betekenis.

Grote en kleine kruizen op de tekening van een ex-verslaafde die in een christelijke zorginstelling leerde om zijn leven weer op te pakken, kunnen zowel een conventioneel christelijk symbool zijn, alsook een individueel symbool. De verhouding tussen hoofd- en bijzaken in een uitbeelding stralen dikwijls veel uit over alle ervaarbare betekenissen. De derde soort betekenis is het best te beschrijven met de psychologische theorie van C.G. Jung (1966). Jung wijst erop dat bepaalde vormen over de hele wereld eenzelfde grondbetekenis hebben. Deze archetypische betekenis wordt universeel gemakkelijk herkend en ervaren. In sprookjes, mythen en andere volksverhalen komen archetypische rollen naar voren zoals de held en de prinses. De mandala, het labyrint en het eneagram zijn als basisvorm zeer aan elkaar verwant. Zij dienen ervoor mensen uit te nodigen om tot inkeer of zelfreflectie te komen op weg naar een volgend begin.

2.1.3 HET PERSPECTIEF VAN DE THERAPEUT

Edith Kramer, een van de grondleggers van de beeldende therapie, schreef ergens in de jaren tachtig van de vorige eeuw een artikel over de rol van de beeldende therapie, waarin zij de therapeut de eretitel gaf: 'The Artists third hand'. Dit was niet alleen een eretitel, het was tegelijk een methodisch uitgangspunt ten aanzien van het handelen van de therapeut. Zij betoogde dat ook de beeldend therapeut actief kan sturen en ingrijpen in het beeldend werk van de cliënt. In de beeldende therapie, waar de cliënt in de eerste plaats zelf in contact met het materiaal staat, lijkt dat wel eens wat minder vanzelfsprekend. In muziek, drama of dans is een therapeut algauw volger, aangever, spelpartner, mede-improvisator. Ook de beeldend therapeut kan ingrijpen en sturen, op die momenten dat de cliënt niet verder komt. Hij doet dat niet alleen door een nieuw materiaal of thema aan te reiken, maar hij kan ook actief meetekenen waar de vormgeving even stokt, zelf iets wegpoetsen, een spijker rechtslaan enzovoort. En tegelijk zal de beeldend therapeut de cliënt geen kopie van eigen vormgeving opdringen, dat achtte Edith Kramer een bijzonder helpende voorwaarde en een belangrijk aspect van het therapeutisch handelen.

> De beeldend therapeut is in een boek over beeldende therapie in feite voortdurend onderwerp van gesprek. Daarom komt hier uitsluitend de eigen mediumervaring van de beeldend therapeut ter sprake, samen met de identiteit en grondhouding van de therapeut. Andere hoofdstukken zijn gewijd aan de behande-

> lingsfasen, de methoden, de interventies, de kennisontwikkeling, de professionalisering en de voorwaarden om te kunnen werken.

Mediumervaring

Tijdens het leerproces van de beeldend therapeut spelen eigen beeldende ervaringen een grote rol. Het gaat om het proces dat in de eerder besproken basistheorieën als 'creatief proces', 'vormgevingsproces' of 'analoog proces' werd aangeduid.

Het 'onmiddellijk' ervaren is een belangrijke motor voor een leerzame ervaringscyclus (Kolb, 1984), zowel van de cliënt als de therapeut (in opleiding). De ervaringen zijn processen van zich in een situatie begeven, eraan deelnemen, zich erin bewegen en waarnemen en observeren wat plaatsvindt; bij ervaring stilstaan en dit overdenken; het geleerde een plek geven waardoor het een eigen bron van kennis, inzicht, genezing enzovoort wordt. Leren door ervaring is in die zin leren door reflectie, betekenis geven en beleven, en integreren van ervaringskennis. Hiermee wordt een volgende uitgangspositie gevonden om hernieuwd te ervaren. Ontwikkeling door ervaring is dus een cyclisch proces, dat zichzelf steeds vernieuwt en zich op een volgend niveau opnieuw voltrekt.

De meest basale beschrijvingen vroeger en nu over 'creatieve of kunstvormgevingsprocessen' in het algemeen gaan in feite over deze cyclus (onder andere Wallas & Smith, 1926; Kliphuis, 1957; Hopman, 1999; Guilford, 1967). Belangrijk is dat steeds wordt onderscheiden dat een creatief proces een persoonsgebonden karakter heeft en tegelijk een naar buiten gerichte ervaring behelst.

Een verhaal 'uit de oude doos' over ervaringsgericht leren op de opleiding creatieve therapie:

> De groep CT-studenten stommelde, veertig jaar geleden, aan het einde van de eerste lesdag de trappen op, naar een grote lichtgeschilderde en goed verlichte zolder van een oude villa die een eindje verwijderd was van de hoofdgebouwen. De zolder bleek een Luilekkerland van materialen en gereedschappen te zijn. De studenten hadden van 19.00 tot 22.00 uur de tijd om 'te doen wat ze wilden', om materiaal, gereedschap, werkvorm of onderwerp uit te kiezen en er was een docent om aan te vragen wat zij nodig hadden om aan de slag te kunnen.

> De meeste groepsleden kozen snel een 'bekend of geliefd' materiaal uit en gingen direct aan de slag. Sommigen maakten het zichzelf een beetje moeilijk door graag goed te willen laten zien waartoe ze al in staat waren. Anderen kozen naar het bekende en veilige. Twee studenten namen flink de tijd om tot een keuze te komen en daarbij kwamen allerlei persoonlijke overwegingen om een materiaal of techniek af te wijzen dan wel te kiezen expliciet aan bod. Een student kon niet tot een keuze komen en ergerde zich aan het feit dat er voor die hele avond blijkbaar geen echt programma was. Twee studenten verdwenen een tijdje door het dakraam naar buiten om daar een sigaretje te roken.
> Na een halfuurtje waren de meesten aan het werk en begon een student een liedje te zingen. Ze kreeg bijval van enkele anderen. Al snel klonk een meerstemmig gezang, aangevuld met hameren, spetteren, sissen en schuren. Aan alle tafels heerste bedrijvigheid en de lucht in het lokaal vulde zich met geuren die sommigen nog nooit in hun leven hadden geroken.
> De docent werd even beziggehouden door de studenten die direct een klankbord voor hun reflecties zochten. Daarna zocht ze studenten op die nog geen keuze gemaakt hadden en vervolgens kwam ze bij iedereen even aanschuiven en een praatje maken, geïnteresseerd in hun werk. Aan het eind van de avond kwam de uitgewaaierde groep kort bij elkaar om ervaringen (materieel en verbaal) te delen.

Leren door ervaring en ervaringsgerichte therapie hebben grote verwantschap. Maar er zijn ook grote verschillen. Het leren van de therapeut is gericht op beroepsontwikkeling en uiteindelijk op het proces van de cliënt. Daarom moet hij niet alleen ervaren in het medium, maar ook deze ervaring reflecteren, in verband brengen met bestaande theorieën en werkwijzen en vervolgens in de praktijk uitvoeren.
Het doel van een leerproces en een therapieproces is zeer verschillend en alleen daarom al zijn er grote verschillen in de leersituatie tijdens een opleiding en de beeldendtherapeutische situatie. Toch ziet een beeldendtherapielokaal in een opleiding er soms wel ongeveer hetzelfde uit als een therapieruimte. Het doel van leren is beroepsgericht. Het therapeutische doel is ontwikkeling, verwerking, versterking van sociaalemotioneel gedrag, van 'coping'strategieën enzovoort.

De identiteit van de therapeut

> Marieke had ruim tien jaar ervaring als leerkracht in het basisonderwijs. Ze was daar ooit met veel plezier aan begonnen. Toch kwam in de laatste jaren steeds meer de wens naar voren om zich meer te kunnen verdiepen in de kinderen die meer aandacht nodig hebben dan ze in zo'n volle klas krijgen. Het ging haar niet zozeer om de extra aandacht voor het leren. Juist kinderen die met zichzelf in de knoop zitten trokken haar aan. Zo kwam bij Marieke het idee op om eens op een opleiding voor creatieve therapie te gaan kijken. Met een in de vrije tijd gevolgde schriftelijke tekenopleiding lag het beeldende medium voor haar het meest voor de hand. Gedurende deze opleiding maakte Marieke een stevige ontwikkeling door, persoonlijk en in haar beeldende werk. Het was bepaald geen gemakkelijke tijd, maar uiteindelijk de moeite zeker waard. Tijdens de opleiding kreeg Marieke de kans om kennis te maken met een andere doelgroep. Na vier jaar opleiding koos Marieke als beeldend therapeut voor de uitdagende werkomgeving van een adolescentenkliniek.

In voorgaande casus staat de identiteit centraal van de therapeut in het beeldendtherapieproces als totaal. Wie is de therapeut? Hoe kan over zijn of haar identiteit nagedacht worden? Hoe is de identiteit van de therapeut te begrijpen en te beschrijven? Leveren de verschillende benaderingswijzen en methoden een gezamenlijke identiteit op of zijn er vooral verschillen en tegenstrijdigheden? Natuurlijk leveren verschillende methoden en benaderingen evenzoveel eigen invalshoeken op en betekenisgevingen aan deze identiteit. Toch is het een door veel onderzoek ondersteund gegeven dat in welke therapie dan ook de therapeut zelf van doorslaggevend belang is.

> Francine zit in het laatste jaar van de havo. Ze kijkt reikhalzend uit naar het moment dat ze klaar zal zijn om gewapend met haar diploma van school te gaan. Ze weet al enkele jaren heel zeker dat ze beeldend therapeut wil worden. Eerst twijfelde ze nog, maar in de tussenliggende jaren heeft ze een paar keer op de psychiatrische afdeling rondgekeken waar een familielid verpleegkundige is. Niet alleen betekent dat, nog veel meer dan nu bezig zijn met wat ze heel graag doet, beeldend werken. In een therapieruimte

> zag ze het beeldend werk van cliënten en hoorde ze enkele verhalen over hoe zulk werk tot stand komt. Dat was het moment dat Francine zeker wist: 'Als het kan, dan wil ik dat worden, beeldend therapeut!'

De meeste beeldend therapeuten kiezen actief en bewust voor hun beroep. Wat het beroep precies inhoudt, daar kan lang niet iedereen zich een voorstelling van maken. Maar een beeldend therapeut wil, meestal al voordat hij therapeut wordt, enerzijds graag mensen helpen en anderzijds graag vormgeven in het beeldend medium. In die zin zijn weinig beeldend therapeuten helemaal toevallig in dit beroep gerold.
Het is een combinatie van gevoeligheid en inlevingsvermogen voor andere mensen en een kunstzinnig-creatieve gerichtheid op een medium waarin beelden en vormen concreet tot stand komen en substantieel, materieel en blijvend zijn. Tijdens het proces van therapeut worden, dat meestal op een hbo-opleiding plaatsvindt, worden deze beide aspecten van de persoon verder gevormd en geïntegreerd tot een professionele identiteit. Het ontwikkelen van ambachtelijkheid, flexibiliteit, effectiviteit en oplossingsgerichtheid is zowel ten aanzien van het medium als ten aanzien van interpersoonlijke relaties noodzakelijk. Het verwerven van een beeldendtherapeutische identiteit kost vaak de nodige moeite en zelfoverwinning. De therapeut moet zijn eigen goede en kwetsbare kanten onder ogen kunnen komen. Het proces van therapeut worden lijkt in een bepaald opzicht wel op het proces van de cliënt. Als menselijk ontwikkelingsproces zijn er parallellen. Daar kan de beeldend therapeut uit putten bij het begrijpen en invoelen van cliënten en hun vormgeving. Toch heeft het vinden van een beroepsidentiteit fundamenteel een ander perspectief dan het vinden van een persoonlijk hernieuwd evenwicht in een therapeutische setting.

Grondhouding
Het voorbeeld van Edith Kramer maakt duidelijk dat de therapeut een actieve inzet kan hebben en interventies kan doen (zie paragraaf 2.1.3). De beeldend therapeut moet kunnen sturen. Maar hij moet ook kunnen afwachten en zich volgend opstellen. Hij moet zich in een situatie durven begeven, de cliënt en zijn werk durven benaderen. In de nabijheid kan een cliënt soms merken dat het de therapeut erom te doen is hem te bereiken en te helpen bij zijn vormgevingsproces. Maar

hij moet ook op functionele wijze afstand kunnen bewaren, omdat vaak juist ook de eigen ruimte voor een cliënt de meeste kansen biedt. De therapeut moet weten wat hij doet en waarom hij bepaalde dingen doet of nalaat. Hij dient te weten welke methoden en interventies effectief kunnen zijn onder welke omstandigheden en met welke doelgroepen.

Een beeldend therapeut heeft kennis nodig van materialen, technieken en werkvormen in het medium. Hij moet daarmee veiligheid en steun kunnen bieden, maar ook tot uitdaging en gezonde inspanning kunnen prikkelen. In de relatie met de cliënt zijn soortgelijke afwegingen en de persoonlijke vaardigheden en kwaliteiten van de therapeut therapeutisch onontbeerlijk. Acceptatie en empatisch inlevingsvermogen maken deel uit van de basishouding van de therapeut. Het begrip dialoog is al eerder gevallen. Therapeut en cliënt zijn in dialogisch opzicht elkaars medemens. Door Buber werd deze betrokkenheid getypeerd als Ik-Jij-verhouding (Buber, 1998).

Tegelijk moet de therapeut zijn eigen wensen, behoeften en grenzen kennen en kunnen bewaken, evenals die van de cliënten. Alleen zo kan hij voor de cliënt als stevig en ongedeeld naar voren komen en zelfs als rolmodel werken. En steeds zijn in de beeldende therapie medium en interpersoonlijke relatie direct met elkaar verbonden. Kunnen onderhandelen is een andere soort vaardigheid voor de therapeut. Conflicten kunnen noodzakelijk zijn, zodat de cliënt in sociaalemotioneel en cognitief opzicht kan leren. De therapeut heeft zelf een sterke individualiteit en een doorleefde integriteit nodig om voor de cliënt groei en ontwikkeling mogelijk te maken (Rogers, 1951, 1954, 1961; Vossen, 1973).

De therapeut moet ook verder kunnen kijken dan wat zich direct aandient en de diepte in durven gaan. Het gaat er dan om de vragen en behoeften van cliënten zo te zien, dat achter de directe vraag de diepere betekenis voor de cliënt wordt (h)erkend. Ook al is de therapie gericht op de ervaringen in het hier en nu, de hele biografie van de cliënt kan betrokken zijn in zijn mediumproces en in de relatie met de therapeut. Een actie of vormgeving in het hier en nu kan betekenis hebben vanuit vroegere ervaringen. De eerste ervaringen hebben vaak diepe sporen nagelaten in gevoel en denken. Dat kan in het handelen tot uitdrukking komen. Daarom kan het noodzakelijk zijn om het proces in de therapie ook te kunnen zien in termen van 'overdracht' en 'tegenoverdracht' (Van Delft, 2006; Smeets & Verheugt-Pleiter, 2005; Storr, 1997). Daarmee is aangegeven dat de therapeut zich bewust dient te zijn van de extra betekenis die dan in mediumactiviteit en relatie aanwezig is. Zo kan hij daar in zijn handelen op een voor de cliënt werkzame manier op inspelen. De therapeut moet bij dit alles steeds ook de afweging maken of het beleven en betekenis geven gepaard moeten gaan met 'er woorden aan geven'. De therapeut dient te onderkennen waar woorden helpen om de ervaring te ondersteunen en waar sprake is van een vorm van ervaren en innerlijk dat (nog) geen woorden toelaat. Om dit te onderkennen heeft de therapeut een diep contact met eigen innerlijke emoties en cognities nodig. In die zin heeft de therapeut samen met het medium dat hij aanbiedt een belangrijke affectregulerende functie in de beeldende therapie. De innerlijke afstemming bij zichzelf en de afstemming tussen zichzelf en de beleving en vormgeving van de cliënt behoren tot de meest wezenlijke zaken die de identiteit van de beeldend therapeut uitmaken. Alleen door middel van een eigen procesmatige ontwikkeling kan deze afstemming werkelijk tot volle werkzaamheid komen.

Het hier en nu is uitgangspunt voor vormgevingsprocessen (Stern, 2004; Yalom, 1983; Smeets & Verheugt-Pleiter, 2005).

Ten slotte zijn nog enkele interpersoonlijke of sociale kwaliteiten te noemen. Therapeut en cliënt vormen in zekere zin een samenwerkingsteam. Samenwerken houdt in: elkaar voor vol aanzien, ieder in de eigen hoedanigheid, en elkaar ruimte geven. In de therapie draait de samenwerking om de wensen en behoeften van de cliënt en zijn proces. Als de cliënt deel uitmaakt van een groep of gezinssysteem, is dit voor elke cliënt afzonderlijk het geval (Yalom, 1983; Beelen, 2000, 2003). Naast het stimuleren van samenwerken is de rol van de therapeut dan ook om iedere cliënt of ieder gezinslid afzonderlijk en in gezamenlijkheid te helpen tot zijn recht te komen.

2.2 De mediumdriehoek: ambacht/kunst-reflectie-toepassing

Astrid is 31 jaar. Ze is sinds een jaar angstig en depressief, in zo'n mate dat ze 'nergens meer aan toe komt' en via de huisarts naar de dagbehandeling is verwezen. Na de intake en observatie komt ze eenmaal per week naar beeldende groepstherapie, als onderdeel van de dagbehandeling die ze anderhalve dag in de week volgt. Het is een open groep, waarin mensen voornamelijk individueel werken. Een vast gezamenlijk moment is de evaluatie en tevens afronding van de zitting.

Ambacht en kunst: vormgeven met behulp van materialen en technieken
Astrid weet niet meteen wat ze wil doen. De beeldend therapeute nodigt haar uit om eerst in het lokaal wat rond te kijken naar de materialen die er zijn. Het lokaal heeft een atelierachtige sfeer, er is veel materiaal beschikbaar. De cliënten zijn op verschillende plekken aan het werk; sommigen zitten bij elkaar aan tafel, anderen werken op een meer afgezonderde plek. Astrid ziet dat Bas een linoleumsnede aan het maken is. Dat lijkt haar leuk om te doen. De volgende vraag is: 'Wat zal ik dan maken?' De beeldend therapeute geeft een paar mogelijkheden, waaruit ze kan kiezen en wat oude tijdschriften om in te zoeken naar voorbeelden. Astrid kiest voor bloemen. Ze blijkt vrij gemakkelijk te begrijpen hoe de techniek werkt. Lang geleden heeft Astrid het wel eens gedaan en al vrij snel wordt ze enthousiast tijdens het werken. Ze heeft leuke herinneringen aan de tijd dat ze op school graag creatief bezig was. Linoleum snijden is een activiteit die niet in één zitting klaar is. Astrid vindt het jammer dat de tijd zo snel gaat. Bij de evaluatie kan ze al vrij gemakkelijk vertellen hoe verrast ze is over haar activiteit. Tijdens het afdrukken wordt ze gegrepen door de mogelijkheden om te experimenteren met kleuren en ondergronden. Ze produceert een flinke stapel afdrukken.

Reflectie
Welke reacties roept Astrid bij de beeldend therapeute op, wat denkt, voelt en doet zij? Tijdens de kennismaking met de therapieruimte en ook tijdens het werken besteedt de beeldend therapeute wat meer aandacht aan Astrid. Zij vindt het belangrijk om zo veel mogelijk te voorkomen dat de eerste ervaringen geen extra angst of andere negatieve gevoelens oproepen. Ze kijkt en denkt met haar mee en bespreekt met haar of de techniek die ze kiest niet te ingewikkeld is. De therapeute vindt het belangrijk dat een nieuwe cliënt bij de binnenkomst in deze groep, in zijn of haar eigen tempo kan acclimatiseren. Astrid verrast haar meerdere keren. Het is leuk om te merken dat al snel blijkt dat de situatie Astrid in eerste instantie veel positieve ervaringen kan bieden, waardoor ze in rap tempo actief en enthousiast gedrag laat zien. Dat verloopt niet bij iedere cliënt zo vlot. Ook bij de bespreking in het behandelteam is men verrast over haar activiteit. Het team bespreekt verschillende mogelijke oorzaken.

> *Toepassing*
> Hoe interpreteert de beeldend therapeute het beeldend werk en welke interventies zijn passend? Linoleum snijden is geen eenvoudige techniek. Daarom legt de beeldend therapeute veel uit over het werken met de scherpe mesjes, het positief/negatief effect en dergelijke. In deze eerste fase is de beeldend therapeute heel erg alert: op de wijze waarop de cliënt de mogelijkheden in de ruimte verkent, op hoe zij kennismaakt met groepsgenoten, of ze open is of indirect communiceert, angstig is, zelfstandig enzovoort. Haar interventies stemt ze hierop af. Omdat de behandeling nog maar net is gestart, doet ze nog geen diepgaande of confronterende interventies. Omdat een nieuwe cliënt moet wennen en meestal niet gewend is om beeldend te werken, vindt ze het belangrijk dat zij een activiteit kiest waar zij zich in kan vinden. Ze heeft de visie dat materialen en technieken kunnen aansluiten bij de behoefte om zich uit te drukken. Harde materialen nodigen uit om je stevig te uiten, zachte materialen sluiten aan bij zachte gevoelens enzovoort.
> Bij de vormgeving ondersteunt de beeldend therapeute Astrid in datgene waarvan zij aangeeft dat zij er behoefte aan heeft. In deze eerste fase kijkt de beeldend therapeute eerst naar wat Astrid laat zien, voordat ze kan bepalen of er bepaalde interventies, materialen en technieken zijn waar zij met haar problematiek baat bij heeft.

Ambacht en kunst, reflectie en toepassing (de mediumdriehoek, zie afbeelding 2.3) zijn drie aandachtsgebieden die in 'de gereedschapskist' van de beeldend therapeut horen.

2.2.1 AMBACHT EN KUNST
De beeldend therapeut is een specialist in het medium en moet dus goed thuis zijn in een breed scala van materialen en technieken. De beheersing van het ambacht staat ten dienste van de therapeutische toepassingen. De beeldend therapeut stimuleert de cliënt zodat hij zich vrij voelt om met die materialen te werken, om zich te kunnen uiten. De beeldend therapeut kent de eigenschappen en mogelijkheden van materialen uit ervaring en theorie. De therapeut observeert, anticipeert en intervenieert met deze (ervarings)kennis. Hij heeft kennis van en ervaring met de complexiteit van technieken, de kans op goed resultaat of mislukken, verrassingseffecten, variaties.

Afbeelding 2.3 De mediumdriehoek: ambacht/kunst-reflectie-toepassing.

In de praktijk blijkt dat het werken met beeldende materialen veel cliënten het gevoel geeft 'kunst' te maken. Het werken aan persoonlijk authentiek beeldend werk brengt met zich mee dat er nieuwe vormen gemaakt worden. Dit op zich levert plezier op (Csikszentmihalyi, 1996). Op een creatieve manier wordt er iets eigens gemaakt. De bron voor dit creëren zijn de eigen levenservaringen, de behoefte om oude situatie te willen vernieuwen.

Het creatieve proces verloopt in fasen:
- voorbereiding: opdoen van het idee, materiaal zoeken enzovoort;
- incubatie: schetsen, mogelijkheden onderzoeken;
- inzicht: het gevoel dat er iets wezenlijks gevonden is;
- evaluatie: afstand nemen, overzicht krijgen, controleren;
- elaboratie: doorwerking, verdieping.

Sommige producten van cliënten hebben werkelijk kunstzinnige kwaliteit. Ze zijn authentiek, sterk, ze raken en er straalt een zekere mate van schoonheid vanaf. Een belangrijk verschil tussen producten uit de beeldende therapie en kunstproducten is dat ze meestal met verschillende doelen gemaakt worden. Voor de kunstenaar is het maken van kunst vaak een manier van leven. Er wordt een oeuvre ontwikkeld dat zich verdiept en uitbreidt. Het maken van beeldend werk in de therapeutische context kan de maker troost en veiligheid bieden. De esthetische illusie (zie ook paragraaf 1.4) geeft de cliënt bescherming om aan moeilijk ervaarbare problemen te werken. Wanneer er uitgegaan wordt van positieve mogelijkheden als houvast, wordt er gesproken van empowerment.

Kennis van kunstfilosofie en kunstgeschiedenis kan een waardevolle bijdrage leveren aan het werken van de beeldendtherapeut. Deze kennis draagt bij aan de diepgang bij het kijken naar het beeldend werk en ook bij het beeldendtherapeutisch aanbod.

In de praktijk heeft niet iedere beeldend therapeut dezelfde vaardigheden, voorkeuren en weerstanden in het medium. Soms is een beeldend therapeut minder handig in bepaalde technieken. Wanneer een cliënt aangeeft met die techniek te willen werken, is het belangrijk dat de beeldend therapeut afweegt wat belangrijker is: de voorkeur van de cliënt of de eigen weerstand tegen het materiaal of de techniek. In sommige gevallen zijn er goede alternatieven te bedenken. Het kan zelfs op een cliënt een goede uitwerking hebben dat de therapeut laat merken minder bekend te zijn met een bepaalde techniek. Als voorbeeldfunctie kan dit gunstig uitpakken.

Niet ieder materiaal of elke techniek hoeft op een normatieve manier gehanteerd te worden om therapeutisch resultaat te bereiken (zie ook paragraaf 1.4). Zo kan er met een oude tandenborstel een landschap geschilderd worden, kunnen spijkers in piepschuim getimmerd worden en van hout kan een bloem gemaakt worden. De persoonlijke gevoelswaarde van materiaal en techniek zijn leidend in het vormgevingsproces.

2.2.2 REFLECTIE

Hulpverleners worden ook wel 'reflective professionals' (Schön, 1983, 1988) genoemd. Dat betekent dat zij hun persoonlijke reacties op cliënten professioneel moeten kunnen hanteren. Onder het professioneel hanteren van persoonlijke reacties wordt verstaan dat er een 'gezonde afstand' gehanteerd wordt ten opzichte van de cliënt. Enerzijds is de beeldend therapeut betrokken, hij kan empatisch afstemmen op de cliënt. Dat is nodig om zijn beweegredenen goed te kunnen aanvoelen. Anderzijds heeft de beeldend therapeut voldoende afstand, ofwel professionele distantie, om het therapeutische proces te kunnen begeleiden. De beeldend therapeut moet bij zichzelf kunnen herkennen wanneer de persoonlijke reacties 'underdistanced' zijn, of 'overdistanced' (Landy, 1993). Wanneer de therapeut bij zichzelf bemerkt dat hij sterker dan gewoonlijk reageert op gedragingen van de cliënt of op bepaalde beelden of op een manier van werken, dan is het belangrijk dat er een 'alarmbelletje' gaat rinkelen. Een sterke emotionele reactie kan wijzen op 'overdracht' of 'tegenoverdracht'. In dat geval treden persoonlijke ervaringen van de therapeut naar voren. De therapeut moet zich dit goed realiseren en voor zichzelf nagaan in hoeverre dit de therapeutische relatie te veel beïnvloedt. De persoonlijke reacties mogen het hulpverleningsproces niet in de weg staan en de therapeut zal ergens anders de eigen reacties moeten verwerken. Tijdens de opleiding leert de beeldend therapeut dergelijke verschijnselen herkennen in supervisie. Op het werk zijn teamoverleg en intervisie voorwaarde om de professionaliteit zo zuiver mogelijk te houden.

Interventies van de beeldend therapeut vinden niet alleen plaats tussen cliënt en therapeut, maar ook ten opzichte van het beeldend werk (zie ook paragraaf 2.1). De beeldend therapeut moet bij zichzelf en bij anderen kunnen herkennen welke reacties het beeldend werken teweeg kan brengen. Ook het herkennen van de beweegredenen om bepaalde interventies te doen en de effecten van deze interventies zijn onderdeel van het professioneel handelen. Dit geldt tijdens het vormgevingsproces maar ook wanneer het resultaat, het product, wordt bekeken. Bij deze reflectie zijn er verschillende criteria te hanteren. De criteria die ook als observatie worden toegepast, kunnen ook hierbij gebruikt worden. Er wordt gereflecteerd op de volgende vier gebieden:
1 aard van het materiaal;
2 vormgeving;
3 thematiek;
4 interactie met therapeut/groepsgenoten.

Reflectie vindt plaats op drie niveaus:
1 vormgevingsproces;
2 analoge proces;
3 parallelle proces.

Met het vormgevingsproces wordt aangeduid welke en en op welke manier materialen en technieken zijn gehanteerd, de concrete stappen die er zijn gezet en hoe het resultaat eruitziet.
Het analoge proces heeft betrekking op de beleving die de cliënt tijdens het vormgeven heeft ervaren, maar ook op het gevoel dat, de sfeer die het beeldend werk, proces en product, uitstraalt. Het kan zijn dat het werk iets anders uitstraalt dan wat de maker of de beeldend therapeut heeft ervaren tijdens het werken. Dit kan belangrijke informatie zijn voor de beeldend therapeut: kennelijk biedt het beeldend werken een zodanig houvast, zo'n bescherming, dat de cliënt onbewust gevoelens kan uiten. Dit wordt ook wel de esthetische illusie genoemd (Grabau & Visser, 1987). Afhankelijk van het zelfinzicht en de persoonlijke veerkracht van de cliënt en de zwaarte van de problematiek, kan de therapeut overwegen om directief te duiden of de kracht van het non-verbale in te zetten in de behandeling. Met het parallelle proces wordt aangeduid of de professional (of de cliënt) in staat is om verband te leggen tussen ervaringen in het beeldend werk en het dagelijks leven.
In elk van deze drie processen komen de vier gebieden: materiaal, vormgeving, thematiek en interactie naar voren.

Materiaal

De aard van het materiaal nodigt uit tot persoonlijke beleving, soms uitgedrukt in appèlwaarden (zie ook paragraaf 1.3.3 en 1.3.4 en de website). Een hard stevig materiaal vraagt om een andere benadering dan een zacht materiaal. Felle primaire kleuren geven een andere sfeer dan zachte kleuren met veel wit erdoorheen.

Vormgeving

Het formaat, de plaats in de ruimte, het handschrift, de compositie en tal van andere beeldaspecten laten zien hoeveel en op welke manier iemand ruimte inneemt. Wanneer er een analogie in vormgeving met het gedrag is of juist niet, geeft dit informatie over de ontwikkelingsmogelijkheden van de cliënt.

Thematiek

In sfeer, symbooltaal, in abstractie, letterlijk of figuurlijk, is te zien wat het verhaal is van de cliënt. Symbolische thema's nodigen de cliënt uit om gevoelens te uiten. Bijvoorbeeld een thema als 'monsters' of 'insecten' zal bepaalde gevoelens oproepen. De kracht van beeldende therapie schuilt erin dat er niet altijd letterlijk angst of woede hoeft te worden geuit. Een symbolisch thema kan veiligheid bieden.

Interactie met de omgeving

De relatie met de therapeut of groepsleden kan van invloed zijn op de wijze waarop de cliënt aan de slag gaat. Een omgeving kan stimulerend zijn of veilig. Kan de cliënt zich voldoende concentreren, voelt deze zich veilig enzovoort.

Tijdens de opleiding leert de beeldend therapeut reflecteren op bovenstaande terreinen. In methodieklessen, in mediumlessen en tijdens supervisie is reflectie een belangrijk onderdeel voor de vorming van een professionele houding. De waarneming van de beeldend therapeut kan anders zijn dan de beleving van de cliënt. In die situaties is het van belang dat de beeldend therapeut beide betekenissen signaleert en besluit op grond van een aantal factoren hoe hij de behandeling daarop zal baseren. De eigen vormentaal van de cliënt vertelt het verhaal van de cliënt. Het kan zijn dat de beleving van de therapeut iets toevoegt wat de cliënt verder helpt. Maar het kan ook een onjuiste interpretatie zijn. Voor de een is rood een krachtige kleur van liefde en levenslust, voor de ander betekent het angst en gevaar.

2.2.3 TOEPASSING

Iedere therapeut heeft een basis aan kennis van problematieken en ziektebeelden en van behandelmethoden en -methodieken. Een beeldend therapeut is een professional van wie de intuïtie en sociale vaardigheden geschoold zijn om ze therapeutisch toe te passen. De behandeling blijft echter altijd samenhangen met de persoon die haar uitvoert in de context van de organisatie waarin deze beeldend therapeut werkt. De beeldend therapeut heeft een 'rugzak' vol met mogelijkheden: kennis van materialen, thema's, vormgevingsprincipes. Om te onderzoeken welke het meest geschikt zijn voor een behandeling, wordt over het algemeen een observatie uitgevoerd van drie zittingen. Tijdens deze observatie onderzoekt de beeldend therapeut de voorkeuren en weerstanden voor materialen, technieken, thema's, de relatie met de omgeving én het denken-voelen-handelen. Uit dit observatieonderzoek worden conclusies getrokken en er wordt een behandelvoorstel gemaakt met behandeldoelen. Dit wordt meestal met de cliënt besproken.

Wanneer welke methode, techniek of interventie het meest geschikt is, is niet eenduidig aan te geven. Er zijn twee benaderingen herkenbaar: de ene benadering gaat uit van de processen die in de relatie cliënt-therapeut ontstaan (Van der Laan, 2007). De behandeling zal na een observatieperiode in overleg afgestemd worden op de individuele vraag van de cliënt. Er wordt uitgegaan van een manier van werken waarbij de cliënt ruimte krijgt om 'van binnenuit' te leren vormgeven aan het eigen verhaal.

De andere benadering gaat uit van de meetbare gegevens die behandelresultaten weergeven. Hierbij horen van tevoren vastgestelde behandelprogramma's waar de cliënt voor geïndiceerd wordt. Hierbij wordt er 'van buitenaf' een structuur aangeboden. In hoofdstuk 8 wordt er dieper op deze benaderingen ingegaan.

2.3 De functionele driehoek: denken-voelen-handelen

In vaktherapie, maar ook in maatschappelijk werk en in psychotherapie wordt er vaak gesproken over de functionele driehoek denken-voelen-handelen. Denken, voelen en handelen staan onlosmakelijk met elkaar in verbinding. Iemand wiens leven in balans is, zal een redelijk evenwicht hebben tussen de drie polen. Mensen die problemen hebben waar ze niet meer zelf uit kunnen komen zitten vaak gevangen in denkpatronen, of verliezen zich in gevoelens of in een activiteit. Het is de kunst om dan meer in balans te komen.

Beeldende therapie biedt een meerwaarde doordat denken, voelen en handelen onderdeel zijn van de ervaringsgerichte behandelvorm.

Afbeelding 2.4 *De functionele driehoek: denken-voelen-handelen.*

2.3.1 DENKEN, VOELEN, HANDELEN
Denken
In beeldend werken wordt het 'denken' zichtbaar in de vaardigheden ontwikkelingsniveau, ruimtelijk inzicht en fantasie.
Bij het ontwikkelingsniveau is de vraag bijvoorbeeld of motorische vaardigheden overeenkomen met de kalenderleeftijd. In tekeningen kan dit gegeven zichtbaar worden. Wanneer een oudere cliënt in beeldende therapie mensfiguren als koppoters tekent, kan dit iets zeggen over de cognitieve vaardigheden van deze persoon. Het is waardevol om te onderzoeken wat de ontwikkelingsmogelijkheden van deze persoon zijn en of de non-verbale behandeling hier een bijdrage aan kan leveren.
Bij ruimtelijk inzicht kan gedacht worden aan het vermogen om perspectief of diepte weer te geven, maar ook om een ruimtelijk werkstuk van meerdere kanten te kunnen bekijken. Het ontwikkelen van ruimtelijk inzicht gaat gepaard met de persoonlijke ontwikkeling. Bij veel mensen is het ruimtelijk inzicht niet zo goed ontwikkeld. Het is belangrijk om er rekening mee te houden of er sprake is van een onvermogen, of dat het toch ook een weerstand of 'niet gewend zijn' betreft om dingen eens vanuit een andere invalshoek te bekijken.
Fantasie en het vermogen om de realiteit van fantasie te onderscheiden, is bij veel problematieken een belangrijk aandachtspunt. Bij kinderen tot 4 jaar is er geen verschil tussen fantasie en werkelijkheid. Bij mensen met een psychose of een aan autisme verwante stoornis is het over het algemeen moeilijk om onderscheid te maken tussen fantasie en werkelijkheid. De concrete zichtbare en tastbare beelden die in beeldende therapie gemaakt worden, kunnen bijdragen aan het vermogen om 'in het hier en nu' te zijn.
Ook het vermogen tot abstraheren is een vaardigheid die samenhangt

met het vermogen tot fantaseren. Kan iemand in symbooltaal werken of moet alles juist letterlijk weergegeven worden? Dit is ook een graadmeter voor het vermogen om zelfstandig en inzichtgevend te werken.

Voelen
Het is niet altijd duidelijk wat er wordt bedoeld wanneer er gesproken wordt over bijvoorbeeld 'ik wil mijn gevoelens leren accepteren'. In beeldende therapie kan het begrip 'voelen' op verschillende manieren benaderd worden.
- Tastzin. Het aanraken van materialen waarbij de sensomotoriek aangesproken wordt, is een manier van voelen waarbij het om de directe waarneming gaat: zacht-hard, warm-koud enzovoort.
- Lijfelijke beleving. Beweging kan uiteenlopende ervaringen opleveren, variërend van het gevoel van 'er zijn' tot 'plezier', 'kracht', 'vermoeidheid', 'misselijkheid' enzovoort.
- Emoties. Blijdschap, pijn, angst, verdriet zijn gevoelens die een lichamelijke ervaring met zich mee brengen.

Handelen
De manier waarop iemand bezig is, toont algauw of iemand een beetje innerlijke rust heeft. In extreme gevallen zijn mensen bijzonder onrustig of juist bijzonder passief. Tijdens het beeldend werken wordt al snel duidelijk wat de voorkeuren en weerstanden zijn van een persoon. Het is de kunst van de beeldend therapeut om materialen en technieken aan te bieden waardoor iemand tot actie komt, meer rust kan vinden, zich kan uitleven enzovoort.

2.3.2 HET CREATIEFTHERAPEUTISCH CONTINUÜM VAN VIJA LUSEBRINK

Vija Bergs Lusebrink (1990) heeft de driehoek denken-voelen-handelen uitgewerkt tot een model dat uitgebouwd is voor beeldendcreatieve therapie. In haar continuüm worden niet alleen denken, voelen en handelen genoemd, maar wordt dit uitgewerkt vanuit het ontwikkelingsperspectief van de mens.

In dit continuüm wordt de onderste laag als basis weergegeven voor de lagen erboven, zodat dit de functieontwikkeling weergeeft. Zo is bijvoorbeeld niet elke cliënt in staat om op inzichtgevende wijze te werken vanuit cognitie of symboliek, maar om een symbool weer te geven zijn wel de functielagen daaronder nodig. Volgens Lusebrink start elke cliënt met een voorkeursaanleg voor een of meer aspecten uit dit continuüm. Interventies zijn erop gericht de cliënt te stimuleren

CREATIVITEIT

cognitie --- symboliek

waarneming --- gevoelswereld

beweging -- sensomotoriek

Afbeelding 2.5 *Creatieftherapeutisch continuüm.*

om het functioneren uit alle lagen te integreren door deze te betrekken bij de beeldendtherapeutische behandeling. De integratie van de verschillende lagen in het beeldend werken zelf (proces) én bij het onderzoeken van het beeld (product) kunnen beide bijdragen aan het anders leren omgaan met problemen. Rekening houdend met de vaardigheden van de cliënt en de fase waarin deze zich bevindt, schat de beeldend therapeut in hoeverre er voldoende verwerkt wordt tijdens de ervaringen die het beeldend werken biedt, of dat bewust worden en verbaliseren kan bijdragen aan de behandeling (Smeijsters, 2008). Tijdens het beeldend werken interpreteert de beeldend therapeut het beeldendtherapeutisch proces en daarbij worden de aspecten van het continuüm van Lusebrink meegenomen. Hierbij stelt de therapeut zich de volgende vragen:
– In welke laag van het continuüm is de cliënt sterk ontwikkeld en in welke laag minder sterk?
– Wat is een veilig, bekend aanknopingspunt in het medium om te starten, met welke aspecten uit het continuüm?
– Welke aspecten van het continuüm moeten gestimuleerd worden en wat is het doel van de behandeling?

Laag van de beweging en sensomotoriek
Bij beweging wordt het werken vanuit de grove motoriek aangeduid. Binnen beeldende therapie kun je denken aan groot werken, zoals tekenen van grote lemniscaten op een vel papier van 50 bij 65 centimeter of ervaringen als scheuren, strelen, gooien. Beeldend werken gaat gepaard met kleine of grote bewegingen. Het is de bedoeling om deze bewegingen in verbinding met de belevingswereld, de andere lagen, te brengen. Sommige materialen en technieken bevorderen het maken van grote bewegingen, of stevige bewegingen, of juist kleine priegelbewegingen (Wils, 1973). Hoe groter de bewegingen, hoe minder de fijne motoriek en het sensopathische gevoel gestimuleerd

worden. Je kunt niet tegelijkertijd grote gebaren maken en gedetailleerd iets betasten, aldus Lusebrink.

Het sensopathisch ervaren heeft betrekking op de tactiele ervaring, het ervaren met de tastzintuigen. Werken met de handen en het aanraken van verschillende materialen bevordert het contact met de gevoelswereld. Sensopathische ervaringen kunnen intenser beleefd worden wanneer er met de ogen dicht gewerkt wordt. Sensomotorisch handelen en werken vanuit beweging bevordert het beleven en uiten van gevoelens. In beeldende therapie kun je daarbij denken aan materialen als vingerverf, de structuur van de klei, het voelen van grof kippengaas, koel en glad metaal, scherp glas, stevig timmeren op hout, strelen met softpastelkrijt (Wils, 1979).

Beweging en gevoelens beïnvloeden elkaar. Dit kan zichtbaar zijn in het beeldend werk (Van Gurp, 2001). Bijvoorbeeld bij boosheid kan een cliënt grote bewegingen maken, maar als hij deze gevoelens niet toestaat, kunnen dit ook strakke, gecontroleerde hoekige, krachtige bewegingen worden. Om een therapeutisch proces op gang te brengen kan de beeldend therapeut vanuit het bewegingsgerichte werken een vervolg aanbrengen dat gericht is op bijvoorbeeld de waarneming of het gevoel.

Laag van de waarneming en het gevoel

In beeldende therapie is van de zintuigen de visuele waarneming een belangrijk gegeven in de behandeling. De visuele waarneming wordt ingezet bij het maken van een beeldend werk (Edwards, 2001; Itten 1994). Visuele informatie wordt veelal onbewust of gevoelsmatig verwerkt; deels verloopt dit proces bewust (zie ook gestalt- en cognitieve therapie in hoofdstuk 5 en waarnemingspsychologie in hoofdstuk 1). Door middel van interventies kan een cliënt gestimuleerd worden te kijken naar het eigen werk. Bijvoorbeeld door het ophangen van werk, vanaf een afstand te kijken naar het werk, te kijken naar voorgrond en achtergrond, het werk rond te draaien, een gedeelte uit het werk aan te wijzen dat mooi is en dit verder uit te werken. Gewaarwording hoeft niet in woorden uitgedrukt te worden (Molenaar-Coppens, 1995). Tijdens beeldend werken en kijken naar werk kan de aandacht gericht zijn op de waarneming van het beeld of op het werken vanuit de beleving of het gevoel. Hoe meer de aandacht ligt op de visuele waarneming, het observeren, hoe minder het handelen beïnvloed wordt door de gevoelswereld, en omgekeerd (Lusebrink, 1990; Linehan, 2002). Daarbij speelt materiaalbeleving ook een rol: een materiaal dat direct aangeraakt wordt met de handen, raakt directer aan gevoelens dan wanneer bijvoorbeeld gewerkt wordt met potlood, dat het gevoel van controle over de gevoelswereld versterkt. Door het aanbod van materiaal kunnen ook gevoelens opgeroepen worden. Als een creatief therapeut te snel nieuw materiaal aanbiedt, kan er angst of tegenzin opgeroepen worden. Te moeilijk materiaal kan boosheid oproepen, en materiaal dat aansluit bij de ervaring van de cliënt kan plezier en verrassing oproepen (Lusebrink, 1990).

Laag van de cognitie en symboliek

De cognitief-symbolische laag omvat complexe onbewuste en bewuste processen, zoals geheugen en symboolverwerking. In beeldende therapie spelen cognitieve processen een rol bij het vormen van concepten. Dit gebeurt bijvoorbeeld bij het uitwerken van een opdracht, het ordenen van handelingen, het zoeken naar de ruimtelijke weergave van een stilleven, abstraheren, verbaliseren. Bij deze processen wordt het denken ingezet. Deze processen staan in beeldende therapie in wisselwerking met de functioneringslagen in het continuüm van Lusebrink: beweging, sensomotoriek, waarneming en gevoel. De meest geïntegreerde reflectie is mogelijk vanuit de denkprocessen in deze laag.

Aan de andere kant is het vanuit denkprocessen ook mogelijk om afbeeldingen te gebruiken als afweermechanisme tegen gevoelens. Sterk rationeel ingestelde mensen kunnen cognitief onderbouwde keuzes maken en daarbij geen connectie hebben met gevoelens. Bijvoorbeeld bij patiënten met anorexia nervosa zijn de visuele waarneming en het werken vanuit cognitie sterk ontwikkeld. Deze cliënten kunnen vaak goed praten over hun werk, weten heel erg goed wat ze doen, kunnen intelligent zijn, maar desondanks geen verbinding met hun gevoelswereld hebben (Rankanen e.a., 2007; Klompé, 2001). Persoonlijke ervaringen, herinneringen en gevoelens vormen de basis voor een symbool. De inzet van symbolen komt terug in de verschillende theorieën van creatieve therapie, van een vermomming van het afgeweerde onacceptabele (Freud, 1967), het onbewuste van Jung of een talisman voor het zelfvertrouwen tot een flashcard binnen de cognitieve therapie (Van Oppen & Arntz, 1994). Symbolen werken als een metafoor die intuïtieve betekenissen en concepten creëert. Tijdens het zien van vormen en symbolen die gemaakt worden, kunnen verschillende gevoelens opgeroepen worden: rust, angst, ergernis, trots, boosheid, ontevredenheid. Om symbolen creatieftherapeutisch te kunnen benutten, is het essentieel dat de cliënt persoonlijke betekenis vindt in de symbolen en ze verbindt met zijn eigen leven. In beeldende therapie stimuleer je het werken vanuit cognitie of symboliek door de opdrachten die je geeft, en de structuur die je daarin aanbrengt.

3 Fasering van de behandeling

Elke week op maandagmorgen zitten vier vaktherapeuten in werkbespreking bij elkaar, een beeldend therapeut, een drama-, muziek- en psychomotorisch therapeut. Sinds enkele maanden hebben zij een gezamenlijke intakeprocedure ontwikkeld voor hun behandelafdeling. Voorheen werkten zij ieder op hun eigen manier. Ze deelden een werkkamer, maar de samenwerking was minder intensief. Uitwisseling bleef beperkt tot de multidisciplinaire behandelbesprekingen, waar ook andere disciplines aan deelnamen. Nu worden ze geconfronteerd met onderlinge overeenkomsten, maar ook met alle verschillen. Dat hun manier van kijken en werken sterke verwantschap vertoonde, hadden zij eerder al ervaren. Langzamerhand groeit nu ook het gevoel dat ze een gemeenschappelijke 'behandeltaal' beginnen te spreken. Door de gezamenlijke intakeprocedure is de vaktherapeutische werkwijze niet alleen voor elkaar, maar ook voor andere behandelaars in de organisatie meer herkenbaar geworden.

Een planmatige opzet in beeldende therapie begint bij de wijze waarop een cliënt naar een beeldend therapeut toe komt, eventueel verwezen wordt. Het eindigt bij de wijze waarop op de behandeling wordt teruggekeken en waarop eventuele vervolgvragen worden geformuleerd. Daartussen ligt een reeks van stappen bestaande uit ervaringen, beslissingen en handelingen die een zekere logische volgorde hebben. De stappen worden in dit hoofdstuk beschreven vanuit het principe van de regulatieve cyclus, de logica ervan wordt omschreven vanuit het 'klinisch redeneerproces'.
Vervolgens worden in dit hoofdstuk de afzonderlijke methodische handelingsfasen in beeldende therapie beschreven. Zij omvatten het totale proces van behandelen dat bestaat uit: de indicatie; aanmelding

en kennismaking; de observatie en diagnostiek; indicatiestelling; behandelplan opstellen en uitvoeren; evalueren en afscheid nemen.

3.1 Enkele definities

Een belangrijke verworvenheid is dat termen als 'de regulatieve cyclus' en 'het klinisch redeneerproces' nu gebruikelijk zijn in een brede kring van beeldend therapeuten en andere vaktherapeuten. De therapeuten weten in grote trekken van elkaar hoe zij tot afwegingen komen, hoe zij hun visie en denkwijze ontwikkelen en hoe zij tot een behandeldiagnose komen. Zo kunnen zij gemakkelijker tot een gemeenschappelijk vaktherapeutisch behandelbeleid komen. Ook voor andere behandelaars, bijvoorbeeld in de multidisciplinaire setting, is deze werkwijze herkenbaar. In gezamenlijkheid kunnen structurele trajecten en processen ontwikkeld worden. Deze zijn onontbeerlijk voor transparante diagnose en behandelprocedures waarin de cliënt centraal staat. Concepten als de 'regulatieve cyclus' en het 'klinisch redeneerproces' hebben invloed gehad op het ontwikkelen van een methodische werkwijze en het spreken van een meer gemeenschappelijke 'behandeltaal'.

3.1.1 REGULATIEVE CYCLUS

De regulatieve cyclus (Van Strien, 1986) is de wijdverbreide basis geworden van planmatige, methodische modellen die door heel verschillende professionals gebruikt worden bij de opzet en uitvoering van hun werk. Van Strien beschreef als cyclus: 'Probleemstelling/ diagnose/plan/ingreep/evaluatie om praktijkonderzoek mee uit te voeren. Deze cyclus was in het algemeen gericht op het onderzoeken en veranderen van de praktijk. Het grondpatroon van de regulatieve cyclus opende de weg naar wetenschappelijk en methodisch gefundeerd en gefaseerd veranderen van situaties van individuen, groepen of organisaties.'

Voor vaktherapeuten bleek dit ook een belangrijk concept. De kern van het landelijk opleidingsprofiel voor de initiële hbo-creatieve therapieopleidingen in Nederland is sinds 1999 geënt op het bredere theoretisch-methodische handelingskader van de 'regulatieve cyclus'. In het onlangs verschenen hernieuwde opleidingsprofiel (Landelijk Opleidingsprofiel 2008) is de cyclus in de volgende vijf kerntaken geformuleerd: indicatie; aanmelding en kennismaking; observatie en diagnostiek; indicatiestelling; behandelplan opstellen en uitvoeren; evalueren en afscheid nemen. In paragraaf 3.1.3 worden deze vijf kerntaken als fasering van het behandelen verder beschreven. Waar soms gewerkt wordt met vier, acht of zelfs tien fasen, is sprake van detaillering, toespitsing of nuancering. Het basisprincipe blijft echter hetzelfde.

Vooral de laatste jaren is dit langzamerhand een expliciet onderdeel geworden van het professioneel handelen van alle vaktherapeuten. De Federatie van Vaktherapeutische Beroepen hanteert de indeling in haar meest recente beroepsprofiel (FVB, 2007).

3.1.2 KLINISCH REDENEERPROCES

Methodisch werken omvat meer dan de regulatieve cyclus. Het is namelijk ook het reflecteren op en formuleren van het 'hoe en waarom' van het specifieke therapeutische proces. Het begrip 'klinisch redeneerproces' (Smeijsters, 2008) is voor vaktherapeuten een belangrijk concept. Het gaat om een hoogwaardig deskundig proces van intuïtief gewaarworden, reflectief afwegen en keuzes maken door logisch denken en betogen, tot de uitkomst gegrond kan worden verklaard. Het klinisch redeneerproces leidt tot het formuleren van de vaktherapeutische behandeldiagnose. Smeijsters omschreef dit redeneerproces als: 'Het proces dat therapeuten doorlopen van verwijzing, observatie/classificatie, diagnose, indicatiestelling, het bepalen van doelstellingen en methoden tot evaluatie.' Het redeneren van de vaktherapeut is dus ook in belangrijke mate geënt op het bredere theoretisch-methodische handelingskader van de 'regulatieve cyclus'. Tegelijk legt het klinisch redeneren ook nadruk op de eigen professionele logica of 'rationale' van het vaktherapeutisch denken en handelen. In het landelijk opleidingsprofiel (2008) van de vier bacheloropleidingen creatieve therapie is het aangescherpt tot een zevental vragen die de vaktherapeut zich in het algemeen bij elke therapie stelt.

Klinisch redeneren
Observatie: Wat zie ik aan de cliënt?
Diagnose: Wat is er met de cliënt aan de hand?
Indicatie: Waar kan de behandeling aangrijpen?
Doelstelling: Wat kunnen wij nastreven?
Interventie: Hoe gaan we het doen?
Effect: Wat is er bereikt?
Rationale: Hoe kan het effect verklaard worden?

3.1.3 BEHANDELCYCLUS IN FASEN

Veel beeldend therapeuten gebruiken deze begrippen of modellen en vragen expliciet of impliciet om hun therapieën te onderbouwen en uit te voeren. Elke therapie heeft een begin en een einde en deze vormen de voornaamste afbakeningen die essentieel zijn bij methodisch, planmatig werken. Het klinisch redeneerproces van de beeldend therapeut loopt parallel aan het planmatig, methodisch uitvoeren van de therapiecyclus. Het is sterk gericht op de eerste fasen van de cyclus en vooral bedoeld om tot een verantwoorde therapiediagnose te komen. Het redeneerproces houdt daarna niet op; het gaat altijd door: voor, tijdens en na afloop van therapiesessies.

Vanaf het moment dat de beeldend therapeut zelf aan de slag gaat, stelt hij zich in het algemeen de bovenstaande kernvragen. De beantwoording van deze vragen bepaalt de inhoud van de specifieke therapie, die wordt uitgevoerd volgens een beeldendtherapeutisch methodisch werkmodel dat bestaat uit een reeks behandelfasen. De fasen worden door de gezamenlijke beeldend therapeuten zo belangrijk gevonden dat zij de kerntaken van het beroep uitmaken. Door de bacheloropleidingen creatieve therapie zijn deze fasen beschreven als beroepskwalificaties waaraan elke beroepsbeoefenaar moet voldoen (LOP, 2008). De Federatie van Vaktherapeutische Beroepen hanteert onderstaande indeling in kerntaken in haar meest recente conceptberoepsprofiel (FVB, 2007) van de vaktherapeutische beroepen.

> **Kerntaken vaktherapeut**
> 1 Een vaktherapeut verzorgt de aanmelding voor de behandeling, verzorgt de intake en voert vaktherapeutisch onderzoek uit.
> 2 Een vaktherapeut formuleert een vaktherapeutische diagnose en stelt de indicatie voor vaktherapie.
> 3 Een vaktherapeut stelt het behandelplan op en bespreekt dit met de cliënt.
> 4 Een vaktherapeut voert het behandelplan uit en stelt dit bij.
> 5 Een vaktherapeut sluit de behandeling af en evalueert met de cliënt het verloop van de behandeling.

Specifieke fasering in een behandelproces hangt af van de soort therapie, de behandelsetting of ruimere context van de therapie. Bij de soort therapie maken we onderscheid tussen individuele therapie en groepstherapie (waaronder ook open/gesloten groep, gezinstherapie, relatietherapie). De fasering is ook afhankelijk van de werkplek, omdat in sommige instellingen een behandelindicatie voorafgaat aan de aanmelding voor de beeldende observatie, diagnostiek en behandeling. Ook is er verschil in fasering bij modulegericht werken en een meer algemeen procesmatige behandeling zonder vast omschreven programmering en tijdsafbakening.

Nu worden achtereenvolgens de zes behandelfasen afzonderlijk beschreven. Een reeks voorbeelden zal illustreren hoe de fasen in de cyclus aan elkaar gerelateerd zijn, waardoor het beeldendtherapeutisch redeneerproces zichtbaar wordt.

3.2 Aanmelding, kennismaking en observatie

In deze eerste fase wordt de reeks handelingen en beslissingen beschreven die voorafgaan aan de behandeling in engere zin. Het gaat om de wijze van indiceren en aanmelden door anderen, de kennismaking tussen cliënt en therapeut, de beeldende observatie en het verzamelen van voorinformatie. Daarna volgt de daaruit op te maken diagnostiek.

Een algemene beschrijving van kerntaken is een ideaaltypische beschrijving. De volgorde verloopt in de praktijk vaak anders. Het hangt vooral af van de context van de beeldende therapie hoe deze eerste fase precies verloopt. In ieder geval heeft elke therapie een duidelijk begin en einde en deze vormen de voornaamste afbakeningen. Ze zijn essentieel bij methodisch, planmatig werken. Geen cliënt komt 'zomaar' naar beeldende therapie. Er is altijd een bepaalde reden, hetzij bij de cliënt zelf, hetzij bij zijn omgeving. Sommige redenen zijn beter onderbouwd dan andere. Onderbouwing gebeurt vanuit een expliciet theoretisch of impliciet op gedragingen gebaseerd verantwoordingskader. De beeldend therapeut moet met die verschillende maten van verantwoording kunnen omgaan. En ieder beeldend therapeut moet op grond van gedegen informatieverzameling beslissen of het wenselijk en juist is om een behandeling aan te gaan. In sommige werksituaties wordt een aanmelding een indicatie genoemd. Het begrip indicatie wordt in paragraaf 3.3.3 verder uitgewerkt.

3.2.1 AANMELDING

> Matthijs, een jongen van 10 jaar, wordt opgenomen in een kliniek voor kinder- en jeugdpsychiatrie. Na een korte periode van wennen op de leefgroep, waar hij 24 uur per dag verblijft, wordt hij

> door de behandelcoördinator aangemeld voor beeldende therapie. Dit wordt gedaan via een standaard elektronische aanvraag waarbij de diverse items kunnen worden ingevuld, zoals: naam van de cliënt, geboortedatum, diagnose conform DSM-IV-TR, aanvrager en datum, therapievorm(en), therapiesetting, hulpvraag cliënt enzovoort. Na deze aanvraag kan de beeldend therapeut aan het werk.

De beeldend therapeut werkt altijd op aanmelding. De therapeut handelt zelden alleen naar eigen bevinding. Van een indicatie opgesteld door andere behandelaars is meestal sprake wanneer de beeldende therapie een vast onderdeel is van het behandelprogramma en anderen inzicht hebben in hoe een indicatie voor beeldende therapie is te formuleren. In een dergelijke indicatie wordt met redenen aangegeven waarom beeldende therapie geschikt zou zijn voor deze cliënt. Als er geen indicatie door anderen is opgesteld, dan zal de therapeut in ieder geval alsnog tot een indicatie moeten komen.

In de indicatie spelen zaken als: welke motivatie en betrokkenheid toont de cliënt met betrekking tot het werken met/spelen in het medium? Welke uitdrukkingswensen en vaardigheden zijn er nu of zijn in de toekomst te verwachten? Is de cliënt uit zichzelf of met hulp in staat om te ordenen, te structureren en tot (eigen) vormgeving te komen? Heeft de cliënt plezier in het werken in het medium? Zal hij voor zijn ontwikkeling of genezing kunnen profiteren van het beeldende medium? In hoeverre kan de cliënt samenwerken met anderen en met de therapeut? Kan hij profiteren van de therapeut als ondersteuner van de therapie? De indicatie en diagnostiek in beeldende therapie zijn niet in de eerste plaats gericht op het oefenen van beeldend-vakmatige vaardigheden. Het proces van de cliënt speelt zich vooral af op het psychosociale vlak.

De meeste ggz-instellingen hebben inmiddels een structurele aanmeldingsprocedure. De aanmelding komt dan via een behandelteam of (hoofd)behandelaar tot stand.

> Bij Matthijs was de algemene diagnostiek beschreven in de elektronische aanvraag.
> Naam cliënt: Matthijs
> Geboortedatum: 03-1998

> Diagnose: As I: 300.02 Gegeneraliseerde angststoornis
> 307.20 Tic-stoornis NAO
> 314.00 Aandachttekortstoornis met hyperactiviteit: Overwegend onoplettendheid type
> As II: Geen diagnose op As II
> As III: Geen diagnose/aandoening op As III
> As IV: Geen diagnose op AS IV aanwezig
> As V: GAF 53
> Aanvraagdatum: 03-2008
> Aanvrager: J. van O, psychotherapeut
> Hulpvorm: Behandeling
> Therapievorm 1: Beeldend
> Setting 1: Duo
>
> Hulpvraag 1: Matthijs kampt met angsten en dwang die hij slecht onder controle krijgt. Thuis verloopt het moeizaam. Er zijn moeilijk afspraken met hem te maken. Hij wil alles zelf bepalen. Dit loopt vaak mis in het contact met zijn twee broertjes. Matthijs houdt van knutselen en muziek en dit lijkt ons een ingang om zijn angsten te behandelen. Of dit in een duotherapie of groep kan, is voor het team vooralsnog moeilijk te bepalen.
> Zoals blijkt is bij Matthijs ook de algemene diagnostiek beschreven in de elektronische aanvraag. De beeldend therapeut maakt gebruik van deze informatie, maar gaat in een observatie ook zelf op zoek naar mogelijkheden om een behandeling te starten. Zij doet dit samen met Matthijs.

Verschillende organisaties voor zorg en opvoeding hebben een eigen zorgplansystematiek waarin hun procedures voor verwijzing en aanmelding zijn opgenomen. Aanmelding gaat in beeldende therapie vaak vooraf aan de kennismaking tussen cliënt en therapeut. Maar er zijn uitzonderingen. In sommige settings kan het de beeldend therapeut zelf zijn, die in de alledaagse situatie kennismaakt en observeert en op grond van deze bevindingen overlegt met andere bij de cliënt betrokken professionals. Cliënten of hun ouders kunnen ook zelf naar een beeldend therapeut toe stappen met een hulpvraag. Dan zal de therapeut samen met de cliënt, zijn systeem en andere betrokkenen tot een indicatie of concrete aanmeldingsvraag komen. Waar voorafgaand geen op (psycho)diagnostiek gebaseerde indicatie heeft plaatsgevonden, gaat de beeldend therapeut zelf een indicatie formuleren. In dit geval moet de beeldend therapeut extra alert zijn op contra-indicaties en moet hij kunnen signaleren of er meer of andere vormen van zorg of behandeling noodzakelijk zijn.

> Een beeldend therapeut werkt vanuit de eigen praktijk regelmatig in het plaatselijk verpleeghuis. Daar is ook de 45-jarige meneer De Jong opgenomen. Op een dag komt een familielid naar de beeldend therapeut en vraagt of zij eens naar meneer wil kijken. Hij is na een ernstig verkeersongeluk niet meer de oude geworden. Hij heeft veel verzorging en begeleiding nodig en dat zal zo blijven. Spreken gaat heel moeilijk. In de revalidatiefase leek hij nog wel perspectief te zien. Maar nu hij in het verpleeghuis is, lijkt hij beter te beseffen dat het definitief niet meer goed zal komen, aldus de familie. De beeldend therapeut overlegt met de familie, maar ook met de woon- en activiteitenbegeleiding en de verpleeghuisarts. Daar wordt het volgende geconstateerd: knutselactiviteiten interesseren meneer De Jong maar matig en bij het maken van muziek reageert hij boos. In de woning verveelt hij zich en komt tot weinig activiteit. Meneer blijkt sinds kort medicatie te hebben in verband met depressiviteit. De familie zou meneer graag willen aanmelden en hoopt dat hij door een behandeling weer 'beter in zijn vel' komt te zitten.
> Het team gaat akkoord met een gerichte beeldende observatieperiode om te kijken of een langdurige behandeling nut kan hebben. Besloten wordt dat de beeldend therapeut contact zal leggen met meneer De Jong om in drie of vier sessies van 30-45 minuten te kijken of een ingang voor beeldende therapie te vinden is. Een voordeel van beeldende therapie is de geringe nadruk op spreektaal en daarbij de vele uitingsmogelijkheden middels het beeldende materiaal. De depressie is aanleiding, en de vraag, de indicatie van de aanmelders draait om mogelijke verwerking van verlies en hervinden van perspectief.

3.2.2 KENNISMAKING

Kennismaken houdt in dat de cliënt vertrouwd raakt met de soort therapie, met de therapeut en de ruimte. Het is belangrijk dat de cliënt voelt dat hij er mag zijn zoals hij is. Wanneer de cliënt zich geaccepteerd voelt door de therapeut, is dit gunstig voor het opbouwen van een werkrelatie. Dit houdt in dat de therapeut veel randvoorwaarden schept: de cliënt voorlichting geven over de therapie en kennis laten maken met de verschillende materialen en technieken. Soms kan het vertrouwen bevorderd worden door de cliënt zo veel mogelijk zelf de plaats, het materiaal en de thematiek te laten kiezen. Bij bepaalde doelgroepen is echter het bieden van gerichte structuur juist een veilige invalshoek. Dit is bijvoorbeeld het geval bij angst, depressie, aan autisme verwante problemen, aandachtsstoornissen enzovoort. Uiteindelijk gaat het erom dat voorwaarden ontstaan om de volgende verschillende facetten van de observatie aan bod te kunnen laten komen: materiaalsoort, omgang met materiaal, vormgeving, ruimte, thematiek en relatie (contactname met therapeut, medecliënten). Op de dvd zijn enkele beeldendtherapeutische kennismakingssituaties in beeld gebracht van cliënten met in aanvang ernstig communicatieve beperkingen.

> Pieter (31 jaar, bipolaire stoornis) wordt aangemeld door de verpleging. Pieter was betrokken bij een geweldsincident op de afdeling waar hij verblijft, met alleen materiële schade. Het incident heeft impact gehad op het personeel. De verpleegkundigen geven aan dat Pieter bijna niet te bereiken is. Hij is niet erg spraakzaam en zijn gedrag is op dit moment voor hen niet invoelbaar. De beeldend therapeut besluit met deze man op zeer korte termijn kennis te maken.
> De therapeut legt een gangbaar aanbod van beeldende middelen klaar voor deze ontmoeting. Het moeten materialen en onderwerpen zijn die niet afschrikken maar uitnodigen. Ook moeten zij een nadere kennismaking mogelijk maken om snel zicht te krijgen op wat Pieter bezighoudt en hoe hij daar in het medium mee omgaat. Bij een volwassen cliënt als Pieter komen diverse teken- en schildermaterialen aan deze vereisten tegemoet. De onderwerpen zullen waarschijnlijk in gesprek met Pieter ontstaan. Voorwaarde is wel dat ook het contact tussen Pieter en de therapeut zich gaat ontwikkelen. De therapeut hoopt in Pieters werkwijze een concrete indicatie en doelomschrijving voor beeldende therapie te kunnen herkennen.

3.2.3   OBSERVATIE

> In de observatie laat Pieter zich allereerst zien als iemand die alles perfect wil doen. Hij geeft aan dat hij dit zelf wil en dat er geen druk van buitenaf is die hem dit oplegt. De observatie in beeldende termen is als volgt. In zijn werk ziet de therapeut hem ontspannen. Op papier lijkt hij meer vrijheid te genieten. Hij neemt daar relatief veel ruimte in en werkt losser. Pieter werkt vaak met voorbeelden uit boeken. Er zijn veel verschillende onderwerpen die hem interesseren en hij gaat vaak het gesprek aan over onderwerpen.

In de eerste fase van de behandeling worden met behulp van verschillende beeldende activiteiten de vaardigheden, belevingsinhoud en -mogelijkheden geobserveerd en geïnventariseerd. Observatiedoelen zijn hierop gericht. Er is een brede en een smalle vorm van observatie mogelijk. De brede vorm is direct gericht op de klacht. De therapie zal dan gericht worden op verminderen, verzachten of opheffen van de klacht; acceptatie en verwerking kunnen daarvan onderdeel zijn. De smalle vorm kan gericht zijn op de competenties en mogelijkheden van de cliënt. Beeldende therapie kan zo bijvoorbeeld een invalshoek worden om bepaalde problemen te leren ombuigen.

De observatie kan individueel, in een groep of in het gezin gebeuren en de observatieperiode zal per instelling verschillend zijn. Een observatieperiode kan één sessie zijn of enkele sessies die gedurende enkele weken plaatshebben. Maar de beeldende observatie kan ook deel uitmaken van een algehele observatieperiode van de afdeling van een instelling. Zo'n observatieperiode zal doorgaans niet langer dan twee tot drie maanden duren en aan het eind van de periode worden alle observatiegegevens naast elkaar gelegd.

Vijf beeldende observatiecriteria
De beeldend therapeut heeft een eigen beeldendtherapeutische diagnostiek, ook waar de algehele diagnostiek wordt uitgevoerd door psychodiagnostici of een multidisciplinair team van behandelaars. De beeldend therapeut werkt daarvoor met een op de praktijk afgestemde observatielijst met een variatie aan specifieke observatiecriteria, die opgebouwd zijn rond de al eerder genoemde vijf elementen:

> **Observatiecriteria**
> 1 Materiaalsoort: welk materiaal kiest de cliënt of welk materiaal heeft zijn voorkeur/afkeur?
> 2 Omgang met materiaal: hoe gebruikt de cliënt dit materiaal?
> 3 Vormgeving en ruimte: wat valt op aan de manier van werken, in de zin van expressie, vindingrijkheid, technische hanteerbaarheid, tot structuur en vorm komen?
> 4 Thematiek: welke onderwerpen spreken de cliënt aan of welke onderwerpen wijst hij af?
> 5 Relatie: hoe verloopt de contactname met therapeut en medecliënten?

Veelal is er naast de resultaten van de beeldende observatie ook informatie uit andere bronnen. De psychodiagnostiek geeft inzicht in aanwezige stoornissen of beperkingen. Op veel werkplekken wordt voorafgaand aan de observatie ook een anamneselijst afgenomen om de achtergrond van de cliënt duidelijker in beeld te krijgen. Psychodiagnostiek en de anamnese afnemen zijn niet de taken van de beeldend therapeut. Als de beeldend therapeut vragen heeft over de achtergrond, stelt hij deze aan degene die de anamnese heeft afgenomen. De beeldend therapeut observeert wel het algeheel functioneren of ontwikkelingsniveau zoals dat zich voordoet in de beeldende situatie.

Vier ontwikkelingsgebieden
Vier ontwikkelingsgebieden worden door verschillende disciplines gebruikt, met name in de kinder- en jeugdpsychiatrie. Deze ontwikkelingsgebieden spelen in onderlinge interactie een rol bij de observatie en bij het maken van gevolgtrekkingen in een ontwikkelingsdiagnose. Ze komen als aandachtspunten terug in de observatie van het beeldend werken en de vormgeving van cliënt. De beeldend therapeut maakt hiervan een vertaalslag.

> **Ontwikkelingsgebieden**
> – Lichamelijke ontwikkeling: uiterlijk, zintuigen, motoriek, impulscontrole, aandacht, autonomie.
> – Cognitieve ontwikkeling: waarnemen, geheugen, spraak/taal, denken, zelfbeeld, realitytesting, probleemoplossend vermogen.

- Emotionele ontwikkeling: emoties, zelfbeleving, intrinsieke motivatie, seksualiteit/driftleven, fantasie, spel, dromen, thema's, omgang/hechting met/aan werkstuk.
- Sociale ontwikkeling: contactname, inlevend vermogen, frustratietolerantie, geweten, samenwerking, nabijheid/afstand, deelname in de groep, copinggedrag en leerbaarheid.

Beeldende observatie en rapportage van Tom
Tom (13 jaar) komt voor observatie om de psychodiagnostiek te verduidelijken. Zijn voorlopige diagnose luidt: pervasieve ontwikkelingsstoornis n.a.o. en ADHD, gecombineerde type. Kennismaking- en observatieopdracht: maak een eiland van klei aan de hand van diverse vragen die de beeldend therapeut stelt.

Afbeelding 3.1 Tom: eiland van klei.

Tom komt voor de eerste keer en lijkt de ruimte meteen goed in zich op te nemen. Hij maakt veel oogcontact, hoewel het soms lijkt alsof hij door je heen kijkt. Tom zegt dat hij thuis vaak met spuitbussen graffiti maakt, maar bij doorvragen (waar, wat en hoe) lijkt zijn verhaal verwarrend te worden. Hij zegt wel dat hij twee letters, die hij steeds spuit, meer wil oefenen, zodat deze mooier worden.

De startopdracht is het maken van een eiland van klei. Tom vindt dit materiaal 'saai'. Hij werkt liever met hout, metaal of steen, zegt hij. Bij de vraag of hij wel eens op een eiland is geweest, zegt hij dat 'er in Nederland toch geen eilanden zijn?' Ook zegt hij dat het toch algemeen bekend is hoe een eiland eruitziet.

Tom begint met een stevige ondergrond voor het eiland. Hij maakt een grote palmboom die steeds omvalt. Deze laat hij vervolgens ineen zakken met veel hangende bladeren, totdat hij gestut wordt en goed blijft staan. Hij zegt dat het eerder een gewone boom is, hij is niet echt tevreden maar oogt niet gefrustreerd. Tom maakt nog een boom erbij en een hutje als woonplek: de tweede boom bestaat slechts uit vier takken, zodat dit heel open oogt.

Op de vraag om zichzelf en twee andere personen te maken, zegt hij meteen dat hij 'gewoon' zijn vader en moeder mee zou nemen naar het eiland. Hij maakt deze heel snel en handig uit één stuk klei met goede verhoudingen. Zichzelf plaatst hij in de boom, want hij houdt van klimmen. De ouders zitten tegen de hut. Om zich niet te vervelen, zou hij de hele dag zwemmen en een waterpistool meenemen; dat laatste maakt hij snel en groot. Als hij zelf nog iets mag verzinnen, plaatst hij de gorilla Bokito in de andere boom naast hem. Die speelt met hem, zo zegt hij. In het echt zou hij wel bang voor de gorilla zijn, zegt hij bij navraag.

Tom is stil en heel snel aan het werk. Hij kijkt tussendoor soms wantrouwig naar de therapeut, zegt niets uit zichzelf en vraagt geen hulp. Zijn concentratie is kort en zijn betrokkenheid lijkt nihil, hoewel hij wel zijn fantasie inzet. Behoefte aan spanning enerzijds en bescherming anderzijds komen in thematiek naar voren.

Het valt op dat het eiland vooral heel vol is en dat de verhoudingen van de onderdelen niet kloppen. Hij wil het eiland niet meenemen.

De voorlopige beeldendtherapeutische observatierapportage,

waarbij de vijf elementen (materiaalsoort, omgang met materiaal, vormgeving, ruimte, thematiek en relatie) verwerkt zijn in de vier ontwikkelingsgebieden:
- Lichamelijke ontwikkeling. Tom is motorisch grof en werkt snel, wel handig en zelfstandig met de klei. Zijn concentratie is kort en zijn betrokkenheid lijkt nihil. Dit verandert niet gedurende het werken, hoewel hij nog wel een eigen inbreng toevoegt.
- Cognitieve ontwikkeling. Tom neemt de nieuwe omgeving goed in zich op en lijkt visueel houvast prettig te vinden. Bij het antwoorden op vragen, lijkt hij veel door te associëren, wat verwarrend overkomt. Hij lijkt dan het overzicht snel te verliezen en niet leeftijdsadequaat te reageren. Tom lijkt ook hele eigen overtuigingen/vanzelfsprekendheden te hebben, waarbij hij soms niet checkt of deze kloppen. Bij dit ruimtelijk materiaal toont Tom een probleemoplossend vermogen dat impulsief overkomt (gebruikt takken als stut, plaatst zichzelf in de boom, mogelijk bij gebrek aan ruimte?). Hij houdt tijdens het werken geen rekening met verhoudingen, lijkt zich hier niet bewust van te zijn.
- Emotionele ontwikkeling. Hij noemt de klei 'saai', heeft liever een harder materiaal (heeft hij weerstand nodig om meer te kunnen voelen?). Tom oogt snel onderprikkeld naar aanleiding van het materiaal en het thema. Hij lijkt spanning en uitdaging nodig te hebben, wat ook in de thematiek terugkomt (klimmen, grote gorilla). Anderzijds lijken zijn ouders (als beschermers?) nog een belangrijke plaats in te nemen. Ook is het waterpistool opvallend als niet echt leeftijdsadequaat voorwerp, wat zou kunnen duiden op een achterstand in zijn ontwikkeling. Hij wil het werkstuk niet meenemen, hecht er weinig waarde aan.
- Sociale ontwikkeling. Tom maakt eerst adequaat contact. Hij maakt veel oogcontact, maar doet dit op een manier waarop hij soms dwars door je heen kijkt. Hij is zeer zelfstandig aan het werk, zegt uit zichzelf niets en vraagt geen hulp. Tussendoor kijkt hij soms wantrouwig naar de therapeut, maar maakt geen contact en toont geen interesse voor haar werkstuk. Afstemming lijkt lastig voor hem en hij lijkt veel duidelijkheid en structuur vanuit de omgeving nodig te hebben om contact te onderhouden.

> Uit deze eerste observatie kunnen vervolgvragen meegenomen
> worden: een verder onderzoek naar zijn fantasie-realiteitsbele-
> ving (realitytesting)? In hoeverre heeft hij zelf last van beperkin-
> gen in de contactname en is angst/wantrouwen onderliggend?

Een op zichzelf staande observatieperiode voor beeldende therapie is van belang om duidelijk bij de hulpvraag van de cliënt stil te kunnen staan. Beeldende therapie laat vaak andere facetten zien van het functioneren, dus van het denken, het voelen en het handelen van de cliënt, dan wanneer een verbaal gesprek gevoerd wordt. Juist in het handelen toont de cliënt vaak zijn specifieke kracht en kwetsbaarheid, ook op een manier die (nog) niet met woorden is uit te drukken. De therapeut kan zich een beeld vormen van hoe daarop is aan te sluiten of in te grijpen vanuit het beeldende medium. Deze periode geeft ook de cliënt vaak de gelegenheid om te ervaren of en hoe beeldende therapie iets voor hem is. Een observatieperiode wordt daarom altijd gevolgd door het opmaken van de stand van zaken. Daar begint de beeldendtherapeutische diagnostiek.

Toch is er niet altijd sprake van een aparte observatieperiode. Soms zijn observatie en behandeling nadrukkelijk met elkaar verweven. Bijvoorbeeld kan dit het geval zijn als een cliënt behoefte heeft aan snel te ervaren resultaat. Daarbij zal een beeldend therapeut zich ook realiseren dat het starten van een observatie altijd al een zeker behandelend effect heeft. Met andere woorden: met het starten van een observatie is in feite de behandeling al begonnen, ook al moeten er nog verhelderende afspraken over gemaakt worden.

Observatieopdrachten
Beeldend therapeuten ontwikkelen over het algemeen hun eigen observatieopdrachten, omdat deze afgestemd worden op de doelgroep en samenhangen met de opvattingen en persoonlijke stijl van de therapeut (Budde, 2008).
In observatieopdrachten worden de vijf beeldende observatiecriteria en de vier ontwikkelingsgebieden onderzocht.
Aandachtsgebieden in beeldende opdrachten kunnen zijn:
- thematiek: vermogen tot fantaseren en realiteitszin (plattevlakopdracht);
- materiaalbeleving en -omgang: contact maken met lichamelijk gevoel (klei/hout);

– vormgeving: innemen van ruimte, relatievorming (kan in veel werkvormen terugkomen).

Er is een website voor beeldend therapeuten (zie www.beeldendetherapie.nl) waar allerlei uiteenlopende opdrachten te vinden zijn. Er zijn ook specifieke diagnostische instrumenten waarbij eigen observatiemethoden zijn ontwikkeld. Een groot deel hiervan zal in dit en volgende hoofdstukken besproken worden.

3.3 Diagnostiek en indicatiestelling

Hieronder zullen achtereenvolgens de beeldendtherapeutische diagnostiek en de indicatiestelling door de beeldend therapeut beschreven worden. Vanuit de observaties uit de beeldende therapie wordt aanvullende diagnostiek geleverd op de algemene psychodiagnostiek. Zogeheten psychodiagnostiek wordt niet door een beeldend therapeut uitgevoerd. De beeldend therapeut voert voor zichzelf echter wel beeldendtherapeutische diagnostiek uit.
Een volledige indicatiestelling omvat zowel de problematiek, de behandeling die hierbij aansluit, het effect van deze behandeling, de verklaring waarom de behandeling effect heeft (vanuit psychologische theorieën of specifiek beeldendtherapeutische theorieën) en de randvoorwaarden die vervuld moeten zijn, wil de behandeling kunnen slagen (Smeijsters, 2006, 2008). Een indicatiestelling komt daarmee rechtstreeks voort uit de diagnose. Om deze goed te kunnen bepalen, moet de therapeut een aantal stappen doorlopen die uiteindelijk bepalen of een vorm van therapie geïndiceerd is.

3.3.1 BEELDENDTHERAPEUTISCHE DIAGNOSTIEK

De conclusies vanuit de beeldende observatie monden uit in een stellingname ten aanzien van de wijze waarop de cliënt denkt, voelt en handelt en hoe hij zich uitdrukt en vormgeeft in het medium. Beeldendtherapeutische diagnostiek geeft hieraan betekenis door een verband te leggen tussen het beeldend werk en wat daarvan de functie of achtergrond kan zijn. Deze vraag wordt gesteld ten aanzien van de vijf gebieden: materiaalkeuze, materiaalomgang, vormgeving, thematiek en relatie. Centraal staat de vraag: wat wil iemand vertellen met het beeldend werk en in hoeverre is dit van belang voor een beeldende behandeling? In de diagnostiek van de beeldend therapeut speelt de algemene diagnostiek een belangrijke rol. Daarnaast trekt de beeldend therapeut ook eigen conclusies, waarbij de vijf mediumaspecten een hoofdrol spelen. Soms biedt beeldende therapie mogelijkheden waar andere disciplines die (nog) niet zien.

De diagnose, zoals hierboven geformuleerd, behelst een psychopathologische diagnose volgens de DSM IV-systematiek. In veel organisaties wordt nog meer vastgesteld, zoals het ontwikkelingsniveau, de voorgeschiedenis, de draagkracht van de cliënt en het cliëntsysteem enzovoort. De diagnose van de beeldend therapeut behelst de aansluitingsmogelijkheden in beeldende therapie. De psychopathologie speelt daarin een rol, maar juist ook wat de cliënt heeft aan competentie of vermogen. Tegelijk zal rekening gehouden worden met de kwetsbaarheid of het onvermogen.

Een inzichtelijke beeldendtherapeutische diagnostiek en behandeling door de beeldend therapeut is voorwaarde voor een daadwerkelijke aanvulling van het multidisciplinaire team. Soms levert de beeldend therapeut een aanvullende bijdrage aan de diagnostiek met behulp van de DSM-classificatie. De therapeut probeert op basis van de observatie uitspraken te doen omtrent de (ontwikkelings)mogelijkheden op intrapsychisch en interpsychisch vlak.

Bij dit alles denkt de therapeut ook al in de richting van een mogelijke en een gewenste behandellijn. Gezien de uitkomsten van de observatie is de vraag langs welke weg de therapeut denkt een behandeldoelstelling te kunnen behalen.

Hoe de beeldend therapeut precies tot een diagnose komt en welke elementen daarbij vooropstaan, is mede afhankelijk van de visie (opgedaan vanuit ervaring en specialisme) die de therapeut heeft op de beeldende therapie. Theoretische interpretatiekaders spelen hierin een belangrijke rol, maar ook de in de behandelcontext gebruikelijke en voor de doelgroep passende benaderingen.

Een beeldendtherapeutische diagnose komt in belangrijke mate voort uit de deskundigheid van de therapeut om de observatiegegevens te interpreteren. De cliënt heeft zelf ook een rol in het formuleren van de diagnose. Deze rol wordt vaak nog groter bij het kiezen van behandelingsdoelen en de te volgen strategie.

3.3.2 BEELDENDTHERAPEUTISCH-DIAGNOSTISCHE INSTRUMENTEN

De laatste decennia is er een duidelijke behoefte ontstaan aan diagnostische instrumenten om gestandaardiseerd en systematisch beeldende observaties uit te voeren. Een belangrijk voordeel is de wetenschappelijk gebaseerde werkwijze die dan ontstaat. De validiteit en betrouwbaarheid zijn aangetoond. Een gestandaardiseerd observatie- en diagnostiekinstrument maken het mogelijk om uitspraken over beeldende indicaties en doelen beter te onderbouwen en, door alle wetenschappelijk onderzoek dat eraan vooraf is gegaan, zijn de uitkomsten bewezen onderbouwd en effectief.

Een nadeel kan zijn dat deze manier van observeren bepaalde vragen niet beantwoordt die in de praktijk van belang zijn. Vaak is daar wel een bevredigende oplossing voor te vinden. Een ander bezwaar kan zijn dat deze manier van observeren relatief veel tijd vergt. Om tot een goed observatieverslag te komen, moeten er behalve een checklist veel aantekeningen worden gemaakt.

Hierna worden enkele van deze wetenschappelijk onderzochte instrumenten kort beschreven. In hoofdstuk 5 worden deze methoden nader toegelicht. Zie verder hoofdstuk 8 over onderzoek.

Diagnostic Drawing Series

Er zijn veel beeldend therapeuten die een tekentest inzetten ten behoeve van de beeldendtherapeutische diagnostiek. Tekenen is een expressievorm die in het verleden vaak gebruikt is in psychologisch en/of psychiatrisch onderzoek. Zo werd de House-Tree-Person-test in 1948 ontwikkeld en in 1969 vond een herziening plaats. Gezinstekeningen, tekeningen van de mens, van jezelf, bomen, huizen worden alle al jaren door vele professionals gebruikt als welkome aanvulling op het gestandaardiseerde testonderzoek.

De voordelen van het gebruik van tekenen is dat de cliënt niet hoeft te praten over datgene wat hem zo sterk bezighoudt, en zelf kan bepalen hoe en wat hij aan invulling geeft op het papier. Voor kinderen is het vaak makkelijker iets te tekenen dan gevoelens of gedachten onder woorden te brengen.

Een bekende diagnostische tekentest is de DDS (Diagnostic Drawing Series. Deze test bestaat uit drie tekeningen die getoetst wordt op 23 onderdelen. Elk onderdeel staat duidelijk gedefinieerd in de DDS-scoregids. De tekeningen worden op elementen als vorm en structuur beoordeeld. Aan de hand van een gespecificeerde analyse van de structurele kenmerken van beeldend werk behorend bij een specifieke diagnose kan men de DDS-score interpreteren om zo tot een mogelijke diagnose te komen. Deze wetenschappelijk gefundeerde methode komt uit Amerika en vindt langzamerhand haar weg in de Nederlandse praktijk.

Emerging Body Language

Deze methode is in Nederland ontwikkeld door Marijke Rutten-Saris (1990) en eveneens wetenschappelijk gefundeerd. De afkorting EBL betekent Emerging Body Language en staat voor lichaamstaal die al

doende vanzelf ontstaat. Zo is de methode EBL gebaseerd op de
normale ontwikkeling van interactiepatronen die vanaf de geboorte
gewoonlijk vanzelf ontstaan tussen ouder/verzorger en kind. Als de
ontwikkeling van deze interactiepatronen om de een of andere reden
niet vanzelf ontstaat, biedt EBL handvatten om deze samen met de
cliënt alsnog te doorlopen. De methode EBL maakt onder meer gebruik van een lijst met grafische elementen en (teken)bewegingen die
als diagnostisch instrument te gebruiken is.

Silver Drawing Test
De Silver Drawing Test is ontwikkeld door de Amerikaan Rawley Silver
(2007). De test is gebaseerd op de drie fundamentele en onafhankelijke concepten van kennis zoals beschreven door Piaget en Inhelder
(1966, 1972). Het instrument meet middels tekenopdrachten de cognitieve en emotionele vaardigheden en de emotionele toestand van
dove kinderen. Er bestaat nog geen Nederlandse versie van deze test.

PPAT
De Engelse titel is: 'Draw a person picking an apple from a tree'. Deze
test is ontwikkeld door Linda Gantt en Carmello Tabone (1998). In
tegenstelling tot de DDS is de PPAT zodanig ontworpen dat het
werkstuk niet alleen in zijn onderdelen bekeken wordt, maar ook als
een compositie. Ook de inhoud is relevant en de opdracht wordt
benaderd als een taak. De verwerking van de test wordt gedaan met
behulp van de FEATS-schaal. Deze bevat veertien punten die scoren of
deze taak logisch is gedaan, of er sprake is van integratie en of ze is
vervuld. Er wordt gekeken hoe de kleur is gebruikt en hoe de lijnen
zijn getekend. De test kan zowel met volwassenen als met kinderen
worden gedaan. Hij kan ingezet worden als een diagnostische test om
de ontwikkeling en het verloop van een stoornis te volgen of fungeren
als een voor- en nameting. Een eventueel trainingseffect dat bij herhaaldelijke afname van dezelfde test bij een persoon kan voorkomen,
kon door onderzoek uitgesloten worden. De randvoorwaarden voor de
afname van de test zijn gestandaardiseerd. Het papier moet het formaat van 30,5 × 45,7 centimeter hebben en er worden viltstiften
aangereikt in twaalf kleuren. De persoon die de opdracht geeft, zegt
alleen de zin: 'Teken een persoon die een appel van een boom plukt.'
Er mag geen uitleg worden gegeven en geen antwoord op eventuele
vragen.

3.3.3 INDICATIESTELLING

Zoals in paragraaf 3.2 bij aanmelding werd aangegeven, wordt 'indiceren' op verschillende manieren uitgelegd en in de praktijk toegepast. In deze paragraaf wordt indiceren uitgelegd als een taak van de beeldend therapeut, die voortvloeit uit de bevindingen in de observatie en gestelde beeldendtherapeutische diagnose. Een volledige indicatie voor beeldende therapie dient de volgende onderwerpen te beschrijven: het probleem of de vraag van de cliënt; de wijze waarop het probleem behandeld zal worden en of bij de vraag aangesloten kan worden; de verandering of verbetering waartoe de behandeling waarschijnlijk zal leiden; en welke zaken nodig zijn om de behandeling te kunnen uitvoeren.

Er moet duidelijk zijn waarom juist de beeldende therapie de weg is om aan het probleem te werken. Diagnose en indicatie kunnen wetenschappelijk onderbouwd worden door gebruik te maken van gestandaardiseerde instrumenten en methoden zoals hierboven besproken.

In de afgelopen jaren zijn bepaalde psychodiagnostische stoornissen en functionele problematieken getraceerd waarvoor beeldende therapie geïndiceerd wordt (zie de folder beeldende therapie op de website van de FVB). Dit zijn: aandachtstoornissen, burn-out, relatieproblemen, onzekerheid, spanningsklachten, traumatische ervaringen, eetproblemen, faalangst, negatief zelfbeeld, gedragsproblemen, concentratieproblemen, verliesverwerking, agressiviteit, geen overzicht meer hebben, leeg voelen, emoties moeilijk kunnen verwoorden, contactproblemen of sociale onhandigheid, identiteitsproblemen (wie ben ik, wat kan ik, wat wil ik), seksueel misbruik, chronische pijn, somberheid, moeite met samenwerken, moeilijk grenzen kunnen aangeven, angst.

In het bovenstaande werd al gerefereerd aan het verband tussen diagnostiek en behandeling.

In de indicatie speelt de eigen 'rationale' van de beeldend therapeut, als resultaat van het eigen redeneerproces, een overwegend grote rol. Hoeveel de therapeut ook overlegt met de cliënt of met anderen in een multidisciplinaire setting, hier bepaalt de therapeut op grond van eigen deskundigheid of de therapie zal kunnen werken of niet. De overwegingen van de therapeut van Pieter waren als volgt.

> Volgens de beeldend therapeut was voor de eerdergenoemde Pieter (31 jaar) het volgen van een beeldende therapie belangrijk, omdat het werken met materialen hem ruimte bood om te experimenteren met nieuw gedrag. Hij leek niet op zijn eigen gevoel te durven vertrouwen. Het volgen van beeldende therapie zou Pieter de kans bieden om zijn gevoelens te exploreren. Het schilderen, het experimenteren met kleuren, inhouden, het werken in groter formaat, gaf hem de ruimte om bij zijn eigen gevoel te komen. Het beeldend werken hield Pieter enerzijds een spiegel voor en bood anderzijds de mogelijkheid om minder druk te ervaren in vergelijking met zijn dagelijkse werkzaamheden en activiteiten. Hoewel hier belangrijke algemene aanknopingspunten voor een beeldende therapie genoemd worden, is pas sprake van een stevig onderbouwde indicatie als er meer zicht is op de relatie tussen Pieters klinisch probleem of persoonlijkheidsstoornis en de mate waarin behandeling kan bijdragen aan Pieters herstel. Ook is een aanwijzing voor de lengte en intensiteit en werkwijze in de therapie van belang.

Contra-indicaties

Bij bepaalde cliënten of in bepaalde fasen van de behandeling kan er voor beeldende therapie mogelijk een contra-indicatie zijn. Vaak gaat het dan om problemen bij cliënten die overspoeld worden door visuele, tactiele, auditieve en/of gevoelsprikkels. Zo dient de beeldend therapeut bijvoorbeeld bij cliënten met schizofrenie of een andere vorm van psychose een nauwkeurige inschatting te maken langs welke weg deze prikkelgevoeligheid te hanteren is en of verandering dan wel beïnvloeding via beeldend werken mogelijk is.

Een contra-indicatie van geheel andere aard is het feit dat een cliënt te weinig affiniteit met het medium zou hebben of een te sterke normativiteit heeft, waardoor deze niet aan beleving in het medium kan toekomen. Ook kan er sprake zijn van een lichamelijke handicap die de beeldende handelingen en expressie te veel belemmert.

3.4 Behandelplan opstellen

De indicatie leidt naar het opstellen van een behandelplan. Een concreet en uitgewerkt behandelplan omvat behandeldoelstellingen, de meest effectieve methoden en materialen en de tijd en fasering die nodig zullen zijn om effectief aan de doelstellingen te werken. Doelen worden hierin zo nauwkeurig mogelijk omschreven en klachtgericht en/of ontwikkelingsgericht geformuleerd. Dit is gedeeltelijk afhankelijk van de setting en de algehele probleemformulering. Het is echter van groot belang dat de cliënt zelf (of personen uit de directe omgeving, als dit niet haalbaar is) achter de doelstelling staat en deze begrijpt en het is gewenst dat hij zelf tot een voor hem herkenbare doelformulering heeft kunnen komen, eventueel in overleg met de beeldend therapeut.

In een multidisciplinaire setting is beeldende therapie vaak onderdeel van een meer omvattende behandeling. Zo is er vaak een medicatieverstrekking. Ook kunnen er gesprekken met de hoofdbehandelaar of mentor zijn. Er kan sprake zijn van groepstherapie, een andere vaktherapie, gezins- of relatiegesprekken enzovoort. Alle behandelvormen zijn gezamenlijk opgenomen in het behandelplan van de cliënt. Om het proces en de vorderingen in de beeldende therapie duidelijk te krijgen, worden in een specifiek deelbehandelplan de doelen beschreven van elke discipline. Dit wordt door de therapeut besproken met de cliënt en tevens worden randvoorwaarden doorgenomen om de behandeling te starten. Bij aanvang en tijdens de therapie zal zowel cliënt als verwijzer steeds op de hoogte blijven van dit behandelplan.

3.4.1 BEHANDELDOELEN IN BEELDENDE THERAPIE

De doelstellingen beschrijven kort en bondig wat de cliënt in de therapie zal kunnen bereiken. Er is geen beeldende therapie zonder doelen denkbaar. De mate waarin deze doelen operationeel en concreet gemaakt worden, kan echter flink verschillen. Het ervaringsgerichte karakter van het beeldend werken leidde er in het verleden toe dat soms de nadruk op het proces lag en niet op de uitkomst van het proces. Ook heeft zich in de tijd een ontwikkeling voorgedaan, waardoor niet alleen een uitspraak gedaan wordt over de richting, maar in toenemende mate over de tijdsperiode die hiermee gemoeid is.

Doelen kunnen onderverdeeld worden in kortetermijn- en langetermijndoelen (soms ook in hoofd- en subdoelen). Kortetermijndoelen betreffen vaak meer concrete uitwerkingen en zijn meestal gericht op bepaalde belevings- en gedragsaspecten die in het medium zichtbaar zijn. Bijvoorbeeld: meer ruimte innemen, zichzelf stevig neerzetten, zachte of pijnlijke gevoelens uiten, concentratie verbeteren.

Bij de langetermijndoelen heeft men meer het algehele functioneren van de cliënt op het oog. Het zijn vaak de algemene behandeldoelen die aansluiten bij de diagnostiek. Bijvoorbeeld: verbetering van het zelfbeeld, leren samenwerken, verwerken van bepaalde problematiek.

> De Federatie Vaktherapeutische Beroepen stelt doelen op de volgende gebieden:
> – Emotionele problemen: het verwerken van traumatische ervaringen of het leren uiten en vormgeven van emoties.
> – Gedragsmatige problemen: het leren structuur aanbrengen, leren chaotisch gedrag tegen te gaan, verminderen van probleemgedrag, leren beter om te gaan met frustraties, leren om controle te verminderen, concentratie leren verhogen, doorzettingsvermogen vergroten.
> – Conflictverwerking: leren omgaan met tegenstellingen, conflicten leren vormgeven en verwerken.
> – Egoversterking: ontdekken en uitbreiden van mogelijkheden en onmogelijkheden, vergroten van zelfvertrouwen en zelfbeeld, leren accepteren van grenzen en beperkingen, ontwikkelen van eigenheid en identiteit.
> – Sociaal functioneren: leren samenwerken, leren kijken en luisteren naar anderen, bevorderen van assertiviteit, leren grenzen te stellen, rekening leren houden met anderen.

Formuleren van een behandeldoel
Er zijn veel verschillende manieren om behandeldoelen te formuleren. Wanneer er in een multidisciplinair team gewerkt wordt, is er sprake van algemene behandeldoelen. In het *Handboek Creatieve Therapie* heeft Smeijsters (2008) een uitgebreide lijst van dergelijke behandeldoelen beschreven en ingedeeld naar de verschillende werkwijzen.
In het beroepsprofiel voor de beeldend therapeut worden doelen beschreven die deels overeenkomen met deze lijst, maar ook doelen waaraan specifiek in beeldende therapie gewerkt kan worden. De lijsten zijn samengevoegd met de indeling van de werkwijzen zoals de FVB die hanteert bij de producttyperingen. Sommige doelen gelden niet alleen voor één bepaalde werkwijze, maar zijn daar ingedeeld, omdat het daar het meest bij voorkomt.
Samenvoeging van de lijsten levert de volgende opsomming van behandeldoelen op.

I. *Steunende doelen:*
1 stimuleren van doelgericht werken;
2 vasthouden van aandacht.

II. Pragmatisch structurerende doelen:

1. verbeteren van grove en fijne motoriek;
2. verbeteren van oog-handcoördinatie;
3. verbeteren van spraak;
4. verbeteren van waarneming;
5. vergroten van de concentratieboog;
6. leren onderscheiden van stimuli;
7. ordenen van het handelen;
8. overzicht leren krijgen over de bezigheden;
9. fantasie-realiteitsbeleving (realitytesting);
10. opheffen van passiviteit;
11. veranderen van gedrag;
12. vergroten van de gerichtheid op de ander;
13. verbeteren van sociale vaardigheden;
14. leren dragen van de verantwoordelijkheid;
15. leren samenwerken;
16. zich in een ander kunnen inleven;
17. leren omgaan met emotionaliteit;
18. verbeteren van emotionele aanpassing (overeenkomstig situatie);
19. zo snel mogelijk een emotioneel evenwicht bereiken (rustig worden, minder huilen);
20. verstevigen van bestaande afweer (niet te snel overstuur raken);
21. ontwikkelen van controlemechanismen (dingen wel of niet doen);
22. vergroten van frustratietolerantie;
23. afremmen van impulsief gedrag;
24. verminderen van faalangst;
25. uiten en reguleren van emoties;
26. verbeteren van sociale interactie en interpersoonlijke vaardigheden.

III. Directief klachtgerichte doelen:

1. accepteren van belevingswereld en mogelijkheden;
2. herstructureren van verwachtingspatronen;
3. opheffen van emotionele blokkades;
4. verminderen van psychosomatische klachten;
5. verminderen van chronische pijn;
6. verwerken van verlies van een persoon;
7. verwerken van verlies na een plotseling verworven handicap;
8. afscheid kunnen nemen van het leven.

IV. Focaal-inzichtgevende doelen:

1. exploreren van (nieuwe) gedachten en gevoelens;
2. zelfactualisatie (je zelf ontwikkelen);

3 grenzen leren trekken;
4 uitbreiding van gedragsrepertoire;
5 versterking van zelfvertrouwen;
6 wijziging en uitbreiding van zelfbeeld;
7 ontwikkelen van zelfreflectie;
8 vergroten van inzicht in bewuste intra- en interpsychische conflicten.

V. *Inzichtgevend plus-doelen:*
1 onbewuste ervaringen en gevoelens bewust maken en de oorzaken die in het verleden liggen opsporen;
2 intra- en interpersoonlijke conflicten inzichtelijk maken en oplossen;
3 overdrachtsrelaties en projecties inzichtelijk maken;
4 persoonlijkheidsverandering.

Vanuit de observaties in beeldende therapie volgens de vijf observatiegebieden wordt een inventarisatie gemaakt van de affiniteiten met het medium en de sterke en zwakke kanten in de ontwikkelingsgebieden. Deze gegevens worden geordend en geanalyseerd in de context van de behandelvisie en de reden van aanmelding ofwel de vraag van de cliënt.
In een verslag wordt kort weergegeven op basis van welke observaties in het medium welke conclusies worden getrokken en vertaald in daaruit logisch volgende doelstellingen.

Doelen voor een behandelmodule 'zelfbeeld' voor 15- tot 18-jarigen met depressieve klachten
- Aandachtspunten voorgeschiedenis: heeft eerder individuele beeldende therapie gehad rondom rouwverwerking na overlijden vader.
- Doel beeldende therapie: verbeteren van het zelfbeeld en in het bijzonder leren voelen en aangeven van eigen grenzen.
- Aangeboden werkvormen of activiteiten: beeldende middelen, thematisch en op interactie gericht. Methodiek: via mentaliseren en cognitieve gedragstherapeutische interventies.
- Werkafspraken met cliënt: één uur per week in groep.
- Evaluatiedatum: na twee maanden in het multidisciplinair overleg, 18 mei 2008.

Aanvullend kunnen nevendoelen geformuleerd worden. Zij hebben vaak raakvlakken met andere disciplines, zoals ergotherapie, activiteitentherapie of -begeleiding en fysiotherapie. De overweging om deze doelen in de beeldende therapie na te streven kan zijn dat het begeleiden van het behandelproces een professionele beeldendtherapeutische aanpak vraagt. Nevendoelen zijn:

- motorische vaardigheden handhaven of uitbreiden: trainen van de (fijne) motoriek, in stand houden of uitbreiden van motorische vaardigheden, trainen van de coördinatie;
- trainen van visuele vaardigheden, differentiatie leren aanbrengen, detail leren onderscheiden, leren kijken en benoemen;
- ontspanning en rust bewerkstelligen: hoge eisen verminderen, ontdekken wat ontspannend kan werken, ervaren dat actief doen prettig is om je hoofd leeg te maken.

> Pieter (31 jaar) formuleert opmerkingen die impliciet doelstellingen voor zijn therapie inhouden: Pieter wil dat hem geen druk van buitenaf wordt opgelegd. Ook zegt hij dat de beeldende therapie helpt om beter contact te maken met zijn eigen gevoel, zodat hij minder kans loopt om te blokkeren en in zijn leven vast te lopen. Verder wil Pieter minder nadenken en meer kunnen luisteren naar zijn gevoel. In samenspraak met de therapeut worden de opmerkingen eigen 'levende' doelstellingen.

In termen van klachtgerichte behandeldoelstellingen gaat het hier in ieder geval om: 'herstructureren van verwachtingspatronen'. Waarschijnlijk is ook aan te merken: 'accepteren van belevingswereld en mogelijkheden' en/of 'opheffen van emotionele blokkades'. Als klachtgerichte doelstellingen zijn deze doelen nog te veel op een algemeen en langetermijnniveau geformuleerd. Voor het opstellen van een behandelingsplan is het noodzakelijk om de doelen nog concreter te formuleren. Dit is zeker het geval wanneer voor een deel van de therapie doelstellingen geoperationaliseerd moeten worden. De zogenaamde SMART-criteria helpen daarbij.

SMART
In toenemende mate bepaalt 'doelrationeel' handelen de wijze waarop doelstellingen gecommuniceerd worden naar organisatie en opdrachtgever. Een manier van werken die daarbij aansluit is het for-

muleren van doelen volgens een 'SMART-cyclus'. Dit is een methode om doelen heel specifiek en concreet te formuleren.

Deze werkwijze heeft een aantal voordelen: in multidisciplinair werkverband is de informatie aan elkaar concreet en duidelijk, dus het voorkomt overlap en bevordert afstemming. Daarnaast geven deze specifieke doelstellingen zowel de cliënt als de therapeut veel houvast tijdens de behandeling en bij de evaluatie. Ook kan men als therapeut de behandeling beter verantwoorden aan de instelling of financieel opdrachtgever. Van der Drift (1997) schrijft hierover: 'De kunst van het beperken van doelstellingen voor beeldende therapie laat zich beoefenen door alleen doelstellingen te behouden die voldoen aan de vijf criteria van Mulder en Tepper (1993). De criteria worden afgekort met de letters SMART (de letters van het Engelse woord voor slim) en vervolgens zou je de vraag kunnen stellen: "Kan deze doelstelling nergens anders bereikt worden?" Alleen doelstellingen waarbij de vraag met "ja" wordt beantwoord dienen behouden te worden.' Aan SMART zijn de volgende betekenissen toegevoegd:

Specifiek
Alleen een geconcretiseerd en gespecificeerd doel is als haalbaar te beschouwen. Daarom is het noodzakelijk zo helder mogelijk aan te geven welke gedragsverandering, welke resultaten in vormgeving, welke ervaringsmogelijkheden men wil bereiken.

> Cliënt (12 jaar) is zeer enthousiast over al het materiaal, heeft veel ideeën en fantasie. Is tijdens het werken veel afgeleid door associaties en piekergedachten waarbij ze zichzelf regelmatig als slachtoffer ervaart. Het beeldend materiaal helpt haar om zich te richten op prettige en positieve ervaringen en ze oefent om zich te richten op haar lijf en lichaamsbeleving ('als je te hard duwt op het krijt, dan doet je pols pijn') om meer in de ervaring te blijven. Tijdens de leiden/volgen-oefeningen blijkt dat ze veel controlebehoefte heeft en dat het leiden haar beter afgaat dan het volgen. Ze heeft ook veel ideeën in haar hoofd over hoe iets moet worden, waardoor ze zich vastzet of irriteert als het niet zo uitwerkt als gedacht. Losmaakoefeningen helpen haar om te ervaren hoe er een verrassend effect kan ontstaan. Specifieke doelen zijn: leren om je aandacht in het hier-en-nu te richten op kleuren en vormen die ontstaan, leren richten op positieve en prettige lichaamsge-

> richte ervaringen, negatieve gedachten hardop leren ombuigen naar positieve gedachten.

Meetbaar

Een doel moet zo beschreven worden dat vast te stellen is of en in hoeverre het doel bereikt is. Hoe meet de beeldend therapeut? Hoe is zichtbaar te maken dat het doel bereikt is? De beeldend therapeut kan gebruikmaken van diagnostische instrumenten zoals de RS-index, DDS, appèllijst, beeldaspecten. Ook zelfreflectie is een belangrijk ingrediënt, omdat de beeldend therapeut zelf ook een instrument is in de behandeling.

> In een orthopsychiatrische kliniek hebben therapeut en cliënt (17 jaar, ADHD en ernstige gedragsproblemen) afgesproken dat hij wil leren om zich minder te laten afleiden door anderen, zodat hij meer plezier uit zijn eigen beeldend werk kan putten. Na tien bijeenkomsten kijken de therapeut en de jongere terug naar hoe het gegaan is. De therapeut heeft in zijn rapportage vastgelegd hoe het verloop per keer is geweest. Hij kan samen met de jongere vaststellen dat hij zich minder laat afleiden en hoe dit zichtbaar is in zijn beeldend werk en gedrag. De jongere voegt daaraan toe dat hij door beter te werken meer in zijn werk verdiept raakte en minder tegenzin heeft.

Acceptabel

Om een doel acceptabel te maken, moet het passen binnen algemeen geaccepteerde waarden en normen. Ook moet het passen binnen de instelling waarin wordt gewerkt. Het doel wordt vastgesteld in overleg met de cliënt en het multidisciplinaire team, in rapportage, dossier, (tevredenheids)onderzoek. Ook het cliëntsysteem kan hierbij betrokken worden. Alle betrokkenen moeten zich met het doel kunnen verbinden.

> Het multidisciplinaire team neemt het advies over van de beeldend therapeut, die als doelstelling heeft om de cliënt een kortdurende gezinstherapie aan te bieden. Tijdens het oudercontact

> wordt echter duidelijk dat de motivatie van de gezinsleden nihil blijkt om deze therapie te starten. De therapie start dus niet.

Realistisch

Doelen moeten aansluiten bij de aanwezige mogelijkheden. Daarbij spelen draagkracht, inzicht en motivatie van cliënt en de directe omgeving een rol, evenals de 'contextuele randvoorwaarden' van de organisatie en het behandelbeleid. Alleen dan zijn ze ook haalbaar. Daarom moeten de doelen niet te ambitieus geformuleerd zijn en tegelijk wel voldoende uitdaging inhouden.

> In vijf of zeven sessies kan niet hetzelfde doel bereikt worden als in een periode van een halfjaar. Juist cliënten met complexe stoornissen en beperkingen kunnen een langere periode nodig hebben om aan een doel te werken. Bij een volwassen cliënt met nog niet verwerkte traumatische jeugdervaringen en hechtingsproblematiek zijn de eerste zes sessies gericht op kennismaking en het leren vertrouwen van de therapeut, de plek en de middelen die gebruikt worden tijdens de therapie.

Tijd- en contextgebonden

Doelen die gesteld worden moeten in de tijd te behalen en te volgen zijn. In de doelformulering wordt een tijdsbegrenzing aangegeven. Er zijn diverse factoren die de duur van een behandeling bepalen. De behandelvisie van de organisatie speelt hierin een belangrijke rol. Tijdens de behandeling zijn er diverse momenten voor de beeldend therapeut om de behandelresultaten te meten. De fasen van de regulatieve cyclus vormen hier een leidraad in: na de observatieperiode, tijdens de behandeling en bij het afronden van de behandeling wordt ingeschat, overlegd en bepaald hoe lang de behandeling zal duren. Langdurige behandelingen zijn vaak meer psychodynamisch georiënteerd en meer ontwikkelingsgericht. Kortdurende behandelingen zijn over het algemeen meer cognitief en gedragsmatig georiënteerd.

> Een vrouw van 40 jaar heeft gedurende zes weken hard aan haar herstel gewerkt. Zij kwam de eerste periode tweemaal per week

> naar de beeldende therapie. Ze gaf aan dat deze therapie een belangrijk onderdeel was van haar behandeling. Toen zij weer aan het werk ging, merkten cliënt en haar therapeut dat de therapie niet dezelfde intensiteit kon behouden. Door de doelen bij te stellen en het aantal sessies terug te brengen naar één keer per week, kreeg de behandeling weer een gewenst effect.

Aan het formuleren van SMART-doelen kleven ook nadelen. Het risico bij het opstellen van SMART-doelen is dat de therapeut te veel gefocust raakt en niet meer met een open blik waarneemt wat er nog meer gebeurt in de zitting, het contact dwingend wordt en het de vraag is of de cliënt er werkelijk wat aan heeft.

In het beeldend proces komt de helende werking tevoorschijn in symbooltaal, in materiaalhantering, in beeldende technieken en vormgevingsprocessen. De verhouding tussen het beeldendtherapeutische middel en het via SMART gestelde doel kan leiden tot spanning. Het is belangrijk dat de beeldend therapeut bewust en interactief met betrokkenen of in intervisie overlegt hoe deze spanning te hanteren.

De behandelplanning wordt de laatste jaren ook wel uitgevoerd langs de lijnen van de zogenoemde PDCA-cyclus: 'plan-do-check-act'. Deze cyclus heeft koppelingen met kwaliteitsmeting volgens de HKZ-normering (Harmonisering Kwaliteitsbeoordeling in de Zorgsector). De PDCA-cyclus is niet alleen een fasering op het niveau van de specifieke beeldende therapie. Hij is vaak gekoppeld aan de beleidscyclus van een organisatie en de certificering van kwaliteit in een totale zorgsector. Deze cyclus wordt verder besproken in hoofdstuk 4.

3.4.2 OPSTELLEN VAN HET BEHANDELPLAN

Het behandelplan is een onderbouwing en ook een uitwerking van de behandeldoelen. De strategie of methode wordt beschreven om de doelen te kunnen bereiken. De aard en inhoud van interventies worden globaal beschreven (zie verder hoofdstuk 4). Niet alleen de therapeut is bij de keuze voor strategie of methode betrokken. De context waarbinnen de behandeling plaatsvindt speelt hierbij een grote rol, zo ook de plaats van de behandeling in het geheel en de eventuele andere behandelingen. Cliënt en therapeut zullen samen aan de doelen werken en in veel gevallen zal daarom de cliënt ook mede de keuze maken voor de wijze van behandelen. Dit ontslaat de therapeut niet van de verantwoordelijkheid om de eigen expertise werkzaam te maken. De overlegsituatie over de behandeling wordt dus in grote mate gevoed door de kennis en het overzicht die de therapeut naar voren kan brengen. Zo kan de cliënt zich laten meevoeren of uit verschillende bruikbare alternatieven een eigen keuze maken.

Randvoorwaarden

Van belang is dat cliënt en therapeut beiden helder hebben wanneer en waar de therapie zal zijn en op welke termijn er gewerkt wordt. Dit kan vastgelegd worden in een contract. Hierbij horen ook afspraken over gedragsregels met betrekking tot aan- en afwezigheid, verantwoordelijkheden, waarborgen rond veiligheid, het regelen van de financiën enzovoort. Vaak ook zullen er momenten worden afgesproken dat een 'pas op de plaats' of evaluatie zal plaatsvinden.

Al voordat de behandeling echt is begonnen, heeft de therapeut meestal al veel op schrift gesteld. Dit is van belang voor de eigen werkwijze en verantwoording, maar ook voor de cliënt en voor de samenwerking met en verantwoording naar een behandelteam. Rapportage aan derden is een vak apart. De therapeut moet afwegingen maken: hoe blijft de intimiteit van het therapeutische proces gewaarborgd, maar wordt voldoende informatie gecommuniceerd zodat een behandelteam of andere opdrachtgever kan inschatten dat de therapie een goede start maakt en een goed verloop heeft (zie ook paragraaf 6.7).

3.5 Behandelplan uitvoeren

Het uitvoeren van het behandelplan is de logische volgende stap, als de doelen zijn vastgesteld. Op grond van de mogelijkheden en kwetsbaarheden van de cliënt wordt voor een behandelmethode gekozen en in samenspraak met de cliënt wordt deze uitgevoerd. Dit gebeurt soms in een programma met tamelijk vaste stappen, soms in een wat vrijere therapievorm, waarbij opeenvolgende fasen de ontwikkeling van de cliënt volgen. Hier komt de uitvoering als onderdeel van de totale behandeling ter sprake. Op specifieke interventies wordt ingegaan in hoofdstuk 4. Op de dvd is een fragment uit een beeldendtherapeutische behandeling in beeld gebracht van een cliënt met een taal- en spraakstoornis.

3.5.1 DE CLIËNT EN DE THERAPEUT TIJDENS DE UITVOERING

Het is van groot belang dat de therapeut zich bewust is van de verschillende fasen van de therapie en zijn interventies daarop afstemt. In de therapiemomenten zelf en de tussenbesprekingen met cliënt en/of met andere betrokkenen, is het mogelijk om gekozen werkwijzen zo nodig bij te stellen. Zeker als er sprake is van complexe persoonlijke, systemische of andere omgevingsgerelateerde veranderingen bij de cliënt, heeft dit gevolgen voor de therapie. Omgekeerd heeft de therapie een duidelijke signaleringsfunctie als het gaat om vordering of teruggang van het totale welbevinden van de cliënt. De therapeut moet voortdurend aandacht hebben voor de draagkracht en draaglast van de cliënt. Afhankelijk hiervan duren bepaalde fasen korter of langer dan van tevoren werd ingeschat en mede hierdoor is het lastig om de fasering en werkwijze vast te leggen in een protocol.

Belangrijk blijft steeds de terugkoppeling naar cliënt (en/of omgeving) en andere disciplines, mondeling, maar ook via schriftelijke rapportage in een elektronisch dossier.

> Sjoerd (11 jaar) is opgenomen op de dagbehandeling, krijgt een korte klachtgerichte beeldende therapie in verband met een angststoornis. Hij heeft specifiek een wespen- en bijenfobie. Hij vermijdt het in de zomer zo veel mogelijk om buiten te zijn. Als het onvermijdelijk is, dan rent hij vooral snel van de ene plaats naar de andere, bijvoorbeeld vanuit de auto naar binnen of hij rent steeds heen en weer tijdens het sporten. Ook bevindt hij zich steeds dicht bij een andere persoon. Het beeldendtherapieaanbod wordt uitgevoerd in totaal acht wekelijkse sessies. Gekozen is voor een cognitiefgedragstherapeutische invalshoek via de exposuretechniek. Centraal in de therapie staat het werken met alle zintuigen.
>
> *Doelstelling*
> De volgende doelen moeten na acht sessies bereikt zijn. De angstgevoelens moeten verminderd zijn op de momenten dat hij buiten is. Concreet moet zijn angstscore met 50 procent verminderd zijn. Hij zou in staat moeten zijn om tien minuten buiten te zijn op afstand van anderen. In de beeldende therapie betekent dit: middels het beeldend materiaal het onderwerp bijen en wespen onder ogen durven zien en er beter mee kunnen spelen. Ervaren dat omgaan met verschillende materialen plezierig is en dat het angstgevoel daardoor afneemt.

Overwegingen bij de keuze voor deze behandelmethode
Sjoerd heeft opvallende specifieke angsten en bekend is dat een specifiek klachtgericht aanbod, namelijk *exposure*, daarvoor een effectieve werkwijze is. Exposure bestaat uit herhalend oefenen met situaties waarin Sjoerd wordt 'blootgesteld' aan datgene waarvoor hij angstig is. Beeldende therapie geeft de mogelijkheid om dit op een leeftijdsadequate, speelse en ervaringsgerichte manier te doen.
Er wordt in de beeldende therapie met de cliënt een 'angsthiërarchie' opgesteld, een lijst van situaties of omstandigheden die de cliënt beangstigen en die hij vermijdt. Daarna begint de periode van 'habituatie', wennen door ervaren en oefenen. Ten slotte zou 'extinctie' moeten optreden, namelijk het uitdoven van de angstgevoelens. Aan Sjoerd wordt uitgelegd dat hij zelf leert ontdekken dat het kan meevallen. In dialoog met Sjoerd wordt door de therapeut oefenmateriaal gecomponeerd en gecreëerd om op een andere manier met angst om te gaan. De tijdsduur is van groot belang: de kern van een exposureopdracht is in de ervaring blijven tot de spanning/angst gezakt is. Er zijn drie soorten van exposure: 'exposure in vitro' (blootstelling via imaginatie, 'exposure in vivo' (directe blootstelling aan angstwekkende stimuli) en 'interoceptieve exposure' (het oefenen via de lichamelijke sensaties tijdens de exposure).

Verloop van de therapie-uitvoering in steekwoorden
1e sessie: Uitleg (wat en waarom) aan S. Lijst van angsthiërarchie maken. Samen opzoeken van plaatjes van wesp/bij en tekenen.
2e sessie: Samen uitvergroot tekenen, inzoomen op wesp/bij en omgeving erbij maken.
3e sessie: wesp/bij ruimtelijk maken met creatief materiaal, zodat dit realistischer is. Opgezette wesp/bij laten zien en laten aanraken.
4e sessie: Filmpje bekijken waarop ook duidelijk gezoem is te horen van wespen/bijen en vijf minuten naar buiten om twee kleine dieren of plantjes te zoeken en te verzamelen in potjes (om zich te begeven in de leefomgeving van de wesp, en toch gericht te zijn op een ander doel).
5e sessie: Bloemenhoningtafel maken van hout om buiten te zetten om wesp/bij te lokken. Opdracht om met één volwassene

> twee keer per week tien minuten dieren/plantjes te zoeken voor in potjes.
> 6e sessie: Tafel buiten neerzetten en vervolgens met therapeut schuilhut maken hierbij, in totaal dertig minuten samen buiten aan het werk. Dode wesp/bij in potje laten zien. Opdracht om zelfstandig twee keer per week tien minuten dieren/plantjes te zoeken voor in de potjes.
> 7e sessie: Samen schuilhut afmaken buiten, samen vijf minuten stilzitten bij hut en tafel, vervolgens zelfstandig vijf minuten. Levende wesp/bij in potje laten zien. Opdracht om zelfstandig twee keer per week vijf minuten daar te zitten.
> 8e sessie: de schuilhut aan de buitenkant afschilderen, waarbij de afstand is verkleind naar de tafel. Wespen/bijen bekijken die op tafel zitten. Opdracht om zelfstandig vijf keer per week vijf minuten op deze afstand bij de tafel te kijken.
>
> Uit het verloop van de therapie blijkt dat Sjoerd in toenemende mate zijn angst kan beheersen en kan genieten in de beeldendetherapiesituatie. De therapeut kon zich steeds meer buiten de spel/werksituatie houden. De zelfstandigheid nam toe. Tijdens de multidisciplinaire evaluatie bleek dat Sjoerd in de buitenmomenten rustig kan lopen en spelen, zelfstandig en op afstand van anderen.

In het bovenstaande voorbeeld wordt zichtbaar dat de beeldend therapeut met de cliënt samenwerkt en zeer gericht kiest voor een behandelmethode die aansluit bij de hulpvraag die de cliënt stelt. In geval van een specifieke angststoornis is dat zeer goed mogelijk en deze methode is in de praktijk effectief gebleken. De therapeut heeft enerzijds kennis van deze effectieve methode. Anderzijds sluit zij aan bij de cliënt door met hem een angsthiërarchie op te stellen. Zij nodigt hem uit om mee te werken aan een therapie die niet gemakkelijk voor hem is, maar toch prettig kan zijn, als hij zich erin begeeft. Zo groeit een dialogische therapiesituatie waarin de cliënt de hoofdrol speelt, beeldend het medium is en de therapeut de behandeling ondersteunt en begeleidt. De mate van inzicht in de eigen vicieuze cirkel van angst is daarvoor van groot belang. In de mediumkeuzes sluit de therapeut aan bij de belevingswereld en bij het algehele ontwikkelingsniveau van de cliënt. De dialoog in het medium verdiept zich door te werken, te spelen en steeds een stapje verder te komen in het loslaten van de angst.

Elke therapeut maakt afwegingen die te maken hebben met al deze facetten: de werkwijze, de methode, de werkvormen en de technieken. Naarmate een therapie omvangrijker is, wordt het meer noodzakelijk om daarin een heldere fasering aan te brengen. In de bovenstaande acht sessies was er eerst vooral sprake van 'exposure in vitro' en later van 'exposure in vivo'.

In andere situaties kunnen fasen ook min of meer samenvallen met het volgen van bepaalde therapieprogramma's of -modules. Meer hierover is te lezen in hoofdstuk 5.

3.5.2 UITVOERING, FASEN EN PROGRAMMA'S

Op veel werkplekken van beeldend therapeuten is het van belang om de behandeling in de vorm van een vast programma, een module of product op papier te zetten en uit te voeren (zie hoofdstuk 6 en de website). In de vorm van een 'rationale' beschrijft de therapeut wat hij doet en waarom het product wordt aangeboden. Daarbij moet hij verband kunnen leggen tussen de problematiek, de gekozen werkvormen en therapeutische technieken. Daarnaast moet hij kunnen beargumenteren dat effecten optreden als gevolg van de toegepaste behandeling. De rationale en het eerdergenoemde klinisch redeneerproces sluiten bij elkaar aan.

Duidelijke programma's hebben voor de therapeut het voordeel dat hij scherp moet blijven om duidelijk te krijgen wat hij doet en nalaat, welke werkwijze en methode hij kiest en voor welke cliëntengroep de therapie bedoeld is. Ook buiten de beeldende therapie dient de therapeut duidelijk te maken waar het om draait, wat tijdens de uitvoering te verwachten is en wat de resultaten zullen zijn. De duidelijkheid geeft transparantie en houvast, en dit is een vorm van verbetering van (standaard)kwaliteit. Deze vorm van organiseren wordt wel 'vraaggericht werken' genoemd. Een programma of module is dan weliswaar een wat algemeen programma, maar steeds gebaseerd op ervaringen en eerder geconstateerde behoeften. Het is duidelijk welke 'doelgroep' kan profiteren en welke investering dit vraagt.

De uitvoering van een vast programma of module vraagt echter in de praktijk steeds aanpassing en bijstellingen. Vaak zijn binnen het kader van een bepaald programma meerdere keuzes mogelijk die bij het uitvoeren van elkaar kunnen verschillen. Ook de aangegeven tijdsduur wordt in de praktijk vaak flexibel gehanteerd. De uitvoering door de beeldend therapeut is nooit op te vatten als een vorm van 'routine'. Toch moet de therapeut steeds rekening houden met de individuele draagkracht van de individuele deelnemers, ook als de therapie in een groep plaatsvindt.

> 'Mijn leven mijn keuzes' is een op inzicht gerichte poliklinische 'therapiecursus' waaraan vier dames tussen de 35 en 40 jaar deelnemen die in hun leven vastliepen, doordat ze te weinig voor zichzelf kunnen en durven opkomen. In enkele korte contactgesprekken is bij ieder van hen besloten dat zij aan deze op 'levensvragen en levenskeuzen' gerichte groep zullen deelnemen die wekelijks bij elkaar komt. De groep startte met drie deelneemsters en mevrouw T. voegt na twee sessies in. De andere dames kennen elkaar al en zijn gewend aan het beeldend werk en de wat confronterende wijze waarop wordt nabesproken. Mevrouw T. is door de therapeut voorbereid op deze situatie, maar toch is het even schrikken als de tekening waaraan zij met zoveel ijver en precisie werkte, door een medecliënt getypeerd wordt als een beeld dat van weinig durf getuigt. Mevrouw zegt na afloop van de therapie te aarzelen of zij wel geschikt is en moet blijven deelnemen. De beeldend therapeut neemt direct de tijd om met mevrouw af te stemmen en haar wensen en mogelijkheden van dit moment te bepalen. Samen staan ze ook stil bij deze tekening en bij de eerdere mediumopdrachten in de groep en de manier waarop mevrouw T. daar tegenover staat. De beeldend therapeut benoemt de toegewijde houding tijdens het tekenen, maar ook de voorzichtige manier van potlood- en kleurgebruik. Ook komt ter sprake dat het hier waarschijnlijk om een van de zaken gaat die ze nu juist wil leren. De daarop volgende sessie heeft mevrouw de aansluiting gevonden en incasseert zij de reacties van anderen als positieve kritiek. Enkele sessies daarna durft zij ook tegen de mening van anderen in te gaan en 'op haar eigen strepen te staan'.

Een beeldend therapeut beperkt zich niet tot de algemene aanbevelingen voor werkwijzen met betrekking tot een doelgroep. Hij kijkt altijd ook naar afzonderlijke problemen en probleemgebieden. Ook kijkt hij steeds naar de aansluiting en het proces van de individuele cliënten, ook al maken zij deel uit van een zeer gerichte therapiegroep. Individueel vraaggericht werken houdt in: rekening houden met en werken vanuit de wensen en behoeften van de cliënt, ook als een

therapievorm gekozen wordt die al van tevoren duidelijk omschreven staat.
Waar niet gekozen is voor een duidelijk afgerond programma of een module, daar houdt de therapeut rekening met de opbouw van het behandelingsproces. Dat gebeurt vaak door duidelijke uitvoeringsfasen te onderscheiden.
Globaal bestaat een uitvoering vaak uit drie fasen, namelijk verkenning, verdieping en afronding.

> De therapie van Noortje (21 jaar) omvatte gedurende een tijdsverloop van maximaal vier maanden deze drie fasen:
> – verkennende fase (zes tot acht weken): in beweging komen, controle loslaten en exploreren, nadruk op ervaren en doen;
> – verdiepingsfase (vier tot zes weken): ontdekken en verkennen van eigen vormgeving, bewustwording en generalisatie;
> – afrondende fase (twee weken): laten beklijven van eigen vormgeving/identiteit.

3.5.3 BIJHOUDEN VAN HET VERLOOP VAN DE THERAPIE

De uitvoering van een therapie wordt door de therapeut vastgelegd in een rapportage per zitting en per periode. Deze 'dagelijkse' rapportage wordt door verschillende therapeuten meer of minder uitgebreid gedaan. Er zijn beeldend therapeuten die een standaardchecklist of een zelfontwikkeld beschrijvingsformat gebruiken. Bij sommige behandelingsmethoden bestaat een specifieke beschrijvingswijze waarin steeds bepaalde onderwerpen terugkomen. Maar er zijn ook nog steeds therapeuten die een wat informele en associatieve manier gebruiken om per zitting de belangrijkste gebeurtenissen en resultaten vast te leggen.
Een gerichte manier van werken bevat in ieder geval de volgende onderwerpen: de doelstelling van deze zitting; een beschrijving van de zitting, waarin de vijf eerder genoemde elementen voorkomen, namelijk: materiaalkeuze, omgang met materiaal, vormgeving, thematiek en interactie en relatie met de therapeut; een terug- en vooruitblik op de totale therapie, een evaluatieve afweging en verdere zakelijke en subjectieve reflecties van de therapeut. Voor een van de sessies uit de verdiepingsfasen heeft een therapeut als volgt gerapporteerd.

> **Notities van een verdiepingssessie van Noortje**
> Opdracht: Twee extreme emoties verbeelden.
> Doel: Verder met emoties ontdekken en ze een plek geven.
> Algehele indruk: Noortje (21 jaar) zit er vandaag niet zo goed bij, maar wil hier verder niets over kwijt. Ze zegt nog wel dat het op het werk wel goed gaat.
> Verloop: Beeldend therapeut begeleidt Noortje met de opdracht om twee extreme emoties te verbeelden en N. gaat met 'boos' (gericht naar buitenwereld) en 'bang' (terugtrekken) aan het werk. Ze pakt het aangeboden tekenmateriaal en oppert zelf het idee van pijlen naar buiten en binnen. Ze is er tussendoor soms nog mee bezig dat de vormen mooi moeten zijn en probeert ideeën van de therapeut hierin te verwerken.
> Echter, het lukt goed om de thema's in beeld te brengen. Ze wordt tijdens het werken geconfronteerd met het volgende: ze ervaart boosheid als heftiger, want ze weet dat ze de omgeving dan letterlijk pijn kan doen. Ze tekent een boom als vervanging van een persoon om deze boosheid op kwijt te kunnen. 'Bang' ervaart ze als naar binnen gekeerde emotie iets minder heftig. Ze benoemt echter wel dat ze het lastig vindt om angst te delen met anderen. Op het moment dat ze dit vertelt, raakt het haar zichtbaar. Ook in de tekening komt dit naar voren, via de pijl in het hart. In het midden is de verwarring die het geheel oproept als spiraal te zien.

Een volgende mogelijkheid is om met de cliënt samen of in overleg met de cliënt een dagelijkse rapportage bij te houden. De cliënt kan zelf steeds een eigen verslagje of werkboekje maken, een (uitnodigend) formulier invullen of van tijd tot tijd via beeldende middelen 'verslag doen'.

Daarnaast schrijft de therapeut tussentijdse behandelingsverslagen, vaak op momenten dat er een multidisciplinair cliëntoverleg is. (Zie paragraaf 6.7.)

3.6 Evalueren en afsluiten

Evalueren en afsluiten zijn voor een therapie belangrijke momenten van terugkijken. Zoals aan het begin van de therapie de kennismaking tussen cliënt(en), therapeut en medium centraal staat, zo staat aan het einde van de therapie het weer uit elkaar gaan van cliënt en therapeut

Afbeelding 3.2 Noortje: emoties verbeelden.

en de beeldende situatie centraal. Evaluatie is een per zitting en soms per aantal zittingen, steeds terugkerend onderdeel van de behandeling. Het principe van cyclisch werken wordt gemarkeerd en geaccentueerd door de momenten van terugkoppeling.

3.6.1 EVALUATIE

Een evaluatiemoment is zinvol, omdat er kan worden stilgestaan bij de vorderingen, veranderingen of het gebrek daaraan. Het is een moment van terugkijken om vervolgens weer vooruit te kunnen kijken. Vaak is er na elke therapiesessie een vorm van evalueren en soms ontstaan evaluaties ook op andere momenten tijdens de therapie. Het behandelplan is de leidraad bij een evaluatiemoment, evenals de registratie die de cliënt zelf en/of de therapeut maakt. Vergelijking van het resultaat van de tussenevaluatie met de start helpt cliënt en therapeut om de werkzaamheden van de therapie in te schatten en levert argumenten om het behandelplan (doelen) zo nodig bij te stellen. Een eindevaluatie heeft de functie van terugkijken en afsluiten, maar heeft ook tot doel om een vooruitblik naar de komende periode aan te geven. Dit kan een eventuele vervolgbehandeling of verwijzing impliceren.

Functie van evaluatie binnen beeldende therapie

Tijdens de beeldende therapie is er sprake van een proces en het ontstaan van een product in de vorm van een werkstuk. Evaluatie houdt in dat ervaringen uit de therapie en de werkstukken een bepaalde waarde krijgen. Patronen, thema's en ontwikkelingen vanuit de therapie kunnen geplaatst worden in het totale behandelproces. Een aantal op zichzelf staande ervaringen of beelden kunnen een geheel gaan vormen.

Evalueren kan zowel in open als gesloten groepen en individueel plaatsvinden. De uitwisseling tussen cliënten kan nieuwe invalshoeken, associaties of bevestiging geven.

Evaluatie vraagt om verbanden leggen tussen de verschillende werkstukken. Het moment van stilstaan kan door de cliënt als lastig worden ervaren. Terugkijken en verbanden zien kan kan een confrontatie zijn voor de cliënt. De beeldend therapeut moet goed kunnen inspelen op de draagkracht en het reflectief vermogen van de cliënt en hierop de evaluatievorm aanpassen. De bedoeling is om ervan te leren en te groeien. Er is een aantal mogelijke evaluatiestappen.

Mogelijke stappen tijdens een evaluatie
- Een evaluatiemoment in de therapie door therapeut met cliënt (en medecliënten) via een beeldende werkvorm, het geven van titels aan werkstukken, het beantwoorden van vragen (lijst).
- Een verslag door de cliënt gemaakt en/of een evaluatiegesprek van de cliënt met de therapeut.
- De rapportage door de therapeut. De therapeut evalueert als onderdeel van de totale behandeling. Daarvoor maakt hij tussentijds en na afloop van de therapie cliëntverslagen. Hierin kan ook de evaluatie van de cliënt zelf verwerkt worden. Meestal vindt op basis van deze verslaglegging een vorm van afrondend multidisciplinair overleg plaats.
- Evaluatie kan vervolgens ook plaatsvinden met leden uit het systeem, een voogd of het verdere sociaal netwerk van de cliënt.

Beeldende evaluatievormen

In een beeldende therapie vindt evaluatie zelden met alleen woorden plaats. Het medium kan op allerlei manier toegepast worden bij het evalueren. Zo kan een beeldende evaluatie uit een opdracht bestaan waarbij de cliënt met materialen een totaalbeeld geeft van de voorgaande periode. Ook kan de therapeut vragen om in een drieluik het therapieproces weer te geven: 'aanvang – nu – verwachting voor komende periode'.

Nog een andere vorm van evalueren vindt plaats als de cliënt zijn gemaakte werkstukken naast elkaar plaatst en op deze manier even afstand neemt en overzicht krijgt.

Enkele vragen die hierbij ondersteunend kunnen zijn:
- Welk materiaal vond je het prettigst of juist moeilijk om mee te werken en waarom?
- Welke opdracht is je het meest bijgebleven en waarom?
- Waarvan heb je het meest geleerd (van je doelen bijvoorbeeld)?
- Schrijf een doel op waar je de komende weken verder aan wilt werken.

Vaak zijn patronen of veranderingen zichtbaar in materiaalgebruik of thematiek. Vervolgens kan de opdracht zijn om een terugkerend thema of materiaalonderdeel opnieuw uit te werken. Een groot aantal evaluatie- en afscheidsvormen is beschreven door Budde (2008).

Het sorteren van de werkstukken is een andere krachtige evaluatievorm. Het maakt dat de cliënt heel bewust gaat kijken wat hij als het meest waardevol beschouwt om te bewaren. Waar van toepassing kunnen hieraan ook afscheidsrituelen gekoppeld worden, zoals verbranden, verscheuren of begraven. Deze rituelen zijn letterlijke uitingen van het loslaten en afsluiten van het therapieproces. Een tussentijdse evaluatie helpt om doelen, vorderingen en termijnen helder te houden. Ook is het van belang om te overleggen of therapeut en cliënt nog op één lijn zitten. Bereikte resultaten worden gecommuniceerd en eventuele bijstellingen in het proces kunnen verhelderd worden.

> De therapeut van Pieter (31 jaar) heeft hem gevraagd zich op een individuele evaluatie voor te bereiden door enkele door haar geformuleerde vragen schriftelijk voor te bereiden. Voor het tweegesprek spreidt de therapeut alle werkstukken die Pieter maakte op de tafel uit.
> Samen nemen ze aan de hand van deze werkstukken alle belangrijke momenten van de therapie door. Pieter ziet in zijn eerste tekeningen de onzekere bewegingen en het voorzichtige zwart-wit of het zachte kleurgebruik terug. Pieter herinnert zich daardoor pas goed hoe hoog hij de lat legde, hoeveel moeite het hem de eerste keren kostte om tevreden te zijn met zijn eigen

werk. Ook realiseert hij zich hoe belangrijk het is om zo te werken dat het plezier oplevert.

De beeldend therapeut gaat expliciet in op de ervaring in het medium en vraagt naar: materiaalkeuze, de omgang met potlood, kwast, verf, papier enzovoort. Daardoor komt zijn eigen kleurgebruik ter sprake, de onderwerpen die Pieter inspireren en die hij omzet in thema's voor zijn beeldend werk, de materialen die hij vermeed en die hij heeft leren waarderen enzovoort. Daarnaast vraagt ze naar de betekenis die andere deelnemers voor hem hebben gehad en de wijze waarop de samenwerking met de therapeut plaatsvond. Ten slotte vraagt zij hem het verband aan te geven tussen de manier waarop hij in beeldende therapie doelen stelde, werkte en ontdekkingen deed en de wijze waarop hij die ervaringen in zijn dagelijks leven kan gebruiken. Pieter antwoordt: 'Je doel wordt nooit volledig bereikt. Dit omdat je als mens niet perfect bent. Tevens leidt het ene doel automatisch tot het volgende doel. Dit proces stopt pas wanneer je sterft. Want streef je in het schilderen geen doel meer na, dan doe je het wel op een ander gebied.'

Vaak zijn de cliënten vanaf het begin van de therapie op de hoogte van het tijdstip van stoppen. De tussentijdse evaluatie is een geschikt moment om cliënten te herinneren aan het tijdelijke karakter van de therapie. Dit gebeurt vooral als blijkt dat cliënten de tijd zelf niet helemaal kunnen overzien. Het is belangrijk om enigszins voorbereid in de evaluatie te stappen. De cliënt houdt dan meer greep op wat hij nog wil en kan delen en ontvangen.

De huidige ontwikkelingen in de gezondheidszorg brengen met zich mee dat steeds meer gevraagd wordt om gebruik te maken van (bestaande) evaluatieformulieren. Deze evaluatievormen dienen dan vaak tevens als instrument voor effectmeting en als een van de manieren om de therapie extern te kunnen verantwoorden. Een subjectief-individuele evaluatie en een meer geobjectiveerde werkevaluatie dienen een heel verschillend doel.

Cliëntgericht evaluatiegesprek

Doel van een evaluatiegesprek tijdens de behandeling en ook aan het einde ervan is de afstemming tussen cliënt en therapeut. Het is aanvullend op het mediumproces en dient om dit proces te ondersteunen en te verduidelijken als dit nodig is. Vaak helpt een gesprek de cliënt om zelf inzicht in en sturing op het proces te houden.

De bewoordingen in zo'n gesprek zijn van groot belang. Enerzijds gaat het erom goed te beschrijven waar de cliënt zich heeft ontwikkeld en waar dit (nog) niet het geval is. Anderzijds dient dit te gebeuren op een manier en in bewoordingen die voor de cliënt duidelijk en opbouwend zijn. Het is van belang dat de 'taal' van de cliënt gekozen wordt als ingang om zaken te verwoorden. Veelal wordt de evaluatie gedaan aan de hand van een cliëntverslag. In hoofdstuk 4 wordt het onderwerp 'praten in de therapie' verder verduidelijkt.

Multidisciplinaire evaluatiebespreking

Evaluatie vindt niet alleen in de therapie plaats tussen cliënt (en) en therapeut. Het vindt ook buiten de therapie plaats tussen therapeut en/ of cliënt en anderen. Een veelvoorkomende vorm is de multidisciplinaire behandelbespreking waar het totale behandelplan aan de orde is en afzonderlijke therapieën geëvalueerd worden.

Een multidisciplinaire evaluatie gebeurt over het algemeen in de vorm van een overleg waarbij iedere discipline een verslag van de betreffende behandeling inlevert. Vaak is er voorafgaand aan en/of na afloop van de bespreking een gesprek met cliënt en/of verzorgers waarbij specifieke behandelaspecten worden toegelicht. Een andere vorm is dat cliënt en/of verzorgers gelijk bij het overleg betrokken worden en er directe uitwisseling plaatsvindt. Voordeel is dat er transparanter wordt omgegaan met cliëntgegevens, echter in praktijk blijkt ook dat er regelmatig vooroverleg nodig is met betrokken disciplines. Dit om de informatieoverdracht eenduidig te houden of bijvoorbeeld specifieke rolverdeling af te spreken, mocht de evaluatie een confronterend karakter hebben. Er zijn ook verschillende vormen van bilateraal overleg. Dit is het geval wanneer binnen een grote organisatie twee of meer behandelaars veel met dezelfde cliënt te maken hebben. Soms overleggen en evalueren alle vaktherapeuten met elkaar. Een therapeut kan overleggen met een praktijkbegeleider, hoofdbehandelaar, een leerkracht, maatschappelijk werkende enzovoort.

Casusevaluatie

Vooral als er geen sprake is van frequente tussenbesprekingen, is het noodzakelijk dat het multidisciplinaire team terugkijkt naar een behandeling. Dit kan in de vorm van een casusevaluatie en heeft als doel om te kijken naar de samenwerking en afstemming van een team bij een specifieke cliënt. Het is belangrijk om in deze evaluatie de volgende vragen te stellen: is iedere discipline steeds werkzaam geweest vanuit het behandelplan en hoe efficiënt was dit; is iedereen op de hoogte geweest van inhoudelijke voortgang van de therapie; waar schort(te) het aan communicatie en op welke manier zou deze verbeterd kunnen worden?

Bij sommige instellingen is het niet vanzelfsprekend dat de beeldend therapeut aanwezig is bij (tussen)cliëntbesprekingen en vaak heeft dit met tijdgebrek te maken. Daarom is het goed dat de therapeut zelf actief contact blijft zoeken met betrokken collega's.

> Jenny (17 jaar) is zes maanden in dagbehandeling van een psychiatrische instelling. Ze heeft dysthyme klachten, trekt zich terug, piekert veel en stelt zichzelf hoge eisen. Tijdens de dagopname kan Jenny steeds beter luisteren naar lichaamssignalen en dichter bij haar gevoel komen. Piekeren en terugtrekgedrag veranderen echter niet noemenswaardig en een veranderingsproces komt niet echt op gang. Tijdens de evaluatie voor een behandelbespreking is de conclusie dat het in de therapie vooral is gegaan om het aansluiten bij de behoeften van Jenny: niet veranderingsgericht, echter wel accepterend en bevestigend in haar keuzes. Een 'respectvolle' en 'realistische' benadering van Jenny had mogelijk de behandelduur kunnen beperken.

Evaluatief overleg met systeem, voogd of sociaal netwerk

De toepassing van deze vorm van uitwisseling en evaluatie behoeft nog meer dan de voorgaande afstemming en helderheid over de rolverdeling en de verwachtingen. Niet alle therapeuten werken met een dergelijke contactvorm met personen rond de cliënt. Het tonen van beeldend werk aan ouders of familie kan voor de cliënt zelf een opsteker zijn, maar ook een bedreiging. In alle gevallen dienen de privacy en veiligheid van de cliënt gewaarborgd te zijn. Toch kan het delen van inzichten vanuit de therapie en de thuissituatie een waardevolle bron van informatie en samenwerking betekenen. Desgewenst kan de cliënt zelf betrokken worden bij de keuze welke informatie uitgewisseld wordt. Zo kan een kind zelf aangeven welk werkstuk de ouders mogen zien. De therapeut kan van tevoren met de cliënt bespreken waarom en hoe hij het gesprek zou willen gaan voeren, en welke doelen hij met het gesprek wil bereiken. In het onderstaande voorbeeld is overleg van tevoren bijna onmogelijk. De therapeut zal zelf in staat moeten zijn om de waardigheid en integriteit van de cliënt in het gesprek te borgen.

Een licht dementerende mevrouw van 81 jaar heeft enige weken beeldende therapie gevolgd. De verpleeginstelling is geïnteresseerd in de resultaten van de beeldende sessies. De familie wil graag horen of mevrouw plezier heeft gehad in de beeldende opdrachten. De medewerkers van de dagelijkse verzorging en verpleging willen overleggen over gedragsveranderingen die zij menen waar te nemen na afloop van de therapie.

Er wordt een evaluatiebijeenkomst voor het hele netwerk georganiseerd. De therapeut probeert van tevoren spelenderwijs met mevrouw af te stemmen over haar eigen gevoelens en ideeën over de therapie-uurtjes. Wanneer de therapeut alle vier de tekeningen die mevrouw maakte weer even opnieuw laat zien, reageert mevrouw opgewekt en genietend.

Hoewel het hier om een experiment ging, ingezet door een zoon en schoondochter, is iedereen het er tijdens de evaluatie over eens dat mevrouw tijdens de therapie nog meer blijkt te kunnen dan men verwachtte. Maar ook wordt opgemerkt dat zij na afloop goede opvang nodig heeft, omdat ze anders wat ontevreden terugzakt naar een vorm van irritatie of apathie. De therapie lijkt mevrouw goed te doen, maar mevrouw lijkt moeite te hebben met de overgang naar de huiskamersituatie.

3.6.2 AFSCHEID NEMEN

Brechtje, 11 jaar, kapte haar therapie af door weg te blijven en te gaan deelnemen aan een sportclubje op dezelfde tijd als de therapie was afgesproken.

Hans 17 jaar, licht verstandelijk beperkt met autistiform gedrag, gebruikte wekelijks een fotokalender om te tellen en te meten hoe lang de afgesproken therapie nog zou duren. Praten over een periode van afscheid hield hij af. Naarmate er meer hokjes met foto's van werkstukken en werksituaties opgevuld raakten, werd het gemakkelijker om over het naderend afscheid te gaan uitwisselen.

De therapeut van Wim en Margo, twee volwassen cliënten met een persoonlijkheidsstoornis, vond het noodzakelijk om de intensiteit van de therapie aanzienlijk te verminderen naarmate

> het einde van de therapie naderde. Zij besteedde veel aandacht aan het perspectief op wonen, werken, vrije tijd en sociale contacten na afloop van de therapie. De laatste drie therapiesessies stonden in het teken van de overgang van behandelen naar begeleiden door een woonbegeleider en een jobcoach. In beeldende thema's expliceerden Wim en Margo hun verwachtingen en bereidden zij hun ondersteuningsvragen voor.

Drie voorbeelden van een 'afscheid'. En drie keer een heel verschillende weg ernaartoe. Het afsluiten van een therapie kan op verschillende manieren tot stand komen. Meestal is voor cliënt en therapeut al langer duidelijk dat de therapie afgerond zal worden. Dat is in het bijzonder het geval als van tevoren duidelijke afspraken gemaakt zijn over duur en periode van de therapie. Ook als een vaststaand programma en/of module wordt uitgevoerd, is het eindpunt van de therapie duidelijk van tevoren gecommuniceerd.
Toch zijn er ook therapieën waarbij niet zo duidelijk is afgesproken hoe het totale verloop zal zijn. En niet elke cliënt is in staat om uit zichzelf sturing en zicht op de termijnen te houden.

> Hans heeft veel ondersteuning nodig om het tijdpad te kunnen overzien en niet verstoord te raken door onverwachte gebeurtenissen. De kalender en de foto's van al zijn beeldende werken en dus van zijn therapieproces, helpen hem daarbij.

Afscheid nemen is voor veel mensen een betekenisvol en gevoelig moment. Afscheid betekent loslaten van het voorgaande en beginnen aan een nieuwe ongewisse ervaring, situatie of levensfase. Afscheid is ook het loslaten van personen, medemensen. Dat geldt ook voor de mensen met wie je de therapie deelde en voor de beeldende mogelijkheden die er waren.
Veel cliënten in beeldende therapie hebben in hun leven negatieve ervaringen met afscheid nemen gehad. Het verdriet, de onzekerheid of zelfs boosheid die daar het gevolg van kunnen zijn, spelen dikwijls een rol in de therapie. Zij kleuren de ervaringen in het 'hier-en-nu'. De laatste fase is met name voor cliënten die moeite hebben met loslaten en afsluiten een belangrijke ervaring. Vaak hebben zij alleen ervaring met het niet-afscheid nemen of op een acute manier weggetrokken

worden van relaties, waarbij het vertrouwen zwaar geschonden kan zijn.

> Het gedrag van Brechtje kan mogelijk op die manier geïnterpreteerd worden. In dat geval is het therapeutisch van belang dat de therapeut stappen onderneemt om alsnog een afronding tot stand te brengen. Daarvan kan Brechtje leren dat de therapeut een betrouwbaar persoon is die haar niet zomaar laat vallen of inwisselt voor anderen.

Afscheid van een individueel behandelde cliënt betekent dat de therapie in zijn geheel stopt. Vaak hebben therapeut en cliënt een band gekregen en de beeldende situatie wordt als 'uniek' ervaren. Het afscheid betekent dan ook het 'doorsnijden' van deze band. Dit bewust kunnen doen en op het moment dat de cliënt er zelf aan toe is, of het tenminste vanzelfsprekend vindt, is steunend en therapeutisch. De cliënt krijgt de gelegenheid om te ervaren hoe het opgebouwde gevoel en interactief vermogen niet hoeven te stoppen als de cliënt na afloop van de therapie weer zijn eigen weg gaat.
Als de laatste fase van de therapie voldoende aandacht krijgt van therapeut en cliënt, vallen de ervaringen van de therapie als geheel op hun plek. Deze ervaringen kunnen opnieuw gewaardeerd worden en er wordt een brug geslagen naar de volgende fase, waarin de cliënt de steun van de therapie niet meer zal hebben. Afsluiten betekent het benadrukken van het feit dat de therapie echt eindigt en het markeren van de overgang naar wat daarna komt. Door er bewust mee bezig te zijn, kan de cliënt dan ook gaan ervaren dat hij de therapie niet meer nodig zal hebben.

Afscheid in een groepstherapie
Evalueren en afscheid nemen horen ook bij het stoppen in de beeldende groepstherapie. Ook het afscheid van een therapiegroep is emotioneel van belang. In een groep is de emotionele investering echter wat anders gericht en cliënt en therapeut hebben niet alleen met elkaar maar ook met anderen een relatie opgebouwd. Er is ruimte ontstaan om met elkaar ervaringen in het medium te delen en ervan te leren.
In doorlopende open therapiegroepen is het tijdstip van evaluatie en afronding voor iedere cliënt verschillend. In een 'open' groepstherapie heeft elke cliënt anderen meegemaakt die vóór hem afscheid namen.

Het wordt dan min of meer vanzelfsprekend dat hij ook aan de beurt komt. Als dit tijdstip samenvalt met het tijdstip dat hij zich weer tegen het leven opgewassen voelt, komt het afscheid op een 'natuurlijk' moment. Waar cliënten het afscheid nemen toch als heel complex ervaren, is dit meestal al zichtbaar in een of andere vorm van (destructief) gedrag.

> Mirjam, een vrouw van omstreeks 30 jaar, was heel erg van slag toen haar 'maatje' afscheid nam van de therapiegroep. De volgende twee sessies kon zij zich niet op haar werk concentreren en reageerde ze bozig en verstoord op de uitnodigingen van de therapeut om beeldend aan de gang te gaan. Aan het eind van de tweede sessie pakte ze het papier en krijt dat voor haar lag en ging op een motorisch gedreven manier aan het werk. Stoppen toen de therapietijd voorbij was, bleek toen heel lastig. Mirjam probeerde de tijd te rekken, en protesteerde tegen het stoppen. Ze kon haar activiteit beëindigen op het moment dat de anderen hun werk in de kast gingen opbergen.

In een open groepstherapie heeft het afscheid van afzonderlijke cliënten vaak een wat ritueel karakter. Cliënten komen op verschillende tijdstippen in de therapiegroep en nemen ook op hun eigen tijd weer afscheid. Rituelen geven dan de ruimte aan elke cliënt om er toch een persoonlijke invulling aan te geven. Zo neemt elke cliënt afscheid op de manier die bij hem past. Vaak zijn alle groepsleden betrokken bij het afscheid van een van de cliënten. Beeldende reacties van groepsgenoten en therapeut kunnen zeer verhelderend en steunend werken en dienen tevens als afscheidsritueel. Het afscheid van de ene cliënt helpt de andere cliënt om onder ogen te zien hoe een therapieproces in elkaar zit, en hoe het ook weer ophoudt.

> Maarten (47) neemt deel aan een beeldendetherapiegroep voor cliënten met een angst-, stemmings- of persoonlijkheidsstoornis. Steeds zijn gemiddeld vijf of zes cliënten aanwezig. Als Maarten net gewend is in de groep, stopt de therapie van een andere cliënt. Als deze cliënt tijdens haar laatste zitting aankondigt dat zij straks graag aan iedereen iets wil meegeven, schrikt Maarten. Hij valt stil en komt nauwelijks nog aan beeldend werken toe. De

> therapeut ziet wat er gebeurt en gaat een poosje naast Maarten zitten om hem met woord en daad te helpen het contact met het materiaal weer tot stand te brengen. Op een ander moment wordt besproken waarom deze manier van afscheid nemen van een ander groepslid zo'n indruk maakte op Maarten.

Als de beeldende therapie in een 'gesloten' groepstherapie plaatsvindt en bijvoorbeeld een modulaire of cursorische vorm heeft, betekent dit vaak dat alle cliënten in principe op hetzelfde moment evalueren en afscheid nemen. Het afscheid van een hele groep en daarin van de deelnemers is enerzijds heel duidelijk en heeft anderzijds vaak een sterk ritueel karakter, omdat de groep ophoudt te bestaan. Het beeldend werken zal een groot deel uitmaken van het groepsgerichte afscheidsritueel.

Behandelperspectief na afloop van de therapie

Het afscheid van de therapie betekent niet altijd dat de behandeling als geheel ook is afgesloten. Voor bepaalde cliëntgroepen gaat het behandelen of begeleiden daarna door. Bij veel cliënten met chronische problematiek of kwetsbaarheid, zoals ernstige persoonlijkheidsstoornissen, ontwikkelingsstoornissen, psychosen, verstandelijke en/of lichamelijke beperkingen, gaat ondersteuning in een of andere vorm altijd door. Daarom is het voor de beeldend therapeut van belang zicht te hebben op de totale behandeling of ondersteuningscontext van de cliënt.

> De laatste therapiesessies van Wim en Margo worden gebruikt om hen te helpen de overgang naar een nieuwe ondersteuningssituatie voor te bereiden. Dit is erg belangrijk, omdat het hen helpt de baas te blijven van hun eigen leven.
> In het geval van Wim en Margo is sprake van een benadering die 'empowerment' bevordert, het positief kunnen inzetten van de eigen kracht en zelfsturing, zodat zij niet alleen zelf probleemeigenaar blijven, maar ook hun kansen en mogelijkheden voor een goede kwaliteit van leven in handen krijgen en houden.

Een andere vorm van 'contextueel handelen' zet de beeldend therapeut in, die signaleert dat de doelen of eindmogelijkheden van deze therapie bereikt zijn, terwijl er nog geen andere vormen van behandeling of begeleiding in gang gezet zijn, hoewel dit wel noodzakelijk is. De beeldend therapeut zal dan het voortouw moeten nemen om doorverwijzing tot stand te brengen. Het is van de hele context afhankelijk wie daarin de sleutelfiguren zijn: dit kan de cliënt zelf zijn, mits hij mondig genoeg is, het kunnen ouders of familie zijn, maar het kunnen ook andere professionals of zorgorganisaties in het netwerk van de cliënt zijn. Signaleren en doorverwijzen in die zin behoren tot de verantwoordelijkheden van de beeldend therapeut.

3.6.3 VERSLAGLEGGING

Verslaglegging is onderdeel van alle fasen van de therapie. Bij de beschrijving van eerdere fasen dook het tussentijds verslag leggen al even op. In hoofdstuk 6 komt de rapportage uitgebreid aan bod. Hier zal het alleen gaan over evaluatieverslagen aan het einde van de therapie, ter evaluatie en afronding. Daarnaast wordt het belang van de casusevaluatie binnen het multidisciplinaire team besproken.

Een afrondend verslag betekent veel voor de cliënt, voor de medewerkers en voor de organisatie. De feitelijkheden van de therapie, wanneer, waar, hoe lang en waarom worden gerecapituleerd. Daarnaast is er een inhoudelijke beschrijving van het proces dat is doorgemaakt en de resultaten die er waren. Een korte conclusie en aanbeveling voor het vervolg is een prettige afronding voor de betrokkenen. Verslaglegging kan zich richten op de cliënt, op zijn (familie)netwerk, op de algehele rapportage van de organisatie of op de vervolgsituatie. Waar in een organisatie sprake is van een elektronisch dossier, een zorgplansystematiek of een cliëntvolgplan, zal daarin ook een eindrapportage van de therapie worden opgenomen. Op dit moment wil ook de zorgverzekeraar geïnformeerd worden. Inhoudelijk gaat het dan om heel verschillende zaken die niet door elkaar gehaald moeten worden. De rapportage moet passen bij het doel waarvoor ze geschreven wordt.

Onderzoek naar het cliëntgerichte evaluatieverslag

Van Drie (2001) beschrijft in het *Tijdschrift voor Creatieve Therapie* een format voor een cliëntgericht evaluatieverslag. De therapeut zal de verslaglegging aanpassen aan de cliënt, de situatie en de problematiek.

De verslagen hebben de volgende vaste eigenschappen.
- Er was een evaluatiemoment in de therapie door therapeut met cliënt (en medecliënten) via beeldende opdracht en/of vragenlijst.

- De tekst was direct gericht aan de cliënt (het verslag was geschreven in de jij-vorm).
- Het doel van de therapie werd beschreven in woorden die de cliënt begrijpt.
- Er was een opsomming van het beeldend werk.
- De ontwikkelingen met betrekking tot het doel van de therapie werden beschreven.
- Er was een conclusie.
- Er waren aanbevelingen voor de toekomst van de cliënt (in de vorm van tips).
- Soms was er nog een persoonlijk stukje van de therapeut voor de cliënt (ter afscheid).

Van Drie (2001) deed onderzoek naar een cliëntgerichte rapportage. Deze bleek over het algemeen goed te gebruiken in de therapie. Slechts in enkele gevallen kan de rapportage beter niet gebruikt worden, bijvoorbeeld als deze niets nieuws of extra's toevoegt aan de hulpverlening van de cliënt. Of als de cliënt de informatie uit het verslag niet op de juiste manier kan interpreteren.
De therapeut dient zich steeds af te vragen wie er baat heeft bij deze manier van verslaglegging. De timing tijdens de therapie bleek belangrijk, evenals de begeleiding bij het bespreken van het verslag, zodat de cliënt de informatie op de juiste manier kan interpreteren. Er moet dus ook extra ruimte ingepland worden. Ook belangrijk is de medezeggenschap van cliënten: ze kunnen tijdens de bespreking een beroep doen op hun klachtrecht. Wat betreft de geheimhouding van persoonlijke informatie van de cliënt is het belangrijk om hierbij een deskundige afweging te maken die bij de regels van de instelling, de wetgeving (zie hoofdstuk 6) en het vak past. Ook moet de informatie duidelijk leesbaar zijn voor andere hulpverleners.
Uit het onderzoek is ook gebleken dat deze verslaglegging bijdraagt aan de ontwikkeling van het vak, en mogelijk ook breder wat betreft vraaggericht en cliëntgericht werken.

Eindverslag beeldende gezinstherapie met Joey (12 jaar, ADHD) en moeder (ADD)
Doelen: inzicht krijgen in het hoe en waarom Joey zichzelf op lastige momenten pijn doet (automutileert). Via een beeldende invalshoek handvatten bieden in het ombuigen van dit gedrag.

Frequentie: vier keer één uur als tussenbehandeling van de KIT (Kind-Intensieve Thuisbehandeling).

Verloop van de behandeling
1. *Kennismaking therapie, verkennen posities en contactname onderling*
Startopdracht is het maken van een prettige plek en vervolgens bij de plek van de ander iets maken wat past.
Moeder is wat onwennig en kan niet snel iets verzinnen, maar na enige stimulans is ze actief aan het werk. Ze maakt een platte bloem in de klei, vertelt dat ze deze vaak tekent als terugkerende prettige vorm. Later schieten er andere associaties te binnen die ze erin krast met een letter: vriend, boerderij, vrij, zoon en dochter, onder andere. Joey maakt bij het doorschuiven in het midden van de bloem een soort verbinding van al deze idealen van moeder. Zij is erg ontroerd door hem en zegt dat ze zo trots is! Moeder lijkt heel bewust ruimte te geven aan J. in verwoorden en handelingen.
J. lijkt wel moeite te hebben om tot vorm te komen en oogt vertraagd. Hij maakt een eiland met een boom, achteraf vindt hij het jammer dat dit het enige is. Hij had eigenlijk nog meer bomen willen maken, want hij vindt de natuur prettig.
J. krijgt bij het doorschuiven van moeder een huisje met omheining erbij en gezichtjes van allerlei mensen om hem heen: zij zegt dat het vaak prettig voor hem is om veel mensen om zich heen te hebben (hij zegt dit ook, maar vindt het ook fijn om iets alleen te doen). Opvallendheden: gevoeligheid van J. en emotionele sterke band van hem en moeder.

2. *Verbeelden en onderzoeken van lastige gevoelens naar aanleiding van gebeurtenis, kennismaking G-model (gebeurtenis, gevoel, gedachte, gedrag)*
Moeder vraagt aan J. waar ze moet gaan zitten, echter voegt er zelf aan toe dat een beetje afstand ook wel goed is. De therapeut haakt hierop in door het thema afstand-nabijheid te benoemen, gekoppeld aan de plekken aan tafel.
Moeder noemt een gebeurtenis waarin J. boos en later verdrietig was en zichzelf pijn deed. De therapeut vraagt of moeder en J. apart deze toename van gevoelens in vier vakken willen tekenen.
J. vraagt gelijk naar een voorbeeld van een leeuw. Hij stopt echter bij de tweede tekening, omdat hij alles mislukt vindt. Er is veel faalangst te zien en zelf kan hij benoemen dat hij tijdgebrek heeft

en dat hij aan het krijt moet wennen. Ook sluit hij zich letterlijk af met zijn hoofd op tafel en door geen reactie meer te geven, ook niet na aanwijzing van de therapeut. Moeder tekent vier bomen die door de kleur en kruinverandering boosheid en verdriet laten zien. Vervolgens is er uitgewisseld wat er precies gebeurt en welke verschillende gevoelens en gedachten meespelen. J. kan de stappen goed volgen en de therapeut stelt voor om deze week thuis het G-model te laten invullen om de stappen uiteen te halen.
Opvallendheden: J. laat veel faalangst zien tijdens het werken en vertraagdheid in het uitwerken van ideeën. Hypothese is dat J. baat heeft bij meer structuur (en stellingname) van moeder op lastige momenten, anders wordt hij overspoeld door emoties.

3. Benoemen gedrag en omzetten in acties naar buiten in plaats van naar binnen of boze uitingen naar de ander
J. is deze keer drukker dan de vorige keren, ook in fantasie moet hij afgeremd worden. We kijken terug naar het G-model dat thuis is ingevuld naar aanleiding van de lastige gebeurtenissen die week. Opvallend is dat J. een keer kiest om zichzelf terug te trekken op zijn kamer na ruzie met zijn zus en dan zelf afleiding vindt. Moeder gaf aan dat ze wel ongerust was, maar toen ze ging kijken was hij gewoon aan het spelen.
Na deze terugblik werd ook voor de therapeut bevestigd dat het J. helpt om zijn gevoel te uiten in een actie en dat hij op deze manier meer afstand kan nemen van een overspoelende emotie. Vervolgens wordt gestart met het samen maken van een krastekening, met als doel een vel zo snel mogelijk helemaal vol te krassen. J. vindt dit geweldig. Opvallend is dat er geen sprake is van faalangst, zoals de vorige keer. Een tweede opdracht is iets 'lelijks maken van hout', waarbij moeder de aanwijzing krijgt om J. duidelijk te structureren, wat ze redelijk goed doet. Wel is opvallend dat J. een heel duidelijke stem heeft in de volgorde van het hout bewerken en moeder hem veelal als maatje lijkt te zien. De therapeut stimuleert moeder op een paar momenten om de leiding te nemen.
Als laatste is er een stappenplan samengesteld voor lastige momenten thuis:
Stap 1: Moeder benoemt lastige gebeurtenis op het moment zelf,

laat J. stoppen (door letterlijk STOP te zeggen) en laat J. kiezen uit twee acties uit de lijst.
Stap 2: Moeder noemt de tijdsduur en benoemt wanneer zij komt kijken, J. past de actie toe.
Stap 3: Op een later moment kort met elkaar bespreken van de lastige situatie en van de actie.
Actielijst bestaat uit: krastekening maken op kamer, timmeren in schuur, voetballen in tuin, blokje om rennen, boksbal op kamer gebruiken, papier scheuren enzovoort.

4. Oefenen met hernieuwde positie van moeder-kind: in het bijzonder gericht op behoefte van J. qua structureren en timing
De laatste keer heeft de therapeut eerst een voorgesprekje met moeder zonder J. Vooral de positie vanuit de moederrol en de timing van ingrijpen worden besproken met moeder: eerder ingrijpen, voordat de emoties van beide kanten oplopen.
Opdracht: samen een toren maken van divers materiaal, waarbij moeder de leiding heeft. Moeder kan opnieuw ervaren hoe het voelt om echt structuur te bieden (NEE en STOP hardop zeggen), zonder dat ze hem beperkt in zijn creativiteit. Het wordt een enorm hoge toren en ze werken steeds met creatieve oplossingen, waarin moeder J. ook steunt in zijn opmerking dat het wel stevig moet zijn, wil de toren niet omvallen. Opvallend is dat J. het als prettig ervaart om gestuurd te worden door moeder en daarnaast genoeg vrijheid voelt om eigen ideeën uit te voeren (zegt dit achteraf letterlijk).

Evaluatie en conclusie
Naar aanleiding van het werken aan de doelen zijn zowel door moeder als Joey positieve ervaringen opgedaan in de beeldende therapie. Er is meer duidelijkheid gekomen in het automutilerend gedrag van J., door gevoelens en gedachten die spelen op lastige momenten te onderzoeken. Zowel moeder als J. kreeg alternatieven aangereikt via (beeldende) acties om dit gedrag om te buigen. Behoefte aan structuur en steun voor J. kwam duidelijk naar voren. Moeder benoemt in de laatste sessie het voorbeeld waarbij J. thuis zijn emotie heeft kunnen omzetten in een actie. Zij heeft herhalend genoemd wat hij kon doen, wat voorkwam dat hij zichzelf pijn ging doen.
Vervolgadvies: KIT (Kind-Intensieve Thuisbehandeling) neemt

handvatten mee en ondersteunt moeder hierbij, zodat deze nog meer kunnen beklijven in de thuissituatie.

Tevredenheidsonderzoek
Om op korte termijn inzicht te verkrijgen in de resultaten van de beeldende therapie kan vrij eenvoudig een vragenformulier ontwikkeld worden waarmee de mate van tevredenheid over de behandeling wordt gemeten. Vaak is er binnen de instelling een formulier aanwezig. Op internet zijn gemakkelijk allerlei voorbeelden te vinden. In intervisie kan zo'n formulier specifiek voor beeldende therapie ontwikkeld worden. Het is interessant om niet alleen de cliënt maar ook het cliëntsysteem zo'n formulier te laten invullen. Met de feedback die op deze manier verkregen wordt kan het behandelaanbod verder geprofileerd en ontwikkeld worden. In onderzoeksliteratuur, bijvoorbeeld Migchelbrink (2007), kan achtergrondinformatie gevonden worden over het uitvoeren van een tevredenheidsonderzoek. Het onderzoeken van de praktijk wordt verder in hoofdstuk 8 besproken.

Interventies   4

Interventies vormen de essentie van het therapeutisch handelen. De beeldend therapeut kan de cliënt allerlei materialen en technieken aanbieden op heel veel verschillende manieren, op talloze momenten, met soms voorspelbare, maar ook onvoorspelbare resultaten. Een interventie is dan ook geen vaststaande en eenduidig omschreven handeling, maar heeft tal van verschijningsvormen. In dit hoofdstuk wordt beschreven wat interventies zijn, wat beweegredenen kunnen zijn om een interventie te plegen, wat voor soorten interventies er zijn, beschreven worden interventies in de creatieftherapeutische driehoek en praten als interventie. Praten als interventie wordt beschreven met voorbeelden per werkwijze. Ten slotte wordt aangegeven wat beeldende therapie kan betekenen voor doelgroepen waarvoor praten minder vanzelfsprekend is, of juist té gemakkelijk gaat.

In hoofdstuk 3 over de fasering van de behandeling werd uitgebreid ingegaan op de specifieke kenmerken van de behandelfasen. Iedere behandelfase van een therapie kent haar eigen specifieke momenten waarop bepaalde interventies plaatsvinden. Op de dvd staan veel voorbeelden van interventies in de beeldende therapie.

4.1 Definitie

Een interventie is een ingrijpen met een beweegreden (Kranz, 2006). Het doel is om een langzame of snelle verandering te bewerkstelligen. Dit is iets anders dan reguleren van buitenaf, waarbij je zoals bij een hond 'het elke keer kan blijven zeggen'. Het is de bedoeling om de cliënt te herstructureren op cognitief en/of affectief gebied (Kievit, 1992).

Het uiteindelijke doel van een interventie is het opheffen en/of reduceren van een probleem en het tot stand brengen van een verandering met een doel. Een interventie staat dus altijd in verband met een doel. Doelen zijn richtinggevend voor de interventies. En in het globale doel van een interventie wordt verwezen naar het onderkende probleem.

Niet alleen het onderkende probleem speelt een rol bij het formuleren van het globale doel; er kunnen immers als middel om het doel te bereiken verschillende typen interventies inzetbaar zijn, met een eigen theoretische oriëntatie (De Bruijn e.a., 2003). Verschillende manieren om richting te geven worden ook wel werkwijzen genoemd (zie ook Smeijsters, 2008).

De termen behandeling en interventie worden in de literatuur door elkaar gebruikt, wat duidelijk maakt dat het begrip niet eenduidig wordt toegepast. In literatuur over interventies in psychotherapie wordt de activiteit in beeldende therapie zélf als interventie benoemd, al dan niet in combinatie met observatie/behandeldoelen (Pool e.a., 2004). In de voorbeelden hierna kreeg de cliënt de volgende opdrachten en werden er verder geen interventies beschreven, zoals hierboven gedefinieerd:
- volkrassen hard/zacht (Hoeveel energie heeft cliënt; hoeveel ruimte gebruikt cliënt, voelt cliënt grenzen?);
- schilderen met nadruk op kleurkeuze (Durft cliënt te kiezen, welke keuzes, mengen? Kan cliënt genieten?);
- bewegen op papier met houtskool of conté (Basale vormen die ontstaan kunnen worden gekoppeld naar emoties).

In dit boek wordt met 'interventie' de eerste definitie bedoeld. Interventies van de beeldend therapeut vinden plaats in de driehoek medium-therapeut-cliënt (zie paragraaf 5.4.3). Bij deze interventies wordt het medium ingezet en ook de attitude en verbale aspecten kunnen op vele manieren ingezet worden om contact te maken met de cliënt en het beeldendtherapeutisch proces te bevorderen. Daarbij kan de interactie met leden van de therapiegroep ook ingezet worden als interventie. Hieronder wordt een aantal aandachtsgebieden onderscheiden waarin genoemde aspecten naar voren komen. Per aandachtsgebied worden korte voorbeelden gegeven (Schweizer & Visser, 2006).
- Ensceneren van de activiteit zodat er aan de doelen gewerkt kan worden. Bijvoorbeeld: het voorbereiden van een activiteit, het al dan niet klaarzetten van materialen.
- Bevorderen van het beeldendtherapeutisch proces, beleving en persoonlijke vormgeving. Dit komt naar voren in het hele doen en laten van de therapeut, van het welkom heten tot het afscheid nemen. De keuze voor het al of niet geven van een compliment of een andere vorm van ondersteuning.

- Werken met materiaal- en symboolstructuur om de expressie te bevorderen. De beeldend therapeut stimuleert dat een cliënt kan doen waar hij op dat moment behoefte aan heeft, bijvoorbeeld grote bewegingen maken, een hard materiaal kiezen, veel water gebruiken.
- Bevorderen van innerlijke structuur. Een cliënt is in therapie vanwege de problemen waar hij zelfstandig niet meer uit komt. De beeldend therapeut reikt beeldende middelen aan om te bevorderen dat de cliënt grip op gevoelens, gedachten, zichzelf krijgt. Hiermee hangen de gekozen werkwijze en attitude van de therapeut samen. Bij een pragmatisch structurerende werkwijze kan er bijvoorbeeld gewerkt worden aan het planmatig handelen en het verbeteren van het overzicht over het beeldend werk. Bij een inzichtgevende werkwijze kan bijvoorbeeld naar het eigen beeldend werk gekeken worden, waarbij benoemd wordt wat aansprekende en minder aansprekende delen van het beeldend werk zijn. Een cliënt leert zichzelf hierdoor beter kennen.

4.2 Aanleidingen in beeldende therapie waarop interventies gepleegd worden

> Een cliënte in een jeugdgevangenis heeft duidelijk nergens zin in. Ze zit aan tafel met de beeldend therapeut, kijkt nors en staart voor zich uit. De therapeut heeft klei op tafel neergezet, een tafeldraaischijfje en nog wat kleigereedschap. Op alles wat de therapeut zegt reageert de cliënte non-verbaal geïrriteerd en afwijzend. De therapeut pakt een groot stuk klei en begint voor zichzelf rustig de klei met haar handen te vormen. Ze geeft even geen aandacht aan de cliënte. 'Wat een groot stuk', zegt de cliënte plotseling na een tijdje. 'Mag ik ook zo'n groot stuk nemen?'

Bovenstaand voorbeeld van interventies speelde zich af in de startfase van een individuele zitting. De cliënte had in eerste instantie geen zin om te reageren op het aanbod van de therapeut. De interventie van de beeldend therapeut, een verbale instructie, riep weerstand op. Een volgende interventie, de non-verbale instructie, bracht de cliënte in beweging. Hierbij is de kracht van het ervaringsgerichte werken goed merkbaar.

4.2.1 VOORSPELBARE MOMENTEN

Tijdens een zitting is er een aantal voorspelbare momenten te onderscheiden, waarop beeldend therapeuten interventies plegen. Per fase in de behandeling zijn er kenmerkende interventies. Voor veel cliënten is het prettig als de start van de zittingen volgens een vast ritueel verloopt. Deze voorspelbaarheid brengt rust en vertrouwdheid, bijvoorbeeld de manier waarop een zitting wordt opgestart, een mediumactiviteit wordt afgerond, een nabespreking wordt voorbereid en de afsluiting van een zitting. Vanwege de persoonlijke betekenis van de beeldende activiteiten is het belangrijk om zorgvuldig en weloverwogen af te ronden en eventueel de overgang naar de volgende situatie voor te bereiden.

In de casus hierboven is een aantal voorspelbare momenten aan te wijzen: de plaats van tafel en stoelen is van tevoren vastgesteld. Dit geldt ook voor de plaats waar therapeut en cliënte zitten en voor de materialen die klaargezet zijn.

4.2.2 ONVOORSPELBARE MOMENTEN

Ook is er een aantal onvoorspelbare momenten waarop interventies gepleegd worden. Dit zijn momenten waarop een cliënt iets onverwachts doet. Dit kunnen spontane verbale en non-verbale uitingen van de cliënt zijn, emoties die getoond worden of onverwachte manieren om aan een werkstuk te werken (Krantz, 2006). Deze momenten komen vaak voor tijdens een zitting. Dit vraagt van de therapeut een voortdurend afstemmen en inspelen op de bezigheden en het gedrag van de cliënt. In bovenstaand voorbeeld zou het heel goed kunnen dat de weerstand van de cliënte niet voorspelbaar was en dat de beeldend therapeut ter plekke moest improviseren.

4.2.3 BEWUSTE EN ONBEWUSTE INTERVENTIES

Aanleidingen om interventies te plegen worden vooral uitgelokt door de situatie waarin beeldend behandeld wordt. De doelstelling kan aanleiding zijn voor een interventie en ook het bevorderen van een situatie waarin de cliënt zich goed kan uiten. Hierbij kan bijvoorbeeld gedacht worden aan het creëren van betrokkenheid, stimuleren of begrenzen van de beeldende activiteit of gedrag (Kranz, 2006). Werkwijzen zoals steunen en structuur aanbrengen, brengen een bepaald soort interventies met zich mee. Ik-zwakke cliënten vragen om meer structuur, voorspelbaarheid, overzicht en regelmaat.

Voorspelbare interventies zijn doorgaans ook bewuste interventies. Onvoorspelbare interventies kunnen bewust zijn, maar ook onbewust. Tijdens het beeldend werken gebeurt er iets met degene die ermee bezig is. Hij wordt 'meegenomen' door kleur, beweging, handeling, symboliek, ervaringen (Csikszentmihialyi, 1996). De cliënt maar ook de therapeut wordt tijdens het beeldend werken dieper geraakt, waarbij er een mengeling ontstaat van bewuste en onbewuste belevingen. Interventies zullen dus ook vaak een mengeling zijn van bewuste en onbewuste handelingen. Voorwaarde voor professioneel handelen is dan ook dat de beeldend therapeut een eigen vormentaal en beeldende belevingswereld heeft ontwikkeld en de eigen voorkeuren en weerstanden goed kent.

De beeldend therapeut moet te sterke overdracht en tegenoverdracht in het medium kunnen herkennen om zo objectief mogelijk te kunnen zien wat de belevingswereld van de cliënt is.

In haar onderzoek heeft Kranz video-opnames gemaakt om achteraf met de therapeuten te kunnen verwoorden welke verbale en non-verbale interventies er gepleegd worden. Een video-opname is een goed hulpmiddel om achteraf nog eens te bekijken welke bewuste en onbewuste interventies er zijn gedaan. Tijdens supervisie wordt stilgestaan bij het professioneel en zo objectief mogelijk waarnemen en handelen. Een verbatim verslag en een video-opname zijn hulpmiddelen om zich bewust te worden van het eigen handelen en dit doelgericht in te leren zetten. In het verbatim verslag wordt na een zitting van stap tot stap, van binnenkomst tot vertrek, beschreven wat cliënt en therapeut hebben gedaan. Hierbij worden de feiten gescheiden beschreven van de gevoelens. Het kunnen onderscheiden van feitelijke objectieve waarnemingen en subjectieve persoonlijke gevoelens van de therapeut, is een belangrijk onderdeel van de therapeutische houding. Objectieve waarnemingen zijn zichtbare gebeurtenissen die een ander ook kan zien. Subjectieve waarnemingen zijn de persoonlijke gevoelens en reacties van de therapeut. Om als therapeut contact te maken met de cliënt, is het nodig dat de therapeut zijn persoonlijkheid niet uitschakelt, maar meeneemt. Tegelijkertijd moet een therapeut leren om persoonlijke gevoelens en gedachten professioneel te hanteren. De geschoolde intuïtie is een belangrijke factor in het therapeutisch handelen. De therapeut leert om zich zo veel mogelijk bewust te zijn van eigen gevoelens, gedachten en overwegingen om interventies te plegen.

4.3 Doelen

Interventies worden uitgevoerd in samenhang met het doel van de behandeling. Dit kan een algemeen behandeldoel zijn, waar ook andere behandelaars aan werken binnen hun discipline, zoals vergroten van het zelfvertrouwen of acceptatie van een verlies. Het kan een specifiek einddoel van de beeldende therapie zijn of een kortetermijndoel voor één of een paar zittingen, zoals: vormgeven aan gevoelens rond een specifiek probleem, het beeldend werk en daarmee zichzelf steviger neer gaan zetten, keuzes maken. Het is moeilijk om vast te stellen dat er altijd bepaalde doelen gelden in bepaalde behandelfasen. Het is belangrijk om per cliënt zorgvuldig te observeren en te evalueren per zitting welke doelen haalbaar of behaald zijn, welke niet haalbaar en welke nieuw geformuleerd dienen te worden. Doelen vormen een richtlijn om te kunnen bepalen of je op de goede weg zit en of het resultaat behaald wordt. Het resultaat is waarneembaar in gedrag, in beeldend werk, lichaamstaal, woorden. Interventies hebben talloze verschijningsvormen, omdat ze gebonden zijn aan de personen van de therapeut en de cliënt, de wijze waarop beiden het medium ervaren en de interacties die dit oplevert. In hoofdstuk 3 wordt beschreven hoe de formulering van behandeldoelen tot stand kan komen.

4.4 Soorten interventies in beeldende therapie

De aard van interventies in beeldende therapie in Nederland is vooral experiëntieel ofwel vanuit de ervaring ontstaan. Er wordt gewerkt met de ervaring die ontstaat doordat materialen en technieken uitnodigen om gevoelens te beleven en vorm te geven. Met symbolen, zowel representatief als prerepresentatief, kan men datgene aangeven waar nog geen woorden voor zijn. In beeldende therapie wordt de helende werking van het non-verbale vormgeven therapeutisch ingezet. Internationaal wordt dit ook wel 'art as therapy' genoemd. Dat is een verschil met een manier van werken waarbij praten over het beeldend werk een onderdeel is van een behandeling. Dit noemen we 'art in therapy'. Veel hulpverleners maken wel eens gebruik van beeldend werk. Soms door middel van een opdracht, soms door mensen bijvoorbeeld een afbeelding te laten uitkiezen uit een stapel ansichtkaarten. Dit vormt dan aanleiding voor een gesprek over de problemen.
In dit hoofdstuk worden zowel non-verbale interventies als verbale interventies beschreven. Non-verbale interventies vinden plaats in de creatieftherapeutische driehoek. Deze driehoek wordt hier op een andere manier beschreven als in hoofdstuk 2. In dat hoofdstuk gaat het vooral om de beschrijving van de deelelementen: cliënt, therapeut en medium. In dit hoofdstuk komen vooral de zijden van de driehoek aan de orde; hier worden de wisselwerkingen tussen de drie elemen-

ten beschreven. Dit wordt achtereenvolgens beschreven in paragraaf 4.4.2 over afstemmen en paragraaf 4.4.3 over structureren van binnenuit en structureren van buitenaf. Verbale interventies worden in paragraaf 4.5 beschreven. In het ervaringsgerichte werken kan de inzet van taal op verschillende manieren ingezet worden.

4.4.1 DE CREATIEFTHERAPEUTISCHE DRIEHOEK

In beeldende therapie wordt de activiteit ingezet als interventie. Dat betekent dat niet alleen de therapeut sturend is, maar ook het materiaal, het onderwerp, eventuele andere cliënten waarmee wordt samengewerkt. In het dynamisch systeem van de creatieftherapeutische driehoek is zichtbaar gemaakt dat de beweegreden van de therapeut, de doelen en het soort interventie altijd plaatsvinden in deze creatieftherapeutische driehoeksrelatie, in een omgeving die daar invloed op heeft. Interventies vinden plaats op de zijden van de creatieftherapeutische driehoek. In theorie richten we de aandacht op een van de assen, maar in praktijk vinden op alle drie de assen tegelijkertijd interacties plaats. Op alle drie de assen kan doelgericht en methodisch gewerkt worden aan de problematiek ter bevordering van de behandeling.

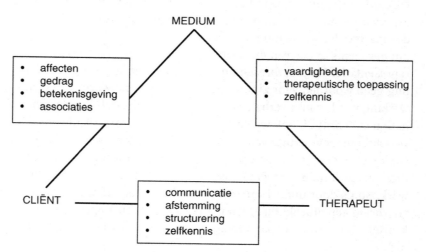

Afbeelding 4.1 De creatieftherapeutische driehoek.

De as medium-cliënt

De as 'medium-cliënt' wordt ook wel beschreven als de as activiteit-cliënt, of als de as beeldend werk-cliënt. Hier wordt van 'medium' gesproken, omdat het model niet expliciet voor beeldende therapie is ontwikkeld. In beeldende therapie denken we bij medium aan alle technieken, materialen, vormgevingsaspecten, waar de cliënt invloed op uitoefent en vice versa. Het medium roept allerlei affecten op bij de cliënt. Met interventies op deze as maakt de beeldend therapeut gebruik van deze eigenschappen van het medium. Zo kunnen harde materialen uitnodigen tot een stevige aanpak, of weerstand oproepen. Zachte materialen nodigen de één uit tot strelen, zachte gevoelens en de ander tot scheuren, verfrommelen. De appèlwaarden van materialen spelen een belangrijke rol bij de interacties op deze as. Het materiaal nodigt de cliënt non-verbaal uit tot het uiten van gevoelens en gedrag (zie ook hoofdstuk 2). Dit worden ook wel 'vitality affects' genoemd (Smeijsters, 2008). Hierbij wordt verondersteld dat er analogie bestaat tussen de uiting van gevoelens en gedragingen in het medium en in het dagelijks leven.

Persoonlijke belevingen krijgen in het medium de vorm van symbolen en metaforen. De ervaringen die opgedaan worden tijdens het proces van het uitvoeren van een activiteit in het medium, vormen een belangrijke bijdrage aan de behandeling. Het beeldend product kan houvast bieden tijdens het proces. Er wordt ergens naartoe gewerkt en er kan na afloop naar gekeken worden. Het beeld kan vastgehouden worden, gekoesterd of verguisd, bewaard als een herinnering aan een belangrijk inzicht, of in een enkel geval weggegooid worden, verbrand om af te rekenen met oude pijn.

De as beeldend therapeut-cliënt

De beeldend therapeut kan talloze interventies doen die door zijn attitude gecommuniceerd worden met de cliënt. Een therapeutische werkrelatie geeft aan dat het om een specifiek soort relatie gaat. Echtheid in het contact is een voorwaarde voor de behandeling. De beeldend therapeut kan zich geraakt voelen door de cliënt en andersom. Een empathische, betrokken houding van de therapeut is voorwaarde om goed aan te voelen hoe de cliënt in zijn vel zit, hoe de cliënt met zijn problemen omgaat. Tevens is de professionele betrokkenheid voorwaarde om vertrouwen te creëren om aan de problematiek te kunnen werken. Het geeft ook veiligheid als de therapeut een transparante houding heeft: de cliënt ziet dat de therapeut ook een mens is, met gevoelens. De cliënt blijft echter centraal staan in de behandeling en de transparantie staat ten dienste van de behandeling.

Bij verschillende doelgroepen zal de relatie een andere inhoud hebben. Er zijn cliënten met vroege ontwikkelingsstoornissen of andere psychiatrische ziekten die minder of niet in staat zijn tot een wederkerige relatie. De therapeut kan zich dan een 'ding' voelen. Dit wordt een instrumentele relatie genoemd. Het interessante van beeldende therapie is dat er een verschil kan zijn in de afstemming van de cliënt op beeldend werk en op de ander. In beeldend werk kunnen materialen, vormen en symbolen de cliënt uitnodigen tot een dialoog die zich ontwikkelt, terwijl de relatie cliënt-therapeut zich niet of nauwelijks verdiept. Cliënten met vroege ontwikkelingsstoornissen worden ook wel ik-zwakke cliënten genoemd. Dit vraagt om een therapeutische relatie die aansluit bij de mogelijkheden van de cliënt. De therapeut is een hulp-ik en staat naast de cliënt in plaats van tegenover hem. Een hulp-ik kijkt mee, beweegt mee en geeft houvast waar de cliënt dit verliest, geeft woorden waar de cliënt dit niet kan. De therapeut biedt een relatie waarin *holding* en *containment* een belangrijk onderdeel is. De therapeut bewaakt overzicht voor de cliënt, helpt om de ordening te vinden. Dit is een heel andersoortige relatie dan de wederkerige relatie die zich ontwikkelt en verdiept, die warm of koud kan zijn, een gevoelsinhoud heeft.

Communicatievormen die voor ons heel vanzelfsprekend zijn, kunnen heel anders geïnterpreteerd worden als een cliënt een andere cultuur of religie heeft. Om te grote miscommunicatie te voorkomen, moet de beeldend therapeut zich verdiepen in de beeldcultuur en relatie- en communicatiepatronen van andere religies en culturen.

Groepsinteractie

Wanneer het een individuele therapie betreft, spreken we over cliënt. In groepstherapie spelen onderlinge relaties tussen cliënten andere factoren een rol. Groepsleden kunnen therapeutisch effect hebben op elkaar. Wanneer de beeldend therapeut deze kracht bewust inzet in de beeldende werkvorm of bijvoorbeeld bij het bevorderen van feedback geven op elkaar, dan zet de beeldend therapeut de groep in bij zijn interventies.

Een individuele therapie vraagt een andere therapeutische houding dan een groepstherapie.

Een cliënt die veel moeite heeft om zich op zichzelf te concentreren, weinig innerlijke samenhang heeft, een hoog angstniveau en grote afleidbaarheid, zal meer gebaat zijn bij een individuele therapie. Dit is echter niet te generaliseren; per persoon zal er telkens afgewogen moeten worden waar de cliënt het meest baat bij heeft.

Binnen een groep kan er individueel gewerkt worden maar ook gericht op samenwerking. Een groep kan de cliënten helpen zich bewust te worden en anders leren omgaan met zich te concentreren op zichzelf, zich te laten zien in een groep.

Wanneer de groepsleden tegelijkertijd aan dezelfde beeldende activiteit werken, is er de mogelijkheid tot herkenning, steun, diepgang door van en met elkaar te leren. Het gezamenlijk werken aan een werkstuk biedt directe samenwerking, uitwisseling, actie-reactie. Geluiden, kleurgebruik, formaten, thematieken, innemen van ruimte, bewegingen, worden onderling beïnvloed (Rutten-Saris, 1990). Tijdens het beeldend werken in de groep ontstaan er patronen, doordat mensen (vaak onbewust) op elkaar afstemmen en reageren. Het beeldend werken is een andere manier van samenwerken dan in een gesprek en kan inzicht en ontwikkeling bevorderen.

De as beeldend therapeut-medium

Een deel van de taken van de therapeut is veiligheid bieden en een uitnodigende situatie creeëren, zodat de cliënt met het medium aan het werk kan. Dit begint bij de inrichting van het beeldendwerklokaal, de aanwezige materialen en gereedschappen, de wijze waarop deze opgeborgen en geordend zijn. De beeldend therapeut heeft een belangrijke invloed op de sfeer in het werklokaal. De activiteiten die aangeboden worden, zijn activiteiten die de beeldend therapeut kan hanteren. Je kunt niet om een persoonlijke aanpak heen. Iedere beeldend therapeut heeft eigen talenten, vaardigheden, voorkeuren en weerstanden wat betreft smaak, netheid, doelgerichtheid, ambachtelijkheid, kunstzinnigheid, speelsheid, humor. Deze eigenschappen stelt de beeldend therapeut ten dienste van de cliënt. Hierbij is het belangrijk dat de therapeut eigen voorkeuren en weerstanden herkent en eventueel opzij kan zetten, wanneer dit voor een cliënt van belang is.

Een beeldend therapeut kan soms veel zin hebben om in het medium te werken, net als de cliënten. Het kan lekker zijn, anders is het maar stil en je kunt moeilijk de hele tijd de cliënt op de vingers kijken. In zulke gevallen is het erg belangrijk dat de therapeut bij zichzelf nagaat waarom hij het nodig heeft om beeldend te werken en zich afvraagt wat voor invloed het op de cliënt heeft. Cliënten kunnen er onzeker van worden als de therapeut aan het werk is, want die kan het écht. Het kan dus belemmerend werken en dan ben je nog verder van huis. De manier van werken bij EBL (Rutten-Saris, 1990) is gebaseerd op meebewegen in het medium als therapeut. Eerst afstemmen, invoelen wat de cliënt gewaar is en vanuit dit contact de volgende stappen in de vormgeving ontwikkelen. Ook de methode beeldcommunicatie (Hellendoorn, 1985) is gebaseerd op meespelen. De therapeut stemt af op het spel van de cliënt om in te voelen, te communiceren in en over de beelden die ontstaan. Veel beeldend therapeuten zijn niet zelf aan het beeldend werk, maar meer faciliterend aanwezig. Afwegingen om wel of niet mee te doen met beeldend werk hebben te maken met voorkeuren van de therapeut en mogelijkheden van de cliënt.

Wanneer een cliënt onzeker is over eigen kunnen en behoefte heeft aan een voorbeeld, zou het kunnen zijn dat de beeldend therapeut daar een hekel aan heeft. Toch kan het voor de behandeling van een cliënt van belang zijn om naar voorbeeld te werken. Wanneer de beeldend therapeut vanuit eigen (tegen)overdrachtsgevoelens zou reageren, zou dit de behandeling van deze cliënt kunnen belemmeren.

4.4.2 AFSTEMMEN

Om een cliënt te kunnen helpen, zal men hem eerst moeten leren kennen, zowel zijn verbale en non-verbale gedrag als zijn uitingen in het medium. De contactvorm waarvan de meeste mensen zich bewust zijn is taal. We zijn er zo aan gewend om met taal onze behoeften en strevingen uit te drukken dat we de ervaring met en de kennis van het zich uitdrukken via het lichaam zijn kwijtgeraakt. We kunnen woorden geven aan datgene wat we in een ontmoeting ervaren. Het lichaam is een belangrijk instrument waarmee contact kan worden gelegd. Door een open lichaamshouding kunnen we laten zien: 'Fijn dat ik je nu zie!' In beeldende therapie is het lichaam onontbeerlijk. Door te bewegen maken we vormen, door een beweging te zetten met een potlood ontstaat een vorm, gaan we tekenen. Een lijn is een neerslag van een beweging waaruit we lezen hoe de beweging was: vloeiend, met vaart, houterig of aarzelend. Door als therapeut met een cliënt mee te bewegen, kunnen we voelen hoe de beweging gezet wordt, door te spiegelen ervaren we contact. Vanuit de ervaring van meebewegen in gebaren, met het materiaal als woorden, worden we gewaar. Dit is een andere vorm van contact dan iets denken en erover praten, dit is een weten via het ervaren (Rutten-Saris, 1990). Door op deze manier af te stemmen, mee te gaan in de beleving en de beweging van de vormgever, kan de waarnemer tot een beter begrip van het vormgeven van de maker komen. Daarmee overschrijdt de therapeut tevens de grens van het redelijke en komt mét zichzelf terecht in het gebied van de verbeelding, de emotie, het gevoel, de daaruit voortvloeiende strevingen. De beeldend therapeut kan bewust de keuze maken om mee te bewegen, om in te voelen, af te stemmen op het beeldend werk. Het kan ook gebeuren dat we meebewogen worden. Het meebewogen zijn, vormt zich zomaar. We komen spontaan in elkaars ritme. Dit is bijvoorbeeld zichtbaar in de houding van twee mensen die met elkaar zitten te praten: als er één tijdens het gesprek de armen over elkaar slaat, doet de ander dat meestal ook. Iemand neuriet een liedje, een ander zingt het even later ook. In een klaslokaal waar een groep mensen beeldend aan het werken is, beïnvloeden ze elkaar. Hierbij spelen allerlei groepsdynamische aspecten een rol, ook non-verbaal. In de afstemming tussen cliënt en therapeut is het altijd belangrijk om de balans te bewaren tussen betrokkenheid en professionele distantie. Enerzijds zal de hulpverlener zich werkelijk moeten verdiepen in de cliënt, om kwalitatief goede hulp te kunnen verlenen. De beeldend therapeut is een professional, maar ook soms een beetje moeder, redder, vriend of speelmakker. Deze rollen zijn een middel voor de hulpverlening en mogen geen doel op zich zijn voor het houvast van de therapeut.

De afstemming van de cliënt in het medium is als een non-verbale dialoog: de uiting wordt weergegeven in een vorm, vlek, lijn, beweging, voorstelling. Dit beeld roept een reactie op bij de vormgever enzovoort. Het komt voor dat cliënten die sterk cognitief ingesteld zijn, hun idee proberen 'af te dwingen' van het materiaal, wat vaak veel frustratie oplevert. Bijvoorbeeld: een cliënt wil een lijkende tekening van een landschap maken in houtskool en bij elke lijn die hij zet, roept hij: 'Mislukt!' Een sterk gevoelsmatig levend persoon kan zich in het uiterste geval helemaal verliezen in materiaalervaringen en in een overspoelende chaos belanden. Bijvoorbeeld: een cliënt vindt de vingerverf zo heerlijk voelen dat hij alleen maar aan het voelen is, nadat hij een kwartier helemaal opgegaan is in voelen en uitsmeren van de verf, zijn de oorspronkelijke kleuren gemengd tot egaal bruin. Er volgt teleurstelling over de poepkleur van het resultaat. De meer cognitief ingestelde, 'denkerige' persoon, zal eerder vanuit ideeën en gedachten afstemmen op het materiaal en een ander, meer ervaringsgericht persoon zal zich eerder later leiden door de handelingen en de gevoelservaringen die materialen oproepen (zie hoofdstuk 2: de driehoek denken-voelen-handelen). De wijze waarop een persoon contact maakt, afstemt, vertelt veel over de balans in denken-voelen-handelen.

4.4.3 STRUCTUUR ONTWIKKELEN VAN BINNENUIT EN STRUCTUUR AANBRENGEN VAN BUITENAF

Wanneer iemand in therapie komt, is hij in de war, hij komt zelf niet meer uit een of meer problemen. Als beeldend therapeut willen we zo iemand graag helpen en het is de kunst om uit te vinden waar diegene mee geholpen is. In de casus aan het begin van dit hoofdstuk doet de therapeut even wat voor zichzelf. Het 'negeren' van de cliënt blijkt een paradoxale manier om de cliënt in beweging te krijgen.

De beeldend therapeut kan tot op zekere hoogte een cliënt beter maken. Dat heeft altijd te maken met de aard van de problematiek en vooral met het gegeven dat iemand zélf moet willen veranderen. De beeldend therapeut schept de voorwaarden voor de cliënt om deze te helpen. De therapeut kan materialen, technieken en werkvormen aanbieden die de cliënt uitnodigen om vorm te geven aan datgene wat problematisch is.

Het aanbieden van werkvormen is het aanbieden van structuur van buitenaf. Ook een aantal voorspelbare factoren, zoals de werkruimte, een vaste beeldend therapeut en een vaststaand tijdstip van de therapie vormen structuur van buitenaf. Technische instructies, complimenten, voorbeeldgedrag, herkenning in de groep, plaatjes in een boek, het materiaal en tal van dergelijke vaststaande gegevens vormen structuur van buitenaf in de beeldendetherapiesituatie. Tevens spreken we van structuur aanbrengen van buitenaf wanneer interventies gericht zijn op aanpassing van gedrag aan de eisen van het dagelijks leven. Dit zijn vaak normatieve aanwijzingen, zoals sociale omgangsvormen, rekening houden met anderen, hulp vragen, zorgzaam met je beeldend werk omgaan (Schweizer & Visser, 2006). Dergelijke interventies zijn vooral (ped)agogisch of trainingachtig.

Wanneer interventies losstaan van de normatieve en functionele eisen van het dagelijks leven en gericht zijn op het uiten, verwerken, doorwerken en anders leren omgaan met de problematiek, dan is er sprake van structuur ontwikkelen van binnenuit. De beeldend therapeut is erop gericht om de cliënt te helpen in contact te komen met datgene wat zich diep vanbinnen afspeelt. De beeldend therapeut herkent hierbij de voorkeuren en weerstanden in de vormgeving van de cliënt en schept de voorwaarden (structuur van buitenaf), opdat de cliënt stappen kan zetten (structuur van binnenuit) om verder te komen met de problematiek.

Ik-sterke cliënten met goed zelfinzicht, zullen zelfstandiger kunnen werken en zijn vaak makkelijker in staat om zelf de structuur van binnenuit te ontwikkelen. De beeldend therapeut structureert de situatie zodanig dat de cliënt deze zo zelfstandig mogelijk kan benutten. Ik-zwakke cliënten hebben vaak meer moeite om grip te krijgen op de innerlijke chaos of ervaren de omgeving als een chaos. De beeldend therapeut zal dan vormen moeten vinden om de situatie zodanig te structureren dat de cliënt grip kan krijgen op het vormgevingsproces (Schweizer, 1997).

Er zijn beeldend therapeuten die werken met een beperkt aantal materialen: papier, verf, krijt, klei, schaar, lijm, collagemateriaal. Deze therapeuten gaan sterk uit van het reflectief en zelfstructurerend vermogen van de cliënten. Structuur zal vooral geboden worden door werken met inhoudelijke symboliek- en attitudeaspecten. Er zijn ook beeldend therapeuten die met een ruim aanbod aan materialen en technieken werken. Zij bieden met een diversiteit aan materialen een uitgebreid scala aan ervaringsmogelijkheden. De materialen bieden structuur door middel van de ervaringsmogelijkheden die deze met zich meebrengen.

Het vermogen om structuur te ervaren en om zelf structuur aan te brengen hangt nauw samen met de vaardigheden waarmee een individu zich heeft ontwikkeld. In de vroege ontwikkeling van de mens ontstaan al de eerste beeldende vermogens: het vermogen om materialen aan te raken (tast) en beelden te herkennen (zien). Dit lijfelijk voelen en zien is een belangrijk onderdeel van de ontwikkeling van objectconstantie, basisveiligheid, het gevoel van 'zijn'. Het verwoorden van wat men voelt en ziet leidt tot een volgende stap in de ontwikkeling.

Kennis van ontwikkelingspsychologie, ontwikkelingsfasen en psychopathologie geven de beeldend therapeut onmisbaar inzicht in de mogelijkheden en beperkingen van een cliënt. De manier waarop een cliënt vormgeeft laat sterke en zwakke kanten zien van de ontwikkeling; de cognitieve ontwikkeling en de sociaalemotionele ontwikkeling, de ontwikkeling van het denken, voelen en handelen en de integratie hiervan. Zo wil 'het kennen van woorden' niet altijd zeggen dat integratie van denken, voelen en handelen voldoende heeft plaatsgevonden. Bijvoorbeeld bij mensen met het syndroom van Asperger; vaak zijn degenen die deze aanleg hebben verbaal sterk ontwikkeld, maar ze kunnen moeilijk contact maken vanuit hun gevoelsleven. Taal kan houvast bieden en ook een vorm van zelfbescherming zijn of een vorm van afweergedrag.

In sommige beeldendtherapeutische behandelmethoden wordt expliciet gebruikgemaakt van psychodynamische theorieën. Deze theorieën worden ingezet om vormgeving te kunnen begrijpen en om er interventies op te baseren. Zo is de creatiefprocestheorie gebaseerd op de ontwikkelingspsychologie volgens Erik Erikson. Er worden parallellen gelegd tussen de ontwikkelingsfasen van de mens en behoeften om bepaalde ervaringen te beleven (appèlwaarden). De kunstanaloge stroming werkt met de symbooltheorie van Carl Jung. Er wordt uitgegaan van vaststaande betekenissen van symbolen en van de schaduwkant en de lichtkant van de mens. In het analoge procesmodel wordt de theorie van Daniël Stern gebruikt om de vitality-affects te verklaren, het vermogen om geraakt te worden en in beweging te komen. Marijke Rutten-Saris heeft haar methode 'emerging body language' (EBL) en het diagnostisch instrument, de RS-index, gebaseerd op de theorie van Daniël Stern. Zij beschrijft de ontwikkeling van grafische beeldelementen aan de hand van de vroege ontwikkeling van bewegingsvaardigheden. Haar theorie over de sensomotorische ontwikkeling beschrijft hoe het methodisch handelen van de beeldend therapeut de ontwikkeling van de cliënt kan bevorderen. In hoofdstuk 5 en op de dvd wordt hier uitgebreider op ingegaan.

4.5 Praten in beeldende therapie

Beeldende therapie is een non-verbale therapie waarbij de 'zeggingskracht' schuilt in het doen en ervaren. Het functioneel en effectief inzetten van taal in beeldende therapie hangt samen met het besef dat beeldende therapie naast praten ook andere manieren biedt om te communiceren, om contact te maken. Praten speelt wel een rol tijdens beeldende therapie. Stel je eens voor hoe het zou zijn als een zitting zónder praten zou verlopen. Wanneer men het eens probeert, wordt men zich zowel bewuster van mogelijkheden om non-verbaal informatie over te brengen als van datgene wat wél gezegd moet worden.

4.5.1 TAAL IN BEELDENDE THERAPIE

Taal structureert, taal maakt duidelijk. Taal ordent de situatie. Taal is abstract en het taalgebied in de hersenen huist in een ander gebied dan beeld (zie ook hoofdstuk 1).

Taal is te gebruiken zonder dat het onderwerp waar de taal betrekking op heeft, zichtbaar of aanraakbaar is. De meerwaarde van beeldende therapie schuilt voor een groot deel in dit gegeven. Ervaringen waar (nog) geen woorden voor zijn of waar juist te gemakkelijk over gesproken wordt, kunnen vaak wel zichtbaar worden in beeldend handelen of in symboliek. Waar over het gevoel heen gestapt wordt, kan in beeldend werken de tijd genomen worden om stil te staan bij de beleving. In beelden kan vaak meer in korte tijd gezegd worden dan met uren praten.

Taal is het bewuste resultaat van innerlijke denkprocessen, aan taal gaat altijd denken vooraf. Hugo Claus beschreef het als: 'Woorden zijn de kleren van gedachten'. Maar dat is net zo goed van beelden te zeggen. Claus was een schrijver én dichter en gedichten zijn tenslotte een vorm van beeldtaal.

Taal bestaat uit afspraken van mensen met elkaar over hoe we iets noemen. Als je het woord 'tafel' vaak genoeg zegt, wordt het een merkwaardig woord. Doordat we onderlinge afspraken hebben gemaakt, kunnen we betekenis geven aan het woord tafel. Nu is tafel een concreet ding, hij kan van plastic zijn of van hout, bruin zijn of wit. We hebben allemaal een algemeen beeld van een tafel, waarschijnlijk is het een ding met vier poten en met een vlak stuk. Voordat het woord tafel uitgesproken kan worden zonder een tafel te zien, wordt er een aantal stappen gezet in de ontwikkeling van het verbinden van klanken en ritmes aan een sensatie, gewaar zijn van gevoelens en ervaringen, naar het symbool, naar taal. Voor de beeldend therapeut is het belangrijk om deze ontwikkelingslijn te (her)kennen. Woorden zijn lege betekenissen als ze geen verband hebben met fysieke sensaties, beleving van beelden en beleving van emoties. Zo is er verschil tussen praten óver het beeldend werk ('een praatje bij een plaatje') of praten vanuit de ervaring mét het beeldend werk.

4.5.2 ONTWIKKELINGSLIJN
Klank en ritme in een structuur
De fysieke kwaliteit van het spreken speelt een rol in de interactie. De verbinding tussen lichamelijke inzet en taal komt tot uiting in klank en ritme. Op deze manier bezien is taal een structuur waarin klank en ritme vorm krijgen.
Sensorische waarneming vindt plaats door aanraking/zien/horen, voordat zich een gevoel heeft gevormd. Smeijsters beschrijft dit als 'vitality affects' (2008). Rutten-Saris beschrijft dit als uitstraling (2002). Deze waarneming vindt plaats voordat er zich een woord heeft gevormd. De uitstraling van de klank en het ritme komt gewoonlijk overeen met de uitstraling van materiaal, manier van aanraken, bewegen en vormgeven. Wanneer dit niet vanzelf gaat in beeldende therapie, dus wanneer er geen geïntegreerde ervaring plaatsvindt in een gezamenlijk ritme, met ritmische pauzes, maar er bijvoorbeeld verstijving of schokjes optreden, dan kan er onderzocht worden of deze ervaringen alsnog in beeldende therapie opgedaan kunnen worden. Vandaar dat herhaling belangrijk is om nieuwe ervaringen te integreren.
Betekenis wordt ervaren voordat het taalbegrip er is. Je 'weet' direct, zonder dat je er een woord voor hebt. Iedereen toont fysiek welke ervaring fijn of niet fijn is, door in elkaar te krimpen of in beweging te komen, te ontspannen, te genieten. De structuur die ontstaat, is dat bepaalde sensaties steeds vaker samengaan met bepaalde klanken en zo betekenis krijgen.

Gewaar zijn
Na de fase van het overkómen van ervaringen worden bepaalde ritmes en sensaties bekend en vertrouwd als sensorische ervaringen: klanken, volgorde, ritmes, beelden. Deze worden steeds meer uit zichzelf actief herhaald. Bij het voelen van een object, kan de combinatie met woorden een sensorische of emotionele betekenis geven en sensori-

sche of emotionele herinneringen oproepen. De emotionele betekenis is er direct en volgt meestal op de sensorische ervaringen. Deze betekenissen roepen actie op. Fijne ervaringen nodigen uit tot herhaling, nare gevoelens leiden tot terugtrekken.

Als de ontwikkeling tot taal heeft plaatsgevonden, maar als je moe bent of de integratie is disharmonisch verlopen door oorzaken van binnenuit of buitenaf, dan kan dit bijvoorbeeld leiden tot ervaringen als:
- je bent je vaag een betekenis gewaar, maar kunt het woord erbij niet pakken;
- een woord komt zomaar in je op, terwijl je bezig was met iets anders;
- beelden raken je niet echt, je ziet ze wel vaag, je hebt woorden in je hoofd;
- woorden zijn lege betekenissen die geen verband hebben met de beleving van beelden.

Verbindingen ervaren
Er is verbinding met stemgeluiden vanuit de beeldende activiteit. Al doende wordt benoemd vanuit de bezigheid: 'kraskraskras doet het krijtje' 'Hoeiii hoeiii met lange halen schiet het water uit de brandweerslang ssssssssshet water dooft het vuurrrr'. Er ontstaan steeds nieuwe combinaties van ervaringen die nieuwe gehelen vormen. Er kan een steeds grotere mate van abstractie ontstaan. Er ontstaan vormen en er ontstaan persoonlijke betekenissen. Er worden verbanden ervaren tussen de ervaringen en het woorden geven aan.

Geheel ervaren
Betekenissen worden verbonden aan de eigen ervaringen en die van anderen en er worden eigen betekenissen gegeven en eigen keuzes gemaakt.
Doordat de beeldend therapeut benoemt wat hij ziet in het werk van de cliënt, krijgt de cliënt voorbeelden aangereikt om dit proces te ondersteunen.

Benoemen en praten óver
Als bovenstaande vaardigheden beschikbaar zijn, kan er inzichtgevend beeldend gewerkt worden. Praten óver gedrag of beeld, overleggen over behandeldoelen, evalueren, praten over problemen of over heel andere dingen.

4.5.3 COMMUNICATIEVORMEN MET TAAL

Inhoudsniveau en betrekkingsniveau

Taal heeft verschillende lagen; eenzelfde zin kan verschillende boodschappen bevatten. Hóe iets gezegd wordt is minstens zo belangrijk als wát er gezegd wordt. Dit wordt betrekkingsniveau en inhoudsniveau genoemd (Watzlawick, 1977). Wanneer communicatie slechts op één niveau zou worden bekeken zou er veel informatie verloren gaan.

Wanneer iemand tv zit te kijken en naar zijn partner in de keuken roept: 'Lieverd, kookt de melk niet over?' is de betekenis op inhoudsniveau helder: de man maakt zich zorgen over de overkokende melk. Op betrekkingsniveau zou de betekenis kunnen zijn: 'Schiet eens op met de koffie'. Inhoudsniveau zegt dus iets over de letterlijke inhoud van de taal, betrekkingsniveau zegt iets over hoe de inhoud moet worden opgevat. Soms is het inhoudsniveau van een boodschap tegenstrijdig met het betrekkingsniveau. Een cliënt heeft bijvoorbeeld een tekening gemaakt en zit nors voor zich uit te staren. De therapeut vraagt: 'Hoe vond je het om de tekening te maken?' De cliënt antwoordt: 'Leuk.' In dat geval kan de therapeut opmerken dat de inhoud en de betrekking niet op elkaar aansluiten. Voor een therapeut is het belangrijk om beide boodschappen te herkennen. Hoe vervolgens de interventie wordt naar aanleiding van de tegenstrijdige boodschappen, hangt af van vele factoren. De therapeut schat in waarom de cliënt deze tegenstrijdigheid nodig heeft. De tegenstrijdigheid geeft aan dat er een weerstand, onveiligheid of onvermogen bij de cliënt speelt. Afhankelijk van de inschatting van de therapeut wordt een volgende stap gezet.

Taal helpt de therapeut om transparant te zijn en zo bij te dragen aan een veilige situatie: 'Als ik het vervelend vind dat je zoveel verf gebruikt zal ik het je laten weten, maar nu vind ik het geen probleem.'

Congruentie lichaamstaal en gesproken taal

Houding en taal zijn gewoonlijk onlosmakelijk verbonden en ondersteunen het mediumproces. De beeldend therapeut heeft de zintuigen op scherp staan. Kijken wordt zien, horen wordt luisteren. Hij staat voortdurend open voor de eigenheid van de cliënt met grote ontvankelijkheid en vertrouwen op intuïtie. Met de zintuigen en het gevoel op scherp is de beeldend therapeut bezig om de beste manier van beeldendtherapeutisch bezig zijn in praktijk te brengen. De beeldend therapeut maakt gebruik van taal én lichaamstaal om communicatie en doelgerichte ontwikkelingen in de behandeling tot stand te brengen.

Wanneer de houding van de beeldend therapeut, zijn lichaamstaal, in tegenspraak is met wat hij zegt, is er sprake van incongruentie en dat kost vertrouwen, geloofwaardigheid. Als een therapeut bijvoorbeeld zegt dat hij blij is met de komst van de cliënt en hij laat met zijn gesloten lichaamshouding angst en spanning zien, dan zal een cliënt zich niet gemakkelijker gaan voelen. In vergelijkbare situaties kunnen kleine conflictsituaties ontstaan. Wanneer de conflictsituaties op een transparante manier worden aangepakt, kan dit leiden tot verdieping van de relatie.

Voor de beeldend therapeut wordt de situatie interessant als de houding van de cliënt niet overeenkomt met wat deze zegt in woord of beeld. Deze incongruentie biedt aanknopingspunten voor vervolginterventies in de behandeling.

4.5.4 STRUCTUREREN MET TAAL

Klank en ritme in taal geven een eerste structuur en helpen om de ander te begrijpen, zodat de boodschap overkomt. De klank en het ritme in taal zijn verbonden met de *vitality affects* in het medium (Smeijsters, 2008). Een korte scherpe boodschap maakt alert, een zachte vriendelijke klank voelt heel anders aan. Bij ronde bewegingen van verfkwasten die glijden over het papier past een ander ritme en andere klanken dan bij het tekenen van korte grassprieten met oliepastelkrijt op een houten paneeltje.

De structurerende werking van taal draagt bij aan veiligheid, zowel voor de therapeut als voor de cliënt. Een bepaalde manier van verwoorden kan de cliënt helpen om zich gesteund en begrepen te voelen. Het stellen van 'gewoonte-vragen' biedt houvast: 'wil je iets drinken voordat we aan het werk gaan?', 'Hoe was je week?' 'Op welke stoel wil je zitten?'

Het gezamenlijk maken van een plan waarbij ruimte is voor de cliënt om grip te krijgen op de activiteit, het anticiperen op de resterende tijd, afspraken maken voor een volgende keer en hierop terugkomen, zijn vormen van structureren met taal.

Geruststellen of ik-steun, verwoorden van wat de cliënt doet kan structuur, houvast en veiligheid bieden. Bijvoorbeeld bij de afronding van een zitting bij een cliënt de moeite heeft met de afronding: 'Volgende keer werken we verder aan dit werkstuk, ik zal het goed voor je bewaren'. Taal kan cliënten met weinig zelf-gevoel helpen om een *theory of mind* te ontwikkelen: de cliënt gaat zijn eigen handelen herkennen, grip krijgen op zichzelf, ordenen, door de woorden die de therapeut er aan geeft.

Taal helpt om emoties te reguleren, bijvoorbeeld om ergens de lading af te halen, het 'denken dat je de enige bent', de schaamte. De therapeut kan bijvoorbeeld generaliseren: 'sommige kinderen denken dat ze de enige zijn die...' Om boosheid te leren accepteren kan er uitleg gegeven worden over de kracht van boosheid die een levenskracht kan zijn, maar ook destructief enzovoort. Taal helpt om positieve beleving groter te maken: 'Ik vind het dapper van je...', 'Wat heb je dat zorgvuldig gemaakt.'

Wanneer de cliënt niet veel weet te vertellen over het beeldend werk, dan kan de therapeut houvast geven door gerichte vragen te stellen: 'Hoe voelt de verf aan op het papier, stroef of gladjes?' 'Welke beweging gaat het prettigst, de kleine of de wat grotere?' 'Welke kant van het kleiwerkstuk vind je het interessants, de voorkant of misschien de zijkant?'

Afstemming van taalgebruik

Afstemmen lijkt zo vanzelfsprekend, maar hoe doe je dat nu als therapeut? Het is belangrijk om hetzelfde energieniveau over te nemen van de cliënt; je neemt ongeveer dezelfde houding aan en je neemt de soort taal van de cliënt over. Als de cliënt langzaam praat, ga je even ook vertragen. Als een cliënt bedachtzaam is en moeilijk kan kiezen, wacht je rustig en neem je tijd voor het antwoord.

Een grote valkuil is te denken dat de cliënt zich wel op jou afstemt, dus dat je door sneller te gaan praten de cliënt ook tot actie kan brengen. Het zou kunnen, maar de cliënt kan zich ook overdonderd voelen en nog meer in zijn schulp kruipen.

Door steun en empathie motiveer je de cliënt, niet door stiltes op te vullen met prietpraat. Een stilte kan heel nuttig zijn. Het kan ongemakkelijk zijn voor de therapeut om stilte te verdragen. Een therapeut kan het juiste antwoord niet altijd direct weten. Het samen niet-weten kan juist heel therapeutisch werken. Het vraagt lef om samen in het niet-weten te gaan zitten. De therapeut is niet de redder van de cliënt. Door af te stemmen maak je contact en contact is van essentieel belang. De therapeut is empathisch wanneer nodig, maar moet ook scherp en sturend zijn als de situatie dit vraagt.

Waarom zou een cliënt je vertrouwen als therapeut? Waarom zou hij je iets vertellen? Door als therapeut empathie te tonen, af te stemmen en pauzes te houden krijgt de cliënt het gevoel gezien te worden. Contact is de matras onder elke interventie die een therapeut doet. Als er contact is, kan de therapeut zich een niet-passende interventie permitteren, de interventie valt niet kapot, hij wordt opgevangen op de matras. Als er geen matras ligt, valt de interventie kapot en is de interventie 'schadelijk' voor het proces.

Praten en het doel van de werkvorm

Praten heeft ook als functie om uit te leggen wat de opdracht en het doel voor de sessie is. Sommige materialen en technieken vragen om instructie. In dit soort uitleg is het belangrijk dat de taal efficiënt, helder en duidelijk wordt ingezet.

Het volgen van de instructie van de therapeut is geen garantie voor een 'eigen' volgende stap in de behandeling. En het doel van de werkvorm hoeft niet altijd van tevoren uitgelegd te worden, bijvoorbeeld wanneer het belangrijk is om eerst een ervaring op te doen zonder precies te 'weten' hoezo en waarom. Bij een nabespreking kun je als therapeut toelichten waarom je voor een bepaalde werkvorm hebt gekozen, mocht het dan al niet duidelijk zijn geworden vanuit de ervaring (Haeyen, 2007).

Onderhandelen

Onderhandeling is een vast gegeven in contact. Een cliënt heeft redenen om iets niet te willen. De therapeut luistert, observeert en probeert erachter te komen wat de functie van de weerstand bij de cliënt is. Geeft het een onvermogen aan, een onveiligheid of is het weerstand om geraakt te worden door de werkelijke problematiek? Op basis van een inschatting hiervan sluit de therapeut aan met een volgende interventie. Bijvoorbeeld het aannemen van een andere houding, het geven van een voorbeeld, het aanbieden van alternatieve materialen of technieken. Hierbij wordt het doel van de behandeling niet uit het oog verloren.

In het voorbeeld aan het begin van paragraaf 4.2 vinden de onderhandelingen niet plaats door te praten, maar in het doen. Therapeut en cliënt hebben onderhandeld over de activiteit. Door naar de cliënt te kijken en te luisteren en haar serieus te nemen heeft de therapeut de cliënt erkenning gegeven.

Complimenten geven

Complimenten zijn onmisbaar in therapie. Een compliment van de therapeut over een moedige of moeilijke kleine stap in het vormgevingsproces of gedrag, heeft zin als het bijdraagt aan een gevoel van erkenning en ondersteuning van de cliënt.

Er kan een positieve sfeer ontstaan door een cliënt positief te bekrachtigen. Dat betekent niet dat er kost wat kost, complimentjes moeten worden verzonnen. Door goed te observeren is er altijd iets te vinden waar beweging is, groeizaam contact gemaakt wordt van binnenuit. Het geven van aandacht daaraan geeft de cliënt mogelijkheden tot groei en verandering. De cliënt confronteren met het feit dat hij vastzit of in de weerstand, kan angst en weerstand verhogen en biedt weinig mogelijkheden om te zien wat de cliënt wel heeft gedaan. Misschien heeft hij wel aandachtig zitten luisteren. Door te kijken wat wel lukt en wel is gedaan biedt de therapeut zichzelf en de cliënt perspectief om door te gaan.

4.5.5 VERBALE COMMUNICATIE EN DE VERSCHILLENDE WERKWIJZEN

Er zijn veel soorten van talige interventies; ondersteunen en structureren met taal, confronteren in taal. In het volgende gedeelte worden de interventies die je met taal kunt doen, uitgewerkt in de verschillende werkwijzen. Hierbij is gekozen voor de beschrijving zoals de NVBT deze gebruikt in de producttyperingen. Deze verschillen enigszins van de werkwijzen zoals Smeijsters ze heeft beschreven (Smeijsters, 2008), maar de begrippen worden in de ggz door meerdere disciplines gehanteerd.

> **Taal binnen de verschillende werkwijzen**
> Mevrouw Jansen, 45 jaar oud, gehuwd, twee kinderen van 21 en 23 jaar die allebei zelfstandig wonen. Huwelijk is redelijk, echtgenoot heeft drukke baan als chauffeur en is veel van huis. Mevrouw is opgenomen met depressieve klachten, ze voelt zich nutteloos.

Observatie
Tijdens de observatie worden informatie en indrukken verzameld om een zo helder mogelijk beeld van de cliënt te krijgen. De taal van de therapeut is informerend, stimulerend en explorerend. De therapeut onderzoekt wat de mogelijkheden en beperkingen van de cliënt zijn, niet alleen in het beeldend medium maar ook in de beleving en houding van de ciënt ten opzichte van het beeldend werk.
In de casus van mevrouw Jansen betekent dit dat de therapeut vraagt naar de reden van opname en wat voor last de mevrouw van haar probleem heeft, hoe ze haar probleem tegenkomt en hoe ze eraan zou willen werken. De therapeut voert beeldende en andere interventies uit om te onderzoeken hoe zij hierop reageert.

Steunende werkwijze
De steunende werkwijze is gericht op het creëren van ontspanning, overzicht, veiligheid. Er worden beeldendtherapeutische technieken

ingezet om de cliënt een positieve ervaring te bieden, tot rust te brengen, om hem enige afstand te laten nemen ten opzichte van zijn klachten.

In de casus betekent taal in therapie dat mevrouw hartelijk ontvangen wordt, ze wordt op haar gemak gesteld, ze krijgt een laagdrempelige opdracht. De therapeut is enthousiasmerend, bemoedigt de cliënte bij het kiezen van de kleuren.

Een nabespreking zou er als volgt uit kunnen zien.

> T: Ik zie dat u klaar bent, hoe vond u het om zo te kleuren?
> M: Moeilijk, al die vakjes en die lijntjes.
> T: Ja, het is een pietepeuterig werkje. U hebt het goed volgehouden en doorgezet.
> M: Ja, dat wel.
> T: Hoe vindt u het resultaat?
> M: Het geeft wel een leuk effect, al die vakjes.
> T: Ja, dat vind ik ook, welke combinaties van kleuren spreken u het meest aan?
> M: Goh, dat is moeilijk... Misschien wel het rood naast het blauw.
> T: Ja, dat geeft wat extra pit aan het geheel, he?

Pragmatisch structurerende werkwijze

De pragmatisch structurerende werkwijze is gericht op herstel van het evenwicht en het beperken van de invaliderende gevolgen van de stoornis. Binnen deze therapie wordt een veelheid aan technieken gehanteerd en wordt aangesloten op de beperkte mogelijkheid van de cliënt. Pragmatisch betekent leerzaam, didactisch. In de casus van mevrouw Jansen zou dat kunnen betekenen dat de cliënt en de therapeut samen de opdracht gaan doen, de taal wordt dan structurerend en motiverend ingezet.

In de praktijk kan dit er als volgt uitzien.

> T: Kijk, ik heb twee mandala's klaargelegd. Doordat de cirkel is ingetekend met verschillende vakken, geven de kleuren straks een mooi resultaat.
> M: Ik denk niet dat ik dit kan.
> T: Wilt u het samen met mij proberen?

> M: Nou, als het moet, het heeft niet zoveel zin, ik word er toch niet beter van.
> T: Nee, beter wordt u er niet van, maar het kan een begin zijn... Welke mandala kiest u?
> M: Deze dan maar.
> T: Prima, dan komen we nu bij het volgende probleem, de kleuren. Ik heb hier wat kleurtjes neergelegd. Met welke kleur wilt u beginnen?
> M: Dat maakt niet uit, kies jij maar.
> T: Ik twijfel ook... Rood vind ik erg mooi, maar deze donkergroene ook.
> M: Dan neem ik wel de donkergroene.
> T: Fijn, zal ik dan de rode kleur nemen? Waar zullen we beginnen, in het midden of aan de buitenkant?

Directief-klachtgerichte werkwijze

De directief-klachtgerichte werkwijze is gericht op directe klachtenreductie. De therapie is oefengericht en stapsgewijs opgebouwd.
In de beeldende therapie betekent dit dat de taal gericht is op de klacht, de cliënt wordt direct aangesproken op verantwoordelijkheid voor het doen en laten. Er wordt gewerkt met doelen die aan de klacht gekoppeld zijn en het doel wordt steeds benoemd.
Een therapiesessie zou als volgt kunnen gaan.

> T: Hoe voelt u zich vandaag?
> M: Gaat wel, ongeveer hetzelfde als vorige week.
> T: Oké. Ik had bedacht om verder te gaan met het thema van vorige week? Is dat akkoord?
> M: Wat deden we vorige week ook alweer?
> T: Daar kunt u de tekeningen zien.
> M: Oh ja, ik was mijn emoties aan het uitbeelden.
> T: Kunt u daarmee verder?
> M: *Cliënt gaat aan het werk.* Zo, ik ben klaar.
> T: Fijn, zullen we ernaar kijken? Ik hang de tekening even op de muur. Het doel van de opdracht was om meer vat op uw emoties te krijgen, de eerste stap daarvoor was het in beeld krijgen van uw emoties, hoe was dat voor u om te gaan doen?

> M: Moeilijk, ik heb daar nooit zo bij stilgestaan.
> T: Hoe is het om naar de tekening te kijken?
> M: Ik wist niet dat ik zoveel emoties had, meestal voel ik me alleen maar grijs, maar door er zo bij stil te staan, voelde ik ook hele andere dingen.
> T: Kunt u die andere dingen aanwijzen?

Focaal-inzichtgevende werkwijze

Het doel van de focaal-inzichtgevende werkwijze is inzicht verwerven, verwerken van en/of leren omgaan met een specifiek (beperkt) probleem. Inzicht verwerven heeft veel met taal te maken. Een cliënt kan in een flits voelen en zien dat er een verband is tussen zijn probleem en beeldend werken; door te verwoorden wat dat inzicht is, wordt het inzicht meer bewust gemaakt en kan erover gepraat worden. Gedachten worden vastgelegd, gekaderd in woorden.

In de casus van mevrouw Jansen zou dat kunnen betekenen dat mevrouw gaat inventariseren wanneer ze zich somber gaat voelen en wanneer ze zich beter voelt. Het blijkt dat mevrouw zich vooral somber voelt als haar man van alles beslist over wat ze gaan doen in het weekend en zij geen verantwoordelijkheid voor iets krijgt. Deze situatie wordt het uitgangspunt voor de beeldende sessie.

De beeldend therapeut en mevrouw Jansen gaan in de volgende activiteit samenwerken: samen tekenen op een vel papier, om de beurt krijgt elk drie minuten om zelf iets op het vel te maken.

> Mevrouw is eerst aan de beurt, zij vindt het moeilijk te beginnen en kriebelt met een lichtgroene kleur kleine ronde bewegingen op het vel. Daarna is de therapeut aan de beurt, zij tekent met rood een vierkant in het midden. Mevrouw Jansen tekent daarop een driehoek, het vierkant wordt een huis met een schoorsteen en een deur. De therapeut krast vervolgens een groenpaarse vlek naast het huis. Mevrouw is zichtbaar van slag, weet niet wat ze met de vlek moet doen en gaat een blauw bloemetje tekenen.
> In de nabespreking wordt aan de hand van de tekening de samenwerking geanalyseerd. Mevrouw ziet dat ze het moeilijk vindt om initiatief te nemen, dat ze de leiding aan de ander overlaat. Ze ziet de parallel met haar thuissituatie.

> T: Hoe vond u het om samen te werken?
> M: Moeilijk.
> T: Wat vond u daar moeilijk aan?
> M: Ik vond het lastig om initiatief te nemen, dat liet ik aan jou over.
> T: Op welke momenten in het werkstuk kwam u dat tegen?
> M: Nou, ik dacht eigenlijk steeds: even kijken wat jij doet en dan sluit ik daar wel op aan.
> T: Herkent u deze opstelling van uzelf ook in andere situaties?
> M: Ja, het is eigenlijk precies zoals met mijn man. Ik voel me ook vaak naar omdat ik dan niets heb ingebracht. Dan voel ik me de mindere, alsof ik niets waard ben.

De volgende sessie gaan de therapeut en de cliënt weer verder met oefenen en wil mevrouw proberen meer de leiding te gaan nemen in de veilige situatie van de tekening. Dit bewustwordingsproces wordt geheel in taal gecommuniceerd.

Inzichtgevend plus

Inzichtgevend plus betekent dat het gehele mens-zijn in therapie aan de orde kan komen. Existentiële vraagstukken komen aan de orde, zoals: wat wil ik eigenlijk in mijn leven? Wat is de zin van mijn leven? Hoe kan ik gelukkiger worden? Hierbij is het van groot belang dat de therapeut zelf taal gevonden heeft om hierover te kunnen communiceren. De cliënt moet zelf antwoorden vinden voor zijn leven, de therapeut stelt dus veel vragen over de keuzes die de cliënt maakt, dit kunnen soms confronterende vragen zijn.
In het geval van mevrouw Jansen zou het als volgt kunnen gaan.

> Mevrouw Jansen werkt met klei, ze maakt een soort vaas van ruwe onbewerkte klei als een symbool van zichzelf, daarna maakt ze een nette vaas, gedecoreerd met keurig ronde balletjes als symbool voor hoe ze zou willen zijn.

> T: Welke vaas vindt u het mooist?
> M: Ik vind het zo erg nu, dit is erg confronterend om beide vazen zo naast elkaar te zien. Ik wilde de onbewerkte vaas laten uitstralen wat voor puinhoop het nu in mijn leven is. Ik heb ook zo mijn best gedaan op de nette vaas, die moest symbool staan voor evenwicht, harmonie en geluk. Nu ik beide vazen zo zie, vind ik de nette vaas zo saai en de slordige vaas zo spannend.
> T: Kunt u een verband leggen tussen de beide vazen en uw eigen situatie?
> M: Ja, dat maakt het ook zo confronterend.
> T: Zullen we eens beter naar de slordige vaas kijken, wat maakt hem zo spannend?

4.5.6 PRATEN IN BEELDENDE GROEPSTHERAPIE

In groepstherapie komen zowel de verbale als de non-verbale aspecten op een andere manier aan bod dan in individuele beeldende therapie. De therapeut is minder afgestemd op één persoon en groepsleden kunnen van en met elkaar leren.

Met groepswerk zijn er de volgende manieren mogelijk om cliënten van elkaar te laten leren.

- Individueel werken in de groep, iedere cliënt werkt aan zijn eigen product. De invloed van anderen kán maar hoeft geen invloed te hebben op de cliënt. Iedere cliënt werkt aan dezelfde opdracht, maar maakt een individueel werkstuk.
- Beeldend werken gericht op samenwerking. Hierbij wordt gewerkt aan één product met de hele groep. Het al dan niet overleggen over wie wat wil enzovoort, is een interessant onderdeel van de therapie. De beeldend therapeut kan dit bewust wel of niet inzetten als interventie. Variaties in samenwerking zijn mogelijk, bijvoorbeeld: werken in tweetallen, eerst individueel werken, dan individuele werkstukken tot groepswerk samenvoegen.
- Beeldend werken waarbij er niet gesproken wordt. Dit confronteert cliënten met hun non-verbale gedrag. Hierbij kan gedacht worden aan volgzaamheid, dominantie, energiekheid. Ook wordt het samen spelen bevorderd wanneer er niet gesproken wordt tijdens het werken. Actie en reactie leidt dan tot spontaan gedrag en plezier.

Start

Allereerst is bij alle drie de werkwijzen de verbale instructie van de start van de therapiesessie van groot belang.

Met meerdere mensen in dezelfde ruimte zitten kan stress geven, duidelijke doelstellingen en duidelijke instructies dragen bij aan ontspanning. Belangrijke criteria voor een instructie zijn de verduidelijking van:
- doel van de opdracht (Het is niet altijd nodig om het doel bekend te maken, vanwege de ervaring die de activiteit kan bieden, maar dan moet dat duidelijk zijn.);
- volgorde van handelen (Wat gebeurt eerst?);
- rol van het materiaal en welke kennis is daarvoor nodig;
- indeling van het therapieuur (Hoeveel tijd is er voor het werken, hoeveel tijd voor de nabespreking?).

Het woord instructie laat al zien wat de rol van de therapeut is: de therapeut heeft de leiding, hij staat voor de groep. Dit wil echter niet zeggen dat alles precies zo gedaan moet worden als de therapeut zegt. Leiding geven betekent bijvoorbeeld ook: kunnen onderhandelen, met weerstand om kunnen gaan, alternatieven kunnen bedenken, een dialoog kunnen aangaan met de cliënt.

Bijvoorbeeld: de therapeut heeft de opdracht voorbereid dat de groep samen een olifant gaat kleien om de groepssamenwerking duidelijk in beeld te krijgen. De helft van de groep heeft een te grote weerstand tegen vieze handen en klei. In zo'n geval schat de therapeut in of die weerstand reëel is of dat de weerstand door extra gereedschappen of andere ingrepen te overwinnen is. Het kan handig zijn om met de groepsleden te onderhandelen. Wellicht zijn de cliënten te verleiden tot de activiteit met een andere kleur klei: witte in plaats van bruine klei. Het is belangrijk om te onderzoeken wat precies het probleem is. Misschien is het zinvol om er de behandeldoelstelling van de individuele cliënt bij te halen: 'Ik snap dat dit een extra moeilijkheid voor je is, maar zou het niet een fantastische stap zijn om dit vandaag eens te proberen?' En soms is de groep nog niet toe aan de opdracht en is het veiliger om mee te gaan met de weerstand door een andere opdracht achter de hand te hebben.

Nabespreking

Bij individueel werken in groepstherapie kun je individueel nabespreken, zie daarvoor de vorige paragraaf. Ook kunnen cliënten leren naar elkaars werk te kijken en feedback te geven.

De nabespreking is altijd afhankelijk van de draagkracht van de groep.

Bij een groepstherapie waarin steunend/structurerend gewerkt wordt, zijn de vragen van de therapeut steunend en opbouwend gesteld. Bij een inzichtgevende groepstherapie kunnen de vragen meer confronterend zijn en gericht op het verkrijgen van inzicht in eigen handelen en het maken van keuzes.

Voor de nabespreking van de individuele werkstukken moeten vanwege de beperkte tijd vaak keuzes gemaakt worden. Je kunt als therapeut alle cliënten de beurt geven om iets over hun werkstuk te vertellen. Dit kan bevorderlijk zijn voor het groepsproces, maar is vaak te tijdrovend en te langdradig of te oppervlakkig, zoals in de volgende beschrijving.

> C: Eerst vond ik de opdracht moeilijk en vaag, ik wist totaal niet wat ik moest maken, ik ben maar gewoon begonnen en best tevreden met het resultaat.
> T: Waar ben je tevreden over?
> C: Nou gewoon, met wat ik gemaakt hebt, het ziet er best aardig uit, ik vind het wel goed gelukt.
> T: Kun je het werkstuk wat persoonlijker maken, wat heeft het met jou te maken?
> C: Nou de kleuren zijn best goed gelukt, ik hou erg van rood en oranje.

Als op deze manier acht werkstukken worden besproken met de therapeut in de vragende rol, is een nabespreking een energieslurpende activiteit die de dynamiek in de groep lamlegt. Om als alternatief slechts twee of drie cliënten aan het woord te laten en hun werkstukken uitgebreid te bespreken, kan sneu zijn voor de rest van de groep. Toch kunnen ervaringen vaak wel herkend worden door andere groepsleden, waardoor het gesprek meer een groepsgesprek kan worden.

Andere mogelijkheden zijn de volgende. Laat steeds een groepslid iets over het werkstuk van zijn buurman vertellen. Of laat de groepsleden eerst schriftelijk een tweetal persoonlijke vragen over hun werkstuk beantwoorden, de antwoorden worden aan elkaar voorgelezen. Of laat de groepsleden op briefjes titels geven aan werkstukken, de makers kiezen de meest aansprekende titel voor hun werkstuk en leggen hun keuze uit.

'Feedback is een mededeling aan iemand, die hem informatie geeft over hoe zijn gedrag wordt waargenomen, begrepen en ervaren' (Remmerswaal, 2006).

Feedback geven en feedback verwerken is mogelijk wanneer de cliënten een behoorlijke ik-sterkte hebben. Cliënten kunnen dan reflecteren, doelen zijn gericht op het leren samenwerken en het zicht krijgen op patronen in het functioneren in groepen. De beeldend therapeut moet in deze situaties goed op de hoogte zijn van de groepsprocessen.

4.5.7 BEELDENDE THERAPIE MET SPECIFIEKE DOELGROEPEN VOOR WIE TAAL EEN BARRIÈRE VORMT

Er zijn verschillende doelgroepen waarvoor taal een belemmerende factor is bij het functioneren in het dagelijks leven. Beeldende therapie kan hierbij juist geïndiceerd zijn, omdat het zichtbare en tastbare beeldend werk veel vertellen kan over hetgeen belangrijk is voor deze persoon. Hierbij kan gedacht worden aan doven en mensen met andere taal/spraakstoornissen, zoals electief mutisme. Ook bij mensen met een verstandelijke beperking en hoogbegaafden kan beeldend werken een aanknopingspunt zijn om dieper in te gaan op het gevoelsleven. Voor vluchtelingen, mensen met een andere cultuur, biedt beeldend werken een directe uitingsmogelijkheid. Zoals bij alle specifieke problematieken moet ook hierbij rekening gehouden worden met specifieke kenmerken. In andere culturen kan bijvoorbeeld het uitbeelden van gevoelens taboe zijn. Kennis van andere culturen is een voorwaarde om met deze doelgroep te kunnen werken.

Methoden, methodieken en diagnostische instrumenten

5

De beeldende therapie kent een groot palet van verschillende methoden en methodieken. In sommige daarvan zijn de theoretische wortels goed te herkennen. Andere methoden zijn specifiek voor één doelgroep uitgewerkt en weer andere methoden zijn nadrukkelijk het resultaat van wat men 'best practice' noemt. Opleidingsachtergrond en ervaring van de beeldend therapeut en ook de doelgroep die behandeld wordt, zijn verder medebepalend voor wat men in de praktijk als methoden heeft uitgewerkt.

Binnen de in Nederland bestaande opleidingen wordt steeds nadrukkelijker getracht om de theoretische en methodische kaders voor de beeldende therapie vast te stellen, uit te werken én over te dragen. We komen daarbij verschillende achtergrondkaders tegen, zoals orthopedagogiek, ontwikkelingspsychologie, specifiek gerichte psychologische en psychotherapeutische stromingen en diverse kunstopvattingen.

Beeldendtherapeutische methoden en methodieken zijn gericht op de lijfelijke omgang met materiaal en de ervaring die hierbij opgedaan wordt. Soms wordt deze ervaring tot stand gebracht door direct vanuit de motoriek te werken, soms vanuit appèlwaarden vanuit bijvoorbeeld materiaal of techniek en andere keren is de fantasie of persoonlijke thematiek de ingang voor de therapie. De mate waarin het bespreken van het beeldend werk en het verkrijgen van inzicht een plaats inneemt, is enerzijds afhankelijk van de methode of methodiek die de beeldend therapeut hanteert en anderzijds van de vaardigheden van de doelgroep om de persoonlijke betekenis van het beeldend werk en de opgedane ervaring te verwoorden.

In dit hoofdstuk wordt een overzicht van methoden en methodieken gegeven die in grote lijnen in de hedendaagse praktijk zijn uitgewerkt en worden gehanteerd. Zoals hierboven al aangegeven, liggen hier verschillende uitgangspunten aan ten grondslag.

Steeds wordt per methode of methodiek gestart met een casus uit de praktijk, dan komt aan de orde wie de grondlegger is en volgt een beschrijving van de methode langs een aantal punten, zoals onder meer visie en uitgangspunten, (contra-)indicatie, belangrijke begrippen en onderzoek. Er wordt afgesloten met een verantwoording van de casus, met daarin een terugkoppeling van de theorie naar de casus waarmee gestart werd.

Het laatste gedeelte van dit hoofdstuk bevat twee beschrijvingen van beeldendtherapeutisch-diagnostische instrumenten.

5.1 Definiëring van begrippen

Methodisch handelen ontstijgt het persoonlijke gevoel en denken van de individuele beeldend therapeut, ook al blijft dit altijd een belangrijke rol spelen in het professionele handelen. Een methode of methodiek veronderstelt nog meer, namelijk planmatigheid, systematiek en doelgerichtheid (Winkelaar, 2004). Methodisch werken expliciteert de weg waarlangs gehandeld wordt met het oog op een zo groot mogelijke mate van kwaliteit en effectiviteit. Explicitering is van groot belang voor samenwerking met collega's. Eigenlijk is alleen daardoor inhoudelijke samenwerking mogelijk. Explicitering is ook in het belang van de cliënt en zijn eventuele belangenbehartigers. Een goed gemethodiseerde behandeling biedt een grote mate van transparantie. Cliënt, therapeut en andere betrokkenen maken, meer of minder gedetailleerd, afspraken over de richting, tijdsduur en inhoud van de therapie. De verwachtingen van alle betrokkenen worden tot op grote hoogte op elkaar afgestemd. Juist bij het veelzijdige, flexibele en beeldende medium is expliciteren, concretiseren en systematiseren van groot belang. Methodisch handelen betekent echter nooit dat er geen ruimte is voor individuele ervaringen, ontdekkingen en keuzes in de 'levende' werkelijkheid. En ook dit geldt zowel van de kant van de cliënt als van de kant van de beeldend therapeut.

De begrippen methode, methodiek en werkwijze worden veel gebruikt en dikwijls op verschillende wijze. Soms door elkaar, soms in andere betekenissen. Daarom is het van belang hierbij kort stil te staan, zodat de betekenis zoals hier gebruikt opgehelderd wordt. We maken hierbij gebruik van enkele veelgeciteerde bronnen: Smeijsters (2008), Winkelaar (2004) en Van der Laan (1993).

> Een methode is een specifieke en overdraagbare manier van werken om een gesteld doel te bereiken. Het gaat om een weloverwogen, systematische, stapsgewijze, doelgerichte (op effi-

> ciency gerichte) werkuitvoering. Het individuele niveau is in een methode ontstegen.
>
> Een methodiek is een samenhangend geheel van methoden, waarbinnen over het algemeen afzonderlijke werkwijzen en systemen van beperkter orde te onderscheiden zijn.

Een volledig uitgewerkte methodiek is volgens Winkelaar (2004) opgebouwd uit de volgende samenhangende elementen:
- een duidelijk kader van theoretische uitgangspunten;
- beoogde doelstellingen;
- werkprincipes of globale vuistregels voor handelen;
- overdraagbare vaardigheden;
- gebaseerd op praktijkervaringen.

In het eerder uitgebrachte werk van Van der Laan (1993) worden nog enkele criteria meer genoemd met betrekking tot wetenschappelijk verankerd methodisch handelen; een verantwoording van gesystematiseerde praktijkervaringen en empirische kennis uit onderzoek gaan vooraf aan het stellen van het theoretisch kader.
Bij de uitvoering van methoden of methodieken wordt vaak gebruikgemaakt van een bepaald instrumentarium. Dat bestaat uit beschikbare middelen ten behoeve van gerichte interventies tijdens een observatie, diagnosestelling of behandeling.
Een verbijzondering van een methodiek vormt de 'module' of het 'product'. In volgende hoofdstukken wordt hier nader aandacht aan besteed.

> **Werkwijze als hoofdcategorie van doelstellingen**
> Smeijsters (2008) hanteert het begrip 'werkwijze' op een andere manier dan Winkelaar (2004) doet. Winkelaar vat een werkwijze op als een bepaalde manier van werken op toepassingsniveau. Een werkwijze is dan sterk bepaald door de individuele therapeut. De reflectie op de werkuitvoering is persoonsgebonden. Een werkwijze kan zich ontwikkelen tot een methode of kan daarvan deel uitmaken.
> Waar Winkelaar een werkwijze dus ziet als de meest individuele en minst veralgemeniseerde vorm van methodisch handelen, is

> dat bij Smeijsters juist niet het geval. Een werkwijze bij Smeijsters verwijst naar een categorie van doelstellingen die onderling samenhangen en wijzen in een bepaalde behandelrichting. Werkwijzen op deze manier geformuleerd, bevatten bepaalde centrale oogmerken, die gezamenlijk een vaak ook contextueel bepaalde 'werkwijze' vormen. We gebruiken hier verder de definitie van Smeijsters.

5.1.1 VERSCHILLENDE INDELINGEN VAN WERKWIJZEN

In de tweede helft van de jaren tachtig van de vorige eeuw ontstond het streven om vormen van behandeling in de ggz te onderscheiden in strategische richtingen: steunend, klachtgericht en inzichtgevend. De Federatie Vaktherapeutische Beroepen (FVB) haalt deze richtingen aan in het beroepsprofiel vaktherapeutische beroepen (2008). De Jonge e.a (1987/1988) beschreven deze richtingen in een reeks tijdschriftartikelen.

Waar De Jonge deze richtingen als polariteit beschreef, hebben Van Hattum en Hutschemaekers (2000) deze gedachtegang verder uitgewerkt tot een vijftal hoofdcategorieën (we noemen dit hier verder de Trimbos-indeling). Zij noemen deze indeling prototypisch voor de richting waarin een behandeling met bijbehorende interventies gekozen kan worden. Deze vijf hoofdcategorieën omvatten in feite een visie op het probleem en de veranderingsmogelijkheden. Daarbij worden de planning, de bereikbaarheid van doelen en de effectiviteit van interventies in ogenschouw genomen. In de ggz en aanverwante werkcontexten wordt in de multidisciplinaire uitwisseling veel van deze indeling gebruikgemaakt. Ook voor het ontwikkelen van behandelproducten zijn deze vijf prototypische behandelingsstrategieën van toepassing.

Deze vijf hoofdcategorieën van behandelingsstrategieën zijn:
- Steunend. Het creëren van ontspanning en veiligheid, het handhaven van evenwicht. Het doel is het ontstaan van enige afstand tot het probleem.
- Pragmatisch structurerend. Het herstellen van evenwicht en het beperken van invaliderende gevolgen van een stoornis of beperking. Op pragmatische wijze wordt rekening gehouden met de mogelijkheden van de cliënt.
- Directief klachtgericht. Behandeling is gericht op klachtreductie en doorgaans kortdurend van aard.

- Focaal/inzichtgevend. Behandeling wordt gericht en begrensd in tijd uitgevoerd. Het doel is gericht inzichtgevend en verwerkend.
- Inzichtgevend plus. Behandeling waarbij de cliënt zelf het tempo en de thema's bepaalt, waardoor geleidelijk inzicht groeit in de aard en de oorzaken van de problematiek en waardoor een persoonlijkheidsontwikkeling ontstaat.

In de behandeling vraagt de therapeut zich allereerst af welke hoofdcategorie bij een bepaalde cliënt aan de orde is. Dit gaat altijd vooraf aan de keuze voor de methode of methodiek.

In het multidisciplinair team is het gebruikelijk om in bovenstaande begrippen te communiceren. De algemene behandelstrategie wordt in het behandelteam vastgesteld. De beeldend therapeut sluit hierbij aan en geeft zelf vorm aan de concrete uitwerking ervan binnen het eigen medium.

De indeling in vijf hoofdcategorieën wordt door sommigen ook opgevat als een waarderende bepaling van meer of minder diepgaande behandeling en verandering. De indeling is echter vooral ontworpen om onderscheid te maken tussen behandelingen met wezenlijk van elkaar verschillende doelen.

Smeijsters typeert een werkwijze als een algemene werkrichting met een bepaald inhoudelijk karakter, waarbij zijn indeling is: orthopedagogisch, supportief, palliatief, re-educatief of reconstructief werken. Ook voor Smeijsters is het van belang dat het kiezen van de werkwijze voorafgaat aan de keuze van de methode of methodiek. In tabel 5.1 staat een overzicht van hoofdcategorieën van behandelingsstrategieën in de verschillende indelingen die hierboven beschreven zijn.

Bij 'interne' vaktherapeutische discussies kan de indeling volgens Smeijsters veel inzicht verschaffen. Deze indeling clustert ook min of meer werkcontexten, waardoor ze voor de vaktherapeut meer inzichtelijk of transparant zijn. De Trimbos-indeling lijkt echter het meest herkenbaar voor de beroepspraktijk waar verschillende disciplines met elkaar samenwerken.

Daarom is aan de auteurs van dit hoofdstuk gevraagd om de methode of methodiek in te delen volgens de Trimbos-indeling. Uit de antwoorden bleek dat de verschillende indelingen in de praktijk nogal eens door elkaar gebruikt worden.

5.1.2   ORDENING VAN METHODEN EN METHODIEKEN

Buiten het feit dat het sowieso een goede zaak is om te kijken naar een ordening in alle beschreven methoden en methodieken, vroeg ook de grootte van dit hoofdstuk om een goede indeling. Dit bleek nogal

Tabel 5.1 Hoofdcategorieën van behandelingsstrategieën.

FVB	uitleg	Smeijsters	uitleg	Trimbos-instituut	uitleg
steunend	– gericht op het voorkomen van achteruitgang of functioneren, het beperken van de gevolgen van een stoornis of het op gang brengen van een gestagneerde ontwikkeling	orthopedagogisch	– ondersteunen van de ontwikkeling – ontwikkeling van vaardigheden		
		supportief	– ondersteunen bij het verwerken van en leren omgaan met problemen – doelstellingen hebben een ondersteunend, stabiliserend of ontwikkelingsgericht karakter	steunend	– scheppen van ontspanning en veiligheid – handhaven van evenwicht, afstand nemen van klachten (niet direct therapeutisch)
		palliatief	– ondersteunen bij het verwerken van en leren omgaan met problemen – doelstellingen zijn het verzachten van fysieke pijn, het verzachten van, en het ondersteunen en valideren bij psychische problematiek	pragmatisch structurerend	– herstel van het evenwicht en beperken van de invaliderende gevolgen van de stoornis

(vervolg op volgende pagina)

FVB	uitleg	Smeijsters	uitleg	Trimbos-instituut	uitleg
klachtgericht	– gericht op het verminderen van klachten – doorgaans een kortdurend karakter – vrij directief, met cognitief-gedragstherapeutische elementen en oefeningen en opdrachten die invloed hebben op de door de cliënt ervaren problemen – heeft zowel steunende als inzichtgevende kenmerken	re-educatief	– beïnvloeden en doorwerken van problemen, enerzijds via gestructureerde, trainingsgerichte activiteiten, het probleemgedrag veranderen – anderzijds het behandelen van psychische conflicten die aan het probleemgedrag ten grondslag liggen – het eigen gedrag en beleven in het hier-en-nu en de directe oorzaken hiervan staan centraal	directief klachtgericht focaal-inzichtgevend	– gericht op klachtreductie (kortdurend, protocollair) – inzicht krijgen in en verwerken van een specifiek probleem (rekening houdend met begrensde mogelijkheden in de tijd)
inzichtgevend	– gericht op het terugdringen van de stoornis, het verbeteren van psychosociaal functioneren of het (beperkt of verder reikend) inzicht verschaffen in aard en oorzaak van problematiek – gericht op een concrete gedragsverandering met een blijvend karakter – een terughoudende, spiegelende en soms confronterende rol – cliënt bepaalt tempo en thema's	reconstructief	– doorwerken van problemen – ontdekken en oplossen van onbewuste conflicten, die vaak terug te voeren zijn tot de kinderjaren	inzichtgevend plus	– bewust maken van onbewuste psychische inhouden, ervaringen en conflicten die vaak een oorsprong hebben in het verleden – herstructurering van de persoonlijkheid

Het is discutabel of de dwarslijnen tussen de verschillende indelingen zomaar doorgetrokken mogen worden.

lastig te zijn. Sommige methoden of methodieken beslaan het hele veld van werkwijzen en doelstellingen, andere zijn specifieker. De ene methode is vooral gebaseerd op de werkervaring van één beeldend therapeut, terwijl er over een andere methode weer meer gepubliceerd is en de theoretische onderbouwing verder is uitgewerkt.
De grote variëteit aan schriftelijke bijdragen aan dit hoofdstuk bleek te ordenen op basis van een aantal invalshoeken, waardoor we op vier subparagrafen uitkwamen:
- methoden en methodieken gebaseerd op vormgevingsprincipes en psychologische stromingen (paragraaf 5.2)+
- methoden en methodieken georiënteerd op psychotherapeutische stromingen (paragraaf 5.3);
- methoden en methodieken gebaseerd op een techniek of werkvorm (paragraaf 5.4);
- beeldendtherapeutisch-diagnostische instrumenten (paragraaf 5.5).

Overeenkomsten en verschillen
Tussen de verschillende methoden en methodieken zijn veel raakvlakken, en soms ook overlappingen. Om enkele dwarsverbindingen aan te duiden, komen hierna opvallende overeenkomsten en verschillen aan bod.

Groepsdynamica
Er zijn overeenkomsten te vinden tussen psychodynamische beeldende groepstherapie (5.3.5) en de interactieve methode (5.3.6). Beide zijn gericht op werken met de groep en op interactie. Toch zijn er bij nadere bestudering duidelijke verschillen aan te wijzen.
Zo wordt de psychodynamische beeldende groepstherapie gekenmerkt doordat de groepsdynamiek steeds centraal staat. De therapeut 'voegt in', sluit aan bij wat er op dat moment in de groep gebeurt. Naast het 'hier-en-nu' kan er aandacht zijn voor het verleden. Deze behandeling is vaak langerdurig en bij uitstek gericht op het verwerven van inzicht en ontwikkelen van ander gedrag.
De interactieve methode legt meer nadruk op het individuele interactiepatroon. De behandeling heeft een meer gestructureerd karakter en de therapeut is directiever. Er is een sterke gerichtheid op het 'hier-en-nu' en niet op het verleden. De basis van deze methode lijkt meer gedragstherapeutisch en orthoagogisch, gericht op het ontwikkelen van ander gedrag. Deze methode heeft vooral een kortdurend karakter.

Taal en (levens)verhalen in beeld

Bij de combinatie van beeldend werken met taal en (levens)verhalen kan er een verbinding gelegd worden tussen 'taal in beeld' (5.4.9) en 'life-review en reminiscentie' (5.3.9) waarin gewerkt wordt met levensverhalen en herinneringen. Overeenkomst tussen de methoden is dat het vertellen en uitwisselen van het eigen verhaal belangrijk wordt gevonden. De wijze waarop er gewerkt wordt en de mate waarin bijvoorbeeld het levensverhaal 'an sich' centraal wordt gesteld, verschillen echter sterk.

'Taal in beeld' komt voort uit de kunsteducatie en is gericht op de kunstzinnige ervaring. Het therapeutisch effect kan een gevolg zijn. Ook ligt de focus op het werken met taal als beeldende tekens.

'Life review en reminiscentie' is als een psychotherapeutische methode ontwikkeld waarbij beeldende therapie goed bleek aan te sluiten. Er is onderzoek gedaan naar de, op basis van deze methodiek, voor ouderen uitgewerkte module 'Op zoek naar zin', waaruit significante klachtenvermindering bleek. In deze module is er sprake van een geïntegreerd aanbod van verbale therapie en beeldende therapie.

Contact met de diepere lagen van de belevingswereld

Het werken met innerlijke beelden of ervaringen, waardoor de cliënt contact kan leren of gaan maken met diepere lagen van zijn belevingswereld, staat bij een aantal methoden en methodieken centraal. Om er een paar te noemen: imaginatie (pararaaf 5.4.1), meditatief kunstzinnig werken (pararaaf 5.4.2) en *geführtes zeichnen* (pararaaf 5.4.3). De oorsprong en de weg naar het doel zijn echter verschillend. Imaginatie (ook wel visualisatie of geleide fantasie genoemd) heeft haar oorsprong in de psychoanalyse, de jungiaanse psychologie en de gestalttherapie. Door imaginatie wordt de cliënt met de eigen beeldwereld en de betekenis daarvan in contact gebracht. Er wordt gewerkt met symbolische en metaforische beelden.

Het meditatief kunstzinnig werken start bij meditatie waarbij de cliënt, al spelend en vormend met het materiaal, in contact komt met innerlijke belevingen. Er worden verschillende beeldende technieken gebruikt, zoals boetseren, tekenen en schilderen. De oorsprong van deze methodiek ligt in het zenboeddhisme.

Geführtes zeichnen gaat uit van een vaste werkvorm. De cliënt laat zich met gesloten ogen al tekenend meevoeren in de beweging met het materiaal (psychomotorisch tekenen). Deze manier van werken kan het mogelijk maken dat de cliënt contact gaat ervaren met zijn innerlijke impuls of beweging. De tekenbeweging laat sporen na en deze kunnen onderwerp zijn van (zelf)reflectie. Deze methodiek komt voort

uit een combinatie van hierboven genoemde bronnen (psychoanalyse, jungiaanse psychologie, gestalttherapie en zenboeddhisme).
De overeenkomst tussen bovengenoemde methoden ligt in het feit dat door middel van ontspanning en concentratie contact gemaakt wordt met de eigen belevings- of binnenwereld. Van de cliënt wordt verwacht dat deze zich openstelt, zich overgeeft en dat, als hij daarin slaagt, het bovengestelde contact ook bereikt wordt.

Trainen van aandacht, concentratie, structurerend vermogen of waarneming
Er zijn ook een paar heel verschillende methoden die hun overeenkomst hebben in het feit dat ze gericht zijn op het trainen van aandacht, concentratie, structurerend vermogen of waarneming. Bijvoorbeeld: mindfulness (pararaaf 5.4.12), Florence Cane-methode (pararaaf 5.4.11), methode 't Tijdloze Uur (pararaaf 5.2.5).

Diagnostische instrumenten
De beeldendtherapeutische-diagnostische instrumenten: de DDS (5.5.1) en de RS-index (5.5.2), verdienen een aparte paragraaf, omdat zij als enige een achtergrond hebben van jaren van onderzoek en bij uitstek ingezet kunnen worden in de diagnostische fase van de behandeling.

Ten slotte
In het kader van de opzet van het boek zijn alle beschrijvingen in dit hoofdstuk relatief kort gehouden. Ze geven algemene informatie, waarbij de geïnteresseerde lezer uitdrukkelijk wordt doorverwezen naar de literatuurlijst achter in dit boek, om zich desgewenst aan de hand daarvan verder te kunnen verdiepen.

5.2 Methoden en methodieken gebaseerd op de combinatie van vormgevingsprocessen en psychologische stromingen

5.2.1 CREATIEFPROCESTHEORIE IN DE PRAKTIJK

> Kinderen met weinig innerlijke structuur, een ernstige gedragsstoornis en een negatief zelfbeeld gaan aan het werk binnen de beeldende therapie. De therapeut biedt klei aan. Klei is een materiaal dat zich laat manipuleren, een foutje kun je herstellen, wat bijvoorbeeld niet zo is als je met hout werkt. Klei maakt dat een kind betrokken is op zichzelf, klei vraagt de aandacht. Door

klei te kneden, worden de handen warm en het hele lijf raakt betrokken. Deze lichamelijke betrokkenheid is voor deze kinderen een belangrijke ervaring, ze zijn immers veel 'buiten zichzelf' bezig, niet goed geaard en snel afgeleid.

Het doorkneden van het materiaal wordt gezamenlijk, gestructureerd gedaan. De kinderen worden stap voor stap begeleid bij elke handeling. Als het nodig is wordt er om stilte gevraagd onder het werken, dit om de aandacht bij het eigen werk te vergroten.

De eerste opdracht is een gestructureerde opdracht, het maken van een pot. De homp klei wordt een bol. De bol wordt verdeeld in een kleine en een grote bol, de kleine bol wordt platgedrukt, dit is de bodem. De rest van de klei wordt gebruikt om slangetjes te rollen om daarmee een pot/schaal op te bouwen.

Opvallend is de natuurlijke stilte die er ontstaat tijdens het werken. Kinderen zijn erg betrokken bij het werk, dit omdat er op alle gebieden met hen rekening is gehouden. Door de pot een volgende keer goud of zilver te verven, ontstaat er een prachtig resultaat waar kinderen heel trots op kunnen zijn. Door er een waxinelichtje in te doen, is het eindresultaat af.

Afbeelding 5.1.

Deze casus betreft een groepstherapie met vier kinderen van 10 jaar met een negatief zelfbeeld. Bij de één uit dit zich in het zichzelf overschreeuwen, bij de ander uit zich dat in het zich terugtrekken.

Daarnaast is er bij alle kinderen sprake van een complexe gedragsstoornis. De kinderen zitten op een cluster 4-school. De therapie wordt gegeven onder schooltijd waarbij een onderwijsgerelateerde hulpvraag is gesteld en de doelen volgens SMART zijn geformuleerd. De kinderen krijgen vijftien weken beeldende therapie op een vast moment in de week. De sessies zijn opgebouwd rondom het thema zelfbeeld. De eerste fase wordt gekenmerkt door het uitgangspunt: iedereen is anders, ik ben uniek. De activiteiten zijn gericht op succeservaringen: kijken naar jezelf, werken met materialen die aansluiten bij de behoefte van de kinderen. De tweede fase wordt gekenmerkt door het uitgangspunt: ik en de ander. De kinderen krijgen activiteiten aangeboden rondom het thema grenzen. In de laatste sessies wordt de transfer naar de klassituatie gemaakt en wordt de therapie afgerond.

Grondlegger
De grondlegger van de creatiefprocestherapie, Kliphuis (1973), heeft op Middeloo tussen 1952 en 1957 samen met docenten, studenten en werkvelddeskundigen uit jeugdhulpverlening, geestelijke gezondheidszorg en vormingsinstituten vanuit een groot aantal vragen en bevindingen een theoretisch kader ontwikkeld.
In paragraaf 1.3.1 is de creatiefprocestheorie uitgebreid beschreven.

Beschrijving
Hoe kan men de creatiefprocestheorie toepassen in een kortdurende therapie? Een van de kenmerken van de creatiefprocestheorie is: tijd nemen om te exploreren binnen de activiteiten met de verschillende materialen. In een kortdurende therapie is tijd een schaars middel. Desondanks kan de creatiefprocestheorie prima als uitgangspunt fungeren van een kortdurende gedragstherapie. Bijvoorbeeld doordat de beeldend therapeut de doelen waaraan gewerkt gaat worden volgens SMART heeft geformuleerd. Een ander belangrijk uitgangspunt is om de activiteiten aan te passen aan de behoeften van de kinderen met behulp van de appèllijst van Kliphuis. Dit wil zeggen dat er rekening gehouden wordt met de eigenschappen van materialen, zodat de betrokkenheid van kinderen wordt vergroot bij de activiteit. Ook de esthetische illusie speelt een rol. Dat wil zeggen: toewerken naar een 'mooi' resultaat, of genietend van een spelsituatie maakt dat een kind betrokken is, gemotiveerd is en doorzettingsvermogen kan ervaren.

Onderzoek
De Appèllijst is een instrument waarmee de beeldend therapeut expressiewaardes meet (zie paragraaf 1.3.1 en de website).

Momenteel loopt er een onderzoek binnen RENN4 Groningen om het effect van vaktherapie (beeldend) in een leersituatie 'evidence-based' te onderzoeken. Resultaten zullen over enige tijd via internet te vinden zijn.

Fasering

De therapie volgens de creatiefprocestheorie bestaat uit vier fasen.

1. Veiligheid. De situatie wordt veilig gemaakt door een juiste balans te zoeken tussen structuur (begrenzing) en ruimte (expressiemogelijkheid). Het ene kind heeft ruimte nodig om zich veilig te voelen ('kijk maar eens even rond in dit lokaal'), het andere kind heeft begrenzing nodig om een gevoel van veiligheid te krijgen: 'ga maar op de kruk zitten, ik zal vertellen wat je kunt verwachten'.
2. Experimenteren met de eigen vormgeving. Als het kind zich veilig voelt binnen de therapiesituatie, kan het meer en meer gaan experimenteren (binnen de gestelde grenzen) en zo zijn eigen vormgeving leren herkennen. De eigen vormgeving leren herkennen als iets eigens en leren accepteren en waarderen, is essentieel voor het creatieve proces.
3. Het creatieve proces, de doorwerking. De eerste twee fasen zijn eigenlijk voorwaardenscheppende fasen te noemen. In de derde fase moet het gebeuren: a. het kind voelt zich veilig binnen de therapie, met de groepsgenootjes, de therapeut en de materialen; b. het kind heeft zijn eigen vormgeving ontdekt, is daardoor betrokken bij zijn werk en voelt motivatie (bijv. om een moeilijker activiteit te starten); c. het kind krijgt een passende opdracht, het kind is gemotiveerd, betrokken, maar komt zijn eigen onvermogen tegen, dit is deels waar hij aan wil werken (het creëren van chaos, het gefrustreerd raken, het onzeker worden van bepaalde gereedschappen enzovoort), de therapeut neemt een beetje afstand en ziet het gevecht van het betrokken gemotiveerde kind om met zijn werkstuk verder te gaan en tegelijkertijd, worstelend (last hebbend van) met zijn beperking/probleem (de confrontatie); d. de therapeut is steunend/mild naar het probleemgedrag/de beperking. Dit is waar het om gaat ('Kijk je bent zo'n mooie pot aan het maken, maar omdat je te snel wilt, zitten er gaten in en de kans dat de pot barst als het droogt is groot. Hoe kunnen we er nu voor zorgen dat je genoeg doorzettingsvermogen krijgt? Hoe kun je jezelf helpen?' (handvatten aanreiken).
4. Consolidatie. Het nieuwe gedrag wordt 'beloond' met een mooi resultaat. Dit wordt een aantal keren herhaald, bewust gemaakt, de transfer naar de echte wereld wordt gemaakt en het kind krijgt

opdrachtjes/oefeningen mee voor in de klas. Vervolgens wordt de therapie afgerond.

Doelgroep en setting

Kinderen (5-12-jarigen) die een cluster 4-basisschool bezoeken zijn kinderen met een ernstige gedragsstoornis en/of een psychiatrische problematiek.

Beeldend therapeuten leveren een zinvolle bijdrage aan de multidisciplinaire aanpak van kinderen met leer- en gedragsproblemen. Indicatiestelling en behandeldoelen worden gekoppeld aan de hulpvraag uit de klas. Zij zijn gericht op verbetering van de competentie, de autonomie of de relaties van (groepen) leerlingen. Voorbeelden hiervan zijn: vergroting van het zelfvertrouwen door aanleren van nieuwe competenties, de leerling zijn sterke kanten laten ontdekken en zijn zelfredzaamheid vergroten of de leerling helpen omgaan met anderen zonder daarbij voorbij te gaan aan zijn eigen behoeften (relatie).

De leerkracht signaleert dat het kind blokkeert in het onderwijsproces. Door hier met de intern begeleider over te praten, wordt de hulpvraag van het kind duidelijker en komt er een observatieaanvraag voor therapie. Ouders wordt om toestemming gevraagd en vervolgens start er een observatieperiode voorafgaand aan de behandeling.

De therapeut houdt gedurende de observatie en de behandeling nauw contact met de leerkracht, dit om de transfer naar de klassensituatie te bewaken.

Beeldende therapie heeft in een leeromgeving een unieke positie. Naast de leerkrachten, die pedagogisch naar een kind kijken en veelal met de groep te maken hebben, kan de beeldend therapeut focussen op specifieke mogelijkheden van het individu. De beeldend therapeut sluit aan bij wat een kind kan en creëert een situatie die passend (veilig, groeibevorderend) is. Voor kinderen met ernstige gedragsproblemen is het vaak moeilijk om zich verbaal te uiten; beeldende therapie biedt hun een mogelijkheid om zich te uiten, hun verhaal te vertellen en te leren via de (nieuwe) ervaring in het beeldend materiaal.

Werkwijzen waar deze methode bij aansluit

Bij deze methode worden diverse interventies toegepast uit het hele scala van werkwijzen. Steunend, pragmatisch structurerend, directief, klachtgericht, focaal inzichtgevend, inzichtgevend plus. De laatste twee werkwijzen komen minder aan bod.

Specifieke materialen

Alle materialen! Een ouderwets goed gevuld creatiefproceslokaal heeft veel zon en grote tafels, een schildersezel en kasten met uiteenlopende materialen zoals: klei, verf, steen, hout, gips, kralen, veertjes, glitters, was, glas, metaal, zagen, boren, tangen, rollers, lijm, touw enzovoort.

Onderzoek

Op verschillende momenten is onderzoek gedaan naar onderdelen van de creatiefprocestheorie. Kliphuis deed in de jaren 1952-1965 onderzoek: bronnenonderzoek en toetsend onderzoek speciaal ter evaluatie van de appèllijst.
Smitskamp deed in samenwerking met de Universiteit van Amsterdam onderzoek tussen 1979 en 1981 (zie verder paragraaf 1.3.1).

> **Verantwoording van de casus**
> Na vijftien sessies is het zelfvertrouwen van de kinderen gegroeid, leerkrachten in de klas zien dat ook. Kinderen hebben met hun eigen beelden een verhaal verteld die de therapeut kan 'verstaan' en vertalen naar onder andere de leerkrachten.
> Zo was er een meisje dat een paard had gekleid dat met gespreide benen op de grond lag. De therapeut vroeg: 'Wat is er met het paard?' waarop het meisje antwoordde: 'Het paard is heel erg moe.' 'En wat gaat het paard doen als het weer uitgerust is?' 'Dan moet het heel hard werken en dan is het paard weer heel erg moe.' In dit geval vertelde het meisje in beeld en woord dat het zich overvraagd voelde, hier is direct in de klas en thuis iets mee gedaan. In sommige gevallen heeft de therapie een signaleringsfunctie en kunnen de omstandigheden verbeterd worden, zodat het kind beter functioneert en hierdoor meer zelfvertrouwen krijgt.
> Daarnaast hebben kinderen aan hun eigen specifiek geformuleerde doel gewerkt, waar ze van tevoren ook bewust van zijn. Kinderen worden verantwoordelijk gemaakt voor hun eigen proces.
> De doelen in het zelfbeeldgroepje hebben veelal te maken met weerbaarheid, zelfvertrouwen, autonomie. Maar er wordt ook gewerkt met samenwerkingsgroepjes en structuurgroepjes, dan is er sprake van een algemeen groepsdoel en individuele subdoelen.

5.2.2 HET ANALOGE PROCESMODEL IN BEELDENDE THERAPIE

Bart is een 23-jarige jongeman die beeldende therapie krijgt op de dagbehandeling voor licht verstandelijk gehandicapte volwassenen met ernstige gedragsproblematiek. Bart is doorverwezen naar de dagbehandeling vanuit een verslavingskliniek waar hij is behandeld voor zijn drugsverslaving. Toen Bart op zijn 15e stopte met zijn lts-opleiding, raakte hij betrokken bij de drugsscene in zijn woonplaats. Binnen de drugsscene werd hij als loopjongen gebruikt, hij durfde geen 'nee' te zeggen en was bang.

Hij komt naar de dagbehandeling ter observatie. Bart gebruikt niet meer, maar er is zorg voor terugval. Hij woont thuis bij zijn ouders en oudere broer. Moeder voelt zich erg verantwoordelijk voor Bart. Hij heeft geen daginvulling en neemt geen initiatief. Hij laat zijn dag bepalen door activiteiten die broer of moeder voor hem gepland hebben. Zonder deze houvast verzandt hij in nietsdoen.

Door de verwijzer wordt gevraagd naar meer duidelijkheid rondom zijn problematiek, om terugval te voorkomen.

Binnen de beeldendtherapeutische observatie valt op dat hij kiest voor de materialen die hij kent; verf en stiften. Bart werkt op eigen initiatief niet met andere materialen. Als hij schildert, begint hij zonder plan. Hij brengt met de kwast direct een dikke laag verf aan op het papier, het liefst op groot formaat. Ook tijdens het werken ontstaat er geen idee, hij werkt zonder richting. Hij schildert grenzeloos lagen over elkaar. Hij gebruikt mooie kleurencombinaties en beweegt vrij, waardoor hij bijzondere effecten creëert. Hij heeft daar zelf echter geen oog voor en gaat door met het aanbrengen van de lagen verf totdat er uiteindelijk alleen nog een bruine kleur overblijft. Pas dan stopt hij met werken. Hij gaat totaal op in zijn werk, waardoor hij een afwezige indruk maakt, geen rekening houdt met zijn omgeving en hij zichzelf en zijn werkruimte ontzettend smerig maakt. Hij schildert in een hoog tempo, met veel grote herhalende bewegingen. Het eindresultaat is voor hem van ondergeschikt belang; hij heeft vooral plezier in het werken. Als hem wordt gevraagd wat hij graag zou willen schilderen, blijkt hij het gewoonweg niet te weten.

Als Bart met stiften werkt, gebruikt hij een grote liniaal en streept eindeloos lijnen op zijn papier. De vlakken die hierdoor ontstaan, kleurt hij daarna in. Hij kiest daarvoor steeds voor dezelfde kleurencombinatie: blauw, paars en zwart. Het werk is af als alle vlakken ingekleurd zijn. Als hij klaar is, kan hij geen invulling geven aan de resterende tijd. Hij voelt zich hier dikwijls erg onprettig bij. Soms valt hij dan in slaap.

Afbeelding 5.2.

Grondlegger
Het analoge procesmodel is ontwikkeld door Smeijsters. In 1995 is het model ontwikkeld in de muziektherapie. Daarna (2000; 2003) heeft een vertaling plaatsgevonden naar beeldende therapie. Het model heeft zich in de loop der tijd verder ontwikkeld voor muziektherapie (2000) en beeldende therapie (2008).

Beschrijving
Het analoge procesmodel is een theoretisch verklaringsmodel, dat als basis dient voor het methodisch handelen van de beeldend therapeut.

Theoretische uitgangspunten
De theoretische uitgangspunten voor het analoge procesmodel zijn terug te voeren naar de eigenschappen, kenmerken van het medium

van de beeldende therapie en de manier waarop de cliënt in het medium vormgeeft. Het analoge proces benadrukt de overeenkomst (analogie) tussen vormgevingspatronen van een cliënt in beeldende therapie en de wijze waarop deze cliënt denkend, voelend en handelend vormgeeft aan situaties in het dagelijkse leven. Deze uitgangspunten worden onderbouwd vanuit onder andere de ontwikkelingspsychologie van Stern (2000; 2004), de neuropsychologie van Damasio (2003) en de emotion-focused therapy van Greenberg (2004).

> **Het kernzelf en vitality affects**
> Op basis van deze theorieën wordt steeds duidelijker dat de wijze van vormgeven; het denken, handelen en voelen, niet alleen bepaald wordt door cognitie, maar door wat Damasio het 'kernzelf' noemt. Het kernzelf is een gevoelsmatige, intuïtieve, niet-cognitieve vorm van weten. Hierdoor 'weten' mensen gevoelsmatig wat er in hen omgaat en hoe ze op de buitenwereld reageren, ook al kunnen ze dat niet in woorden en begrippen uitleggen. De inhoud van het kernzelf wordt gevormd door de 'vitality affects'. Het zijn gevoelsmatige processen die zich in het innerlijk afspelen en die een bepaald tijdsverloop en een bepaalde vorm hebben. Vitality affects hebben een bewegingspatroon dat tot stand komt door een combinatie van parameters zoals tempo, ritme, dynamiek en vorm. Deze patronen zijn analoog aan de patronen die ontstaan tijdens het vormgeven in het medium. Omdat het gevoelsmatige en intuïtieve patronen zijn, is het lastig ze in woorden om te zetten. Bovendien spelen deze patronen zich vooral af in het hier-en-nu (het present moment).

Vertaald naar beeldende therapie betekent dit dat het niet gaat over het weergeven van een situatie die geweest is of die wellicht nog komen gaat, maar dat het gaat over de manier waarop de cliënt op dat moment tot een product komt. De manier waarop de cliënt tot een keuze komt, de mate waarin hij structuur aanbrengt in zijn handelen, de wijze waarop hij tot een vorm komt (kopiëren, imiteren of experimenteren) en hoe hij het materiaal hanteert (bijvoorbeeld of hij grote of kleine bewegingen maakt, snel of langzaam werkt, hard of zacht op het materiaal duwt, varieert in technieken, ruimte inneemt), vertellen iets over zijn manier van vormgeven in andere situaties. Het product is in deze context een afspiegeling van dit proces. De richting van het product, de lijnen, vlakken, vormen, kleuren en het ritme maken zichtbaar wat de maker op het moment van maken heeft 'bewogen'; zijn innerlijke gevoel in het present moment.

Een belangrijk aspect van dit model is dat ervan uitgegaan wordt dat de eigenschappen van het medium nauw aansluiten op het niveau van het kernzelf. Het medium binnen beeldende therapie wordt gekenmerkt door het werken met beeldende materialen. Deze beeldende materialen kennen allemaal hun eigen belevingskwaliteiten en mogelijkheden tot bewerking en appelleren daardoor verschillend aan het kernzelf. Juist dit principe bepaalt het methodisch handelen van de beeldend therapeut. Het medium appelleert in eerste instantie niet aan cognitieve processen zoals reflecteren, die veelal optreden nadat de ervaring heeft plaatsgevonden, maar juist aan het directe, onmiddellijke ervaren in het hier-en-nu. De cliënt wordt door middel van het medium in staat gesteld om in het hier-en-nu tot een andere manier van vormgeven te komen en daardoor andere ervaringen op te doen. Hierdoor wordt het kernzelf, dat ook het denken, handelen en voelen in situaties buiten de therapie stuurt, beïnvloed.

Doelgroep

Analogie is een overkoepelend begrip en wordt per cliënt individueel ingevuld. Dus iedere cliënt heeft een eigen kernzelf met vitality affects die op een eigen manier in de vormgeving van het medium tot uitdrukking komen. Er zijn wel overeenkomsten mogelijk tussen cliënten.

Dit zorgt ervoor dat de behandeling afgestemd kan worden op de individuele cliënt.

Juist vanwege het accent op het ervaren in het present moment, is beeldende therapie op basis van het analoge procesmodel geschikt voor zowel personen met (te) sterke cognitieve kwaliteiten als voor personen waarvan de cognitieve mogelijkheden (bijvoorbeeld reflectie) beperkt zijn.

Werkwijze

Het methodisch handelen op basis van het analoge procesmodel biedt handvatten om het medium methodisch in te zetten op basis van de problematiek en mogelijkheden van de cliënt. Het biedt zicht op wat haalbare behandeldoelen zijn en geeft handvatten om het medium in te zetten. Op basis van de behandeldoelen kan gebruikgemaakt worden van alle werkwijzen; de supportieve, re-educatieve, de palliatieve, (ortho)pedagogische en reconstructieve.

Behandelfase

Omdat ervan uitgegaan wordt dat er sprake is van overeenkomsten tussen de wijze van vormgeven in het medium en daarbuiten, biedt dit handvatten voor beeldendtherapeutische observatie en diagnostiek. Ook kan de beeldende therapie hierdoor een bijdrage leveren aan de algemene diagnostiek.

Op het moment dat hierover helderheid is, biedt het analogieprincipe een uitgangspunt voor behandeling. Er wordt van uitgegaan dat een verandering in de manier waarop iemand vormgeeft in het medium, invloed heeft op de vitality affects van het kernzelf. Door dit vaker te doen, beklijft de invloed ook in neurologische netwerken, waardoor de persoon blijvend kan veranderen (Smeijsters, 2008a, 2008b, 2008c). Hierdoor kunnen veranderingen die bewerkstelligd worden in de beeldende therapie meegenomen worden naar situaties buiten de therapie. De eigenschappen van beeldende materialen en technieken bieden de mogelijkheid om de cliënt op een andere manier te laten vormgeven, met een andere daarbij behorende ervaring. Bovendien zijn deze handelingen zichtbaar en tastbaar tijdens het werken en in het product. Dit biedt de mogelijkheid voor de cliënt om niet alleen een andere ervaring te voelen, maar ook om naar zijn eigen handelen te kijken.

Werkvormen

Afhankelijk van de behandelfase zet de beeldend therapeut werkvormen in om zicht te krijgen op de manier waarop iemand vormgeeft (observatie) of om de cliënt in de gelegenheid te stellen om op een andere manier vorm te geven (behandeling). Om een optimale afstemming te vinden tussen de werkvorm en de (individuele) hulpvraag, doorloopt de beeldend therapeut het klinisch redeneerproces. Dit houdt in dat er uitgegaan wordt van de problematiek en mogelijkheden van de cliënt, de fase en doelen van behandeling en de daarbij passende werkwijze. Op basis hiervan wordt gekozen voor materialen en technieken en de manier waarop ze aangeboden worden (stapsgewijs of open). Tijdens het uitvoeren zijn de therapeutische houding en interventies hierop afgestemd.

Met name de eigenschappen van de materialen en technieken spelen een centrale rol in het methodisch handelen op basis van het analoge procesmodel. Materiaal dat gemakkelijk te sturen is (bijv. potlood), spreekt de vitality affects van de cliënt op een andere manier aan dan materiaal dat heel moeilijk te sturen is (bijv. ecoline). Juist de combinatie van materiaal en techniek nodigt uit tot een bepaalde manier van vormgeven en zal een andere ervaring opleveren. Zo zal het strepen met een potlood langs een liniaal een andere beleving oproepen dan het krassen met een potlood. En zo zal schilderen met een dik penseel en ecoline op een groot formaat papier anders worden beleefd dan het trekken van lijnen met een kroontjespen en ecoline in aangegeven kaders. In een observatiefase kan het daarom heel belangrijk zijn om materialen en technieken aan te bieden met uiteenlopende eigenschappen, om zicht te krijgen op het vormgevingsgedrag van de desbetreffende cliënt.

In een behandelfase is het juist belangrijk om de cliënt door middel hiervan de gelegenheid te geven om tot een andere wijze van vormgeven te komen. Door op een andere manier vorm te geven in het medium, ervaren cliënten de daarmee samenhangende innerlijke verandering. Dit draagt ertoe bij dat de cliënt op een andere, meer adequate manier met zijn klachten kan omgaan. Dat de beeldend therapeut zich 'als een vis in het medium' moet voelen, om voldoende te kunnen afstemmen op de cliënt, mag duidelijk zijn.

Onderzoek

Het analoge procesmodel heeft zich de afgelopen jaren steeds verder ontwikkeld. Vooral de verdere onderbouwing vanuit de neuropsychologie legt een nog steviger fundament onder dit model en daarmee ook onder de creatieve therapie. De ontwikkelingspsychologie van Stern (2000, 2004), de neuropsychologie van LeDoux (1998) en Damasio (2003), de emotion-focused therapy van Greenberg (2004) en ook onderzoeksresultaten van bijvoorbeeld Dijksterhuis (2007) over het slimme onbewuste, laten zien dat de beeldende therapie voor het voetlicht geplaatst mag worden. Het ontbreekt weliswaar nog aan voldoende onderzoeksresultaten in de beeldende therapie zelf (al zijn daar goede ontwikkelingen gaande), maar de 'interventietheorie' die theoretisch aannemelijk maakt dat het werkt, is enorm verstevigd (Smeijsters, 2008a, 2008b, 2008c).

Momenteel wordt onderzoek verricht naar analogieën in beeldende therapie middels onderzoeken in de Masteropleiding Vaktherapieën en middels (promotie)onderzoek vanuit KenVaK.

> **Verantwoording van de casus**
> De vormgevingspatronen uit de casus van Bart kenmerken zich door grenzeloosheid en richtingloosheid. Bart werkt met de materialen die hij kent en neemt geen eigen initiatief in het medium door bijvoorbeeld andere materialen te gebruiken. In de

materiaalhantering valt op dat hij eindeloos smeert met de verf en lijnt met stiften, zonder dat hij een doel voor ogen heeft en dat hij ermee hij stopt wanneer het beeld volledig ingevuld is, of de verf niet meer van kleur verandert. Het komt niet eerder bij hem op dat het werkstuk klaar is of dat hij daaraan zelf sturing kan geven en er keuzes in kan maken. Hij maakt grote, herhalende bewegingen in een hoog tempo, waar hij volledig in opgaat. Hierdoor lijkt hij zijn eigen handelen moeilijk te kunnen structureren. Dit levert hem dikwijls een vervelend gevoel op.

De analogie tussen zijn functioneren in beeldende therapie en in het dagelijkse leven is terug te zien in de moeite die hij heeft om zelf zijn dag te structureren. Nadat hij altijd heeft kunnen profiteren van de aangereikte structuur van zijn moeder en school, heeft hij het vermogen om zelf te structureren en zelf keuzes te maken, onvoldoende ontwikkeld. De vitality affects van zijn kernzelf sturen dus zowel zijn handelen thuis als in het beeldend werken.

Een belangrijk doel voor Bart op de dagbehandeling was om te ervaren dat hij zelf zijn handelen kon sturen, dat hij keuzes kon maken. De beeldende therapie werd geïndiceerd, voornamelijk omdat Bart hier de mogelijkheid kreeg om vanuit de handeling tot nieuwe ervaringen en nieuw gedrag te komen (en niet vanuit cognitie). Voor de beeldende therapie betekende dit dat hij ging oefenen met een andere manier van vormgeven, waarbij hij zelf leerde bepalen hoe zijn werkstuk eruit kwam te zien en wanneer het af was en hij vanuit de ervaring voorkeuren zou kunnen ontwikkelen.

Hierbij werden werkvormen ingezet die in eerste instantie aansloten bij het voor hem vertrouwde schilderen. Op een gestructureerde wijze (stap voor stap) maakte hij kennis met verschillende verfsoorten, gereedschappen en technieken die de therapeut hem aanreikte. Hierdoor kon hij ervaren hoe het was om op een andere manier met verf bezig te zijn. Behalve de zich herhalende grote bewegingen die hij gewend was te maken, oefende hij met verschillende formaten kwasten en penselen, en de mogelijkheden van het paletmes. Ook leerde de therapeut hem kleuren mengen en vroeg welke kleuren hem aanspraken. De uiteenlopende verfsoorten en technieken met hun eigenschappen spraken de vitality affects van Bart op verschillende manieren aan. Belangrijke interventies van de therapeut waren dat deze hem in het begin van de behandeling af en toe letterlijk stopte, waarbij de therapeut steeds weer vroeg te kijken naar wat hij aan het doen was en wat hij daarvan vond. Later werd er gewerkt met verschillend tempo, waarbij Bart ervaarde dat langzamer werken het voor hem makkelijker maakte om zelf af en toe te kunnen stoppen en te kijken naar wat hij deed. Het product hielp hem daar ook bij; door te kijken naar de resultaten van zijn handelen kon hij zijn handelen bijsturen. Hierdoor kwam een proces op gang waarin hij steeds meer zicht kreeg op zijn voorkeuren (groot werken met felle kleuren in contrast). Deze voorkeuren gaven dan weer richting aan zijn verdere beeldend handelen, waarbij samen met de therapeut gekeken werd wat hij zou kunnen en willen maken. Hierbij werden voorbeelden (onder andere uit fotoboeken) gebruikt, waardoor hij de inzet van andere materialen, zoals krijt, ontdekte om een achtergrond en voorgrond te creëren en vormen te accentueren. Hij breidde zijn beeldende vormgevingsrepertoire uit. Later kon hij de voorbeelden steeds meer loslaten en kwam hij tot een geheel eigen (nieuwe) manier van vormgeven. De ervaring dat hij daarbij grip had op zijn eigen handelen en dat hij zelf keuzes maakte, leverde hem een trots gevoel op.

Door Bart in de gelegenheid te stellen om vanuit de ervaring in het medium tot een andere materiaalhantering te komen, beïnvloedde hij zijn vormgevingsgedrag en daarmee zijn kernzelf. Analoog hieraan was dat Bart ook in de thuissituatie steeds meer invulling aan zijn tijd kon geven. Hij stelde zelf activiteiten voor en kon ook zelfstandig iets ondernemen. Hij bleef hierbij, gezien zijn verstandelijke beperking, wel aansturing nodig hebben.

Ook kon Bart steeds meer zelf aangeven wat hij na afronding van de dagbehandeling wilde doen; hij zou graag met dieren willen werken. Na een succesvolle proefperiode op een zorgboerderij, sloot hij na anderhalf jaar, zijn behandeling af met een gesigneerd schilderij voor de dagbehandeling. Hij werkt nog steeds met veel plezier op de zorgboerderij.

5.2.3 BEELDWAARNEMING, EEN BEELDEND BENOEMINGSSYSTEEM

Linda is 32 jaar, haar klachten zijn angst- en stemmingsproblemen, ze heeft last van gevoelens van onzekerheid. Aanleiding voor de intake is een zelfmoordpoging van haar vader, drie weken na de geboorte van haar eerste kind. De beeldend therapeute legt cliënte een collectie voorwerpen voor en stelt de vraag naar affiniteit: 'Kies één voorwerp dat toegenegenheid bij je oproept en één waarbij je weerstand voelt.' Haar keuze in verband met weerstand valt snel op een stukje schapenvacht en twee nekwervels van een konijn. Haar keuze in verband met voorkeur kost meer tijd: een hoornschelp, een wortelstronk en de bast van een vrucht. Haar wijze van kiezen: eerst afwending dan toewending (1, de volgorde): drie voorwerpen in plaats van één, waarmee zichtbaar wordt dat ze onderscheiden waarneemt maar moeizaam kiest (2, de wijze waarop). Het derde observatiepunt is of cliënte tot expressie in staat is (3); daaraan kun je iets aflezen met behulp van het benoemingssysteem. Na haar definitieve keuze tussen voorwerpen en vervolgens de keuze van beeldende middelen, zoals krijt-, verf- en kleisoorten en ondergrond, geeft zij haar impressie van de bewegingen in het voorwerp weer als een lijnenspel. We bekijken de tekeningen met behulp van de registers uit het Beeldend Benoemingssysteem die iets toelichten over de verschijnselen en de veranderingen die optreden in de loop van drie werkstukken.

Afbeelding 5.3.

Grondlegger

De methode Beeldwaarneming is ontwikkeld door Ella Molenaar-Coppens vanaf 1987 in de lessen voor beeldendetherapiestudenten van de HAN. De huidige vorm werd geïntroduceerd en toegepast bij ggz Nijmegen, bij Stichting Meerkanten te Ermelo, bij Stichting '40-'45 te Oegstgeest (Coppens, 1987, 2004). Marijke Rutten-Saris maakte er gebruik van bij de ontwikkeling van de RS-index.

Beschrijving

Beeldwaarneming, een beeldend benoemingssysteem helpt de beeldend therapeut bij de interpretatie van het beeld en het persoonlijk probleem van de cliënt. Het is een begrippenapparaat dat verschillende aspecten van het beeldend werken in vijf registers beschrijft, namelijk:
1 werkstuk als object;
2 handelingen waardoor het werkstuk tot stand komt;
3 relatie tussen vormgeving en symbolisering in het werkstuk;
4 mentale instelling van de maker in relatie tot het werkstuk;
5 stijlkenmerken van het werkstuk.

Doelstelling

Beeldwaarneming wordt gebruikt bij indicatie en behandelprognose, voor inschatting van de problematiek en geeft aanwijzingen voor het vervolgaanbod. Het steunt de cliënt door een behoedzaam exploreren van het actuele rationele, emotionele en sociale leven.

Visie, uitgangspunt

In 1987 was de methode gebaseerd op de kunstanaloge stroming 'Grondslagen van beeldend vormen'. Vanaf 1992 is de methode ontwikkeld als Beeldwaarneming met als uitgangspunt dat zelfs de eenvoudigste feitelijke waarnemingen betrekking hebben op relaties: iets heeft betekenis in betrekking tot iets anders. Het 'iets' van de waarneming maakt altijd deel uit van een waarnemingsveld, want een geïsoleerd waarnemingsgegeven is onbegrijpelijk. Betekenis is contextafhankelijk (Merleau-Ponty, 1997). Dit uitgangspunt is tevens terug te vinden bij het analoge procesmodel (Smeijsters, 2008; zie ook paragraaf 4.2.2).

De begrippen zijn afkomstig uit de beeldende vorming, beeldende kunst, kunstgeschiedenis, filosofie, psychologie en andragologie. Het begrippenapparaat biedt een samenhangend interpretatiekader van beeldspecifieke termen waarmee de beeldend therapeut de verbinding legt met fenomenen en processen op het gebied van persoonsvorming, -herstel, en/of -stabilisatie, die aanleiding zijn voor het aangaan van een therapeutische relatie (Molenaar-Coppens, 1987).

Werkwijze
Aan de cliënt worden er drie dingen gevraagd tijdens de observatie.
1 Maak een keuze uit een groot aantal gevonden voorwerpen (zowel visueel als tactiel), gevolgd door een tegenstelling: kies één voorwerp dat toegenegenheid bij je oproept en één waar je weerstand bij voelt. Dit onderzoekje geeft zicht op de behoeftehiërarchie en de mate van balans tussen denk- en belevingsorganisatie.
2 Neem tactiel waar.
3 Geef een beeldende impressie weer van de bewegingslijnen, met krijt op een groot vel papier (A2) of in klei. Hiermee is er snel een inschatting te maken of beeldende therapie bij deze cliënt een ingang voor therapeutisch werken biedt.

De registers van beeldwaarneming
Register 1: Benoeming op het verschijnsel vorm- en beeldelementen
De bouwkunst en de beeldende kunsten zijn aangewezen op dezelfde vormelementen: lijn, vlak, volume en ruimte. Alle vormelementen leveren een aandeel aan alle genres van kunst, zo ook aan beeldende werkstukken. Per genre domineert er één: in de bouwkunst vinden we ze alle vier, maar domineert ruimte, bij de beeldhouwkunst domineert volume, in de schilderkunst domineert vlak en in de tekenkunst domineert lijn. Beeldelementen specificeren kenmerken van de vormelementen ruimte, volume, vlak en lijn. Vorm wordt zichtbaar dankzij contrast of tegenstelling in punt, lijn, vlak, kleur en beweging. Er is een groot aantal samengestelde beeldelementen waarbij de belangrijkste zijn: tegenstelling, voorstelling, ordening, beweging, richting, structuur enzovoort (Itten, 1990).

Register 2: Handelingen in beeldend vormen
Onderwerp zijn de fysieke handelingen die in werkwoorden worden gevat, zoals verzamelen, herhalen, bundelen, verbinden, bouwen, stapelen, schilderen, schetsen, schaven, smeren, druppelen, wrijven, insnoeren, kerven. De materiële beeldelementen spelen een dominante rol bij handelingen (Beljon, 1980). Alle handelingen uit het 'gewone' leven zijn mogelijk binnen beeldend vormen: het zijn beeldopleverende handelingen door fysieke actie van de vormgever, die aanwijzingen geven over hoedanigheden van werkstuk en maker (Molenaar-Coppens, 1987). Ze zijn objectief registreerbaar zoals bij register 1.

Register 3: Symbolisering

In dit register gaat het om wat concreet te zien is en wat gesuggereerd wordt. Als een boom in een landschap geschilderd is, zijn verf, kleur, vlak en lijn waarmee boomstam, takken, horizon en verte gesuggereerd worden concreet te zien. Bomen en vruchtvormen, evenals huizen en holen symboliseren ik-beelden (Strauss & Strauss, 1976). De voorstelling is objectief zichtbaar en fotografeerbaar, maar de subjectieve beleving is een niet-zichtbare innerlijke ervaring die gemakkelijk leidt tot verkeerde interpretatie of tot projecties van de therapeut. De maker kan door middel van rationalisaties bovendien iets anders suggereren dan in de ervaring aanwezig is. In tegenstelling tot register 1 en 2 is men in register 3 aangewezen op een dialoog met de maker om te begrijpen wat de betekenis van de voorstelling is.

Register 4: Vormrelaties

Vorm- en beeldelementen worden vervolgens benoemd naar hun onderlinge relatie (Itten, 1980, 1989). Een of meer van de vier fundamentele beeldelementen, zoals lijn, uit register 1 combineren we met tegenstelling uit register 2. De meest voorkomende contrasten of tegenstellingen zijn: vormcontrast : krom/recht – groot/klein; doorzichtig/vast; hol/bol (Molenaar-Coppens, 1994) en richtingcontrast: horizontaal/verticaal; middelpuntzoekend/vliedend (Bachmann, 1985), kleurcontrast en ritmecontrast (Hippius, 1936; Klee, 1971; Itten, 1980), binnen dit bestek is het te veel om uit te werken. Daarnaast is er nog een groep, zoals manifestatie, focus, differentiatie, spanning (Beljon, 1980). Ze hebben een variatieprofiel van meer naar minder. Spanning (van blow-up tot slap) zegt iets over de intentie waarmee het beeld gevormd werd. Bij observatie hiervan spelen beeldende vakkennis en theoretische scholing van de therapeut een grote rol. Vormrelaties focussen op de mentale instelling van de maker in relatie tot het werkstuk.

Register 5: Stijlen

Expressie vindt plaats op allerlei manieren, in allerlei stijlen: in kinderlijke stijl, onbevangen, geremd of ontwikkeld, realistisch, surrealistisch, abstract, intuïtief, associatief, archaïsch, anekdotisch, suggestief, theatraal, onderzoekend, emotioneel, rationeel, inlevend, schematisch, grafisch enzovoort. Dit register werkt als controle en bevestiging van bevindingen van de andere registers.

De registers met elkaar in verband gebracht

De werkstukken, in het platte vlak of ruimtelijk, worden systematisch onderzocht vanuit register 1, waarbij het beeld ook in bijpassende woorden wordt gevat. Daarna wordt naar opvallende dingen gekeken. Het 'iets' dat in het waarnemingsveld verschijnt, kan een vormelement zijn (1) of de handeling (2), of de symbolisering (3), of de vormrelatie (4), of het kan de stijl zijn (5). Met elkaar vormen de registers het waarnemingsveld van de therapeut (bij voorkeur in samenspraak met de cliënt), die zoekt naar de betekenis van onderling samenhangende betrekkingen in relatie tot de klacht van de cliënt: vormelement 'lijn' uit register 1 wordt beschouwd in verbinding met 'handeling' uit register 2, met 'symbolisering' uit register 3 enzovoort.

Interpretatiekader van de registers van beeldwaarneming
Beeldwaarneming helpt bij het beantwoorden van de vraag of en op welk gebied de cliënt beschikt over de noodzakelijke ruimte bij het bespelen van tegenstellingen, of er sprake is van variatie en differentiatie en hoe wordt gevarieerd. De therapeut signaleert welke storingsprocessen zich voordoen, zoals dissociatie, conversie, fusie, regressie, polarisatie, vermijding en herhaling die van invloed zijn. Zij geven aanwijzing bij de inschatting van het tijdpad en de keuze van beeldende werkvormen die de therapeut aanbiedt (Molenaar-Coppens, 2004). Om de waarnemingen uit de registers te registreren, kan men een turflijst maken waarbij men scores aangeeft (met –, –/+, +/–, +, ++). Men kan experimenteren met de vorm en hem passend maken voor de eigen situatie.

Werkwijze
Deze methode is inzichtgevend en past bij de re-educatieve en reconstructieve werkwijze (Smeijsters, 2008).

Doelgroep
De doelgroep van de methode beeldwaarneming bestaat uit cliënten bij wie sprake is van psychische conflicten en die inzicht willen verkrijgen.

Onderzoek
De methode Beeldwaarneming is nog niet gericht onderzocht.

Verantwoording van de casus

Cliënte maakt drie werkstukken. In werkstuk 1 is er een grillige kluwen van lichtgroene lijnen omringd door een stevige paarse contourlijn. In werkstuk 2 is er met parelgrijs op witte ondergrond een lijnenspel dat nauwelijks contrasteert met centraal een klein donkerblauw accent. In werkstuk 3 wordt aan het accent, de celvorm met kiem, meer ruimte gegeven, er verschijnt een tegenstelling van stip en lijn.

- Register 1. Van werkstuk 1 naar 3 vertoont zich in het beeldelement lijn een toename van tegenstelling, zowel in kleur als in vorm.
- Register 2. We zien in werkstuk 1 een schetsende manier van korte bewegingen, de contour ontstaat door een telkens opnieuw aanzetten. In werkstuk 2 vertoont het schetsen vooral aarzeling en nauwelijks druk. In werkstuk 3 verschijnen ritmisch nauwkeurig geplaatste stippen, omringd door een lijn. De fysieke afwisseling, dus de gevarieerdheid in de reeks van drie werkstukken, neemt toe; schetsen, herhalen van aanzetten, stippelen, ritmisch herhalen van stippelen, omringen, insnoeren.
- Register 3. We zien in werkstuk 1 de grillige kluwen van lijnen van de vruchtvorm die door cliënte wordt ervaren als prettig, want grillig staat voor enthousiasme en levendigheid uit haar kindertijd. Nu durft zij niet meer, er komt er een muurtje omheen dat de wereld buitensluit. Ze gebruikt woorden 'dicht plamuren' en benoemt haar zelfbeeld als 'ingesnoerd en gecontroleerd'. Met moeite spreekt ze over de 'weerzin' (schapenvelletje), maar de gelijkenissen tussen de weergave van het plukje wol en het enthousiaste lijnenspel (dat haar innerlijk weefsel suggereert) in tekening 1 is te opvallend. 'Ik zie de overeenkomst in het lijnenspel, maar ik wou dat het niet waar was ...' Tekening 2 heeft geen basis en is zo kapot, 'Het kan zo uit elkaar vallen.' Tekening 3, de celvorm met kiem, krijgt de betekenis van: 'Innerlijk is er een stemmetje, heel klein, daar moet ik meer naar luisteren, dat moet groter worden.' Als buitenstaander verneemt de therapeut deze betekenissen alleen door ze van de cliënte te horen. Ze zegt dat ze het stimuleren van innerlijke dialoog noodzakelijk vindt voor haar herstel (bewustwording).

- Register 4. Bij register 4 is te zien dat stip en lijn verschijnen vanuit middelpuntzoekende beweging in een binnenwaartse spiraal. Interpretatie: haar verlangen als wensvoorstelling krijgt richting door een symbolisch inkeren in zichzelf in een nieuwe groeikern (celvorm met kiem). De middelpuntzoekende en middelpuntvliedende krachten zijn niet in balans en speelruimte ontbreekt: is het middelpunt zoeken een vermijden van het middelpunt vlieden en als rationalisatie onder woorden gebracht ('insnoeren' onder register 2 en iets suggereren dat anders ervaren wordt, onder register 3)?
- Register 5. Cliënte werkt met grafische bewegingssporen in een kinderlijke stijl, geordend, geremd.

Samenvattend/concluderend

Bij de eerste observatie is zichtbaar dat er speelruimte is en variatie mogelijk in register 1. Bij register 2 is er toename die kan leiden tot differentiatie. Register 3 symboliseert haar belevingswereld waar haar overlevingsstrategie (modus) duidelijk wordt en de angst dat haar innerlijke weefsel of structuur uit elkaar valt. Zij kan aangeven wat haar persoonlijk thema is, namelijk contact ontwikkelen met haar innerlijke stem (door C.G. Jung werd dit fenomeen van de innerlijke stem ooit genoemd persoon no. 2, het onbewuste). Denk- en belevingsorganisatie zijn in onbalans (rationalisaties). Bij register 4: 'fusie' is waarschijnlijk een storende behoefte op de weg naar differentiatie, die haar nu nog te veel spanning oplevert (met 'insnoering' als dominante modus). Ze moet leren omgaan met de spanning die gepaard gaat bij het bespelen van middelpuntzoekende en middelpuntvliedende krachten, om het stadium van 'fusie' te overwinnen. Bij register 5 toont zij in alle tekeningen dat haar ontwikkeling in een vroeg stadium verkeert. Als storingsproces is vermijding (van spanning) aannemelijk. In het vervolg kan het werken op de schopschijf een rol spelen, waarbij het aanschoppen van de schijf en het centreren van de klei een lijfelijk te ervaren bijdrage leveren in het balanceren van deze krachten.

5.2.4 MOVE, EEN VORMGEVINGSMETHODE IN BEELDENDE THERAPIE

> Jolanda (40 jaar) is in het begin van de behandelingsperiode erg onrustig, gehaast, ze kan niet stilstaan bij haar gevoel. Dit weerspiegelt zich in haar beeldend werken: ze werkt met weinig aandacht en aan meerdere dingen tegelijk. Ze wil dit wel anders doen, maar kan uit zichzelf niet stoppen met haar hoge tempo. Om meer rust te brengen zijn de eerste oefeningen van de therapeut gericht op contact maken met het materiaal. Ze kiest aquarelverf. Tijdens het aquarelleren raakt ze regelmatig geïrriteerd, omdat natte verflagen in elkaar overvloeien. Op een zeker moment echter raakt ze gefascineerd. Ze ontdekt dat ze in gedroogde vlakken strakke afgegrensde vormen kan aanbrengen die een beeldende wisselwerking aangaan met vloeivormen. De therapeut stimuleert haar in dit spelen met vormen, werkstukken te maken die de wisselwerking tussen de twee vormsoorten op een persoonlijke manier articuleren. Zo ontstaat een aantal beelden waarbij vloeivormen en strakke structuren op een authentieke en boeiende wijze tot een eenheid zijn gesmeed.

Grondlegger
De MOVE is ontwikkeld door Cis Luttikhuis toen hij als beeldend therapeut werkzaam was bij de Josephstichting, een ggz-instelling te Apeldoorn. Later, toen hij als docent methodiek en beeldend vormen verbonden was aan de Creatieve Therapie Opleidingen te Nijmegen, kregen de praktijkervaringen een expliciete theoretische fundering (Luttikhuis, 1988, 1990). Inmiddels werken volgens deze methode opgeleide beeldend therapeuten in de praktijk in verschillende ggz-instellingen.

Beschrijving
In de manieren van werken van cliënten in het medium en in hun gebruik van de beeldende middelen is herkenbaar hoe vormgeving verbonden is aan hun gedrag- en levensproblemen (analogie). Bovendien worden vaak – onbedoeld – dilemma's uitgedrukt in de middelen van het medium: zoals in de contour, de compositie, het thema enzovoort. Door de cliënt daarmee te confronteren, leert hij zichzelf kennen. Door hem uit te nodigen anders met de middelen van het medium om te gaan en door andere beeldende 'oplossingen' te zoeken

en die verder te ontwikkelen, ontstaan nieuwe inzichten in zijn relatie tot de omgeving en een andere optiek op zichzelf.

De theoretische ingrediënten van MOVE worden gevormd door de rogeriaanse en de cognitieve gedragspsychologie, de methodische door de rogeriaanse en de cognitieve gedragstherapie en – vanuit de vakdidactiek van het beeldend vormen – de 'creative problem solving', en de analyse en hantering van de middelen met name door het vocabulaire van het Bauhaus en zijn navolgers. Het doel is de ontwikkeling van nieuwe gedragsmogelijkheden en een verbeterd zelfconcept.

De therapeut gaat uit van aanwezige kracht en mogelijkheden bij de cliënt als basis voor verandering. In de ontwikkeling die hij voor ogen heeft richt hij zich op de authentieke aspecten in de vormgeving van de cliënt. Hij geeft feedback, analyseert met hem de beelden en helpt hem te reflecteren op gekozen oplossingen en de motieven daarvoor. Hij stimuleert de cliënt 'eigen' oplossingen en uitdrukkingsmiddelen te ontwikkelen en zich genuanceerd uit te drukken. Immers: het zelfconcept ontwikkelt zich juist door zich authentiek te uiten. In eigen voorkeuren, in 'eigen' gebruik van vormgeving, in manieren van omgang met dingen en mensen herkent de cliënt zijn werkelijkheid.

De benaming 'MOVE' geeft aan dat in deze methode de stappen in het creatief proces centraal staan. Het creatief proces wordt opgevat als een oplossingsgericht proces waarin onderliggende vragen in het beeldend werk worden opgespoord en waarin men stapsgewijs tot een beeldend antwoord komt.

MOVE is een methode waarin men dus leert kijken naar eigen beeldend gedrag en keuzen en waarin men nieuwe vormgeving ontwikkelt. Nieuwe uitdrukkingsmogelijkheden vertalen zich vervolgens in nieuwe gedragsmogelijkheden. Nieuwe constellaties en beeldspraken vertalen zich in nieuwe inzichten.

Uitgangspunt

Uitgangspunt is dat 'alles wat men doet iets oplevert'; zodra men handelt ontstaan structuren, vormen en beelden. Deze hebben in principe een eigen karakter: het handschrift, het formaat, de compositie worden bepaald door intuïtie en voorkeuren. Elk werkstuk houdt de maker een spiegel voor waar deze zichzelf in kan herkennen. Soms wordt betekenis pas helder wanneer de cliënt eraan toe is deze onder ogen te zien.

Authentiek gebruik van de beeldende middelen geeft aan dat er gezocht is naar een eigen ordening in het vlak, dat er keuzen zijn gemaakt in kleur, in vorm enzovoort. Keuzen die voorkeuren aangeven, die uitdrukking geven aan hetgeen in de mens leeft. Ze leiden tot ontdekken van eigen, unieke uitdrukkingswijzen en ten slotte tot een eigen beeldtaal. Het is dan ook belangrijk dat de cliënt verantwoordelijkheid neemt voor eigen beslissingen. Deze houding leidt respectievelijk tot het ontwikkelen van 'gevoeligheid voor verborgen vragen', tot een zoekende en ten slotte tot een lerende houding (Rogers, 1971). Ook wordt onderzocht waar het beeld weinig zeggend blijft. Het kan zijn dat er gebruikgemaakt wordt van clichés, oude oplossingen, vaste patronen of van vormgeving die niet 'eigen' is maar overgenomen uit/ aangepast aan de omgeving (Gombrich, 1964). Deze geven in de regel aan dat er weinig of geen sprake is van persoonlijke stellingname. Ze vormen evenzo een spiegel voor de cliënt, omdat ze een mogelijk inadequate wijze van omgang met de omgeving laten zien.

Door het sterker worden van authenticiteit en zelfconcept in vormgevend gedrag en beelden is de cliënt meer en meer in staat zijn clichés, lacunes en vluchtwegen in de beelden te herkennen. Voortvloeiend daaruit herkent hij meer en meer zijn eigen aandeel in de wisselwerking met de sociale omgeving en het eigen patroon erin. Hij herkent de nieuwe stappen die hij gezet heeft en de mogelijkheid tot verandering die eigen stappen en keuzen hem bieden. Hij verwerft meer flexibiliteit en inzicht in eigen gedrag.

Werkvorm

Belangrijk is het opmerkzaam kijken naar dat wat is ontstaan. Analyse van de gebruikte beeldende middelen leidt naar wat er in het beeld 'gezegd' wordt en in welke intensiteit. Het leidt ook naar hetgeen weggelaten is, naar de delen in het beeld waar de cliënt vlak is gebleven of geen uitspraak heeft gedaan. Samen met de therapeut wordt gekeken waar de expressie zit, naar de wijze waarop vormgevingselementen op elkaar reageren, waar vorm en inhoud elkaar versterken (Arnheim, 1974) en welke richting men opgaat. Aandacht gaat uit naar materialen, kleuren en vormen, maar ook naar: handschrift, compositie, richting, tegenstelling, onderwerp, symbool, beeldspraak enzovoort (Beljon, 1980; De Visser, 1989, 2001).

Van groot belang is het werken naar een afgerond product. Wanneer de verschillende elementen in het beeld tot een definitieve constellatie zijn samengebracht, heeft de cliënt ten aanzien van zijn vraagstelling zijn werk grondig doorleefd, en heeft hij in het vinden van een persoonlijke oplossing zijn standpunt bepaald. De door hemzelf gestelde vraag is beantwoord en draagt bij aan de verdere vorming van een zelfconcept en een nieuwe houding tegenover de omgeving. Net zoals in de cognitieve therapie is het dus gebruikelijk dat naar het beeldend werk wordt gekeken als naar eigen handelingen, eigen gedrag en keuzes. Het creatieve proces dat plaatsvindt, wordt door de therapeut opgevat als oplossingsgericht: de stappen worden gezien als een denkproces dat uiteindelijk leidt tot een persoonlijke oplossing voor een beeldende 'vraagstelling' (Wolters, 1977).

Beeldend proces

Het beeldend proces ontvouwt zich in een aantal werkstukken. Zichtbaar wordt hoe de cliënt omgaat met de dingen om zich heen, de authentieke aspecten maar ook zijn (dis)functionele strategie daarin. In nieuwe keuzen in het beeld, in een veranderde hantering van materialen en toepassing van beeldende middelen kan hij zijn koers wijzigen.
De therapeut benadert het werk van de cliënt in de therapie alsof er sprake is van een 'beeldende vraagstelling'. Nieuwe beeldende oplossingen en nieuw gedrag bij de totstandkoming van het beeld kunnen de cliënt inzichten over zichzelf verschaffen en hem helpen zich functioneel gedrag eigen te maken.

Interventies

De therapeut is ondersteunend, bevragend en feedbackgevend. Hij accentueert de zelfstandigheid van de cliënt en stimuleert zelfonderzoek (Rogers, 1971).
Kijken naar en praten over het beeld en over het ontstaan ervan staan centraal. Hierbij komen vormen, kleuren, materialen, ruimte, de inhoud zowel als onderwerp, symbolen en thema als expressiemiddelen aan de orde. Er wordt niet zozeer psychologisch geïnterpreteerd, maar er wordt vooral gelet op de authenticiteit van het beeld, de expressieve kracht van de ingezette middelen en de afronding van de vormgeving. Doel hiervan is dat de verborgen vraag, of -zo men wil- het 'thema' helder wordt. Er kan gereflecteerd worden op het verband tussen de situatie van de cliënt in de beeldende therapie en zijn situatie in het dagelijks leven.
In de nabespreking zijn vragen die beginnen met 'hoe' en 'wat' met betrekking tot het beeld adequaat, omdat ze tot verder onderzoek uitnodigen. De 'waarom'-vraag echter is irrelevant en ongewenst, omdat ze de gevoelsmatige verbinding met het werk verbreekt.
In samenspraak met de therapeut wordt het beeldend proces en product onderzocht op aard en betekenis. De conclusies geven richting aan het vervolg. De therapeut begeleidt de cliënt in het onderzoeken van andere mogelijkheden, het maken van andere keuzes en loodst hem door het ontstaansproces van een nieuw beeld heen. De thera-

peut kan voorzetten geven in de vorm van een opdracht. Naarmate de therapie vordert, gaat de therapeut meer in op interpreterende opmerkingen van de cliënt. Deze gesprekken mogen nooit het beeldend onderzoeksproces belemmeren.

Doel
Doel van de methode MOVE is disfunctioneel gedrag van cliënten te verminderen en nieuw, authentiek en functioneel gedrag te ontwikkelen. Essentieel daarbij is dat gedrag en uitingsvormen door de cliënt herkend en benoemd moeten worden. De volgende vragen staan hierbij centraal:
– 'Wat is kenmerkend voor mijn manier van uiten, van mijn vormgeving en wat zijn de ingrediënten?'
– 'Hoe pak ik iets aan en wat zijn typische manieren van mij om persoonlijke dilemma's te benaderen?' (Anders gezegd: wat is karakteristiek, 'eigen' en wat niet, én: wat is daarin functioneel gedrag of disfunctioneel gedrag?)

Binnen deze methode spreekt men liever van een 'verborgen vraagstelling/dilemma' dan van een 'probleemstelling', omdat er niet gefocust wordt op een probleem maar op een op te lossen vraag (Bannink, 2006).

Werkwijze
De werkwijze van MOVE is supportief en inzichtgevend, zowel focaal als inzichtgevend plus.

> *Voorbeeld van een opdracht uit de beginfase*
> 'Maak een paar foto's in je omgeving van bijzondere verschijnselen, dingen die je opvallen, die je fascinerend vindt.' Dit zouden kunnen zijn: een spoor van groeisels op een lekkende regenpijp of een stuk prikkeldraad dat in een boom is vastgegroeid. Beelden die specifieke emoties oproepen en aanleiding kunnen zijn voor een werkstuk. Vanuit analyse van deze beelden en benoemen van fascinaties kan een werkstuk ontstaan waarin een persoonlijk dilemma concreet wordt en beeldend bewerkbaar.

Indicatie
De methode is breed inzetbaar. Noodzakelijk is dat de cliënt openstaat voor het medium en het ten minste op basaal niveau leert hanteren:

anders kan het veranderingsproces niet plaatsvinden. Enig vermogen en bereidheid tot reflectie is vereist.

Onderzoek
De methode MOVE is in de praktijk van beeldende therapie en onderwijs op de opleiding creatieve therapie te Nijmegen ontwikkeld, toegepast (Luttikhuis, 1988, 1990) en onderwerp geweest in verschillende afstudeerscripties, maar nog niet op effect onderzocht.

> **Verantwoording van de casus**
> Door het vormgevingsproces gaat cliënte inzien dat ordeningsproblemen haar ook sterk belemmeren in haar dagelijks functioneren. Ze herkent in haar beelden, in compositie en in combinaties van vorm, materiaal en kleur, terugkerende patronen die haar vertellen over haar omgang met chaos en ordening. Haar omgang met het materiaal en de ontwikkeling in haar vormgeving bieden haar nieuw gedrag en nieuwe oplossingen, in én buiten het beeldend werken.

5.2.5 'T TIJDLOZE UUR

> Bram, enig kind, is 9 jaar oud als hij wordt aangemeld. Bram voelt zich vaak eenzaam en ontevreden en heeft bijna dagelijks huilbuien en woede-uitbarstingen. Vooral met zijn moeder heeft Bram veel ruzie. Hij ziet het leven niet meer zitten en dreigt met zelfdoding. Net als zijn ouders is Bram perfectionistisch. Op school voelt Bram zich minder alleen en kan hij leuk spelen met andere kinderen. Hij zou zich thuis graag minder alleen voelen en zou graag willen dat er minder ruzies zijn. Bram is prematuur geboren en was in zijn eerste levensjaar een kwetsbaar kindje. Dit heeft veel bezorgdheid bij zijn ouders opgeroepen. De bezorgdheid om Bram is bij zijn ouders altijd blijven bestaan. Het gezin is sterk gericht op het Bram naar de zin maken, de hiërarchie is verstoord. Moeder heeft moeite met het loslaten van Bram en schept naar Bram de illusie van voortdurende beschikbaarheid. Zowel bij vader als moeder zijn er in het verleden aanwijzingen geweest voor psychiatrische problematiek. Tijdens de beeldende kindertherapie heeft Bram een matte gezichtsuitdrukking en maakt hij een serieuze, ouderlijke en beheerste indruk. Hij gaat

voorzichtig te werk. Tekent met zachte lijnen. Trekt lijnen vaak over en heeft veel aanmoediging van de therapeut nodig. Zijn werkstukken stralen weinig eigenheid uit en er komt veel herhaling van vormen en patronen in voor. Bram is gediagnosticeerd met een dysthyme stoornis en problemen binnen de primaire steungroep.

Afbeelding 5.4.

Grondlegger

't Tijdloze Uur, ontwikkeld door Michiel Czn. Dhont (2000; zie ook www.dhont.nl), is een methode die uitgaat van beweging en intuïtie. De 22 beeldende individuele en gezamenlijke klei- en tekenoefeningen zijn gericht op het stimuleren van de integratie van de cognitieve, emotionele en sociale intelligentie. De methode is educatief, curatief en preventief gericht en is van toepassing op kinderen van de basisschoolleeftijd. Ook kan de methode toegepast worden bij adolescenten en volwassenen. De methode is bedoeld voor zowel leerkrachten, pedagogen als vaktherapeuten. De aanleiding tot het ontwikkelen van de methode is de steeds complexer wordende multiculturele samenleving. Hierin is het van belang dat kinderen de drie vormen van

intelligentie (cognitief, emotioneel en sociaal) ontwikkelen om verantwoorde en bewuste keuzes te kunnen maken en om erkend te worden in hun mogelijkheden. Via de 22 beeldende oefeningen wordt het kind in staat gesteld zelfvertrouwen te ontwikkelen, stress te ontladen, visualisatievermogen te stimuleren, communicatie en sociale interactie te verbeteren, zich te concentreren op het innerlijke gevoelsleven en creativiteit en expressievermogen te vergroten.
Het werkboek 't Tijdloze Uur heeft in 2002 vanwege het universele karakter van de methode speciale aandacht gekregen van de Verenigde Naties middels de World Health Organization en in 2005 door 'Nexus-EQ' World Congress of Emotional Intelligence.

Beschrijving
De beeldende oefeningen uit het 't Tijdloze Uur gaan uit van een creatief leer/groeimodel. Het model richt zich op ervaringsgerichte innerlijke reflectie, voelen, tot expressie brengen van gevoelens, participeren en delen via creëren. Het principe van de eenheid van hoofd, hart en handen (Castillo, 1974 – Gloria Castillo is een studente van Fritz Perls en George Brown) ligt aan het model ten grondslag. Het Hoofd staat hierin voor cognitieve vaardigheden (kennis en inzicht), het Hart voor affectieve vaardigheden (gevoel, attitudes en waarden) en de Hand voor psychomotorische of sensomotorische vaardigheden (vaardigheden tussen waarneming en motoriek: coördinatie tussen oog en hand). In beweging zijn en komen heeft ook een innerlijke beweging tot gevolg. Door langzame beweging verhoogt het kind het bewustzijn van wat het doet (buiten) en voelt (binnen), waardoor leerprocessen van het kind zich kunnen openbaren (bewustwording door beweging) (Feldenkrais, 1972)). Via beweging drukt het kind zich in de beeldende handelingen uit in de buitenwereld en verbindt het met zijn binnenwereld. Ook elementen als de visualisatie van de gestalttheorie (Fritz Perls) worden gebruikt in de methode. Ieder kind draagt het vermogen tot verbeelding in zich. Een emotie of verbeelding die niet gedeeld kan worden met anderen, zorgt voor angst en vervreemding bij het kind. Dit kan eenzaamheid creëren. Naast onderscheid kunnen maken tussen realiteit en fantasie, is het beheersbaar maken van deze emotie of verbeelding belangrijk bij het leerproces. De combinatie van voelen, denken, doen, beweging en visualisatie zorgt voor het één-zijn in de beeldende handeling en brengt een leer-groeimodel op gang waarin een verbinding gemaakt kan worden tussen de binnen- en buitenwereld van een kind.

Uitvoering

Er is sprake van Bevordering van de integratie tussen de Linker- en Rechter-Hersenhelft (BLRH). Hoe dit plaatsvindt, wordt weergegeven in afbeelding 5.5. De beeldende oefeningen gaan uit van een samenspel tussen de linker- en rechterhand en hersenhelft. In het onderzoek 'The emotional brain' van Joseph LeDoux (1996) komt naar voren dat er communicatie plaatsvindt tussen de verschillende hersendelen. Een drietal verschillende hersengolven uit verschillende hersendelen worden in de methode 't Tijdloze Uur aangehaald. De bètahersengolven kenmerken zich door het meest krachtige bereik waar de hersenen zich in kunnen bevinden. Het is de toestand waarin de mens redeneert, besluiten neemt, werkt, discussieert en de aandacht extern gericht heeft. De thèta (rechts) zorgt ervoor dat de mens zich totaal kan ontspannen en zorgt ervoor dat de mens gevoelig is voor creatieve ideeën, beelden, dromen en herinneringen. De alfa is de toestand waarin de mens het meest efficiënt kan leren (links). De mens is alert, maar ook ontspannen. Uit het onderzoek van P. Mesker blijkt dat de ontwikkeling van de vaardigheid van de hand belangrijk is bij de samenwerking tussen beide hersenhelften. Door aandacht aan oefeningen te geven die beide hersenhelften stimuleren, ontstaat een diepere en meer volledige integratie in het kind. Door de links/rechtsbasistekenbeweging en de afwisseling van links- en rechtshandig en met beide handen tekenen maken de bètagolven in de hersenen plaats voor de alfa- en thètagolven, die een langere frequentie hebben (Langedijk, 1993). Hierdoor treedt ontlading van stress op, waardoor het kind meer ontspannen raakt. Dit draagt bij tot een beter concentratievermogen en een betere integratie van de cognitieve leerstof.

Concentratie op de belevingswereld van het kind

Tekenen vanuit intuïtie en beweging brengt een leer/groeimodel op gang waarin het kind zijn innerlijke beleving kan verbinden met de buitenwereld (Feldenkrais, 1972). De wiegende balansbeweging of stilte maakt het mogelijk dat het kind de weg naar binnen opent. Deze wiegende balansbeweging herhaalt zich in een staande houding, waarbij de druk van het lichaam door een licht wiegende beweging steeds van het ene op het andere been wordt verplaatst. Tijdens het maken van deze beweging, tekent het kind met beide handen of afwisselend met één hand met gesloten ogen. De alfa- en thètahersengolven, zoals eerder genoemd, worden trager en er ontstaat meer doorstroming via de hersenbrug naar de beide hersenhelften, vanwege het wiegen en de links- en rechtshandige coördinatie (hersenonderzoek Joseph LeDoux). Vanuit de concentratie op de beweging en op de

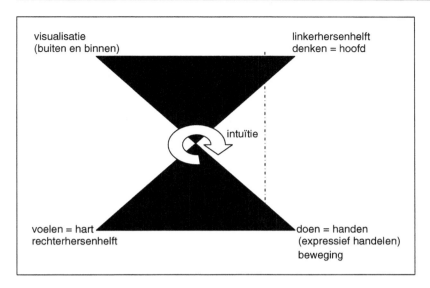

Afbeelding 5.5.

innerlijke beleving, drukt het kind zich via het beeldende medium uit. Het kind wordt hiermee aangezet hoofd, hart en hand te gebruiken.

Waarneming en visualisatie
Het vermogen waar te nemen is bij veel kinderen onvoldoende ontwikkeld: waarnemen in die zin dat zij in staat zijn datgene wat zij zien, zelf weer te geven. Dit wordt veroorzaakt door een te cognitief gerichte ontwikkeling (Castillo, 1974). Ook bij de waarneming en visualisatie speelt zich het proces af van buiten-waarneming via binnen-waarneming naar handeling. Het kind vormt innerlijk een visuele representatie waarbij het deze weer in de buitenwereld vormgeeft.

Geschreven en getekende taal
Een klein kind, van bijvoorbeeld 2,5 jaar, dat spontaan tekent, wordt geïnspireerd door het schrijven van de volwassenen en tekent zijn eigen schrijftekens, al lerend en ontdekkend. De grens tussen het tekenen en schrijven is daarbij nog niet aanwezig. Juist dat grensgebied van tekenen en schrijven is het uitgangspunt bij verschillende intuïtieve of archaïsche (oorspronkelijke) teken- en schrijfoefeningen. Intuïtief schrift verwijst naar het begrip 'ecriture automatique' (Ernst, 1968). Het gaat om de uitdrukking van het kind via de intuïtieve lichaamsbeweging. Hierdoor ontwikkelt het kind de fijne en grove

motoriek, het creatieve vermogen en wordt de ik-beleving (ego) gestimuleerd.

Doelen

De beeldende oefeningen van 't Tijdloze Uur zijn gericht op de ontwikkeling van de creatieve integratie van het gedrag van het kind. Het gaat om de integratie en harmonisering van de cognitieve intelligentie, de emotionele intelligentie en de sociale intelligentie. Interventies zijn gericht op ontspanning, rust, stabiliteit, concentratie, visualisatie en plezier.

Doelen zijn:
- Verminderen van stress bij het kind. Door het maken van een wiegende beweging tijdens het tekenen kan rust en tevredenheid ontstaan en kan spanning ontladen worden. Door tekenbewegingen in bijvoorbeeld een cirkelvorm, wordt de concentratie op het innerlijke van een kind versterkt en kunnen emotionele spanningen zich ontladen. Door het gebruik van ritme en impulsen kan de agressie ontladen worden.
- Bevorderen van het concentratievermogen van een kind. Afwisseling van links- en rechtshandige tekenbewegingen zorgen voor het proces van integratie van de linker- en rechterhersenhelft en coördinatie van beide handen. Het concentratievermogen en de betrokkenheid wordt hierdoor bevorderd.
- In balans brengen van lichaamservaring, gevoelservaring en mentaal-cognitief vermogen. Het kind zal zich meer betrokken voelen bij wat het doet.
- Ontwikkelen van het creatieve vermogen vanuit denken en doen. Dit gebeurt door het stimuleren van het expressievermogen door het aanbieden van de verschillende oefeningen.
- Bevordering en ondersteuning van de ontwikkeling van de persoonlijke identiteit en het zelfvertrouwen van het kind. Dit gebeurt door aandacht te geven aan de ontwikkeling van de emotionele intelligentie.

Werkvormen

De ervaringsgerichte oefeningen zijn niet gericht op resultaat of prestatie. Tijdens en na de oefeningen vindt er geen beoordeling van het kind en het werkstuk plaats. De oefeningen hebben juist een speels, ontdekkend en verdiepend karakter. De punt en de lijn in al zijn hoedanigheden zijn de belangrijkste elementen in de methode (Yves Klein, beeldend kunstenaar, 1928-1962).

De oefeningen van 't Tijdloze Uur zijn te onderscheiden in de volgende soorten.

Tekenoefeningen
Deze oefeningen zijn gericht op het bevorderen van het concentratievermogen en zorgen voor integratie van beide hersenhelften. De oefeningen kenmerken zich door de specifieke lichaamsbeleving tijdens het tekenen: de 'wiegende balansbeweging'. Het kind voert de oefening met gesloten of open ogen uit en werkt met beide handen tegelijk of in wisselwerking. De oefeningen kunnen bestaan uit het maken van een basistekenbeweging, korte lijntjes, lange lijnen, cirkels, spiralen, lemniscaten en puntjes. Het symbool van de lemniscaat is al oud en staat voor het beeld van de verbinding tussen binnen- en buitenwereld (Verschuren, 1994).

Schrift
Deze oefeningen bestaan uit twee soorten bewegingen, die samenvloeien in het intuïtieve en archaïsche (oorspronkelijke) schrift. Het is een uitdrukking van het kind via de intuïtieve lichaamshandbeweging. De oefeningen worden met links en rechts uitgevoerd en soms ook met beide handen tegelijkertijd. De oefeningen kunnen bestaan uit het maken van ritmische impulsbewegingen, golvende impulsbewegingen en een samenvoeging in een harmonisch geheel in het beeldtekenschrift en in grote beeldtekeningen.

Teken- en kleioefeningen
Deze teken- en kleioefeningen bestaan uit beeldende spelsituaties waarin de communicatie binnen sociale interacties op verschillende manieren en in verschillende grootte van groepen in de samenwerking naar voren komt. Daarnaast is er een aantal individuele oefeningen. De individuele oefeningen kunnen bestaan uit sjabloontekenen, voorwerp natekenen met gesloten ogen, een brief schrijven aan een wezen met tekens die intuïtief vanuit de emotionele schrijfbeweging ontstaan, tekenen op muziek, kleien op muziek en kleien op papier.
De groepsoefeningen kunnen bestaan uit kneden en samen spelen met een bolletje klei, speels uitwisselen van klei met de ogen dicht, samen handgrote kleiobjecten maken door middel van

> onderlinge uitwisseling van deze kleiobjecten via non-verbale communicatie en intuïtief tekenen in wisseling op elkaars tekening.

Interventies
- Open vragen. Het doel van het stellen van open vragen is het kind zich bewust te maken van zijn persoonlijke leerweg en ontwikkelingsmogelijkheden. Het kind wordt zo min mogelijk benaderd in de zin van: 'Mooi zo.' Dat komt niet overeen met zijn gevoelsbeleving bij de tekening.
- Dialoog. De therapeut of groepsleider laat het kind zelf spreken (trialoog: kind-beeld-therapeut). Daarbij komt een dialoog op gang tussen het kind en zijn gemaakte werk.
- Zo min mogelijk spreken tijdens de oefening. De leerprocessen vinden in ervaring plaats en niet verbaal. In de dialoog die na de oefeningen plaatsvindt speelt het spreken over de ervaring en het gevoelsleven van het kind een belangrijke rol.
- Positieve destructie. Binnen de methode wordt het belang van positieve destructie benadrukt, wanneer het kind de gemaakte kleibeeldjes stukmaakt en weer in de kleizak terug doet. Hierin komt het leerproces in 'loslaten' terug. Binnen de vaktherapie kan het bewaren van een kleibeeld echter ook een positieve bijdrage leveren aan het persoonlijke proces van het kind.
- Functie van muziek bij oefeningen. Er gaat een stimulerende en harmoniserende werking uit van zowel 'muziek' als 'beeldend bezig zijn' op het gevoelsleven van het kind in relatie tot het cognitieve vermogen.

Doelgroep, setting, tijdsduur

De methode 't Tijdloze Uur is gericht op kinderen in de basisschoolleeftijd en zowel geschikt voor kinderen in de educatieve sector als kinderen in de vaktherapeutische behandeling. Bij kinderen met sociaalemotionele problematiek of bijvoorbeeld ADHD en bij borderline-, autistische of epileptische cliënten biedt de methode mogelijkheid tot harmoniseren van de stoornis. De methode is steunend en pragmatisch structurerend en zowel preventief als curatief. In de curatieve sector is de methode klachtgericht en biedt ze inzichten voor de diagnostiek. Deze methode en afzonderlijke specifieke oefeningen kunnen ingezet worden in beeldende vaktherapie als behandelmodule op zichzelf, maar ook in combinatie met andere vormen van vakthe-

rapeutische methoden, zowel in individuele behandeling, als in kleine of grotere groepen. Uit onderzoek is gebleken dat de methode waardevol kan zijn bij het diagnosticeren.
Zie hierover de dvd onder 't Tijdloze Uur.

Onderzoek
De meest recente onderzoeken die over de methode 't Tijdloze Uur aangehaald kunnen worden zijn die van de Amerikaanse neuroloog Antonio Damasio (Damasio, 2003), waaronder een theorie over emotie als basis van het bewustzijn. Damasio beargumenteert dat gevoelens grote invloed hebben op de rede. De hersensystemen die verantwoordelijk zijn voor gevoelens hangen samen met de systemen die de mens nodig heeft om te redeneren. In neurologisch onderzoek waarin aangetoond wordt dat er anatomische en functionele verbindingen bestaan tussen de gevoelens, de rede en het lichaam wordt dit onderbouwd.

> **Verantwoording van de casus**
> Bram kwam eenmaal per week naar de beeldende kindertherapie. Hij vond het vervelend dat hij zo snel boos werd en zou graag minder snel woedeaanvallen krijgen. Het ontwikkelen van het creatieve en expressievermogen van Bram en het leren ontladen van woede en stress waren de belangrijkste doelen binnen de beeldende therapie. Bram liet tijdens de eerste sessies wenselijk gedrag zien en maakte een zeer gespannen indruk. Besloten werd oefeningen uit 't Tijdloze Uur in te zetten. De eerste keer werd Bram gevraagd een vel papier op het bord te hangen en twee krijtjes uit te zoeken. Bram mocht stevig voor zijn papier op de grond gaan staan en de wiegende balansbeweging maken. Hij mocht eerst met rechts en daarna met links basistekenbewegingen maken en twee halve bogen. De lijnen die ontstonden waren onderbroken, gespannen en met veel druk op het papier gezet. In de dialoog tijdens de nabespreking vertelt Bram dat hij de oefeningen prettig vindt. Eenmaal thuis ontstaat er ruzie. Bram vond de oefeningen erg stom en snapte niet waarom hij die stomme bogen moest tekenen. Ondanks de reactie van Bram is besloten om niet gelijk toe te geven en de oefeningen toch door te zetten. Na enige tijd werden de lijnen van Bram vloeiender en kon Bram de druk van zijn krijtje op het papier afstemmen op wat hij prettig vond. Nu werd Bram ook niet meer verteld wanneer hij moest

stoppen. Hij mocht zelf bepalen wanneer de bewegingen te zwaar werden of wanneer hij er genoeg van had. Op die manier leerde hij de signalen van zijn eigen lichaam en zijn frustratiegrenzen herkennen. Bram kwam steeds meer los en kon zichtbaar genieten van de intuïtieve teken- en kleioefeningen. Zelf zegt hij: 'Er ontstaan dan nieuwe dingen, het hoeft niet per se iets te worden en je kunt er niet over nadenken.' Langzaam maakte hij steeds meer een ontspannen indruk en kregen de beeldende werkstukken meer eigenheid en expressie. Bram gaf vaker zijn mening over wat hij leuk vond en deelde wat hij ervoer binnen de beeldende therapie. Hij vertelde vaker verhalen over leuke dingen die hij thuis of met vriendjes had meegemaakt. Thuis kon Bram steeds beter aanvoelen wanneer hij boos werd en werden de ruzies en woedeaanvallen minder.

5.2.6 EMERGING BOBY LANGUAGE (EBL)

'The sense of an emergent self is the heart of all creation and learning.' (D. Stern)

Kevin (5 jaar) is een geadopteerde jongen met hechtingsproblematiek. Hij is Meebewogen met zichzelf, met anderen, met objecten en verhalen, eigenlijk met alles om hem heen. Daardoor heeft hij moeite om de prikkels uit zijn omgeving te ordenen. Hij herkent geen 'rode draad' en kan nauwelijks overzicht houden. Hierdoor wordt alles wat nieuw is eng. Ook kan hij zichzelf niet neerzetten in de ruimte en zoekt hij bij het staan in de ruimte houvast aan een tafel of stoel (afbeelding 5.6). Als compensatie voor al dat gemis Beweegt Kevin vaak naar de grond en op de grond (afbeelding 5.7). Daar voelt hij zich zichtbaar veilig. Het doel van de behandeling met de methode EBL is om het Meebewogen-zijn van Kevin te ontwikkelen tot eigen Bewegen met Richting in de Ruimte.

Afbeelding 5.6 Kevin kan zichzelf niet neerzetten.

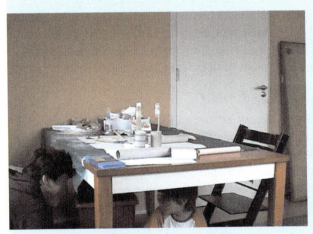

Afbeelding 5.7 Kevin beweegt vaak op de grond in de ruimte en zoekt houvast aan een tafel.

Grondlegger
Als grondlegger van de methode Emerging Body Language (EBL) kan beschouwd worden: Marijke Rutten-Saris, PhD.AT. Zij is geregistreerd senior vaktherapeut beeldend, LVSB-supervisor en gepromoveerd (aan de University of Hertforshire, Art & Design, Art Therapy) op ontwikkelingsonderzoek van 'The RS-index; a Diagnostic Instrument for the Assessment of Interaction Structures in Drawing', voortkomend uit

haar jarenlange praktijkervaring en onderzoek naar de ontwikkeling van preverbale interactiestructuren. Zij was er al in 1965 van overtuigd dat er tussen ouders/verzorgers en hun pasgeboren baby's interactie plaatsvindt en heeft dit onderzocht. Tussen 1980 en 1990 deed zij ethologisch onderzoek naar lichaamstaal in diverse culturen. Aan de hand van video-opnames heeft zij in kaart gebracht welke facetten van motorisch gedrag de interactieve lichaamstaal bepalen en hoe zich dit in de eerste vijf jaar ontwikkelt. De RS-matrix was hierbij het eerste EBL-instrument dat deze kennis samenvatte, zodat er zowel een diagnose mee gemaakt kon worden als dat ermee behandeld kon worden. Zie ook de dvd.

Op basis hiervan is de methode EBL ontwikkeld. Aan de wieg van het diagnostisch instrument de Rutten-Saris index Grafische Elementen (RSiGE), stond mede het systeem van Kopse Hof-collega Ella Molenaar: 'Grondbeginselen van beeldend vormen' (zie verder p. 244). Studenten van CTO Nijmegen leverden toen en nu nog steeds, prachtige bijdragen aan EBL in de vorm van onderzoeken en praktische ondersteuning. De belangrijkste bijdrage hierin is van Carine Heijligers. Aan de RU begeleiden prof.dr. Anna Bosman (Dynamiek van Leren en Ontwikkeling) en dr. Ad Smitsman studenten pedagogiek en ontwikkelingspsychologie in onderzoeken over EBL.

Beschrijving van de methode
Emerging Body Language, of kortweg EBL, staat voor motorische patronen die al doende en vanzelf ontstaan in directe relatie met de ontwikkeling van de motoriek tussen 0-5 jaar. Aangetoond is dat mensen van nature vanzelf met elkaar Meebewogen-zijn. Dit bewegen ten gevolge van het vanzelf Meebewogen zijn met elkaar, zoals een baby Meebewogen is met moeder, of vader met de baby, vormt vanaf het allereerste moment hun interactie. Die interactie wordt tot innerlijke Interactiestructuren waarmee een kind/mens kan omgaan met zichzelf, de ander, dingen, omgeving en situaties.

Als deze ontwikkeling om de één of andere reden niet vanzelf ontstaat, biedt EBL handvatten om deze samen met de cliënt (en diens omgeving) alsnog vorm te geven. Daarnaast heeft de methode EBL twee diagnostische instrumenten die in de diagnostische, de observatie-, de evaluatie- en de afsluitingsfase ingezet kunnen worden. De methode EBL kent specifieke begrippen die eenduidig gedefinieerd zijn. EBL-woorden worden altijd met een hoofdletter geschreven, zoals Meebewegen of Afstemmen. Hieronder zal eerst uitgelegd worden welke Interactiestructuren er zijn en wanneer ze gewoonlijk ontwikkeld worden, en daarna hoe de behandeling met de methode EBL verloopt.

EBL-Interactiestructuren

In het onderzoek naar de ontwikkeling van communicatie tussen ouders/verzorgers en hun kinderen tussen 0 en 5 jaar, werd gekeken naar hun lichaamstaal, en specifiek naar motorische patronen in het wederkerige bewegen. Deze bewegingspatronen blijken over de hele wereld overeenkomsten te vertonen. De dagelijkse ontwikkeling hiervan wordt beschreven en geïllustreerd in het *Basisboek lichaamstaal* (Rutten-Saris, 1990). Deze ontwikkeling wordt onderverdeeld in vijf opeenvolgende Fasen, gekoppeld aan vijf opeenvolgende leeftijdsintervallen waarin de ontwikkeling gewoonlijk plaatsvindt. Voor iedere Fase is er een specifiek motorisch patroon gedefinieerd, de EBL-Interactiestructuur.

Hieronder volgt een overzicht van de vijf EBL-Interactiestructuren in volgorde van ontwikkeling met een korte beschrijving:

De vijf Fasen, die verwijzen naar het leeftijdsinterval waarin dit gewoonlijk ontwikkeld wordt, worden als er bij de methode EBL naar verwezen wordt Lagen A t/m E genoemd, waarbij de Interactiestructuur Afstemming hoort bij Laag A, Beurtwisseling bij Laag B enzovoort. De EBL-Interactiestructuren ontstaan uit elkaar. Als een fase voldoende ontwikkeld wordt, heeft dat positieve gevolgen voor alle andere Fasen. Onvoldoende ontwikkeling werkt ook in alle andere fasen door.

Tabel 5.2 De EBL-interactiestructuren in volgorde van ontwikkeling.

fase	leeftijd	interactiestructuren
A	- passief 0 tot 2 maanden - actief 0 tot 1 jr	- afstemming - in elkaars ritme hetzelfde doen, met ritmische pauzes
B	- passief 2 tot 6 maanden - actief 1 tot 2 jaar	- beurtwisseling - vanuit de afstemming in elkaars ritme, intens hetzelfde doen, na elkaar, met ritmische pauzes
C	- 6 tot 14 maanden - actief 2 tot 3 jaar	- uitwisseling - vanuit de beurtwisseling, tijdens de beurtwisseling een kleine passende variatie toevoegen
D	- passief 14 tot 24 mnd - actief 3 tot 4 jaar	- speldialoog - vanuit de uitwisseling spelen met verwachtingen die voortkomen uit de nu bekende uitwisseling
E	- passief > 24 mnd actief - 4 tot 5 jr	- taak/thema - vanuit de speldialoog een opgedragen taak uitvoeren - een thema toepassen

Behandeling op basis van EBL

Het doel van een behandeling met de methode EBL is enerzijds om Interactiestructuren die niet vanzelf ontstaan zijn alsnog op een interactieve manier te laten ontstaan, anderzijds om de Lagen waar de problemen zich voordoen extra te voeden en te verfijnen. Omdat iedere Interactiestructuur een specifiek patroon beschrijft om motorisch op elkaar te reageren, kan dit altijd nog uitgelokt worden met de cliënt. Hiervoor zijn vijf Samenspelvormen gedefinieerd, die voor iedere Fase/Laag aangeven volgens welk specifiek patroon de Interactie tussen cliënt en therapeut verloopt. De Samenspelvormen beginnen met unimodaal werken; dat wil zeggen: met één klank- of bewegingsvorm, één zintuig of lichaamsdeel. Dit ontstaat met een duidelijke, liefst regelmatig terugkerende Beweging (verandering in een bestaande situatie) van de cliënt zijn. De therapeut Stemt af op de Beweging en het Ritme van de cliënt en van zichzelf, om dit Samenspel effectief te laten worden.

Als bijvoorbeeld een cliënt met problemen in Laag A, zachtjes met een krijtje op het papier tikt, kan de therapeut Afstemmen door kort Meete-bewegen met die Beweging en kort Ritmisch te Pauzeren. Telkens als de cliënt het tikje doet, doet de therapeut heel kort Ritmisch mee, totdat de cliënt de activiteit, de therapeut en zichzelf Gewaarwordt. Dit vormt dan de basis voor de Samenspelvorm van Laag A. De systematische Ritmische herhaling leidt na verloop van tijd tot de Interactiestructuur Afstemming. Hierdoor kunnen er nieuwe impliciete neurologische structuren ontstaan, waardoor Afstemming ook in andere situaties kan ontstaan, wanneer deze Interactiestructuur vrij beschikbaar is. Voor de juiste werkwijze met de Samenspelvormen is specifieke kennis en training nodig en wordt verwezen naar de EBL-opleiding.

In de behandeling is het ook belangrijk om Lagen waar zich problemen voordoen, zo veel mogelijk te voeden en te verfijnen met daarbij passende interacties en werkvormen. Bijvoorbeeld: bij problemen in Laag A, Interactiestructuur Afstemming, ervaart de cliënt het Meebewogen zijn en Meebewegen van de therapeut met hem. De cliënt merkt dan ook dat hij invloed op de therapeut heeft, dat hij bestaat en gehoord en gezien is. Het Gewaarworden van Sensorische acties en reacties is hier een belangrijk onderdeel van, en kan gevoed worden door sensomotorische werkvormen te kiezen. Interacties als het letterlijk Benoemen van wat de cliënt doet (bijv. 'Je pakt het krijtje vast', 'Je draait rond op je kruk') tijdens het werken, kunnen daarbij het Gewaarworden van bijvoorbeeld het eigen Bewegen bevorderen. Het

Meebewogen-zijn van de therapeut met zichzelf bij het laten ontstaan van Laag A is essentieel om tot wederkerigheid te kunnen komen.

Diagnostische instrumenten

In de methode EBL zijn er vier diagnostische instrumenten: de RS-matrix, de RS-index ME (Motorische Elementen) en RS-index GE (Grafische Elementen), en de RS-linguïstisch-semantische analyse. Grofweg laten ze alle vier hetzelfde Lagenprofiel zien, in moeilijke gevallen maakt de RS-index GE kleine nuanceringen makkelijker zichtbaar. De RS-matrix staat op de website.

RS-index ME (Motorische Elementen)

Aan de hand van video-opnames kan het gedrag van een cliënt goed bestudeerd worden. Bij het beschrijven van dit gedrag wordt gebruikgemaakt van het diagnostische instrument de RS-index ME. Een handleiding met een lijst waarin van elke EBL-Laag de concrete Motorische Beweging beschreven staat.

Afbeelding 5.8 is een beeld van een videofragment waarop verschillende Motorische Elementen (ME) te zien zijn. In het videonotatieformulier (tabel 5.4) worden deze genoteerd met de bijbehorende Laag en tijdcode van de video. Daarnaast is ruimte voor een beschrijving van het verloop, eigen reflectie en een conclusie.

Afbeelding 5.8 *Fragment uit video-opname.*

Tabel 5.4	Videonotatieformulier.					
tijdcode	Laag	ME	verloop	reflectie	conclusie	
0000000-0						
00000415	A	Sensomotorisch				
	A	Aankijken				
	A	Meebewogen-zijn				
	A	Spanning-handje				
...	...	...				

Aan de hand van het Notatieformulier kan er van elke Laag bekeken worden welke ME er in voorkomen en welke bijna of niet. De genoteerde ME vormen een patroon, dat zich in verschillende situaties op dezelfde manier voordoet en zich dus op verschillende tijdcodes herhaalt: het EBL-patroon. Daaruit kan door systematische Reflectie en het daaruit trekken van Conclusies een EBL-profiel gedestilleerd worden. Hierin is te zien welke ME er aanwezig zijn, en welke doelen en werkvormen er nodig zijn om Interactiestructuren tot ontwikkeling te laten komen.

RS-index GE (Grafische Elementen)
Zoals bij een video-opname het concrete Motorische Bewegen van de cliënt zichtbaar wordt, zo kan Bewegen met materiaal deze zelfde patronen ook zichtbaar maken door het nalaten van sporen op een ondergrond. De RS-index GE is een diagnostisch instrument om tekenen te Noteren. Het bevat 87 Grafische Elementen. Aan de hand van het Notatieformulier kan er van elke Laag bekeken worden welke GE er in voorkomen en welke bijna of niet, daaruit kan door systematische Reflectie en het daaruit trekken van Conclusies een EBL-profiel gedestilleerd worden. Hierin is te zien welke GE er aanwezig zijn, en welke doelen en werkvormen er nodig zijn om Interactiestructuren tot ontwikkeling te laten komen.

Behandelfasen
De methode EBL wordt gedurende alle fasen van een behandeling toegepast. Een casus van hoe een beeldendetherapiebehandeling op

basis van de methode EBL in de praktijk plaatsvindt, is beschreven door Rutten-Saris (Schweizer, 2001).

Observatie en diagnose

In de fase van observatie en diagnostiek, in EBL Assessment genoemd, wordt allereerst een video-opname gemaakt van de eerste ontmoeting tussen de cliënt en behandelaar. Meestal wordt er beeldend gewerkt en zijn er diverse vormen van tekenen. Analyse hiervan leidt tot een persoonlijk EBL-profiel, dat ook getypeerd kan worden als een EBL-diagnose, die anders van aard is dan de in de psychiatrie gebruikte DSM4-indeling.

Behandeling

In de behandelfase wordt het EBL-profiel als uitgangspunt genomen waarin de kwaliteiten en mogelijkheden van de cliënt centraal staan om de niet voldoende ontwikkelde Interactiestructuren op een interactieve manier samen met de cliënt alsnog te laten ontstaan, de problematische Lagen verder te voeden en te verfijnen. De video-opnames van iedere sessie geven zicht op de ontwikkeling van de Interactiestructuren van de cliënt en de therapeut. Werkbegeleiding en intervisie met reflectie op eigen handelen blijven nodig om tot verfijning of bijsturing van de interventies te kunnen komen.

Evaluatie

Bij de evaluatie van een EBL-behandeling kan het verloop van de ontwikkeling van de Interactiestructuren door middel van een samenvatting van videobeelden aan ouders/verzorgers, collega's en andere betrokkenen worden getoond en onderbouwd.

Doelgroep

De methode EBL gaat uit van het unieke in ieder mens en het unieke van hun interacties met elkaar en hun omgeving. Juist dit unieke EBL-profiel met de eigen combinatie en het eigen patroon van Interactiestructuren vraagt om een individueel gerichte aanpak. Hierdoor kan de methode EBL bij iedereen gebruikt worden bij wie de interactie met anderen en hun omgeving niet vanzelf soepel verloopt. Wel zullen cliënten van bepaalde specifieke doelgroepen altijd problemen hebben in dezelfde Laag. Zo gaat het bijvoorbeeld zowel bij cliënten met een autismespectrumstoornis als met hechtingsproblematiek altijd in eerste instantie om Laag A-problematiek. Het individuele stuk, dus waar voor iedere cliënt zijn kwaliteiten zitten, bepaalt echter de insteek en het verloop van de behandeling in combinatie met de persoonlijke kwaliteiten van de therapeut.

Werkwijze

De werkwijze tijdens een EBL-behandeling is misschien het best te typeren als 'Meebewogen structurerend Meebewegend'. Het Meebewegen van de therapeut betekent door het interactieve karakter ervan, dat de EBL-therapeut met zijn eigen bewegingen en Interactiestructuren een methodisch onderdeel is van de EBL-behandeling. De methode EBL beschrijft hoe je iets doet en niet wat je moet doen, waardoor de methode niet specifiek voor beeldend therapeuten is. In principe kunnen alle disciplines – als EBL-consulent – deze methode integreren in de methodiek van hun eigen vakgebied.

Materialen

Iedere EBL-consulent werkt met allerlei materiaal in de ruimste zin van het woord. Behalve de bekende beeldende materialen als klei, verf of potlood, kan ook een deur, een kraan of een beker als EBL-materiaal worden gezien, omdat daarmee eigen Beweging of Bewegen van de cliënt kan ontstaan.

Belangrijk is dat de verschillende eigenschappen van het materiaal aansluiten bij de cliënt en bij de therapeut. Zo kan klei of juist zachte stof aansluiten bij de sensomotorische behoefte van de cliënt, waardoor deze met zichzelf Meebewegen kan raken. Als de therapeut zelf van dat materiaal gruwt, gaat dat mogelijk ten koste van de sfeer en daarmee ten koste van het leerproces van de cliënt. Materiaal waarin sporen van het Bewegen zichtbaar zijn, zoals tekenen met potlood of krijt, is makkelijk, maar geen voorwaarde. Bij de Samenspelvormen van de methode EBL wordt vaak gebruikgemaakt van het tekenen met Stockmar-krijt, rechthoekige blokjes waskrijt zonder papieren wikkel. Deze blokjes geven veel mogelijkheden voor het maken van eigen Beweging omdat gewone krijtjes bij de meeste cliënten direct de associatie met tekenen oproepen en daardoor het Bewegen al kunnen sturen. Bovendien zijn ze eetbaar en je kunt ermee bouwen, gooien of kneden.

> **Verantwoording van de casus**
> Door Meebewegen van de therapeut met Kevin als hij naar de grond Beweegt, sluit de therapeut aan bij waar het voor hem veilig is. Steeds Benoemend waar ze zijn in de Ruimte ontwikkelt

het Gewaarzijn van Positie in de Ruimte bij Kevin. Door materiaal te blijven gebruiken waar Kevin vanuit zichzelf mee gaat Bewegen, groeit ook zijn Gewaarzijn van zelf Bewegen. Dit alles leidt ertoe dat Kevin minder vaak naar de grond Beweegt en zich veiliger voelt om zelf met Richting in de Ruimte te Bewegen. Zijn Bewegen door de Ruimte kan hij beter zelf sturen, hij is minder Meebewogen met alles om hem heen.

Afbeelding 5.9 *Kevin voelt zich veiliger in de ruimte en is minder Meebewogen met alles om hem heen.*

5.3 Methoden en methodieken gebaseerd op psychotherapeutische stromingen

5.3.1 BEELDEND WERKEN GECOMBINEERD MET GESTALT-THERAPIE

'Richt de juiste emotie op de juiste persoon, op de juiste plaats, op het juiste moment en in de juiste mate' (vrij naar Aristoteles).

Annika, 30 jaar oud, is bang voor haar eigen agressie. Ze heeft het gevoel dat ze ontploft. Ze noemt het blinde woede en erkent dat er op dit moment geen echte aanleiding voor is. In haar jeugd heeft vader regelmatig geweld gebruikt en is ze heel angstig geweest. De therapeut vraagt haar te gaan schilderen vanuit haar gevoelens in het hier-en-nu. Met forse streek (blote handen) met acrylverf geschilderd ontstaat een groot zwart vlak, op een groot vel papier (50 × 65 cm). Over het zwart heen schildert A. in rood en geel een beeld van een deur op een kiertje (afbeelding 5.10) Het hele schilderij zit binnen de kaders van het papier.

Gestaltinterventies van de therapeut
Therapeut: 'Hoe voel je je NU?' 'Vraag aan je schilderij wat het nodig heeft. Kijk of je dat ook wilt geven.' De therapeut vraagt opnieuw als A. klaar is: 'Hoe voel je je nu?'
Onafgebroken kijkt A. in haar zwarte schilderij en zegt zachtjes: 'Bang.'
Therapeut: 'Stel je voor dat dit schilderij tegen je kan spreken, wat zou het tegen je zeggen?' A. huilt angstig en blijft naar het schilderij kijken. Na een tijdje piept ze opnieuw dat ze zo bang is. De deur mag niet open, want ze weet wat erachter zit. Ruzie. 'Ik hóór ze!' De therapeut stelt haar voor zich te identificeren met de deur.
'Ik ben de deur en ik kom bij jou om je duidelijk te maken dat je, als je door mij heen gaat, gevaar loopt. Achter mij is het oorlog. Voor mij is het nacht. Je kunt me beter dichtdoen ...' enzovoort.
In de dialoog met het beeld komt naar voren dat A. nu weet wat ze heeft, de duisternis, en niet weet wat er komt als ze áchter de deur kijkt. Dit is een bekend gevoel. De deur zegt in de dialoog tegen haar dat als deze opengaat, ze gevaar loopt, want daarachter dreigt de titanenstrijd tussen haar ouders (– lees: nog steeds in haar geest). In de duisternis is ze onzichtbaar en veilig. Ze begrijpt in de loop van de sessies steeds beter dat er ook een andere uitgang zou kunnen zijn uit haar duisternis. Bovendien ontdekt ze in de dialoog met het beeld, dat ook haar eigen opgekropte woede 'achter de deur' wordt gehouden. Wat in deze sessie naar voren komt, komt nog in vele vormen terug in A.'s volgende beelden, echter in dit beeld is de toon gezet en haar wens tot 'naar buiten durven komen' geuit.

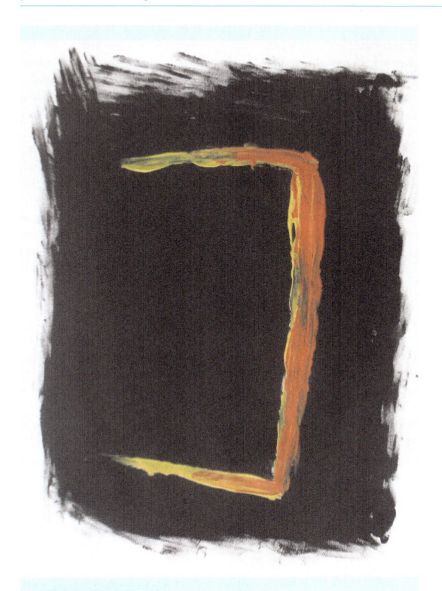

Afbeelding 5.10.

Grondlegger
Fritz en Laura Perls ontwikkelden in samenwerking met Paul Goodman, Isadore From, Elliot Shapiro, Paul Weiss en Richard Kitzler de gestalttherapie. In 1949 schreef Fritz Perls, psychiater, het boek *Ego hunger and aggression: a revision of freud's theory and method*. Hierin houdt

hij een pleidooi tégen de divan en vóór de zichtbaarheid van de therapeut. Hij uit de wens om tijdens therapie te experimenteren met nieuw gedrag door in dialoog te gaan met een subpersoon die op dat moment op de voorgrond staat van de cliënt. Dit kan een bestaand mens zijn, vader, moeder, leraar enzovoort, maar ook een symbolische figuur: 'de knoop in de buik van A.' Hiermee legde Perls de basis voor wat nu nog steeds gestalttherapie wordt genoemd.

Er wordt veel gebruikgemaakt van gestalt binnen de beeldende therapie. Fritz en Laura Perls hielden zich er in beperkte mate al mee bezig (Kurdika, 1982). Ook voor kinderen (Oaklander, 1978) is de aanpak van gestalt zeer geschikt. Gestalt in Beeldende Therapie is onder andere verder ontwikkeld binnen de Creatieve Therapie Opleidingen van de Hogeschool van Arnhem en Nijmegen door Cis Luttikhuis en door Annette Brederode (Amsterdam), in de jaren tachtig en negentig van de vorige eeuw op internationale symposia en in door haar gegeven trainingen en masterclasses.

Beschrijving

Gestalttherapie

De term 'gestalt' betekent letterlijk vertaald uit het Duits: gestalte, gedaante, vorm of zinvol geheel. Je werkt in de gestalttherapie aan het groeien naar een betekenisvol geheel. Perls stelt dat mensen zich maar van een gedeelte van zichzelf bewust zijn.

Voorbeeld: een man is zich er niet van bewust dat hij dezelfde trekjes heeft als zijn vader, juist die eigenschappen die hij zo verafschuwt. Door in de dialoog met vader te ontdekken dat hijzelf ook deze trekjes vertoont, merkt hij dat het zijn eigen vizier is dat bepaalt hoe hij naar de ander kijkt. Hij zal nu in staat zijn om te begrijpen dat hijzelf degene is die eigenschappen in de ander projecteert. Hij krijgt oog voor zijn eigen aandeel in zijn kritiek op de ander.

Mensvisie en theoretische uitgangspunten

De gestalttherapie is humanistisch georiënteerd, en past ook binnen de psychodynamische stroming (De Wolf, 1998). Humanistisch, omdat het mensbeeld gericht is op zelfstandigheid, heelheid en zelfwording. De mens wordt gezien als een dynamisch evenwicht, als een geheel van lichaam en geest, van voelen, denken en handelen. Er is minder sprake van hiërarchie en meer sprake van zelfverantwoordelijkheid. Psychodynamisch gezien zijn er overeenkomsten met de visie op ontwikkelingsproblematiek van Freud en zijn navolgers (Lambrechts, 2001).

Uitgangspunten en principes van gestalttherapie

'Als je je niet thuis voelt in het NU maakt het niet uit waar je heen gaat, want je neemt je onbehagen overal mee naartoe' (Eckhart Tolle).
De therapievorm is vriendelijk en uitnodigend. De therapeut is in gestalttherapie nooit eisend, autoritair of controlerend.

- In gestalt integreert de cliënt gefragmenteerde delen van het zelf, terwijl de therapeut fungeert als een gids.
- Directe actie, de ervaring ingaan, in plaats van 'praten over'.
- Experimenteren met nieuw gedrag: als je woede voelt, bijvoorbeeld, deze ook leren te uiten op de plaats waar deze thuishoort, in plaats van je als slachtoffer te gedragen.
- Vanuit het hier-en-nu (onder invloed van Otto Rank's hier-en-nubenadering in de psychotherapie in de jaren dertig van de twintigste eeuw): er wordt gewerkt rond het thema dat zich op dat moment aandient.
- Het 'hoe' iets beleefd wordt is belangrijker dan het 'wat' en 'waarom'.
- Het contact tussen therapeut en cliënt ondersteunt de weg naar vertrouwen en verbinding.
- Een gestalttherapeut brengt in wat hij ziet/voelt, aansluitend op de lichaamstaal en expressie, als spiegel voor de cliënt. Voorbeeld: 'Ik word geraakt door je verdriet over hoe je...'
- De cliënt wordt door de therapeut geconfronteerd met gedrag dat niet congruent lijkt. Voorbeeld: 'Ik merk dat ik in de war raak door wat je zegt terwijl ik iets anders aan je denk te zien.'
- Het oude patroon en de overlevingsmechanismen worden bewust gemaakt ('Ik zie hoe... Klopt dat?') en bevraagd ('Waar heb je dit gedrag nu voor nodig?' of 'Wil je dit zo blijven doen?').
- De lichaamsgewaarwording wordt bevraagd ('Wat voel je in je lichaam, herken je dat gevoel? Hoe voel je je nu?').
- Er wordt gestreefd naar zielswelzijn in plaats van prestatiedruk en ego-strijd. Vragen als: 'Wat heb je nodig om...' helpen de cliënt zich ervan bewust te worden dat het gewenste ook werkelijkheid zou kunnen worden.
- Ware, authentieke behoeften worden zichtbaar. Dit is soms pijnlijk en confronterend, altijd waarachtig en bevrijdend.

Concreet in de gestalt-beeldende therapie
De therapeut in gestalt-beeldende therapie richt zich op alles wat de cliënt laat zien: denken, voelen, handelen en houding. De cliënt kan zich identificeren met zijn uitingen en vormgeving door hiermee in dialoog te gaan. Hiertoe stimuleert de therapeut de cliënt om zijn 'uitspraken' te formuleren vanuit zichzelf: 'Ik wil', 'ik vind', 'ik voel'; een uitspraak als 'ik moet' wordt omgezet in 'ik wil' (of desnoods 'Ik kan het nu nog niet, maar ik wil eigenlijk...), ter bevordering van de eigen expressie en ter voorkoming van slachtoffergedrag ('Ik kan het niet, ik moet...', dan is de ander, of iets of mensen in de buitenwereld, verantwoordelijk).

De therapeut richt zich op de uitingen waar de emotie zit. De emotie wordt geuit op de plaats waar ze thuishoort, daar waar de emotie vanuit het beeld wordt opgeroepen. In deze casus is dat onder andere door wat zich achter de deur laat voelen: A.'s ruziënde vader en moeder. 'Jullie maken me doodsbang met dat geschreeuw, ik durf niet naar buiten te komen door jullie ruzie en vechtpartijen.' Centraal staat het zich identificeren met (delen uit) het beeldend werk. Het ondersteunen van authenticiteit is essentieel. Dit kan de therapeut bevorderen door aan te sluiten op de emotionele lading van de cliënt. De emotioneel geladen delen uit het beeld worden gebruikt als 'gesprekspartners' om een dialoog mee aan te gaan. Zo leert de cliënt om vanuit de gewoonte van het 'praten over' ('Hij maakt me bang'), zich rechtstreeks te richten tot deze persoon in beeld ('Jij maakt me bang'), zodat er contact ontstaat. De subpersoon kan bijvoorbeeld iets terugzeggen.

Werkwijze
In de werkwijze van de therapeut bij gestalt-beeldende therapie is er een balans aanwezig tussen het psychodynamische, verwerkende aspect en het focaal-inzichtgevende en re-educatieve aspect; wanneer het gewenst is kan feedback van de therapeut structuur bieden en kan reflectie door de cliënt tot nieuw inzicht leiden.

Oefeningen
De therapeut nodigt de cliënt uit om hetgeen hem bezighoudt in beeld te brengen. De cliënt kiest het materiaal en formaat die passen bij zijn energie. De thematiek wordt bepaald vanuit het hier-en-nu van de cliënt, de gevoelens, de gewaarwordingen, de voorgrond.

Nabespreking

Als de dialoog met het beeld is uitgewoed, is er de mogelijkheid, indien de tijd dit toelaat, om te reflecteren, te 'helikopteren' over de bevindingen. 'Wat herken je? Hoe gaat dit in mijn leven nu? Hoe zou ik hier anders mee om kunnen gaan? Waar wil ik het liefst uitkomen? Wat heb ik nodig? Hoe zou ik dat voor mezelf zo kunnen organiseren?' Een vervolg in beeld kan zijn: 'Zoem in op...' Of juist: 'Zoem uit op...' Of: 'Teken een portret van ... samen met jezelf op een vel.' De therapeut stimuleert de eigen formulering van een vervolgopdracht bij de cliënt. De therapeut stelt daartoe voor na de nabespreking: 'Wat zou een volgende opdracht kunnen zijn, vanuit hoe je je nu voelt/wat je nu beleeft/het inzicht dat je nu hebt?'

De therapeut is niet gericht op interpreteren, maar stimuleert de beleving van de cliënt bij het werkstuk te uiten en deze te toetsen aan de dagelijkse werkelijkheid. Dit biedt aanknopingspunten voor een beeldend vervolg waarin de cliënt het conflict verder kan onderzoeken.

Doelgroep

De doelgroep van gestalt-beeldende therapie bestaat uit kinderen en volwassenen met een zekere ik-sterkte, die gemotiveerd zijn en in staat om onderscheid te maken tussen fantasie en realiteit. Er wordt zowel individueel als in groepen gewerkt.

Onderzoek

Er is een veelheid aan beschrijvende literatuur over gestalt-beeldende therapie, maar geen onderzoek bekend.

Verantwoording van de casus

De cliënte is opgegroeid in een onveilig gezin waar geen plaats was voor haar gevoelens. Ze heeft niet geleerd om haar gevoelens op authentieke wijze te uiten. Ze kan zich echter uitstekend inhouden. Ook heeft ze geleerd haar gevoelens af te sluiten, zich braaf te gedragen en zorg te dragen voor de lieve vrede onder alle omstandigheden en ten koste van 'alles' (zichzelf in deze casus). Dit inhouden, afsluiten en brave, vredelievende gedrag is een beschermingsmechanisme dat ze overhield aan haar onveilige jeugd. Deze bescherming blijft ze echter nog in stand houden, ook wanneer de bedreiging van buitenaf is verdwenen. Dit leidt tot gebrekkig contact met zichzelf en de omgeving, bovendien tot ontkenning van gevoelens en behoeften. In de beeldende therapie wordt vanuit de gestalt gefocust op de bron van haar gevoelens van onveiligheid, die Annika in verschillende beelden laat zien, en daarmee op herstel van het contact met zichzelf.

Annika kiest de vervolgopdracht 'Schilder wat zich achter de deur afspeelt' en schildert zichzelf met zwarte verf als 'lege plek' terwijl ze door vader wordt geslagen.

Nu wordt manifest dat het zwart gekoppeld is aan een reeks traumatische ervaringen in het verleden. In de gestalttherapie uit Annika haar pijn over het gemis van veiligheid en bescherming in haar kindertijd rechtstreeks tegen haar vader, in dit beeld. Ze erkent dat dit in het hier-en-nu haar levensstemming nog steeds lijkt te bepalen. Ze ziet in dat haar eigen opgekropte woede in beeld wordt vertaald als een projectie op vader, gebaseerd op een ervaring uit een ver verleden. Behalve dat ze langzaam maar zeker haar eigen gevoelens meer durft te uiten op de plaats waar het thuishoort, voelt ze ook meer compassie voor haar vader, die ook zijn geschiedenis meezeulde in zijn gedrag.

5.3.2 BEELDENDE DIALECTISCHE GEDRAGSTHERAPIE

Ilse (34 jaar), met als diagnose een vermijdende persoonlijkheidsstoornis, heeft de neiging om haar gevoelens weg te wuiven, maar in de loop van de therapie leert ze deze steeds meer serieus te nemen en durft ze langzamerhand haar boosheid, haar irritatie en haar verdriet te laten zien, waarbij zij fel kan zijn of juist haar tranen de loop kan laten. Ze schaamt zich vaak voor haar gevoelens, met name boosheid is moeilijk te verdragen. Ze veroordeelt deze gevoelens sterk en heeft een bestraffende houding naar zichzelf en soms ook naar anderen. Ze vindt het confronterend dat ze zo zichtbaar kan zijn in het beeldend werk. Na een tijdje kan ze dit loslaten en durft ze meer te gaan beleven. Een doel binnen de beeldende dialectische gedragstherapie is leren oordeelvrij waar te nemen wat er in haarzelf en in haar beeldend werk gebeurt. Het beeld van afbeelding 5.11 kwam tot stand nadat zij (in het kader van emotieregulatie) werd uitgedaagd om haar op dat moment actuele gevoel van boosheid uit te drukken, staand aan een ezel, met grove kwast, met een kleur die zij met boosheid associeert en vooral vanuit beweging.

Afbeelding 5.11.

Grondlegger

Dialectische gedragstherapie (DGT) ontwikkeld door Marsha Linehan e.a. (1991), is een cognitieve gedragstherapie met een brede basis, speciaal ontwikkeld voor mensen met persoonlijkheidsproblematiek met invloeden vanuit de dialectiek en vanuit het zenboeddhisme. Beeldende dialectische gedragstherapie zoals beschreven door Haeyen

(2004, 2007) is hierop gebaseerd. Beeldende dialectische gedragstherapie kan het beste worden ingezet in combinatie met een DGT-vaardigheidstraining, al dan niet in een meer uitgebreid deeltijdbehandelingsaanbod.

Beschrijving

Het belangrijkste kenmerk van de theorie is dat persoonlijkheidsproblematiek bestaat uit disregulatie van emoties. In de behandeling is alles erop gericht cliënten te leren hun emoties te reguleren. De term dialectiek verwijst naar de opvatting dat de werkelijkheid bestaat uit elkaar tegenwerkende krachten (thesis en antithesis). Uit de synthese hiervan ontstaan nieuwe elkaar tegenwerkende krachten. Door met tegenstrijdigheden om te gaan, wordt gewerkt aan verdere ontwikkeling van de eigen persoon en vaardigheden. De behandeling richt zich dus niet op het in stand houden van een stabiele, evenwichtige omgeving, maar probeert de cliënt te helpen zich op zijn gemak te voelen bij verandering. Mindfulness of kernoplettenheidsvaardigheden vormen een belangrijke basis waarop de andere vaardigheden ontwikkeld worden.

De beeldende dialectische gedragstherapie legt de verbinding tussen de ervaring in het hier-en-nu en de theorie van Linehan. Dialectiek is in het beeldend werk vaak concreet en zichtbaar aan de orde als datgene wat de expressie/de spanning in het beeld vormt. Het proces van vormgeven-afstand nemen/reflecteren-opnieuw vormgeven komt overeen met het these-antithese-syntheseprincipe.

Door de beeldende werkvormen wordt er een duidelijker koppeling ervaren door cliënten tussen de theorie en de eigen beleving. Wanneer de beeldende dialectische gedragstherapie wordt aangeboden in combinatie met de DGT-vaardigheidstraining of een deeltijdprogramma, dan biedt dit een vruchtbaar samenspel, omdat cliënten verschillende manieren van leren hebben.

Emotieregulatie en impulsregulatie

Doordat beeldende therapie zowel expressie- als structureringsmogelijkheden biedt, sluit dit goed aan bij specifieke thema's van persoonlijkheidsproblematiek, zoals emotieregulatie en impulsregulatie. Het gaat binnen vaktherapie over doen en ervaren, over bewust worden, uiten, zichtbaar worden maar ook ten dele verhuld kunnen blijven. Dit gegeven maakt dat controle gevoeld kan worden over het uiten of het handelen.

Mensen met persoonlijkheidsproblematiek hebben vaak een diffuus of negatief beeld over zichzelf en raken verstrikt in heftige gevoelens die direct een bepaalde reactie bij henzelf oproepen. Vormgeven is ervaren en de handeling van het vormgeven aan gevoels- en/of gedachte-inhouden vraagt om een structurering van de beleving of de gedachten en kan de cliënt daardoor helpen ordenen.

Integratie van voelen, handelen en denken
Binnen vaktherapie vindt reflectie plaats op verschillende niveaus en met betrekking tot verschillende processen; het directe handelen, de inhoud van de vormgeving, de beleving, de cognitie die erover gevormd wordt en het niveau van het sociaal functioneren. Mensen met borderlineproblematiek gaan veelal vanuit het voelen direct over tot het handelen; of zij worden beheerst door negatief denken over hun handelen. Integratie van voelen, handelen en denken is daarom een belangrijke doelstelling. Om de ervaringen te kaderen en om integratie te bevorderen, is het belangrijk dat de ervaringen die opgedaan worden geverbaliseerd worden in het medium. Zo wordt er gewerkt aan mentaliseren (Bateman & Fonagy, 2005; Haeyen, 2005).

Modules
Beeldende dialectische gedragstherapie is evenals DGT onderverdeeld in modules, te weten kernoplettendheidsvaardigheden, intermenselijke vaardigheden, emotieregulatievaardigheden en crisisvaardigheden.

Werkvormen en interventies
Elk onderdeel bestaat uit een aantal specifieke, op de theorie afgestemde, beeldendtherapeutische werkvormen. Er wordt bijvoorbeeld gebruikgemaakt van methodieken van de Gestalt Art Therapy en de Creative Problem Solving. Technieken zijn gericht op onder meer bewust waarnemen, emotioneel ordenen en onderzoeken en zijn experiëntieel van aard. De therapeut heeft een coachende, validerende en steunende rol. Hij laat zo veel mogelijk de verantwoordelijkheid bij de cliënt, maar biedt tegelijkertijd structuur. De werkwijze is focaal-inzichtgevend.

Doelgroep, setting, tijdsduur
De doelgroep van beeldende dialectische gedragstherapie zijn cliënten met persoonlijkheidsproblematiek of emotieregulatieproblematiek die gemotiveerd zijn naar eigen gevoelens, gedachten en gedragingen te kijken, deze te onderzoeken en willen veranderen. Een contra-indicatie is aan de orde wanneer de cliënt niet in staat is te profiteren van een groep, wanneer de kans groot is dat er onvoldoende werkrelatie tot

stand komt, de cliënt niet in staat is zelfstandig te functioneren en zijn crises niet onder controle heeft. Voorkeur heeft een combinatie met een DGT-vaardigheidstraining. Er dient een vangnet te zijn voor eventuele crises. Behandelduur is negen maanden tot een jaar, frequentie eenmaal per week 75 minuten.

Doelen

Direct aan het beeldend werk gekoppeld gaat het om accepteren en bevestigen van hoe vormgeving zich voordoet. Interventies zijn echter ook gericht op het uitdagen van verandering; het versterken, uitwerken of juist het tegenovergestelde proberen.

Doelen van beeldende dialectische gedragstherapie zijn:

- Inzicht in eigen emoties, gedachten en gedrag; door zelfreflectie op het eigen (beeldende) handelen en door het beeldende als spiegel van de eigen binnenwereld. Het ervaren van verschillen en overeenkomsten met anderen draagt hieraan bij.
- Kunnen uiten en kunnen reguleren van emoties; emotieregulering komt aan de orde door een beeldende 'uiting' en het analyseren van deze uiting aan de hand van de scheiding in: vormgeven (werkproces)/product/waarnemen/beleven/interpreteren/opnieuw vormgeven.
- Een stabiel(er) zelfbesef; door de eigenheid en de acceptatie van het eigen beeldend product. Het zelfbewustzijn wordt vergroot door het ervaren, nabeschouwen en analyseren, zowel bij individueel werk als bij samenwerkingsvormen. Het samenbrengen van zeer verschillende aspecten (polariteiten) van de persoon in één werkstuk bevordert het gevoel van heelheid.
- Verbeterde sociale vaardigheden; sociale vaardigheden worden geoefend door het reageren op elkaar, het uitspreken van herkenning en het geven van feedback. In samenwerkingsoefeningen komen de interacties in beeld en kan er geëxperimenteerd worden met ander gedrag.
- Verbeterde crisisvaardigheden/verbeteren probleemoplossend vermogen; aan de hand van het beeldend werk wordt het probleemoplossend vermogen beïnvloed. Het zoeken naar nieuwe of meerdere oplossingen wordt gestimuleerd. Het uitproberen, het durven spelen met materialen en mogelijkheden zijn belangrijke aspecten. Ook het zichzelf kunnen afleiden met prettige gevoelens komt aan de orde.

Eindtermen
De cliënt heeft meer inzicht in zijn emoties en heeft geleerd om deze emoties beter te reguleren, hetgeen te zien is aan minder heftige reacties op emotionele zaken, sneller herstellen na een heftige emotie en minder ongepast gedrag bij sterke emoties. Het lukt de cliënt om zichzelf tot gerichte actie te brengen en minder stemmingsafhankelijk te zijn. Het lukt om sterke emoties te verdragen of om afleiding te gaan zoeken.

Onderzoek

De meest uitgebreid onderzochte behandelvorm voor borderlinepersoonlijkheidsstoornis is DGT. Het behandelingsdraaiboek is in een aantal talen (waaronder het Nederlands) vertaald en vormt de basis voor een groot aantal wetenschappelijke evaluaties. De meest onderzochte vorm van DGT is twaalf maanden ambulante therapie en bestaat uit groepsvaardigheidstraining en individuele therapie en de mogelijkheid tot telefonische consultatie van de therapeut. Deze variant is onderzocht in vijf onafhankelijke RCT's (Van den Bosch e.a., 2005; Linehan e.a., 1991, 1994, 2006; Verheul e.a., 2003). Het is aangetoond dat dialectische gedragstherapie een werkzame behandeling is voor de reductie van crisisopnames en symptomen (met name suïcidaliteit, zelfbeschadigend en ander risicovol gedrag) en het verbeteren van het sociaal functioneren bij patiënten met een borderlinepersoonlijkheidsstoornis. Binnen het vakgebied is men van mening dat beeldende therapie geïntegreerd kan worden in, en een goede aanvulling is op de DGT-behandelmethode. Dit standpunt komt naar voren in Haeyen (2005), in de richtlijn Persoonlijkheidsstoornissen 2008 en blijkt uit beschrijvende literatuur. Beeldende dialectische gedragstherapie is nog niet onderzocht. Het verdient aanbeveling het effect hiervan te onderzoeken.

> **Verantwoording van de casus**
> Door de beeldende dialectische gedragstherapie heeft cliënte zich de vaardigheid eigen gemaakt om minder veroordelend naar zichzelf en haar eigen emotionele reacties te kijken. Zij leerde emoties te (h)erkennen en aan den lijve te ervaren door deze vorm te geven, ze te uiten in het beeldend werk. Zij leerde zo al doende emoties niet weg te drukken, maar te reguleren (uiten en structureren). Door zichzelf terug te zien in haar beeldend werk, kreeg zij een stabieler, meer compleet en positiever zelfbeeld.

5.3.3 BEELDENDE SCHEMATHERAPIE

Lena (37 jaar), met als diagnose borderlinepersoonlijkheidsstoornis, komt in haar eerste sessie in de beeldende groepstherapie binnen de deeltijdbehandeling opvallend uit de hoek. Zij maakt een vriendelijk ogend werkstuk waarin zij zichzelf voorstelt, waarin ook een paar opvallend harde, scherpe beeldelementen aanwezig zijn. In de nabespreking wordt hierop gereageerd waarop zij zegt: 'Ik lijk misschien wel heel lief en aardig, maar als het moet dan bijt ik je kop eraf!' Geruststellend voegt zij eraan toe: 'Nou ja, niet letterlijk natuurlijk.' De therapeut ziet in deze agressieve kant de modus van het boze kind dat zich pantsert en zal vechten wanneer ze zich bedreigd voelt. Later in haar proces maakt cliënte op een tedere manier een kleibeeldje van het kleine figuurtje dat geborgenheid zoekt in de grote hand. Cliënte kon nu in het beeldend werk de modus van het kind dat zich gekwetst en verlaten voelt laten zien (afbeelding 5.12).

Afbeelding 5.12.

Grondlegger
Jeffrey Young is een Amerikaanse psycholoog die de zogenaamde schemagerichte therapie (SGT) ontwikkeld heeft (1990). Beeldende schematherapie is een vorm van beeldende therapie die sterk op schemagerichte therapie gebaseerd is (Haeyen, 2006, 2007).

Beschrijving
Schemagerichte therapie is een Integratieve Cognitieve Gedragstherapie. De therapie richt zich op moeilijk behandelbare psychische stoornissen zoals persoonlijkheidsstoornissen en combineert elementen uit cognitieve, gedragstherapeutische, psychodynamische en experiëntiële modellen met elkaar. De therapie heeft als doel oude disfunctionele schema's te onderkennen en te doorbreken. Een schema is een cognitieve structuur om binnenkomende informatie op een betekenisvolle wijze te categoriseren en te interpreteren. Schema's bepalen dus de manier waarop wij de wereld om ons heen ervaren in al zijn facetten van denken, voelen en handelen.

Een schema is disfunctioneel als het niet meer klopt met de huidige situatie en daardoor allerlei gevolgen heeft voor de persoon en zijn omgeving. Alle informatie wordt immers eenzijdig en vervormd geïnterpreteerd en dit kan leiden tot extreme emoties en probleemgedrag. Disfunctionele schema's kunnen ontstaan als gevolg van schadelijke ervaringen in de kindertijd en blijven op volwassen leeftijd bestaan, als ze nooit gecorrigeerd worden.

Schemagerichte therapie tracht de werking van deze schema's minder sterk te maken door de schema's emotioneel te doorwerken. Hiertoe worden allerlei technieken gebruikt. De therapeutische relatie spreekt ook een grote rol. In schemagerichte therapie (SGT) wordt met de cliënt een therapeutische relatie opgebouwd door te focussen op emoties en op het ontwikkelen van de werkrelatie. Met behulp van specifieke interventies zoals 'limited reparenting' en experiëntiële technieken die gericht zijn op pijnlijke ervaringen in de kindertijd, leert de cliënt negatieve gevoelens als wanhoop en verlating te verdragen en te accepteren. Met behulp van cognitieve en gedragsmatige technieken leert de cliënt zijn huidige disfunctionele gedachtepatronen en gedrag te veranderen. In therapie speelt het actief benutten van de therapeutische relatie een belangrijke rol.

Schema's
SGT gaat ervan uit dat het handelen, voelen en denken van mensen geleid en gestuurd wordt door zogeheten 'schema's'. Deze schema's herbergen verzamelingen van, in de loop van het leven, opgedane

kennis, die voor een groot deel impliciet is. Die impliciete kennis is niet rechtstreeks onder woorden te brengen en alleen indirect te reconstrueren. Deze schema's zijn het resultaat van functionele aanpassing aan de omgeving. Bij gezonde mensen kunnen nieuwe ervaringen de oudere schema's bijstellen, zodat de schema's functioneel blijven. Bij mensen met persoonlijkheidsproblematiek krijgen nieuwe ervaringen geen kans. De schema's zijn zo sterk en door eindeloze herhaling zo structureel geworden, dat nieuwe schema's die zijn afgestemd op nieuwe situaties zich niet hebben kunnen ontwikkelen. Voorbeelden van aannames binnen een schema zijn: 'Ik ben waardeloos' of 'Wanneer ik mijn gevoelens laat zien, dan word ik afgewezen'. Nieuwe gebeurtenissen en gedragingen van anderen worden steevast zeer selectief waargenomen en selectief geïnterpreteerd. Ofwel: de schema's zijn disfunctioneel geworden; ze zijn niet langer afgestemd op de actuele situatie, maar herhalen situaties van vroeger. Bij mensen met as II-stoornissen wordt verondersteld dat deze disfunctionele schema's meestal vroeg ontstaan, in de kindertijd. Genetische aanleg, interacties met centrale personen en bepaalde indringende gebeurtenissen, zoals traumatische ervaringen kunnen hierop van invloed zijn. Schemadomeinen zijn:
1 onverbondenheid en afwijzing;
2 verzwakte autonomie en verzwakte prestatie;
3 verzwakte grenzen;
4 overmatige gerichtheid op anderen;
5 overmatige waakzaamheid en geremdheid.

Modi
Iemand kan misschien in veel situaties normaal functioneren (gezonde volwassene), om bij dreigende verlating in enorme paniek te schieten en zich vast te klampen (verlaten kind). Een modus is een toestand die in situaties getriggerd kan worden die het denken en gedrag bepaalt vanuit ervaringen van vroeger.
Er zijn vier soorten modi: de gezonde volwassene modus, de kinderlijke modi, bij borderlinecliënten veelal het 'boze kind' of het 'verlaten kind', de beschermende modi, bij borderlinecliënten veelal de 'onthechte beschermer' en de geïnternaliseerde oudermodi, bij borderlinecliënten veelal de 'bestraffende ouder'. In elke modus kent de persoon typerende gedachten, overtuigingen en gedragingen. Elke modus vraagt om een eigen benadering.

Beeldende schematherapie

Met name het gebruik van experiëntiële behandeltechnieken binnen schematherapie sluit goed aan bij het karakter van beeldende therapie. In beeldende schematherapie gaat het om het ervaren, uiten, emotioneel ordenen van en inzicht krijgen in gevoels-, gedachte- en reactiepatronen middels het beeldend medium en dit wordt gekoppeld aan de schematheorie.

> **Ingangen voor schema's, modi en schemadomeinen**
> Binnen beeldende therapie kunnen verschillende ingangen worden gekozen. Er kan uitgegaan worden van de schemadomeinen of van de modi. Er kan direct of meer indirect met de schema-terminologie gewerkt worden. Eigen beleving kan worden verbeeld, er kunnen ervaringen worden opgedaan tijdens het beeldend werken/het beeldend proces.
> In beeldende schematherapie kunnen verschillende modi worden getriggerd. Er kan vormgegeven worden aan en/of gereflecteerd worden op modi in zichzelf of in contact met anderen. Hierbij wordt gekeken naar het verleden van de persoon, maar blijft het gevolg in het hier-en-nu centraal staan.
> Er wordt ruimte geboden voor het contact krijgen met kindmodi. Kindmodi kunnen worden opgeroepen door emotionele reacties op materialen en werkvormen, door het spelen. Beschermende modi zijn bijvoorbeeld te herkennen wanneer er sprake is van vlak of gevoelsarm beeldend werk of andere manieren waarbij het voorkomen van voelen bewust of onbewust centraal staat. Oudermodi komen naar voren doordat bijvoorbeeld de cliënt mogelijk streng en bestraffend naar het eigen werk kijkt; het werkstuk wordt veroordeeld, niet goed genoeg bevonden. Er kan geoefend worden in het bestrijden van de eisende en straffende ouder. Gevoelens en uitingen die samenhangen met kindmodi kunnen gevalideerd, erkend en belangrijk gemaakt worden.
> Beeldende oefeningen kunnen aansluiten bij de schemadomeinen, waarbij schema's geactiveerd worden en waarbij geoefend kan worden met ander gedrag. In de ervaringen binnen beeldende schematherapie gaat het veelal om ontdekken, improviseren, experimenterend en intuïtief handelen in het huidige moment. Het brengt belangrijke gevoelens van het kernzelf tot expressie in het 'present moment', in het hier-en-nu (theorie Damasio en Stern; lezing Smeijsters, 2007).

> Experiëntiële, ofwel ervaringsgerichte, technieken (zoals imaginatie, rollenspel en de meerstoelentechniek) zijn bijvoorbeeld bekend uit de gestalttherapie of uit de beeldende therapie. Deze worden gebruikt om gevoelens en gedachten te gaan ervaren en uiten, verduidelijkt te krijgen, om verbanden te leggen tussen recente gebeurtenissen en ervaringen of belevingen uit de kindertijd en om schema's op te sporen. Een nieuw schema kan zich gaan vormen op basis van wat ervaren wordt. Omdat de informatie niet zozeer bewust en verbaal wordt aangeboden, maar door een non-verbale ervaring, zijn de nieuwe representaties die zijn ontstaan meer 'gevoeld' dan 'gedacht' (Arntz & Bögels, 2000).

Imaginatie

Imaginatie biedt een kader om te werken met concrete, persoonlijke ervaringen en om onderliggende schema's te onderzoeken binnen beeldende schematherapie. Na imaginatie wordt de stap gemaakt naar het vormgeven van innerlijke beelden in een externe vorm door deze in materiaal vorm te geven. Dit maakt het mogelijk om deze innerlijke beelden te doorvoelen, te verankeren, te bevestigen en erop te reflecteren. De vormgeving aan datgene dat tijdens de imaginatie is opgekomen voegt de mogelijkheid toe om zelf keuzes te maken, om afstand te kunnen nemen en roept op tot hernieuwde reflectie op de ervaringen. Hierbij gaat het om het kunnen (onder)scheiden van heden en verleden, maar ook om het zien van verbanden tussen heden en verleden (Haeyen, 2007).

'Limited reparenting'

De therapeut kan werken met 'limited reparenting' door de inzet van zachte materialen, door het gebruik van steunende werkvormen, door het innemen van een troostende rol in de samenwerking. Doordat de therapeut steeds materiaal en werkvormen/experiëntiële technieken tot zijn beschikking heeft, wordt de relatie minder direct van cliënt tot therapeut, maar het medium gaat daarbinnen een belangrijke rol spelen, het medium roept reacties op en geeft structuur, feedback en troost en werkt dus op het vlak van 'reparenting' zonder verlies van de eigen verantwoordelijkheid van de cliënt.

Doelgroep, setting, tijdsduur

De doelgroep van beeldende schematherapie zijn cliënten met persoonlijkheidsproblematiek of -stoornissen. Ook is een combinatie mogelijk met een verbale SGT-groep. De behandelduur is vrij lang, twee tot drie jaar. Ook is een korter durende groepsgerichte module schemagerichte therapie bekend van twintig sessies, waarbij vooral cognitief gewerkt wordt (Vreeswijk & Broersen, 2006).

Beeldende schematherapie is gericht op het corrigeren en laten groeien van de kinderschema's (mede door 'limited reparenting'), het uitschakelen van beschermende toestanden (die immers disfunctioneel zijn) en het vervangen van de geïnternaliseerde ouderschema's (die disfunctioneel veeleisend, straffend en verwerpend zijn) door gezondere schema's. Uiteindelijk zal het gezonde volwasseneschema het grootste deel van het functioneren gaan bepalen, is de grondgedachte van de schemagerichte therapie.

De cognitieve gedragstherapie voor persoonlijkheidsstoornissen stelt zich tot doel om een (gedeeltelijke) verandering van de persoonlijkheid te bereiken. Dit hoog gestelde doel komt men ook tegen bij inzichtgevende psychotherapieën. Dit geeft ook aan dat deze vorm van therapie niet geschikt is voor alle cliënten. Voor sommige cliënten is dit doel te hoog en kan beter gemikt worden op het verminderen van de scherpe kanten van de as II-pathologie (Arntz & Bögels, 2000).

Werkwijze

De werkwijze is focaal-inzichtgevend.

Onderzoek

Uit onderzoek blijkt dat het aannemelijk is dat schemagerichte therapie (SGT) een werkzame behandeling is voor de reductie van symptomen en persoonlijkheidspathologie en het verbeteren van het sociaal functioneren bij patiënten met borderlinepersoonlijkheidsstoornis. SGT bleek vergeleken met Transference Focused Therapy (in een individueel traject van drie jaar, twee keer per week) bovendien superieur in termen van een lager drop-outrisico, significant meer genezing en klinische verbetering, grotere verbetering in algemene psychopathologie, persoonlijkheidsconcepten en kwaliteit van leven (Giesen-Bloo e.a., 2006). SGT in een groep moet nog onderzocht worden.

In de praktijk van de beeldende schematherapie is te zien dat er binnen beeldende therapie een vertaling wordt gemaakt van de schematherapie naar beeldende therapie en dat er op steeds meer plekken, zowel binnen klinische, dag- en ambulante behandeling op een dergelijke manier gewerkt wordt. De mening van deskundigen is dat beeldende therapie geïntegreerd kan worden in, en een goede aanvulling is op schematherapie. Dit standpunt komt naar voren in het panel van creatief therapeuten (Haeyen, 2005), in de richtlijn Persoonlijkheidsstoornissen en blijkt ook uit beschrijvende literatuur (Thunnissen & Muste, 2002; De Jong, 2003; Haeyen, 2006; Vreeswijk e.a., 2008). De bevindingen van een groep van 48 patiënten die na een imaginatieoefening binnen beeldende therapie een vragenlijst invulden, bevestigen positieve effecten en laten zien dat het beeldende aspect wezenlijke zaken toevoegt (Haeyen, 2006). Het is aan te bevelen dat vaktherapie binnen schematherapie verder wordt onderzocht.

> **Verantwoording van de casus**
> De moeite van cliënte met vertrouwen kwam vooral in het begin van het proces vaker terug, in de vorm van testen van de grenzen in het contact met de therapeut, die zich opstelt als een begripvolle ouder die ook grenzen stelt wanneer nodig. Met het medium is haar contact veel minder ambivalent; ze heeft er affiniteit mee en wanneer ze iets maakt, dan gaat het over haarzelf en ervaart ze dit als betekenisvol. Een opgelegde structuur (een werkvorm) is voor haar snel onprettig, ze ervaart dan autonomieverlies. In het bijzonder het werken met klei brengt haar in contact met kindbehoeften, thema's die zeer persoonlijk zijn worden door haar hierin uitgewerkt en qua materiaalhantering gaat het over zachtheid, koesteren en verzorgen.
> Doordat cliënte werkt aan het onderzoeken van haar kindmodi, zal zij haar onvervulde verlangens beter kunnen accepteren. Zij zal uiteindelijk haar pantser en haar boosheid mogelijk minder nodig hebben, omdat zij beter weet hoe zij voor zichzelf kan zorgen en als volwassene verantwoordelijkheid kan nemen voor zichzelf.

5.3.4 BEELDENDE THERAPIE BINNEN 'MENTALIZATION-BASED TREATMENT'

> In de therapiegroep wordt de opdracht gegeven om een groepsschildering te maken, waarbij ieder groepslid een kleur kiest en schildert hoe hij zich op dit moment in de groep begeeft. Een cliënte wil graag contact met één bepaalde vrouw uit de groep. Ze schildert met haar oranje verf opeens op het blauw van dat

> groepslid, die stelt dat niet op prijs en schildert het oranje weer weg. De therapeut zet het even stil en vraagt haar, hoe ze denkt dat die ander het vindt. Dit is de MBT-pauzeknop; 'stop, listen and look', wat wil zeggen: stop en sta even stil bij wat er precies op dit moment in het contact gebeurt. Hierdoor helpt men cliënten om elkaars intenties te onderzoeken in plaats van plompverloren iets te doen en te reageren. Later schildert 'het blauwe' groepslid een soort tuit, ze zoekt contact zoals zij het wél wil; namelijk voorzichtig.

Grondleggers

Mentalization-based treatment (MBT) is ongeveer tien jaar geleden ontwikkeld door twee Londense professoren, Anthony Bateman en Peter Fonagy. Kaarsemaker (2008) publiceerde over de integratie tussen beeldende therapie en Mentalization-based treatment.

Beschrijving

Mentalisatie is een psychisch proces van begrijpend waarnemen, waarbij je je eigen acties en die van een ander kunt zien als betekenisvol en voortkomend uit de verlangens, behoeften, gevoelens, overtuigingen en bedoelingen die jij of een ander hebt. Mentalisatie is een complex psychisch proces en beschermt onder meer tegen emotionele overspoeling. Mensen met borderlineproblematiek hebben een ontwikkeling meegemaakt waarbij deze complexe functie zich niet goed heeft kunnen ontwikkelen. Hierdoor is voor hen de betekenis en de zin van hoe het tussen mensen draait vaak onduidelijk. Ze blijven overgeleverd aan meer primitieve manieren om hun emotionele stabiliteit te bewaren en emotionele pijn te voorkomen, zoals vluchten, vechten of bevriezen. Het resultaat is vaak ongeorganiseerd, paniekerig of impulsief reageren in plaats van mentaliseren. Als borderlineclienten beter leren mentaliseren, zullen ze meer afstand kunnen nemen van het intense gevoel van het moment en zullen ze beter met stresssituaties om kunnen gaan en minder impulsief, agressief of zelfdestructief gedrag gaan vertonen. Uiteindelijk leidt dit tot een beter zelfgevoel en tot gezondere en stabielere relaties.

Mentalization-based treatment (MBT) is meer een focus voor de therapie dan een aparte therapie. Het is ontstaan vanuit de psychoanalytische stroming en de hechtingstheorie, het is geen inzichtgevende therapie. Veel therapeuten zullen in de MBT-methodiek herkennen wat ze al doen. Om de precieze afstemming op de cliënt die MBT nastreeft echter te doorgronden, wordt nauwgezette bestudering en supervisie aangeraden. De methode werkt zolang alle betrokken therapeuten overleg plegen en alles bespreken vanuit het perspectief van mentalisatie.

Nieuw aan deze methode is het uitgangspunt dat reflecteren over onszelf niet iets is dat al klaar ligt, maar dat het ontwikkeld moet worden en opgebouwd. Fonagy e.a. (2003) zijn geïnteresseerd in het al of niet tot stand komen van de ontwikkeling van het besef dat je zelf de uitvoerder bent van je handelingen, de denker van je gedachten. Zij wijzen erop dat deze ontwikkeling, waarin ook van alles fout kan lopen, sterk bevorderd wordt door een veilige hechtingscontext.

De MBT beschrijft drie modi hoe de psychische realiteit beleefd kan worden.

- De equivalent mode; binnen en buiten worden als gelijk beleefd.
- De pretend mode (doe-alsof); binnen en buiten kunnen alleen los van elkaar beleefd worden.
- De integratieve mode; mentalisatie is het gevolg van integratie van de eerste twee modi dankzij speelse interactie met de verzorger in een overgangsruimte, een 'transitional space' zoals door Winnicott beschreven. Hier ligt het werkterrein van de beeldend therapeut.

MBT en beeldende therapie

Bateman en Fonagy schrijven (2004, p. 172-174) expliciet over hoe vaktherapie er volgens hen uit zou kunnen zien.

Expressieve therapie (vaktherapie)
'Het doel van vaktherapie in het programma van de dagbehandeling is een andere manier aan te bieden om het mentaliseren aan te moedigen. Het gebruik van kunst, poëzie of andere vaktherapieën maakt het mogelijk het interne, extern uit te drukken, zodat het verwoord kan worden van een afstand, via een alternatief medium en vanuit een verschillend perspectief. Ervaring en gevoel worden uit de binnenwereld gehaald en in de buitenwereld geplaatst, waardoor de voorwaarde geschapen wordt dat ze expliciet gementaliseerd kunnen worden. Patiënten brengen iets van zichzelf naar buiten; het is van hen maar nu ook buiten hen, waardoor het zowel een aspect van henzelf vertegenwoordigt, alsook gewoon een tekening of een werkstuk is. De therapie creëert 'transitional objects'. De taak van de therapeut is om een 'transitional space' (overgangsruimte) te ontwikkelen in de

groep, waardoor de werkstukken gebruikt kunnen worden om het uitdrukken van gevoelens gemakkelijker te maken, terwijl het Zelf stabiel blijft. Patiënten vinden vaktherapie, vooral in het begin, minder beangstigend dan andere therapie waarin ze moeten reflecteren op zichzelf in relatie tot anderen. In vaktherapie is een aspect van het Zelf naar buiten gebracht, waardoor het minder beangstigend, controlerend en overweldigend wordt. Gevoelens worden hanteerbaar en het begrijpen van zichzelf en anderen kan makkelijker toegelaten worden.

Algemene strategische aanbevelingen
- Zorg ervoor dat het thema aansluit bij wat er in de groepstherapie naar voren komt.
- Sta het patiënten toe deel te nemen aan het tot stand komen van het onderwerp van de therapie, bijvoorbeeld het thema dat geschilderd gaat worden.
- Focus op het uitdrukken van gevoelens, hoe ze precies zijn, en hun persoonlijke en interpersoonlijke samenhang.
- Zorg ervoor dat patiënten over de bedoeling van elkaars werk nadenken.
- Help patiënten herkennen dat anderen hun werk anders kunnen zien dan dat ze het zelf zien.

De vaktherapieën worden gegeven in kleine groepen van zes tot acht patiënten, die vijftien minuten samenkomen om het thema van de therapie te bespreken. Ieder gaat apart een halfuur aan zijn taak werken; daarna wordt gedurende een uur ieders werk gezamenlijk besproken.

De therapeuten moeten ervoor zorgen dat ze de bijdrage van elke patiënt evenveel aandacht geven. Onze algemene werkwijze is om eerst een patiënt te vragen te beschrijven wat hij voelt dat de andere patiënt uitgedrukt heeft in relatie tot het overeengekomen onderwerp, en dit in verband te brengen met zijn kennis van en ervaring met deze patiënt. Er wordt geprobeerd alle patiënten te betrekken in dit proces van bespreken van de bedoeling van andermans werk, voordat elke patiënt gevraagd wordt zijn eigen ideeën bij zijn eigen werkstuk te benoemen, en erover na te denken of het begrip van zijn groepsgenoten over zijn werkstuk voor hem verrijkend is, of dat het er afbreuk aan doet. Het is belangrijk dat de therapeuten steeds het gesprek terugbrengen naar het thema dat onderzocht wordt, in plaats van andere wegen

in te slaan en te onderzoeken. Het is onze bedoeling om het vermogen van de patiënt en therapeut om bij een onderwerp te blijven, te vergroten, zonder zich te laten afleiden door andere thema's, in een poging de 'effortful control' (de vaardigheid om je te kunnen blijven richten op wat je aan het doen bent, ondanks allerlei opwinding in jezelf of in je omgeving) te vergroten. Vaak zullen patiënten afgeleid worden door emotionele reacties. Ze verliezen dan het hoofddoel uit het oog en worden in beslag genomen door subonderwerpen.
(In beeldende therapie betekent dit: steeds terugkeren naar het werkstuk.)

Therapeutische houding
Op weg naar mentalisatie moet de therapeut gewend raken om te werken met belevingen van de patiënten, waarbij binnen gelijk is aan buiten. Gedachten vormen geen brug tussen binnen en buiten en gevoelens hebben geen samenhang. De taak van de therapeut is om heel verfijnd:
- teleologische denkwijzen om te zetten in intentionele manieren van denken (leren dat de ander niet alleen is wat hij doet, maar ook wat hij denkt, voelt of betracht);
- psychische equivalentie (waar binnen en buiten gelijk is) om te zetten in symbolische representaties;
- gevoelens aan representaties te gaan verbinden.

In de keten voelen/denken/handelen, blijft denken vaak achterwege bij borderlinepatiënten.
Integreer de afgesplitste denkbeelden van de patiënt zijn doen en laten, waar soms niets echt voelt, zeker geen woorden of bedoelingen. En andere momenten waarop woorden en bedoelingen ongelooflijk veel zeggingskracht krijgen en enkel beleefd kunnen worden met als doel om te vernietigen. Daarvoor moet de therapeut deel kunnen worden van de 'doe-alsof'-wereld van de patiënt en tegelijkertijd vermijden dat gedachten en werkelijkheid hetzelfde worden. De patiënt zal de therapie gaan ervaren als een plaats waar er gespeeld kan worden met gedachten, gevoelens en belevingen, zij horen noch alleen aan de binnenwereld noch alleen aan de buitenwereld toe en hebben daardoor hun overweldigende kracht verloren.'

De cliënt kan in beeldende therapie spelen met de realiteit ('playing with reality'), hierdoor kan hij zijn binnenwereld en buitenwereld als apart, maar verbonden met elkaar gaan beleven. Beeldende therapie kan veiligheid bieden; al zijn er heftige gevoelens in beeld gekomen, het is tegelijk maar een stuk papier of klei. De therapeut neemt de houding aan van 'niet weten', maar graag willen begrijpen. Er wordt gewerkt met de mentale toestand van het hier-en-nu. Het verleden wordt alleen betrokken als het zich in het heden aandient. Het is vooral interessant om te kijken naar hoe er gewerkt is in plaats van naar wat er gemaakt is. Er wordt rekening gehouden met bestaande tekorten in het mentaliserend vermogen van de cliënt.

Werken met het medium
Het werken met het medium kan een mentaliserende handeling op zich zijn, hiermee haal je het mentaliseren in de handeling zelf en hoeven het geen twee losse bezigheden te zijn; eerst een werkstuk maken en dan gaan mentaliseren. Doorschuifopdrachten lenen zich hier goed voor. Er wordt bijvoorbeeld aan cliënten gevraagd een vervolg te maken zoals ze denken dat hun voorganger het 'verhaal' verder zal willen laten verlopen. De therapeut kan de groep ook tijdens de activiteit expliciet laten mentaliseren. Door de groep bijvoorbeeld even terug te laten kijken en aan te laten wijzen waar 'het' precies gebeurde ('rewind'), en daarna weer verder laten werken. Net zo goed als dat MBT geen nieuwe therapievorm is, maar een nieuw focus, hoeven er geen nieuwe groepsopdrachten bedacht te worden, de focus kan worden verlegd, of expliciter naar voren worden gehaald (Kaarsemaker, 2008).
Groepstherapie wordt aanbevolen omdat de groep de cliënt dwingt over zichzelf na te denken terwijl hij tegelijkertijd probeert te begrijpen wat er in het hoofd van anderen omgaat.

Onderzoek
In 2002 is MBT benoemd als een van de twee behandelmethoden voor borderlineproblematiek, die gebaseerd is op wetenschappelijk onderzoek, naast de Dialectische Gedragstherapie. Een gerandomiseerd onderzoek naar de effectiviteit van MBT onder ambulante patiënten is bijna afgerond. Er is alvast te melden dat het uitvalpercentage laag blijft.

> **Verantwoording van de casus**
> In beeldende groepstherapie leren cliënten om van teleologische denkwijzen, intentionele denkwijzen te maken. Van 'het is wat het is, hoe het eruitziet' naar 'het kan gebaseerd zijn op intenties en gevoelens, het kan er nu zo uitzien, maar mijn groepsgenoot bedoelt er iets anders mee dan hoe ik het opvat, volgende week kan het weer anders zijn, andere groepsleden kunnen er iets anders aan verbinden dan ikzelf'. Kortom: cliënten leren (beter) te mentaliseren, waardoor er denken tussen het voelen en handelen in komt.

5.3.5 PSYCHODYNAMISCHE BEELDENDE GROEPSTHERAPIE

> Als de groep 's ochtends in de beeldende therapie binnenkomt is Kees er niet bij. Hij is na het weekend niet teruggekeerd in de kliniek en heeft telefonisch laten weten dat hij niet verder wil gaan met zijn behandeling. Als ik dit feit in het groepsthema van de beeldende sessie wil betrekken, is er protest. Er ontstaat in de voorbespreking een kort gesprekje over geen zin hebben, balen, een drempel ervaren. Een grens, angst en verlangen naar wat er voorbij de grens is.
> Na een paar minuten vraag ik de groep om met elkaar op de tafel één ruimtelijke muur te bouwen. De tafel meet 1,00 × 1,90 m, de keuze voor het materiaal is vrij. Er ontstaat een wat verbaasde en afwachtende sfeer. Er wordt een emmer met klei gepakt. Er is wel bereidheid, maar hoe pak je zoiets met elkaar aan, wie neemt het initiatief?
> Tamar pakt een sliert verse klei en duwt daar, de lengte van de tafel volgend, een plaat hout in. 'Zo dat schiet op.' Opeens is er actie.
> Ben maakt met bonkend kabaal een stevige rechthoekige vorm van klei en drukt er allemaal brokstukjes oude, opgedroogde kleirestanten in. Terwijl hij bezig is, verzachten zijn bezigheden en geniet hij zichtbaar van het versieren van zijn blok tot een 'oude', stevige muur. Erbovenop maakt hij een kanon. Tamar kijkt met wat afstand naar wat de anderen doen. Als zij ziet dat anderen scherpe punten op hun deel van de muur maken en in de weer zijn met prikkeldraad, fantaseert ze dat boven op haar muur

eigenlijk glas zou horen. Ze slaat een glasplaatje stuk en maakt een venijnige rand boven op haar muur, met klei als plakkende ondergrond.
Door de kieren aan elkaar te smeden, vormen de verschillende muurdelen een geheel. John maakt ongeveer in het midden van de totale lengte van de muur een opening, die hij camoufleert. 'Kan ik er toch nog uit.' Hij gebruikt, net als zijn buurman veel kleine brokstukken, waarmee ze naar boven bouwen. Margreet zie ik een kasteelachtige vorm maken, met een uitkijktoren aan de rand van de tafel. Guus stapelt en plakt slierten klei op elkaar. Bovenop zet hij een hondje. Zijn werk is het hoogst, maar heeft iets gammels.
In de nabespreking kijken we gezamenlijk naar het resultaat en informeer ik naar de ervaringen tijdens het werken. Men is zeer tevreden over het resultaat. Ik vraag de groepsleden te kiezen aan welke kant van de muur zij gevoelsmatig op dit moment staan. Dat vindt niemand moeilijk. Iedereen kiest de kant die als binnenkant wordt ervaren. Men is het erover eens dat de muur er is om te beschermen: een dorpje, je eigen hachje of je eigen land. Kortom: een muur om je erachter veilig te voelen.

Afbeelding 5.13.

Grondleggers

De grondleggers voor een groepsdynamische denkwijze worden gevonden in Engeland in 1942-1948. Daar werden getraumatiseerde soldaten in een therapeutische gemeenschap behandeld voor hun shellshock, om ze snel weer inzetbaar te krijgen voor het front. Een groepsgericht therapieaanbod stond centraal, waarbij de interactie tussen de deelnemers een krachtig therapeutisch bestanddeel bleek om te helpen bij de resocialisatiedoelen waarvoor men zich gesteld zag. Van daaruit ontstonden de therapeutische gemeenschappen (Maxwell Johnes, 1952; Bion, 1959).

In Nederland heeft de dynamische groepstherapie zich verder ontwikkeld door juist een psychotherapeutisch doel na te willen streven. Het hanteren van het milieu in de kliniek bleek een therapeutisch middel om intrapsychische verandering te bevorderen via inzicht in- en doorwerking van de overdrachtsrelaties (Yalom, 1978; Jongerius, 1980; Janzing & Lansen, 1985; Berk e.a., 1995; Vereniging voor Klinische Psychotherapie).

In eerste instantie werden deze uitgangspunten toegepast in klinieken. Later ontstonden psychodynamische deeltijdbehandelingen en poliklinische toepassingen, waarbij het therapeutisch milieu centraal gesteld werd.

De huidige ontwikkelingen wijzen naar een verdere uitkristallisering door een supportief en reconstructief behandelmilieu te onderscheiden, passend bij de verschillende indicatiegebieden van cliënten. Vaktherapeuten die werkzaam zijn in deze settings hebben in de loop der jaren hun beeldende methodiek binnen deze specifieke context ontwikkeld en geprofessionaliseerd door hun beeldendtherapeutische achtergrondkennis vanuit hun opleiding te verbinden met de groepsdynamische psychotherapie (Gerritsen, 1994, 1998; Meerman & Gerritsen, 1995; Schweizer, 2001; Haeyen, 2007).

Beschrijving

Psychodynamische therapie staat centraal in een psychotherapeutische behandeling waar de interactie tussen de deelnemers in het behandelmilieu het onderzoeksmateriaal vormt om tot gewenst inzicht en verandering te komen in het hanteren van de veelal gerigidiseerde persoonlijkheidskenmerken. De cliënt zoekt met zijn eigen mogelijkheden en beperkingen oplossingen voor de problematiek die ontstaat (wordt gereënsceneerd) binnen de relaties die hem geboden worden. Alle gedragingen en ervaringen die deel uitmaken van het samen in een groep zijn (in een klinische setting betreft dat álle aspecten van wonen en leven) vormen het materiaal voor de behandeling. De neiging om op de vlucht te slaan, de eigen vertrouwde forse afweermechanismen in stelling te brengen, de symptomen te laten bloeien, al deze copingstijlen worden als in een hogedrukpan in verhevigde mate opnieuw zichtbaar. De therapeutische setting is erop gericht de angstige en agressieve gevoelens die leiden tot bijvoorbeeld grillig actingoutgedrag te beleven en te delen, maar niet uit te leven. De behandeling is gericht op contact maken en zichtbaar worden, de kwetsbaarheid van jezelf en anderen leren herkennen, te begrijpen en te delen met elkaar. Cliënten leren door het therapeutische proces rekening te houden met hun beperkingen, te rouwen, te accepteren en consequenties te verbinden aan hun ontdekkingen. Tegelijk is het ook de plek voor het leren creëren van veiligheid, om te oefenen met nieuw gedrag en het beter leren benutten van de eigen mogelijkheden.

Het beeldend vormgeven binnen de psychodynamische beeldende therapie is een middel om contact te maken met wat er innerlijk leeft. De methodiek van de vaktherapeut is nauw verweven met de behandelvisie van de setting. Enig inzicht in het geheel van het psychodynamische behandelaanbod is een voorwaarde. Beeldende therapie is een radertje in het geheel. Een groep van maximaal negen cliënten komt de beeldende therapie binnen met meeneming van de ervaringen van zo-even en van 'gisteren' en met mogelijkheden voor straks, voor 'vanavond, voor morgen'. Maar telkens met elkaar. Naast de individuele processen van iedere cliënt zelf is er sprake van een gezamenlijk groepsproces dat in belangrijke mate de groeimogelijkheden voor ieder individu bepaalt. Dat gegeven bepaalt het 'nu' en van daaruit vertrekt de beeldend therapeut voor de structurering van de beeldende therapie. Dat kan in een groepsopdracht, zoals in het voorbeeld, maar ook individueel werkend in de groep met een eigen plan of opdracht. De beeldend therapeut zet zijn deskundigheid in om het groepsproces te begrijpen en zodanig te beïnvloeden dat het individu op zoek kan gaan naar een optimale ruimte en vrijheid. Die ruimte is beschikbaar voor het vormgeven aan (geheime) behoeften, angsten en verlangens, die hij ontwikkelt in de interactie met anderen. Als beeldend therapeut en lid van het multidisciplinair team (dat elkaar dagelijks spreekt) is ook hij onderdeel van dat proces. De positie die de beeldend therapeut daarin inneemt en de relatie die hij legt, zijn onderdeel van de therapie en bepalen voor een deel de mogelijkheden, maar ook de beperkingen. De visie van de therapeut op wat in de therapie in het nu behulpzaam is, bepaalt mede de richting van de sessie. Dat gebeurt altijd in samenspraak met de cliënt en ten dienste van het individuele behandeldoel, maar is ingepast in de groepsdynamiek. De cliënt blijft uiteindelijk zelf verantwoordelijk voor de te nemen stappen in het behandelproces. De therapeut schept ruimte en biedt mogelijkheden aan. Het bewaken van de wenselijke structuur van de sessie hoort daarbij.

Doelen

De doelen van psychodynamische beeldende groepstherapie zijn:
- symptoomreductie bereiken door het op gang brengen van veranderings-, ontwikkelings- en/of acceptatieprocessen;
- doorbreken van de vaak starre patroonmatigheid in het persoonlijkheidsprofiel;
- bevrediging en zingeving vinden in de eigen mogelijkheden;
- een verbinding ervaren tussen binnen- en buitenwereld, hetgeen de vaardigheid om te mentaliseren bevordert.

Doelgroep, setting, tijdsduur

Psychodynamische therapie is een behandelmethode voor cliënten die daarvoor geïndiceerd zijn. Het betreft veelal cliënten met een persoonlijkheidsstoornis (DSM IV-as 2) en tevens een stoornis op as 1 (comorbiditeit), zoals een depressie of een angststoornis.
Psychodynamische beeldende groepstherapie is vaak onderdeel van het multidisciplinaire therapieaanbod binnen een setting voor (dag)-klinische psychotherapie. De structuur is een open groep. Dat wil zeggen dat nieuwe cliënten de plek innemen van degenen die vertrekken en er in één groep cliënten in verschillende fasen in hun behandeling met elkaar samen werken.
In de behandelduur is geïndiceerde variatie mogelijk van vier tot meer dan twaalf maanden. Vaak is langer durende vervolgtherapie aansluitend aan een (dag)klinische fase noodzakelijk. Naast poliklinische psychotherapiegroepen, al dan niet in combinatie met individuele psychotherapie kan beeldende psychodynamische therapie een uitstekende vorm zijn om poliklinisch te komen tot verdere uitwerking en consolidering na een (dag)klinische fase.

Werkwijze

De psychodynamische beeldende groepstherapie valt onder de noemer inzichtgevend plus. Supportieve elementen vormen naast ontregeling een mix van uitdagingen om zichzelf en elkaar zowel te steunen als te confronteren. De beeldend therapeut bewaakt dit evenwicht in het aanbod van beeldende middelen en tracht steeds de verbinding voelbaar te maken tussen behandeldoel en beeldende activiteit. De beeldend therapeut voegt in, in wat zich aandient in de sessie. In zijn interventies kan hij sturend, steunend, confronterend en directief zijn, maar hij geeft de cliënt eigen verantwoordelijkheid om uiteindelijk zelf een keuze te maken uit het aanbod. De therapeut helpt de cliënt door hem te stimuleren, betekenis te geven aan de keuzes die hij maakt en herkent in het beeldend werk.

De sturing van de therapeut ligt niet van tevoren vast, maar wordt gevormd door het proces dat zich gedurende de behandeling in het contact met de cliënt ontrolt. De beginfase is daarin belangrijk. Hoe presenteert de cliënt zich, hoe creëert hij zijn eigen veiligheid in de stressvolle situatie van het nog niet gewend zijn, het nog geen eigen plek gevonden hebben binnen de behandelomgeving? Hoe gaat de cliënt om met de spanning van de beeldende therapie, waarin hij zich met een eigen product zal tonen aan mensen die hij nog niet kent, maar met wie hij wel een relatie aangaat? In die fase wordt een beroep gedaan op de adaptieve vermogens, maar wordt ook een deel van de kwetsbaarheid zichtbaar. De omgang met de situatie en de keuzes die de cliënt maakt in samenhang met de beeldende expressie, geeft zowel de therapeut als de cliënt de kans te ervaren hoe de pathologie van de cliënt in de beeldende therapie zijn vertaalslag vindt. Als in de volgende fase van de behandeling de cliënt voldoende veiligheid heeft ervaren, kan hij onder andere in de beeldende therapie gaan experimenteren met het maken van andere keuzes die passend zijn bij wat hij in de therapie wil bereiken. De beeldend therapeut daagt uit en verleidt met materiaal, gereedschap en werkvormen, zowel individueel in de groep als groepsgericht, opdat er voor de cliënt ruimte komt om nieuwe stappen te zetten. De intuïtie en ervaring van de beeldend therapeut spelen in dit proces een grote rol.

Door een breed beeldend materiaalaanbod heeft de cliënt de mogelijkheid zich op verschillende manieren te laten aanspreken. Hierin kan vaak de uitdrukking gevonden worden van gevoelens en ervaringen die lang verborgen bleven en daarmee een verdere emotionele ontwikkeling van de cliënt hebben geblokkeerd.

Onderzoek

In de multidisciplinaire richtlijn voor persoonlijkheidsstoornissen wordt psychotherapie als werkzame behandelinterventie empirisch stevig onderbouwd. Vaktherapeutische interventies kunnen daarbij een belangrijke ondersteunende rol spelen. Overigens komt uit het onderzoek naar voren dat niet het therapeutische referentiekader bepalend is voor de werkzaamheid, maar de mate waarin er sprake is van een helder en coherent therapiemodel. Dit wordt bijvoorbeeld geboden door het psychodynamische model, dat bewezen effectief blijkt voor de hier besproken doelgroep. Het model kan met gedoseerde intensiteit worden ingezet voor een nauwkeurige afstemming op de draagkracht en specifieke kenmerken van de cliënt.

In het onderzoek van Karterud en Pedersen (2004) zijn aanwijzingen gevonden dat beeldende (groeps)therapie een bijdrage levert aan de verbetering van het functioneren (sociaal, emotioneel en gedragsmatig) van cliënten met een persoonlijkheidsstoornis. Het profijt van beeldende therapie wordt door cliënten zelf significant hoog gewaardeerd.

In een aantal onderzoeken naar de wetenschappelijke onderbouwing voor de effectiviteit van groepsdynamische (dag)klinische therapie is de bijdrage van het behandelingseffect van de beeldende therapie niet apart bestudeerd. Vaktherapie, waaronder beeldend, wordt aangeboden in het groter geheel. De werkgroep verbonden aan de richtlijn voor persoonlijkheidsstoornissen concludeert uit onderzoek van Wilberg e.a. (1998), Bateman en Fonagy (2004) en Karterud en Urnes (2004) dat vaktherapie haar waarde in de praktijk voldoende heeft aangetoond om een waardevol onderdeel te zijn van behandelprogramma's voor cliënten met een persoonlijkheidsstoornis.

> **Verantwoording van de casus**
> De beeldend therapeut doet in de korte voorbespreking tijdens de beeldende sessie zijn aanbod in reactie op een voorval in de groep, met de bedoeling betekenis te zoeken voor ieders persoonlijke betrokkenheid bij het voorval. De groep kon het gevoel naar aanleiding van het vertrek van een medegroepslid, niet onder woorden brengen. Al werkend vond en kreeg dit echter expressie, zowel individueel als voor elkaar. Daarmee kwam een palet aan belevingen bloot, zonder dat het als al te bedreigend hoefde te worden ervaren. Het was immers slechts spel. De groepssetting gaf de mogelijkheid om een veelheid aan ervaringen te beleven, te verkennen en door de zichtbaarheid bij de ander te herkennen. De betrokkenheid van de individuele deelnemers tijdens het bouwen van de muur was erg groot. Zo werden de agressieve elementen om af te weren en te beschermen met plezier vormgegeven en bij elkaar herkend. Er werden ook beeldend verbindingen gelegd. Men koos in het beeldend werk voor een afgeschermde en veilige plek. Tijdens het werken met vorm en materiaal ontstond er ruimte om iets van de emotie van Kees te herkennen, voor wie de spanning van de afgelopen week te groot was gebleken. Een ingang tot mentaliseren, het zich

verplaatsen in de belevingswereld van de ander. In de nabespreking in de beeldende sessie werd dit onder woorden gebracht. In de erop volgende sessie verbale psychotherapie kon het centrale thema van loyaliteit en gespletenheid, het tegelijk voelen van verbinding met én boosheid op Kees nog verder worden uitgewerkt. Een ervaring waarbij tegenstrijdige gevoelens in de groep niet slechts afgesplitst konden worden verdragen, maar samen konden komen.

5.3.6 INTERACTIEVE METHODE

In de jongvolwassenen-groep zitten de volgende personen. Marc (19 jaar). Hij heeft als werkpunt: opmerken wanneer hij iets zó aanpakt dat hij er tevreden over is en dit hardop zeggen. Christel (20 jaar). Zij heeft als werkpunten: opmerken wanneer zij grenzen van anderen overschrijdt en wanneer anderen dat bij haar doen. Oog hebben voor anderen. Steven (22 jaar). Zijn werkpunten zijn: leren initiatief te nemen, zelfstandig zijn en opkomen voor zijn eigen mening. Thea (17 jaar). Volgende week staat haar evaluatie gepland en daarom zal zij dan haar werkpunten maken. Brecht (18 jaar). Zij is pas twee weken in de groep en heeft nog geen werkpunten. In de sessie die hieronder beschreven wordt, is Brecht afwezig.
De beeldend therapeut geeft de groep de opdracht: plaats jullie huizen en boot van klei (van de vorige keer) op een groot vel. Geef ze een eigen omgeving: je kunt daarbij bijvoorbeeld denken aan bruggen en wegen. Het materiaal is verf. De groepsleden staan op om het papier en de verf te pakken. Als iedereen de spullen heeft, zegt Steven: 'Zullen we overleggen over hoe we het aan gaan pakken?' Hij praat zacht en ongericht in de ruimte en niemand hoort hem. Marc zegt tegen Steven: 'Misschien moet je wel harder praten, dan luisteren ze wel.' Dat doet hij en hij wordt gehoord. Christel antwoordt: 'Laten we nou gewoon ieder ons eigen gebied doen en een weggetje vanuit ons huis doen.' 'Ja, oké,' zegt Thea. Zowel Thea als Christel draait zich weg. 'Nee, dat vind ik geen goed idee,' zegt Steven (dat past bij zijn werkpunt 'opkomen voor eigen mening'). Thea zucht en trekt een raar gezicht en zegt: 'Laten we nou maar beginnen, anders ga ik weg.' Steven zegt: 'Thea, iedereen mag zijn woordje doen' (dat past

weer bij zijn werkpunt). Thea stemt non-verbaal en zonder al te veel morren, in. Steven zegt: 'Mijn bijdrage in het geheel wordt water.' 'En jij, Marc?' vraagt Steven. 'Ik weet het nog niet,' antwoordt Marc. De groep begint zonder een duidelijk gezamenlijk plan.

Na een tijdje zegt Christel: 'Zullen we voor Brecht (die afwezig is, maar vorige keer wel een huis van klei maakte) een plaats reserveren?' Thea stemt in en Marc ook, Steven zegt niks. De therapeut zegt enthousiast dat ze dat een heel goed idee vindt. Het is belangrijk dat ze er samen voor zorgen dat Brecht erbij blijft horen. 'Mooi dat jij eraan denkt, Christel, dat past bij je werkpunt!' (oog hebben voor anderen). Ieder is geconcentreerd en stil aan het werk.

Ieder werkt op haar/zijn eigen plek. De therapeut laat ze zo'n vijftien minuten werken. Dan zegt ze: 'De volgende stap is om over vijf minuten twee plaatsen op te schuiven.' De groep protesteert; waarop de therapeut zegt: 'Het gaat over luisteren naar elkaar en elkaars aandeel opmerken.' In de gegeven vijf minuten hebben ze nog de tijd om dát wat ze het meest noodzakelijk vinden, af te maken. Als alle groepsleden op een andere plaats staan, wordt er druk overlegd met elkaar: het wordt ineens heel levendig en er ontstaat contact en overleg.

Christel maakt de weg van Marc af en schrijft McDonald's bij zijn huis. Marc is onzeker en probeert te overleggen met Christel. Maar zij staat op en loopt weg. Dan bedenkt hij hardop dat er gras groeit tussen de grote bloemen die Christel heeft geschilderd en schildert een groen vlak tussen de bloemen. Omdat dit bij lange na niet op tijd af zal komen, vanwege de grootte van het vlak, verzint hij iets nieuws: in plaats van een egaal groen vlak, schildert hij groene verticale 'streepjes'. Dat gaat sneller en zo kan hij toch het hele vlak vullen. Terwijl hij druk bezig is, roept hij enthousiast: 'Volgens mij heb ik dit best goed aangepakt!' 'Ja,' zegt Steven 'een punt voor je werkpunt!' (Marcs werkpunt is: hardop zeggen als hij iets zó aanpakt dat hij er tevreden over is). Thea is onzeker en legt heel precies en uitgebreid voor aan Steven wat ze gaat doen: ze gaat onder andere een strand schilderen naast het water. Steven vindt het een goed idee. Steven schildert een waterweg van Thea naar zijn eigen water en schildert een meertje bij het werk van Thea. Op het eind schildert Christel een aantal vissen in het water van Steven. Steven heeft dat liever niet en zegt dat, maar Christel gaat door: de vissen staan er al. De therapeut zegt tegen Christel: 'Wat een mooie vissen, ze staan ook mooi op dat blauw van het water!' en vraagt aan Steven: 'Wilde je dat eigenlijk wel?' 'Nee,' zegt hij, 'dat zei ik toch al, ik moet hier altijd alles twee keer zeggen!' Marc zegt tegen hem: 'Maar eerst zeí je niet eens wat!'

Afbeelding 5.14.

Grondleggers

In 1981 is een intervisiegroep bestaande uit Frans Beelen, Marianne Oelers, Sacha Muller, Janneke Graamans en Jocé Hassing gestart met het bespreken en vastleggen van hun ervaringen en visie bij het werken met groepen in de beeldende therapie.

Dat resulteerde in 1989 in het boek *Interactief*, waarin de interactieve methode voor het eerst werd beschreven. In 2000 verscheen de tweede druk, geheel herzien door Frans Beelen en Marianne Oelers (2000).

Beschrijving

De interactieve methode gaat ervan uit dat ieder gedrag ontstaat in interactie. Daarom zal verandering van gedrag ook in interactie geleerd kunnen worden. In de beeldende therapie kunnen we in de manier waarop mensen met beeldend materiaal en andere groepsleden werken, een afspiegeling zien van de manier waarop hun interacties in het dagelijks leven verlopen.

Ieder gedrag heeft een functie

In een groep wordt de functie van het gedrag – al doende en in interactie met anderen – zichtbaar, voelbaar en veranderbaar. In de bovenstaande casus wordt duidelijk dat het gedrag van Steven en Christel elkaar aanvult. Christel is sterk in haar initiatieven en durf. Stevens kracht is het geven van ruimte. Christel is wat betreft initiatief nemen eigenlijk een voorbeeld voor Steven en Steven is dat voor haar. Omdat ze beiden ook last hebben van hun gedrag – Christel krijgt vaak ruzie en Steven wordt vaak over het hoofd gezien – hebben ze juist een werkpunt om deze negatieve effecten te verminderen. Als Christel de vissen in Stevens water schildert, wordt hij uitgedaagd daar iets van te zeggen. Het wordt duidelijk dat Steven niet gemakkelijk nee zegt. Hij probeert het wel (zijn werkpunt – opkomen voor eigen mening – stimuleert dat). Christel gaat nog door met schilderen (ze zet haar werkpunt: – opmerken wanneer ik grenzen van anderen overschrijd – niet in). De therapeut waardeert de vissen van Christel, maar maakt ook bespreekbaar wat er in de interactie tussen beiden gebeurt.

Van binnenuit willen leren

Cliënten komen in therapie omdat ze in hun dagelijks leven zijn vastgelopen. Ze hebben echter nog geen ander gedrag en zullen dus bij de start als het ware demonstreren welk gedrag hen deed vastlopen, maar tegelijkertijd is te zien dat zij zich met ditzelfde gedrag staande hebben kunnen houden. Het is voor hen belangrijk dat zij hun gedrag niet hoeven af te leren. Het gaat in de interactieve methode om bijleren in plaats van afleren. Begrip, erkenning en waardering voor het functionele van het bestaand gedrag maakt de weg vrij om er van binnenuit iets bij te willen leren (Van Kessel & Van der Linden, 1973). Vanuit dit uitgangspunt ontstaan de werkpunten die de cliënt in samenspraak met de groepsleden en de therapeut maakt. De werkpunten maken de therapie doelgericht.

Hier-en-nu en toekomst

Het is in de beeldende therapie mogelijk in het hier-en-nu en toekomstgericht te werken en daarmee een wezenlijk veranderingsproces in gang te zetten. Het is emancipatorisch werken door actie, reflectie en verwoording (Freire, 1985; Le Fevere de ten Hove, 2000). Als cliënten hun eigen gedrag en de effecten ervan in het hier-en-nu gaan overzien en benoemen, zijn zij in staat tot het maken van eigen keuzes voor gedragsalternatieven, deze doelgericht te oefenen en zelf een betere toekomst te creëren. In de interactieve methode worden zes fasen onderscheiden in het therapieproces (Beelen & Oelers, 2000):
1 motiveringsfase;
2 activeringsfase;
3 stimuleringsfase;
4 inzichtgevende fase;
5 oefenfase;
6 stabiliseringsfase.

In de eerste drie fasen gaat het erom bestaand gedrag te laten zien en de effecten ervan te ervaren. Daarna – in de inzichtgevende fase – gaat het om het overzien en benoemen van het eigen gedrag en het kiezen van gedragsalternatieven door middel van werkpunten. In de laatste twee fasen wordt de zelfgekozen gedragsverandering uitgeprobeerd en toegepast in het dagelijks leven.

> **Aanleren van nieuwe taal als onderdeel van het leerproces**
> Thea, die gewend is perfect en hard te werken, noemt zichzelf 'lui'. Terwijl zichtbaar is dat zij na twintig minuten timmeren gewoon 'moe' is. In de beeldende therapie is het van belang dat dit soort situaties besproken worden, zodat in dit geval Thea kan horen dat anderen voor deze beleving een ander woord gebruiken. Wanneer Thea zichzelf toestaat te voelen dat zij moe is in plaats van lui, zal zij zichzelf positiever beoordelen en daarmee andere interacties oproepen en aangaan. Om het gewenste gedrag te laten beklijven, is het nodig dat de cliënt de daarbij behorende taal leert en zich eigen maakt (Derks & Hollander, 1996).

Groep voor het individu

Het groepsklimaat is dragend voor de groeimogelijkheden van de individuele leden. De beeldend therapeut zal het groepspatroon dat deze groeimogelijkheden het beste dient, inschatten. Vinden zij het prettig om zo veel mogelijk samen te doen? Dan kan de therapeut een proces op gang brengen dat in eerste instantie hierbij aansluit en vervolgens een reeks opdrachten aanbieden waarin de groepsleden gaandeweg ook ervaren hoe het is om in kleinere groepen of zelfs alleen te werken. Als de groep het juist prettig vindt zo veel mogelijk individueel en zelfstandig te werken, zal ze een reeks opdrachten bedenken van individueel naar samen. Op die manier bevordert de therapeut een veilig klimaat waarbinnen het mogelijk is de andere groepsleden te zien als voorbeeld, hulp en stimulans om gedragsalternatieven te oefenen.

Theoretische uitgangspunten

Er zijn bij de interactieve methode een viertal theoretische uitgangspunten te onderscheiden: de creatieftherapeutische (Wils, 1973; Grabau & Visser, 1987), de gedragstherapeutische (Kessel & Van der Linden, 1973), de uitgangspunten van de emancipatorische leertheorieën (Freire, 1985; Le Fevere de ten Hove, 2000) en de groepsdynamische uitgangspunten (Remmerswaal, 1998).

Werkvormen en interventies

De interactieve methode maakt gebruik van eenvoudige opdrachten. Bijvoorbeeld: 'Maak individueel een kamer in een schoenendoos. Voeg alle kamers aan het eind van de sessie bij elkaar tot een flat.' Er wordt doorgaans veel verschillend materiaal aangeboden voor de opdrachten. De werkvormen worden ingegeven door de werkpunten van de individuele leden. Hieruit vloeit de keuze voort om individueel, in tweetallen, drietallen, in een kleine groep of in de gehele groep te werken.

De opdrachten zijn gericht op de interactie in het heden. Opdrachten en interventies die gericht zijn op het verwerken van het verleden worden niet ingezet. De therapeut is directief, hij bedenkt de opdrachten die zijn toegespitst op de fase van de groep en het therapieproces van de individuele leden. De werkpunten van de individuele leden zijn bekend in de hele groep. Daardoor kunnen zowel alle groepsleden als de therapeut interventies doen. Zo zegt Steven tegen Marc, die laat horen dat hij tevreden is over zijn manier van schilderen: 'Een punt voor je werkpunt!' Om optimaal te profiteren van het hier-en-nu, componeert de therapeut voor iedere sessie een nieuwe beeldende opdracht, die in één sessie uitgevoerd kan worden. Juist nieuwe situaties en opdrachten vormen de uitdaging voor het oefenen met de werkpunten. Er wordt altijd met beeldend materiaal gewerkt, daarnaast is er ook expliciet plaats voor reflectie op en het verwoorden van de opgedane ervaringen; door middel van reflectieve vragen en opmerkingen voor, tijdens en na het beeldend werken. Er is expliciet aandacht voor de transfer van het geleerde van de therapiesituatie naar de thuissituatie.

Doelgroep, setting, tijdsduur

De interactieve methode wordt ingezet voor mensen die in het dagelijks leven vastlopen op samenwerkingsproblemen of eenzaamheidsproblematiek. Contra-indicaties zijn psychose en een persoonlijkheidsstructuur die tot decompensatie kunnen leiden. In de setting moet er de mogelijkheid zijn om gedragsmatig en directief te werken. De methode past in een klinische of poliklinische instelling en in een vrijgevestigde praktijk. Ook kan de methode ingezet worden in een (ortho)pedagogische setting. De interactieve methode is door de doelgerichtheid zeer geschikt voor kortdurende behandeling. Daarnaast kan de methode ingezet worden voor langdurige behandeling. De frequentie is: één keer per week gedurende negentig minuten.

Doelen

Het centrale doel is uitbreiding van interactiemogelijkheden. De cliënten hebben gedragsalternatieven en kunnen daardoor in verschillende situaties kiezen welk gedrag ze inzetten.
- De negatieve effecten van het gedrag zijn verminderd of onnodig.
- De positieve functie van het gedrag wordt ingezet in contact met anderen.
- Het nieuwe, in de therapie verworven, gedrag wordt in het dagelijks leven toepast

Onderzoek

Er is nog geen empirisch onderzoek gedaan naar de interactieve methode. Het verschijnen van een tweede druk van het boek *Interactief*, dat de methode beschrijft, maakt duidelijk dat de methode in het veld veel gebruikt wordt.

5.3.7 GEZINSCREATIEVE THERAPIE
Systeembeïnvloeding en ouderbegeleiding

Vader (43, machinist) en moeder (39, parttimeverkoopster) ervaren veel problemen in de opvoeding van hun kinderen, Bart (12) en Willem (8). De kinderen hebben steeds meer ruzie. Bart heeft een licht verstandelijke beperking en heeft regelmatig driftaanvallen, waarbij hij moeder al een keer heeft geslagen. Na de eerste bijeenkomst waarin het gezin een observatieopdracht heeft gemaakt, heeft de therapeut samen met de ouders werkpunten geformuleerd: wij willen begrijpen wat onze zonen nodig hebben zodat wij prettig met elkaar kunnen omgaan en wij willen de aandacht goed kunnen verdelen tussen de jongens.

In de tweede bijeenkomst heeft het gezin een plaatjesschilderij gemaakt. Voor de derde bijeenkomst heeft de therapeut bedacht om, aansluitend op de interesse van het gezin, treinen als onderwerp te nemen voor een opdracht. Ze gaan een landschap met heuvels en een rivier maken waar de eigen familietreinen, die ze thuis hebben, doorheen kunnen rijden. De ouders bespreken met de therapeut deze opdracht stap voor stap. Bart en Willem zijn daar niet bij, die zijn met de co-therapeut in een andere ruimte en maken ieder een eigen werkstuk. Bart maakt koeien van zelfhardende klei en Willem maakt een schuurtje van houten bouwsticks.

De ouders spreken in de voorbespreking af dat vader zal gaan werken met Bart. Zij maken in het landschap heuvels en een rivier met piepschuim, lappen en gips. Moeder zal samen met Willem het groen maken: bomen en struiken van schuimrubber, pijpenragers en vilt. Door de afspraak te maken wie met wie werkt en een opdracht te geven waarbij een goede taakverdeling mogelijk is, kunnen de ouders direct oefenen in het aansluiten bij wat Bart en Willem nodig hebben en ze oefenen ook het aandacht verdelen tussen de kinderen. Zo ervaren de ouders dat de kinderen verschillende taken krijgen die passen bij hun mogelijkheden of beperkingen. Ook wordt afgesproken welke ouder de opdracht uitlegt aan de kinderen en welke ouder op de tijd let.

Na deze voorbespreking gaan zij met z'n allen aan de slag, nadat natuurlijk eerst de koeien en het schuurtje bewonderd zijn. Ze zullen een plek krijgen in het landschap dat ze nu gaan maken. Tijdens het uitvoeren van de opdracht door het gezin werkt de therapeut niet mee. Het gezin doet het op eigen kracht. Dit is mogelijk doordat de opdracht precies bij dit gezin past en door de gedegen voorbereiding door de ouders en de therapeut. Wanneer het gezin klaar is, wordt het product bewonderd. Het gezin is trots dat zij dit samen hebben kunnen maken. In de nabespreking, zonder de kinderen erbij, vertellen de ouders dat zij nooit gedacht hadden dat zij zo'n ingewikkelde opdracht konden klaren. 'Het is het samen doen,' zegt vader, 'dan snap je wat de kinderen nodig hebben.' Moeder knikt. Na het oefenen in de therapie volgt er de transfer naar thuis via het huiswerk. De ouders bereiden het huiswerk weer stap voor stap voor met de therapeut: het maken van een tweetal bouwstickhuisjes voor het treinlandschap. De ouders hebben er zin in, dan volgen de kinderen vanzelf. Vader draagt het landschap samen met Willem, wanneer ze met z'n vieren de deur uit gaan. De vierde keer brengt het gezin de huisjes mee om te laten zien. Daarna bespreekt de therapeut de opdracht van vandaag weer met de ouders, terwijl de kinderen met de co-therapeut in de andere ruimte aan het werk zijn. Deze keer gaan ze een circustent en bijbehorende dierenact maken. Het is een complexe activiteit en geeft hierdoor weer mogelijkheden voor vele positieve nieuwe ervaringen. De ouders overleggen over de taakverdeling. Moeder: 'De piste maken met het zand, is dat iets voor Bart...?'

Afbeelding 5.15.

Grondlegger

Frans Beelen ontwikkelde de methode van gezinscreatieve therapie in de praktijk nadat zij samen met anderen vanuit de 'interactieve methode' het principieel werken vanuit het hier-en-nu uitgewerkt had. Het werken met gezinnen was een logisch vervolg hierop. Zij beschreef gezinscreatieve therapie voor het eerst in het *Tijdschrift voor Creatieve Therapie* (Beelen, 1983). Daarna werd door projecten in het veld de methode verder aangescherpt. In 1992 startte zij de post-hbo-cursus beeldende creatieve therapie met gezinnen, die momenteel gegeven wordt door Madelon Smits.

Beschrijving

Werken met gezinnen is elementair anders dan werken met groepen, paren of individuen, door het verschil in positie van ouders en kinderen. In de methode van de gezinscreatieve therapie wordt het verschil in positie van gezinsleden benut. De beeldend therapeut gaat met de ouders om op basis van besef van verantwoordelijkheid-zijn (Van de Pas, 1996) voor hun kinderen. Ze worden niet benaderd als de cliënten van de therapeut, maar worden eerder gezien als consultvragers. De beeldend therapeut werkt met hen vanuit de ouderbegeleidende positie. Bij problemen met kinderen is het van belang de ouders te ondersteunen bij het grootbrengen van de kinderen.

Ook wanneer er sprake is van individuele lichamelijke en/of psychische problematiek van een of beide ouders ligt de focus in deze behandelmethode toch op de ouderrol. Bijvoorbeeld: hoe kan de depressieve ouder zijn kinderen grootbrengen? Overleg met de ouders vindt plaats zonder dat de kinderen erbij zijn. Dit doet recht aan de leidinggevende rol van de ouders. Zij kunnen bijvoorbeeld praten over de zorgen over hun kinderen zonder de kinderen daarmee te belasten en zichzelf in hun bijzijn onnodig onzeker, onwetend te voelen. Ook de beeldende opdracht wordt met de ouders voorbereid zonder dat de kinderen erbij zijn. Zo leren de ouders al doende wat hun kinderen nodig hebben om zich goed te kunnen ontwikkelen en hoe zij hun kinderen leiding kunnen geven.

Theoretische uitgangspunten

Er zijn bij de gezinscreatieve therapie de volgende therapeutische uitgangspunten te onderscheiden: creatieftherapeutisch (Wils, 1973; Grabau & Visser, 1987; Beelen & Oelers, 2000), ouderbegeleidingstheorie (Van de Pas, 1996), structurele systeemtheorie (Compernolle & Brand, 1996; Lange, 2000; Wiebenga, 1998), communicatietheorieën (Schultz von Thun, 1982), emancipatorische leertheorieën (Watzlawick, 1970; Derks & Hollander, 1996; Freire, 1985; Le Fevere de ten Hove, 2000)

Werkpunten

Vanuit het observatieverslag dat de beeldend therapeut heeft gemaakt van de eerste bijeenkomst, worden samen met de ouders werkpunten geformuleerd. De werkpunten zijn concreet, positief en wederzijds. Bijvoorbeeld: 'Wij willen de aandacht goed kunnen verdelen tussen de jongens.' 'We maken afspraken wie er met Bart en wie er met Willem aan de slag gaat.' De werkpunten maken de therapie doelgericht. Zij zijn de rode draad in het gehele therapieproces.

Werken in het hier-en-nu

Verwerken van pijnlijke zaken uit het verleden zou de ouders in het bijzijn van hun kinderen onnodig kwetsbaar maken in hun ouderrol. Daarom wordt er in deze methode bewust gekozen voor de hier-en-nu- en toekomstgerichte benadering.

Beeldende opdrachten toegespitst op het gezin

De therapeut houdt bij het bedenken van de beeldende opdrachten rekening met de cultuur van het gezin en de beeldende (on)mogelijkheden van met name de ouders. Zij gaan tenslotte leiding geven aan hun kinderen en daarbij moeten zij in staat zijn uitleg te geven en hen te helpen.

Belangrijkste kenmerken

- Gezinscreatieve therapie werkt met oudertaken en kindertaken. De ouders bereiden de opdracht voor door de bespreking met de therapeut, ze leggen materiaal klaar, maken soms vooraf een ondergrond enzovoort en tijdens het uitvoeren van de opdracht helpen zij de kinderen. Kortom: taken passend bij hun ouderschap. De kinderen richten zich op het knutselen.
- Er zijn voor- en nabesprekingen met ouders, zonder kinderen erbij, ouders geven daarna leiding aan hun kinderen bij het maken van het werkstuk.
- De therapeut doet niet mee wanneer het gezin aan het werk is.
- Er zijn tweewekelijkse bijeenkomsten, in de tussenliggende week krijgt het gezin huiswerk.
- Het gezin krijgt beeldend huiswerk en de ouders zorgen dat dat uitgevoerd wordt. Het geleerde in de therapiesessie wordt zo thuis geoefend.
- Aan het begin van de therapie worden werkpunten vastgesteld.

- Er vindt evaluatie plaats met psycho-educatie.
- In het begin van het therapieproces heeft de therapeut vaak de regie; deze wordt gedurende het verloop van de behandeling overgedragen aan de ouders.
- De methode wordt bij voorkeur uitgevoerd met een co-therapeut die affiniteit heeft met de methode.

Doelen

Gezinscreatieve therapie heeft de volgende doelen:
- goede-'ouder-ervaringen' (Van de Pas, 1996). De ouders herkennen hun eigen aandeel in succeservaringen en ontwikkelen zelfstandig geloof in eigen kunnen;
- ouders kunnen metacommuniceren;
- positieve verandering van de gezinsstructuur;
- ouders kunnen overleggen, taken verdelen, plannen en leiding geven;
- ouders kunnen positief opvoedgedrag in de thuissituatie toepassen;
- ouders hebben zicht op hun kind(eren).

Indien nodig kunnen zij vervolghulpverlening aanvragen met behoud van de verworven vaardigheden en inzichten.

Specifieke materialen, werkvormen, activiteiten en interventies

In gezinscreatieve therapie wordt er met veel verschillend beeldend materiaal gewerkt, voorwaarde is dat het ook thuis gemaakt zou kunnen worden. Er wordt gewerkt met eenduidige opdrachten waarbinnen een duidelijke taakverdeling mogelijk is. De opdracht moet in één sessie uitgevoerd kunnen worden.

De interventies van de therapeut vinden grotendeels in het medium plaats. Door het componeren van de juiste opdracht en de voorbespreking met de ouders zijn de ouders in staat de opdracht samen met hun kinderen uit te voeren. De therapeut doet niet mee, maar geeft vanaf de zijlijn positieve feedback door een teken dat vooraf met de ouders is afgesproken (bijvoorbeeld een duim opsteken). Daardoor weten de ouders dat ze handelen conform hun werkpunten en wordt het samenwerken van het gezin niet verstoord. Het observatieverslag, de tussenevaluatie en de eindevaluatie zijn specifieke momenten waarop de therapeut met de ouders samen overlegt en zoekt. Het gaat om ordenen, praten over, overleggen en uitleggen.

Indicatie en verwijzing

De methode is bestemd voor gezinnen die verbaal te sterk of niet sterk genoeg zijn en gezamenlijk naar de therapie kunnen komen. Er wordt gewerkt met het kerngezin. Omdat het in deze methode gaat om ouderbegeleiding is de leeftijd van ouders en kinderen niet relevant. Gezinscreatieve therapie wordt ingezet na een indicatie voor behandeling. Verwijzing kan plaatsvinden door een psychiater, maatschappelijk werker, orthopedagogisch gezinsbegeleider en psycholoog.

Setting en tijdsduur

Gezinscreatieve therapie wordt klinisch, poliklinisch en in vrijgevestigde praktijken aangeboden. De therapie vindt in principe tien keer, tweewekelijks, plaats.

Onderzoek

Onderzoek naar het effect en de kenmerken van de methode van de gezinscreatieve therapie heeft plaatsgevonden in 1991 door Glas (1991). Het resultaat is een nauwkeurige observatielijst met betrekking tot het beeldend werk van de verschillende gezinsleden en een nadere specificering van de kenmerken. De geïnterviewde ouders gaven aan zelfstandig de opvoeding aan te kunnen na twee en vijf jaar na afloop van de therapie. Van 2007 tot 2009 vindt er vervolgonderzoek plaats naar de effecten bij de gezinnen en bij de collega's van de beeldend therapeuten die werken met deze methode. In het *Werkboek gezinscreatieve therapie* (Beelen & Wernink, 2005) zijn de observatielijst (p. 169-172) en een vragenlijst met betrekking tot effecten ten aanzien van de gezinnen en ten aanzien van collega's (p. 185-190) opgenomen.

> **Verantwoording van de casus**
>
> Na de gezinscreatieve therapie is het gezin weer in staat om samen plezier te hebben. Ze vinden het leuk om samen spelletjes te doen. Omdat de ouders nu weten wat hun kinderen wel en niet kunnen, leuk of niet leuk vinden, kunnen ze de spelletjes zo aanbieden dat het voor iedereen leuk is. Ook in de gewone dagelijkse situatie kunnen zij reële eisen stellen aan hun kinderen. De kinderen hebben samen veel minder ruzie. Willem neemt zijn vriendjes weer mee naar huis en laat Bart af en toe meespelen. Bart is ook in staat om zichzelf te vermaken. Driftaanvallen komen nauwelijks meer voor. De leerkracht van Bart zegt

dat hij zich beter kan concentreren. De leerkracht van Willem ziet dat hij meer ontspannen is en plezier heeft.

5.3.8 BEELDENDE GEZINSOBSERVATIE EN -THERAPIE

Mae van 17 jaar komt met haar iets oudere zus Els en haar beide ouders naar de beeldende gezinsobservatie. Ze is, met klachten van somberheid en toenemende angst in het contact met andere mensen en in onverwachte situaties, opgenomen op een afdeling voor klinische psychotherapie. Het lukt Mae niet zelfstandig te reizen en ze spijbelt van school. Mae vindt zichzelf gesloten en haar zus extreem open. Vader zegt niet over gevoelens te kunnen praten en vindt Mae gemakzuchtig. Moeder vindt Mae te weinig verantwoordelijkheid voor zichzelf nemen en voelt zich soms behoorlijk machteloos gemaakt. Mae denkt dat ze haar hele familie verdriet doet, doordat een heleboel dingen in haar leven niet lukken.

De systeemtherapeut wil na het kennismakingsgesprek met Mae en haar gezin meer weten over de relatie tussen de gezinsleden, de ruimte voor zelfstandigheid en over hoe ieder reageert op onverwachte situaties van binnen- en van buitenaf.

Het gezin wordt uitgenodigd ieder één kleur verf en één kwast te kiezen en op het grote vel (120 × 150 cm) een eigen spoor na te laten, zonder eerst te overleggen en alleen non-verbaal reagerend op elkaar. Meteen komt iedereen in actie, moeder zet met een stevige kwast rode lijnen uit over het hele vel, eerst langs de randen, dan meer naar het midden. Els schildert in een hoek wat abstracte gele vormen, terwijl Mae met donkerblauw een rood hart opvult. Vader schildert met donkergroen hier en daar een achtergrond. Moeder beweegt geleidelijk over het hele vel, beide zussen elk op een andere helft. Zo werkt het gezin gestaag door, vooral in lijn, andere kleuren soms benaderend, maar nergens rakend of mengend. Men houdt rekening met elkaar en ontziet elkaar. De beeldend therapeut vraagt even te stoppen om afstand te nemen en het beeld te bekijken. Vervolgens voegt ze twee opdrachten toe: om ieder voor zich een beslissing te laten nemen hoe zij hun eigen kleur verder in willen zetten en om geen wit papier over te laten. Er ontstaat nu wat meer interactie. Plichtsgetrouw wordt al het wit weggewerkt en er worden een voor- en een achtergrond zichtbaar. Abstracte vormen krijgen door het aansluiten met andere kleuren betekenis en in een hoek ontstaat een klein beeldverhaal. Het geel, dat eerst alleen op één helft van het vel zichtbaar was, steekt nu ook over naar de andere helft in de ijver witte plekken weg te werken. Overal waar het andere kleuren raakt, ontstaat een mengkleur en zo zijn er uiteindelijk vele kleuren geel. Alleen met het blauw wordt het niet gemengd. De drie andere kleuren blijven helder, ook het rood waarmee enkele nadrukkelijke symbolen groot over andere kleuren heen worden geschilderd.

In de nabespreking toont iedereen zich verbaasd én tevreden met het resultaat. Vooral op de hoek waar een schilderij in een schilderij ontstond is men trots: daar komt iedereen afwisselend aan bod en het vormt echt één harmonieus geheel. De beeldend therapeut legt een aantal observaties voor: het groen dat overal aanwezig een rustige achtergrond vormt, het rood waarmee buitengrenzen en lijnen worden uitgezet en het thema wordt bepaald, het geel dat nergens meer alleen geel is en allerlei nuances heeft aangenomen en overgangen vormt. Het blauw dat zich als donkerste kleur opdringt, maar als achtergrond is neer-

Afbeelding 5.16.

> gezet. Het geel en het blauw die nergens mengen. Het feit dat
> binnen beide subsystemen (ouders, dochters) voor (bijna) con-
> trastkleuren wordt gekozen en men elkaar niet opzoekt. Ook het
> harde werken voor het gemeenschappelijke doel wordt genoemd
> en het plichtsgetrouw uitvoeren van de opdracht van een behan-
> delaar en daarmee het desgevraagd een andere richting inslaan.

Grondlegger
In de loop van de afgelopen vijftien jaar hebben de vaktherapeuten en de gezinstherapeuten in een kinder- en jeugdpsychiatrisch ziekenhuis, een methode ontwikkeld om non-verbale, beeldende gezinsobservatie en -therapie te kunnen bieden aan gezinnen van kinderen en jongeren die zijn vastgelopen in hun ontwikkeling. Systeemtherapeutische theorieën zijn gekoppeld aan de beeldende therapie en later ook aan andere vaktherapieën. 'Wanneer er gekozen wordt voor een individuele therapie van het kind – ambulant, dagklinisch of klinisch – dan is het cruciaal voor het slagen van de therapie dat de belangrijke anderen, meestal de ouders, hun fiat aan de behandeling geven. De eerste loyaliteit van het kind en de eerste verantwoordelijkheid voor het kind ligt bij de ouders. De betekenis die de ouders geven aan het gedrag van hun kind is daarom cruciaal' (Van Lawick & Colijn, 2003). De gezinstherapeut speelt dus een belangrijke rol in het mogelijk maken van de behandeling van het individuele kind en de jongere. Het gezin moet vanaf het begin bij de behandeling betrokken worden. Als het kind wordt aangemeld bij een kliniek, is het de taak van de gezinstherapeut om vast te stellen óf en in welke mate de problemen van het aangemelde kind of de jeugdige samenhangen met disfunctionele gezinsinteracties en met mogelijke gezinspathologie. Hij zoekt naar het circulaire verband tussen het probleem van het aangemelde kind/de jongere en de gezinsmechanismen die het in stand houden en probeert de ontwikkelingsmogelijkheden en -beperkingen van het gezinssysteem in te schatten. Het goed afstemmen met het gezin maakt het mogelijk een behandeling aan te gaan en tot overeenstemming te komen over het doel van de behandeling van het kind/de jongere en de rol van het gezin daarbij.

Beschrijving
In de beeldende gezinsobservatie en therapie wordt ernaar gestreefd patronen in het gezin en betekenissen daarvan zichtbaar te maken en, door het gezin zelf in actie te laten komen, te veranderen. De aange-

boden activiteiten zijn geschikt om alle gezinsleden in beweging te krijgen en om op een speelse en veilige manier interacties uit te lokken en te beïnvloeden. De gezinstherapeut krijgt de mogelijkheid het gezin in het hier-en-nu met elkaar te zien uitwisselen, in plaats van een verbaal verslag te krijgen van de daar-en-toensituatie thuis. In het hier-en-nu kan invloed op de gezinssituatie worden uitgeoefend. Men kan ruimte bieden om te experimenteren met andere rollen, posities, interacties en betekenisverlening. De cultuur van het gezin en die van de kliniek worden met elkaar in contact gebracht en er wordt een werkrelatie opgebouwd.

Doelgroep
De methode van de beeldende gezinsobservatie en -therapie wordt ingezet bij kinderen en jongeren waarbij door langdurige en hardnekkige psychiatrische problematiek de ontwikkeling ernstig is vastgelopen. Het gezin heeft meestal al een lange hulpverleningsgeschiedenis. Die hulpverlening is onvoldoende gebleken en het gezin zit vast in de benadering en aanpak van het probleem. De gezinstherapeut gaat samen met het gezin op zoek naar nieuwe en meervoudige betekenissen en perspectieven en probeert samen met het gezin het hele verhaal op tafel te krijgen, tot overeenstemming te komen over de kijk op het probleem en een werkrelatie met het gezin aan te gaan. Door herinterpretatie veranderen cognities en emoties en komt er ruimte voor ander gedrag en voor nieuwe interactiepatronen. Het kan daarbij helpen als het gezin verschillende ideeën, associaties en visies hoort en dat het duidelijk wordt dat er niet één manier is om tegen het probleem aan te kijken. Door het gezin samen iets te laten doen, te maken, te beleven, wordt spelenderwijs geëxperimenteerd met een andere wijze van omgaan met elkaar. Moeilijk te verwoorden gedachten en gevoelens kunnen tot uitdrukking gebracht worden. Met behulp van muziektherapeutische, psychomotorische en beeldendtherapeutische technieken wordt de gezinnen een andere manier van benaderen aangeboden en kunnen de vak- en gezinstherapeut in aanwezigheid van en samen met het gezin reflecteren op het gebeuren. De vaktherapieën hebben overeenkomsten met verschillende gezinstherapeutische stromingen, zoals de structurele gezinstherapie. Deze stroming is gericht op actieve verandering in het hier-en-nu van de gezinsstructuur, door het stimuleren van directe interacties in plaats van erover te praten. De structuur wordt niet gezien als de enig juiste beschrijving van het gezin, maar als een van de vele mogelijke werkhypothesen. De visie van de gezinsleden zelf op het probleem en hun onderlinge relaties worden in de werkhypothese betrokken (De Bruyn,

1995). Ook binnen de vaktherapieën komen de deelnemers letterlijk in actie, ook hier wordt geprobeerd veranderingen op gang te brengen door interventies in het hier-en-nu. En juist daar kan de structuur van een groep, zoals een gezin, goed zichtbaar worden.

Ook repeterende gedrags- en interactiepatronen rond het symptoom (het strategisch referentiekader) of verstrengelingen met het gezin van oorsprong en loyaliteitsproblemen (het intergenerationeel referentiekader) kunnen zichtbaar gemaakt worden met non-verbale middelen. Beeldende therapie (door de symbolische uitdrukkingskracht van de beeldende 'producten') biedt bij uitstek de mogelijkheid om zicht te krijgen op de betekenisgeving binnen het gezin, op hun interpretaties van ieders gedrag of van het symptoom van de aangemelde cliënt (het zogenaamde cybernetisch referentiekader). De vaktherapeutische activiteit is als het ware het venster naar de wereld van betekenissen, dat in beelden en metaforen door het gezin aan je wordt voorgelegd.

Vanuit de veronderstelling dat gedrag en gebeurtenissen zelf niet gauw zullen veranderen, hoogstens de kijk erop, is het doel van de cybernetische gezinstherapie het scheppen van ruimte voor verandering van de betekenisgeving. De vaktherapeutische activiteiten, die beschouwd kunnen worden als de beeldtaal van het gezin, blijken hiervoor heel bruikbaar (De Bruyn, 1995).

Inzet

De methode wordt toegepast als observatie-instrument om meer zicht te krijgen op de gezinsdynamiek en op de vraag of bewerking daarvan mogelijk is. Door de gezinsobservatie meteen in de observatiefase in te zetten, krijgen gezin en kliniek de kans elkaar in de manier van kijken, denken en werken te leren kennen. In die fase staat het gezin ook nog open voor verschillende methoden. Belangrijk is ook dat het gezin zo meteen zelf de verantwoording voor het meedenken en meewerken aan de behandeling krijgt (Van Ramshorst, 2004).

Ook als de gezinstherapeut in de behandelfase behoefte heeft aan verdere verdieping van het rationele, gecontroleerde verhaal in de verbale gezinstherapie, kan de methode ingezet worden. Het is dan belangrijk dat de gezinnen en de cliënt enig vermogen tot integratie hebben. Ze moeten de abstracte en symbolische situaties van de beelden kunnen vertalen naar de dagelijkse situaties van het (gezins)leven. Als het te moeilijk blijkt deze vertaalslag te maken of als de weerstand te groot is, lijkt het meer voor de hand te liggen een vorm van concrete gedragsveranderende gezinstherapie of -begeleiding in te zetten.

In de behandelfase is het belangrijk dat het gezin heeft uitgesproken zich te committeren aan de behandeling en dat, in geval van adolescenten, de autonomie van de cliënt wordt gerespecteerd.

Indicaties

Het betreft vooral gezinnen waar de onderlinge interacties en verhoudingen onduidelijk zijn, gezinnen met behoefte aan een corrigerende gemeenschappelijke ervaring, gezinnen die externaliseren en passief blijven, sterk verbaliserende gezinnen of juist gezinnen die verbaal weinig begaafd zijn of waarbinnen het niveau van verbaliseren sterk verschilt, afhankelijke gezinnen, vluchtige gezinnen die moeite hebben het gebeurde samen vast te houden, gezinnen met afgrenzingsproblemen, gezinnen waar vragen zijn over de inhoud van het eigen verhaal, gezinnen die snel overspoeld raken door emoties en gezinnen met een hoog angstniveau. Een contra-indicatie voor beeldende gezinsobservatie en -therapie kan zijn dat een gezinslid zich niet over de schaamte voor het eigen product heen kan zetten.

Werkwijze

De werkwijze bij beeldende gezinsobservatie en -therapie is als volgt. Na opname volgt meteen in de eerste week een kennismaking van de systeemtherapeut met het hele gezin. Het gesprek roept vaak vragen op bij de systeemtherapeut en deze wil ook een inschatting kunnen maken van de interventie- en behandelmogelijkheden bij het gezin. Hij legt die vragen en de hypothese in een pauze van tien minuten voor aan de beeldend therapeut, opdat die het gezin in beweging kan zetten en de gezinsdynamiek en interactiepatronen in het hier-en-nu zichtbaar zullen worden. In principe komen alle materialen in aanmerking. Materiaal, opdracht en techniek moeten het mogelijk maken de vraag of het doel van de gezinstherapeut te beantwoorden. Als het daarbij belangrijk is dat het gezin een succeservaring opdoet, zal een ander materiaal gekozen worden dan wanneer juist een confrontatie met het gezinsprobleem wordt gevraagd. Op de vraag van de gezinstherapeut hoe de ouders van een jongetje met ADHD omgaan met zijn ongestructureerde gedrag, kan de beeldend therapeut overwegen meerdere knoei- en smeermaterialen tegelijk aan te bieden en zo het probleemgedrag uitlokken. Wil de systeemtherapeut echter zien tot welke interacties het gezin in staat is als het probleemgedrag niet voorop staat, dan zal de beeldend therapeut eerder kiezen voor een duidelijk begrensde opdracht en een structurerend materiaal; de opdracht aan de kinderen om met oliepastels vissen te tekenen en uit te knippen en die dan in het aquarium te plakken dat de ouders samen tekenen, nodigt uit tot een heel andere dynamiek en interactie.

Rolverdeling

De beeldende gezinsobservatiesessie duurt eenmalig zestig minuten; de beeldende gezinstherapiesessie duurt drie- tot zesmaal zestig minuten. Er wordt door de beeldend therapeut en de gezinstherapeut samen, in onderlinge afstemming en taakverdeling gewerkt. Ieder beweegt zich op zijn eigen vakgebied. De gezinstherapeut stelt hypothesen op over het functioneren van het gezin, die de co-therapeut, beeldend therapeut vertaalt in een interventie met materialen. Ook tijdens de sessie en de nabespreking richt de vaktherapeut zich vooral op de beeldende activiteit, de interacties en de eventuele ondersteuning en interventie daarbij; de gezinstherapeut is er vooral op gericht de inzichten en betekenissen te koppelen aan de gezinsproblematiek. Zo brengt en houdt de beeldend therapeut het non-verbale proces op gang en doet de gezinstherapeut dat voor het gezinstherapeutisch proces.

Interventies

Met het inzetten van deze methode en het introduceren van een tweede therapeut doet de gezinstherapeut al een interventie in zijn werk met het gezin. Eenmaal beeldend aan de slag ligt de nadruk van de interventies steeds binnen het beeldend proces en in het beeldend materiaal. Het laatste kwartier wordt ingeruimd voor het samen bekijken en bespreken van het werk. Vanuit het beeld en in beeldende termen legt de beeldend therapeut observaties aan het gezin voor, terwijl de gezinstherapeut die koppelt aan en vertaalt naar het gezinsproces.

Onderzoek

In het kader van twee afstudeerprojecten is de methode van de beeldende gezinsobservatie en -therapie onderzocht.
Uit het onderzoek van Dollenkamp (2004) is een observatie-instrument voortgekomen en beschreven dat bij de methode gebruikt kan worden. Een gestandaardiseerde opdracht en een gestandaardiseerde vragenlijst maken het de therapeuten makkelijker observaties met elkaar te vergelijken en zouden een basis kunnen vormen voor verder onderzoek naar de inzet en het effect van deze methode.
De Bruyn (2006) heeft onderzocht of en hoe de vaktherapeuten van Triversum, een kinder- en jeugdpsychiatrisch ziekenhuis, een bijdrage hebben geleverd aan de observatie en behandeling van gezinnen. Gebleken is dat vooral vragen rond de emotionele betrokkenheid in het gezin (met name in gezinnen met adolescenten), over grenzen, leiderschap (alleen in gezinnen met jonge kinderen), omgangsvormen,

rollen en posities en over probleemoplossende strategieën werden gesteld. In verreweg het grootste aantal gezinnen kwam het hoogste percentage van de geobserveerde onderwerpen in het observatieverslag van de systeemtherapeut en dus in de observatiebespreking van het team terecht. Veel extra observaties werden ook gedaan buiten de vraag van de systeemtherapeut om.

Factoren die de grootste rol spelen in de beeldende gezinsobservatie waren:
- de zichtbaarheid van het gezin in het hier-en-nu in actie;
- het complete karakter van de aspecten van het functioneren van het gezin die in beeld en aan bod komen;
- de gelegenheid voor de systeemtherapeuten het gezin intensief vanaf de zijlijn te observeren;
- diezelfde positie aan de zijlijn kan het gezin achteraf zelf ook innemen, als het beeldend werk bekeken wordt en zo kan op het eigen handelen en functioneren worden gereflecteerd;
- het buiten jezelf terug zien van het eigen handelen;
- de introductie van een buitenstaander in de vorm van een beeldend therapeut, die observaties aan het gezin voorlegt;
- de gezamenlijke metafoor voor het gezinsprobleem die symbool staat voor de opgedane ervaring en de (in het gezin en met de therapeut) gedeelde activiteit.

Verantwoording van de casus
Mae, Els en hun ouders zijn gemotiveerd en hard aan het werk geweest. Het geeft de systeemtherapeut ruimte om aan het gezin voor te leggen hoe het schilderij aansluit bij de gezinsthema's en wat de doelen moeten zijn voor de behandeling. Streven ze naar harmonie en evenwicht, zodat iedereen erbij zal horen (het schilderijtje in het schilderij)? Of naar het opofferen van eigenheid ten gunste van de gezamenlijke veelzijdigheid (de eigen kleur opgeven ten gunste van mengkleuren die het totaal ten goede komen)? Of staan ze open voor autonomieontwikkeling en de daarbij behorende rivaliteit (het blauw als voorgrond neergezet, de samenhang en contrasten van de kleuren onderzoeken en gebruiken)? In ieder geval zijn ze bereid hun werkwijze aan te passen (het opvullen van het wit) en wordt er geleidelijk meer op elkaar gereageerd (de toenemende interactie). Het lukt het gezin binnen het beeld voorzichtig te fantaseren over het effect van een zelfstandig blauw, een niet bemiddelend geel en een op elkaar

aangewezen zijn en in evenwicht moeten houden van het rood en groen.

In het behandeloverleg aan het einde van de eerste observatieweek formuleert het team een beschrijvende diagnose en een behandelplan. Besloten wordt dat in de behandeling de nadruk komt te liggen op het ontwikkelen van meer zelfstandigheid en op het meer eigen verantwoordelijkheid leren nemen. In het gezin wordt duidelijk dat Mae zich wel stevig wil neerzetten, maar gevangenzit in loyaliteiten naar anderen en daardoor haar stevigheid en kracht onvoldoende voor zichzelf kan inzetten. Het behandelplan valt het gezin na de beeldende gezinsobservatie niet meer rauw op het dak en wordt geaccepteerd.

5.3.9 LIFE-REVIEW EN REMINISCENTIE IN BEELDENDE THERAPIE, WERKEN MET LEVENSVERHALEN EN HERINNERINGEN

Maya (35 jaar) is angstig in het aangaan en onderhouden van contact. Zij zondert zich af en heeft gevoelens van emotioneel gemis en somberheid. In het verleden is er sprake geweest van langdurig seksueel misbruik in het gezin van herkomst. De sfeer in het gezin was gesloten en problemen en nare gebeurtenissen werden vermeden, ontkend en/of geloochend. Maya lijkt de veiligheid en emotionele steun gemist te hebben om zich te durven verhouden tot anderen. Het is binnen deze beschadigende context niet gelukt om een stabiel zelfgevoel te ontwikkelen. Maya is uitgegroeid tot een ontwijkende persoon met afhankelijke trekken. Zij laat zich vaak van een gecontroleerde kant zien, terwijl zij haar binnenwereld totaal anders beleeft. Zij heeft sterke emoties waar ze geen grip op heeft en die zij als bedreigend ervaart.

Na deelname aan een deeltijdprogramma komt zij ambulant in beeldende therapie. Haar wordt beeldende therapie aangeboden om vorm te kunnen geven aan ervaringen die lange tijd onbespreekbaar zijn gebleven en die zij moeilijk woorden kan geven. In beeldende therapie bemerkt Maya dat ze het prettig vindt om in het medium iets te kunnen verbeelden van haar binnenwereld. In haar vrije tijd schrijft ze vaker gedichten en fotografeert ze, waar ze enthousiast over is en waardering voor krijgt. Dit zijn manieren voor haar om in contact met zichzelf te blijven, die ook helpen om dissociatie tegen te gaan.

Maya laat langzamerhand meer zien van haar ervaringen uit het verleden, eerst alleen in beeld, later vertelt ze er soms iets bij of laat ze een gedicht lezen dat ze erover geschreven heeft.

Maya werkt aan een langdurend werkstuk met zelfgemaakte symbolische foto's in sigarenkistjes, die open en dicht kunnen, met spiegelscherven erop en bevestigd op een spiegel als achtergrond (afbeelding 5.17). De foto's staan voor de verschillende periodes in haar leven. Het wordt een geheel waarin ze heel bewust keuzes maakt en ze legt er veel in. In het contact met de

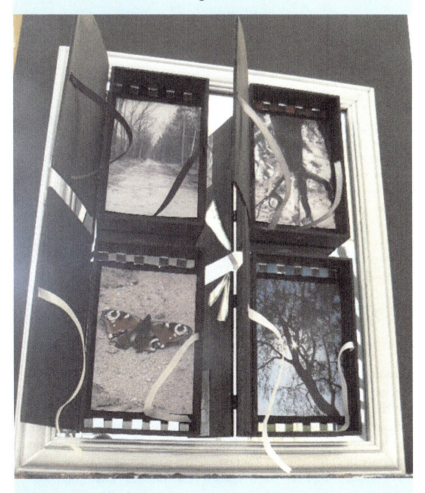

Afbeelding 5.17.

therapeut wordt er gesproken over allerlei aspecten als: welke kleur, welke lijm, wijze van afsluiten van de kistjes enzovoort. Ze laat daarmee indirect zien dat ze bezig is meer ruimte te maken voor haar eigen gevoelens, haar mening en haar levensverhaal. Als het klaar is, besluit ze te gaan vertellen over de inhoud van haar werkstuk en ze leest het zelfgeschreven gedicht 'Onbereikbaar' hierbij voor (afbeelding 5.18). Dit is voor haar een doorbraak; ze geeft openheid en durft dit aan. Ze vindt het heel spannend maar is er ook blij mee.

Onbereikbaar

Zachtheid in mijn leven
Lijkt een onbereikbaar iets
De pijn bij die gedachte...
Tja, dan voel ik liever niets
Inmiddels heb ik wel geleerd
Dat iets veranderen bij jezelf begint
Maar hoe kan ik iets veranderen
Wat ik eigenlijk nooit ervaren heb als kind
Hard zijn tegen pijn
Dat was wat ik moest doen
Om te kunnen overleven
Tegen die pijn van toen
Nu vele jaren later
Ben ik nog steeds die harde meid
Die heel veel zachtheid aan anderen kan geven
Maar het voor zichzelf ontwijkt.

Afbeelding 5.18 *Zelfgeschreven gedicht 'Onbereikbaar' van Maya, 2008.*

Grondlegger

Robert Butler (1963), een Amerikaanse psychiater, onderzoeker en psychoanalyticus, heeft in de jaren zestig van de vorige eeuw de basis gelegd voor het idee dat life-review (letterlijk: terugkijken op de eigen levensloop) en reminiscentie (letterlijk: herinneringen ophalen) een positieve bijdrage zouden kunnen leveren aan het welzijn van mensen. In de daarop volgende jaren hebben verschillende deskundigen geëxperimenteerd met methoden om mensen aan de slag te laten gaan met hun herinneringen, met life-review en reminiscentie in beeldende therapie. Eén vorm daarvan is de cursus voor ouderen (55+) 'Op zoek naar zin', ontwikkeld door José Franssen, (andragoge en gespecialiseerd in poëzie- en bibliotherapie) in samenwerking met het Trimbos-instituut en een aantal ggz-instellingen (Franssen & Bohlmeijer, 2003).

Beschrijving

Life-review is een gestructureerde methode waarbij mensen terugblikken op hun leven tot nu toe. Het doel is tot verhalen te komen die houvast in het heden en inspiratie voor de toekomst bieden.

Visie

Op allerlei momenten in het leven kunnen mensen de behoefte voelen om wat uitgebreider stil te staan bij hun levensverhaal. Jongvolwassenen kijken voor het eerst intensief terug op hun ervaringen. Ze moeten dan volop keuzes maken en hun positie bepalen. Ook het midden van het leven is een periode waarin men intensief bezig is met het levensverhaal. Houden we het zo? Of gooien we het roer nog een keer (drastisch) om? Wat vinden we nu echt belangrijk? Ook in de periode dat zorgtaken en werk wegvallen kan men de behoefte voelen om alles op een rij te zetten en natuurlijk in de laatste levensfase. Soms dwingt het leven tot herschrijven, wanneer een levensverhaal ruw verstoord wordt. Een toekomstscenario valt in duigen, bijvoorbeeld wanneer iemand een ernstige ziekte krijgt, een ongeluk meemaakt of een dierbare verliest. Wanneer iemand vastloopt in werk of relaties, dan overdenkt men het leven. Men zoekt naar nieuwe herinneringen die houvast bieden. Er wordt bijvoorbeeld nagedacht over wegen die men niet eerder is ingeslagen, beslissingen die men eerder niet nam en die nu misschien wel ingeslagen moeten worden en genomen moeten worden. Men vraagt zich af of men niet tot nieuwe verhalen over zijn leven moet komen. We doen dan aan autobiografische reflectie of 'life-review'. Het is terugblikken op ons leven om gebeurtenissen op een rij te zetten en misschien een ontwikkeling waar te nemen, bepaalde negatieve ervaringen te verwerken en een plaats te geven, stil te staan bij de betekenis van sommige ervaringen. Het werken met herinneringen in het algemeen wordt ook wel reminiscentie genoemd. Een van de manieren is autobiografisch schrijven of autobiografisch beeldend werken.

Voor ouderen die somber zijn en hulp kunnen gebruiken bij het op verhaal komen zijn de afgelopen jaren verschillende cursussen ontwikkeld. Deze cursussen worden door veel ggz-instellingen (afdeling preventie) aangeboden (zie www.verhalenwinkel.com). De preventieve cursus 'Op zoek naar zin' is gericht op ouderen (55+) met lichte of matige depressieve klachten. Thematisch worden de eigen levensloop en het leven van nu besproken.

Life-review en reminiscentie helpen opnieuw de zin te ontdekken in het leven, door bezig te zijn met het eigen levensverhaal. De zin van het leven ligt verborgen in het persoonlijke verhaal: in het leven dat achter iemand ligt, in het leven van dit moment, en in het leven in de toekomst.

Methode

Life-review en reminiscentie of werken met levensverhalen met behulp van beeldende of andere creatieve werkvormen zijn methoden die men vaker terugziet in beeldende therapie bij rouw en verlieservaringen, bij levensfaseproblematiek en in het bijzonder bij ouderen. Life-review is een vorm van gestructureerde reminiscentie. Daarbij valt te denken aan het ophalen van herinneringen door materialen, geuren en beelden. In het beeldend werk wordt vaker gewerkt aan een levenslijn in beeld en aan het uitwerken van speciale gebeurtenissen in beeld en materiaal. Deze methoden helpen bij het vinden van persoonlijke betekenis en zin aan het eigen leven. Belangrijkste uitdaging is: wat is en wat was de betekenis van mijn leven? Het is een soort schatgraven naar de positieve dingen die er in een leven zijn geweest.

Vaak komt niet het hele levensverhaal in beeld. Het gaat om het samenstellen van een mozaïek, een puzzel, waarvan mogelijk stukjes ontbreken (of niet beschikbaar zijn).

Soms ontstaat er zicht op een rode draad in het leven en vallen dingen op hun plaats. Het laat de gebeurtenissen zien tegen de achtergrond van de tijd en van maatschappelijke gebeurtenissen.

Een belangrijk gegeven in het werken met deze methoden is het komen tot uitwisseling en herkenning. Door het uitwisselen van de eigen levensverhalen ontstaat het gesprek, de dialoog, een mogelijkheid tot contact, herkenning, gezien en gehoord te worden: dat helpt de eigen identiteit te bevestigen en versterken. Anderen hebben ook verhalen die herkenbaar zijn. In elk leven wordt gestreden, getwijfeld en geworsteld, in elk leven zijn verdrietige en gelukkige momenten. Herkenning zorgt ervoor dat mensen ontdekken dat ze niet alleen zijn met hun getob over allerlei ongemak en problemen en dat ze kunnen zoeken naar creatieve oplossingen. Het met elkaar delen van (eigen) verhalen in een sfeer van vertrouwen geeft mensen energie en kracht. Naar het verleden kijken wordt zo een zingevende activiteit, omdat het verleden een plaats krijgt in het heden en mogelijkheden open legt voor de toekomst. Ieder mens heeft een eigen en onvervangbaar le-

vensverhaal dat de moeite waard is om verteld te worden. Elk verhaal is een goed verhaal, er bestaan geen foute verhalen.
Creativiteit en lust, zin in de dingen, zijn sleutels naar overlevingsstrategieën. Daarom is het belangrijk dat mensen hun eigen creatieve vermogens ontdekken en leren kennen, dat ze plezier gaan ervaren hierin en dat ze hun verborgen talenten opsporen en leren waarderen en inzetten.

Esthetische illusie

Bij deze methoden wordt gebruikgemaakt van de esthetische illusie. Dit is het niet op een rechtstreekse manier omgaan met problemen of moeilijke gebeurtenissen in het leven. Niet de analyse en het doorgronden van het probleem en de oorzaken ervan zijn uitgangspunt, maar het omgaan ermee, de strategie: je moet verder en er zijn dingen die daarbij helpen. Esthetische illusie is een begrip binnen de beeldende therapie voor deze niet rechtstreekse benadering waarbij metaforen en symboliek voor de problematiek worden toegepast. Fantasie en creativiteit geven speelruimte om verder te komen met datgene waarop met vastliep. Het gaat in het gesprek om het zoeken naar balans: wat geef ik prijs van mijzelf en hoe verpak ik dat? Via de metafoor (beeldspraak) is het gemakkelijker om met gevoelens te experimenteren dan in de harde werkelijkheid. Metaforen overstijgen het rationele, hebben daarom symbolische waarde voor het innerlijk: ze verbeelden vaak goed hoe we ons voelen en in de wereld staan, dit is vooral het geval wanneer ze spontaan ontstaan.
Dromen, wensen, illusies kunnen vorm krijgen zonder consequenties en daarmee het startpunt worden voor nieuw te ontwikkelen gedrag, voor nieuwe strategieën om met het leven om te gaan. Werken met de esthetische illusie doet een beroep op niet-verbale activiteiten: de zintuigen, de motoriek, de beweging, het doen en ervaren zijn belangrijk. Via het ontwikkelen van de eigen creatieve vermogens wordt het onbewuste aangesproken. Het bewuste denken en de verbale vaardigheden, die in de meeste hulpverleningsvormen de belangrijkste instrumenten zijn, staan hier niet meer automatisch vooraan. Er wordt zowel op bewust als onbewust niveau gecommuniceerd.

Opzet

Het werken met deze methoden, life-review en reminiscentie, kan diverse vormen aannemen. Soms is een individuele therapie aanbevolen, bijvoorbeeld bij traumatische ervaringen die de cliënt niet wil of durft te delen met anderen dan de therapeut. Waar mogelijk zal men in (kleinere) groepen werken, zodat er naast dat er samen beeldend gewerkt wordt ook voldoende ruimte is voor het verbaal uitwisselen van verhalen.

De cursus 'Op zoek naar zin' is een module bestaande uit twaalf bijeenkomsten van tweeënhalf uur waarin thematisch wordt gewerkt. Thema's die beeldend uitgewerkt worden zijn bijvoorbeeld: de eigen naam, huizen waar men woonde, normen en waarden, handen, foto's, vriendschap, levenslijn en keerpunten, levensbeschouwing en zingeving, verlangen en identiteit. Er kunnen ook zintuiglijke herinneringsoefeningen gedaan worden. Creatieve verbeelding en groepsgesprekken wisselen elkaar af in elke bijeenkomst.

Doelgroep
De doelgroep van de methode life-review en reminiscentie zijn cliënten met levensfaseproblematiek (jongeren, volwassenen of ouderen), met depressieve klachten, rouw- en verlieservaringen of traumatische ervaringen.

Doelstellingen
De doelstellingen van life-review en reminiscentie zijn:
- eigen bronnen van kracht en eigen (creatieve) mogelijkheden opsporen en een hernieuwd perspectief op de toekomst ontwikkelen;
- identiteitsversterking en -bevestiging, bevorderen van het zelfvertrouwen (je kunt je niet iets 'fout' herinneren);
- versterken van communicatieve vaardigheden en bevorderen van contact;
- zingevende activiteiten ontdekken en zoeken; toename van het ervaren van zin en betekenis van het eigen leven;
- activering, ontspanning en plezier;
- stimulering van de waarneming/zintuigen;
- verminderen van depressieve klachten om te voorkomen dat deze klachten uitgroeien tot een depressie.

Werkwijze
Er is bij life-review en reminiscentie sprake van een palliatieve, supportieve en re-educatieve (inzichtgevende) werkwijze. Het thema kan het 'daar-en-toen' zijn, maar interventies zijn gericht op het 'hier-en-nu'.

Specifieke materialen, werkvormen, activiteiten
Collage maken, schilderen, tekenen, verbeelden van visualisatieoefeningen, maken van een drieluik (verleden, heden en toekomst), werken met foto's, gedichtjes (elfjes) maken, portret tekenen en be-

schrijven, schrijven van verhaaltjes, werken met eigen foto's, enzovoort.

Onderzoek

Onderzoeken naar de methode life-review en reminiscentie laten zien dat de depressieve klachten bij de deelnemers aan de cursus 'Op zoek naar zin' significant verminderen en het risico van depressie afneemt. Na afloop hebben de deelnemers meer greep op hun leven en ervaren meer zingeving (Bohlmeijer, Mies & Westerhof, 2007). Het vervolgonderzoek naar de effecten van de aangepaste cursus is inmiddels afgerond. De effecten op de depressieve klachten zijn groot. Hierover zijn nog geen artikelen gepubliceerd.

Verantwoording van de casus
Maya werkte middels het werkstuk aan een vorm om haar levensverhaal te kunnen laten zien zonder direct alles bloot te hoeven geven. Zij werkte met symbolische foto's en symbolische materialen die met elkaar haar verhaal vertellen. Door dit te doen en erover te vertellen aan de therapeut en groepsleden, ervoer zij contact en kracht om haar verhaal te doen. Ze ervoer dit als zeer zinvol en vond het prettig om eraan te werken.
Maya bedankte na het maken van dit levensverhaal-werkstuk voor alles, maar vooral voor dit project. Ze benoemde daarbij dat ze denkt dat het moeilijk te beseffen zal zijn om te weten wat dit met haar heeft gedaan/doet. Ze dacht in het begin niet dat het zo zou worden, het is iedere keer weer wat verder gegroeid, en zij groeide erin mee. Ze was heel blij met de tijd en ruimte die ze hierin gekregen heeft.

5.3.10 ANALYTISCHE TEKENTHERAPIE

Norbert (7 jaar), komt drie jaar na zijn vaders hartinfarct in behandeling. Hij was 4 jaar oud toen hij zijn vader op de grond zag vallen. Zijn toen 7-jarige zusje was er ook bij. Het laat zich in eerste instantie zeer ernstig aanzien.
Klachten van Norbert: 'Het gaat niet goed,' zegt zijn moeder. 'Hij is geen vrij en blij kind. Zonder reden is hij geagiteerd, bozig en hij heeft een in zichzelf gekeerde blik. Waarom hij boos is, kan hij niet zeggen. Hij is bang om alleen gelaten te worden en hangt erg

aan me. Hij wil bijna nooit meer bij een vriendje spelen, steeds opgetild worden en bij mij in bed slapen.' De klachten begonnen drie maanden geleden. Het lijkt aannemelijk dat er bij Norbert, door het getuige zijn van het plotselinge hartinfarct van zijn vader, sprake is van een verwerkingsstoornis. Zijn klachten kunnen verwijzen naar de niet of onvolledig verwerkte traumatische gebeurtenis en onverwerkte rouw. Gezien het feit echter dat de klachten drie maanden geleden manifest werden, bijna drie jaar na de traumatische ervaring, is een posttraumatisch stresssyndroom niet uitgesloten.

Afbeelding 5.19.

Grondlegger

De analytische tekentherapie gaat uit van het psychoanalytisch gedachtegoed van Sigmund Freud. Het was echter Carl Gustav Jung die in de vorige eeuw de tekening als psychisch medium in Europa introduceerde. Hoewel er grote gelijkenis is met de droomanalyse heeft Jung in zijn werk geen methode beschreven voor het analyseren van tekeningen. Tussen Freud en Jung was er gedurende een aantal jaren een nauwe samenwerking. Jung echter verliet de psychoanalytische vereniging en maakte zelf school. Hij kwam in aanraking met abstracte, geometrische tekeningen die gemaakt werd binnen een cirkel. Geboeid door deze beelden, ging hij over tot het gebruik van tekeningen in zijn praktijk. Het bleek dat onverwerkte ervaringen en onderdrukte gevoelens aan het papier werden toevertrouwd. Beelden uit de belevingswereld werden concreet getekend of in een symbolisch spel van lijnen en kleuren weergegeven en zo ontstond een veilig projectieveld. Anderen zetten de traditie voort, zoals Jolande Jacobi, Susan Bach en Ingrid Riedel. R. Lubbers brak een lans om beeld en begrip binnen de therapie een plaats te geven. Gregg Furth beschreef de 'aandachtspunten' in een tekening, als hulpmiddel voor therapeuten bij deze diagnostisch-projectieve techniek. Simone Meykens en Gaston Cluckers (KU Leuven) deden onderzoek naar het expliciteren van interpretatieve processen en hoe de intuïties te onderbouwen. Het Pedagogisch Psychologisch Centrum Heemstede (PPCH) zet met de analytische tekentherapie deze lijn voort. Deze therapeutische benadering wordt bij zowel kinderen als volwassenen toegepast, en doorgegeven in het onderwijs aan therapeuten in opleiding en aan behandelaars. Hoewel de opdrachten voor kinderen zijn aangepast aan hun leefsituatie, verschilt de analyse niet van die van de tekeningen van volwassenen. Bij beiden bepalen de aandachtspunten – die punten die karakteristiek zijn in een tekening – de richting van het gesprek en de diagnose. Afhankelijk van de therapiefase krijgt een cliënt opdrachten voor concrete tekeningen naar aanleiding van huidige situaties of beelden uit het verleden. Of hij krijgt opdracht een metafoor te tekenen of om een abstracte tekening te maken. Het tekenen activeert onbewust geworden ervaringen en gevoelens. Waardoor in het therapieproces steeds nieuw onbewust conflictueus materiaal voorhanden komt. Omzetting van ervaringen in een visueel beeld, de vrije associatie, verdichting en verschuiving, zijn aspecten die in de droomduiding van Freud van essentieel belang zijn. In de analyse van een tekening zijn deze eveneens van wezenlijk belang. Deze onbewuste beeldtaal vertelt iets over de bijzondere organisatie van psychische processen. De veelzinnige betekenissen van de beelden bieden een overvloed aan informatie en mogelijke interventies. Invallen en associaties leiden naar de kern van het probleem en geven aan de tekening zijn specifieke betekenis. Het beeldmateriaal is als een rebus die in dialoog ontcijferd en opgelost moet worden.

Beschrijving

Het psychische systeem is een kwetsbaar, hoog georganiseerd en complex systeem dat gevoelig is voor verstorende invloeden van buitenaf en dat gemakkelijk gedesorganiseerd kan raken. Dit systeem wordt beïnvloed door zowel biochemische, fysiologische en anatomische aspecten, door intrapsychische invloeden en door sociale invloeden. In de analytische tekentherapie ligt het accent hoofdzakelijk op intrapsychische invloeden. Daarnaast op sociale invloeden en op recente, verstorende oorzaken. Binnen dit kader worden, behalve een ondersteunende en structurerende aanpak, de verschillende psychoanalytische strategieën op een continuüm geplaatst van een meer toedekkende naar een meer openleggende behandeling. Psychische stoornissen uiten zich in symptomen.

De kern van de analytische tekentherapie is om het zogenoemde toestandsbeeld met behulp van tekeningen te diagnosticeren en emotionele conflicten of verdrongen psychische trauma's inzichtelijk en bespreekbaar te maken. Conflicten worden bewust en opgehelderd en daarmee kan ook de neurotische herhalingsdwang opgeheven worden. In de verschillende therapiefasen geeft men hiertoe aansluitende tekenopdrachten. Het uitgangspunt is dat huidige psychische problemen en klachten, naast een bepaalde aanleg, doorgaans samenhangen met onopgeloste conflicten en onvervulde behoeften uit het verleden. De tekening is een communicatiemiddel en als zodanig een valide instrument. Ze geeft inzicht in de autonome psychische structuur van de cliënt en geeft weer waar het op dat moment om gaat. Het beeld wordt gedragen door en is gebaseerd op de subjectieve beleving van de werkelijkheid van de cliënt. In het gesprek worden de getekende symbolen geleidelijk aan emotioneel 'vertaald' en in een context geplaatst.

Trauma

De term trauma wordt gebruikt als er door verschillende oorzaken een groot gevoel van machteloosheid en ontwrichting ontstaat. Bijvoorbeeld door het plotselinge of dreigende verlies van een geliefd persoon, oorlogsstress, geweld enzovoort. De reactie hierop is uiteenlopend: angst, zelfverwijt, neerslachtigheid, boosheid, slaapproblemen en overdreven waakzaamheid. Karakteristiek in de behandeling is de wisseling in ontkenning en herbeleving. Norbert zuchtte, was moe, om daarna weer actief te tekenen en te vertellen. Een traumatische gebeurtenis schendt het vertrouwen in een natuurlijke of goddelijke orde en leidt tot een existentiële crisis. Het tast het fundamentele vertrouwen in de veiligheid van de wereld aan en doet de zinvolheid van het bestaan teniet. Dit gevoel van veiligheid wordt verworven tijdens de vroegste jeugd en in relatie met de eerste verzorger. Dit gevoel van vertrouwen, dat voortkomt uit het leven zelf, ondersteunt de mens tijdens zijn hele levenscyclus. Het vormt de basis van iedere

relatie en alle geloofssystemen. In het geval van Norbert waren de gebeurtenissen zeer ingrijpend. Ze leidden tot emoties die hij niet uitte en niet kon hanteren. Voor Norbert kwam er door zijn moeders nieuwe vriend een probleem bij: de scheiding van zijn vader en moeder werd een feit, een nieuwe man kwam in huis en mede daardoor werd zijn vaders terugkeer onherroepelijk.
Het is niet uitgesloten dat in elke fase van zijn levenscyclus, door een nieuw conflict het trauma tot leven wordt gewekt en een ander aspect van de ervaring aan het licht brengt. Herstel is nooit compleet. Huwelijk, scheiding, geboorte, een sterfgeval en ziekte kunnen aanleiding zijn voor het terugkeren van aspecten van deze traumatische ervaring.

Werkvorm analytische tekentherapie

De cliënt vertelt zijn levensverhaal beginnend bij zijn vroegste jeugd. In deze procesanamnese maakt hij concrete tekeningen over herinneringen van verschillende levensstadia. Het tekenen van situaties uit het familieleven geeft inzicht in emotionele, fysieke, geestelijke en seksuele grensoverschrijdingen, als mogelijke oorzaak van zijn klachten. In deze serie tekeningen wordt de voorgeschiedenis langzamerhand zichtbaar. Evenals cruciale gebeurtenissen en de wijze waarop hij hiermee omgaat; het zogenoemde innerlijke werkmodel. Gewoonlijk vertelt de cliënt een secundair verhaal met een zekere logische coherentie over zijn levensloop en klachten. De tekening echter, vertelt het primaire verhaal met zijn onbewuste, ongebonden lustprincipe, zoals lapsus, dromen. Het maakt het compromiskarakter van de tekening duidelijk: verlangen en afweer, het gewenste en het verbod komen samen in één tekening. De censuur die een cliënt onbewust toepast betreft de herinnering zelf; wat hij tekent en daarover vertelt of juist weglaat. Innerlijke tegenstrijdigheden worden doorgaans over verschillende personen of objecten verdeeld. Het getekende beeld vertelt echter wat er niet gezegd of gedacht mag worden en breekt onbewust door de barrière heen. Sommige onderdelen zijn buitenproportioneel, andere worden gebagatelliseerd door overdreven kleine afmetingen. Elk detail is van belang en de moeite van het bespreken waard. En al wordt de tekening niet direct verstaan, ze biedt ook een 'uitlaatklep'. Omdat de beelden iets uitdrukken dat buiten de taal ligt, komt de cliënt dichter bij zijn gevoelsbeleving. De behandeling met behulp van tekeningen is een doorgaand proces. Betekenis en interpretatie van een tekening worden nooit afgesloten. In een latere fase kan het getekende beeld weer boven komen en opnieuw diepte en betekenis krijgen. De tekening ontwikkelt zich als het ware met de persoon mee.

Als onderdrukte gevoelens echter weer aandacht en ruimte krijgen en de communicatie op gang is gekomen, dan kost het energie: inzicht geeft afweer, angsten worden weer bewust en roepen verzet op. Pas als het therapieproces leidt tot het doorvoelen van weggedrukte ervaringen en deze ook geaccepteerd worden, komt er energie vrij. En omdat esthetische criteria niet aan de orde zijn, versterkt dit de beleving van vrijheid en creativiteit.

Aan de hand van de aandachtspunten uit de tekening bouwt de therapeut een voorlopige veronderstelling op. Deze wordt bij de volgende tekeningen aangepast en/of verdiept.

> Bijvoorbeeld toen Norbert voor het eerst in behandeling kwam, tekende hij zijn vader en zichzelf in het verpleeghuis. Hij tekende echter zijn vader in dezelfde groene badjas die hij ook droeg toen hij het hartinfarct kreeg en op de grond viel. Die badjas had hij in het verpleeghuis niet aan en verwees dus direct naar de pijnlijke gebeurtenis van drie jaar geleden. Het gaf aan hoe het gevoelsmatig nog maar kortgeleden had plaatsgevonden.

Afbeelding 5.20.

Door de traumatische gebeurtenis stap voor stap te tekenen en te bespreken, ontstaat er weer gevoelscontact met de pijnlijke ervaring.

Dit gebeuren kan een plaats krijgen in de persoonlijke geschiedenis van de cliënt, zonder dat het afgescheiden wordt.

Een andere manier om deze werkwijze te verklaren is dat onopgeloste neurotische conflicten zichtbaar worden in de getekende beelden en het verwerkingsproces hiermee kan beginnen. Slechts gedeeltelijk getekende onderdelen worden afgemaakt en daarmee gevoelsmatig 'dichterbij' gehaald. Bepaalde onderdelen van de tekening krijgen meer aandacht, halfverborgen objecten in de tekening worden naar voren gehaald. Door het tekenen van de zeer persoonlijk ervaringen, ontstaat er bij Norbert steeds meer gevoelsverbinding met wat er zich in zijn levensgeschiedenis heeft voorgedaan. Binnen de veilige setting van het samen bekijken van de tekening, geeft dit de analytisch tekentherapeut de gelegenheid om op voorzichtige wijze in deze gevoelsgebonden projecties te interveniëren. Het gevoel van veiligheid wordt eveneens versterkt doordat de tekening de cliënt de gelegenheid biedt om een derde positie in te nemen. Als hij vertelt over datgene wat hij getekend heeft, neemt hij enige afstand van wat hij denkt en voelt, zonder daarmee samen te vallen. Dit is een voorwaarde om onderscheid te kunnen maken tussen fantasie en realiteit. Door het gesprek over de tekening gaat hij nadenken over wat hij voelt en leert hij aanvoelen wat het realiteitsgehalte is van wat hij denkt. Dit geeft een aanzet tot, of versterkt, zijn zelfbeleving en de continuïteit hiervan. Ook het maken van kleine stappen met eenvoudige en cognitief duidelijk integreerbare beelden, biedt steun en veiligheid. Het gebruik van tekeningen heeft op deze manier een groot therapeutisch effect, in tegenstelling tot opwindende en dramatische beelden die tot afweer en verdringing leiden. De diagnostische benadering van de analytische tekentherapie is van relatief korte duur en correleert in hoge mate met ander psychodiagnostisch onderzoek. Bovendien geeft de analyse van tekeningen uitgebreide en gedetailleerde informatie en een verdiepend inzicht in emotionele problematiek.

Behandelthema's

Een van de voornaamste taken bij een onverwerkt trauma is het herstel van vertrouwen. Hoewel het herstellen geen simpele lineaire volgorde kent, is er wel een aantal fasen, behandelthema's, te onderscheiden:
- veiligheid en bescherming;
- herinnering en rouw;
- band met het dagelijks leven.

Veiligheid en bescherming

In de zittingen met Norbert komen in gesprekken steeds bepaalde gespreksonderwerpen terug.

De therapeut gaat uit van het principe dat het delen met anderen van de traumatische ervaring een voorwaarde is om de wereld weer als zinvol te kunnen gaan beleven. Omdat de kernervaring van een traumatische beleving onmacht is en als gevolg daarvan isolement, is het noodzakelijk om hierover openlijk te praten. Herstel kan optreden als Norbert samen met de therapeut in detail naar het gebeuren durft te kijken. In deze verbondenheid met de therapeut en met het verdriet in zichzelf, ontstaat er weer een gevoel van macht over de situatie. Dit biedt de gelegenheid om psychische vermogens die door de ervaring zijn vervormd, te herstellen.

Setting en tijdsduur

De aanpak van de analytische tekentherapie is ontwikkeld als een individuele therapie, maar kan ook in groepsverband gegeven worden. In het algemeen bedraagt het aantal zittingen in een individuele therapie ongeveer zestien sessies met een frequentie van één keer in de twee à drie weken.

Een sessie in groepsverband met ongeveer vier tot acht deelnemers, draagt meer het karakter van psycho-educatie. Dit zijn vijf sessies van tweeënhalf uur en vinden één keer in de twee weken plaats. Heeft een cliënt weinig ik-sterkte en is hij niet gewend om vanuit een derde positie naar zichzelf en zijn dieper liggende motieven te kijken, dan kan een groep een veilige setting bieden en de psycho-educatie een mogelijke opstap zijn naar individuele therapie.

Onderzoek

Over de analytische tekentherapie, in het bijzonder over de analyse van tekeningen, is empirisch onderzoek gedaan. Onder andere door dr. Jolande Jacobi (1999), een jungiaans psychologe die zich bezighield met 'datgene wat empirisch verkregen en gevonden is'. Ook Susan Bach (1990) beschrijft uitvoerig drie casestudies met bijbehorende tekeningen. Ze gebruikte tekeningen als diagnostisch hulpmiddel bij ernstig zieke kinderen. In een essay van Freud, *The Moses of Michelangelo*, paste Freud een methode toe die in veel opzichten lijkt op de aandachtspunten waarmee ook tekeningen geïnterpreteerd kunnen worden. Dr. Gregg Furth (1991), een psychotherapeut die eveneens tekeningen van zieke kinderen verzamelde en analyseerde, beschreef hoe de tekeningen inzicht geven in de autonome psychische realiteit van kinderen. Zijn systematische analyse van een tekening heeft veel weg van een droomanalyse. Prof. dr. R. Lubbers (1988) beschrijft onder andere een methodische benadering van cliënten die met hun tekeningen en schilderingen, psychische pijn in beeld brengen. De psychologe Simone Meykens en prof. dr. Gaston Cluckers beargumenteren in hun onderzoek dat tekeningen een centrale plaats in het diagnostisch proces dienen in te nemen (Meykens & Cluckers, 2000). Deze auteurs en nog vele anderen beschouwen de analyse van tekeningen als een diagnostisch-projectieve techniek. Ze geven, uitgaande van het psychoanalytisch referentiekader, een beschrijving van processen die toelichten hoe een interpretatieproces concreet kan verlopen.

> **Verantwoording van de casus**
> Tijdens een van de laatste sessies vertelt Norbert dat zijn ouders gaan scheiden en dat het gezin weggaat uit het dorp. Dat dit hem verdriet doet, geeft hij aan door in zijn boek te schrijven: 'De vader leek beter maar dat was hij niet. Hij kan nooit naar huis en toen gingen ze scheiden. En het jongetje heeft veel verdriet, want ze gaan verhuizen.'
> Norbert is blij met het boek. Hierin hebben zijn vader en het ongeluk een duidelijke plek in zijn geschiedenis. Wat er is gebeurd, is vastgelegd. Zijn boek is het bewijs. Met plezier werkt hij verder en zegt: 'Ik ga pas weg als het af is.' Op de kaft staat de naam van de schrijver: Norbert P.

5.4 Methoden en methodieken gebaseerd op een techniek of werkvorm

5.4.1 IMAGINATIE IN BEELDENDE THERAPIE

> Ina (47 jaar) lijdt aan depressie als gevolg van PTTS. Als peuter is zij seksueel misbruikt door een vriend van moeder met medeweten en vermoedelijk in het bijzijn van moeder. Haar hulpvraag is de zwarte gaten in haar herinnering te onderzoeken en verwerken. Regelmatig brengt ze flarden van vroegere beelden en dromen mee naar de therapie. Ze vertelt en schrijft erover. Op dit moment denkt ze veel na over haar moeder en had hier ook een droom over. Ze denkt boos te zijn op haar moeder, maar voelt het niet. De droom wil ze verder onderzoeken. Na een korte ont-

spanningsoefening met de ogen gesloten vraagt de therapeut haar zich op de beelden van de droom te concentreren en deze beelden helder te beschrijven, ook wat er verder gebeurt. Ze beschrijft een wand van kleedkastjes, zoals in een zwembad. Bovenop de kast zit een harlekijn gemeen te lachen en aan touwtjes te trekken als een marionet. Ze herkent haar moeder in de harlekijn en knipt de touwtjes door. Voor de kastjes ligt een berg zwarte troep. In één kastje zit een klein meisje gevangen. Hier stopt Ina's verhaal, wat ze met een afstandelijke nauwkeurigheid vertelt. De therapeut stelt voor om de situatie ruimtelijk in beeld te brengen met materiaal. Hij hoopt dat het concreter maken van de situatie en het bewerken van materiaal haar met haar gevoel in contact brengt. Ina kiest een kartonnen doos om de kleedkasten van te maken. Ze meet alles precies uit en snijdt met een stanleymes de kast op maat. Ervoor moet een berg troep komen waar ze papier-maché voor gebruikt. Een aantal zittingen erna besteedt ze aan het wegsnijden van de hard geworden berg met een stanleymes, zodat uiteindelijk het kastje met het kind geopend kan worden en zij het bevrijdt. Door het snijden en trekken aan de berg, dat eerst moeizaam, maar steeds krachtiger gebeurt, uit Ina haar agressie en bevrijdt ze het bange kind. Het geeft haar een trots en tevreden gevoel.

Afbeelding 5.21.

Grondlegger(s)

Imaginatie als techniek binnen therapie wordt al sinds lange tijd toegepast. Freud gebruikte in zijn psychoanalyse de vrije associatie van gedachten, beelden en dromen, die vervolgens geanalyseerd en geduid werden. Jung liet zijn cliënten door middel van tekeningen en kunst contact maken met beelden van universele symbolen, die hij het collectief onbewuste, archetypen noemde (bijvoorbeeld moeder aarde of het kind in ons). In sprookjes en mythen zijn deze archetypen terug te vinden. Assagioli gebruikte in zijn psychosynthese visualisatieoefeningen omdat dit de mens de vrijheid geeft zich in beelden uit te drukken, juist omdat hij zich in eerste instantie niet bewust is van de betekenis ervan, en de integratie tussen lichaam, gevoel en verstand te bevorderen. Perls maakt in zijn gestalttherapie ook gebruik van fantaseren en beelden met als doel de persoonlijkheid te veranderen.

Beschrijving
Imaginatie betekent letterlijk verbeelding, beeldtaal, fantasie. Imaginatie als methode, ook wel visualisatie of geleide fantasie genoemd, is een experiëntiële psychotherapeutische techniek. Door middel van ontspanning en concentratie maakt men contact met de eigen beeldenwereld en betekenisgeving. Beelden maken een belangrijk deel uit van ons leven. Bij het beschrijven van ervaringen maken we vaak gebruik van beeldtaal: 'het voelde als een zinkend schip', 'dat was zo licht als een veertje', 'die persoon komt over als een massief blok beton'. Ervaringen, herinneringen, wensen, verwachtingen hebben we in onszelf meestal opgeslagen als beelden of wij kunnen ze associëren met beelden of symbolen. Een beeld of symbool maakt doorgaans meer duidelijk wat we voelen of bedoelen dan woorden of gedrag, doordat het op compacte wijze zowel bewuste als onbewuste informatie bevat over onze betekenisgeving. Deze beelden bepalen ons denken, voelen/willen en handelen, waar we ons maar gedeeltelijk van bewust zijn.
Daarmee vormen beelden bruikbaar materiaal om beter zicht en greep te krijgen op wat ons beweegt, wat ons belemmert en wat we nastreven.
Bij kinderen is beeldvorming levendig en spontaan, maar bij het ouder worden neemt dit af.
In de dagelijkse drukte van het leven staan we meestal weinig stil bij onze beelden. Toegang krijgen tot de eigen beeldwereld vraagt letterlijk erbij stil te staan, te concentreren en het beeld toe te laten. Het metaforische en symbolische karakter van een beeld wordt meestal manifest naarmate er meer tijd aan besteed wordt en naarmate het subject er meer gevoelscontact mee maakt (Taal, 1994). De opgeroepen metafoor of het symbool kan in therapie belangrijke steun en inzicht geven bij het veranderings- of acceptatieproces van de cliënt en tevens een rol bij zingevingsprocessen spelen. Een veilige en ontspannen situatie (door middel van ontspanningsoefeningen) is daarbij vereist.
Beeldend en dramatherapeuten maken vaak gebruik van imaginatie.

Het dramatisch of beeldend vormgeven aan fantasiebeelden maakt deze beelden concreter, zichtbaarder, voel- en (be)grijpbaarder. De mogelijkheden voor therapeutische toepassing nemen hierdoor toe. Imaginatie is verwant met de methode Story Telling (Gersie, 1996).

Imaginatietechnieken
Taal (1994) benoemt verschillende imaginatietechnieken, die ook in beeldende therapie en gestalttherapie gehanteerd worden:
- waarnemen van het beeld;
- gevoelscontact maken met het beeld;
- dialoog aangaan met het beeld;
- identificatie met het beeld;
- creatieve expressie van het beeld door middel van tekenen, schilderen, schrijven, dichten, drama, muziek enzovoort;
- betekenis geven aan het beeld;
- concretisering en vertaling naar handelen en toepassing in het dagelijks leven.

De verschillende technieken zijn in de therapie in zowel de observatie/diagnostiekfase als de behandelfase te gebruiken.

Toepassing
Imaginatie kan op de volgende twee niveaus worden toegepast (Taal, 1994).
1 Taak- of probleemniveau, waarbij verbeelding wordt gebruikt om gewenst en doelgericht, adequaat gedrag te stimuleren. Gedragstherapie en directieve therapie maken hier gebruik van. De begeleiding is directief, omdat er sprake is van weinig ik-sterkte en/of omdat er sprake is van een kortetermijndoel.
2 Diepteniveau, waarbij de beelden een persoonlijke existentiële waarde krijgen door hun symbolische en metaforische karakter. Deze toepassing vindt plaats in persoonsgerichte therapieën, waarbij voldoende ik-sterkte bij de cliënt aanwezig moet zijn. De therapeut volgt met zijn aandacht de cliënt en diens beelden. Empathie om de cliënt te volgen in diens beleving en distantie om overzicht te behouden zijn vereist.

Krop (1978) beschrijft een imaginatie gericht op een toekomstfantasie, voor mensen die zich moeilijk kunnen losmaken van hun situatie ('ik ben nu eenmaal zo'). 'Denk na wat het is wat je wilt bereiken... Ga na in wat voor situatie het bereikte resultaat zichtbaar zou zijn. Zie jezelf nu in die situatie, waar ben je, wat zie je, hoe voel je je, hoe zie je eruit?

Wat merk je aan jezelf dat anders is, wat is je interactie met anderen, hoe klinkt je stem? ...Ga nu terug in de tijd en zie wat er gebeurd is tussen nu en de verandering. Wat voor besluiten heb je genomen, wat ben je anders gaan doen, wat voor tegenslag heb je gehad en hoe heb je dit overwonnen? Wat was moeilijk? Wat voor steun heb je gehad en hoe heb je die gekregen?'

In de tegenwoordig veel toegepaste schemagerichte cognitieve therapie neemt imaginatie een belangrijke plaats in als experiëntiële techniek, om de schema's van de cliënt op te roepen en de emotionele aspecten ervan te ervaren en uiten (Haeyen, 2007). Bij de oplossingsgerichte therapie maakte het visualiseren van de huidige situatie en het gewenste toekomstbeeld voor de cliënt heel concreet wat hem in de therapie te doen staat. In traumabehandeling en bij de behandeling van kankerpatiënten wordt veel gebruik gemaakt van imaginatie met als doel verwerking en ondersteuning.

Imaginatie wordt verder gebruikt in supervisie, loopbaanbegeleiding, teambuilding, coaching en topsport.

Werkwijze

Het gebruik van imaginatie is veelzijdig. Concluderend kan gesteld worden dat imaginatie in therapie bij zowel een orthoagogische, supportieve/palliatieve, als re-educatieve en reconstructieve werkwijze ingezet kan worden, afhankelijk van de focus op het probleem, de taak, de gewenste situatie of de emotionele expressie en verwerking van persoonlijke thema's en symbolen.

In de praktijk waar imaginatie wordt toegepast maken therapeuten, coaches en cliënten melding van de positieve werking van imaginatie. Van effectonderzoek binnen beeldende therapie is geen sprake.

In de medische geneeskunde is wel veel onderzoek gedaan naar de positieve effecten van imaginatie op onder andere de bloeddruk (Roberts & Weerts, 1982), de chemische huishouding en het immuunsysteem. Het gunstige effect van mental imagery bij kankerpatiënten is bewezen door Simonton (1980). Anderen, onder andere Achterberg (1984), hebben zijn onderzoek voortgezet.

> **Verantwoording van de casus**
> Het inzetten van imaginatie maakt dat Ina de beelden die passen bij haar weggestopte ervaringen en herinneringen kan exploreren en terughalen in een veilige situatie. Het concreet verbeelden en

werken met beeldend materiaal stimuleerde het uiten van gevoelens van verlaten zijn (het kleine opgesloten meisje) en boosheid naar moeder toe.

5.4.2 MEDITATIEF KUNSTZINNIG WERKEN: BOETSEREN, TEKENEN EN SCHILDEREN

Saskia (40 jaar): 'Op het moment dat ik de klei aanraakte, voelde ik hoe erg ik mijn vader mis. De koelte van de klei deed me denken aan de koelte van het gemis van mijn vader. Ik heb het eerste kwartier niets gemaakt, maar met de klei in mijn hand in stilte diep contact gehad met mijn vader. Daarna heb ik een beeld van drie kleine kleutertjes geboetseerd. Het heeft me heel veel gedaan.'
Saskia, een enthousiaste vrouw met een hoog arbeidsethos is burn-out geraakt. Zij stelt zichzelf de vraag hoe het toch zover heeft kunnen komen. 'Burn-out overkomt een ander en niet mijzelf' is het eerste wat zij zegt. In het kader van het werken aan haar biografie wordt uitgebreid ingegaan op haar levensgeschiedenis. Er wordt getracht om vanuit haar verleden zicht te krijgen op bevorderende en belemmerende patronen die zij bewust of onbewust heeft leren hanteren en de effecten daarvan op haar leven. Saskia wordt de keuze gelaten of zij meditatief tekenend, schilderend of boetserend wil werken. Zij kiest voor het meditatief boetseren. Na een meditatieve voorbereiding wordt haar gevraagd een beeld van klei te maken van zichzelf, haar vader en haar moeder als drie kleine kleutertjes zittend op een hek op een mooie zomerse dag in september. Het duurt even voordat zij op gang komt, omdat zij geconfronteerd wordt met hevige emoties ten aanzien van haar overleden vader. Zij neemt de tijd om contact te maken met deze emoties. Daarna werkt zij gedurende een heel uur vol overgave aan het beeld van klei en is zichtbaar geroerd. In een verdiepend gesprek naar aanleiding van het werkstuk 'De drie kleine kleutertjes', ontstaan nieuwe inzichten in onderliggende patronen en komen min of meer verdrongen gevoelens aan de oppervlakte. Duidelijk wordt dat zij tegen het dwingende patroon in zichzelf aanloopt dat het 'nooit goed genoeg is, het moet altijd beter'. Het is een patroon dat haar van huis uit niet vreemd is. Wanneer Saskia bewustzijn ontwikkelt in

dit patroon, zal zij dit patroon wellicht in de toekomst kunnen gaan leren hanteren (Hoefsloot, 2007).

Afbeelding 5.22.

Grondlegger
Meditatief kunstzinnig werken vindt zijn oorsprong binnen het zenboeddhisme. Volgens het zenboeddhisme zijn in het meditatief kunstzinnig werken vier elementen van wezenlijk belang namelijk: 'WA':harmonie, 'KEI': de eerbied, het respect, 'SEI': de zuiverheid, 'JAKU' :de stilte. Vanuit deze grondslag wordt het meditatief kunstzinnig werken tegenwoordig gebruikt door vele stromingen en richtingen. Denk hierbij onder andere aan antroposofie, psychosynthese, gestalt en zijnsoriëntatie.

Beschrijving
De opdrachten binnen meditatief kunstzinnig werken zijn op maat gesneden en sluiten aan bij de vraag van de cliënt.
De opdracht 'Drie kleine kleutertjes' wordt bewust ingezet als onderdeel van het werken aan de levensgeschiedenis van Saskia, omdat zij op zoek wilde gaan naar patronen in haar leven die voor haar belem-

merend werken. Zij wilde in dit kader haar licht laten schijnen op het gezin van herkomst. Wanneer in het werken met cliënten bijvoorbeeld de vraag ontstaat los te komen uit te benarde structuren, of uit een leven dat als korset ervaren wordt, dan kan een opdracht gegeven worden waarbij improviseren centraal staat. Vanuit een meditatie, een geleide visualisatie, kan de cliënt dan gevraagd worden om met gesloten ogen spelend vormen te laten ontstaan op papier of in de klei. In plaats van vormen te boetseren, schilderen of tekenen die eerder bedacht en ontworpen zijn, is de opdracht om te gaan experimenteren met het materiaal en zich te laten meevoeren met dat wat zich aandient in het kunstzinnige werken. In een verdiepend gesprek kan de ervaring gerelateerd worden aan het dagelijks leven van de cliënt op zoek naar nieuwe inzichten en bewustzijn.

In een ruimte waar meditatief kunstzinnig gewerkt wordt heersen een uitnodigende sfeer, rust en ruimte. De cliënt maakt contact met dat wat innerlijk leeft en geeft hier creërend vorm aan. Ieder werkstuk vraagt om afstemming en aandacht. Er wordt in stilte gewerkt.

Het innerlijk veruiterlijken

Uitgangspunt is het innerlijk te veruiterlijken in klei op papier of op doek. Saskia wordt aangesproken om haar 'innerlijke beeldhouwer' in te zetten en los van 'oordeel' te boetseren. Een palet van gevoelens kan al boetserend, schilderend of tekenend op de voorgrond treden. Gevoelens van tederheid, van ontroering, maar ook gevoelens van boosheid, haat en ontevredenheid. Alles kan beleefd worden wanneer de handen het werk doen.

Saskia ervaart binnen het meditatieve boetseren de vrijheid om stil te mogen zijn en te voelen. Zij valt stil en laat zich raken in haar gevoel. Vanuit dit 'raken' ontstaat uiteindelijk het beeld van 'De drie kleine kleutertjes'.

Vaste opbouw en structuur

De opbouw en de structuur van de meditatief kunstzinnige opdracht moet uitnodigen tot een weergeven van feitelijk gevoelde ervaringen. Om dit alles te realiseren wordt proces- en planmatig gewerkt. De volgende fasen worden onderscheiden.

Opbouw en structuur van de meditatief kunstzinnige opdracht

1. Aarden
Bijvoorbeeld door met Saskia de volgende grondingsoefening te doen:
'Ga zitten op je stoel met je ogen gesloten. Heet jezelf welkom op de plek waar je nu zit. Laat je schouders wat zakken en nestel je in je stoel. Laat alles maar een beetje hangen. Voel hoe je rug contact maakt met de leuning van de stoel. Voel hoe je voeten contact maken met de grond.
Voel nu hoe je linkervoet contact maakt met de vloer.
Voel hoe de linkervoorpoot van je stoel contact maakt met de vloer.
Voel hoe de linkerachterpoot van je stoel contact maakt met de vloer.
Voel hoe de rechterachterpoot van je stoel contact maakt met de vloer.
Voel hoe de rechtervoorpoot van je stoel contact maakt met de vloer.
Voel nu hoe je rechtervoet contact maakt met de vloer.
Je kunt nu voelen dat je met zes punten verbonden bent met de vloer, verbonden bent met de aarde. Voel de stevigheid van de aarde en de verbondenheid hiermee.'

2. Verkennen van de binnenwereld
Werken aan lichaamsbewustzijn, bijvoorbeeld door waarneming van de ademhaling en het spannen en ontspannen van de spieren.
'Ga dan met je aandacht naar je ademhaling en voel hoe je adem door je lichaam gaat, zonder dat je je adem stuurt. Laat je adem zo veel mogelijk zakken en probeer je adem tot in je buik te voelen... tot in je bekken...
Hoe is het met je schouders? Hoe voelen ze? Ontspan ze.'

3. Contact maken met het kunstzinnige materiaal
Bijvoorbeeld de klei kneden, het spelend losmakend werken met het materiaal.
'Nu laat je je handen contact maken met de klei. Je neemt de klei (ter grootte van een sinaasappel) in de hand en gaat kneden, nog steeds met de ogen gesloten. De klei maak je je zo "eigen". Je kneedt de klei en maakt deze soepel. Dit "eigen"-maken is

wezenlijk. Je geeft je eigen lichaamswarmte aan de klei, je schenkt je energie aan de klei. Zie het als een meditatie. Probeer heel rustig te kneden. Er is geen haast.'

4. *Onderwerp en opdracht*
Visualisatie met een op de cliënt afgestemd thema. Als het materiaal enigszins 'eigen' is, wordt de opdracht ingeleid. Saskia wordt gevraagd om de klei te laten rusten in haar handen en met gesloten ogen aandachtig te luisteren.
'Ga in gedachten terug naar de tijd dat je kleuter was... en stel je voor dat je als kleuter in een prachtig weiland loopt in de polder. Het is september en heerlijk weer. Er is in dit weiland een heel oud hek... Je gaat zitten op dit hek genietend van het septemberzonnetje...
Terwijl je hier zo als kleutertje zit, hoor je plotseling een geluid van rechts achter je komen. Het is het geluid van een kleutertje van 4 jaar... Je kijkt om ... het is je vader als klein kleutertje spelend op de grond... Je kijkt naar hem, klimt van het hek af en gaat naar hem toe ... Je pakt zijn hand en leidt hem naar het hek... hij gaat op het hek zitten, rechts van je... Daarna hoor je een geluid van links achter... en wie zit daar?... Je moeder als klein kleutertje van 4 jaar ... Je besluit naar haar toe te gaan ... Je neemt haar bij de hand en leidt haar naar het hek... Ze gaat links van je op het hek zitten.
En daar zitten jullie drieën op dat hek. Het is een heerlijke zomerse dag in september ... Boetseer nu dit beeld van de drie kleine kleutertjes op dat grote hek.'

5. *Realisatie*
Saskia maakt naar aanleiding van de visualisatie een werkstuk, waarbij het in eerste instantie gaat om authentiek werk en niet om artistiek werk.

Verkennende en verdiepende vragen naar aanleiding van het beeldend werk

Mogelijke vragen/opdrachten die de therapeut kan inbrengen naar aanleiding van beeldend werk zijn:
- Beschrijf je eerste indruk.
- Bekijk je werk en geef aan wat je tijdens het werken hebt beleefd.

- Wat waren voor jou belangrijke momenten bij het maken van dit werkstuk en waarom?
- Welk persoonlijk thema is aan de orde?
- Welke vormen of kleuren zijn aanwezig in je werkstuk en welke betekenis geef je hieraan?
- Hoe is de compositie en de vlakverdeling? Wat valt je hierin op?
- Wat is de symbolische waarde van dit werkstuk voor jou?
- Wat wil je naar aanleiding van dit werkstuk verder onderzoeken om jezelf beter te leren kennen?

Behandelfase (observatie/diagnostiek/behandeling evaluatie)
In alle fasen van de behandeling kan het meditatieve boetseren, tekenen of schilderen ingezet worden. Het wordt aanbevolen om de cliënt bij aanvang van de behandeling kennis te laten maken met deze manier van werken, door de opbouw en structuur van het meditatieve werken samen door te nemen en deze middels kleine oefeningen te laten ervaren. Enige beeldende ervaring van de cliënt is gewenst.

Is de methode toepasbaar bij een specifieke doelgroep?
Meditatief boetseren, tekenen en schilderen is geschikt voor eenieder die gemotiveerd is om aan zichzelf te werken. Bij psychiatrische problematiek zonder ervaring met beeldende therapie is terughoudendheid geboden om deze werkvorm als begintherapie te gebruiken. Contra-indicaties zijn: psychotische kenmerken, een zwakke onderliggende structuur en een ernstige verstandelijke en/of lichamelijke beperking.
Het is van belang dat de cliënt tijdens het meditatief kunstzinnig werken in contact kan blijven met 'de stuurman of stuurvrouw' in zichzelf en ook in staat is op persoonlijk niveau te reflecteren naar aanleiding van het gemaakte werkstuk.

Werkwijze
Deze methode sluit aan bij de volgende werkwijzen: steunend, structurerend, inzichtgevend, en is te gebruiken binnen individuele en groepstherapie, afhankelijk van de vraag van de cliënt.

Onderzoek
J. Hoekema (2005) heeft binnen de opleiding creatieve therapie beeldend een onderzoek gedaan naar specifiek 'meditatief boetseren' met volwassen cliënten met een psychiatrische problematiek met als doelstelling contact maken met het gevoelsleven. Zij concludeert onder andere:

- De cliënten hebben contact met hun gevoelens gemaakt en met onbewuste, innerlijke beelden.
- De cliënten hebben een werkstuk meer vanuit de gevoelskant bewerkt en minder rationeel.
- De cliënten konden zich minder op het eindproduct richten en meer op het proces.

> **Verantwoording van de casus**
> Ook bij Saskia hebben we gezien dat de methode van het meditatief boetseren heel goed heeft gewerkt. Zij heeft contact gemaakt met innerlijke beelden, zij heeft contact gemaakt met verborgen gevoelens en zij heeft meer bewustzijn gekregen in de patronen die in haar leven spelen. Zij heeft meer inzicht in de ontstaansgeschiedenis van haar burn-out. Saskia kan nu veel beter omgaan met het belemmerende patroon dat het nooit genoeg is en dat het altijd beter kan.

5.4.3 TWEE DUITSE METHODEN: GEFÜHRTES ZEICHNEN EN ARBEIT AM TONFELD

In deze paragraaf belichten we twee verwante beeldende methoden die in Duitsland zijn ontwikkeld: 'Geführtes Zeichnen' en 'Arbeit am Tonfeld', letterlijk vertaald 'geleid tekenen' en 'werken aan het kleiveld'. Omdat 'Arbeit am Tonfeld' een gepatenteerde werkvorm is, handhaven we de Duitse benaming.

Algemene kenmerken van beide methoden
In beide methoden staat de bewegingsimpuls centraal. Er wordt gewerkt met gesloten ogen; de handen doen het werk. In contact met het materiaal en gehoor gevend aan de bewegingsimpulsen van binnenuit voert de cliënt als het ware een intieme dialoog met zijn eigen binnenwereld. Ervaringen en emoties die sluimeren op de bodem van het bestaan worden door aanraking en beweging van de handen tot leven gewekt. Op het papier of in de klei laten de bewegingen sporen na. Zo maakt de cliënt zichtbaar en tastbaar wat hem ten diepste beweegt. Ervaringen, behoeften, patronen en emoties krijgen in de tekening of het kleibeeld vorm en kleur en worden daarmee concreet. De tekeningen en kleibeelden weerspiegelen hoe iemand in het leven staat en zich verhoudt tot zijn innerlijke wereld. Dit is geen statische toestand. Tijdens het vormgeven treedt differentiëring op. Er tekent zich een proces van verandering en vernieuwing af.

Geleid Tekenen en Werken aan het Kleiveld refereren beide aan de transpersoonlijke psychologie en psychiatrie; binnen dit kader staat niet de stoornis zelf, maar het metafysisch aspect ervan op de voorgrond.

Doelen

Geführtes Zeigen en Arbeit am Tonfeld hebben de volgende doelen.
- De cliënt krijgt toegang tot eigen beleven en ervaren, komt in contact met zichzelf. Expressie in beeldend materiaal biedt de cliënt de mogelijkheid via dat materiaal op een nieuwe wijze contact te maken, in dialoog te komen met zichzelf. Dit bewustwordingsproces schept de mogelijkheid tot verandering.
- De cliënt vindt een uitingsvorm waarin hij mededeelzaam kan zijn. Wanneer innerlijke beelden van emoties tot expressie worden gebracht, worden ze zichtbaar en tastbaar. Zo maakt de cliënt contact met zichzelf en met zijn directe omgeving.
- De cliënt krijgt grip op zijn eigen situatie. Het kleiveld of het tekenvlak geeft de handen speelruimte. De randen van de bak of het papier begrenzen de ruimte en bieden houvast. Klei is een plastisch materiaal dat uitnodigt tot experimenteren. De cliënt kan spelenderwijs de invloed van zijn eigen handelen ervaren. Dit vergroot het gevoel van zelfvertrouwen en autonomie.

Werkwijze

Geleid tekenen en de Tonfeldmethode zijn inzichtgevende methoden. Het individuele proces staat centraal.

Doelgroep en setting

Er wordt individueel gewerkt of binnen een kleine groep (max. vier personen). Ter wille van de veiligheid komen alleen gesloten groepen in aanmerking. De intensieve zoektocht vraagt een zekere stevigheid van de persoon en ook het vermogen te reflecteren op dat wat zich gedurende het beeldend werken aandient. Dit laat onverlet dat de werkvormen ook op onbewust niveau een diepe en helende werking kunnen hebben. De methoden vragen motivatie en het vermogen te reflecteren op dat wat zich in het werkproces aandient.

De methoden Geführtes Zeigen en Arbeit am Tonfeld kunnen ingezet worden voor de meeste psychiatrische aandoeningen, alsmede voor preventieve doeleinden. Vooral mensen die zoekende zijn naar hun identiteit of hulp zoeken in 'normale' crisissituaties en een proces aan durven gaan zijn gebaat bij deze werkwijze. Mensen met een psychotische kwetsbaarheid zullen in principe niet geïndiceerd zijn. Volwassenen met levenscrises, zoals rouwverwerking, relatie- of arbeidsproblemen hebben in het algemeen baat bij deze werkvormen. De methoden kunnen met kinderen gedaan worden; het proces zal dan meer onbewust verlopen. Kinderen met leer-, sociale en psychische problemen kunnen door kleiwerk, dat een appèl doet op fysiek bewegen, weer zelfvertrouwen krijgen.

Geführtes Zeichnen/geleid tekenen

Dit zijn twee tekeningen uit een serie van zeven, gemaakt door Remco (42 jaar). In de eerste tekening (afbeelding 5.23) is een contrast te zien tussen de impuls van linker- en rechterhand. Voor de tekenaar duidde dit op de discrepantie tussen zijn behoefte aan ruimte voor zichzelf (links) enerzijds en zijn verantwoordelijkheden en plichten (rechts) anderzijds.

In de tweede tekening (afbeelding 5.24) heeft het conflict plaatsgemaakt voor acceptatie en spel. Dit spelelement ('schommelen') gaf hem een concrete ervaring van balans tussen verantwoordelijkheden en eigen behoeften.

Afbeelding 5.23.

Afbeelding 5.24.

Grondlegger
Geführtes Zeichnen is in de jaren dertig van de vorige eeuw in Duitsland ontwikkeld door de psychologe Maria Hippius. Haar onderzoek naar de grafische expressie van gevoelens leidde tot de methode van het 'Geführtes Zeichnen'. De term 'Geführtes Zeichnen'/geleid tekenen wil zeggen: tekenen op geleide van de innerlijke impuls of beweging.
De methode van geleid tekenen heeft wortels in de jungiaanse dieptepsychologie, zenmeditatie en christelijke mystiek.

Beschrijving
Visie en uitgangspunten
Binnen Geführtes Zeichnen wordt een appèl gedaan op het natuurlijke verlangen van ieder mens zich volgens eigen aard en aanleg te ontwikkelen. Geleid tekenen nodigt uit om te kijken naar het hier-en-nu in plaats van naar oplossingen te zoeken. Gevoelens van verlies, boosheid en onmacht kunnen rechtstreeks geuit worden. Je zou het geleid tekenen ook 'psychomotorisch tekenen' kunnen noemen, vanwege de reactivering van mogelijk latente, onderdrukte emoties (Smeijsters, 2000, p. 215 e.v.: 'vitality aspects'). In de omgang met beeldend materiaal wordt stapsgewijs de eigen kracht en creativiteit gemobiliseerd:

- contact met het krijt – in verkruimelde of vaste vorm – geeft energie, die omgezet wordt in activiteit;
- het toegeven aan de impuls leidt tot interactie met het krijt;
- op dat moment ontstaat vorm;
- het concrete beeld maakt de innerlijke beleving en behoefte zichtbaar (Demmer & Boschloo, 2004).

Het tekenproces en de tekeningen zelf brengen de tekenaar in contact met zijn innerlijke werkelijkheid. Hierdoor kan een structurele verandering plaatsvinden.

Materialen en werkwijze

Er is een aantal grote vellen tekenpapier op elkaar nodig, in de hoeken op de tafel vastgeplakt, en (zwart) contékrijt binnen handbereik. Er wordt getekend met beide handen, met gesloten ogen. Er wordt een serie tekeningen gemaakt, variabel in aantal; de ene tekening komt uit de andere voort.

Werkvorm

In een eerste tekensessie wordt de werkwijze toegelicht: het vel papier is de bodem voor een ontdekkingstocht: de tekenaar legt als het ware een innerlijke reis af.
De beweging staat centraal; het gaat om de beweging die van binnenuit voelbaar is, de innerlijke impuls. Om die goed te kunnen voelen en niet afgeleid te worden door uiterlijke prikkels of door eigen waardeoordelen, wordt gewerkt met gesloten ogen.
De tekenaar tast eerst met beide handen de ruimte van het papier af en volgt met aandacht het spel van de handen en de beweging die de handen willen maken. Na enige tijd dient zich een bepaalde bewegingsvorm aan. Dan neemt de tekenaar in beide handen krijt, zodat de bewegingen sporen nalaten en zichtbaar worden op het papier: 'Es zeichnet'.
De eerste vorm wordt voortdurend herhaald totdat deze vanzelf gaat veranderen en zich een nieuwe vorm aandient. De tekenaar kan op een nieuw vel papier verder gaan. Zo ontstaat een serie tekeningen. Ook komt het voor dat iemand stilvalt vanuit een gevoel van onmacht of juist van aanvaarding.
Aan het eind van een sessie worden de tekeningen in volgorde van ontstaan uitgestald. In het algemeen bespiegelt de tekenaar als eerste het tekenproces aan de hand van de tekeningen en benoemt gevoelens die tijdens het tekenen opkwamen. De therapeut voegt zijn eigen waarnemingen toe. Door op een ander niveau verbindingen te leggen,

helpt hij de tekenaar zichzelf en zijn situatie vanuit een nieuw perspectief te ervaren. Hij legt verbindingen tussen de tekenaar en diens tekeningen en plaatst deze binnen de context van de archetypische beeldtaal. Deze overview biedt de tekenaar houvast en inzicht.

Tijdsduur
Een sessie duurt anderhalf uur (een uur tekenen en een halfuur bespreking). In een uur voltrekt zich reeds een proces. De duur van deze therapievorm is variabel, vergelijkbaar met de duur van een psychotherapie.

Arbeit am Tonfeld
Han (54) wordt aangemeld voor creatieve therapie met klachten van vermoeidheid en lusteloosheid. Hij voelt zich vaak geïsoleerd en buitengesloten. Met cirkelende bewegingen van zijn handen (afbeelding 5.25) maakt Han contact met het kleioppervlak. Hij geniet zichtbaar van het contact met de klei en de ruimte van de kleibak. Hier was hij allang naar op zoek: zijn eigen ruimte. Dan begint hij te graven en te kneden. Er ontstaat een wal (afbeelding 5.26) – hiermee bakent hij zijn eigen ruimte af. Dat geeft hem een veilig gevoel. Als hij even later zijn ogen opent en de dikke muur ziet die hij opgetrokken heeft, schrikt hij. De massieve kleiwal confronteert hem met zijn isolement.
De therapeut nodigt hem vervolgens uit opnieuw zijn ogen te sluiten en met zijn handen contact op te nemen met de klei. Hij begint de klei nu van de zijkanten van de wal af te breken en stapelt de brokstukken op tot een stevige berg in het midden van de kleibak. De kleiberg stemt hem tevreden en brengt hem in contact met zijn creativiteit en zijn kracht.

5 Methoden, methodieken en diagnostische instrumenten

Afbeelding 5.25.

Afbeelding 5.26.

Grondlegger

Arbeit am Tonfeld is vanaf 1972 in Duitsland ontwikkeld door Heinz Deuser, die tot 2005 als professor was verbonden aan de Fachhochschule für Kunsttherapie in Nürtingen. Sinds 1984 zijn onder zijn leiding een vijftal opleidingsinstituten opgericht in Duitsland en Oostenrijk. Inmiddels heeft de methode in meerdere Europese landen ingang gevonden.

Beschrijving

Visie en uitgangspunten

De methode Arbeit am Tonfeld is gebaseerd op het besef dat in elke beweging die een mens maakt zijn hele levensgeschiedenis en het totaal van zijn levenservaringen verpakt is en uitgedrukt wordt. Uit de manier waarop iemand op iets afgaat, iets aanraakt of vastpakt, valt af te lezen hoe hij de wereld tegemoet treedt en hoe hij zich verhoudt tot het leven en de dingen om hem heen (www.tonfeld.de, vert. I.B.). Door de beweging van de handen in de kleibak ontstaat vorm: 'Bewegung wird gestalt'. Het resultaat van de bewegingsimpulsen staat tegenover de cliënt in de kleibak. Het beeld fungeert nu als een spiegel waarin de cliënt zichzelf en zijn handelen belichaamd ziet en kan ervaren als een 'tegenover'. Dit maakt het voor hem mogelijk zich op een nieuwe manier te verbinden met zichzelf en zijn angsten en verlangens.

De methode stoelt onder andere op de:
- gestaltpsychologie (Von Weizsäcker);
- dieptepsychologie (Jung/Neumann);
- ontwikkelingspsychologie (Piaget/Winnicott);
- heelwordingspsychologie (Dürckheim).

Het kleiveld symboliseert de bodem van het zijn: de cliënt wordt uitgenodigd hier via zijn handen contact mee te maken.

De smeuïge kleimaterie doet een appèl op voelen, aanraken en vervormen, op lichamelijke belevingen en op motorische impulsen, zoals strelen, kneden, knijpen, graven. Het werken met gesloten ogen maakt de tactiele ervaring nog intenser. Elke beweging, hoe subtiel ook, brengt verandering teweeg in de klei. Daardoor wordt de cliënt als het ware in zijn handelingen gespiegeld en bevestigd. Deze dialoog met het materiaal vergroot het zelfbewustzijn.

Hoe vaak iemand ook aan het kleiveld heeft gewerkt, elke keer is de ontmoeting met de klei weer nieuw. De ene keer kan het kleioppervlak aanvoelen als onafzienbare leegte, een andere keer roept het associaties op met een speeltuin met vele attracties; het is telkens weer anders. Omdat de ogen gesloten blijven tijdens het hele proces, ontstaat er vorm die niet gestuurd wordt door rationele overwegingen maar voortvloeit uit de bewegingen van de handen. Er komt op een diep niveau energie vrij en zo kunnen gevoelens van plezier, weerzin, weerstand, genot of kracht gewekt worden. Al deze ervaringen krijgen vorm in de klei. Ze worden niet in een beeld gefixeerd, maar kunnen veranderen.

Alles wat in het kleiveld doorgewerkt wordt en met behulp van de therapeut bewust wordt gemaakt, heeft automatisch zijn weerslag in het dagelijks leven. Een positieve verandering is vaak al na de eerste zittingen waarneembaar.

Materialen en werkwijze

Op een stevige tafel staan een ondiepe houten bak (44 × 42 × 4cm), tot de rand gevuld met zachte klei (zonder chamotte), en een kom met water binnen handbereik. Er wordt gekleid met beide handen en met gesloten ogen. De cliënt zit aan de bak en de therapeut zit op enige afstand schuin opzij.

Werkvorm

De therapeut leidt de werkwijze van Arbeit am Tonfeld in. Het kleiveld symboliseert de bodem van het zijn: de cliënt wordt uitgenodigd hier via zijn handen contact mee te maken. De beweging staat centraal; het gaat om de beweging die van binnenuit voelbaar is, de innerlijke impuls. Om die goed te kunnen voelen en er makkelijker gehoor aan te kunnen geven, wordt gewerkt met gesloten ogen. Klei is een sensopathisch materiaal dat een sterk appèl doet op lichamelijke belevingen en ook op motorische impulsen, zoals strelen, kneden, knijpen, graven.

Er is een aantal spelregels die de veiligheid van de cliënt beogen. De cliënt richt zich op wat zijn handen waarnemen en op de lichamelijke impuls, maar altijd met inachtneming van de begrenzing van de kleibak en met respect voor het eigen handelen.

De cliënt tast met beide handen de randen van de bak en het oppervlak van de klei af. Hoe vaak iemand ook aan het kleiveld heeft gewerkt, elke keer is de ontmoeting met de klei weer nieuw. De ene keer kan het kleioppervlak aanvoelen als onafzienbare leegte, een andere keer roept het associaties op met een speeltuin met vele attracties; het is telkens weer anders. Door de tastende beweging van de handen verandert het kleioppervlak en ontstaat er vorm. De handen lijken de kleivormen te willen verduidelijken en gehoor te geven aan de impulsen die komen.

Het is niet voorspelbaar wat je tegen zult komen of wat er gaat gebeuren.

De therapeut zal de cliënt aanmoedigen zijn impulsen te volgen als deze dreigt te veel na te gaan denken.

In het kneden en tasten zorgt de rand van de kleibak voor een veilige begrenzing. Omdat de ogen gesloten blijven tijdens het hele proces, ontstaat er een vorm die niet gestuurd wordt door rationele overwegingen, maar voortvloeit uit de bewegingen van de handen. Er komt op een diep niveau energie vrij en zo kunnen gevoelens van plezier, weerzin, weerstand, genot of kracht gewekt worden. Al deze ervaringen krijgen vorm in de klei. Ze worden niet in een beeld gefixeerd, maar kunnen veranderen.

Zoals de handen blindelings hun werk doen, zo schijnen ze ook te 'weten' wanneer het beeld klaar is. Meestal is dat na een minuut of tien. Soms wordt er tussentijds verbaal gereageerd op wat er in de klei te zien is. Na zo'n intermezzo kan de therapeut de cliënt opnieuw uitnodigen de ogen te sluiten en de vorm die er was weer op te nemen en te bewerken. Het ene beeld groeit uit het andere voort. Aan het eind van de sessie wordt de beeldenreeks door therapeut en cliënt samen bespiegeld.

Tijdsduur

Een sessie duurt een uur. De duur van deze therapievorm is variabel, vergelijkbaar met de duur van een psychotherapie.

> **Verantwoording van de casus**
> Door het werken in de kleibak hervindt Han zichzelf en krijgt hij zijn gevoel van eigenwaarde terug. Dit zal het contact met anderen naar verwachting verrijken.

5.4.4 AANSCHILDEREN

> De Marokkaanse Hafida (29) neemt deel aan een kortdurende dagbehandeling in verband met depressieve klachten. Ze heeft gevoelens van onthechting en vervreemding, ze voelt zich nergens thuis. In het verleden is ze vaak verhuisd. Ze is nergens autochtoon, niet in Marokko, niet in Nederland. Ze voelt zich opgesloten in zichzelf. Haar stemming is wisselend, angstig en boos, het affect is wat vervlakt, de motoriek is wat vertraagd. Ze

heeft last van negatieve cognities, concentratieverlies, somberheid en vergeetachtigheid. Cliënte is erg perfectionistisch en negatief over zichzelf, haar stemming is wisselend. Bij de beeldende therapie gaat het wisselend: het ene moment is er plezier en enthousiasme zichtbaar, het andere moment is ze gesloten en afwerend. Wanneer ze geniet, komt ze gemakkelijk tot vorm en wanneer ze negatief gestemd is, kan ze zich wel uiten in kleur maar komt niet tot vorm.

De eerste keer is ze wat negatief over het Aanschilderen en heeft ze moeite zich aan de regels te houden. Ze schildert niet aan, maar gaat steeds vooruit en weer terug (afbeelding 5.27). Ze werkt wel betrokken en gaat er helemaal in op.

Na een paar sessies is in haar werk meer variatie te zien in de vormen en kleuren (afbeelding 5.28). De tijd vliegt om in haar beleving. Het streven naar perfectie levert spanning op in haar lichaam. Ze zegt dit niet goed los te kunnen laten. Wel kan ze haar beleving nu wat positiever benoemen en beter nuanceren. Ze laat zichzelf meer zien en kan dat ook woorden geven: 'Hier ben ik' is de titel van haar laatste schilderij.

Afbeelding 5.27.

Afbeelding 5.28.

Grondlegger

De werkvorm 'Aanschilderen' is ontwikkeld door Kees Visser (Visser & Hummelen, 1988). Kees Visser was verbonden aan pedagogische academies, academies voor beeldende kunsten en psychotherapeutisch centrum de Viersprong in Halsteren. Hij is tevens beeldend kunstenaar.

In 1999 schreef Kees Visser het *Handboek basaal beeldend handelen*, met als doel begeleiders van beeldend handelen een handvat te geven om inzicht te krijgen in de wezenlijke aard van het beeldend handelen en daarmee ook inzicht in het totale basaal menselijk handelen. In de producten die het beeldend handelen oplevert is eenmaal gesteld gedrag achteraf immers goed te bestuderen. Hij maakte het met zijn scoringssysteem mogelijk beeldend handelen op een objectieve manier te onderzoeken en te beschrijven.

Beschrijving

Het aanschilderen is een laagdrempelige werkvorm: in principe kan iedereen eraan deelnemen. Je hoeft niet te kunnen tekenen, schilderen of een gevoel voor kleur te kennen.

Er wordt individueel in de groep gewerkt. De therapeut is niet aanwezig. Bij toerbeurt is een van de groepsleden verantwoordelijk voor de groep. De structuur ligt vast en de werkwijze is aan duidelijke regels gebonden. Daardoor leert de cliënt omgaan met beperkingen en frustraties en wordt hij direct geconfronteerd met de consequenties van het eigen handelen. De cliënt krijgt letterlijk zicht op het eigen proces. Er moeten in het hier-en-nu voortdurend zelfstandig keuzes worden gemaakt. Dit doet een appèl op het verantwoordelijkheidsgevoel van de cliënt. Er wordt een innerlijke dialoog op gang gebracht: de cliënt moet rekening houden met zichzelf, naar zichzelf luisteren en bij zichzelf blijven.

Visser constateerde in zijn onderzoek naar beeldend handelen dat in de aanschilderingen verschillende grondvormen van beeldend handelen kunnen worden onderscheiden. Het zijn er 25 en ze worden gerangschikt in vijf basismogelijkheden tot beeldend handelen:
1 vitaliteit stellen: geen rekening houden met anderen;
2 positie innemen: rekening houden met zichzelf en anderen;
3 plaats maken: innemen van plaats;
4 tijd maken: in beslag nemen van tijd;
5 ruimte maken: zich als persoon 'opnemen' in wat ontstaat (Visser & Hummelen, 1988).

Doelgroep, setting en tijdsduur
Aanschilderen kan worden ingezet bij cliënten met persoonlijkheidsproblematiek of emotieregulatieproblematiek en cliënten die moeite hebben met het aangaan en onderhouden van contacten. De cliënt moet in staat en bereid zijn te kijken naar eigen gevoelens, gedachten en gedrag. Kees Visser (1999) ziet ook toepassingsmogelijkheden in het onderwijs en bij mensen met een verstandelijke beperking. Contra-indicatie: cliënten die niet gemotiveerd zijn zich aan deze werkwijze te verbinden of waarbij het angstniveau stijgt bij werken in een groep. Aanschilderen kan in alle fasen van een therapie worden toegepast en sluit aan bij de supportieve, re-educatieve en ortho(ped)agogische werkwijze. Er wordt individueel in de groep gewerkt. Een groep bestaat uit acht tot tien personen, waarin iedereen aanschildert. Het aanschilderen wordt aangeboden over een periode van vier tot negen maanden met een frequentie van één tot twee uur per week.

Doelen
Cliënten die moeite hebben met het maken van keuzes en/of die in de problemen komen door hun impulsieve handelen, hebben vaak baat bij het opdoen van ervaringen en het verkrijgen van inzicht in de directe gevolgen van hun handelen en de keuzes die ze daarin hebben.

Beeldende therapie biedt in de vorm van het aanschilderen een veilig klimaat waarbinnen duidelijke regels gelden.

1. Integratie van het denken, voelen en handelen

Het staand schilderen activeert, en het herhalen van patronen en ritmes geeft rust en bevordert de concentratie. De cliënt wordt op zichzelf teruggeworpen en zal binnen de opgelegde beperkingen allerlei gedachten, emoties, behoeften en frustraties ervaren. Het gedrag dat daaruit voortkomt wordt zichtbaar in het beeld: het beeld functioneert als een spiegel, de cliënt wordt direct geconfronteerd met de consequenties van het eigen handelen.

2. Verbetering van het probleemoplossend vermogen

De cliënt gaat in het hier-en-nu contact aan met zichzelf en gaat binding aan met het materiaal.
Het zelfstandig werken bevordert het bewust worden van gedachten, behoeften en emoties. De cliënt moet zelf oplossingen bedenken om hiermee om te gaan. Hij kan dit immers niet bespreken met de therapeut en/of groepsgenoten. Door de beperkingen die het aanschilderen met zich meebrengt, wordt een beroep gedaan op de inventiviteit. Het stimuleert variaties te onderzoeken in beweging, kleur, vorm, contrast en ritme.

3. Bevorderen van de autonomie

Er is geen therapeut aanwezig op wie de cliënt kan terugvallen. Er wordt individueel in de groep gewerkt; er moeten in het hier-en-nu voortdurend zelfstandig keuzes worden gemaakt. De cliënt wordt uitgedaagd de verantwoordelijkheid te nemen voor het eigen handelen, moet rekening houden met zichzelf, naar zichzelf luisteren en bij zichzelf blijven en krijgt letterlijk zicht op het eigen proces en de keuzemogelijkheden, waardoor het zelfvertrouwen toeneemt.

Werkvorm en interventies

Materiaal waarmee bij aanschilderen wordt gewerkt: een rechthoekig wit vel papier, formaat 30,5 × 43 cm (verhouding 3:4), een kleine varkensharen kwast nr. 2 met een lange schacht, olieverf in de kleuren zwart, wit, geelrood en blauwrood (voor de kleur rood is gekozen omdat deze qua toon het midden houdt tussen zwart en wit. Met dit geelrode en blauwrode rood zijn de kleuren geel en blauw indirect beschikbaar), terpentine en een doek. Het papier wordt op horizontale wijze aan de wand of schildersezel bevestigd. Er wordt onafgebroken staand geschilderd. Vanaf de korte linker- of rechterzijde van het papier wordt de verflaag in verticale banen onafgebroken en dekkend uitgebreid naar de tegenoverliggende zijde. Er mag niet geschilderd worden in al beschilderde delen of in vooruit liggende onbeschilderde delen. Er wordt steeds in het hier-en-nu geschilderd. Wanneer het vel papier volledig bedekt is, mag met een volgend werk worden gestart. Per week selecteert de patiënt één werkstuk voor de evaluatie. Eens in de vier weken wordt het werk besproken aan de hand van een lijst met grondvormen. Er wordt gekeken naar het proces, naar wat zichtbaar is. Er wordt niet geïnterpreteerd.

Varianten op aanschilderen
Het aanschilderen volgens de methode van Kees Visser vraagt tijd. Het duurt tamelijk lang voor men aan basaal beeldend handelen toekomt. Als therapeut moet je zelf ervaring opdoen met het aanschilderen voordat je er goed mee kunt werken. Het analyseren van de werkstukken vraagt kennis van de verschillende grondvormen. Het is binnen een instelling niet altijd mogelijk een aanschildergroep te starten. Veel therapeuten en mensen die werkzaam zijn in het (kunst)onderwijs kiezen voor varianten op het aanschilderen. Deze varianten kunnen zowel ruimtelijk als in het platte vlak worden toegepast met diverse materialen. In deze vorm is de benaming 'aanwerken' meer van toepassing. Deze aanwerkvormen lenen zich door hun diversiteit minder voor onderzoek dan het aanschilderen.

Onderzoek
Kees Visser onderzocht de verschillen tussen cliënten met een borderlineproblematiek en neurotische problematiek. Uit dit onderzoek blijkt dat in verband met slechte impulsbeheersing, spronghandelingen meer voorkomen bij borderliners (Visser & Hummelen, 1988). Monique Hebben (1995) past het aanschilderen toe bij mensen met een borderlinepersoonlijkheidsstructuur. Het aanschilderen staat dan in het teken van de separatie en individuatie, de realiteitstoetsing en de impulsregulatie. Zij scoort bij deze doelgroep vooral spronghandelingen, bewegingsherhaling en schematische herhaling. Ook heeft zij het aanschilderen uitgeprobeerd met psychotische cliënten. Bij hen biedt het aanschilderen houvast en veiligheid vanwege de vaste structuur, maar is het werk inhoudelijk vrij leeg, omdat mensen niet wisten wat ze moesten schilderen.

Verantwoording van de casus
Cliënten werken bij beeldende therapie aan individuele doelen die erop gericht zijn de balans tussen het denken, het gevoel en het gedrag te herstellen. Het aanschilderen wordt in deze groep vaak ingezet om cliënten beter in contact te brengen met zichzelf in het hier-en-nu en het zelfstandig keuzes maken te stimuleren. Het maakt de basale mogelijkheden in het grondgedrag van de cliënt duidelijk. Door het aanschilderen is Hafida voor het eerst sinds lange tijd in staat echt verbinding te maken met zichzelf en op het gemaakte beeld te reflecteren. De vaste regels en de structuur van het aanschilderen geven haar veiligheid en rust. Het staan tijdens het werken activeert, ze kan haar keuzes en haar sterke en zwakke kanten herkennen in het beeld. Ze werkt betrokken en gaat er helemaal in op.

5.4.5 SANDPLAYTHERAPIE (METHODE D. KALFF)

Jasmijn, een meisje van 10 jaar met angst- en dwangstoornissen. Duur van de therapie is veertien maanden, aantal sessies: 43, aantal zandbeelden: 34. Bij de aanmelding werd verteld dat zij niet meer wilde praten met een psycholoog, ze werd daar juist nog angstiger van. Omdat ze wel graag tekende en knutselde, werd gedacht aan een therapie waarin het praten niet op de voorgrond stond. Na afloop van iedere sessie werd een foto van de scène in de zandbak gemaakt. In de oudergesprekken kon gesproken worden over actuele problemen, de voorgeschiedenis van het gezin of de effecten van de therapie op de thuissituatie. De inhoud van de zandbeelden werd niet met de ouders besproken. In het eerste zandbeeld (afbeelding 5.29) legde Jasmijn zeedieren op het droge zand: haaien, zeesterren, kreeften en schildpadden. Zo leek het op de bodem van de zee. Maar zonder water kunnen deze dieren niet overleven. Er kwam ook een krokodil bij, wat een positief teken was, want een krokodil kan zowel in het water als op het land leven. Dat zou kunnen betekenen dat deze krokodil symboliseerde dat een verbinding tussen gevoel en verstand tot stand gebracht kon worden. Tijdens het maken van de zandbeelden werd relatief weinig gesproken. Maar ervoor of erna werd wel gesproken over de problemen die ze thuis en op school meemaakte als ze zo bang was of als ze niet kon slapen.

Na verloop van tijd ging ze water mengen met het zand. Aanvankelijk overspoelde het water het zand, net zoals haar gevoelsleven overspoeld kon raken, maar na enkele sessies werd het water tegengehouden door stenen en dijken. Hiermee werd symbolisch uitgedrukt dat de realiteit (de materie) begrenzing aan kon geven.

Afbeelding 5.29 Zandbeeld.

Grondlegger

Dora M. Kalff, Zwitserland (1904-1990), jungiaans analytica, combineerde vanaf 1960 in jungiaanse psychologie en oosterse filosofie met de Lowenfeld's World Technique en noemde deze methode Sandplay. In 1985 werd de International Society for Sandplay Therapy opgericht in Zwitserland. Er zijn nationale verenigingen voor sandplaytherapie in Europa, Amerika en Japan.

Beschrijving

Bij sandplaytherapie wordt gebruikgemaakt van een speciale maat zandbak waarvan de bodem en de zijkanten blauw geverfd zijn. Er is één zandbak met droog zand en één met nat zand. In een open kast staan miniaturen die de werkelijke en de fantasiewereld vertegenwoordigen. De zandbak wordt wel genoemd: de tuin van de ziel, 'Seelengarten' (Ruth Amman, 1989) waar de innerlijke en de uiterlijke wereld van de cliënt zich kan uitdrukken en ontwikkelen. Sandplay is een inzichtgevende therapie. De methode is non-verbaal, ervarings-

gericht en tegelijk onderdeel van een normaal psychotherapeutisch proces.
Sandplay is aanvankelijk ontwikkeld voor kinderen, maar later ook voor adolescenten en volwassenen. Sandplay steunt naast de jungiaanse analytische theorie op de ontwikkelingstheorie van Erich Neumann. Afhankelijk van de ernst van de problematiek is een behandeling van twintig tot zestig sessies niet ongewoon. Hoewel er experimenten zijn met groepen, gezinnen en partners, zijn de sessies hoofdzakelijk individueel. Sommige sandplaytherapeuten gebruiken alleen sandplay, andere kunnen sandplay integreren als aanvulling op verbale analyse of speltherapie.

Doelgroep en contra-indicaties

Internationaal zijn klinische voorbeelden van sandplaytherapie beschreven van cliënten met een borderlinesyndroom, verslavingsproblematiek, gevolgen van (kinder)mishandeling, hechtingsproblematiek, depressie, psychosomatische ziekten of persoonlijkheidsstoornissen. Over het algemeen bestaat er een contra-indicatie voor cliënten met psychotische stoornissen, voor therapeuten die niet speciaal zijn opgeleid om met deze cliëntengroep te werken (Turner, 2005).

Therapeutische attitude

Dora Kalff noemt als voorwaarde voor sandplaytherapie 'a free and protective space' (Kalff, 1980): een vrije en bescherming biedende omgeving. De therapeut zorgt ervoor dat er een veilige ruimte ontstaat waarin de cliënt zijn innerlijke stem kan laten spreken. Er ontstaat zodoende een dialoog tussen het bewuste en het onbewuste dat zich door middel van symbolen uitdrukt en zich zodanig kan ontwikkelen dat het zichtbaar wordt voor de cliënt en voor de therapeut. In de overdracht en tegenoverdracht tussen cliënt en therapeut kunnen het onbewuste van de cliënt en het onbewuste van de therapeut elkaar ontmoeten in de 'in between space' (Amman, 1989). In een sessie met sandplaytherapie krijgt de cliënt geen opdracht om bepaalde beelden of onderwerpen uit te beelden, maar alleen de vraag of hij/zij een zandbeeld wil maken. Indien de sandplaytherapeut de archetypische beelden herkent en de symbolische betekenis begrijpt, ontstaat er een innerlijk aanvoelen van de betekenis van deze beelden. De belangrijkste attitude bij sandplaytherapie is de 'silent interpretation' van een reeks zandbeelden. Het is niet nodig de betekenis van de beelden met de cliënt te bespreken, hoewel er omstandigheden kunnen zijn dat er wel gesproken wordt over de betekenis van een beeld met betrekking tot de levenssituatie van de cliënt.

Onderzoek

In 2004 werd gestart met een onderzoek naar de effecten van sandplaytherapie door de reseachgroep van het Deutsche Gesellschaft für Sandspiel Therapie (DGST). De uitkomsten van dit onderzoek (submitted to the *Journal of Child Psychotherapy*) werden in augustus 2007 in Cambridge, Engeland, tijdens de internationale conferentie van de International Society for Sandplay Therapie (ISST). gepresenteerd. Het onderzoek kwam tot stand met medewerking van sandplaytherapeuten in Duitsland en Nederland werkzaam in eigen praktijk of bij een instelling.

Enkele citaten uit het uittreksel:

'Sandplay Therapy is a versatile Jungian psychotherapy suitable for all ages. As the effectiveness has not been analysed systematically so far, a prospective, open, controlled, manualised study over one year with three assessment points (0, 6 and 12 months) was conducted. The instruments included ICD-10 diagnoses, the CBCL (Child Behavior Checklist) and standardised sandtray assessment forms. It was hypothesised that internalizing symptoms would show the greatest reduction. Exploratory and descriptive analyses were also conducted.'

'56 predominantly middle-class children and adolescents aged 5 to 18 years (median age 10 years) were enrolled. Internalising ICD-10 disorders predominated, with a high comorbidity rate of multiple disorders.'

'In the CBCL, a highly significant reduction of total and internalising behaviour occurred, with a significant decrease also of the externalising symptom scores. Exploratory analyses showed that major changes took place in the first half of the year.

In conclusion, Sandplay Therapy proved to be a highly effective Jungian approach for children and adolescents with internalising disorders. A randomised-controlled study is planned.'

(Bron: 'SAT study: a controlled, prospective outcome study of Sandplay Therapy in children and adolescents' First author: Prof. dr. Alexander Von Gontard, Department of Child and Adolescent Psychiatry, Saarland University Hospital. Germany).

Opleiding

Een persoonlijke leeranalyse is noodzakelijk bij een gecertificeerd ISST-sandplaytherapeut. Tevens zijn verplicht: 120 opleidingsuren, 75 supervisie-uren, het schrijven van enkele symboolstudies en een afsluitende volledige casusbeschrijving. De opleiding tot gecertificeerd sandplaytherapeut is toegankelijk voor wettelijk BIG-geregistreerde psychotherapeuten, maar in bijzondere gevallen ook voor ervaren, geregistreerde beeldend therapeuten. Sinds 2003 bestaat de Nederlandse Vereniging voor Sandplay Therapie die zich conformeert aan de opleidingseisen van de International Society for Sandplay Therapie, gezeteld in Zürich, Zwitserland. In Nederland is een opleidingstraject gedeeltelijk mogelijk, aanvullende studiepunten kunnen internationaal worden behaald.

> **Verantwoording van de casus**
> In de loop van het proces ging het gevoelsleven van Jasmijn zich meer ontwikkelen en nuanceren. Dat betekende ook dat het onbewuste zich ging onderscheiden van het bewuste. In het dagelijkse leven bleek dat de angst- en paniekaanvallen naar de achtergrond verdwenen. Het meisje tekende en knutselde graag en dit bleek een goede combinatie met sandplay. Zo werden soms scènes in de zandbak als het ware aangekondigd in eerder gemaakte tekeningen. Maar ook werden de zandbeelden wel eens in verf of krijt op papier nagetekend, waarbij het belangrijk was om te kijken wat de verschillen waren en welke symbolen in een nieuwe vorm werden uitgedrukt. Een zandbeeld waarin een middelpunt werd gecreëerd ontstond als teken dat het ik-gevoel, in jungiaanse termen het Zelf, was gevonden. Indien in een beeld zowel tegenstellingen (bijvoorbeeld water en zand) als verbindingen (zoals moeder en kind, koning en koningin) voorkomen, wijst dit op de mogelijkheid van een harmonische ontwikkeling. In de loop van haar behandeling werden dergelijke 'zelf-beelden' op verschillende wijze symbolisch uitgebeeld, waarna in een soort spiraalvormige lijn steeds diepere lagen van de psyche werden bereikt. Thema's zoals verlating, avontuur, gevaar en overwinning werden uitgebeeld. De therapie kon beëindigd worden nadat in de zandbeelden meer menselijke figuren kwamen die bij elkaar hoorden en voor elkaar konden zorgen. Het doel van de therapie was bereikt, namelijk dat gevoelens van zekerheid en veiligheid zo sterk waren geworteld dat een gezonde, normale ontwikkeling op gang kan worden gebracht.

5.4.6 PHOTOTHERAPY

> Martin (20 jaar) heeft gedurende langere tijd inzichtgevende beeldende therapie gevolgd in een gesloten justitiële inrichting

en is bezig met de afrondende fase van de therapie. Hij heeft zicht op zijn ontwikkeling, maar raakt in zijn impulsiviteit snel het overzicht kwijt. Als afsluiting heeft de therapeut ervoor gekozen om hem zelf een fotoboek te laten maken van zijn werkstukken, zodat zijn proces na de therapie tastbaar is. Hij heeft zelf foto's gemaakt van zijn beeldend werk en deze uitgeprint. Tijdens het fotoboek maken is er continu het dilemma van keuzes maken.

Afbeelding 5.30.

Grondleggers

Er zijn verschillende pioniers geweest die vanuit de verbale therapie, waaronder psychotherapie, zich hebben verdiept in het gebruikmaken – of zelf maken – van foto's tijdens therapie, waardoor Phototherapy is ontstaan. David Krauss, Jerry Fryrear, Joel Walker, Judy Weiser, Brian Zakem hebben hun bevindingen beschreven in diverse artikelen. Judy Weiser heeft het PhotoTherapy Centre/PhotoExplorations opgezet in Canada (www.phototherapy-centre.com) en levert een actieve bijdrage om deze methode wereldwijd te verspreiden. In Nederland is Phototherapy vrij onbekend. De term 'fototherapie' wordt gebruikt voor een ander soort therapie (lichttherapie voor medische doeleinden).

Beschrijving

Visie

Phototherapy is een middel (lees medium) dat op verschillende manieren kan worden ingezet binnen de beeldende therapie. Een foto wordt door veel mensen op waarde geschat, het is niet louter een vastlegging van een moment/persoon/situatie/omgeving. Het betreft een moment dat de moeite waard is om vast te leggen, om bij stil te staan. Op het moment dat een foto gemaakt wordt, speelt zich een bepaalde situatie af, en wordt (on)bewust een situatie naar de hand van de fotograaf gecreëerd (denk aan het bekende 'even lachen', of het positioneren en poseren om een 'denkbeeldige' situatie te creëren). Bij een foto hoort een verhaal, een beleving die uitgangspunt is voor de therapie. In Phototherapy gaat het om zowel de bewuste als de onbewuste beleving van dat speciale fotomoment. Er wordt ook gesproken over het 'therapeutische gebruik van foto's', wat zich differentieert van Phototherapy, omdat het gaat over foto's maken of gebruiken voor het eigen ontwikkelingsproces zonder therapeut. Een voorbeeld hiervan is dat een nabestaande van een overleden persoon een fotoalbum maakt in het kader van de rouwverwerking.

Theoretische uitgangspunten

Phototherapy is ontstaan vanuit verschillende invalshoeken. Met de komst van fotografie waren mensen in staat om een moment realistisch vast te leggen op papier. Verscheidene therapeuten hebben gemerkt dat de foto een goed middel is om in de verbale therapie te gebruiken. De waarde die aan foto's gehecht wordt door mensen in het algemeen is belangrijk in het ontstaan van Phototherapy. De foto nodigt uit om hierover in gesprek te gaan, vandaar de aandacht vanuit de verbale therapeuten voor het gebruik van foto's in de therapiesessie. Veel beoefenaars van Phototherapy zijn tevens geschoold in Art Therapy.

Kenmerken

Binnen de Phototherapy zijn er verschillende technieken waarmee gewerkt kan worden. In Phototherapy wordt gewerkt met bestaande foto's en nieuw te maken van foto's in opdracht van de therapeut. Phototherapy wordt in de literatuur vaak gekoppeld aan Art Therapy. De relatie tussen collagetechnieken en het gebruik van foto's in beeldende therapie is groot. Met het verschil dat foto's dichter bij de cliënt staan en direct een (her)beleving oproepen. Het proces van foto's ontwikkelen (in een donkere kamer) krijgt hierbij geen aandacht. Dit in tegenstelling tot de beeldende therapie, waarin het proces zelf een belangrijke rol speelt. Bij Phototherapy wordt er van de cliënt gevraagd om foto's mee te nemen naar de therapieruimte, of elders foto's te maken. Binnen beeldende therapie wordt meestal gewerkt vanuit de specifieke materialen die aanwezig zijn in de therapieruimte.

Behandelfase (observatie/diagnostiek/behandeling/evaluatie)
Phototherapy kan in de behandeling worden ingezet op elk willekeurig moment. Het gebruik van foto's tijdens de evaluatie wordt regelmatig toegepast binnen de beeldende therapie, waarbij de gemaakte werkstukken deel uitmaken van de evaluatie. In Phototherapy wordt de vorm gebruikt waarbij de cliënt zelf een actieve rol toebedeeld krijgt. De cliënt zelf creëert foto's om zijn of haar proces in weer te geven. De therapeut kan door middel van meegebrachte foto's informatie verkrijgen die gebruikt kan worden in de behandeling om een completer beeld te verkrijgen. Tijdens therapie gebruik maken van foto's maakt duidelijk of de cliënt in staat is tot zelfreflectie. Het werken met bestaande afbeeldingen kan laagdrempelig zijn.

Doelgroep, setting, tijdsduur
De methode van de Phototherapy is toepasbaar bij elke doelgroep, mits de cliënt in staat is om een camera te bedienen (dit kan echter al op jonge leeftijd). Er is sprake van een contra-indicatie wanneer de cliënt niet visueel kan waarnemen. De techniek waarbij men foto's meeneemt van het eigen gezin of uit eigen collectie kan minder geschikt zijn voor gesloten instellingen, waar de cliënten niet altijd in de gelegenheid zijn om foto's vanuit de thuissituatie mee te nemen. Het zelf produceren van foto's tijdens Phototherapy is dan uiteraard wel mogelijk. Er dient rekening te worden gehouden met culturele verschillen, zo kan iemand niet gefotografeerd willen worden vanuit geloofsovertuiging. Bij Phototherapy kan men echter ook symbolisch werken in metaforen afgebeeld in foto's. Het werken met foto's is uitermate geschikt voor adolescenten. Juist bij deze doelgroep speelt veel onzekerheid over zichzelf, het uiterlijk en hoe zij tegen de maatschappij – de wereld – aankijken. Foto's bieden de gelegenheid om hiermee aan de slag te gaan, bijvoorbeeld door ze te bewerken op de computer. Het werken met foto's kan een toegevoegde waarde hebben binnen de beeldende therapie.

Werkwijze
De methode sluit aan bij een steunende/structurerende, supportieve werkwijze, waarbij de therapeut door verbale interventies sturing geeft aan het proces van de cliënt. De therapeut biedt gerichte opdrachten

aan, van waaruit gewerkt gaat worden. Binnen de kaders van de therapeut kan de cliënt experimenteren met foto's in de therapie (zelf creëren of meebrengen op verzoek).

Specifieke materialen, werkvormen, activiteiten

Judy Weiser (1984) beschrijft vijf technieken binnen de Phototherapy, die gecombineerd kunnen worden:
- foto's die door de cliënt gemaakt of gecreëerd worden;
- foto's van de cliënt gemaakt door anderen;
- zelfportretten gemaakt door de cliënt zelf (letterlijk of figuurlijk in metaforen);
- familiefotoalbums of van de cliënt een eigen fotocollectie (hoeft niet ingeplakt te zijn);
- fotoprojectie (tijdens maken van of kijken naar een foto).

Cliënt zelf op de foto

Foto's kunnen als effectief middel worden gebruikt als het gaat om een onderwerp als zelfbeeld (hoe zien anderen mij, hoe zie ik mijzelf graag, waar ben ik trots op enzovoort). De cliënt is onderwerp van de foto, de foto geeft een objectieve weergave (mits deze niet bewerkt is). De foto staat centraal en vormt aanleiding om in gesprek te gaan (bijvoorbeeld realiteit, beleving, subjectieve waarneming). Fotografie heeft de techniek in zich dat men dezelfde afbeeldingen meerdere malen kan reproduceren en hiermee kan experimenten door bewerkingen toe te passen. Een ander voorbeeld is het werken met emoties, door deze vast te leggen in foto's, waarbij de cliënt via de foto naar zichzelf kan kijken. Dit speelt zich af in de metapositie, het praten over zichzelf op de foto. Cliënten elkaar laten fotograferen is ook een mogelijkheid. Dit kan bijvoorbeeld op de manier waarbij men elkaar aanwijzingen geeft over hoe je op de foto wilt komen en naderhand kan men erover in gesprek gaan of dat gelukt is.

Systeem- en andere informatie over de cliënt vanuit verleden

Gebruikmaken van bestaande foto's van gezinnen en familie maakt dat de therapeut direct in de belevingswereld van de cliënt treedt. De onderlinge relaties tussen personen worden inzichtelijk vanuit het perspectief van de cliënt, die de therapeut onmiddellijk deelgenoot hiervan maakt. Met de foto komt het gesprek vanzelf op gang (over wie erop staan, wat er toen gebeurde of eraan voorafging enzovoort).

Foto's als middel tijdens de evaluatie
De beeldend therapeut kan de opdracht aan de cliënt geven om in een beperkt aantal foto's zijn proces weer te geven, opnieuw in beeld te brengen. Het kan gaan om foto's van de werkstukken of van slechts een detail dat er voor de cliënt uitspringt. Ook andere foto's in de vorm van metaforen/symboliek kunnen een rol spelen in deze evaluatie. De cliënt licht uit de therapie datgene op wat voor hem of haar belangrijk is geweest in het proces. Dit is een essentieel verschil tussen de beeldend therapeut die zelf foto's van alle werkstukken maakt als herinnering aan het doorlopend beeldende proces.

> Het is de vraag hoe Phototherapy zich ontwikkelt door de sterke opkomst van de digitale fotografie. Deze ontwikkeling brengt veranderingen met zich mee die invloed lijken te hebben. Het 'realistische' beeld kan men manipuleren door fotobewerking toe te passen. Dit biedt nieuwe mogelijkheden om mee te experimenteren, zoals het aanbrengen van vervormingen, idealisatie, suggestie wekken, focussen enzovoort. Het gebruik van foto's is laagdrempelig geworden, tevens zijn foto's nu een direct-klaar-product om te gebruiken in therapie. Digitale fotografie maakt het eenvoudig om veelvuldig foto's te maken van één onderwerp. Men gaat anders met foto's om, en dat vraagt een andere aanpak van de therapeut die met foto's werkt.

Onderzoek
Er is geen onderzoek naar Phototherapy bekend.

> **Verantwoording van de casus**
> Martin creëert zijn eigen 'herinnering' aan zijn therapieproces in de vorm van een klein fotoboek. Bij dit eindwerkstuk moest hij diverse keuzes maken, bijvoorbeeld:
> – Welk werkstuk was belangrijk voor mijn ontwikkeling en waarom? (ordening, structuur aanbrengen)
> – Hoe breng ik het werkstuk in beeld? (zorg en aandacht hieraan besteden)
> – Welk detail wil ik benadrukken in de foto? (focussen, nieuw beeld creëren)

- Wat doet het werkstuk met de omgeving en andersom (experimenteren)
- Hoe groot wil ik de foto's hebben in het boek? (ruimte durven innemen)
- Welke teksten ga ik erbij schrijven? (taal en betekenis geven aan het proces)
- Wat wil ik aan anderen laten zien? (wie krijgen er inzage)

5.4.7 COMPUTERGEBRUIK IN BEELDENDE THERAPIE, EEN INNOVATIEVE ONTWIKKELING: GIGABYTES EN THERAPIE...

Ans, een 23-jarige vrouw, werd verwezen naar de deeltijdbehandeling in verband met haar depressiviteit gepaard gaand met een negatief zelfbeeld waardoor het haar bij herhaling niet lukte om studies die ze begon af te maken.

Binnen de beeldende therapie viel op dat cliënte niet echt op gang kwam. Ze zat vaak lusteloos voor zich uit te staren en zei geen inspiratie vanuit zichzelf te kunnen vinden. Nadat diverse mogelijkheden van het reguliere aanbod geen effect hadden, werd haar de mogelijkheid geboden om met de computer aan het werk te gaan. Met enige aarzeling begon ze aan de opdracht om met behulp van een tekenprogramma een tekening te maken van een plek waar ze graag zou willen zijn. Al doende werd ze steeds enthousiaster in het werken met de computer. Ze begon met het alleen maar werken met de ingebouwde mogelijkheden van het programma om voorgegeven patronen en vormen te gebruiken. Later wist ze daar ook tekenend haar eigen draai aan te geven en zo het werk steeds persoonlijker te maken. Ze was uiteindelijk heel trots op dit werkstuk en blij dat ze het tot een eind had gebracht.

Afbeelding 5.31.

Grondleggers

Voor computergebruik in beeldende therapie, het werken met computers binnen beeldende therapie, kan niet echt een grondlegger worden aangewezen. Tot de eersten die gingen schrijven in artikelvorm over dit onderwerp en de mogelijkheden voor beeldend therapeuten behoren Canter (1987) en Weinberg (1985). Het artikel dat Parker-Bell (1999) publiceerde was een belangrijk pleidooi binnen de beroepsgroep. Het eerste boek dat speciaal aan dit onderwerp werd gewijd is van Malchiodi (2000).

Beschrijving

Het computergebruik in beeldende therapie biedt diverse therapeutische mogelijkheden. Het beeldend werken op de computer heeft een aantal specifieke kenmerken en mogelijkheden. Essentieel is bijvoorbeeld dat alle stappen in het beeldend vormgevingsproces op te slaan, en daardoor terug te halen zijn. Er kan eindeloos uitgeprobeerd, gewist en herhaald worden, waardoor de cliënt die behoefte heeft aan zowel invloed, voorspelbaarheid als experimenteerruimte dit hierdoor zal kunnen ervaren. De 'sense of competence' kan hierdoor ontstaan cq. groeien.

De aanwezige en constante structuur van het computerprogramma biedt veiligheid. De cliënt krijgt de mogelijkheden om zelfstandig te gaan experimenteren met de aangeboden keuzemogelijkheden. De cliënt kan allerlei nieuwe vormen maken, allerlei nieuwe en eigen mogelijkheden ontdekken en onderzoeken terwijl de kaders van het materiaal en het programma ook constant en duidelijk aanwezig blijven. Binnen deze veilige omgeving, die ook uitdagingen biedt, kan een beeldend proces op gang komen.

Het voorspelbare kan juist leiden tot flexibiliteit, door het herhalen van vormen die succesvol zijn en het hierop doorgaan. Dit kan de spontaniteit van handelen helpen vergroten. Zo kan dezelfde tekening aanleiding vormen om deze steeds verschillend met kleuren en structuren te bewerken, door dingen toe te voegen of weg te halen. Dat biedt een uitgelezen mogelijkheid om meer te gaan durven, flexibeler en/of spontaner te worden, immers het kan steeds weer ongedaan gemaakt worden of juist teruggehaald worden.

> Een punt van observatie hierbij is ook hoe de cliënt met het materieel, de computer, met de muis en met het gebruikte programma omgaat.
> Het beeldend werken op de computer levert in de vormgeving een zekere gaafheid op; er kan heel precies, als je wilt schematisch gewerkt worden met egale, vlakvullende kleuren. Dit geeft mogelijk een gevoel van ordelijkheid en gerustheid dat bij bepaalde cliëntgroepen, zoals cliënten met autisme, van belangrijke waarde kan zijn.

Het appèl van de digitale techniek

Het betreden van een beeldende therapieruimte kan blokkerend werken. Voor veel mensen is een atelierachtige ruimte een onbekend fenomeen en de uitnodiging om beeldend te gaan werken levert niet altijd direct respons op. De computer zou, juist vanwege de vertrouwdheid die vooral jongeren hiermee hebben, een heel goed medium kunnen zijn om beeldend aan het werk te gaan. De digitale techniek doet een sterk appèl op deze groep, het is voor hen aantrekkelijk om te werken met een computer. Toch kunnen ouderen, die in een levensfase gekomen zijn waarin zij juist veel mogelijkheden verliezen, door het werken met de computer uitbreiding van eigen mogelijkheden ervaren. Daarbij kan de computer als statussymbool fungeren van de maatschappij waar je, door de computer te gebruiken, bij kunt horen. Ook kan het werken als een meer 'stoer' materiaal. Dit kan cliënten eventueel meer zelfvertrouwen geven. De cliënt kan zich storten op zijn rol als grafisch vormgever.

Digitalisering

De digitale revolutie is een feit. De laatste twintig jaar is ons leven drastisch veranderd door de invloed van de digitale techniek(en). Zowel thuis, in de auto, op reis, op het werk, in de sport, in de gezondheidszorg, in de amusementsindustrie, kortom: op zeer veel gebieden spelen chips en digitale techniek een niet meer weg te denken rol. Zonder goed werkende chips en computers zou ons dagelijks leven tot stilstand komen en de invloed op ons dagelijks leven neemt steeds meer toe.

De hedendaagse jonge cliëntenpopulatie is opgegroeid met de mogelijkheden die computer en multimedia hen bieden. Zij voelen zich vaak volledig thuis in het werken met deze apparaten. De nieuwe generatie digitaliseert haar leven op vaak zeer indringende wijze. Het digitale lijkt steeds deel uit te maken van hun eigenheid, van wie ze zijn, van hoe ze in het leven staan en aankijken tegen de wereld. Het werken met een muis, toetsenbord, camera, internet is voor deze groep zo vertrouwd, zo horend bij hun dagelijkse realiteit dat ze geen enkele aarzeling meer voelen om daarvan gebruik te maken. Toch voelen steeds meer ouderen zich ook thuis op het digitale terrein. De meeste therapeuten zijn al vertrouwd geraakt in hun dagelijkse beroepspraktijk met de computer, zij het meestal voor de meer praktische toepassingen.

Beeldend werken met de computer

Het beeldend werken met gebruikmaking van de computer is tot nu toe vooral een tweedimensionaal gebeuren. De software die ontwikkeld is imiteert vooral het werken met traditionele materialen als verf, krijt, potlood, spuitbus en pen. De huidige generatie tekenprogramma's biedt mogelijkheden die heel goed de suggestie geven van verfdikte, het geluid van bijvoorbeeld tekengereedschap, van veranderende druk (door gebruik te maken van drukgevoelige tekenpennen), van uitgummen, van kleurmengingen, van uitwassingen met water, van spatten, van uitlopende verf enzovoort. Het blijft alsnog bij nabootsen, maar de ontwikkeling staat niet stil. In de tekenprogramma's kan gewerkt worden met sjablonen, kunnen perfecte geometrische figuren worden gemaakt en kan met een muisklik het uiterlijk worden veranderd, kunnen collages worden gemaakt enzovoort.

Er komen nu ook programma's op de markt die het maken van plastische figuren kunnen simuleren en zo een driedimensionale illusie op een plat beeldscherm kunnen creëren, waardoor er mogelijkheden ontstaan om een figuur te kneden, rond te draaien. Ook het 'printen' van driedimensionale figuren is nu al geen toekomstmuziek meer.

Er zijn bepaalde computergames waarbij men zelf tal van onderdelen, kleuren en 'huidstructuren' tot een eigen figuur kan samenvoegen, als het ware een soort bouwpakket, waarna de eigen creatie in de virtuele omgeving kan gaan bewegen, op aansturing van de muis.

Het inscannen van foto's of van beeldend werk dat op een andere manier gemaakt is, biedt de mogelijkheid tot doorwerken op de kopie van het origineel.

Ook internet biedt mogelijkheden die binnen de beeldende therapie gebruikt kunnen worden. Een persoonlijke weblog of Hyves-pagina kan als ik-document worden ingericht om te werken aan een positiever zelfbeeld of om anderen deelgenoot te maken, eventueel lotgenoten te treffen, in datgene wat de cliënt bezighoudt.

Doelgroepen

Cliënten die vooral in aanmerking lijken te komen voor computergebruik in beeldende therapie zijn jongeren en jongvolwassenen, omdat zij reeds vertrouwd zijn met het medium. De zin in het werken met computers lijkt, zo leert literatuuronderzoek (Orr, 2007), een belangrijkere indicator voor het gebruik te zijn dan de specifieke klacht die de reden vormt voor de therapie. Er is geen eenduidige uitspraak te doen over bij welke klachten nieuwe media ingezet kunnen worden. Dit terrein is nog in ontwikkeling. Het zich totaal niet kunnen verbinden met de mogelijkheden van de nieuwe media vormt een contra-indicatie voor zowel cliënt als therapeut.

Voor de doelgroep van de lichamelijk gehandicapten biedt de computer de cliënt duidelijke mogelijkheden. Ook zijn er goede ervaringen in het werken met de computer bij cliënten met vormen van autisme, omdat zij soms makkelijker in contact treden met de computer dan met ander, meer sensopathisch materiaal zoals klei. Faalangstige cliënten kunnen mogelijk binnen de veilige mogelijkheden die de computer biedt tot beeldende ontwikkeling komen.

Het vuil- en stofvrij kunnen werken met computers (bijvoorbeeld bij bepaalde ziekenhuisafdelingen, longcentra) maakt dat er mogelijk beeldendtherapeutisch gewerkt kan worden, op plekken waar geen beeldende materialen gebruikt kunnen worden.

Interventies

Er zullen cliënten zijn die regelmatig de hulp nodig hebben van de therapeut in het werken met de computer. De puur technische ondersteuning van de therapeut kan versterkend werken bij de opbouw van de therapeutische relatie evenals het vanzelfsprekend naast elkaar zittend werken. De therapeut kan iedere stap in het beeldend proces van de cliënt opslaan, om zo de mogelijkheid te bieden om steeds terug te kunnen grijpen op eerdere momenten van het proces.

Structuur en keuzemogelijkheden

Het werken met een computer is een gestructureerde activiteit. Keuzes als kwastgrootte, dekkracht van de kleur, het werken in zogenaamde layers moeten bij het beeldend werken met de computer bewust worden gemaakt en dat is geschikt voor cliënten die structuur nodig hebben of moeten leren om gestructureerd te werken. De cliënt wordt de mogelijkheid geboden te experimenteren, te overwegen, tussentijds stadia van het werkstuk op te slaan en uiteindelijk pas te kiezen en wellicht meerdere keuzes te maken over hoe hij wil dat het werkstuk eruit moet zien. Dat geeft de cliënt een verstrekkende keuzemogelijkheid.

Versterken van zelfvertrouwen

Onzekere cliënten zullen al snel een goed uitziend werkstuk kunnen produceren en zo kan het werken met de computer hun zelfvertrouwen net die stimulans bieden die ze nodig hebben.

De mogelijkheden die de cliënten hebben worden enorm vergroot, naast meer traditioneel tekenwerk kunnen ze de nieuwe tekentechnieken toepassen, foto's bewerken, beweging gebruiken in animatieprogramma's, geluid toevoegen aan bijvoorbeeld een serie werkstukken waarvan een powerpointpresentatie wordt gemaakt, filmpjes maken enzovoort.

Lichamelijk gehandicapten kunnen met de mogelijkheden om beelden te animeren bovendien ervaren wat het betekent om iets 'in beweging' te zetten.

Werkwijze

De werkwijze is steunend, pragmatisch structurerend, mogelijk ook directief klachtgericht of in enige mate inzichtgevend.

De therapeut
Het is belangrijk dat de therapeut zelf affiniteit heeft met het beeldend werken op de computer.

Materiële voorzieningen
Het werken met digitale beeldende mogelijkheden is een zeer dynamisch gebeuren in die zin dat er bijna elke dag weer nieuwe mogelijkheden bijkomen. Wat vandaag wordt geschreven is morgen alweer deels verouderd. Dat maakt het exploreren van de mogelijkheden tot een uitdagende bezigheid. Zowel op het gebied van software als van hardware vindt deze ontwikkeling plaats en dit heeft ervoor gezorgd dat er een grote keuzemogelijkheid bestaat als het gaat om apparatuur (hardware) en programma's (software). Bovendien wordt dit alles ook steeds goedkoper. Wat minimaal nodig is aan hardware voor computergebruik in beeldende therapie zijn een computer, een printer, een tekentablet, digitale camera en/of webcam en vooral een flink aantal gigabytes aan opslagruimte.

Onderzoek
In de Amerikaanse bronnen verschijnen al vanaf het eind van de jaren tachtig van de vorige eeuw artikelen over de mogelijkheden en de problemen van het werken met computers door beeldend therapeuten waarbij zowel voor- als tegenstanders hun zegje doen.
Eric Nieuwenkamp begon in 1989 samen met beeldend therapeut Bert Kraan een onderzoek naar computergebruik in beeldende therapie bij de doelgroep van de lichamelijk gehandicapten. De technische randvoorwaarden van toen zijn nu volledig achterhaald, maar de resultaten van hun onderzoek zijn zeer wel overdraagbaar naar de huidige tijd. Zij hebben vooral gewerkt met (dubbel) gehandicapte cliënten. De resultaten waren zeer bemoedigend, er werden mogelijkheden beschreven voor deze doelgroep die tot dan toe ongekend waren. Cliënten die nog nooit de mogelijkheid hadden gekend om een tekening te maken, kregen die mogelijkheid plotseling wel. Met behulp van aangepaste invoerapparaten konden ze tekenen. De bevindingen werden beschreven in een lijvig rapport en gepubliceerd onder de titel: *Beeldend Therapeutisch Computergebruik* (Nieuwenkamp & Kraan, 1993). In dit rapport worden diverse casussen beschreven waarin zwaar gehandicapte cliënten soms voor het eerst in hun leven de kans werd geboden zich beeldend te manifesteren. Orr (2007) deed onderzoek onder vijfhonderd leerkrachten en therapeuten 'Video Intervention with Special Populations' naar het gebruik van nieuwe media in art-education met

'special needs children'. Het resultaat van dit onderzoek staat beschreven onder 'Doelgroepen'.

> **Verantwoording van de casus**
> Het werken met de computer bood cliënte de mogelijkheid om te werken met een gereedschap dat ze al redelijk beheerste – omdat ze daarmee op de middelbare school in een andere context had gewerkt – vrij te experimenteren en te komen tot een succeservaring. In een later stadium heeft ze met collagetechnieken gewerkt en af en toe geschilderd. Beeldende therapie droeg bij aan het vergroten van haar zelfvertrouwen.

5.4.8 MANDALA TEKENEN

Mevrouw G. (55 jaar) heeft als medische diagnose gastric astma en hyperventilatie. Daarnaast wordt zij beperkt door reumaklachten. De mandalaopdracht levert de volgende bevindingen op. Mevrouw reflecteert gemakkelijk over zichzelf. Ze is een (deels) impulsieve doener. Ze vindt structuur prettig, maar laat dit gemakkelijk weer los. Ze werkt graag intuïtief. Ten aanzien van haar beperkingen heeft zij de cognitie: 'Ik mag niet klagen want ik heb ook zoveel goede dingen in mijn leven.'

Mevrouw typeert zichzelf als gevoelsmens. Als ze ergens mee worstelt, wordt ze onzeker en twijfelend. Ze houdt zich aan de mandalaopdracht en wil het graag goed doen. Cognitie: 'Ik wil erbij horen en aardig gevonden worden.' Uit angst er niet meer bij te kunnen horen gaat ze over haar eigen grenzen (pijn en vermoeidheid). Als voorbeeld noemt ze haar werksituatie. Ze maakt deel uit van een hardwerkend team dat gezamenlijk een goed product neerzet. De cognitie die hierbij hoort is: 'Ik wil meewerken met de harde werkers, voldoen aan de (groeps)norm en anderen niet teleurstellen. Als ik dat niet kan, voel ik me schuldig.' Over haar kleurgebruik vertelt ze het volgende: 'Ik houd van felle en vrolijke kleuren, dat past bij me. Ik vond het ook leuk en interessant toen ik deze opdracht kreeg.' De bloemen en muzieknoten verwijzen naar hobby's. Mevrouw werkt intensief aan haar mandala. 'Als ik iets prettig vind om te doen, kan ik doorwerken tot ik erbij neerval.'

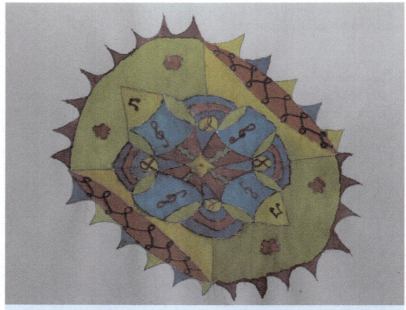

Afbeelding 5.32.

Grondlegger

Het woord 'mandala' betekent letterlijk cirkel of centrum en komt uit het Sanskriet. De cirkel (of de bol) is een symbool van het Zelf. In de oosterse betekenis van de mandala, vooral in Tibet, is het een uitdrukking van een meditatief en helend ritueel. Het gaat hier om een universele betekenis. Het middelpunt (centrum) is het begin van elke vorm of proces (alles) en hierin ligt ook de eeuwigheid besloten. Deze organische wet geldt voor de kosmos en voor de mens. In 'zijn eigen binnenste' is elk mens het middelpunt van zijn eigen kompas en ervaringen. De mens ordent via fysieke en psychische patronen zijn ervaringen en signalen uit de buitenwereld, zodat deze overzichtelijk, zinvol en hanteerbaar worden. Deze ordening wordt in deze visie 'mandalastructuren' genoemd.

In het westen is het mandalaprincipe vooral bekend geworden door Carl G. Jung die de mandala ontdekte als therapeutisch hulpmiddel ter bevordering van zelfintegratie. De vier functies van het bewustzijn: denken, gevoel, intuïtie en gewaarwording, geven de mens alles wat hij nodig heeft om de indrukken, zowel van zijn innerlijk als van de buitenwereld, te verwerken. Volgens Jung brengt de mandala de verschillende bewustzijnsniveaus binnen het individu in beeld en ook de energie die hen verenigt en gezond maakt.

De mandalatekening, als intakeopdracht, is een product dat in de praktijk door beeldend therapeuten werkzaam op het Universitair Longcentrum Dekkerswald ontwikkeld is. Het doel was zicht te krijgen op de coping, cognities, beleving en het zelfbeeld van patiënten met een chronische longaandoening die aangemeld waren voor deelname aan een klinisch revalidatieprogramma. Deze behandeling is gericht op het optimaliseren van de fysieke mogelijkheden en het aanpassen aan de beperkingen die de longaandoening met zich meebrengt (gedragsverandering). De mandalaopdracht om behandel(sub)doelen vast te stellen, is gebaseerd op het uitgangspunt dat denken (cognities), voelen (emoties/energie/pijn), handelen (gedrag) en zingeving op elkaar afgestemd moeten zijn, om je te kunnen aanpassen aan de eisen van het dagelijks leven (adaptatie).

Om dit te onderzoeken en tot typering te komen van de individuele patiënt, is een vragenlijst ontwikkeld behorend bij de mandalaopdracht. De cliënt vult deze in als zijn mandalatekening klaar is. De vragen zijn gekoppeld aan de theorie van de Big Five (Roos, 2005), de theorie van de twaalfmens (Hegie & Nieuwehuize, 2003), de dimensies van Kolb (Kolb, 1984) en de roos van Leary (Van Dijk, 2007). De vragenlijst is gericht op het verkrijgen van informatie over de vier gebieden: denken (cognities), voelen (emoties/energie/pijn), handelen (gedrag) en zingeving. Uit onderzoek door Glasmacher (2006) is gebleken dat deze, door haar gespecificeerde vragenlijst, bijdraagt aan het onderscheiden van kenmerken en leerstijlen. Door met deze vragenlijst de typering van de individuele cliënt vast te stellen, kan vervolgens een algemene doelstelling geformuleerd worden. Bijvoorbeeld: een denker zal meer kunnen handelen en ervaren hoe iets voelt. De praktijk heeft geleerd dat cliënten zelf de verbinding kunnen maken tussen het tekenen van een mandala en het invullen van de vragenlijst naar (levens)thema's waar ze al langer een balans in zoeken.

Beschrijving
Bij het mandala tekenen wordt de tekenopdracht op een vaste manier aangeboden bij de start van een beeldende therapie. De opdracht is als volgt geformuleerd:

> Maak een tekening waarbij je begint vanuit een middelpunt. Je bouwt de tekening op door van binnen naar buiten te werken. Probeer de symmetrie vast te houden, zodat je onder en boven en links en rechts de lijn/vorm herhaalt. Alle lijnen, vormen, symbolen zijn vrij om te gebruiken. Als de tekening klaar is, mag je met kleur gaan werken. Het materiaal waarmee gewerkt wordt is grijs potlood en kleurpotlood. Als je klaar bent, vul je de bijbehorende vragenlijst in, waarbij je kijkt naar je mandalatekening.

Daarna worden de tekening en de vragenlijst besproken en werkpunten voor creatieve therapie geformuleerd. In deze casus is de mandala eerst vergroot, zodat ecoline gebruikt kon worden, dit vanwege de pijnklachten in handen (reuma). Het formaat papier is A4. Passer, liniaal, gum enzovoort liggen op tafel. Dit wordt niet expliciet benoemd, maar patiënten mogen dit gebruiken. Het geeft extra informatie over de aanpak van de patiënt.

De intakeopdracht (mandala) brengt de copingstijl van de cliënt/revalidant in beeld door het werkstuk, observatie en bespreking van de vragenlijst. De bevindingen en behandeldoelen worden uitgewerkt in een vast format en naar het behandelteam gerapporteerd.

Doelgroep

Het mandala tekenen zoals hier beschreven, is ontwikkeld en inzetbaar voor alle cliënten met een chronische somatische aandoening die moeten adapteren aan hun beperkingen. Bij deze doelgroep wordt veelal gesproken over cliënten of revalidanten, vanwege de sterke somatische en/of medische aspecten van de algehele pathologie. Het is belangrijk dat de medische diagnose vooraf helder is, omdat dit bepaalt of en in welke mate de cliënt zich moet aanpassen. Afstemming met medische/somatische disciplines is hierbij belangrijk. Vaak is er sprake van uitgebreide somatische en psychosociale nevenproblematiek, wat de draaglast groot maakt. De mandalatekenopdracht is voor meerdere doelgroepen inzetbaar. Doordat het een gestructureerde werkvorm is waarbij er stap voor stap gewerkt wordt, biedt het de cliënt enerzijds houvast en anderzijds ruimte voor eigen invulling.

Doelen

Het doel van de mandalatekenopdracht is een analyse verkrijgen van de copingstijl, cognities, beleving en het zelfbeeld van de cliënt door de therapeut, om beeldende behandeldoelen vast te stellen. Tegelijkertijd wordt getoetst of de revalidant in staat is te reflecteren over zichzelf en om van daaruit aan zijn behandeldoelen te willen werken.

Onderzoek
Er loopt een onderzoek naar de kwaliteit van leven en de determinanten die adaptatieprocessen beïnvloeden. Dit onderzoek is een samenwerkingsproject van de revalidatieafdeling, longartsen en de afdeling medische psychologie van het Radboud MC. Er zijn al deelonderzoeken afgerond. Gebleken is dat alleen training en het optimaliseren van de fysieke mogelijkheden geen garantie waren voor verbetering van kwaliteit van leven. Het afstudeeronderzoek van J. Glasmacher voor de opleiding CT aan de Hogeschool Arnhem Nijmegen (Glasmacher, 2006), toonde aan dat het mogelijk is tot een typering te komen van de cliënt door het mandala tekenen, de mandalaopdracht. Hiermee kan bijgedragen worden aan de creatieftherapeutische diagnose over de coping van de cliënt. Tevens kunnen beeldende behandeldoelen geformuleerd worden. Coping en cognities beïnvloeden adaptatieprocessen.
Binnen intervisie, met beeldend therapeuten werkzaam voor dezelfde doelgroep, worden de uitgangspunten bevestigd en gedeeld.
Toekomstig onderzoek zou zich kunnen richten op verdere validering van de bevindingen van J. Glasmacher. Bijvoorbeeld door het naast elkaar leggen van deze bevindingen en het gebruik van de MARI-test (Mandala Assessment Research Instrument). Dit is een gevalideerde projectieve test die ingezet wordt bij assessments waarbij gereageerd wordt op bestaande mandalapatronen. Symboliek en veelvoorkomende opbouw en structuren in de mandala zouden vergeleken kunnen worden met dat instrument.

> **Verantwoording van de casus**
> Het tekenen van de mandala en bespreking van de vragenlijst heeft de copingstijl, cognities, beleving (gevoel) en het zelfbeeld inzichtelijk gemaakt voor de beeldend therapeut en deze werden herkend door de cliënt. Vanuit deze bevindingen zijn de beeldende behandeldoelen geformuleerd en doorgewerkt. Mevrouw heeft haar emoties vormgegeven, cognities uitgedaagd en nieuw gedrag in beeldend vormen geoefend.

5.4.9 TAAL EN BEELD IN THERAPIE

Het onderwerp is 'plekken waar je vroeger gewoond hebt'. In dit geval vraagt de schrijfdocent een groep cliënten om een plek te beschrijven waar ze aan denken. 'Ga in gedachten op die plek staan. Wat zie je, kleine details zoals een hekje, een schoorsteen, een stoeprand of een boom. Wat deed jij daar?' Er volgt een vertelronde, wie dat wil vertelt. Door de voorbeelden ontstaan er steeds meer herinneringen aan plekken van vroeger.

Dan begint een schrijfronde, de cliënten maken een lijstje van plekken waar ze gewoond hebben. 'Je kiest er voor jezelf eentje uit waar jij over wilt schrijven. Dan verzamel je op een A4'tje in de vorm van tekeningetjes details over hoe die plek eruitzag: dingen, kleur, details, geluiden, geuren.' Het tekenen helpt de cliënten om te focussen op de herinnering. Daarna wordt in tweetallen uitgewisseld wat er getekend is, om vervolgens de tekeningetjes aan te vullen met woorden die gaan over wat men daar deed en dacht of voelde. Bij een getekende boom kunnen dan woorden als 'klimmen', 'kastanjes' of 'gouden blaadjes' geschreven worden. Aan de hand van de verzamelde woorden en tekeningetjes schrijft ieder een korte of langere tekst in de vorm van een verhaal of gedicht. Soms wordt een opstapzin gebruikt, zoals in dit voorbeeld: 'Ik ken een plek waar...' Door middel van sjabloontechnieken wordt er beeldend bij de tekst gewerkt. Vaak wordt dan de sfeer of een gevoel uit de tekst verwerkt. Dan volgt er een voorleesronde. Wie dat wil, leest voor.

Afbeelding 5.33.

Grondlegger

Er zijn meerdere methoden om op een verbeeldende manier en therapeutisch met taal bezig te zijn, zoals taalexpressie, taaldrukken, poëzietherapie, (poetry therapy) en diverse muziek- en theatervormen. Er wordt met letters, woorden, slogans en teksten gewerkt in beeld.

De dadabeweging heeft een belangrijke aanzet gegeven voor het werken met letters en taal in beeldvorm. De dichter Paul van Ostaijen is een bekend voorbeeld van iemand die taal in een beeldende vorm neerzette. De grafisch vormgever Jaap Drupsteen gaf in de oude Nederlandse bankbiljetten vorm met beelden en letters, waarbij de beelden zo belangrijk waren dat de biljetten ernaar genoemd werden: een snip, een zonnebloem. Een aantal bekende kunstenaars die teksten gebruiken in hun beeldend werk, is bijvoorbeeld Marinetti, Bruce Nauman, Cy Twombly, Tracy Emin, Hendrik Werkman, Lucebert, Charlotte Salomons.

In deze paragraaf komt een van de mogelijkheden om met taal en beeld te werken aan bod. In de taalwerkplaatsen worden de mogelijkheden van taalexpressie en druktechnieken beoefend. Vanuit het taaldrukken is hier het werken met taal en beeld ontwikkeld. De geschiedenis van taaldrukken tot literaire vorming is vastgelegd door Henk van Faassen (1996).

Beschrijving

Visie en theoretische uitgangspunten

Creatief werken met taal is in de taalwerkplaatsen niet ontwikkeld met therapeutisch oogmerk, maar kan goed ingezet worden in beeldende therapie. Taal is een middel om uiting te geven aan wat er in je leeft en kennis te maken met wat er in anderen leeft. Het is bij deze werkvormen niet de bedoeling literaire teksten te maken maar om woorden te ervaren als eigen materiaal, waarmee belevingen, gedachten en ideeën worden uitgedrukt.

De methode in praktijk

Werken met taal en beeld kan beginnen met taal, maar ook met beeld. Beelden in de herinnering. Verbeelding waarbij de woorden de anekdote vertellen en in beeld een sfeer of gevoel wordt vormgegeven. Een andere mogelijkheid is dat er met taal wordt gereageerd op een beeld en met beeld wordt gereageerd op taal. Hieronder wordt een methode beschreven waarin taal het startpunt vormt.

De methode is erop gericht om mensen hun eigen verhaal te laten vertellen met behulp van een serie voorgestructureerde werkvormen. Er wordt op een intuïtieve manier gewerkt.

Werkvormen

De werkvormen die gehanteerd worden bij werken met taal en beeld zijn:
- vertelronde naar aanleiding van het gekozen thema;

- lijstje maken om te onderzoeken wat de cliënt met het thema heeft en woorden te verzamelen die van toepassing zijn. Dit kunnen woordenlijstjes zijn die de cliënt gebruikt om zijn verhaal te vertellen. Een andere mogelijkheid zijn lijstjes met zinnen waarvan een gedicht gemaakt wordt;
- tweetalgesprekken om verzamelde woorden uit te wisselen;
- associëren naar aanleiding van vragen rond het thema: waar was het, wie waren erbij, wat was er om je heen, welke kleuren, geuren, vormen en geluiden waren er, wat dacht je?

Andere werkvormen en technieken

1 Een andere werkvorm is een variatie op de hierboven beschreven werkvorm: het maken van een lijstje met woorden waarmee een verhaal geschreven wordt.
2 Letterstempels en sjabloonletters bieden de mogelijkheid om persoonlijke uitspraken min of meer te objectiveren door de zakelijkheid ervan. Dat geeft speelruimte en een prettige afstand.
3 Tijdens het beeldend werk kunnen zinnen en woorden worden opgevangen, genoteerd en in de compositie worden opgenomen.
4 Uit een stapel dichtbundels kiezen deelnemers elk een bundel. Uit deze bundel wordt een zin gekozen die aanspreekt. Naar aanleiding van deze zin maakt de deelnemer een beeldend werkstuk. De beeldend therapeut kan als variatie hierop, voordat de zitting begint, een gedicht per cliënt uitkiezen als uitgangspunt voor beeldend werk.
5 Als beëindiging van het beeldend proces kan het werk van titels en tekstueel commentaar worden voorzien.

Doelgroep en behandelfase

De methode van het werken met taal en beeld is niet gekoppeld aan een specifieke doelgroep of behandelfase. Er kan tijdens de behandeling mee gewerkt worden en het is goed toe te passen als werkvorm aan het eind van een behandelperiode om te evalueren of om afscheid te nemen.

Het is een veilige gestructureerde werkvorm, die gevoelens kan raken en losmaken. Veilig omdat men zelf bepaalt in welke mate en wat men in zijn verhaal en beeld prijsgeeft. De herkenning bij elkaar biedt steun. Met de keuze van het thema kan veiligheid voor de cliënt geboden worden en deze kan ook uitnodigen om aan symbolische thema's te werken in het kader van de therapie.

De methode kan ingezet worden bij behandelingen waarin acceptatie en verwerking een doel zijn, maar ook ontwikkeling van zelfbeeld en egoversterking.

> **Verantwoording van de casus**
> In de praktijk is gebleken dat veel mensen denken dat ze niet kunnen schrijven of dichten en verrast zijn door het resultaat. Dat geldt ook voor de cliënten uit het voorbeeld. Het werken met taal levert vaak persoonlijke verhalen op met emotionele waarde.
> Er is vaak veel onderlinge herkenning in de beleving. Bepaalde herinneringen en gevoelens komen opnieuw naar voren.
> Een van de cliënten uit het voorbeeld vertelde naar aanleiding van een opdracht over herinneringen het volgende: 'Door de geleide associaties worden woorden uit mijn eigen herinneringen naar boven gehaald. Herinneringen die niemand anders heeft. Eigen authentieke herinneringen. Er wordt iets opgeroepen wat niemand anders weet. Het mooie vind ik dat de intimiteit van je eigen leven naar boven komt. En dat je dat niet in de gaten hebt op het moment dat je schrijft. Bij het vormgeven is het leuk om eraan te denken wat er bij jouw woorden, beeldend interessant is. Welke vorm daarbij hoort. Waarvan je ook vaak pas later de samenhang ziet.

5.4.10 MULTIMEDIAAL WERKEN: EEN SAMENSPEL VAN BEELDEND EN MUZIEK

> Esther (50 jaar) neemt deel aan de pilot van een nieuw programma voor de dagbehandeling depressies waarin beeldende en muzikale werkvormen gecombineerd worden aangeboden. Doel van het programma is het bevorderen van een betere balans tussen het denken, voelen en handelen. Esther voelt zich vaak geremd, heeft moeite met het nemen van beslissingen en kan zich moeilijk concentreren. Ook is ze geneigd haar problemen te bagatelliseren of te rationaliseren. De muziek van Satie maakt een gevoel van melancholie bij haar los. Opeens is er de herinnering aan haar bij de geboorte overleden kind. Ze had hier lange tijd niet meer aan gedacht en realiseert zich dat ze deze gebeurtenis nooit echt een plek heeft kunnen geven. Ze maakt van klei, watten en gekleurde lapjes een altaartje voor het kind (zie afbeelding 5.34). Het werkstuk is snel klaar: 'Het is af.' De

associaties die ze erbij heeft zijn 'stil en vredig' en 'dansende voetjes'.

Afbeelding 5.34.

Grondleggers

Steeds meer vaktherapeuten voelen de behoefte om over de grenzen van hun eigen mediumgebied te kijken. Ook op studiedagen van Vaktherapeuten blijkt die behoefte uit de workshops multimediaal werken waarin beeldende en muzikale werkvormen gecombineerd worden: muziek in beeldende therapie (NVBT, 2006).
Beeldend therapeuten maken dikwijls gebruik van muziek als inspiratiebron voor hun cliënten of zoeken naar mogelijkheden samen te werken met een muziektherapeut.
Vaktherapeuten van het Universitair Centrum Psychiatrie in Groningen hebben een module ontwikkeld voor de dagbehandeling depressies waarin beeldende en muzikale werkvormen gecombineerd worden aangeboden.

Beschrijving

Beelden en muziek spelen een belangrijke rol in ons dagelijks leven. We zijn er voortdurend door omringd. Door beide te combineren in een therapeutische of begeleidingssituatie, muziek in beeldende therapie, kunnen we een brug slaan tussen het beste van twee werelden. Uit verschillende publicaties blijkt dat door het aanspreken van meerdere zintuigen: het horen, het zien en het voelen, cliënten gemakkelijker contact kunnen maken met hun gevoelens, hun verbeelding en hun lichaam (Dhont, 2000; Fieguth, 2004; Van Hattum & Hutschemaekers, 2000; Ter Braak, 2007). Door naar muziek te luisteren en eenvoudige instrumenten te bespelen en te werken met beeldende materialen, wordt de emotionele en zintuiglijke ervaring aangesproken. Muziek appelleert gemakkelijk aan het gevoel en kan verschillende associaties oproepen, 'tot het hart spreken'. Muziek speelt zich af binnen de tijd, is vluchtig, zet aan tot lichamelijk beleven (bewegen, de maat slaan) en maakt het mogelijk dat er een dialoog ontstaat. Er kan worden geëxperimenteerd met communicatie- en interactiepatronen. Beeldende expressie leidt tot blijvende resultaten en is direct in staat gevoelens waar (nog) geen woorden voor zijn zichtbaar te maken. Het beeldende product helpt betekenis te geven aan diverse gevoelens, ze te integreren en er afstand van te nemen. Volgens Smeijsters (2007) zijn de media beeldend en muziek die werken met de parameters ritme, tempo, intensiteit, vorm, beweging, aantal, bij uitstek geschikt om een expressieve en communicatieve rol te vervullen. Doordat in de kunstzinnige media dezelfde parameters een rol spelen als in de psyche, ervaren mensen de *vitality affects* van de beleving in het medium direct, zonder tussenkomst van de ratio (bijvoorbeeld uitleg, associatie, herinnering, symboliek). Het medium fungeert daarbij niet als metafoor of symbool van het psychische proces, maar als analogie.

Integratie van denken, voelen en handelen

Mensen met een depressie hebben moeite om in contact te komen met hun creativiteit en daar uiting aan te geven. Bij hen is de balans tussen het denken, het voelen en het handelen verstoord, wat zich uit in sombere gevoelens en gedachten en inactiviteit. Negatieve denkpatronen zijn meestal hardnekkig, omdat positieve feedback amper gehoord wordt en problemen worden uitvergroot. Ervaringen opdoen in het hier-en-nu helpt negatieve cognities bij te stellen. In het medium laat de cliënt zien hoe hij zich gedraagt, wat hij voelt en denkt en hoe hij conflicten uitdrukt. De cliënt kan in handeling, klank of beweging een plotselinge, in intensiteit toenemende, kortdurende activiteit ontplooien. Het dynamische proces van het gevoel en het dynamische proces in het medium zijn aan elkaar gelijk. Ritme, tempo, intensiteit, beweging, aantal en vorm bepalen de manier waarop wij denken, voelen en handelen. De parameters geven in combinatie vorm aan wat Stern de 'vitality affects' noemt (Smeijsters, 2007, p. 26). In zowel het beeldende medium als het medium muziek kunnen gevoelens bewust worden gemaakt en associaties worden gestimuleerd. Er kan worden gewerkt aan het positief beïnvloeden en veranderen van gevoelens en cognities. Veranderingen in het medium impliceren veranderingen in de *vitality affects* en daardoor veranderingen van denken, voelen en handelen. De combinatie van de beide media stimuleert de zintuiglijke interactie tussen het gehoor en het visualisatievermogen. Kenmerken van een depressie worden zichtbaar in de beeldende werkstukken, daardoor kan de therapeut zijn interventies ook direct op deze kenmerken richten. De stemming van mensen met een depressie wordt positief beïnvloed door muziek, er wordt gezorgd voor afgifte van oxytocine, wat een positieve invloed heeft op het aangaan van relaties met anderen.

Werkvormen en interventies

Er wordt bij het werken met muziek in beeldende therapie met beelden gereflecteerd op muziek en omgekeerd. Receptief met muziek werken kan worden toegepast wanneer individueel in de groep wordt gewerkt. Voorbeelden: bij een losmaakoefening wordt met gesloten ogen geluisterd naar verschillende muziekfragmenten, terwijl met een krijtje in beide handen op de maat van de muziek meebewogen wordt op het papier. Elk muziekfragment dat volgt laat een ander ritme en patroon van lijnen zien. Reflectie op gevoelens en verbanden leggen met wat zichtbaar is geworden, helpt om in het hier-en-nu te blijven en leidt tot een beter lichaamsbesef. Het beluisteren van verschillende soorten muziek helpt de cliënt in contact komen met eigen behoeften en weerstanden. Door thema's te associëren bij verschillende muziekfragmenten en daarop beeldend te reflecteren, krijgt de cliënt letterlijk zicht op eigen gevoelens en behoeften, wat vervolgens kan leiden tot erkenning. In groepsverband kan gebruik worden gemaakt van actieve muzikale werkvormen en op elkaar worden gereageerd. Voorbeeld: groepsleden laten het geluid horen dat hun instrument maakt, luisteren naar elkaar en reageren vervolgens op elkaar met hun eigen instrument. In een beeldend vervolg reageren ze individueel op deze ervaring door er kleur en vorm aan te geven. Vervolgens kan muzikaal worden gereageerd op het eigen beeld. De groep kan dit naspelen, waardoor het wordt versterkt. Receptief kan muziek heel goed door een beeldend therapeut worden toegepast. Voor werkvormen waarbij gebruik wordt gemaakt van diverse instrumenten is het

wel van belang dat de therapeut op muzikaal gebied geschoold is. Het verdient de voorkeur om samen te werken met een muziektherapeut. Doel van het werken met muziek in beeldende therapie is het bevorderen van een betere balans tussen het denken, voelen en handelen door:
- activeren, in contact komen met de eigen creativiteit, plezier beleven;
- contact maken met eigen gevoelens en behoeften en daaraan uiting geven;
- eigen grenzen herkennen en aangeven;
- positieve en negatieve feedback leren geven en ontvangen;
- eigen kwaliteiten en valkuilen herkennen en hanteren.

Doelgroepen kunnen cliënten zijn:
- die zoeken naar hun eigen identiteit;
- met een negatief zelfbeeld;
- met problemen op het gebied van het herkennen en uiten van emoties;
- met spanningsklachten en een sombere stemming;
- met problemen op relationeel gebied.

Er is een contra-indicatie voor cliënten met een te hoog angstniveau om te werken in een groep en cliënten die niet gemotiveerd zijn.

Er is nog weinig onderzoek gedaan naar het effect van beeldende therapie en muziektherapie op depressie. Uit literatuuronderzoek blijkt dat beeldende therapie en muziektherapie veel raakvlakken hebben en dat ze elkaar wederzijds kunnen beïnvloeden. Dhont (2000a) zegt in zijn boek 't Tijdloze uur dat de beleving en het uitdrukken van muziek in een tekening het reactievermogen, de spontaniteit en de assertiviteit stimuleert en bevordert. De combinatie van de beide media, muziek in beeldende therapie, stimuleert de zintuiglijke interactie tussen het gehoor en het visualisatievermogen. In bewegingsoefeningen en 'schrijf'oefeningen op muziek komen muziek en beeld bij elkaar in een zichtbaar geworden ritme. Door gebruik te maken van actieve beeldende bewegingsoefeningen wordt tijdelijk de vicieuze cirkel van vaste gedrags- en handelingspatronen doorbroken (Van Hattum, 2000). Volgens Fieguth (2004) zou het ervaren van je eigen natuurlijke ritme kunnen leiden tot een groter lichaamsbesef. Het maakt je bewust van je eigen grenzen en energie. Muziek blijkt voor de afgifte van oxytocine te zorgen (De Jong, 2006), een stofje dat onderling vertrouwen bevordert en sociale banden versterkt. Het helpt de cliënt zichzelf en een ander te 'verstaan'. De wetenschapper dr. Rens Bod zegt in zijn voordracht *De unificatie van taal, beeld en muziek* (Bod, 2004): 'Taal, muziek en beeld lijken essentieel verschillend. Toch is er ook een opvallende overeenkomst. Bij het waarnemen van talige, muzikale en visuele stimuli vindt een structureringsproces plaats dat het best kan worden omschreven als een boom met vertakkingen. Er bestaat een onderliggend model voor perceptie dat de waargenomen structuur kan voorspellen van sensorische invoer in het algemeen, of deze nu talig, muzikaal of visueel is.' Uit een kleinschalig praktijkonderzoek naar het effect van het gecombineerd aanbieden van beeldende en muzikale werkvormen bij cliënten met een depressie die een dagbehandeling volgen, blijkt dat de cliënten de combinatie van beeldend en muziek als activerend en stimulerend ervaren. Door de muziek worden ze minder geremd en ze komen wat gemakkelijker op ideeën voor het beeldende werken. Er kan in het hier-en-nu worden gewerkt aan het op een positieve manier beïnvloeden en veranderen van gevoelens en cognities. Het zelfvertrouwen wordt bevorderd en er ontstaat een betere balans tussen denken, voelen en handelen, doordat alle zintuigen worden aangesproken (Ter Braak, 2007).

Binnen het onderwijs wordt gezocht naar een manier om jongeren in contact te brengen met onbekend terrein door middel van het bekende: Kees Admiraal (www.keesadmiraal.nl) bedacht in opdracht van de Kunstuitleen Alkmaar voor middelbare scholen het project 'Kijken met je oren'. Gewapend met discman en koptelefoon gaan leerlingen op zoek naar het kunstwerk dat het best past bij hun favoriete muziekfragment. Onderzoekers van de Universiteit Groningen hebben 'Kijken met je oren' als casus gekozen voor een onderzoek (www.kijkenmetjeoren.nl). Hun conclusie was dat het project voldeed aan de voorwaarden: het stimuleert de verbeeldingskracht, een onderzoekende houding en verruimt de belevingswereld. Het bevordert de concentratie, de culturele competentie wordt vergroot, het zorgt voor keuzevrijheid en plezier.

> **Verantwoording van de casus**
> Met beeldende materialen heeft deze cliënte veel ervaring. Ze ervaart beeldend werken als prettig en ze is goed in staat haar ideeën vorm te geven, maar in de evaluatie is ze vaak geneigd haar ervaringen te rationaliseren en ze stapt gemakkelijk over haar gevoelens heen. Beeldend werken naar aanleiding van muziek is nieuw voor haar. Via de muziek wordt bij deze cliënte

> een brug geslagen naar een weggestopte herinnering. Ze wordt gestimuleerd haar impulsen te volgen, doordat de muziek direct tot het hart spreekt. Door die herinnering direct om te zetten naar een beeld, wordt het mogelijk de gebeurtenis en de gevoelens die worden opgeroepen te erkennen en een plek te geven.

5.4.11 BEELDENDE WERKWIJZE GEÏNSPIREERD OP HET WERK VAN FLORENCE CANE

> Karin, 30 jaar, werd opgenomen vanwege ernstige psychotische klachten. Toen zij begon aan de therapie, was zij ongeveer twee weken opgenomen en was zij ingesteld op medicatie. Zij bewoog houterig en communiceerde warrig.
> Door voor de bewegingsoefeningen grote vellen (1,00 × 1,30 m) te gebruiken, werden de bewegingsoefeningen vergroot. Dit werd door de cliënt als prettig ervaren en verminderde haar gevoel van stijfheid.
> Door als therapeut bewust mee te bewegen met de bewegingen van de cliënt en in hetzelfde ritme, schuin achter de cliënt, ontstond gezamenlijkheid en wederkerigheid. Dit was te zien aan de toename van oogcontact en wederzijdse interactie.

Grondlegger
De grondlegster van de Florence Canemethode, Florence Cane, heeft vele jaren tekenlessen gegeven vanuit haar functie als Director of Art bij het centrum voor begaafde kinderen van de New-York University School of Education. De methode die zij ontwikkelde door te werken met allerlei studenten, verschillend qua achtergrond en leeftijd, beschreef zij in haar boek *The artist in each of us* (Cane, 1951).

Beschrijving
Visie en theoretische uitgangspunten
De Florence Canemethode bestaat uit een min of meer vastliggende opbouw van activiteiten. Het doen van bewegingsoefeningen op papier en het maken en uitwerken van *scribbles* vormen de belangrijkste onderdelen.
De bewegingsoefeningen zijn sterk gestructureerd en worden staand voor een schoolbord of staand voor een ezel waarop een bord met een vel papier staat, uitgevoerd. Er worden instructies gegeven voor de

stand van de voeten en voor de houding. De bewegingen worden vooral met de schouders, armen en handen gemaakt. Er wordt doorgaand bewogen, dus komen er veel lijnen op, over en naast elkaar terecht.

Na deze oefeningen wordt de opdracht gegeven om een *scribble* te maken, door Cane gedefinieerd als: 'a kind of play with a freely flowing continuous line'. Hierbij kunnen de ogen open of dicht worden gehouden en kan het krijt in de linker- of rechterhand worden gehouden of kan er met zowel links als rechts tegelijk gewerkt worden. Ten slotte wordt er naar de *scribble* gekeken. Daarbij wordt er gezocht naar een herkenbare vorm of een vormenspel dat aanspreekt. Dit wordt vervolgens uitgewerkt door op en over de *scribble* door te werken.

Volgens Cane leidt deze methode ertoe dat studenten zich vrijer gaan bewegen, minder faalangstig zijn, meer in contact komen met hun persoonlijke verbeelding en vormgeving. De methode zou de kwaliteit van het product verbeteren en studenten zouden meer tevreden zijn over hun werk. Deze positieve resultaten van de Florence Canemethode komen volgens Cane voort uit de volgende uitgangspunten.

De bewegingsoefeningen dwingen de student ertoe om verschillende functies van het lichaam te laten samenwerken, zoals ademhaling, beweging, verbeelding en vormgeving. Deze verschillende functies komen in één ritme en raken op elkaar afgestemd. De concentratie die ontstaat heeft eveneens een stimulerende werking op de verbeelding. Cane maakt gebruik van psychotherapeutische duidingen, zoals de gedachte dat weinig druk op het materiaal te maken heeft met angst. Ook gebruikt zij woorden als het 'onbewuste'. Zij legt zelf echter geen expliciet verband en lijkt eerder niet gehinderd door al te veel theoretisch bewustzijn om tot allerlei duidingen te komen. Als effect van haar bewegingsoefeningen met zowel de linker- als de rechterhand beschrijft zij: 'In de schouder lopen twee belangrijke zenuwen die betrokken zijn bij de informatieoverdracht van hersenen naar handen. Door de bewegingen wordt de overdracht versneld.' Dat is wat Cane veronderstelt. Zij legt verder geen expliciete link naar neurologische verwerking. Iedereen kan deze oefening uitvoeren en daardoor wordt bij voorbaat faalangst weggenomen. Er vindt een transfer plaats van de vrijheid van het bewegen naar het werken aan het product. Cane ging verder dan het gebruikelijke tekenonderwijs. In haar boek gaat zij bijvoorbeeld in op het trainen van de waarneming, van lichaamsbewustzijn, van observatie, van verbeelding, het werken met vorm en ontwerp en de bewustwording van gevoelens en de uitdrukking daarvan. En de effecten hiervan op haar studenten.

Gebruik specifieke lijsten/meetinstrumenten

Cane gebruikt geen specifieke lijsten of een meetinstrument. De theorie wordt voornamelijk onderbouwd door het beschrijven van haar observaties.

Behandelfase (observatie/diagnostiek/behandeling/evaluatie)

Cane spreekt niet van verschillende fases in een therapeutisch proces. Klinische ervaring leert dat de methode in alle fases bruikbaar is en zich bijzonder leent voor de eerste behandelfase.

Doelgroep, setting, tijdsduur

De Florence Canemethode kan zowel bij volwassenen als kinderen worden gebruikt.

De methode is voor veel kinderen/mensen laagdrempelig; 'krassen kan iedereen'. Daarmee is de methode geschikt voor eenieder die gehinderd wordt door gedachten over eisen die de omgeving zal stellen aan hun werk. Denk daarbij aan depressieve en/of onzekere, faalangstige kinderen en mensen.

De heldere structuur en daarmee de voorspelbaarheid, zeker wanneer de reeks oefeningen vaker wordt herhaald, geeft veiligheid. Men weet wat er gaat komen.

De reeks van oefeningen biedt veel mogelijkheden om het ontstaan en uitwerken van de samenwerkingsrelatie te bevorderen. Allerlei richtlijnen uit de methode Emergent Body Language van Rutten-Saris voor het opbouwen van een relatie kunnen vorm krijgen, zoals het gezamenlijk bewegen in hetzelfde ritme met vergelijkbaar gevormde bewegingen en het bevorderen van oogcontact.

De uitwerking van de *scribble* leidt vaak tot persoonlijke betekenisgeving en daarmee ontstaan kansen voor het verwerven van inzicht. Deze zaken maken de methode in het bijzonder geschikt voor de eerste fase van therapie en voor settings met een korte behandelperiode zoals in een PAAZ of speciaal onderwijs.

Werkwijze

Canes methode sluit aan bij de pragmatisch-structurerende en directieve werkwijze. Er wordt een actieve en sturende rol van de behandelaar verwacht. De methode is niet specifiek klachtgericht en kan resulteren in inzicht, maar dit is niet noodzakelijk. De methode sluit aan bij methoden die gericht zijn op functietraining, zoals concentratietraining, training van het structurende vermogen, training van de waarneming.

Specifieke materialen, werkvormen, activiteiten

Cane gebruikt beeldende materialen waarbij rechtopstaand bewogen kan worden over grote vellen papier of een schoolbord. Bij de bewegingsoefeningen en de *scribble* wordt gebruikgemaakt van krijt. Voor de uitwerking zijn meerdere materialen mogelijk.

Onderzoek

In het boek van Florence Cane worden geen onderzoeksresultaten besproken van onderzoek naar de Florence Canemethode, noch wordt er naar onderzoek verwezen dat direct betrekking heeft op de methode. Een zoektocht op internet leert dat velen verwijzen naar de methode van Florence Cane, met name naar het werken met een *scribble*. Onderzoek dat direct is gericht op de methode zelf werd niet gevonden.

> **Verantwoording van de casus**
> Door de methode te herhalen, ontstond voorspelbaarheid. Deze cliënt vond dit prettig, net als het gericht werken aan concentratie langs een aantal vaste stappen. En ten slotte bood het uitwerken van de *scribble* ruimte voor persoonlijke betekenisgeving binnen heldere kaders.

5.4.12 MINDFULNESS EN BEELDENDE THERAPIE – AANDACHTTRAININGEN

'Waar je aandacht is, daar ben je.'

> Een cliënte (55 jaar) heeft last van angsten en spanningen. Ze werkt aan een oefening waarbij zij een stromingsmandala tekent met kleurpotloden. Haar reactie na het tekenen van de mandala is als volgt: 'Als ik vooruit ga kijken hoe ik de mandala moet maken, raak ik helemaal in de war. Ik voel me heel onzeker worden. Maar als ik niet verder kijk dan waar ik ben en aansluit bij wat ik zie, dan gaat het helemaal vanzelf. Ik word dan juist heel rustig van dit tekenen.'

Afbeelding 5.35.

Grondleggers

Mindfulness vindt haar oorsprong in boeddhistische meditatietechnieken. Het laat zich in het Nederlands vertalen als aandachtgerichtheid of opmerkzaamheid. Mindfulness, of aandachtgerichte meditatie, is onder meer afkomstig uit de vipassana- en zentraditie. Het is een meditatievorm die beoogt door zelfobservatie tot zelftransformatie te komen. Zo brengt Maex (2006) het woord mindfulness in verband met sati, een van de elementen uit het boeddhistische achtvoudige pad. Hij beschrijft hoe de Vietnamese zenleraar Thich Nhat Hanh (1975) het begrip mindfulness inhoud geeft. Inmiddels hebben de uitgangspunten van mindfulness hun intrede gedaan in de reguliere gezondheidszorg (Schurink, 2004; Schipholt, 2007). Ook steeds meer beeldend therapeuten maken in het werkveld gebruik van de aandachtgerichte benadering.

Beschrijving

Mindfulness is een te trainen vermogen dat aan de basis ligt van vaardigheden als waarneming, concentratie, begrijpen, plannen enzovoort. Twee belangrijke componenten van aandachttraining zijn het reguleren van de aandacht en het bewust worden van de houding ten opzichte van dat wat in het aandachtsveld is. De training leert om de aandacht bewust te richten op lichamelijke gewaarwordingen, emoties, gedachten, en patronen die zich hierbij voordoen. Het is de kunst om in eerste instantie niet op de inhoud in te gaan en om niets te doen met wat waargenomen wordt. Kortom: niet analyseren maar aanwezig zijn bij wat er is in het hier-en-nu. Daarnaast leert de aandachttraining om met een speciale aandacht aanwezig te zijn bij wat plaatsvindt, namelijk op een milde, niet-oordelende en vriendelijke wijze. Men leert om een open, onbevangen en onderzoekende houding aan te nemen tegenover dat wat ervaren wordt. Germer (2005) beschrijft mindfulness als volgt: het gaat om gewaarzijn van ervaringen in het huidige moment met aanvaarding. Dit is heel anders dan hoe onze aandacht zich doorgaans gedraagt: wispelturig en selectief, zowel voor positieve als negatieve zaken (Maex, 2005). Mindfulness gaat niet inhoudelijk in op de persoonlijke geschiedenis van de cliënt en is in eerste instantie niet gericht op verandering van de situatie. Toch zijn er diepgaande veranderingsprocessen geconstateerd bij beoefening van deze meditatietechniek.

Door het beoefenen van mindfulness wordt men zich bewust van zich herhalende gedachten en geconditioneerde handelingen en emoties, en leert men om dit te herkennen en iedere keer opnieuw los te laten. Volgens De Haas (2008) schuilt de kracht van mindfulnessmeditatie in het observerend waarnemen. Men reageert niet meer op de 'automatische piloot' (reacting), maar bepaalt zelf de houding tegenover wat er gebeurt (responding).

Hoewel mindfulness geen ontspanning beoogt, brengt deze meditatievorm lichaam en geest tot rust, waardoor er weer ruimte ontstaat om op een nieuwe en frisse manier naar situaties te kijken. Opmerkelijk is de paradox tussen de effecten van de training en de houding die men traint om dat doel te bereiken. Juist door niet te proberen iets te bereiken, bereik je het.

In aandachttrainingen spreekt men over de verschuiving van de 'doe-modus' waarin we voortdurend op weg zijn om het heden anders te maken, naar de 'zijn-modus' waarin we rusten in wat plaatsvindt. Dit kan een directe invloed hebben op het dagelijks leven.

Buijs (2007) verwoordt het effect van mindfulness als volgt:
– meer leven in het hier-en-nu;
– meer openheid en ontvankelijkheid;
– meer balans door beoefening van 'de middenweg';
– een verschuiving van onmacht naar meer verantwoordelijkheid;
– disidentificatie van indringende gevoelens en cognities;
– een meer adequate manier van omgang met problemen en stress;

- meer contact met wat werkelijk belangrijk voor je is;
- meer mildheid, compassie en gelijkmoedigheid ten aanzien van jezelf en anderen.

Aandachttrainingen in de gezondheidszorg

Kabat-Zinn, oprichter van de Stress Reduction Clinic van de universiteit van Massachusetts, heeft deze meditatietechniek als uitgangspunt genomen voor zijn training. Vanaf 1979 ontwikkelde hij een oefenprogramma voor cliënten met chronische pijn en stressgerelateerde klachten, de Mindfulness Based Stress Reduction (MBSR). Deze achtweekse training werd in de VS in veel ziekenhuizen als ondersteunende therapie aangeboden (Kabat-Zinn, 1990; Kabat-Zinn e.a., 1986).

Door de goede resultaten die Kabat-Zinn met zijn trainingsprogramma bereikte, raakten cognitief therapeuten geïnteresseerd in deze benadering. Om terugval bij recidiverende depressie te voorkomen is door Segal in de jaren negentig van de vorige eeuw de Mindfulness-Based Cognitive Therapy (MBCT) ontwikkeld (Segal, Williams & Teasdale 2004). In Nederland wordt MBCT aangeduid met Aandachtgerichte Cognitieve Therapie (ACT). Deze therapievorm maakt gebruik van de kernprincipes van MBSR, aangevuld met elementen uit de cognitieve therapie. De basistraining MBSR wordt momenteel over de gehele wereld gevolgd door mensen in het kader van hun persoonlijke ontwikkeling.

In de jaren negentig zijn er therapievormen ontwikkeld, zoals de Dialectische Gedragstherapie (DGT) en de Acceptance and Commitment Therapy (ACT), die de aandachtgerichte benadering inzetten als een onderdeel binnen hun eigen behandelprogramma (Hayes e.a., 2004; Haeyen, 2007).

Doelgroepen en setting

De Mindfulness Based Cognitive Therapy (MBST) zoals ontwikkeld door Kabat-Zinn is een niet-specifieke vorm van behandeling die toegepast kan worden bij een breed scala aan klachten. De MBSR is effectief gebleken bij onder meer chronische pijn en psychische gevolgen van ernstige ziekte, klachten op het gebied van angst, spanning en onrust en lichamelijke klachten die stress- en spanningsgerelateerd zijn. Deze trainingsvorm is echter ook nuttig gebleken voor mensen die de kwaliteit van leven willen verhogen. De MBCT zoals ontwikkeld door Segal, Williams en Teasdale (Segal e.a., 2004) wordt momenteel bij recidiverende depressie ingezet.

Beide vormen van aandachttraining worden ingezet in het kader van voorzorg, nazorg en (terugval)preventie binnen de reguliere zorg en in deeltijdbehandelingen, al dan niet geïntegreerd in andere programmaonderdelen. Met name de MBSR-training wordt vaak gegeven door zelfstandig gevestigde hulpverleners en trainers.

Van belang is de persoonlijke motivatie van de cliënt. Het consequent beoefenen, inclusief het huiswerk, bepaalt mede de mate van therapeutisch effect. Daarnaast is het belangrijk dat de cliënt voldoende vermogen tot introspectie en voldoende frustratietolerantie heeft en ook bereid is te leren om zich anders tot de klachten te verhouden.

Contra-indicaties

De training heeft een lage drempel (Vernooij e.a., 2008). Op dit moment gelden als contra-indicaties voor aandachttraining ernstige posttraumatische stressstoornis met dissociatieve klachten, cognitieve stoornissen, pervasieve ontwikkelingsstoornissen, acute psychose en ernstige depressie. Aandachttraining is vooralsnog ook niet geïndiceerd bij algemene acute psychische nood en ernstige verslaving.

Werkwijze

Aandachttrainingen volgens MBSR en MBCT zijn praktische, groepsgerichte, (niet-beeldendtherapeutische) trainingen volgens een vast protocol. Zij sluiten het meest aan bij de orthoagogische werkwijze zoals door Smeijsters (2000) beschreven en vallen gedeeltelijk onder de directief-klachtgerichte en focaal-inzichtgevende benadering. Het referentiekader is gedragstherapeutisch met directieve, actieve, gestructureerde werkvormen die in groepen worden toegepast. Men maakt gebruik van concrete opdrachten met vaststaande oefeningen waarbij men vaardigheden oefent. Tevens biedt men theoretische onderbouwing van de training aan. De trainingen bestaan uit acht wekelijkse sessies van tweeënhalf uur, een oefendag in stilte en eventuele follow-upbijeenkomsten. Onderdelen van iedere bijeenkomst zijn begeleide aandacht- en concentratieoefeningen, bewegingsoefeningen, zit- en loopmeditatie. Dit is de formele beoefening van mindfulness. Daarnaast is er ruimte voor het bespreken van ervaringen, waardoor de opmerkzaamheid gescherpt wordt, en voor toepassingen van mindfulnesstechnieken in het dagelijkse leven als niet-formele beoefening. In principe wordt door de trainers tijdens de gehele training mindfulness in praktijk gebracht (Hayes, e.a.).

Wetenschappelijk onderzoek

De laatste decennia is onderzoek gedaan naar de effecten van aandachttraining op klachten als depressie, angststoornissen, pijn en stress (Kabat-Zinn, 1998; Kaplan e.a., 1993; Reibel e.a., 2001; Ma & Teasdale, 2004). Uit onderzoek blijkt dat bij deelnemers aan MBSR de lichamelijke en psychologische klachten afnemen, ze effectiever leren omgaan met stresssituaties en zich beter kunnen ontspannen (Rosenzweig e.a., 2003). Segal e.a. (2004) laten zien dat MBCT de kans op terugval bij depressie vermindert. Ook is er onderzoek verricht naar de effecten van mindfulnesstraining bij eetstoornissen (Kristeller & Hallet, 1999).

De resultaten van verschillende studies naar de effectiviteit van MBSR en MBCT zijn geanalyseerd door onder meer Baer (2003) en Grossman e.a. (2004). Het is inmiddels duidelijk dat aandachttraining en hieraan verwante therapievormen een positief effect hebben op het welbevinden van cliënten. Aandachtgericht beeldend werken of mindfulness binnen beeldende therapie is nog niet op effect onderzocht.

Mindfulness en beeldende therapie; specifieke beeldende werkvormen en activiteiten

Het beeldende medium biedt relevante en unieke mogelijkheden om de aandachtgerichte benadering te beoefenen. In de eerste plaats doet het beeldend werken een direct appèl op de zintuiglijke ervaringen. Beeldend werken en beeldende materialen stimuleren het helder waarnemen en de tactiele en lichamelijke beleving.

Tevens gaat beeldend werken over handelen. Beeldend werken vanuit een aandachtgerichte houding kan zo omschreven worden als een actieve meditatie. 'Het is niet alleen meditatie, het is meditatie in actie, van de eenheid van de ogen en de hand' (Dürckheim, 1976). Deze wisselwerking bevordert integratie van het mentale aspect en het handelend bezig zijn in het dagelijks leven.

In de dialectische gedragstherapie wordt het beoefenen van mindfulness beschreven als 'met volledige, niet-oordelende overgave op een taak of activiteit gericht zijn'. Alle oordelen over de activiteiten of belevingen worden losgelaten (Linehan, 1996).

Beeldend werken en beeldende producten bieden tevens de mogelijkheid om processen van identificatie en disidentificatie te verhelderen en te beïnvloeden. Wat gemaakt wordt speelt zich af buiten ons en tegelijkertijd voelen we ons ermee verbonden. Daarbij hebben materialen hun eigen mogelijkheden en beperkingen. Door deze beide aspecten die eigen zijn aan het beeldend werken vindt er een voortdurend proces van identificatie en disidentificatie plaats. Het aandachtgerichte werken versterkt het bewustzijn hierover en traint tegelijkertijd de vaardigheid van het disidentificeren. Dit wordt ook wel decentralisatie genoemd. Er ontstaat daardoor meer 'ruimte' tussen iemands perceptie en de reacties daarop; 'This dispassionate state of self-observation is thought to introduce a space between one's perception and response' (Bishop e.a., 2004). Maex (2005) omschrijft dit als onthecht observeren.

Bovendien geeft het beeldend product een blijvende en tastbare herinnering aan een (meer) open aanwezig zijn. Dit ondersteunt een nieuwsgierige en open houding in het dagelijks leven.

Aanbod

Het aanbod van aandachtgericht beeldend werken kan op verschillende manieren worden ingezet. In een aan de aandachttraining parallel lopende module kunnen beeldende opdrachten worden aangeboden die nauw aansluiten bij de achtweekse basistraining. Ook kan na een basistraining een reeks opdrachten worden aangeboden in een vervolgmodule die voortborduurt op de gevolgde training. Daarnaast is het mogelijk om onafhankelijk van een training beeldende werkvormen te gebruiken die een aandachtgerichte manier van werken stimuleren en bevorderen.

Werkvormen en opdrachten

Aandachtgericht beeldend werken kenmerkt zich door een gerichtheid op het bewustzijn van directe ervaringen tijdens het beeldend werken, niet op het product. In de begeleiding besteedt men geen aandacht aan het gebruik van symboliek of van metaforen en nodigt hiertoe ook niet uit.

De opdrachten zijn gericht op de beleving in het hier-en-nu, niet op de geschiedenis van de cliënt. De cliënt hoeft niets te verbeteren en de opdrachten zijn in die zin niet veranderingsgericht. De werkvormen nodigen uit tot (een sfeer van) vertraging en verstilling, waardoor er ruimte ontstaat om dat wat er nu is ten volle te ervaren.

Hierna worden enkele werkvormen beschreven die het aandachtgericht werken opwekken en ondersteunen. Het is van belang om deze werkvormen aan te bieden en uit te voeren in de sfeer van de zeven houdingsaspecten volgens Kabat-Zinn (1990): niet-oordelen, geduld, eindeloos beginnen, vertrouwen, niet-streven, acceptatie en loslaten.

- Werken met (verdunde) ecoline op vochtig papier waarbij door het vloeien van de ecoline in elkaar overlopende kleurvlekken ontstaan. Het gaat hierbij om het aandachtig volgen van het vloeien van de ecoline. Tevens is men zich gewaar van het beïnvloeden en bijsturen, door op bepaalde plaatsen bijvoorbeeld kleur toe te voegen (Bakker, 2002).

- Tekenen naar de waarneming, de vormen zien zoals ze zijn en niet zoals je denkt dat ze zijn. Er worden bij deze tekenoefeningen vaak voorwerpen uit de natuur gebruikt. De technische aspecten van het tekenen zijn van ondergeschikt belang. 'Zen Zien Tekenen is een vorm van wezenlijk waarnemen; zien en tekenen versmelten tot één enkele daad. De tekeningen daarvan vormen heldere getuigenissen; tekens van onverdeelde aandacht' (Franck, 1993; Adriaens & Verstegen, 2003).
- Sumi-e is de techniek van het schilderen met inkt op rijstpapier uit Japan en China. Het gaat over de kunst van het weglaten van alles wat overbodig is. Er wordt snel gewerkt, anders loopt de inkt uit. Daar is een grote concentratie voor nodig (Hirayama, 2000).
- Bepaalde vormen van mandala tekenen, bijvoorbeeld het tekenen van stromingsmandala's (afbeelding 5.35). Men tekent met potlood enigszins parallel lopende golvende lijnen, waarbij de volgende lijn steeds uit de vorige voortkomt (Molenaar, 1996).
- Bepaalde werkwijzen uit de antroposofische kunstzinnige therapie, bijvoorbeeld het vormtekenen (Baukus & Thies, 1997), het nat in nat schilderen met aquarelverf op vochtig papier, het arcerend tekenen en het boetseren van platonische lichamen, waarbij gelijkzijdige veelvlakken worden vormgegeven vanuit de bol (Avelingh, 1995).
- Ritmisch tekenen en tweehandig tekenen, door beeldend kunstenaar Itten overgenomen uit de Mazdaznanleer (Molenaar-Coppens, 1994).
- Pottendraaien op een draaischijf mobiliseert en richt de aandacht. Ook bevordert het pottendraaien het lichaamsbewustzijn.

Tot slot

Het werken vanuit een aandachtgerichte houding is een subtiele en fijnzinnige vaardigheid die zonder training en dagelijkse beoefening van meditatie niet door een behandelaar, dus ook niet door een beeldend therapeut, ingezet kan worden. De trainer dient grondig ervaring te hebben met meditatie. Het is van belang om minimaal de training MBSR of MBCT, zelf te ondergaan, om deze werkwijze vaardig te kunnen begeleiden. In Nederland kan men opgeleid worden tot aandachttrainer aan het Instituut voor Mindfulness. Volgens aandachttrainers is mindfulness echter geen techniek maar een levenshouding (Vernooij e.a., 2008).

Verantwoording van de casus
Door aandachtgerichte beeldende therapie oefent de cliënt zich in het richten en vasthouden van de aandacht bij het tekenen van de stromingsmandala. Deze werkvorm vraagt erom met de aandacht in het hier-en-nu aanwezig te zijn en te vertrouwen op het natuurlijke ontstaansproces van de mandala. Bovendien oefent de cliënt in het aandachtig volgen van handelingen, gevoelens en gedachten. Dit, naast het oefenen van een oordeelvrije houding, kan haar helpen meer in het hier-en-nu aanwezig te blijven en zo haar angsten en spanning te reguleren.

5.4.13 SENSOPATISCHE BEELDENDE WERKVORMEN

Kim (16) heeft een eetstoornis en bevindt zich in de opnamegroep van de kliniek. Ze doet mee aan de methode sensopatische werkvormen, om meer in contact te komen met haar gevoel. Tijdens de sessies ervaart ze het werken en spelen met de materialen als wisselend. Datgene wat ze tot uitdrukking probeert te brengen met haar werkstukken, is qua thematiek steeds vrij zwaar (bijvoorbeeld een werkstuk met de titel 'eenzame wanhoop'). Dit verandert wanneer Kim in de derde week gaat werken met buigzaam materiaal. Het werkstuk toont speels en de naam die ze eraan geeft klinkt minder zwaar dan anders. Zelf vindt ze dit heel onprettig, ze schaamt zich voor het werkstuk en wil het werkstuk het liefst weggooien. Tijdens de laatste (vijfde) week van de methode wordt gewerkt met afvalmateriaal. Aan het eind van die sessie geeft Kim aan dat ze de associaties die het afvalmateriaal oproept weliswaar niet prettig vindt, maar ze komt toch tot vrije vormgeving en houdt zelfs de mogelijkheid open om vaker met afvalmateriaal te werken.

Afbeelding 5.36.

Grondlegger

Het belang van lichamelijke gewaarwording wordt vanuit diverse richtingen onderkend. Brooks (1974) stelt dat het kunnen stilstaan bij lichamelijke gewaarwordingen de basis vormt voor een gezonde emotiehuishouding, waarbij pathologische preoccupaties afnemen door het aanbieden van diverse zintuiglijke ervaringen. Langs deze weg kunnen rigide, onproductieve afweermechanismen overbodig worden. De methode sensopatische beeldende werkvormen zoals beschreven door Salm (2007) is hierop gebaseerd. De methode is een combinatie van zintuiglijke waarneming en beleving, spelbeleving en beeldende expressie en maakt gebruik van ideeën uit de ontwikkelingspsychologie en het zenboeddhisme ('mindfulness').

Beschrijving
Theoretische onderbouwing
De methode met sensopathische beeldende werkvormen bestaat uit een aantal beeldende werkvormen met verschillende materialen, waarbij gedurende de werkvorm de nadruk ligt op zintuiglijke waarneming van het materiaal. Deze werkvormen worden sensopatische beeldende werkvormen genoemd. De zintuiglijke waarneming wordt gestimuleerd doordat de therapeut aan het begin van iedere werkvorm steeds als warming-up samen met de cliënt het materiaal onderzoekt (hoe voelt het, hoe ruikt het enzovoort) en door de uitnodiging om al spelend en experimenterend met de materialen tot vormgeving te komen.

Hierdoor wordt enerzijds de omgang met het gevoel weer op gang gebracht en tegelijkertijd wordt dit gekoppeld aan een veilige structuur en spelervaringen.

Kenmerkend voor spel (Verhulst, 2005) is dat er niet direct een doel mee bereikt hoeft te worden. In het spel kunnen kinderen hun eigen regels volgen. Spel is voor kleuters een belangrijk middel om met conflicten en angsten te leren omgaan en ze te overwinnen. In de spelontwikkeling wordt sensopatisch spel als eerste stadium van het spel genoemd. Delcours (1994) benadrukt het belang van spelen voor volwassenen en noemt hierbij de volgende voordelen van spel:
- spel schept een enorme kans tot expressie;
- in het spel vindt de spelende een uitdaging om voorheen onbetreden gebieden te ontdekken: hij/zij leert grenzen verleggen en vindt daarin een persoonlijke bevestiging;
- spel roept herinneringen en beelden op;
- het ik-gevoel en de eigenwaarde kunnen gevoed worden in en door spel;
- spel leidt tot herstel en herwaardering van de fantasie. Fantasie is een voorwaarde om verandering mogelijk te maken.

Door het (her)ontdekken en bewust worden van zintuiglijke waarneming en beleving wordt de cliënt uitgenodigd om in het hier-en-nu te komen (en te blijven) en uit het hoofd te komen. Dit maakt de weg vrij voor emoties en spelbeleving. Tegelijkertijd kan het sensopathische spelstadium opnieuw worden doorleefd, zodat de cliënt de mogelijkheid krijgt om weerstanden te overwinnen, grenzen te verleggen en verandering mogelijk te maken.

Behandelfase

De methode is ontwikkeld voor een klinische opnamegroep en een kortdurende beeldendcreatieve therapie. De methode kan gebruikt worden zowel in de observatiefase als in de behandelfase.

Doelgroep

De doelgroep van sensopathische beeldende werkvormen bestaat uit cliënten die weerstand hebben tegen voelen of moeilijk met gevoel en voelen om kunnen gaan of waarbij zintuigactivering een belangrijke therapeutische rol zou kunnen hebben.

Werkwijze

De behandelstrategie die in deze methode wordt gehanteerd is vooral supportief. Het accent ligt op het experimenteren met materialen en het zich bewust worden van de zintuiglijke beleving die de materialen oproepen. Verder wordt de cliënt uitgenodigd om de beleving en het gevoel van het moment vorm te geven.

Specifieke werkvormen

De methode bestaat uit zeven werkvormen die ieder een ander materiaal als uitgangspunt hebben, te weten: voorwerpen, krijt, klei, papier, kosteloos materiaal en textiel, vingerverf en buigzaam materiaal. Het hoofddoel van de methode is het zintuiglijk beleven van verschillende materialen en het benoemen van ervaringen hiermee. Subdoelen zijn het kennismaken en experimenteren met de materialen en spelbeleving, het bewust worden van beleving van zintuigen en emoties en het benoemen hiervan en het omzetten van gevoel (tast) naar beeld.

Onderzoek

De methode van sensopathische beeldende werkvormen is onderbouwd met onderzoek (Salm, 2007). Aan de hand van een vragenlijst is het effect gemeten van het aanbieden van de methode op de gevoelsbeleving (onder andere de stemming), zintuiglijke beleving en spelbeleving. Uit het onderzoek is gebleken dat de werkvormen in meer of mindere mate een effect hebben op alle onderdelen. Interessant hierbij is dat de afwezigheid van een effect op de stemming in een aantal gevallen als onprettig wordt ervaren. Dit zou te verklaren zijn doordat er een soort verwachting ontstaat ten aanzien van het effect op de stemming: geen invloed wordt als onprettig ervaren.

> **Verantwoording van de casus**
> Kim werkt gedurende een aantal weken met sensopatische beeldende werkvormen, waarbij steeds een aanspraak gedaan wordt op de zintuiglijke beleving van het materiaal. Hierdoor wordt het gevoel van Kim voor een deel weer op gang gebracht. In eerste instantie ervaart Kim dit als onprettig, ze schaamt zich voor het feit dat ze 'gespeeld' heeft tijdens het werken. Aan het eind van de module (na vijf weken) kan Kim aangeven dat ze de associaties bij het gebruikte materiaal onprettig vindt, maar ze houdt de mogelijkheid open om vaker met het materiaal te werken. De weerstand ten aanzien van het spelen met het materiaal is overbodig geworden. Ze heeft hiermee een grens verlegd, zodat verdere verandering mogelijk wordt.

5.5 Beeldendtherapeutisch-diagnostische instrumenten

5.5.1 DIAGNOSTIC DRAWING SERIES

> Joris (38 jaar) is net opgenomen op een open afdeling van de ggz in de Randstad. Hij vertoont de laatste tijd toenemend, onrustig en 'vreemd' gedrag. Joris komt steeds minder vaak het huis uit en heeft de ramen dichtgeplakt. Hij is zich steeds meer gaan isoleren en vertelt warrige verhalen die niemand kan volgen. Na melding door buurtgenoten heeft de wijkagent contact gezocht met de crisisdienst. In overleg met de crisisdienst werd hij opgenomen voor observatie. Op de afdeling is het onduidelijk wat er met hem aan de hand is. Joris is al langer bekend bij de hulpverlening. Hij is door de jaren heen een aantal keren opgenomen geweest. De vraag van het behandelteam aan de beeldend therapeut is: 'Kun je een bijdrage leveren aan de observatie en diagnostiek om een beter beeld van Joris te krijgen?' In het kader van de Diagnostic Drawing Series maakt Joris drie tekeningen.

Afbeelding 5.37 Tekening 1.

Grondleggers

De Diagnostic Drawing Series (DDS) werd in 1981 ontwikkeld door twee beeldend therapeuten uit Washington: Barry M. Cohen en Barbara Lesowitz. De DDS is een tekentest die individueel wordt afgenomen. Hij is bedoeld voor gebruik in de diagnostische fase van een behandeling. Bij de test zijn een handboek (Cohen, 1994) en een scoringshandleiding (Nederlandse vertaling in opdracht van de DDS Werkgroep Nederland: Hensbroek, 2006) verschenen. Aspecten van de tekeningen die de cliënt maakt, worden op systematische en objectieve wijze beoordeeld door de therapeut. Zo vormt de DDS een hulpmiddel bij het stellen van een aan de DSM-IV gerelateerde diagnose en geeft hij handvatten voor de beeldende therapie (Cohen e.a., 1988; 1994; Mills e.a., 1993).

Beschrijving

Het afnemen van de tekentest

De Diagnostic Drawing Series (DDS) dient tijdens het eerste therapiecontact individueel afgenomen te worden. Hoewel de test met name is ontwikkeld voor personen vanaf 17 jaar is er ook onderzoek gedaan naar het gebruik bij 5-17-jarigen (Neale, 1994). De test bestaat uit drie delen. Elk van deze delen omvat het maken van één tekening. In elke tekening komt een ander aspect naar voren van de wijze

Afbeelding 5.38 Tekening 2.

waarop een cliënt reageert op de opdrachten. Elke tekening wordt op een apart vel papier gemaakt en het papier mag in alle richtingen gedraaid worden. Aan elke tekening mag de cliënt maximaal één kwartier werken. Als de cliënt eerder aangeeft dat de tekening af is, krijgt hij direct instructies voor de volgende tekening. Tijdens het maken van de tekeningen wordt er, afgezien van de instructies die de therapeut geeft, niet gepraat. Dat wordt de cliënt vooraf duidelijk uitgelegd. Pas als de drie tekenopdrachten uitgevoerd zijn, kan de the-

Afbeelding 5.39 Tekening 3.

rapeut een aantal onderzoeksvragen stellen (de zogenaamde 'Drawing inquiry'-vragen) en kan er wel gepraat worden over de tekeningen. Dit is geen integraal onderdeel van het diagnostische onderzoek, maar een manier om de tekeningen te verwerken en informatie over inhoud en proces te verkrijgen.

Om een standaard te hanteren, luistert het gebruik van de materialen voor de test zeer nauw. Zo zijn wit tekenpapier vereist van 130-150 gram in de afmeting 45 bij 60 centimeter en uit Amerika afkomstige pastelkrijtjes van het merk Alphacolor in vaststaande kleuren. Bij de tekentest hoort een scoringshandleiding en een scoringslijst (zie de site). Deze scoringslijst onderscheidt 22 structuuritems, waarmee een zo objectief mogelijke scoring wordt nagestreefd. De tekeningen worden niet zozeer beoordeeld en geclassificeerd op wat er inhoudelijk te zien is, maar veel meer op de structuur. Verschillende structurele kenmerken blijken namelijk indicatief voor specifieke psychopathologie. Voor de categorieën die zijn gedefinieerd, zijn scoringscriteria opgesteld. Op enkele uitzonderingen na worden alle drie de tekeningen op alle categorieën gescoord. Voorbeelden van categorieën zijn: kleurtype (aantal gebruikte kleuren), integratie van de verschillende elementen van de tekening en woordinclusie. Ook als de cliënt niet tot een tekening komt, of een of meer tekeningen niet af krijgt, wordt het resultaat dat er wel is of het blanco vel papier als deel van de serie gebruikt. Het interpreteren van de scores vereist nogal wat kennis en ervaring. Een DDS-training is daarom zeer wenselijk.

De drie tekenopdrachten

Deel 1 van de DDS is een vrije opdacht, namelijk: 'Maak een tekening met deze materialen.' Voorbeelden van vragen die na afloop over deze opdracht gesteld kunnen worden, zijn:
- Hoe zou u deze tekening beschrijven?
- Welke betekenis hebben de gebruikte kleuren?
- Welke titel zou u geven aan de tekening?

Bij deel 2 hoort een gestructureerde opdracht: 'Teken een boom'. Ook als de cliënt bij de eerste opdracht een boom tekende, wordt deze opdracht gegeven. Voorbeelden van vragen die de therapeut na afloop over deze opdracht kan stellen, zijn:
- Hoe zou u deze boom beschrijven?
- Waar zou deze boom moeten staan?
- Welk gedeelte van de boom vindt u het minst leuk? Waarom?

In deel 3 wordt de cliënt gevraagd een gevoelstekening te maken via de opdracht: 'Maak een tekening van hoe u zich nu voelt, met behulp van lijnen, vormen en kleuren'. Voorbeelden van vragen die na afloop over deze opdracht gesteld kunnen worden, zijn:
- Welke betekenis hebben de gebruikte kleuren?
- Wat stellen deze beelden voor u voor?
- Welke titel zou u geven aan de tekening?

Verwerking van de DDS-serie in stappen

Na het afnemen van de tekentest van de Diagnostic Drawing Series en de vragenlijst volgt de scoring en analyse. Dit gebeurt aan de hand van zeven stappen. Uitgaande van de drie tekeningen van Joris ziet dat er als volgt uit.

1. Scratch en sniff

Beschrijf je eerste ongenuanceerde indrukken van de serie.
De beeldend therapeut noteert de volgende indrukken: 'Vreemd; gevaar; verbeten; oppervlakkig; verwarrend.'

2. Het invullen van het Tekeningen Analyse Formulier (TAF)

Scoor de drie tekeningen op aanwezigheid van de 22 structurele kenmerken zoals omschreven in de scoringshandleiding voor Diagnostic Drawing Series door Cohen. Noteer de aangetroffen structurele kenmerken op de scoringslijst.

3. Inventarisatie van de Algemene Indicaties van Pathologie per tekening ten behoeve van het vaststellen van de progressie

De progressie in termen van Diagnostic Drawing Series is het verschil in aantal pathologische kenmerken tussen de verschillende tekeningen. De progressie geeft informatie over hoe de maker reageert op gebrek aan structuur (tekening 1), op structuur (tekening 2) en de vraag naar het gevoel (tekening 3).
In de serie van Joris in het voorbeeld zijn in tekening 1 (afbeelding 5.37) en tekening 3 (afbeelding 5.39), meer pathologiekenmerken te tellen dan in tekening 2 (afbeelding 5.38). Hij reageert zodoende met meer 'gezondheid' op de tweede opdracht, de structuuropdracht. Er wordt van tekening 1 naar tekening 2 een pijl schuin omhoog getekend. Tekening 3 telt meer pathologie dan tekening 2. Er wordt een pijl getekend, schuin naar beneden, van tekening 2 naar tekening 3. Zo wordt een profiel gevormd, bestaande uit twee pijlen. In deze serie komt het peakprofiel naar voren. Het peakprofiel tref je vaak aan bij schizofrenie.

De gevonden progressie is:

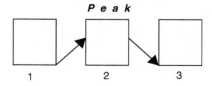

Afbeelding 5.40 Peak.

4. Verwerking van gevonden gegevens

De gegevens van het scoringsformulier, de gevonden pathologie-indicaties en de progressie worden vergeleken met de pathologiegroepen zoals die door Cohen e.a., middels onderzoek, zijn vastgesteld. De gevonden gegevens komen bij Joris volledig overeen met de gegevens die horen bij het ziektebeeld schizofrenie. Daarnaast scoort de serie ook op manie. Bij de andere pathologiegroepen is dat beduidend minder het geval.

5. Overige observaties

Voor de tekeningen in het voorbeeld gelden de volgende overige observaties.
- Cliënt blijft verre van expressie. Hij gebruikt weinig kleur, er is geen menging te zien, in de tekeningen wordt alleen gebruikgemaakt van lijnfiguren. Het gebruik van vormgeving die het contact met beleving en uiting vergroot, wordt vermeden. Denk hierbij aan gebruik van menging, veel kleur en vormgebruik enzovoort.
- De boom scoort geïntegreerd. De boomtekening is de opdracht die het meest structuur en richting geeft. In deze serie vinden we in de boomtekening de minste pathologie. Dat is een kenmerk bij schizofrenie.
- Tekst. De functie van het gebruik van tekst (cijfers en letters) in deze serie is die van labelen. De maker heeft de behoefte om een uitleg te geven aan wat hij letterlijk getekend heeft. Mensen met schizofrenie hebben de behoefte om de betekenis vast te houden, omdat er vaak sprake is van verwarring en iets even later weer een andere betekenis kan hebben. Letterlijk schrijft hij erbij wat het is. Zoals 'rozenkrans' in tekening 3 (afbeelding 5.39). Je kunt dat zien als een middel om grip te houden. Bij manie is de functie van tekst eerder associatief. De ontremming bij manie maakt dat de persoon verhoogd associatief is.
- In tekening 1 (afbeelding 5.37) zien we vreemde mannetjes verschijnen. Waarvan één met idiosyncratisch (onnatuurlijk) kleurgebruik. Er staat een tekst bij: 'Farao met de cap'. In tekening 3 (afbeelding 5.39) komen religieuze items naar voren, maar ook een piramide. De cliënt houdt een onsamenhangend verhaal waar hij zelf niet uitkomt. Het verhaal verandert een paar keer in het nagesprek. Het is verwarrend.
- In de serie is geen opbouw van emotionele intensiteit te zien.

6. Synthese

Joris is een man die in de tekeningen veel behoefte aan structuur laat zien. Hij doet dit door gebruik te maken van alleen lijnfiguren, weinig kleur, geen menging, en tekst als labeling. Hij reageert goed op structuur, gezien tekening 2 (afbeelding 5.38). In tekening 1 (afbeelding 5.37) (ongestructureerd) en tekening 3 (afbeelding 5.39) (semigestructureerd) krijgen verwarring en vervreemding een kans. Zodra hij in de opdracht enige ruimte krijgt, wordt de pathologiescore hoger. Hij lijkt het nodige te beleven maar lijkt er geen grip op te hebben. Er is geen eenduidigheid in het verhaal, eerder verwarring.

7. Conclusie

De data en de aanvullende informatie wijzen in het voorbeeld van Joris sterk op iemand die aan schizofrenie lijdt. Daarnaast wordt duidelijk dat hij hoogstwaarschijnlijk in een psychotische periode zit. Dit gezien zijn onsamenhangende verhaal en zijn onvermogen om gedachten en belevingen vast te houden. Hij probeert dit wel door tekstlabels toe te passen in zijn tekenwerk. Het inzetten van veel structuur in de tekeningenserie, het zich verre houden van expressie (toename expressie is afname structuur) kunnen dan gezien worden als pogingen om verwarring en chaos tegen te gaan. Hij slaagt daar niet in, tenzij de structuur van buitenaf opgedragen wordt, denk hierbij aan de boomopdracht.

Onderzoek

Er is wat betreft de Diagnostic Drawing Series, zowel in Nederland als daarbuiten, ruim onderzoek gedaan naar de structurele eigenschappen van de drie tekeningen bij uiteenlopende psychische en psychiatrische stoornissen (zie onder andere Couch, 1994; Fowler, 2001; Fowler & Ardon, 2002; Kessler, 1994; Woodward, 1998). Onderzoek heeft plaatsgevonden naar tekeningen van cliënten met een dysthyme stoornis, depressie, bipolaire stoornis, schizoaffectieve stoornis, schizofrenie, organische stoornis (behalve dementie), borderline persoonlijkheidsstoornis, posttraumatische stressstoornis (PTSS), dissociatieve identiteitsstoornis, eetstoornissen, middelenmisbruik en een gezond functionerende controlegroep. Uit deze studies blijkt dat de tekeningen van de genoemde cliëntgroepen op diverse aspecten significant verschillen van die van de gezonde controlegroep. De DDS heeft een aantal duidelijke voordelen ten opzichte van veel andere testen. Het instrument is laagdrempelig voor de meeste cliënten en betrekkelijk eenvoudig te verwerken door de therapeut. Het is een echt non-verbale test, ook wel Art-Based genoemd. Men verkrijgt een hoge respons met relatief weinig weerstand. Organiciteit kan er snel mee worden opgespoord en in vergelijking met de meeste projectieve testen heeft de DDS een hogere betrouwbaarheid (Bolander, 1977). De test neemt weinig tijd in beslag en bovendien zijn de resultaten gemakkelijk te delen met andere disciplines.

Uit een inventariserend praktijkonderzoek (Bolte e.a., 2008) blijkt dat 26 procent van de beeldend therapeuten in Nederland de DDS regelmatig toepast. Daarmee is het verreweg de meest toegepaste Art-Based-test in ons land. Donna J. Betts promoveerde in 2005 op een proefschrift getiteld, 'A systematic analyses of art therapy assessment and rating instument literature'. Zij stelt dat in Noord-Amerika de DDS en de PPAT (Person Picking an Apple from a Tree) het meest worden toegepast. Ook zijn hier de meeste studies naar verricht. Zij concludeert echter ook dat er nog veel onderzoek nodig is naar de validiteit en betrouwbaarheid van diagnostische assessments. Hier ligt nog een grote taak voor beeldend therapeuten.

> **Verantwoording van de casus**
> Gezien de score van de serie, de aanvullende informatie uit het verhaal en de analyse van de tekeningen, zijn er bij Joris sterke aanwijzingen in de richting van de ziekte schizofrenie. Verder lijkt er sprake te zijn van een psychotische fase. De andere leden van het behandelteam bevestigen deze conclusies.

5.5.2 RS-INDEX GRAFISCHE ELEMENTEN (RSIGE)

> Er was een garage waar heel veel auto's met een kapotte uitlaat kwamen. De garagehouder dacht na over manieren om zijn bedrijf efficiënter en winstgevender te maken. Hij vroeg daartoe een onderzoek aan bij de universiteit. Een enthousiaste onderzoeker kwam de uitlaten bestuderen. Hij schreef op hoeveel metaal, schroeven, lassen, tijd en ruimte enzovoort er per uitlaat nodig waren. Zo kwam hij tot een uiterst kloppend overzicht met een prachtig gemiddelde van alle ingrediënten. De uitkomst was om dit gemiddelde te benutten voor alle uitlaten. De garagehouder was enthousiast en hij vulde zijn voorraadruimte met de wetenschappelijk berekende gemiddelde uitlaat. Vol trots wachtten garagehouder en onderzoeker op de eerste auto met kapotte uitlaat. Helaas, de uitlaat paste niet...

Grondlegger
De RS-index Grafische Elementen (RSiGE) is ontwikkeld door beeldend therapeute Marijke Rutten-Saris, PhD. AT. De RSiGE ontstond tijdens haar onderzoek naar non-verbale communicatie tussen 1980 en 1992. Rond 1990 ontstond, op basis van de meest terugkerende beeldelementen en psychologische interpretaties, een lijst in de structuur van de RS-matrix.

Beschrijving

Achtergrond
Pasgeborenen ontwikkelen zich tot kleuters met specifieke motorische kenmerken per jaar. De gemiddelde motorische ontwikkeling tussen 0 en 5 jaar blijkt een stabiele standaard aan te geven om grafische elementen te kunnen ordenen. De zich ontwikkelende bewegingen kunnen zichtbaar worden met behulp van beeldend (teken)materiaal. Dit is zo in de hele wereld en van alle tijden. Wanneer dit proces niet vanzelf verloopt, spreken we van een stoornis of beperking.

De EBL-filosofie en de RSiGE zijn tegelijkertijd ontstaan. De volgende vier filosofische principes speelden daarin een hoofdrol (Bosman, 2008; Rutten-Saris, 1983).
1 Mentale processen zijn belichaamd.
2 De mens is een complex adaptief systeem.
3 Waarneming is het resultaat van interactie tussen wie we zijn en wat we waarnemen.
4 Onderscheid tussen normaal en abnormaal is problematisch.

De RS-matrix structureert alle stappen van het instrument RSiGE. De beeldelementen in de RSiGE zijn benoemd als Grafische Elementen en beschreven met hun grafische voorkomen, de benodigde motoriek en mogelijkheden en moeilijkheden die daaruit voortvloeien.
Voor het onderzoek is in eerste instantie gebruikgemaakt van krijttekeningen met Stockmarblokjes. Daarna zijn alle tekenmaterialen en ook waterverf bij het onderzoek betrokken.

RSiGE-testmateriaal
De RSiGE kan overal, bij iedere tekening, uit elk spoor dat door bewegen met een materiaal is nagelaten op een ondergrond, en bij iedereen van 0-110 jaar, afgenomen worden. Hoe minder er bij de tester bekend is over de tekenaar, hoe betrouwbaarder de test is gebleken. De test is bedoeld voor gebruik in de diagnostische en de evaluatieve fase en bij het beëindigen van een behandeling.

De RSiGE-diagnose

De RSiGE-diagnose leidt tot een assessment van aanwezige Grafische (en daarmee Motorische) Elementen per EBL-Laag. Er is een verband met EBL, want uit elke tekening kan een EBL-diagnose opgebouwd worden. Vanuit de bij de cliënt aanwezige Grafische Elementen ziet de tester, de voor de cliënt typische motorische patronen en diens Interactiestructuren van de EBL. Al reflecterend reconstrueert hij hoe de cliënt met zichzelf en de wereld omgaat. Ook komt de tester tot duidelijke handelingsprincipes om ontwikkeling van de Interactiestructuren alsnog, meer of weer in gang te zetten, waardoor het gedrag meeverandert.

Het inzetten van de test bij evaluaties geeft informatie over voortgang en duidelijke handelingsprincipes voor bijstelling. Tevens wordt duidelijk of de behandeling beëindigd kan gaan worden. De test bij de afronding geeft richting aan het zo effectief mogelijk omgaan met de eigen motorische basis en het daaruit voortkomende gedrag.

Beschrijving van het instrument
Het maken van een RSiGE-assessment

De handleiding (Rutten-Saris, 2002) heeft vier hoofdstukken met een vast protocol van regels per onderdeel.

Hoofdstuk 1 en 2, Archiveren en Noteren, zijn statisch. Dat wil zeggen: technisch uitvoerbaar en daarom zeer betrouwbaar. Hoofdstuk 3 en 4, Reflectie en Behandelplan, zijn dynamisch. Dat wil zeggen dat deze een persoonlijke betrokkenheid van de tester vereisen in de vorm van een hermeneutisch interpretatieproces. Voor RSiGE geldt het volgende stappenplan.

Stappenplan

1. *Archivering*
De originele tekening(en) worden op een vaste manier op de computer opgeslagen. Er wordt meteen ook een kopie gemaakt met de aanvulling GE. De gearchiveerde tekeningen worden (teneinde de betrouwbaarheid te verhogen) gestuurd naar een RSiGE-gecertificeerde collega die de hele procedure uitvoert.

2. *Notatie*
2.1. *Noteren*
GE-nummers uit de RSiGE in een gekopieerde tekening zetten.

2.2. *Denoteren*
Notatie kopiëren, genoteerde GE-nummers een Standaard- of Derived-waarde toekennen.

2.3. *Analyseren*
Alle niet voorkomende GE-nummers wissen. Wat overblijft is datgene dat aan de orde is.
De binnengehaalde tekst omschrijven op de volgende manier:
– Standaard: 'Zij/hij kan...'
– Derived: 'Zij/hij heeft moeite met...'.
– Combinatie van standaard en derived: 'Soms kan zij/hij... soms heeft zij/hij moeite met...'.

Standaard motorische ontwikkeling wil zeggen: het lichaam van het kind voegt zich vanzelf naar zichzelf en de omgeving.
Derived betekent dat de cliënt op dat gebied aan het leren is, en dat kost meer moeite. Het vanzelf voegen van het lichaam betekent ook het vrijelijk beschikbaar zijn van motoriek, zoals iemand bijvoorbeeld vanzelf kan fietsen en intussen andere dingen kan doen.

3. *Reflectie*
3.1. *Reflecteren*
Het overgebleven deel opnieuw kopiëren en nu alle GE-nummers van 0-87 per EBL-Laag chronologisch op elkaar betrekken. Als je toen bij GE 06 dit had, hoe werkte dat in op GE 10 & GE 12 enzovoort. Opmerkingen exact per GE-nummer erachter plaatsen.

3.2. *Reconstrueren van de geschiedenis van de ontwikkeling van de Interactiestructuren van de cliënt*
Het vorige deel opnieuw kopiëren en per Laag er lopend Nederlands met logisch volgende conclusies van maken.

3.3. *Extraheren van een diagnose volgens de Lagen van de RS-matrix*
Het vorige deel opnieuw kopiëren en per Laag woorden kleuren die essentieel zijn. Hiervan een uittreksel maken. De diagnose wordt meestal aangevuld met taal en voorbeelden uit het eigen beroep.

3.4. *Persoonlijk profiel*
Een uittreksel (soms zijn meerdere uittreksels nodig) uit het hele proces, zoals het het meest bruikbaar is om te bespreken met de cliënt en diens belangrijke anderen. Hier wordt aan gewerkt tot de diagnose goed genoeg bevonden is.

3.5. Overleg
Het Persoonlijk Profiel wordt opgestuurd naar wie daarvoor in aanmerking komen. Vanwege de betrouwbaarheid blijft het hele proces bewaard. Dat is ook van belang om fouten zichtbaar te maken en die te kunnen herstellen.

4. Behandelplan
Vanuit ieders eigen beroep met behulp van de RS-matrix, wordt geformuleerd:
- doel;
- werkdoelen;
- werkwijzen;
- tijdspad;
- financiën.

'Het is belangrijk om vast te stellen (diagnosticeren) hoe het er op enig moment voorstaat (statisch aspect), anderzijds willen we ook zicht krijgen op de mogelijkheden om veranderingen te bewerkstellen wanneer het leren of de ontwikkeling stagneert of problematisch wordt (dynamisch aspect)' (Anna Bosman, 2008).

Onderzoek
Naar RSiGE is het volgende onderzoek gedaan: PhD. AT onderzoek 'The RS-index; A Diagnostic Instrument for the Assessment of Interaction-structures in Drawing', aan de University of Hertfordshire in het Verenigd Koninkrijk, in de faculteit Art & Design met een link naar de faculteit Art Therapy. Van 1992 tot 2002 is er gewerkt aan de theoretische fundering van het materiaal dat sinds 1980 is verzameld. Het eerste deel van het onderzoek is besteed aan het betrouwbaar maken van de Notatielijst en de Denotatie via het geven van vijf opeenvolgende trainingen aan een gemêleerde groep hulpverleners. Als pre-test en post-test kregen ze allemaal dezelfde computergemanipuleerde tekening. Als tests tussendoor kregen zij tekeningen uit allerlei doelgroepen uit diverse culturen (Gewoon: 0-5 jaar, schoolkinderen, pubers, volwassenen, kunstenaars. Bijzonder: autisme, affectieve stoornis, bipolaire stoornis, depressie, dissociatieve identiteitsstoornis, eetstoornissen, epilepsie, geriatrie, persoonlijkheidsstoornis, posttraumatische stressstoornis, revalidatie, schizofrenie, verslaving, verstandelijke handicap). De bijzondere tekeningen zijn vergeleken met de gewone. Omdat er genoteerd wordt op losse GE, en niet op

voorstelling, is er altijd een flink aantal dezelfde GE bij beide groepen te vinden. Door gebruik van een codenaam hadden de hulpverleners geen idee waar de tekeningen vandaan kwamen. Ze Noteerden, Denoteerden en Analyseerden alle tekeningen op dezelfde manier.

Het tweede deel is uitgevoerd met één tekening van een 6-jarig gewoon kind, 86 tekeningen van een forensische cliënt die de onderzoekster zelf drie jaar in therapie had en drie tekeningen van een totaal onbekende forensische cliënt, die ze vroeg om drie tekeningen te maken met Stockmarkrijt op A3.

6 De beeldend therapeut in de organisatie

Beeldend therapeuten werken in verschillende organisatievormen. Veel beeldend therapeuten werken in de geestelijke gezondheidszorg, de ggz, of in het onderwijs, een eigen praktijk of een ander werkveld. In de ggz hebben de laatste jaren veel vernieuwingen plaatsgevonden die gevolgen hebben voor de positie in de instelling van de beeldend therapeut. Deze krijgt steeds vaker te maken met meerdere doelgroepen op meerdere afdelingen en dus met mogelijk andere visies, verschillende teams en verschillende vraagstellingen.

Ondanks die verschillende visies van teams in de ggz is er vooral een grote gemeenschappelijke noemer: het therapeutisch behandelen van cliënten. Dat is voor beeldend therapeuten die in het (speciaal) onderwijs werken anders. Die organisatie is primair gericht op lesgeven en de cliënten heten leerlingen. Beeldend therapeuten met een eigen praktijk hebben een solistische positie met heel specifieke aandachtspunten. Elke organisatievorm vraagt een andere insteek van de beeldend therapeut.

Voor beeldend therapeuten is ook de financiering van de hulpverlening een belangrijk item. Zonder geld immers geen therapie. Het beschikbare budget heeft invloed op de visie van een afdeling en de mogelijkheden van de therapeuten. Efficiëntie en transparantie worden belangrijker, wat mede leidt tot de roep om het ontwikkelen van producten en modulen en het aanspreken van nieuwe doelgroepen. De beeldend therapeut zet daarop toegespitste behandelvormen in, gestuurd door de vernieuwingen in de gezondheidszorg en door de vraag van de zorgverzekeraar en de cliënt.

Waar en hoe de beeldend therapeut ook werkt, rapporteren is een essentieel onderdeel van het werk. Het beeldend proces wordt in woorden vertaald en zo zichtbaar en bespreekbaar gemaakt in de organisatie en naar buiten toe. De rapportage verbindt de verschillende disciplines met elkaar en met betrokkenen buiten de instelling. Multidisciplinair samenwerken is een belangrijk onderdeel van de dagelijkse praktijk van veel beeldend therapeuten. Zij werken in een team met collega's die allemaal hetzelfde doel hebben, de cliënt 'beter maken', maar daartoe andere middelen inzetten. Om het gemeenschappelijke doel te kunnen bespreken en bereiken, is het belangrijk elkaar te verstaan. Ten slotte komen ook aanverwante beroepen in beeld: om goed te kunnen uitwisselen en indiceren is het belangrijk zicht te hebben op het 'eigen-aardige' van de eigen therapie en van aanverwante en erop lijkende therapievormen.

6.1 Organisatie van de zorg

Beeldend therapeuten zijn werkzaam binnen instellingen op het gebied van de geestelijke en somatische gezondheidszorg, de zorg voor mensen met een verstandelijke beperking, justitiële instellingen zoals de forensische psychiatrie, welzijnsinstellingen, revalidatiecentra, asielzoekerscentra en het (speciaal) onderwijs. Afhankelijk van de zorgbehoefte is de behandeling ambulant (poliklinisch of extramuraal), dagklinisch (semimuraal) of klinisch (residentieel of intramuraal). Daarnaast zijn er beeldend therapeuten die een eigen praktijk hebben. Op de dvd zijn diverse instellingen te bekijken.

> 'Transmuraal, intramuraal, semimuraal, zorg op maat, stepped care, transparant, protocollair, producten en modulen, 'evidence-based', MFE's, RPC's, dbc's, DBBC's, RIAGG, AWBZ, APZ, PAAZ, zorgkantoor... Maar ik ben BEELDEND therapeut!'

Je kunt je afvragen wat een beeldend therapeut moet weten van al deze termen en afkortingen, over organisatiestructuren en vergoedingen. Het is nodig om op de hoogte te zijn van de verschillende ontwikkelingen in de hulpverlening. In welk werkveld de beeldend therapeut ook werkt, om goed aan te kunnen sluiten bij actuele ontwikkelingen, om zijn vak goed te kunnen 'verkopen' en om te kunnen communiceren over zowel de inhoudelijke als de zakelijke kanten, is het belangrijk om iets te weten over de organisatievormen van de geestelijke gezondheidszorg.
Aan de hand van de geschiedenis van een grote Nederlandse zorginstelling kan de ontwikkeling van de geestelijke gezondheidszorg tot de huidige situatie worden geïllustreerd.

6.1.1 GEESTELIJKE GEZONDHEIDSZORG
Van opsluiten naar behandelen
De geschiedenis van de Gelderse Roos, een instelling voor geestelijke gezondheidszorg, is illustratief voor de ontwikkelingen in de ggz zoals deze zich sinds de negentiende eeuw in Nederland hebben afgespeeld. De zorg voor 'krankzinnigen en zenuwlijders' was rond 1900 nog geen taak van de overheid. In 1884 werd de vereniging tot Christelijke verzorging van Krankzinnigen en Zenuwlijders opgericht, uit onvrede met de sociale taken die de kerken volgens de oprichters hebben laten liggen. In 1905 kocht het bestuur van de vereniging een terrein bij station Wolfheze: daar verrees een psychiatrisch ziekenhuis op een groot landgoed, afgesloten van de buitenwereld en naar binnen gericht. In 1907 wordt het algemeen psychiatrisch ziekenhuis Wolfheze geopend. In de paviljoenen wordt als in een gezin geleefd, al zijn ze strikt verdeeld in mannen- en vrouwenafdelingen. Er is ook een verdeling in rustige, halfrustige en onrustige patiënten. Een andere indeling op basis van problematiek bestaat nog niet. Er wordt onderscheid gemaakt tussen de zieken en degenen die nog geobserveerd moeten worden.

De patiënten (en het personeel) wonen intern en veel patiënten kwamen na opname nooit meer terug in de maatschappij. De instelling is een maatschappij op zichzelf, helemaal zelfvoorzienend, tot een eigen

Afbeelding 6.1 Psychiatrie op een landgoed in Wolfheze.

Afbeelding 6.2 Een psychiatrisch ziekenhuis als compleet dorp.

begraafplaats aan toe. In het begin bestaat de geboden zorg uit badverpleging: hele dagen worden de patiënten in een badkuip met koud water gelegd, later vervangen door bedverpleging. Als men ontdekt dat mensen daar dood aan gaan, komt de arbeidsactivering op: patiënten werken in de tuin, de keuken of in de varkensmesterij. In de naoorlogse jaren verschuift de aandacht van 'bezighouden om het bezighouden' naar behandelen. Het besef groeit dat actief bezig zijn ontwikkelings- en veranderingsprocessen op gang kan brengen. De arbeids- en de bezigheidstherapie krijgen vorm: de eerste om het lichamelijk functioneren te bevorderen, de tweede om het psychosociale functioneren te bevorderen.

Ook gaat men gebruikmaken van gymnastiek, zang en van lessen in tekenen en schilderen ter ontspanning en afleiding en ter bevordering van de gemeenschapszin. Van het schilderen en tekenen wordt gezien hoe het ingrijpt in de individuele sfeer. Het blijkt een middel om contact te leggen en moeilijk uitspreekbare gedachten in beeld te brengen, maar het wordt nog niet meteen doel- en klachtgericht ingezet.

In de jaren tachtig van de vorige eeuw ontstaat, uit de door de overheid gestimuleerde samenwerking tussen instellingen, een groot netwerk aan ambulante en semiambulante zorgvoorzieningen, die echter aanbod- en niet vraaggericht werken. Dat volgt pas in de jaren negentig, weer gestimuleerd door de overheid. De Gelderse Roos ontstaat in 1996 uit een fusie en heeft een zorgaanbod dat gedifferentieerd is naar levensfase (jeugd, volwassenen, ouderen) en naar behoefte, van een herstellingsoord, dagbesteding en hulp bij lichte psychische problemen en in samenwerking met de huisarts, tot klinische psychotherapie en internettherapie. Op bijna elke afdeling worden vaktherapieën aangeboden en gaat men regelmatig naar huis om het geleerde in de praktijk te brengen (www.degelderseroos.nl).

Zo kan de arbeidsactivering zich ontwikkelingen tot de vaktherapieën die we nu kennen en krijgt de beeldende therapie een plek in de ggz. De discussie over waar het begeleiden en bezighouden overgaat in therapie en behandelen, blijft (zie ook paragraaf 6.5).

Extramuralisering

In de geschiedenis van de Gelderse Roos springen belangrijke ontwikkelingen in het oog. Een belangrijke verandering in de ggz is de 'extramuralisering' van de zorg: de behandeling en opvang van cliënten met een psychiatrische stoornis is steeds meer gericht geraakt op het contact met en de terugkeer in de samenleving.

Ook is de aansturing van zorg verschoven van de kerken en andere maatschappelijke instanties naar de politiek. Patiënten worden cliënten en centraal staat de vraag waarmee ze aankloppen. Er wordt nu dan ook behandeld in plaats van verpleegd en die behandeling wordt zo doelgericht en kort mogelijk aangeboden. Alles is erop gericht zo snel mogelijk weer zo volledig mogelijk in de maatschappij te kunnen functioneren.

Een opname wordt vaker gezien als een korte onderbreking van ambulante behandeling of als het begin van een klinische behandeling die zo snel mogelijk ambulant wordt voortgezet.

Zorg op maat

Werd eerst de zorg door de instellingen en de behandelaren bepaald en niet door de behoefte van de cliënt, nu is het de zorgvraag van de cliënt die de basis is van de zorg die de instelling biedt: zorg op maat. De cliënt heeft een betere rechtspositie gekregen en het is niet meer alleen de hulpverlener die bepaalt wat goed is voor de cliënt. Hulpverlening wordt steeds meer een samenwerking tussen hulpverlener en cliënt. Niet alle cliënten zullen in staat zijn hiervan gebruik te maken. Ondanks de verbeterde rechtspositie zullen cliënten met bijvoorbeeld een verstandelijke beperking of cliënten met wie het erg slecht gaat niet altijd goed voor zichzelf kunnen opkomen en in een afhankelijke positie zitten.

Eind jaren negentig verandert ook de regelgeving en wordt 'zorg op maat' ook in de regelgeving het nieuwe credo: de juiste zorg op het juiste moment, aansluitend bij de behoeften en de wensen van de cliënt (www.degelderseroos.nl/historie).

Transmurale zorg

Transmurale zorg is in 1995 door de Nationale Raad voor de Volksgezondheid gedefinieerd als: vormen van zorg die, toegesneden op de behoeften van de cliënt, verleend worden op basis van afspraken over samenwerking, afstemming en regie tussen generalistische en specialistische zorgverleners, waarbij sprake is van een gemeenschappelijk gedragen verantwoordelijkheid met expliciete deelverantwoordelijkheden. Transmurale zorg is dus geen voorziening, maar een vorm van zorg waarbij verschillende medewerkers uit verschillende instellingen met elkaar samenwerken om zo beter de vraag van de cliënt te kunnen beantwoorden.

Terwijl de beeldend therapeut eerst vooral binnen een instelling voor een specifieke afdeling werkte, moet hij nu met verschillende behandelteams kunnen samenwerken en zijn aanbod bij de setting kunnen aanpassen. Een cliënt die beeldende therapie heeft gevolgd in een klinische setting en die met een indicatie voor beeldende therapie wordt doorverwezen naar een ambulante setting, kan nu dezelfde beeldend therapeut houden. In plaats van op de oude voet door te gaan echter, moet de beeldend therapeut zijn aanbod aanpassen aan de nieuwe situatie van de cliënt.

Zo moest de beeldend therapeut meegroeien met de ontwikkelingen in de ggz: van bezighouden naar behandelen en van een vast aanbod naar een flexibel inspelen op de situatie.

Stepped care

Stepped care, letterlijk vertaald als getrapte zorg, betekent dat aan de cliënt in eerste instantie de meest effectieve, minst belastende, goedkoopste en kortste vorm van behandeling die gezien de aard en de ernst van de problematiek mogelijk is, wordt aangeboden. Pas als deze minimale interventie onvoldoende effect heeft, wordt naar een intensievere interventie overgegaan. Een volledig uitgewerkt stepped-care-programma biedt een zorgcontinuüm (in de vorm van een stroomdiagram) voor cliënten met een specifieke stoornis. Naast het stroomdiagram worden behandelprotocollen opgenomen waarin

specifieke interventies beschreven staan. Het stepped-careprogramma is gebaseerd op de laatste wetenschappelijke inzichten.
Voor beeldend therapeuten betekent dit dat beeldende therapie zo veel mogelijk kortdurend en in groepsverband gegeven zal worden, bij voorkeur in dagbehandeling. In de praktijk heeft dit ook gevolgen voor de groepsgrootte: steeds vaker zijn er groepen van negen of tien personen, om de no-show te compenseren. Daarnaast werken beeldend therapeuten ook steeds nauwer samen met andere disciplines in behandelvormen die hun effectiviteit bewezen hebben, zoals de cognitieve gedragstherapie (CGT) en de schemagerichte benadering.

Zorgcircuits en zorgprogramma's
Het is lang gebruikelijk geweest om de geestelijke gezondheidszorg onder te verdelen in intramurale (klinische), semimurale (dagklinische) en extramurale (poliklinische) ggz. Tegenwoordig wordt in zorgcircuits gedacht, die zich niet beperken tot de ggz-voorzieningen, maar waarin ook samengewerkt wordt met andere zorginstellingen.

Zorgcircuits
- eerstelijns-ggz;
- ggz-preventie;
- ggz voor kinderen en jeugdigen;
- ggz voor volwassenen;
- ggz voor ouderen;
- forensische psychiatrie;
- verslavingszorg;
- multi-problemzorg, zoals forensische verslavingszorg of de zorg voor mensen met een verstandelijke beperking in combinatie met een psychiatrische stoornis.

In deze zorgcircuits worden zorgprogramma's ontwikkeld: een samenhangend hulpaanbod, dat als kader wordt gebruikt bij het samenstellen van een individueel behandelplan.
Voor de beeldend therapeuten is het zaak ervoor te zorgen dat de beeldende therapie een duidelijke plaats krijgt in de zorgprogramma's. Er wordt immers bij een vraag van een cliënt een passend behandelaanbod gezocht in plaats van een standaardbehandelprogramma aan te bieden. Daarvoor is het nodig om een heldere bouwsteen voor de zorgprogramma's te leveren: welke producten kan de beel-

dende therapie bieden en hoe kunnen die aan het stepped-caredenken worden aangepast.

Stepped care, zorgcircuits en zorgprogramma's, daarvan was in de vorige eeuw in Wolfheze, bij de voorloper van de Gelderse Roos, geen sprake als een patiënt de tuin werd ingestuurd om onkruid te wieden.

MFE's en RCP's

Om zorgcircuits en zorgprogramma's te kunnen organiseren, gaan veel ggz-instellingen reorganiseren en fuseren. Zo ontstaan regionale ggz-instellingen: een MultiFunctionele Eenheid (MFE) of een Regionaal Psychiatrisch Centrum (RPC). Binnen deze regionale ggz-instellingen kunnen de verschillende, voorheen gescheiden, vormen van hulp aangeboden worden: intramuraal in een Algemeen Psychiatrisch Ziekenhuis (APZ) of een Psychiatrische Afdeling van een Algemeen Ziekenhuis (PAAZ), ambulant bij een Regionale Instelling voor Ambulante Geestelijke Gezondheidszorg (RIAGG) of een eigen (psychiatrische) praktijk en woonbegeleiding bij een Regionale Instelling voor Beschermd Wonen (RIBW) (zie afbeelding 6.3).

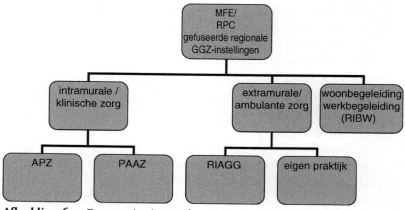

Afbeelding 6.3 De organisatie van de ggz.

De beeldend therapeut in een regionale instelling werkt steeds vaker op verschillende plekken: zowel poliklinisch, dagklinisch als klinisch. Hij is als gevolg daarvan minder vaak aan één team gebonden, maar werkt samen met verschillende teams. Zo'n samenwerking, waarbij iedere professional zijn eigen expertise inbrengt, biedt nieuwe mogelijkheden. Het werk blijft gevarieerd en het dwingt je op de hoogte te blijven van de actuele ontwikkelingen. Maar het vraagt ook meer van het vermogen van de beeldend therapeut om te verwoorden waarmee hij bezig is en dat naast de inbreng van anderen te plaatsen. Werden voorheen disciplines met elkaar vergeleken om een plek te veroveren in een team, nu is het vooral belangrijk te weten en uit te spreken wat je zelf te bieden hebt én te snappen wat anderen bieden, om te kunnen bepalen wat een goede indicatie is en op welk deel van de behandeling ieder het beste aan zal kunnen haken (zie ook paragraaf 6.5). Het is belangrijk energie te steken in de zichtbaarheid in het team. Maar het werken in meerdere teams betekent soms ook dat de beeldend therapeut niet bij alle overleggen aanwezig kan zijn. Goede verslaglegging kan de informatie-uitwisseling deels waarborgen. De beeldend therapeut moet ervoor blijven waken niet in een geïsoleerde positie terecht te komen.

6.1.2 ONDERWIJS

Het onderwijs is gericht op leren, het is niet een plek waar behandeld wordt. Toch werken ook daar beeldend therapeuten. Een leerling die in beslag wordt genomen door emotionele problemen, leerstoornissen, gedragsproblemen of een langdurige ziekte en te weinig schoolse vaardigheden heeft, kan vaak onvoldoende toekomen aan het leerwerk op school. De focus kan niet volledig op het leren worden gericht. In het reguliere onderwijs wordt met behulp van bijvoorbeeld het rugzakje extra individuele zorg aan het kind gegeven. Het project 'Weer samen naar school' (1998) heeft als doel op de basisschool voldoende zorg en begeleiding te bieden om kinderen die wat meer aandacht nodig hebben, binnen het reguliere basisonderwijs te houden. Als ook dat onvoldoende blijkt en deelname aan het regulier onderwijs niet (meer) mogelijk is, komt het kind in het speciaal onderwijs terecht, onderwijs voor kinderen met een lichamelijke, zintuiglijke of verstandelijke handicap, gedragsstoornissen en psychiatrische problemen. Leerlingen kunnen tot hun 20e op een van deze scholen onderwijs volgen. Ze zijn in vier clusters onderverdeeld.

> **Clusters speciaal onderwijs**
> Cluster 1. Scholen voor visueel gehandicapte kinderen, mogelijkerwijs in combinatie met een andere handicap.
> Cluster 2. Scholen voor dove en slechthorende kinderen en kinderen met ernstige spraak- en taalproblemen, mogelijkerwijs in combinatie met een andere handicap.
> Cluster 3. Scholen voor kinderen met een verstandelijke handicap

> (ZML) en/of een lichamelijke beperking (LG/MG). Kinderen die langdurig ziek zijn (LZ) of kinderen met epilepsie.
> *Cluster 4.* Scholen voor zeer moeilijk opvoedbare kinderen (ZMOK), langdurig psychisch zieke kinderen en scholen verbonden aan een pedologisch instituut.

De docenten in het speciaal onderwijs zijn getraind in het omgaan met de specifieke problemen, de klassen zijn kleiner, er zijn onderwijsassistenten en er zijn vaak specialisten in de school die het kind op deelgebieden extra kunnen begeleiden. Een intern begeleider houdt de kinderen in de gaten en kijkt wie er speciale zorg nodig heeft, de remedial teacher schenkt extra aandacht aan de leerstof, een logopedist ziet kinderen met spraak-taalproblemen, de ergotherapeut traint motorische vaardigheden en soms is er een beeldend therapeut om factoren die het leerproces belemmeren te helpen opsporen en verminderen. De aandacht van de beeldend therapeut gaat, net als in de andere werkvelden, uit naar de probleemgebieden bij de cliënt. Maar die cliënt is in dit geval een leerling en het opheffen van belemmeringen zal steeds uiteindelijk gericht zijn op het op gang brengen van het leerproces. Daarmee komen zowel de focus als de grenzen van het beeldendtherapeutische aanbod op scholen in zicht: het kind komt naar school om te leren en niet om behandeld te worden. Het gesprek met de ouders van het kind gaat in principe over de leerprestaties.

De beeldend therapeut in het speciaal onderwijs helpt leerlingen om conflicten en problemen, die ze hebben bij het leren en bij het aanpassen aan schoolse vaardigheden, op te lossen. De leerling gaat begrijpen of ervaren hoe hij functioneert als een individu en als groepslid en wordt geholpen zijn sociale en emotionele mogelijkheden te benutten. Daartoe kan de beeldend therapeut individueel werken of in groepjes, maar ook de klas ingaan om daar te observeren of te interveniëren.

In het team op school heeft de beeldend therapeut een solopositie, doordat hij een andere focus heeft dan de docenten. Hierdoor kan het overdragen van informatie en het stellen van indicaties soms moeizaam verlopen. Het is aan de beeldend therapeut zelf voor een goede inbedding te zorgen en steeds heldere informatie te verstrekken. Daarnaast is de intern begeleider vaak de centrale persoon die alle belemmerende factoren in het leerproces van het kind in kaart brengt en de juiste professionals inschakelt.

6.1.3 EIGEN PRAKTIJK

> Op een dag vroeg een psychotherapeut van de ggz-instelling waar ik al enige jaren werkzaam was: 'Behandel jij ook cliënten buiten de ggz, als zelfstandige?' Hij kwam met een interessante casus van een cliënte die per se buiten een ggz-instelling behandeld wilde worden. Het kon bij haar thuis en wat teken- en schildermateriaal meenemen was voldoende. Deze vraag kwam onverwacht en hoewel ik ja zei, is mijn echte ondernemerschap pas jaren later concreet geworden. Ik had eraan geproefd en de smaak bleef hangen. In mijn situatie waren er nog enkele fusies en uiteenlopende werkervaringen in de ggz nodig en niet te vergeten wat lef, voordat ik echt een praktijk opstartte.

Zo heeft elke zelfstandige zijn of haar eigen verhaal en geschiedenis. De eenpitter, de solist, de zzp'er (zelfstandige zonder personeel), de zelfstandig gevestigd beeldend therapeut enzovoort, het zijn allemaal omschrijvingen en afkortingen voor een beeldend therapeut die voor zichzelf is begonnen. De reden om een eigen praktijk te starten is voor de een de behoefte zich verder te ontplooien en voor de ander om zelf de cliëntenpopulatie te bepalen, eigen baas te zijn. Maar soms start men een eigen praktijk ook uit pragmatische overwegingen, gewoon omdat er te weinig banen voor beeldend therapeuten in instellingen voorhanden zijn. Beeldend therapeuten gaan daarnaast in toenemende mate samenwerkingsverbanden aan met collega's van andere disciplines in gezondheidscentra en psychologen- en orthopedagogenpraktijken.

Geschiedenis
Begin jaren negentig van de vorige eeuw startte een handvol beeldend therapeuten in Nederland een eigen praktijk. Dit waren merendeels ervaren beeldend therapeuten die in loondienst werkten en daarnaast voor één of twee dagen zelfstandig wilden worden.
Midden jaren negentig ontstond er een landelijk netwerk van zelfstandig gevestigd beeldend therapeuten met een aantal regiogroepen (Berman, 1998). Deze 'pioniers' steunden en informeerden elkaar over de mogelijkheden en moeilijkheden die bij het oprichten en in stand houden van een eigen praktijk aan de orde kwamen. Er verscheen een tweemaandelijks blad, *De Solist*, met voorlichting en discussies. Een belangrijk issue in die aanvangsjaren was het waarborgen van de kwaliteit van de zelfstandige beeldend therapeuten. Er werden richt-

lijnen vastgesteld betreffende opleidingseisen (erkende hbo-opleiding beeldende therapie) en registratie-eisen (ingeschreven in het register van de Stichting Registratie Creatief Therapeuten, nu Stichting Registratie Vaktherapeutische Beroepen).

Om erkenning en dus vergoeding van de zorgverzekeraars te verkrijgen voerden zelfstandigen een landelijk tevredenheidonderzoek uit onder hun cliënten tussen 1998 en 2001 (Pieters & Henskens, 1999-2001). Gemiddeld was ruim 90 procent van de respondenten tevreden tot zeer tevreden over hun behandeling.

In een uitgave van het Trimbos-instituut stellen Hutschemaekers en Neijmeijer (1998, p. 155) dat er zo'n honderd vaktherapeuten een eigen praktijk voeren, waarvan vijftig uitsluitend een eigen praktijk. Nu, tien jaar later, is dat aantal waarschijnlijk verdubbeld, hoewel er geen exacte cijfers beschikbaar zijn.

Zelfstandigheid

Wat ook de redenen zijn om een eigen praktijk te beginnen, passie voor het vak en voor het eigen ondernemerschap is nodig (Tuender, 2007). Enthousiasme, doorzettingsvermogen, zakelijk inzicht en een netwerk van verwijzers zijn essentieel om een onderneming tot een succes te maken.

Een aantal jaren werkervaring als beeldend therapeut in een reguliere instelling is aan te bevelen. Kennis van psychopathologie en ervaring in de omgang met het soms moeilijke gedrag van cliënten, is van groot belang. Ervaring in de samenwerking in multidisciplinaire teams en kennis van organisatievormen draagt bij aan het goede verloop van het overleg met het eerste milieu (thuis) en met verwijzers. Want ook de zelfstandig werkende therapeut heeft altijd te maken met andere spelers in het werkveld, ouders, verwijzers en zorginstellingen. Het is essentieel dat je met deze andere spelers een netwerk op kunt bouwen. Niet in de laatste plaats zijn er ook persoonlijke omstandigheden die een rol kunnen spelen bij de uitoefening van een eigen praktijk. Hoeveel tijd en energie wil en kun je erin steken? Wat betekent het voor de andere gezinsleden om een praktijkruimte in of aan huis te hebben? Zijn er financiële risico's? Het zijn allemaal zaken om goed over na te denken. De Kamer van Koophandel geeft informatie over de vele facetten van het opzetten van een eigen bedrijf.

Praktijkruimte

Praktijkruimtes zijn er in allerlei soorten en maten. Het is betrekkelijk simpel een bestaande ruimte te huren in een groepspraktijk of een school. Bij de (ver)bouw van een eigen ruimte krijg je te maken met allerlei regelgeving en vergunningen. Dit kan per gemeente verschillen; zo kan het zijn dat een wachtruimte met een voor rolstoelers toegankelijk toilet verplicht is. Zelfs de Belastingdienst stelt eisen. Deze geeft bijvoorbeeld geen aftrekmogelijkheden voor een werkruimte in huis, maar wel voor een ruimte die apart toegankelijk is.

Dossiervorming

De zelfstandig gevestigd beeldend therapeut moet zich houden aan een aantal wettelijke regels en aan de richtlijnen van de FVB. De *Wet op de Geneeskundige Behandel Overeenkomst* (WGBO) regelt zaken als dossiervorming en inzagerecht, maar ook goed hulpverlenerschap, geeft gedragsregels voor de hulpverlener en de cliënt. Het beschrijft de verplichting een dossier aan te leggen en dit tot vijftien jaar na beëindiging van de behandeling te bewaren. Het College Bescherming Persoonsgegevens (CPB), geeft richtlijnen voor bijvoorbeeld het bewaren van dossiers in goed afgesloten kasten. De Visitatiecommissie van de FVB ziet toe op een correcte uitvoering van de richtlijnen en op goede dossiervorming. Zo nodig doen zij aanbevelingen voor verbetering.

Administratie

> De eerste vraag die de beeldend therapeut kreeg toen hij over de drempel van een administratiekantoor zette was: ' Hoe ben je hier naartoe gekomen?' Schuchter antwoordde hij: 'Op mijn fiets.' 'Fout,' zei de boekhouder 'jouw fiets is vanaf nu de praktijkfiets.' Waarmee hij duidelijk aangaf dat dit een dienstreis was, waarvoor middelen, tijd en kilometers gedeclareerd kunnen worden. En zo begon zijn weg op het onbekende terrein van de bedrijfsadministratie.
> Mappen aanleggen van inkomsten en uitgaven, bonnetjes bewaren en btw afdragen vindt niet iedereen leuk, maar het is te leren en voor een deel ook uit te besteden aan mensen die ervoor opgeleid zijn of het zelfs leuk vinden. Dat kost geld, maar de gewonnen tijd kan besteed worden aan de primaire activiteiten, de therapieën en trainingen.
> Er zijn simpele computerboekhoudprogramma's, maar een jaarrekening moet gemaakt worden door een erkend kantoor of een accountant.

Reclame en aquisitie

Reclame maken is vooral bij de start van een praktijk van belang. Er zijn verschillende manieren voor een zelfstandig gevestigd beeldend therapeut om cliënten te werven en reclame te maken voor het bedrijf. Belangrijk is eerst een goede analyse te maken wie van belang zijn voor het netwerk en die te laten weten op welke doelgroep de praktijk zich richt, wat het aanbod is en wie de therapeut en zijn achtergrond. Een goede website en een prettig leesbare folder kunnen al veel doen (zie ook de dvd). Een artikel in een huis-aan-huisblad in de regio levert vaak veel aanmeldingen op. Het lukraak sturen van brieven aan huisartsen of andere mogelijke verwijzers heeft vaak weinig effect. Zij hebben de tijd niet om dit allemaal te lezen, dus verdwijnt zo'n brief snel in de papierbak. Goed contact met een paar verwijzers is goud waard.

Scholing

De RINO Noord-Holland heeft cursussen georganiseerd voor startende zelfstandige vaktherapeuten en de Kamers van Koophandel organiseren regelmatig 'startersdagen'. Daar wordt alles verteld over bedrijfsvoering en het netwerken, worden sterkte-zwakteanalyses gemaakt en wordt geoefend met het maken van bedrijfspresentaties en een ondernemingsplan. Vooral van belang is te leren denken als ondernemer.

De zelfstandig gevestigd beeldend therapeut moet zich blijven scholen op behandelgebied en met betrekking tot het aanbod voor training en coaching. Veel eigen-praktijkers bieden creatieve coaching, beeldende sociale-vaardigheidstrainingen, creatieve ontwikkelingscursussen, maar ook beeldende cursussen aan als scholing.

Beroepsverenigingen

Naast het geregistreerd lidmaatschap van de FVB bestaat de mogelijkheid lid te worden van andere beroepsverenigingen, samenhangend met andere gevolgde opleidingen, bijvoorbeeld een vereniging van systeemtherapie, sandplay- of een meer alternatieve beroepsvereniging. Onder een aantal voorwaarden kan men ook lid worden van het Nederlands Verbond voor Psychologen, psychotherapeuten en Agogen (NVPA). Het voordeel van sommige beroepsverenigingen is dat zij wel zijn opgenomen in het vergoedingensysteem van zorgverzekeraars. Weer andere beroepsverenigingen bieden goedkopere beroepsaansprakelijkheids- of bedrijfsaansprakelijkheidsverzekeringen aan die interessant kunnen zijn. Een beroepsaansprakelijkheidsverzekering is voor vaktherapeuten overigens niet verplicht, zolang vaktherapeuten niet BIG-geregistreerd zijn (Wet op de beroepen in de individuele gezondheidszorg).

Het centrum voor informatie en standaardisatie voor de zorgverzekeraars Vektis geeft codes van het Algemeen Gegevensbeheer Zorgverleners (AGZ) uit aan erkende zorgverleners. Dat kan weer van belang zijn om therapieën vergoed te krijgen door een zorgverzekeraar.

Een inschrijving bij de Kamer van Koophandel is niet verplicht, maar levert wel voordelen op. De praktijk is dan geregistreerd bij een gerespecteerde organisatie en het geeft toegang tot bedrijfscursussen en bedrijfsdeskundigen en tot groothandels met vaak forse kortingen op hun producten.

6.1.4 OVERIGE WERKVELDEN

Maatschappelijke ontwikkelingen brengen nieuwe markten voor beeldend therapeuten met zich mee. Zo wordt het bijvoorbeeld zinvol om meer aanbod te ontwikkelen voor ouderen. Deze groep groeit en brengt een eigen problematiek met zich mee. In diverse voorzieningen voor ouderen is er wel bezigheidstherapie of activiteitenbegeleiding, maar nog weinig beeldende therapie.

Beeldend therapeuten werken ook wel in alternatieve centra of in buurthuizen, met vluchtelingen en in re-integratiecentra. Al heet het soms geen therapie, maar bijvoorbeeld 'creatieve middag', het is belangrijk het eigenlijke doel van de activiteit niet als een verborgen agenda weg te stoppen. De benadering van de beeldend therapeut blijft gericht op het oplossen, verwerken en anders leren omgaan met persoonlijke problemen door middel van het beeldend werken.

6.1.5 DOELGROEPEN

De beeldend therapeut werkt in de praktijk met heel verschillende doelgroepen. Doelgroepen worden niet omschreven in termen van hulpaanbod of methodiek, maar op grond van de kenmerken van de vragende partij, de cliënt. Ze hoeven niet uitsluitend gerelateerd te zijn aan één diagnose. Soms is er een combinatie van lichamelijke en psychische problemen, soms zijn er meerdere psychiatrische diagnosen.

Traditionele doelgroepen
Beeldend therapeuten behandelen cliënten met een breed scala aan 'psychosociale problemen en psychiatrische stoornissen'. Met deze begrippen wordt ook verwezen naar ontwikkelingsstoornissen, (gevolgen van) lichamelijke of verstandelijke beperkingen, psychosomatische klachten en psychomotorische klachten. De problematiek die

door beeldend therapeuten wordt behandeld, heeft in het algemeen biologische, sociale en psychische componenten en kan zich afspelen op diverse levensgebieden. Cliënten kunnen tot alle leeftijdsgroepen behoren: kinderen, jeugd, volwassenen en ouderen.

Doelgroepen kunnen ingedeeld worden op grond van:
- psychiatrische classificatie (bijvoorbeeld stemmingsstoornissen, persoonlijkheidsstoornissen);
- problematiek (bijvoorbeeld relationele, rouw- of arbeidsgerelateerde problematiek);
- demografische kenmerken als leeftijd, etniciteit, sekse (bijvoorbeeld asielzoekers, allochtonen, vrouwen);
- functionele beperkingen (bijvoorbeeld verworven hersenletsel);
- specifieke zorgbehoefte (bijvoorbeeld kortdurende behandeling);
- risicogroepen (bijvoorbeeld jonge delinquenten).

Nieuwe terreinen

Naast de genoemde doelgroepen is er de laatste tijd een aantal nieuwe terreinen voor beeldende therapie bijgekomen. Nieuwe doelgroepen zijn onder andere vluchtelingen, migranten, cliënten met een dubbele diagnose (bijvoorbeeld de combinatie van verslavingsproblematiek en psychiatrische problematiek), werknemers met arbeidsgerelateerde problematiek (zoals burn-out). Verder zijn er verschillende pioniers die beeldende therapie inzetten binnen of buiten het gebied van gezondheidszorg en hulpverlening, onder andere in de vorm van preventie, voorlichting en trainingen. Beeldende therapie wordt in de praktijk toegepast in de behandeling van een groot aantal doelgroepen en een breed scala aan 'psychosociale problemen en psychiatrische stoornissen'. Op de dvd zijn een aantal doelgroepen in de beeldende therapie te bekijken.

6.1.6 VERWIJZING

Kees (42 jaar) is bijna aan het einde van zijn behandeling bij de dagbehandeling van de PAAZ in zijn woonplaats. Daarnaar was hij verwezen door zijn huisarts, omdat hij thuis en op zijn werk steeds meer problemen kreeg in verband met zijn impulsieve gedrag. Op de PAAZ is geconstateerd dat Kees ADHD heeft. De diagnose was voor Kees heel confronterend en hij heeft dit wel even moeten verwerken. Op advies van het multidisciplinair team wordt Kees voor een vervolgbehandeling aangemeld bij het zorgprogramma voor volwassenen met ADHD in een andere kliniek. Helaas kan hij daar pas over een hele tijd terecht. Het programma is uniek en zeer gewild en heeft een wachtlijst van meer dan acht weken. Kees ziet er erg tegenop dat hij het die periode zonder behandeling moet stellen. Het ging weliswaar heel aardig met hem de laatste tijd, maar hij beseft wel dat hij nog een hele weg te gaan heeft. Gelukkig kan hij tot die tijd nog een aantal keren een beroep doen op de sociotherapeut van de dagbehandeling voor een gesprek.

Kees staat wat ambivalent tegenover de verwijzing. Hij vindt het moeilijk om met veranderingen om te gaan. Straks krijgt hij wéér nieuwe groepsgenoten en wéér andere therapeuten aan wie hij moet wennen en zijn geschiedenis moet vertellen. En in de nieuwe groep heeft iedereen de diagnose ADHD. Al die prikkels van anderen lijken hem geen aantrekkelijk vooruitzicht, want hij heeft al zoveel moeite de drukte in zijn eigen hoofd te ordenen. De psychiater heeft gezegd dat alle informatie uit zijn dossier met betrekking tot de huidige behandeling zal worden doorgestuurd naar de behandelend psychiater van de nieuwe kliniek. Kees zal een kopie krijgen van de verwijsbrief. Ook zijn huisarts krijgt bericht van de verwijzing. Kees vindt het geen prettig idee dat er zoveel vertrouwelijke informatie over hem in omloop is.

Om deel te kunnen nemen aan een zorgprogramma binnen de ggz, moet er een verwijzing zijn van de huisarts of de (eerstelijns)psycholoog naar een zorginstelling. Cliënten kunnen zich niet zelf aanmelden. Vaak is er bij zorginstellingen een centraal loket waar cliënten aangemeld en door de psychiater beoordeeld kunnen worden. De psychiater verwijst door naar het juiste zorgprogramma.

Voor verwijzing van kinderen en jeugdigen tot 18 jaar geldt dat alleen artsen nog direct kunnen doorverwijzen naar de jeugdafdelingen van de ggz. Verder gaan alle aanmeldingen van kinderen en jongeren tot 18 jaar met psychiatrische en/of psychosociale problematiek via het Bureau Jeugdzorg. Het Bureau Jeugdzorg fungeert als centrale voordeur. Het bureau stelt de indicatie en bepaalt welke hulp er geboden moet worden, dus ook of de ggz daarbij wordt ingeschakeld.

Eenmaal binnen in de ggz, wordt door middel van diagnostiek en observatie beoordeeld van welke problematiek sprake is en welke behandeling nodig is. Er wordt gekeken of er een groeps- of een individuele behandeling geboden moet worden, kort of langdurig, poliklinisch, dagklinisch of klinisch, bij één of meerdere therapievormen.

Daarop gaat de cliënt naar de afdeling waar die behandeling geboden kan worden en daar wordt een specifiek behandelaanbod geformuleerd.

Op sommige afdelingen kent het behandelaanbod een basisprogramma met daarin sociotherapie en dergelijke. Op indicatie kan die basis uitgebreid worden met andere therapieën, waaronder beeldende therapie. Andere afdelingen bieden een basisprogramma met groepstherapieën, waaronder beeldende therapie. Daarbinnen wordt vraaggericht gewerkt door individuele behandeldoelen te stellen en op indicatie af en toe een individueel therapieaanbod te doen. Wanneer een cliënt geïndiceerd is voor een groepsbehandeling, komt hij vaak ook automatisch bij de beeldende therapie. Bij een indicatie voor individuele beeldende therapie, verwijst de psychiater rechtstreeks door naar de beeldend therapeut.

> Anne, beeldend therapeut op een polikliniek, krijgt een aanvraag voor individuele beeldende therapie van de afdelingspsychiater. Op het aanvraagformulier heeft deze de gegevens en de hulpvraag van de cliënt ingevuld. Het betreft hier een cliënt bij wie sprake is van gestagneerde rouw. Naast gesprekstherapie lijkt beeldende therapie geïndiceerd, omdat deze cliënt moeilijk contact kan maken met zijn gevoelens. Anne vindt het telefoonnummer van de cliënt op het formulier en belt om een afspraak te maken voor een eerste kennismaking.

Binnen het speciaal onderwijs verloopt de verwijzing anders. Kinderen kunnen binnen het speciaal onderwijs naar beeldende therapie worden verwezen vanuit het zorgteam of rechtstreeks door de betrokken mentor of docent.

In het reguliere onderwijs bestaat de leerlinggebonden financiering (LGF), ook wel de rugzak genoemd. Deze zorgt voor extra ondersteuning van kinderen met een handicap. Deze zorg kan ook bestaan uit ondersteuning middels beeldende therapie.

Daarnaast biedt het persoonsgebonden budget (PGB) particulieren de gelegenheid zelf zorg in te kopen, bijvoorbeeld beeldende therapie. Op die manier kunnen cliënten bij een eigen praktijk aankloppen. Naar de eigen praktijk kan ook door vrijgevestigde psychiaters, psychologen of huisartsen verwezen worden.

Het verwijzingssysteem gaat uit van verwijzingen door de volgende beroepsgroepen en instanties.

Wie mogen verwijzen?
Beroepsgroepen
- artsen
- ggz-psychologen
- psychiaters

Instanties
- andere ggz-instellingen
- verpleeg- en verzorgingshuizen
- asielzoekerscentra
- GGD
- politie
- jeugdzorg
- verslavingszorg
- reclassering
- psychologen van justitie (alleen voor de forensische psychiatrie)
- instellingen voor algemeen maatschappelijk werk
- MEE-organisaties (zijn onafhankelijk van zorgverzekeringen en -instanties, er zijn bureaus in woonbuurten, die iedereen met een beperking adviseren, ondersteunen en de weg wijzen bij vragen op het gebied van onderwijs, opvoeding, wonen, werken, sociale voorzieningen, inkomen, vervoer, vrije tijd)

6.2 Financieringssysteem

Het bieden van somatische en psychische zorg kost veel geld. Een groot deel daarvan komt van de gemeenschap, daarnaast betalen particulieren zelf een deel. De overheid tracht het geïnde belastinggeld op de juiste manier te verdelen. Terwijl de overheid zich niet rechtstreeks met de inhoud van de behandeling bemoeit, heeft ze middels het financieringssysteem toch een vinger in de behandelpap.

6.2.1 STANDAARDISERING

Gespecialiseerde zorg werd voorheen vooral bekostigd vanuit de Algemene wet bijzondere ziektekosten (AWBZ). Vanaf 1 januari 2007 wordt de kortdurende curatieve zorg ondergebracht in de standaardzorgverzekering (basisverzekering). Het gaat hierbij om de ambulante zorg en de intramurale zorg korter dan een jaar. De zorgverzekeraars of zorgkantoren sluiten voor deze zorg contracten af met de ggzaanbieders, ze kopen zorg in. Hiervoor is een standaardeenheid afgesproken in de vorm van diagnose-behandelcombinaties (dbc's), in de forensische zorg diagnose- behandels- beveiligingscombinaties (dbb'c) geheten. De diagnose (d) wordt grotendeels gebaseerd op de DSM IV (Diagnostic System Manual, 4e versie, het internationale classificatiesysteem voor psychiatrische diagnosen). Daarnaast wordt er een lijst aangelegd met mogelijke behandelingen (b) (en benodigde beveiliging (b)) per diagnose. Deze spelen als richtlijnen voor verwijzers een rol in het verwijzingssysteem. De activiteiten en verrichtingen worden uitgedrukt in bijvoorbeeld het aantal contacturen psychotherapie of vaktherapie, psychiatrisch onderzoek of verblijfsdagen. De diagnose en de behandeling worden gecombineerd (c), dat levert een kostprijs op. Zorgprogramma's zijn samengesteld op basis van dbc's en op een hiërarchie in aantoonbare behandelresultaten. Zo kunnen de aanbieders in de ggz-op basis van de dbc hun kostprijzen bepalen en weten de zorgverzekeraars wat ze inkopen (Janson e.a., 2006). Inzetbaarheid, resultaten en kosten van behandelingen bij instellingen en individuele beroepsbeoefenaren kunnen vergeleken worden. De resultaten van recent wetenschappelijk onderzoek zijn belangrijk in het verwijzingssysteem bij het nemen van beslissingen over indicatiestelling en interventies. Ook de inzet van de vaktherapieën en de financiële consequenties daarvan zijn door dit systeem inzichtelijker geworden.

Vanuit de vakvereniging FVB wordt aangesloten op deze ontwikkelingen in de organisatie van de zorg. Het ontwikkelen van behandelmodulen en producten wordt gestimuleerd en ondersteund. Zo wordt bijgedragen aan de standaardisering en bevordering van de transparantie van het behandelaanbod (Hutschemaekers & Neijmeijer, 1998; Neijmeijer, Van de Wijgert & Hutschemaekers, 1996). Uitgebreide informatie over de ontwikkelingen rond de dbc's is te vinden op de website www.dbcggz.nl.

6.2.2 ONDERWIJS

In het onderwijs bepaalt het aantal leerlingen, geteld op een van tevoren vastgestelde teldatum, hoeveel geld een school van de overheid ontvangt. Met dat geld moet onderwijs gegeven worden. De onderwijsinstelling bepaalt welke middelen zij inzet om optimaal les te kunnen geven. Terwijl paramedische specialismen, zoals logopedie, vaak tot het vaste aanbod van scholen behoort, zeker in het speciaal onderwijs, wordt beeldende therapie vaak gezien als een extra. Een extra dat als eerste ter discussie zal staan in tijden van krapte, wat maakt dat de salariëring van de beeldend therapeut in het (speciaal) onderwijs soms een probleem is. Er wordt daarom op scholen vaak met stagiaires gewerkt. Dat gaat echter ten koste van de continuïteit van de behandeling. De elk jaar nieuwe stagiair beeldende therapie heeft zijn eigen leerproces en zal weinig daarvan over kunnen dragen aan zijn opvolger, die weer aan zijn proces begint. Een beeldend therapeut in vaste dienst zal beter kunnen werken aan een stevige positie van de beeldende therapie in de school en biedt continuïteit van zorg. Mesaros (Smeijsters, 2005) draagt als oplossing aan dat de beeldend therapeut ook een onderwijsbevoegdheid heeft en als docent wordt aangenomen. Soms biedt de leerlinggebonden financiering, het rugzakje, uitkomst voor de extra kosten van een therapeutische behandeling in het onderwijs.

6.2.3 DE EIGEN PRAKTIJK

Zorgverzekeraars vergoeden beeldende therapie doorgaans niet in het basispakket. Een aantal verzekeringen doen dit wel in aanvullende pakketten. Soms vergoedt men beeldende therapie onder het kopje tekentherapie of alternatieve behandelwijzen. Cliënten kunnen een beroep doen op een coulanceregeling, dat wil zeggen dat de therapie niet omschreven staat in de verzekeringspolis, maar toch vergoed wordt.

Arbodiensten mogen verwijzen en de uitkeringsinstantie UWV betaalt vaak de re-integratiekosten. Werkgevers betalen soms therapiekosten, maar ook de gemeente (WMO). De laatste jaren hebben volwassenen en kinderen gebruikgemaakt van een persoonsgebonden budget (PGB). Via scholen kan er aanspraak gemaakt worden op leerlinggebonden financiering (LGF, het rugzakje). Dit zijn allemaal bronnen van inkomsten, maar een feit blijft dat een flink deel van de cliënten de therapie van de zelfstandig gevestigd beeldend therapeut zelf betaalt.

6.3 Producten en modulen

De veranderingen in de vergoedingssystemen in de gezondheidszorg, de invoering van diagnose-behandelcombinaties, Diagnose-Behandels-Beveiligingscombinaties, het persoonsgebonden budget en het rugzakje betekenen dat de beeldend therapeut in toenemende mate een duidelijk product moeten bieden, met duidelijke doelen en effecten die te verwezenlijken zijn binnen een bepaalde tijd om voor een vergoeding in aanmerking te komen. Om een goede positie in het werkveld te krijgen, te hebben en te houden is het nodig om de beeldende therapie transparant te beschrijven in de vorm van producten en modulen beeldende therapie binnen de verschillende zorgprogramma's (Van Hattum & Hutschenmaekers, 2004; Janson e.a., 2006). De zorgverzekeraar wil voor een gevraagde behandeling het beste en meest efficiënte product kopen voor de laagste prijs. Hierdoor ontstaan er marktmechanismen en concurrentie tussen de zorgaanbieders, de instellingen en binnen de instellingen tussen de verschillende disciplines. Beeldend therapeuten kunnen hun behandelaanbod beschouwen als een winkel waarin ze hun therapieaanbod op een heldere manier aanbieden en zichzelf bekendmaken.

Producten

De termen producten en modulen worden soms door elkaar gebruikt. Een product is een beschrijving in grote lijnen van een vraag-aanbodcombinatie volgens het 'vakwerk'-protocol (Van Hattum & Hutschemaekers, 2000) en met name bedoeld voor verwijzers. Producten zijn van een globaler en abstracter niveau dan modulen, waardoor het eigene, maar ook de grenzen van de therapievorm scherper verwoord kunnen worden. Ook zijn producten los van de setting beschreven; de hulpvraag van de cliënt is het uitgangspunt bij het beschrijven van het zorgaanbod en niet de setting waarin de therapeut zich bevindt. Het overstijgende, abstracte, niet-afdelingsgebonden karakter van producten kan als resultaat hebben dat producten makkelijk in te passen zijn in het hedendaagse vraaggerichte hulpaanbod.

Modulen

Een module is een 'therapie-eenheid voor een specifieke doelgroep, met een van tevoren vastgestelde doelstelling, een overzichtelijke duur en een min of meer gestandaardiseerde inhoud' (*Tijdschrift voor Creatieve Therapie*, 2001/4, p. 7). Modulen zijn beschreven vanuit de mogelijkheden en de ruimte van een setting of instelling. In een module wordt dus een specifiek behandelaanbod beschreven, aansluitend bij een cliënt of cliëntengroep, binnen een setting. Aangegeven wordt met welke middelen in hoeveel tijd en middels welke interventies aan een behandeldoel gewerkt zal worden.

Ondanks genoemde verschillen overheerst de overeenkomst tussen beide ontwikkeltrajecten. Zowel bij productbeschrijvingen als bij de moduleontwikkeling wordt gestreefd naar rationalisering van de behandeling door de therapeut. Doel is het in transparante termen verwoorden van het handelen.

Er zijn geluiden dat de uniciteit van de behandelrelatie te veel verdwijnt, de creativiteit van het vak niet in woorden te vatten is, dat externe partijen te veel invloed kunnen krijgen en dat vaktherapeuten tot uitvoerders van protocollen worden. Echter, het beschrijven van het eigen therapeutisch werk in product- of modulevorm vraagt om reflectie op eigen werk en onderbouwing met literatuuronderzoek. Het leidt tot bewustwording van het methodisch denken en handelen, onderbouwing van het professioneel handelen en geeft meer zicht op de behandelvraag van de cliënt en aanscherping van het antwoord daarop. Dit draagt ertoe bij dat we geen kortzichtige uitvoerders van protocollen worden.

Een handleiding voor het schrijven van producten en modulen is te vinden op de website. Daar is ook een voorbeeld van een producttypering te vinden.

6.4 Multidisciplinaire samenwerking

Na de Tweede Wereldoorlog ontstonden binnen psychiatrische klinieken psychotherapeutische groepsbehandelingen. Vaessen (De Lange, 2005) ontwikkelde als een van de eersten een combinatie van een somatische therapie met een multidisciplinaire groepstherapeutische behandeling binnen een sociotherapeutische setting. Van deze behandeling maakten ook beeldende therapie en bewegingstherapie onderdeel uit (De Lange, 2005). Steeds vaker werken professionals bij een behandeling in de zorg en in het speciaal onderwijs binnen multidisciplinaire teams. Een multidisciplinair team bestaat in de zorg vaak uit een psychiater, een psycholoog, een maatschappelijk werker of een gezinstherapeut, sociotherapeuten/verpleegkundigen/groepsleiders, andere vaktherapeuten en een (groeps)psychotherapeut.

In het speciaal onderwijs draagt het zorgteam, dat bestaat uit enkele interne begeleiders (mentoren), zorgcoördinatoren, een psycholoog en een ambulant begeleider, ideeën en mogelijkheden aan en brengt adviezen uit met betrekking tot extra hulp of begeleiding voor een kind met problemen.

In de multidisciplinaire samenwerking leggen medewerkers van verschillende disciplines met elkaar in een behandelplan vast wat de situatie, verwachtingen en (on)mogelijkheden van een cliënt zijn, welke hulpvragen de cliënt heeft, aan welke doelen zal worden gewerkt en hoe en wanneer dat zal gebeuren. Het multidisciplinair vastgestelde behandelplan is richtinggevend voor de afzonderlijke teamleden. Dit zorgt voor samenhang in de behandeling. Werken in een multidisciplinair team heeft als voordeel dat alle betrokken professionals inspraak hebben in de behandeling of begeleiding en dat de mogelijkheden van elke discipline aanvullend kunnen worden ingezet en met elkaar een geheel kunnen vormen. Ook kunnen de problematiek en de mogelijkheden van een cliënt op verschillende manieren zichtbaar worden en worden aangesproken. Alle disciplines samen komen tot een veelzijdig beeld van de cliënt.

> Cliënt Arjen (24 jaar) is verwezen door de huisarts. In een eerdere behandeling binnen de kinder- en jeugdpsychiatrie zijn de diagnosen PDD NOS (pervasieve ontwikkelingsstoornis, niet anderszins omschreven) en ADD (aandachttekortstoornis) gesteld.
> Sinds zijn ontslag daar heeft Arjen een coach die hem begeleidt. Dat ging lange tijd goed, maar de laatste tijd werd Arjen steeds somberder, angstiger en meer gespannen en hij gaat steeds vaker sociale contacten uit de weg.
> Zijn vriendin vindt dat hij zich 'raar' gedraagt en heeft er last van dat Arjen zijn dag- en nachtritme omdraait. Doel van de behandeling is meer zicht te krijgen op de huidige klachten, het herstellen van het dag- en nachtritme, het verbeteren van de sociale contacten en op de langere termijn het weer oppakken van zijn studie.
> Bij de psychomotorische therapie blijkt Arjen zelf geen problemen te ondervinden met contactsport, maar wordt er door zijn groepsgenoten geïrriteerd op hem gereageerd omdat hij voortdurend ongevraagd kritiek op hen heeft en in het spelen en de communicatie steeds net de plank misslaat. Op den duur wordt hij genegeerd en het komt daardoor niet tot samenspel. De arbeidstherapeut meldt dat Arjen moeite heeft met autoriteit en dat hij weinig motivatie en enthousiasme toont. De sociotherapeut ziet Arjen vaak te laat komen, hij lijkt een slecht geheugen te hebben en komt verbaal soms vreemd uit de hoek. De beeldend therapeut ziet een wisselend beeld bij Arjen: de ene keer is hij actief en maakt hij surrealistische, wat bizar aandoende beelden. Het andere moment lijkt hij er niet helemaal bij en komen de beelden leeg over. Het verhaal bij de surrealistische beelden is vaak wat oninvoelbaar. Tijdens de beeldende therapie luistert Arjen vaak naar muziek op zijn iPod. Hij zegt dat te doen omdat hij zich dan minder paranoïde voelt. De meeste observaties uit de therapieën kunnen begrepen worden vanuit de diagnose. De bizarre thematiek, de paranoïde angsten en het sterk wisselende beeld bij de beeldende therapie zijn daarin moeilijker in te passen. De observatie bij de beeldende therapie is aanleiding voor

> het team om uit te zoeken in hoeverre hier mogelijk sprake is van
> een psychotisch beeld.

Het is de taak van het multidisciplinair team een zorgprogramma te ontwikkelen en dat, op grond van de nieuwste inzichten met betrekking tot de cliënt en de doelgroep, telkens te actualiseren. Daarvoor moeten alle disciplines helder beschrijven welke methodieken zij kunnen inzetten en moeten zij goed op de hoogte zijn van elkaars werkwijze en mogelijkheden. Alleen dan kunnen teamleden elkaar en de cliënt op de hoogte stellen van de mogelijkheden en beperkingen van de verschillende therapieën en kan het team een behandeling samenstellen die zo goed mogelijk is afgestemd op de hulpvraag van de cliënt, volgens het principe van de stepped care en met continuïteit van zorg.

Vanuit het zorgprogramma snijdt het behandelteam een behandeling toe op een individuele cliënt. Het is belangrijk dat de teamleden goed overleggen wie zich richt op welke doelen en dat de therapieën elkaar aanvullen.

> In de evaluatiebespreking van Arjen wordt de voortgang van de
> behandeling besproken. De arts-assistent heeft het dossier van
> Arjen er nog eens op nagelezen en vertelt dat het gedrag van
> Arjen al eens eerder door een behandelaar is beschreven als
> randpsychotisch. Daar is toen verder niets mee gedaan.
> Arjen zal worden aangemeld voor een psychologisch onderzoek
> om te kijken of er aanwijzingen zijn die duiden op een psychose.
> De psycholoog zal de vriendin van Arjen uitnodigen voor een
> gesprek om ook de ervaringen van het systeem erbij te betrekken.
> Ook de teamleden zullen bij hun observaties letten op mogelijke
> aanwijzingen voor een psychose. Tot de uitslag bekend is, worden er voorlopige afspraken gemaakt. Binnen de PMT zal de
> focus komen te liggen op contact maken en feedback geven en
> ontvangen. Bij de arbeidstherapie zal het accent liggen op activering en het omgaan met opdrachten. De sociotherapeut zal
> afspraken maken met Arjen met betrekking tot het op tijd aanwezig zijn bij de dagopening en over het aanschaffen en bijhouden van een agenda. In de beeldende therapie zal worden gelet op

> zijn waarneming, zijn realiteitsbesef en zijn concentratievermogen.

Door de observaties van de verschillende behandelaren kan de psychiater beoordelen of de juiste diagnose is gesteld en of eventuele medicatie goed aanslaat of niet. Tijdens de behandeling wordt regelmatig geëvalueerd in hoeverre de behandeldoelen zijn behaald en moeten worden bijgesteld. Wanneer de verwachte resultaten niet worden gehaald, bespreekt het team wat de cliënt nodig heeft om die doelen alsnog te bereiken en hoe het aanbod moet worden aangepast. Multidisciplinair samenwerken is binnen de kinder- en jeugdpsychiatrie al enkele decennia nadrukkelijk een thema (Verheij e.a., 2005). Aan een geïntegreerd aanbod van zorg is op alle niveaus behoefte: bij opvoeders, begeleiders, coördinatoren en behandelaren in de verschillende sectoren van de jeugdhulpverlening. De cliënt in de kinder- en jeugdpsychiatrie, het kind, kan zelf de geboden hulp niet integreren. Het is dus extra belangrijk dat alle volwassenen om het kind heen goed met elkaar samenwerken en het belang van het kind in de gaten blijven houden. Dat geldt zowel op het niveau van samenwerkende instellingen als op het niveau van de afdeling waar het kind multidisciplinair behandeld wordt.

Beroepenstructuur
Het multidisciplinaire samenwerken vraagt om een duidelijke beroepenstructuur binnen de ggz. Om samenhang en onderscheid duidelijk te maken is het beroepenveld ondergebracht in vijf clusters: medici, verpleegkundigen, psychologen, agogen en vaktherapeuten. Elk cluster levert een bijdrage aan kenniscentra en het ontwikkelen van multidisciplinaire richtlijnen.

Multidisciplinair overleg
Binnen het multidisciplinair overleg wisselen de verschillende teamleden hun ervaringen uit en kunnen ze elkaar bevragen over en aanspreken op de resultaten van de gekozen behandeling en de uitgezette koers. Er worden afspraken gemaakt over de therapieën die geïndiceerd zijn voor de problematiek en over het eventueel voorschrijven van medicatie. Algemene behandeldoelen van cliënten worden vertaald naar specifieke doelen voor de verschillende therapieën.
Dit overleg vraagt een grote tijdsinvestering. De druk zal dan ook groot zijn om niet het hele team naar de vergadering te laten komen en

alleen te werken met schriftelijke verslaglegging. Sinds de opkomst van het internet en de elektronische cliëntendossiers neemt het communiceren via de computer verder toe (www.trimbos.nl). Juist het gesprek over de behandeling echter levert veel informatie op. De uitwisseling maakt het mogelijk de koers bij te stellen, parallelprocessen en (tegen)overdrachten te herkennen en te bespreken en voorkomt dat ieder teamlid een eigen koers vaart.

Parallelprocessen
In een team waar verschillende disciplines samenwerken, zullen de meningen niet altijd gelijk zijn. De individuele cliënt en het systeem om de cliënt heen blijken vaak andere dingen te laten zien in de verschillende therapieën en bij de therapeuten ook andere tegenoverdrachten op te roepen. Wanneer de meningen binnen het multidisciplinair team met betrekking tot een cliënt verdeeld zijn, kan dat duiden op een parallel met de (persoonlijkheids)problematiek van de cliënt en is er sprake van een parallelproces. Vaak zie je dat bij cliënten met een borderlinepersoonlijkheidsstoornis. Deze cliënten hebben geen stabiel zelfbeeld en daardoor geen stabiel beeld van anderen. Grenzen tussen henzelf en de ander worden steeds anders beleefd, de context bepaalt het gedrag (Haeyen, 2007). Daardoor kan het gebeuren dat de verschillende teamleden een ander beeld van de cliënt hebben. Het kan leiden tot een splitsing in het team die parallel loopt met de beleving van de cliënt. De mening van het ene teamlid wordt als de juiste gezien terwijl de ander het helemaal mis heeft, passend bij het zwart-witdenken en het verdelen van mensen in goede en slechte personen van de cliënt met een borderlinepersoonlijkheidsstoornis. Als het team in staat is dit proces te bespreken, voorkomt het daarmee niet alleen een conflict in het team, maar wordt ook veel duidelijk over de cliënt en krijgt deze een geïntegreerd beeld van zichzelf terug. Omgekeerd kan de sfeer die heerst binnen een team ook tot een parallelproces leiden bij een therapiegroep. Wanneer er verdeeldheid heerst binnen het team kan de groep daarop reageren met conflicten binnen de groep en met weinig onderling vertrouwen. In het geval van de borderlineproblematiek kan het signaleren van de parallel bijdragen aan de diagnostiek, het begrip en de behandeling, in het tweede voorbeeld is het een signaal dat het team moet zorgen voor een goede onderlinge afstemming in het eigen team vóór het de samenwerking in de cliëntengroep kan verbeteren.
Het is belangrijk deze processen als team tijdig te signaleren. Ieder teamlid moet bereid en in staat zijn zijn eigen aandeel in het team onder de loep te nemen en collega's aan te spreken.

6.4.1 DE POSITIE VAN DE BEELDEND THERAPEUT

Veel beeldend therapeuten maken deel uit van een multidisciplinair behandelteam. Om goed te kunnen samenwerken, is de afstemming tussen de diverse behandelaren in de meeste teams groot. Scholen waar kinderen van asielzoekers beeldende therapie krijgen, vormen wat dit betreft een uitzondering. Daar heeft de beeldend therapeut een tamelijk zelfstandig bestaan en is het nodig dat de communicatie met andere medewerkers in grote mate door de beeldend therapeut bewaakt wordt (Schweizer, 2001).

Verbaal versus non-verbaal

Vaktherapeuten onderscheiden zich van andere hulpverleners door het gebruik van diverse non-verbale activiteiten als medium. De problematiek van de cliënt komt in de beeldende therapie op een andere manier naar voren dan in een verbale therapie en wordt in het materiaal zichtbaar en tastbaar. De beeldend therapeut gaat ervan uit dat er een analogie is tussen het gedrag in het medium en de problematiek van de cliënt. De balans tussen denken, voelen en doen wordt zichtbaar in de manier waarop iemand contact maakt met materiaal en het bewerkt. Ook veranderingen worden zichtbaar in het beeldend gedrag en in de beeldtaal van de cliënt. Veel andere therapieën en het multidisciplinaire overleg hebben een overheersend verbaal karakter. Informatie wordt in woorden gedeeld, al spelen ook dan allerlei non-verbale factoren een rol in de communicatie, zoals lichaamstaal, toon, positie. Soms is de beeldend therapeut de enige vaktherapeut en het is belangrijk aansluiting te vinden bij de gemeenschappelijke taal van de andere therapeuten, zonder daarbij de eigenheid van het eigen vakgebied uit het oog te verliezen. Dat hoeft geen probleem te zijn: het beeld en het beeldend proces vormen immers een analogie, waarin niet het beeld zelf belangrijk is, maar datgene waaraan het analoog is. Het is aan de beeldend therapeut de overeenkomst tussen beeld en problematiek, de analogie, helder onder woorden te brengen.

Aan de andere kant kan het door de andere behandelaars ook als heel verhelderend worden ervaren wanneer de beeldend therapeut, door het in de bespreking inbrengen van beeldend werk, mee laat kijken met het proces van de cliënt. Een beeld zegt soms meer dan woorden. Toch kan dit ook verraderlijk zijn. De beeldend therapeut is erin geschoold de overeenkomst tussen beeld, beeldend proces en problematiek te zien en hij kent de context waarin het beeld ontstond. Als het beeldend werk geïsoleerd van die context getoond wordt aan collega's met een ander theoretisch kader, kan er een andere betekenis aan worden gegeven. Als die verschillende betekenissen benoemd en besproken worden, kan het verdieping geven, maar als alle eigen interpretaties naast elkaar blijven bestaan, kan het beeldend werk een heel eigen leven gaan leiden.

Behandelvisie

Achter therapeutische benaderingen schuilt een visie op de mens. Vanouds is er het debat of problemen en stoornissen van mensen het gevolg zijn van interne, organische factoren of externe, omgevingsfactoren. Dit debat wordt wel het 'nature-nurture'-debat (aangeboren of opvoeding) genoemd. Met het voortschrijden van kennis veranderen de inzichten, maar het is ook de tijdsgeest die beïnvloedt waar de aandacht van wetenschappers naar uitgaat, voor welk onderzoek ze faciliteiten krijgen en welke verworven kennis wordt toegepast. Het debat over deze polariteiten is een discussie waarin verschillende wetenschappers een aandeel leveren: filosofen en ethici, psychologen, artsen/psychiaters, maar ook politici en economen. Zo wordt het een debat met filosofische, ethische, medische, sociale en politieke aspecten. Door de jaren heen beweegt de maatschappelijke voorkeur zich in een golfbeweging tussen de ene of de andere positie. Deze keuzen leiden tot verschillende behandelvisies van waaruit het behandelen en ondersteunen van kinderen, jeugdigen, volwassenen en ouderen met ontwikkelingsproblemen, psychische stoornissen en lichamelijke of mentale beperkingen vorm krijgt. De nadruk kan komen te liggen op het geven van medicatie, het veranderen van cognities of van gedrag, het ingaan op belevingen of het in de behandeling betrekken van de omgeving, het systeem van de cliënt. Individuele therapeuten zullen hun handelen moeten aanpassen bij de behandelvisie van de afdeling.

Zo kan die behandelvisie gebaseerd zijn op cognitief-behavioristische denkbeelden. De beeldend therapeut zal dan minder nadruk leggen op de ervaring binnen het beeldend werken, maar het beeldend materiaal inzetten om cognities en gedrag te beïnvloeden. In organisaties waar somatische problematiek centraal staat, kan vooral vanuit een biomedisch model worden gewerkt. De beeldende therapie zal dan vooral ondersteunend worden ingezet, mogelijk met de nadruk op acceptatie, ontspanning en vaardigheden. Bij een ontwikkelingsgerichte visie kan de beeldend therapeut op zoek gaan naar de fase waarin de ontwikkeling van de cliënt stagneerde en materialen en technieken aanbieden die de ontwikkeling weer op gang brengen. Er zijn afdelingen waar het systeem en het systemisch denken belangrijk zijn, wat kan leiden tot intensieve samenwerking tussen de beeldend therapeut en de systeemtherapeut in de vorm van beeldende gezinstherapieën. Steeds meer worden zo veel mogelijk aspecten van het menszijn in de visie van de afdeling meegenomen. Er wordt dan vanuit het biopsychosociale model gewerkt.

> Op de agenda van het multidisciplinaire behandeloverleg staat het conceptbehandelplan van een zojuist opgenomen kind. Het kind is aangemeld omdat het op school en thuis problemen heeft. Thuis worden woede-uitbarstingen gemeld en op school heeft het kind nauwelijks contact met klasgenootjes, terwijl het ver achterloopt met de lesstof. Het zijn echter vooral de ouders die zich geen raad meer weten met hun kind en zich zorgen maken omdat het zich suïcidaal uit. De behandelcoördinator heeft voor het multidisciplinaire overleg uit de aanmeldingsgegevens relevante informatie verzameld. Het betreffende kinder- en jeugdpsychiatrische ziekenhuis werkt vanuit een biopsychosociaal model. Het is dan ook een volle vergadertafel: de psychiater, de logopedist en de ergotherapeut letten op motorische en spraak-taalproblemen, medicatiegebruik, ziektegeschiedenis en dergelijke. De systeemtherapeut probeert uit de familiegeschiedenis en de gezinsbeschrijving relevante informatie te halen en de sociotherapeuten zoeken naar informatie over het dagelijks functioneren van het kind. Zij vertellen het team ook over de eerste paar dagen van het kind op de groep. De psycho- en vaktherapeuten zoeken naar informatie over het emotionele en psychische functioneren. Allen vertalen hun zorgen en vragen in observatievragen waarmee zij de komende drie maanden bezig zullen gaan. Samen hopen ze tot een goede diagnose en een juist behandelaanbod te komen.

Gemeenschappelijk begrippenkader
Hoewel vaktherapeuten in principe vergelijkbare behandeldoelen stellen als psychologen, psychiaters en psychotherapeuten (verminderen of opheffen van psychische problematiek), zijn zij voornamelijk handelingsgericht en maken zij gebruik van een ander type interventies, bijzondere deskundigheden en specifieke taken (Van Hattum & Hutschemaekers, 2000).
Het is in het kader van afstemming op en samenwerking met elkaar belangrijk dat vaktherapeuten zich verdiepen in verschillende therapievormen en het jargon dat daarbij hoort (Graamans, 2002; Rauh & Van Duijnhoven, 2004; Schweizer & Visser, 2006; Tonkens, 2004).

Kennis van verschillende behandelvisies en begrippen kan de verschillende behandelaren helpen elkaar beter te begrijpen. Wanneer je op de hoogte bent van vakjargon dat hoort bij de cognitieve gedragstherapie, kun je in een behandelbespreking met een cognitief gedragstherapeut makkelijker inhaken en de vertaalslag maken naar je eigen vakgebied.

Het is niet alleen belangrijk een gemeenschappelijk begrippenkader te beheersen ten bate van het overleg met collega's, maar ook geeft dit een krachtig middel om cliënten te overtuigen en om linken te leggen tussen wat er in de verschillende therapieën gebeurt en waar de cliënt in de andere therapieën en in zijn leven tegenaan loopt. De cliënt zal de behandeling ervaren als één geheel.

Het is ook van belang dat beeldend therapeuten zich realiseren dat en onderzoeken hoe de beeldende therapie een bijdrage kan leveren aan verschillende psychotherapeutische technieken en referentiekaders. De beeldende therapie kan bijvoorbeeld aan de schematherapie een uitbreiding van de experiëntiële tak bieden (Blokland-Vos e.a., 2008). Beeldende therapie sluit ook goed aan bij de Dialectische Gedragstherapie van Linehan. Dialectiek wordt in het beeldende werk vaak concreet en zichtbaar als datgene wat de expressie of spanning in het beeld vormt (Haeyen, 2007). En zo zijn er meer voorbeelden te noemen.

Soms zullen beeldend therapeuten in hun team collega's tegenkomen die het werken met beeldende middelen en het denken vanuit de spelende mens een gepasseerd station vinden en het associëren met een gedateerde mensvisie uit de jaren zestig. De procesmatige, ervaringsgerichte traditie van de beeldende therapie en het feit dat er nog steeds beeldend therapeuten zijn die moeite hebben hun producten te beschrijven en doelgericht te werken, wreekt zich hier. Evenals de gewoonte van sommige beeldend therapeuten om zichzelf te beschouwen als 'Calimero's in therapeutenland' (Drieschner, 2002). Deze therapeuten vinden het moeilijk zich te laten horen in een vergadering, vooral als ze de enige vaktherapeut zijn binnen het team en als dat wat zij binnen de beeldende therapie observeren bij een cliënt afwijkt van de observaties van de andere therapeuten. Het valt niet altijd mee om helder en concreet de betekenis te verwoorden van wat binnen het medium zichtbaar werd. Ze zijn onzeker over de kracht van hun vak en worden daarin gevoed door cliënten die zich afvragen wat het nut is van beeldende therapie en door hun team dat nauwelijks lijkt te luisteren naar wat ze zeggen tijdens de vergadering. Ze voelen zich vanuit hun onzekerheid snel onbegrepen, waardoor ze zich gebrekkig, onvolledig of defensief presenteren ten opzichte van hun cliënten en hun team. Het is een wisselwerking die zichzelf als een negatieve spiraal in stand houdt.

Daarnaast vinden sommige beroepsbeoefenaren het misschien moeilijk te verteren dat een beeldend therapeut, die lager is in status, functiewaardering en betaling, goede en snelle resultaten boekt (Van Hattum & Hutschemaekers, 2000; Berman, 1998). Dit kan soms de oorzaak zijn van spanningen en rivaliteit tussen de verschillende teamleden. Met het geven van goede voorlichting over het eigene van het vak en een heldere beschrijving van wat de beeldend therapeut doet en waar de beeldende therapie ophoudt, samen met een gezonde dosis humor, is hierin vaak veel op te lossen.

> In de evaluatie van cliënte Ellen is de conclusie van het merendeel van het team dat cliënte onzeker overkomt, weinig van zichzelf laat zien, zich verbaal moeilijk uit en dat ze weinig zicht lijkt te hebben op haar eigen gedrag. Een van de teamleden noemt Ellen zelfs een 'grijze muis'. Beeldend therapeute Sophie is het hier niet mee eens en vindt dat Ellen daarmee geen recht wordt gedaan. Sophie ervaart Ellen bij de beeldende therapie als iemand die goed in staat is naar aanleiding van de gemaakte beelden te vertellen wat haar bezighoudt. Ze geniet van het beeldend werken en is zichtbaar blij met de complimenten die ze krijgt uit de groep.
> Wanneer Sophie in de beeldende therapie een groepsopdracht heeft gedaan waarbij geoefend is met gedragsalternatieven, vraagt ze of de groep het goed vindt dat ze een foto maakt van de werkstukken ten behoeve van de teambespreking. Ze denkt dat de foto's veel kunnen verduidelijken over de positie die iedereen inneemt in de groep en over de mate van zelfinzicht van ieder groepslid afzonderlijk. Tevens hoopt ze met deze beelden haar standpunt met betrekking tot Ellen kracht bij te kunnen zetten. Wanneer Sophie aan de beurt is om in de vergadering haar ervaringen met de groep in de afgelopen week te melden, vertelt ze kort doel en werkwijze van de groepsopdracht die ze met de groep heeft gedaan. Ter illustratie laat ze via de beamer de beide foto's zien. In het eerste werkstuk wordt, doordat ieder groepslid een andere kleur gebruikt, zichtbaar hoe ieder ruimte inneemt en contact maakt met anderen. Het meest opvallend in het eerste beeld is de sierlijke rode bloem in een van de hoeken van het vel papier. De bloem is klein en lijkt wat in de verdrukking te komen

> tussen alle beeldelementen, maar onderscheidt zich daarvan door de rode kleur en de zorgvuldigheid waarmee hij is geschilderd. Bij het tweede werkstuk heeft Sophie de groepsleden gevraagd stil te staan bij wat er gebeurde in het proces en wat daarvan zichtbaar is en vervolgens heeft ze hen uitgedaagd alternatief gedrag uit te proberen. In het tweede beeld is eenzelfde maar veel grotere rode bloem te zien en nu in het midden van het papier. Sophie verduidelijkt kort het proces dat daaraan voorafging, de reflectie en de keuzes van Ellen. De teamleden vinden het gedrag van de meeste groepsleden heel herkenbaar, maar zijn verrast wanneer ze horen dat de rode bloem door Ellen is geschilderd. De sociotherapeut reageert enthousiast. Dit is voor hem waardevolle informatie over Ellen, die hij weer kan meenemen naar de socialevaardigheidstraining.

Anno 2009 staat de cliënt in de ggz centraal. Los van specifieke behandelvisies is de algemene visie in de ggz dat het voor de cliënt duidelijk moet zijn welk behandelaanbod het best aansluit bij zijn probleem. Er moet vraaggestuurd worden gewerkt. Net als van andere behandelaren wordt er van de beeldend therapeut verwacht dat deze een transparant behandelaanbod heeft. Onder transparant wordt verstaan eenduidig, doelgericht en gestandaardiseerd. Een modulevorm zou die helderheid kunnen bieden (zie ook paragraaf 6.3). Het is geen gemakkelijke opgave vraaggestuurd en transparant te werken en het roept veel discussies op binnen de beroepsgroep (zie hoofdstuk 9). De waarde van de beeldende therapie, en dat geldt ook voor de andere vaktherapieën, schuilt in het interactieve proces van het vormgeven in het medium en de relatie met de therapeut. Juist deze individuele benadering maakt standaardiseren van het behandelaanbod lastig. Bovendien is de beeldende therapie vaak onderdeel van een multidisciplinair aanbod en speelt ook de samenhang tussen de verschillende therapieën een rol in het uiteindelijke resultaat.

6.4.2 BELEIDSONTWIKKELING

Naast behandelinhoudelijke vergaderingen zal een multidisciplinair team bij elkaar moeten komen om gezamenlijk beleid te ontwikkelen. Beleidsoverleg vindt binnen het multidisciplinaire samenwerkingsverband met enige regelmaat plaats om beleid te maken, te evalueren en bij te stellen. Dat is ook het moment waarop eventuele wensen en nieuwe ontwikkelingen kunnen worden ingebracht door de diverse teamleden. Als beroepsbeoefenaar in instellingsverband levert de beeldend therapeut vanuit zijn specifieke deskundigheid bijdragen aan de ontwikkeling van het beleid en de organisatie van de instelling (Beroepsprofiel van de beeldend therapeut).

Vaktherapeuten gaan binnen een instelling of overkoepelende organisatie vaak samenwerkingsverbanden aan in de vorm van een vakgroep. Vakgroepen houden zich bezig met ontwikkelingen binnen het eigen vakgebied, kennis en inzichten worden gedeeld en ervaringen worden uitgewisseld, ook over de grenzen heen. Om wereldwijd te netwerken en debatteren over beeldende therapie en aanverwante onderwerpen met vakgenoten en andere geïnteresseerden heeft onder andere de universiteit van Derby in Groot-Brittannië (evenals de American Art Therapy Association) een website ontwikkeld: Virtual Arts Therapie Network (Bitter, 2006). Uitgangspunt is het verbeteren van de zorg voor cliënten. Veel vakgroepen werken mee aan studie- of themadagen, symposia, het ontwikkelen van modulen en richtlijnen enzovoort (Van Rijssen, 2005).

> Binnen de instelling zal een aanbod worden ontwikkeld voor mensen met burn-outklachten. Het betreft een kortdurende behandeling die erop gericht zal zijn de deelnemers weer deel te laten nemen aan het arbeidsproces. Aan de leden van het multidisciplinair overleg, het MDO, wordt gevraagd vanuit hun eigen discipline een aanbod te ontwikkelen voor deze doelgroep. De beeldende therapie en de psychomotorische therapie zullen als non-verbaal onderdeel alternerend aan bod komen gedurende de behandeling.
> Nadat de theoretische kaders, de duur van de behandeling en de insteek van de verschillende disciplines bepaald zijn, maken beeldend therapeut Sophie en psychomotorisch therapeut Ilse een afspraak om te overleggen hoe ze de behandeling in het non-verbale onderdeel zo goed mogelijk op elkaar af kunnen stemmen. Voor de concrete invulling van het programma voor de beeldende therapie wil Sophie overleggen met haar collega's van de vakgroep beeldend.

Teambuilding

Naast al het formele overleg organiseren instellingen en teams met enige regelmaat teamdagen die tot doel hebben elkaar beter te leren kennen en de samenhang te vergroten. Soms bestaan die dagen uit

een inhoudelijk onderdeel, bijvoorbeeld het bespreken van nieuwe voorstellen ten aanzien van een zorgplan, zowel als een ontspannend deel zoals een etentje of een culturele of sportieve activiteit.
Als ambassadeur van zijn vak heeft de beeldend therapeut een voorlichtingstaak. Die taak verricht hij op de formele momenten, maar ook tijdens teamuitjes. De informele sfeer werkt vaak drempelverlagend, waardoor men na zo'n uitje makkelijker op elkaar afstapt.

> In de vergaderingen had Sophie al vaker opgemerkt dat de nieuwe psycholoog van de afdeling geen goed beeld leek te hebben van de mogelijkheden van beeldende therapie. Tijdens het halfjaarlijkse etentje met het team zit ze naast hem. Ze raken geanimeerd in gesprek over een gezamenlijke interesse. Dat biedt een gemakkelijke opening om eens te inventariseren wat zijn beeld is van beeldende therapie. Wanneer ze later op de avond afscheid nemen, krijgt Sophie de indruk dat ze zijn nieuwsgierigheid heeft weten te wekken. Hij kondigt aan binnenkort een afspraak te maken om eens verder van gedachten te wisselen over de inzet van beeldende therapie bij de cognitieve gedragstherapie in de vorm van exposureoefeningen en gedragsexperimenten.

6.5 Aanverwante beroepen

In het werkveld waarin beeldend therapeuten zich begeven, zijn aanverwante en erop lijkende therapievormen te vinden. Voor de cliënt, de werkgever, het multidisciplinaire team en de zorgverzekeraar is het belangrijk te weten wat kenmerkend en onderscheidend is van deze verwante behandel- en begeleidingsvormen, die allemaal tot doel hebben het verminderen of – waar mogelijk – wegnemen van de problematiek, om op grond daarvan een keuze te kunnen maken voor de meest passende en elkaar aanvullende behandelvormen. De indicering en de afstemming tussen verschillende disciplines is duidelijker als de grenzen en de eigenheid van iedere discipline helder zijn.
Beeldend therapeuten moeten goed duidelijk kunnen maken wat hun werkterrein is, op grond van welke werkvorm, doelstelling of onderliggende gedachten ze werken en hoe ze zich daarmee onderscheiden van die verwante therapievormen. Daarvoor is het belangrijk enige kennis te hebben van die verwante beroepen. Binnen de vaktherapieën maken de media het verschil: muziek-, dans-, drama-, tuin- en psychomotorische therapie. Hierbij doet zich de vraag voor op welke

basis er voor een bepaald medium gekozen kan worden. Bij andere beroepen wordt ook met beeldende materialen in een atelierachtige ruimte gewerkt en is het voor de buitenstaander niet altijd gemakkelijk onderscheid te zien. Dan zijn er nog vormen van (psycho)therapie waarbij gewerkt wordt met spel en beeldende materialen. Kenmerken van de behandel- of begeleidingsvorm kunnen aansluiten bij de mogelijkheden en doelen van de cliënt. Bij verwijzing of indicering voor een bepaalde behandel- of begeleidingsvorm kan gebruikgemaakt worden van deze informatie.

6.5.1 VAKTHERAPIEËN

De vaktherapieën vertonen grote onderlinge verwantschap. Steeds wordt er uitgegaan van een analogie tussen de in het medium vormgegeven ervaringen en ervaringen in het dagelijks leven. Er zijn echter ook verschillen. De zintuiglijke ervaringen en de manieren van vormgeving en doorwerking komen anders tot stand. Dit maakt een gedifferentieerd gebruik en inzet mogelijk.

Beeldende therapie
Specifiek voor het beeldend medium is de fysieke zichtbaarheid en tastbaarheid van het materiaal en het product tijdens en na afloop van het vormgevingsproces. Het kijken naar het werk kan bijdragen aan de zelfreflectie. Het voelen van materialen kan persoonlijke gevoelens raken. Door beeldend werken en het blijvende concrete karakter van materiaal en product als 'objectconstante' in te zetten in beeldende therapie, kan bevorderd worden dat men beter stil kan staan bij en vorm kan geven aan de eigen belevingswereld. Er kan gewerkt worden met symbolen, maar ook aan realiteitstoetsing en aan de vormgeving van eigen wensen en gevoelens. Er kan teruggekeken worden en meerdere tijden en plaatsen kunnen in één beeld bij elkaar komen door het ontbreken van een lineair karakter.
Indicaties zijn volgens het Beroepsprofiel voor de creatief therapeut beeldend (1999):
– problemen hebben met verbaal abstraheren;
– geen woorden voor ervaringen kunnen vinden;
– moeite hebben met verbaal communiceren;
– sterk (verbaal) rationaliseren;
– moeilijk contact maken met de eigen belevingswereld;
– moeite hebben met het ervaren van continuïteit in contact;
– moeite hebben met het ervaren van het eigen handelen en gedrag;
– moeite hebben met het ordenen en begrenzen van emoties.

Muziektherapie

In de ontwikkeling van het kind is muziek het eerste waar hij ontvankelijk voor is. Het gehoor ontwikkelt zich al vroeg tijdens de prenatale fase. Al in de baarmoeder reageren baby's op muziek en op de intonatie van de moeder. Muziek schept sfeer en kan direct de gevoelswereld raken. Oren staan altijd open, waar ogen ook gesloten kunnen worden. Voor onder meer mensen met een verstandelijke handicap, voor mensen met contactstoornissen, zoals aan autisme verwante stoornissen, voor dementerenden en voor mensen met een stemmingsstoornis biedt muziek een goede manier om contact te maken met de gevoelswereld en de wereld om hen heen. Samenspel in muziektherapie heeft talloze aanknopingspunten om de eigen communicatiemogelijkheden te verkennen en te ontwikkelen. Muziek dient hierin als intermediair in het contact. Communicatie vindt heel direct plaats in het geluid en de (samen)klank die worden gevormd. Het moment is van groot belang. Blijvende concrete producten spelen in de muziek geen grote rol. Vooral om de interactie kun je in de muziektherapie niet heen.

Danstherapie

In danstherapie wordt met lichaamsexpressie in de ruimte gewerkt. Met beweging als primair uitdrukkingsmiddel worden emoties, gevoelens, herinneringen en dergelijke vormgegeven. Bewegen op muziek of vanuit een eigen innerlijk ervaren ritme, is een heel primaire en meeslepende manier van uiten. Het bewegingspatroon van de mens toont zijn mogelijkheden, vaardigheden en beperkingen. De dans is een eigen of gezamenlijk beleefde en gevormde beweging. In sensomotorisch opzicht kunnen veel zintuigen meedoen, en ondersteunen zij de beweging en, waar van belang, de stilte. Met het lichaam op een centrale plek in de danstherapie zal het soms juist een indicatie zijn als er problemen zijn rond de lichaamsbeleving, al kan het ook een stap te ver zijn. Dansstructuren kunnen echter houvast geven en daarmee een opstap zijn in het (weer) gaan gebruiken van het lichaam en via het lichaam (weer) gaan beleven.

Dramatherapie

In dramatherapie wordt het vermogen aangesproken om te kunnen fantaseren en om alsof-spel te spelen. Wanneer cliënten geen onderscheid kunnen maken tussen fantasie en werkelijkheid, zal de dramatherapie een meer trainingsachtig karakter krijgen, gericht op het oefenen van gedrag. De zintuiglijk motorische mogelijkheden kunnen in drama op veelzijdige wijze worden aangesproken. Waar het thema en het verhaal centraal staan, ondersteunt de beweging de zeggingskracht van het woord en van het gebaar. In dramatherapie speel je jezelf of een rol, voor anderen of met anderen. Het zelfbeeld en de interpersoonlijke vaardigheden in relatie tot anderen komen naar voren in het experimenteren in rollen en situaties. In dramatherapie kan goed geoefend worden met (weer) zichtbaar en hoorbaar zijn. Dit kan een indicatie zijn, maar soms ook juist een te hoge drempel. Maskers en verkleedspullen en de gespeelde rol waarachter je je kunt verschuilen, kunnen drempelverlangend werken.

Tuintherapie

Een therapievorm waarin niet meer onderwezen wordt, waarvan de therapeuten niet georganiseerd zijn en die steeds minder voorkomt is de tuintherapie. Er wordt gewerkt met levend materiaal dat uit zichzelf iets doet en zo als het ware medestander dan wel tegenspeler is en zich gemakkelijk leent voor identificatie of projectie van gevoelens. Natuurlijk materiaal heeft bestaande herkenbare concrete vormen en biedt daarom al veel structuur. Groeiprocessen echter kennen een vast natuurlijk verloop en het concrete heeft geen blijvende vorm. Existentiële thema's als ontkiemen en dood – geboorte en afsterven – kunnen een grote rol spelen. Bijzonder bij tuintherapie is het ontbreken van de begrenzende muren zoals die in de andere therapieën bestaan. Het ontbreken van die structuur en beveiliging, maar ook van de beperking van die binnenruimte, kan juist een indicatie of een contra-indicatie zijn.

Psychomotorische therapie

Aandachtspunten in de diagnostiek en aangrijpingspunten in de behandeling in de psychomotorische therapie zijn bewegingsgedrag, lichaamstaal, lichamelijke spanningen, lichaamshouding, lichaamssensaties en lichaamsbeleving. Lichaamsgerichte interventies, spelvormen en bewegingssituaties uit de sport, maar ook concentratieoefeningen worden ingezet, waarbij de aandacht specifiek op het ervaren en beleven van het eigen lichaam wordt gericht. Interactie met groepsgenoten kan een belangrijk onderdeel van de therapie zijn: samen spelen, competitie, maar ook vertrouwen op elkaar en steun bieden.

Wanneer een cliënt dermate ernstig lichamelijk getraumatiseerd is, dat het werken met en ervaren van het lichaam ernstig ontregelend en daarmee destabiliserend werkt, kan gestart worden met een therapievorm die op dit terrein minder confronterend is. In een later stadium is psychomotorische therapie dan mogelijk juist de aangewezen therapievorm, zodat alsnog gewerkt kan worden aan de lichamelijke component van de problematiek. Psychomotorische therapie moet veilig genoeg zijn om te kunnen experimenteren met nieuw gedrag en om nieuwe ervaringen op te doen op het gebied van emoties en gedachten. Als de problematiek zich afspeelt rond (de beleving van) het lichaam/de lichamelijkheid of zich specifiek uit in bewegingsgedrag, biedt psychomotorische therapie belangrijke aangrijpingspunten.

6.5.2 SPELTHERAPIE, PSYCHOTHERAPIE VOOR KINDEREN EN BEELDCOMMUNICATIE

In speltherapie staat het spelen en daarmee het verhaal van het kind centraal. Er wordt in speltherapie uitgegaan van de helende werking van spel voor het kind. De relatie met de speltherapeut is een belangrijke component. De speltherapeut faciliteert het in spel vormgeven van de eigen beleving. Er kunnen situaties verwerkt worden die belemmerend zijn voor het welbevinden en de ontwikkeling. Er wordt gewerkt met gevormde materialen: een ganzenbordspel, poppen, een poppenkast, om het verhaal vorm te geven.

Ook in de kinderpsychotherapie wordt het spel van het kind als communicatiemiddel ingezet en wordt het kind uitgenodigd zijn verhaal te vertellen.

Zowel voor speltherapeuten als voor kinderpsychotherapeuten geldt dat zij ook met beeldende materialen werken. De tekening die het kind maakt of het spel in de zandbak zijn een illustratie van het verhaal. De ervaring van het maken en het werken met beeldende materialen zijn een middel en worden niet therapeutisch ingezet.

Bij de methode beeldcommunicatie, ontwikkeld door Hellendoorn (1988), biedt de therapeut kinderen die niet goed meer kunnen communiceren (over bepaalde onderwerpen) en die daardoor belemmerd worden in de (sociale) ontwikkeling, spelvormen aan om de communicatie opnieuw op gang te brengen. De therapeut probeert met het kind te communiceren in en over de beelden die in het spel ontstaan. In eerste instantie accepteert de therapeut de beelden, en vervolgens, als er niet uit zichzelf een ontwikkeling op gang komt, probeert de therapeut er invloed op uit te oefenen, waardoor het kind zich verder kan ontplooien of ontwikkelen.

De door Lubbers (1988) ontwikkelde methode beeldcommunicatie biedt een meer theoretisch kader, gebaseerd op de hermeneutische filosofie.

6.5.3 KUNSTZINNIGE THERAPIE

Ook de kunstzinnige therapie maakt gebruik van beeldende middelen. Deze op de antroposofische leer van Rudolf Steiner geënte therapievorm heeft een eigen mensopvatting en een heel speciaal gebruik van beeldende middelen. Er wordt veel met specifieke, stapsgewijze oefeningen gewerkt. Afhankelijk van wat als oorzaak van stoornissen en ziekten wordt gezien, zet men het beeldende medium in. Zo worden te vormvaste mensen gestimuleerd losser en vloeiender te gaan handelen, structuurloze mensen worden juist gestimuleerd om vanuit een vooropgezette structuur te gaan handelen. Er wordt uitgegaan van een vaststaande werking van bepaalde kleuren en vormgevingsprincipes. De behandeling is gericht op stimulering van fysiologische en psychische processen, harmonisatie en evenwicht vanuit een holistische opvatting.

6.5.4 ARBEIDSTHERAPIE/ACTIVITEITENBEGELEIDING

De activiteitenbegeleiding en arbeidstherapie richten zich door middel van (re)creatief-educatieve en werkgerelateerde activiteiten op vrijetijdsbesteding en werk. In de activiteitenbegeleiding en arbeidstherapie kunnen de daarvoor benodigde vaardigheden worden geleerd en wordt aandacht besteed aan de winst van de activiteit om daaruit motivatie en doorzettingsvermogen te halen.

Van de Born (2001) ziet dagbesteding als erkenning van de mens als handelend wezen. Uit zijn beschrijvingen zijn doelen voor dagbesteding te destilleren zoals: wensen en behoeften vormgeven, bewustwording stimuleren, keuzes maken, betekenisgeving, het stimuleren van zingeving en perspectief bieden op kwaliteit van leven.

Het gaat om cliënten die niet meer zelfstandig hun vrije tijd of arbeid op zinvolle wijze kunnen invullen omdat een beperking of stoornis dit bemoeilijkt. Doel is het zo zelfstandig mogelijk functioneren in alledaagse situaties door het verkrijgen van inzicht in eigen handelingspatronen en het oefenen en aanleren van nieuwe vaardigheden of gedrag. Het ervaren van plezier en ontspanning kan een belangrijk onderdeel van het programma zijn.

6.5.5 DE CREATIEVE PROFESSIONAL

In het Beroepsprofiel van de sociaal pedagogisch hulpverlener (SPH) wordt de sociotherapeut, de pedagogisch medewerker of groepsleider de 'creatieve professional' genoemd. Daarmee wordt een professional bedoeld die zich flexibel, vindingrijk en probleemoplossend kan afstemmen op zeer verschillende personen, situaties en contexten.

De sociotherapeut is de drager van het leefmilieu en werkt binnen de alledaagse leef-, werk- en vrijetijdssituaties en niet in de alsof-situatie zoals de beeldend therapeut die creëert. De sociotherapeut werkt direct in de situatie gelijkend op of vervangend voor het dagelijks leven, bijvoorbeeld in een leefgroep of activiteitengroep, gericht op functioneel, acceptabel gedrag in de sociale context. Door de aard van het werk staat de sociotherapeut heel dicht bij de cliënt. Het vasthouden en hanteren van een professionele houding en afstand kan lastig zijn. Een sociotherapeut kan ook trainingen geven of individueel en in groepen met cliënten aan behandeldoelen werken.

6.5.6 INDICATIES

In het multidisciplinair team zullen bovengenoemde professionals elkaar regelmatig tegenkomen. De vraag van de cliënt moet beantwoord worden met een passend behandelaanbod, dat het krachtigst is als het 'eigen'aardige van elke therapie ingezet kan worden. In plaats van elkaar af te troeven en de omgeving ervan te overtuigen dat de eigen therapievorm echt de beste is, is het beter gebruik te maken van de specifieke kenmerken en mogelijkheden. De genoemde indicatiegebieden zijn niet volledig maar kunnen een leidraad zijn.

Ervaring of verhaal
Bij de vaktherapieën staat het ervaringsgericht handelen centraal en gaat men uit van de analogie tussen de ervaringen in de therapie en die in het dagelijks leven. In speltherapie, kinderpsychotherapie en beeldcommunicatie wordt gezocht naar het verhaal van de cliënt en het gekozen medium wordt daartoe ingezet. De focus ligt daardoor eerder op het daar en toen. Ook in dramatherapie, in beeldende therapie en in muziektherapie ontstaat soms een verhaal, maar dat is geen doel. De focus ligt op de ervaring in het hier-en-nu.
De indicatie voor een psychotherapie of een vaktherapie ligt hier dus vooral in de vraag hoe de blokkade opgelost kan worden: door het weer gaan vertellen van het eigen verhaal of vooral door het opdoen van nieuwe en andere ervaringen en het gaan herkennen van gevoelens.

Contact en communicatie
Ligt de focus in de therapie of de observatie op het herstellen, onderzoeken of het leggen van contact en op de communicatie, dan sluit muziektherapie goed aan. Het jezelf hoorbaar maken, luisteren naar de anderen, samen spelen, leiden en volgen staan in het hier-en-nu van de therapiesituatie steeds centraal. Ook in de dramatherapie moet je samenspelen; interactie is belangrijk. Hier word je zichtbaar en

hoorbaar, al kun je jezelf enigszins verschuilen achter de rol die je speelt en de verkleedspullen die je aantrekt. In de psychomotorische therapie biedt de interactie ruimte voor het aangaan van rivaliteit en het hebben van vertrouwen in jezelf en de ander. Indicaties die hier goed aansluiten zijn die waar het gaat om contact maken met de eigen gevoelswereld en met de omgeving of het positioneren ten opzichte van de ander.

Lichamelijkheid

Het lichaam, het lichamelijk beleven en de lichamelijkheid staan in danstherapie en psychomotorische therapie centraal. De aanwezigheid van het eigen lichaam, van de ander, het met of tegen elkaar spelen en elkaar zelfs kunnen/moeten aanraken zijn belangrijk. Terwijl het lichaam in dramatherapie in meerdere of mindere mate zichtbaar kan zijn en centraal kan staan, is het bij danstherapie en psychomotorische therapie een belangrijk middel.
Indicaties zullen hier dus veelal op het gebied van lichaamsbeleving gevonden worden.

Concreet materiaal

Zowel in de beeldende therapie als in tuintherapie wordt gewerkt met concreet materiaal. Het beeldend materiaal heeft daarbij een blijvend karakter, terwijl in de tuintherapie de factor tijd en de natuurlijke veranderingsprocessen van het materiaal belangrijk zijn. Het terug kunnen kijken naar het eigen proces en product in de beeldende therapie biedt mogelijkheden voor cliënten met weinig innerlijke structuur of een grote structuurbehoefte en die moeite hebben afstand te nemen van en te reflecteren op het eigen handelen. In de tuintherapie maakt de cliënt een groeiproces mogelijk dat daarna vanzelf doorgaat. Hier spelen faciliteren en uit handen geven een rol.
Indicaties liggen op het gebied van de behoefte aan een tastbaar spoor van de beleving opgedaan in het werken met materialen.

Het dagelijks leven

In de activiteitenbegeleiding/arbeidstherapie en de sociotherapie staan het leren weer zelfstandig te functioneren, het dagelijkse samen leven en samen functioneren centraal. Daartoe kan met allerlei middelen worden gewerkt die ook in de andere therapieën worden gebruikt: sporten, beeldend werken, samen muziek maken, maar ook koken, uitgaan en stofzuigen. Juist omdat de middelen soms zo gelijk kunnen zijn, lijkt het logisch in dezelfde ruimte te gaan werken of samen een activiteit te organiseren. Belangrijk is in de gaten te houden dat het doel waarmee het materiaal wordt ingezet anders is.

De sociotherapeut zal een ruzie in de groep over het ontbreken van vers brood bij het ontbijt aangrijpen om de groepsleden aan te spreken op verantwoordelijkheden. De beeldend therapeut creëert met een groepsopdracht een soortgelijke situatie, maar nu 'alsof', om te kunnen oefenen met rollen en posities. De situatie aan de ontbijttafel kan aanleiding zijn om de groep in de beeldende therapie opdracht te geven dat eenieder bouwstenen moet maken waarmee een gezamenlijke toren gebouwd kan worden. Zich bewust van de eigen rollen, posities, ieders mogelijkheden en onmogelijkheden, kan de groep, terug in de sociotherapie, afspraken maken over een haalbare en passende verdeling van taken. De ervaringen in de beeldende therapie kunnen in de sociotherapie worden omgezet in concreet dagelijks samenleven en handelen.

Als de beeldend therapeut gevraagd wordt samen met de activiteitenbegeleider of de sociotherapeut een activiteit te organiseren, is het belangrijk het doel daarvan duidelijk voor ogen te hebben. Het doel bepaalt de plek waar de activiteit plaatsvindt, de therapieruimte of de afdeling, en vanuit welke houding cliënten aangesproken worden: aansprekend op grenzen en dagelijks functioneren vanuit de sociotherapeutische rol, of bewustmakend van de betekenis van het eigen handelen vanuit de beeldendtherapeutische positie.

6.6 Behandelvormen van de beeldend therapeut

Beeldend therapeuten bieden, al dan niet met een co-therapeut, verschillende behandelvormen aan: individuele behandeling, groepsbehandeling, partner-relatietherapie en gezinstherapie. Ook passen zij de behandelduur aan bij de hulpvraag en de (financiële) mogelijkheden en bieden ze kort- of langdurende therapieën aan.

6.6.1 BEHANDELDUUR

De duur van een therapie is de tijd tussen het starten van de therapie en het afsluiten ervan. Die beide momenten lijken bepaald te zullen worden door de cliënt en de therapeut: op het moment dat de cliënt met een probleem aanklopt bij de therapeut, start de therapie en als ze samen besluiten dat het doel behaald is, sluiten ze af. Hoe lang de therapie duurt, hangt dan af van de tijd die nodig is om aan het probleem te werken.

In de praktijk zal de start van de therapie ook afhangen van verwijzingen, wachtlijsten en het doen en samenbrengen van alle observaties. Soms zal de crisis die de cliënt voelde bij aanmelding afgenomen zijn tegen de tijd dat de behandeling start, of zal het probleem juist groter zijn geworden waardoor de therapie waarop werd ingezet, inmiddels onvoldoende is.

De duur van de therapie wordt soms van tevoren vastgelegd. Aan een diagnose is een behandeltraject met een vastgesteld aantal therapiesessies gekoppeld (dbc; zie ook paragraaf 6.2.1). Niet altijd ligt het aantal sessies vast; behandelaar en cliënt beoordelen, al dan niet samen, of het doel behaald is en verlengen zo nodig het behandelcontract en de dbc. Altijd is van belang de duur goed af te stemmen op de mogelijkheden en de vraag van de cliënt. Te lang doorgaan kan de cliënt afhankelijk maken van de therapeut en de behandeling en zelfs leiden tot hospitalisatie. Te kort behandelen kan betekenen dat het geleerde onvoldoende geïnternaliseerd en gegeneraliseerd is.

Kort/lang

Kortdurende therapieën, van tien à twaalf sessies, hebben meestal een enkele focus, waaraan directief wordt gewerkt. Een duidelijk omschreven doel wordt met duidelijk beschreven middelen behandeld. Observaties die andere probleemgebieden betreffen, kunnen in het dossier worden vastgelegd, maar worden niet behandeld. De relatie met de therapeut krijgt minder diepgang en speelt daardoor een minder grote rol dan de ingezette methode. De cliënt krijgt minder kans zich afhankelijk van de therapeut en de behandeling te maken en te voelen. Ook de beeldend therapeut moet steeds proberen het materiaal en de ervaring zo aan te bieden dat de cliënt het snel zelfstandig kan overnemen.

Een belangrijk voordeel van kortdurende therapie is dat de cliënt niet lang uit zijn dagelijkse leven wordt gehaald. Voor elke therapie, ook als die poliklinisch is, moet de cliënt tijd vrijmaken. Een kind heeft minder speeltijd of mist een deel van school, een volwassene verzuimt van zijn werk of heeft minder vrije tijd. En het probleem waarvoor de cliënt naar therapie komt, is juist iets wat het dagelijkse functioneren belemmert. Alleen door in het dagelijks leven te blijven functioneren, blijft het probleem actueel en kunnen de nieuwe oplossingsstrategieën geoefend worden.

Langdurende therapieën zullen dus alleen worden ingezet als het niet anders kan. Als het probleem meerdere functies en relaties beïnvloedt en al langere tijd bestaat, heeft het ingesleten inadequate patronen tot gevolg. Er is nu langere tijd nodig om alle uitingsvormen van het probleem te herkennen en om de inadequate oplossingsstrategieën te doorbreken. Er moeten nieuwe ervaringen worden opgedaan, er moet geoefend worden met nieuw gedrag en de cliënt moet inzicht krijgen in het ontstaan van de patronen.

De relatie met de therapeut, afhankelijkheid van de zorg en hospitalisatie gaan bij langdurende therapie een grotere rol spelen. Opvallend is dat de frequentie van langdurige therapieën niet altijd heel hoog hoeft te zijn. De tussenliggende tijd waarin de ervaring uit de therapie kan integreren en gegeneraliseerd kan worden naar het dagelijkse leven, blijkt minstens zo belangrijk. Als de langdurende therapie haar doel heeft bereikt, zal het geleerde ook op andere, analoge gebieden kunnen worden toegepast. De voorgenomen duur van de therapie wordt niet altijd gehaald. Soms blijkt het te kort en moet verlenging worden aangeboden. Soms blijkt het te lang en haakt de cliënt voortijdig af.

6.6.2 INDIVIDUELE THERAPIE, GROEPSTHERAPIE, PARTNER-RELATIETHERAPIE EN GEZINSTHERAPIE

Beeldende therapie kan individueel worden aangeboden, in groepsverband, aan een echtpaar of aan andere relatievormen en aan een gezin. De keuze kan bepaald worden op financiële gronden: meerdere cliënten tegelijk behandelen is goedkoper. Meestal echter zullen de behandelvisie van de organisatie en de behoefte van de cliënt de leidraad vormen.

In alle gekozen therapievormen is de therapeut een constante factor: de relatie en de persoonlijke menselijke kwaliteiten van de therapeut spelen een belangrijke rol in de waardering van de therapie door de cliënt (Yalom, 1988). Toch zal de positie van de therapeut in de verschillende vormen een andere zijn.

Individuele therapie

De één-op-éénsituatie van de individuele therapie geeft de therapeut de gelegenheid steeds heel direct af te stemmen op de behoefte van de cliënt. Er kan een veilige relatie opgebouwd worden waarbinnen lastige ervaringen een plek kunnen krijgen en bewerkt kunnen worden. Rust en ruimte maken het ook voor snel afgeleide cliënten mogelijk de focus op het eigen handelen te leggen. Alle aandacht van de therapeut kan naar de cliënt gaan. Er zijn geen confrontaties met andere cliënten. De therapeut zet de therapeutische relatie en (tegen)overdrachten actief in in het proces.

Het lijkt alleen voordelen te hebben, die onverdeelde aandacht en rust. Soms echter is het bedreigend om zo'n directe relatie met een therapeut te hebben. Alle overdrachten komen direct bij de therapeut terecht. Steeds moet de therapeut beslissen welke positie hij gaat innemen: die van observator, commentator, de ander 'op de vingers kijken', afstand nemen en een opruimklusje gaan doen, of participeren door zelf ook beeldend te gaan werken. Elke keus is een interventie die betekenis heeft voor het therapieproces.

> De route naar de beeldendetherapieruimte loopt over het speelterrein van de leefgroepen. Het gesprek tussen de beeldend therapeut en Gijs van 9 krijgt niet veel kans: Gijs springt tussen de voetballende groepsgenoten, wordt haast omvergereden door een fietsend jongetje en holt vooruit. In de therapieruimte heerst er rust. Alle materialen staan in kasten, er zijn geen andere kinderen, alleen de therapeut. Die richt zich op Gijs en helpt hem alles klaar te maken om op de schopschijf te gaan werken. Met haar instructies stuurt ze hem, met haar stemgeluid houdt ze zijn aandacht vast, met het materiaal en het handelen richt ze zijn aandacht en met haar benoemen en complimenten maakt ze hem bewust van zijn handelen. Het lukt Gijs niet tegelijk te trappen en met zijn handen te vormen. Daarop stelt de therapeut voor dat zij zal trappen en dat Gijs haar opdracht mag geven om te starten, te stoppen, langzamer of sneller te gaan. Nu kan Gijs ook invloed op de therapeut uitoefenen. Terwijl de therapeut enerzijds faciliteert dat Gijs beeldend kan werken, zet zij ook de relatie in om hem nieuwe ervaringen te laten opdoen.

Groepstherapie
Over het werken in en met groepen bestaat veel literatuur. Iemand die veel onderzoek heeft gedaan naar groepstherapieën is Irvin D. Yalom. Hij beschrijft (Yalom, 1988) de genezende factoren die een rol spelen in de groepstherapie. Belangrijk blijkt het wekken van hoop door het zien van groei bij groepsgenoten. De herkenning bij elkaar, informatie uitwisselen, je verhaal kunnen vertellen en het merken dat je niet de enige bent zijn belangrijk. In de groep kan de oorspronkelijke gezinssituatie opnieuw beleefd en verbeterd worden. Sociale vaardigheden worden geoefend en ontwikkeld en het nabootsen van elkaar biedt elk groepslid nieuwe mogelijkheden. Aan de basis van de groep staat de groepscohesie en de verantwoordelijkheid en rol van ieder groepslid om die cohesie tot stand te brengen en in stand te houden. Yalom beschrijft dat cliënten achteraf vooral de persoonlijke elementen van

de relatie, de ontmoeting met een nieuw accepterend autoriteitsfiguur en het veranderde zelfbeeld en beeld van anderen waarderen.

Ook in de beeldende groepstherapie wordt op basis van die factoren gewerkt. Terwijl in de gespreksgroep het gesprek het medium is, biedt de beeldend therapeut beeldende materialen aan. Daarmee is meteen een belangrijke rol van de therapeut genoemd: de therapeut moet het groepsproces faciliteren. Bij een beginnende groep neemt de therapeut een meer centrale positie in, maar naarmate de groep vordert, beweegt de therapeut zich meer naar de rand van de groep. Hij zorgt ervoor dat de groep kan werken, dat de buitengrenzen bewaakt worden en dat de voorwaarden binnen die ruimte in orde zijn. In elke fase moet de therapeut het mogelijk maken dat de groepsleden met elkaar aan de slag gaan, samen, naast of tegenover elkaar werken, van elkaar leren, elkaar aanspreken. Bijzonder van het beeldend werken is het ontbreken van een lineair karakter. Terwijl in de verbale therapie van beurt gewisseld moet worden, kan in de beeldende therapie iedereen tegelijk aan de slag gaan, om vervolgens alles naast elkaar te hangen en in één oogopslag verbanden, overeenkomsten en tegenstellingen te zien. Het beeldend werk biedt ruimte om te experimenteren met positiewisselingen, rolwisselingen, ondersteunen, rivaliseren.

> In een groep met acht adolescenten zijn in een paar weken tijd vier nieuwe groepsleden binnengekomen. De vier 'oudjes' hebben afscheid moeten nemen van vertrouwde groepsleden, groepsleden die er al waren toen zij binnenkwamen, die dus hun hele verhaal gevolgd hebben en waarvan ze wisten wat ze aan elkaar hadden. Ze klagen dat de nieuwe groepsleden nog weinig terug kunnen geven over hun werk en dat het nu niet vertrouwd genoeg meer is om kwetsbaarheden in te brengen. De beeldend therapeut probeert de oude groepsleden uit te nodigen de cultuur over te dragen, maar ook oog te hebben voor de nieuwe mogelijkheden en ervaringen die de nieuwkomers binnen brengen. Ze vraagt de groep na binnenkomst meteen eigen materiaal te pakken, het eerste dat hen te binnen schiet en daarmee individueel in de eigen stijl aan de slag te gaan. Na een kwartier zet ze de activiteiten stil en nodigt uit te zoeken naar gemeenschappelijke kenmerken in al het werk en die werkstukken bij elkaar te leggen. Daarna vraagt ze naar de andere groepjes werk te kijken en te zien of er iets in zit wat als voorbeeld zou kunnen dienen voor het eigen werk: een kleur die aanvullend zou kunnen zijn, een

> materiaal, een manier van werken. Dan mag iedereen verder werken aan het eigen werkstuk en dat nieuwe element inpassen. Tijdens de nabespreking wordt opnieuw met werk geschoven: worden het nu dezelfde subgroepjes of is er iets veranderd? Het zoeken naar overeenkomsten en verschillen in het beeldend werk bleek uitnodigend om het identificatieproces, de cultuuroverdracht, de groepscohesie en de uitwisseling op gang te brengen.

Groepen zijn op verschillende manieren samen te stellen en te organiseren. In homogene groepen zijn de groepsleden bij elkaar gezet om een overeenkomst waar vanuit gewerkt gaat worden (bijvoorbeeld problematiek, sekse, leeftijd, etniciteit). De homogene groeptrfw> kan veilig zijn door de herkenning bij elkaar en kan ruimte geven om doelgericht aan de slag te gaan met het gemeenschappelijke kenmerk. Heterogene groepen laten grotere onderlinge verschillen zien en bieden daardoor een kleurrijk geheel en mogelijk meer dynamiek. De heterogene groep weerspiegelt de leefwereld van de cliënt eerder. De cliënt moet leren omgaan met verschillende waarden en normen en kan andere ervaringen opdoen. De confrontatie met mensen die anders reageren dan hij gewend is, kan onzeker maken, maar biedt uiteindelijk ook experimenteerruimte voor nieuw gedrag.
Een gesloten groep start op een bepaald moment met allemaal nieuwe leden die ook tegelijk stoppen. Tussentijds kunnen geen nieuwe leden toetreden. De groepsfasen kunnen chronologisch doorlopen worden en de groepscultuur wordt steeds opnieuw gevormd.
Open groepen daarentegen lopen steeds door, nemen afscheid van leden en nemen nieuwe leden op. Daardoor kunnen rolpatronen regelmatig wisselen, kunnen nieuwe leden van ervaren groepsleden leren en brengen nieuwe leden nieuwe impulsen in.
De beeldend therapeut kan, afhankelijk van de fase van de groep en het doel van de therapie, individueel in de groep laten werken, een groepsopdracht aanbieden of de hele groep individueel aan hetzelfde thema laten werken. En natuurlijk zijn daar allerlei tussenvormen in te bedenken. Gemeenschappelijkheid kan ook voortkomen uit het werken met hetzelfde materiaal, het kijken naar elkaars werk, het delen van de ruimte.
Belangrijk is je als groepstherapeut te realiseren dat de groep van invloed is op het functioneren van het individu en omgedraaid.

Partner-relatietherapie, gezinstherapie

Bijzondere groepen vormen partners en gezinnen. Als zij samen naar therapie komen, heeft de therapeut een groep(je) tegenover zich, maar in tegenstelling tot een groep die bij elkaar komt voor de therapie, is dit een groep die elkaar al van lang voor de therapie kent en die juist vanwege die relatie in therapie komt. Het is de therapeut die in de partner-relatietherapie en gezinstherapie als een buitenstaander met de partners en gezinnen meekijkt naar het functioneren van de gezinsleden als individu, maar vooral ook met elkaar en ten opzichte van de buitenwereld. Terwijl in elke andere therapiegroep de leden en de therapeut speciaal voor de therapie een relatie aangaan, moet nu de therapeut invoegen in een groep die al een relatie heeft.

In elke andere therapie zijn de gezinsleden van de cliënt 'aanwezig': het gezin van herkomst of het huidige gezin/de relatie van de cliënt speelt steeds een belangrijke rol in de therapie. Gevoelens over gezinsleden zullen in de therapiegroep geprojecteerd en overgedragen worden op de groepsleden. In een individuele therapie kan de relatie met een gezinslid geprojecteerd worden op de therapeut. Die invloedrijke anderen zijn in de partner-, relatie- en gezinstherapie juist ter plekke aanwezig en dus in de aandacht.

Gespecialiseerd in het werken met bestaande systemen, zoals echtparen en gezinnen, zijn systeemtherapeuten. Zij onderzoeken de ordening, de structuur en de vorm van informatie-uitwisseling in het gezin en in de relatie. En zij proberen die zo te beïnvloeden dat belemmerende factoren worden opgeheven. Vaak zal een gezin of zullen partners in behandeling komen omdat er problemen zijn met één van hen. Het is aan de systeemtherapeut de focus te verleggen naar het totale systeem in plaats van te blijven praten over die ene cliënt, de 'identified patient'.

Om het kijken naar, het invoegen in en het werken met het systeem te vergemakkelijken, hebben systeemtherapeuten allerlei technieken ter beschikking. Manieren van vragen stellen, dramatechnieken, beeldend werken en dergelijke worden ingezet om meer zicht te krijgen op het functioneren van het systeem. Als de eigen technieken niet voldoende inzicht en behandelmogelijkheden geven, kunnen systeemtherapeuten vaktherapeuten inschakelen. Er zijn ook vaktherapeuten die zich hebben bekwaamd in het werken met systemen.

In hoofdstuk 4 staan voorbeelden van het individueel beeldend werken, het werken met groepen, het beeldend werken met systemen en van kort- of langdurende beeldende therapieën.

6.7 Rapportage

Cliënten laten tijdens hun behandeling persoonlijke dingen zien en horen. De therapeut gebruikt deze informatie, aangevuld met eigen observaties, beoordeling en advisering, om het rapport te schrijven (Regouin & Schamp, 2006). Doel daarvan is in eerste instantie het mogelijk maken van hulpverlening aan de cliënt. In tweede instantie wordt die informatie gebruikt voor interne en externe informatie-uitwisseling.

De rapportage functioneert als een geheugensteun voor de therapeut. Als beeldend therapeut ben je voortdurend aan het observeren. Het gedrag, de gemoedstoestand en de uiterlijke verschijning van je cliënt worden geregistreerd. Er wordt geobserveerd hoe de cliënt omgaat met groepsgenoten en met de therapeut. Mediumspecifiek observeer je hoe de cliënt zijn voorkeuren en weerstanden in het medium uit, zijn werkwijze, zijn beeldtaal en de thema's die aan bod komen binnen de beeldende therapie. Ook dat wat de cliënt juist achterwege laat is een belangrijk element in de observatie. Al deze informatie samen geeft een beeld van de toestand van de cliënt, zijn sterke en zwakke kanten in het medium en in relatie tot anderen en van de voortgang van zijn proces.

In de beroepscode voor beeldend therapeuten staat over rapportage en dossiervorming:

'De beeldend therapeut houdt van de behandeling, behandelplan en voortgang aantekeningen bij en bewaart deze, zodat hij rekenschap kan afleggen aan de cliënt of vertegenwoordiger. De zelfstandig gevestigd beeldend therapeut draagt zorg voor een eindrapportage van het therapieproces voor de cliënt.'

Een ander doel van rapportage is de overdracht van informatie aan alle betrokkenen en het mogelijk maken van een goede onderlinge afstemming binnen het multidisciplinair overleg. Het maakt de therapeut controleerbaar: de cliënt krijgt een indruk van de keuzes die de therapeut heeft gemaakt en van de zorgvuldigheid van de therapeut. Ter verantwoording aan de zorgverzekeraars moet standaard alle directe en indirecte cliëntgebonden tijd worden geregistreerd.

6.7.1 RAPPORTAGEVORMEN

Er zijn diverse vormen van rapportage: mondeling of schriftelijk, open of gesloten, per dag, week of maand, objectiverend, subjectiverend of een combinatie daarvan.

Mondelinge rapportage

Tijdens het multidisciplinair overleg (MDO) wordt mondeling gerapporteerd over cliënten en aan collega's. Van mondelinge rapportage is ook sprake bij telefonisch overleg met een hulpverlener van een andere instantie, in contact met een ouder van een cliënt of bij dienstoverdracht, als het werk door een therapeut wordt overgedragen aan een vervanger. Juist bij mondelinge rapportage is het belangrijk het doel van de rapportage in de gaten te houden, je ervan bewust te zijn wát je zegt, hoe je het zegt en onderscheid te maken tussen feiten en belevingen. Mondelinge overdracht bevat onvermijdelijk ruis, soms moet er stoom afgeblazen worden, niet altijd kan er vrijuit gesproken worden. Soms moet daarom een afspraak voor een ander gespreksmoment worden gemaakt (De Bil, 2005). Voordeel van mondelinge rapportage is echter dat het direct is en dat over eventuele onduidelijkheden doorgevraagd kan worden.

Schriftelijke rapportage

Er zijn verschillende vormen van schriftelijke rapportage: open of voorgestructureerde verslagen van een therapeutisch contact, notulen van teamvergaderingen, brieven, formulieren, gestandaardiseerde of geprotocolleerde rapporten.
Er wordt schriftelijk gerapporteerd aan collega's binnen de school of zorginstelling of ten behoeve van bijvoorbeeld verwijzers, zorgverzekeraars en andere zorginstellingen.
Voordeel van schriftelijke rapportage is dat alle betrokkenen beschikken over dezelfde informatie, die steeds herlezen kan worden. Mensen denken langer na over de formulering wanneer ze iets moeten opschrijven, wat de kans op een heldere, doelgerichte rapportage vergroot. Nadeel is het risico dat de rapportage in verkeerde handen valt, dat de rapportage wordt gekopieerd en/of verhuisd van de ene school of instelling naar de andere. Rapporten gaan soms lang mee en worden door velen gezien (De Bil, 2005). Schriftelijke rapportage heeft ook een definitief karakter.
Tegenwoordig wordt in veel instellingen overgegaan tot digitalisering van de rapportage in de vorm van een elektronisch patiëntendossier (EPD). Voordeel van digitaal rapporteren is dat het tijd bespaart en dat alle betrokkenen op elk gewenst moment toegang hebben tot informatie over de cliënt. Nadeel kan juist die grote toegankelijkheid van de vertrouwelijke informatie zijn en het moeilijk te vinden gemiddelde tussen toegankelijkheid en beveiliging.

Interne en externe rapportage
Interne rapportage is alle mondelinge en schriftelijke rapportage over de cliënt binnen de instelling. Externe rapportage is alle mondelinge en schriftelijke rapportage over de cliënt die naar betrokkenen buiten de instelling gaan. Vaak wordt de interne rapportage aangepast voordat die naar buiten gaat.

Open en gesloten rapportage
Soms werkt een instelling of een therapeut met gestandaardiseerde en geprotocolleerde modellen voor gesloten rapportage. Zorgvuldig is dan gekeken hoeveel en welke soort gegevens vastgelegd moeten worden, door en voor wie.
De beroepscode geeft richtlijnen voor het registreren van noodzakelijke gegevens:
- persoonsgegevens van de cliënt;
- (voorlopige) diagnose;
- contact tussen therapeut en cliënt en eventuele groepsleden;
- voortgang van het therapieproces;
- evaluatie van het therapieproces.

Een beelddossier in de vorm van foto's of kleine schetsjes van het gemaakte beeldend werk kan ook deel uitmaken van de rapportage. Open rapportage volgt geen vast stramien. Werkaantekeningen vallen daaronder.

6.7.2 KWALITEIT VAN DE RAPPORTAGE
Rapporteren en registreren zijn van belang voor de kwaliteit van het therapeutische werk. De tijd die eraan besteed wordt, wint men zeker terug, omdat men door de rapportage veel beter weet wat men doet en waarom (De Roos, 1998; De Bil, 2005; Regouin & Schamp, 2006). Weisfelt (2000) benadrukt in zijn boek *Op weg naar gezondheid* het belang van de ordening van informatie: 'Ordening is de grondslag van elke methodiek. Wie niet ordent kan niet helpen'. Goed en objectief observeren en vervolgens die informatie ook nog eens woorden geven in de rapportage, is een hele kunst.
Het is belangrijk duidelijk en begrijpelijk te formuleren. De cliënt en collega's moeten het kunnen begrijpen. Onnodig vakjargon, populair taalgebruik, spreektaal en vaagheden moeten worden vermeden en het onderscheid tussen feiten en belevingen moet duidelijk zijn.
Adequaat rapporteren betekent beperken: het doel van een rapportage bepaalt de uiteindelijke omvang van het verslag. Voor een kort verslag na een sessie zijn soms enkele steekwoorden voldoende. Bij observa-

tie- en evaluatieverslagen en wanneer informatie moet worden overgedragen aan derden zal dat wat uitgebreider moeten gebeuren: de doelen moeten geëvalueerd worden binnen de context van de therapie. Bij observatieverslagen is het belangrijk uitgangspunten en observatievragen te vermelden en beantwoorden evenals het therapeutische referentiekader van waaruit gewerkt is.

Bij elke vorm van rapporteren en bij het gebruik van de computer is het van belang uiterste zorgvuldigheid te betrachten en de privacy van betrokken patiënten te waarborgen, informatie uitsluitend met bevoegden te delen, vertrouwelijk informatie nooit onbeheerd achter te laten, gebruikersnaam en wachtwoord nooit uit te lenen en printers en faxapparatuur in een besloten ruimte te plaatsen.

6.7.3 DOSSIERVORMING

Dossiervorming is een onderdeel van het professioneel handelen van de beeldend therapeut. De beeldend therapeut schrijft een behandelplan, verzorgt behandelrapportages en een eindevaluatie (concept Beroepsprofiel vaktherapeutische beroepen, 2007). Deze gegevens worden vastgelegd in een papieren of digitaal dossier. Een zorgvuldig bijgehouden dossier is belangrijk voor alle fasen van de behandeling: de start, het verloop en de beëindiging. De registratie van de behandeling maakt het mogelijk om terug te kijken op het verloop van de behandeling en om verantwoording af te leggen aan verwijzer en cliënt. De gegevens in het dossier kunnen onverwacht belangrijk zijn als een cliënt in een crisissituatie belandt, overlijdt of een aanklacht indient. In de tijd die gereserveerd is voor een behandeling, is ook tijd gereserveerd voor het bijhouden van het dossier. In het algemeen dossier komen ook de behandelrapportages in de vorm van evaluatieverslagen en notulen van evaluatiebesprekingen.

Het dossier speelt ook een rol in de financiële afhandeling van de behandeling door de zorgverzekeraar. In het dossier worden ook gegevens van voorgaande behandelingen bijgehouden. Verder worden werkafspraken met de cliënt opgenomen, eventueel een toestemmingsformulier voor het tonen van beeldend werk aan anderen en een behandelcontract. Volgens de wet moet er een behandelovereenkomst zijn voordat iemand behandeld mag worden. Het is verstandig in het dossier ook afspraken met betrekking tot tijdstip, aanwezigheid, verantwoordelijkheid, geschatte behandelduur, evaluatiemomenten en financiën op te nemen.

> Saskia is sinds vier dagen opgenomen op de kliniek. De psychiater heeft gevraagd of Saskia beeldende therapie kan krijgen, met de vraag wat 'onder haar depressieve klachten zit'. De psychiater vermoedt dat er iets is waar Saskia niet makkelijk over vertelt. Daarnaast vraagt de psychiater zich af of er mogelijk sprake is van persoonlijkheidsproblematiek. Eerder dit jaar is Saskia voor haar depressie in deeltijdbehandeling geweest. Ze heeft toen ook beeldende therapie gehad.
> Saskia vraagt bij binnenkomst in de eerste sessie: 'Weet je waar ik voor kom?' 'Heb je ook mijn dossier van de deeltijddepressie gelezen?' en 'Mag ik lezen wat je over me schrijft voordat je het aan het team vertelt?'

De vragen uit het voorbeeld zijn niet moeilijk te beantwoorden. De beeldend therapeut moet weten waarom hij een cliënt uitgenodigd heeft, met welke vraag of welk doel en het dossier moet voorgaande informatie bevatten. En de rapportage moet altijd inzichtelijk zijn voor de cliënt. Hierover gaan de *Wet bescherming persoonsgegevens* (WBP) en de *Wet op de geneeskundige behandelingsovereenkomst* (WGBO). De wet op het inzagerecht schrijft voor dat een cliënt van 16 jaar en ouder zijn persoonlijke gegevens mag inzien. Bij cliënten onder de 16 moeten de ouders toestemming verlenen. Het dossier mag vijftien jaar bewaard blijven, bij een gedwongen behandeling vijf jaar. De informatie in het dossier kan dus nog door verschillende ogen gezien worden. De cliënt heeft ook correctierecht: als er fouten in het dossier staan, moeten die gecorrigeerd worden. Een cliënt kan vragen om een kopie van de gegevens.

Als hulpverlener draag je zorg voor een functionele en respectvolle omgang met cliënten. Dat geldt zeker ook ten aanzien van het maken van rapportages. Een rapport bevat allerlei vertrouwelijke informatie over je cliënt: over buien, vaardigheden, emoties, kwaliteiten en tekortkomingen, allerlei persoonlijke zaken. Het is belangrijk hier integer over te schrijven: het gaat niet alleen om wat er wordt opgeschreven, maar ook hoe. De cliënt moet zich in de rapportage kunnen herkennen en feiten moeten juist worden weergegeven. Hulpverleners zijn gebonden aan het beroepsgeheim. Voor het verstrekken van informatie aan derden moet de cliënt toestemming geven.

De Beroepscode schrijft voor dat de cliënt of zijn vertegenwoordiger recht heeft op inzage in het beeldendtherapeutisch behandelplan en de voortgangsrapportage. Aanbevolen wordt de inzage in aanwezigheid van de therapeut te laten plaatsvinden, zodat deze mondeling uitleg kan geven. De cliënt of zijn vertegenwoordiger heeft recht op een kopie van het dossier.

Diagnose
Voordat de beeldend therapeut met een cliënt gaat werken, moet de aanmeldingsklacht worden vastgelegd. Als een cliënt aan een behandeling begint, moeten diagnose en behandelaanbod worden vastgelegd in een behandelplan. Dat is zowel het recht van de cliënt als een eis van de zorgverzekeraar. Waarmee een cliënt geholpen wordt, hoeft niet de eerste hulpvraag te zijn (De Bruyn e.a., 2003).
De vergoeding die de verzekeraar geeft voor een behandeling is gebaseerd op de diagnose en het daaraan gekoppeld behandeltraject, de diagnose-behandelcombinatie (dbc; zie ook paragraaf 6.2.1). Een behandeling wordt alleen vergoed als er een diagnose is. Er zijn precieze afspraken hoe een dbc geopend moet worden, wat er gebeurt als de voorlopige of werkdiagnose verandert en wanneer een dbc afgesloten of een nieuwe geopend wordt.
In het bovenstaande voorbeeld was eerst alleen sprake van een depressie, maar later rees het vermoeden dat er een persoonlijkheidsproblematiek was. Er moet dan gekeken worden of dit binnen de dbc valt of dat er een nieuwe dbc geopend moet worden en er dus een andere behandeling aan gekoppeld kan worden.

Decursus
De beeldend therapeut beschrijft het verloop van de behandeling, de decursus, in een eigen of algemeen dossier. In de formulering moeten de cliënt en het verloop van zijn behandeling centraal staan. De therapeut schrijft niet over zichzelf, maar over de cliënt. Dat betekent dat de therapeut zich bij het rapporteren af moet vragen wat zijn observaties of ervaringen over de cliënt zeggen. Een formulering als 'Ik voelde me door de cliënt als een kind behandeld', zegt wellicht meer over de therapeut dan over de cliënt. Informatie over de gevoelens die een cliënt oproept bij de therapeut of bij anderen kan van betekenis zijn, omdat het informatie kan geven over de problematiek. (Tegen)-overdracht ten dienste van de behandeling kan in het dossier worden opgenomen en hoort anders niet in een dossier thuis. Zorgvuldig formuleren is dus belangrijk. Bijvoorbeeld in bovenstaand geval: 'Cliënt benadert teamleden zorgzaam', of: 'Cliënt neigt naar autoritair gedrag als hij aangesproken wordt op zijn gedrag.'

Werkaantekeningen

Naast de officiële dossiervorming mag een beeldend therapeut werkaantekeningen maken. Dit zijn persoonlijke aantekeningen die de therapeut uitsluitend voor zichzelf maakt. Daarin mag hij opschrijven wat hij wil, mits hij het niet aan een ander, dus ook niet aan de cliënt of collega's laat lezen. Het betreft meestal notities van ideeën voor een volgende sessie, overdrachtsgevoelens of andere gevoelens, gedachten die hij opmerkelijk vindt of aandachtspunten die hij niet wil vergeten. Werkaantekeningen zijn subjectief en zijn daarom geen deel van het dossier. Als de beeldend therapeut de gegevens wél opslaat in het dossier, of laat lezen aan anderen, dan heeft de cliënt ook recht deze in te zien. Dit is belangrijk om te weten als je bijvoorbeeld een zieke collega vervangt en van plan bent even een 'informele' overdracht te schrijven.

Eigen supervisie- of intervisieverslagen kunnen bij de werkaantekeningen opgenomen worden, zolang iemand anders ze niet inziet.

De werkaantekeningen kunnen wel gebruikt worden als informatiebron voor het schrijven van stukken die wel in het dossier opgenomen worden, bijvoorbeeld de behandelevaluatie.

Privacy

> Frits is nu drie weken opgenomen voor observatie en advies. Bij de teambespreking worden verschillende personen besproken. De psychologe is niet betrokken bij de observatieperiode van Frits, maar is alvast aangeschoven voor de cliënt die na Frits besproken wordt. Als de beeldend therapeut vertelt dat Frits door een gemaakte tekening erg verdrietig werd over de verbroken relatie met zijn vrouw Maria, herkent de psychologe de namen. Toevallig heeft ze in de behandeling van Maria háár kant van het verhaal gehoord.

Voor de dossiervorming gelden in de wet vastgelegde rechten van de cliënt. Volgens de wet heeft een cliënt recht op informatie over en inzage in zijn medische gegevens. Maar ieder mens in Nederland heeft ook recht op bescherming van privacy. Dat betekent dat er geen persoonlijke gegevens van andere mensen in het dossier mogen staan. Als de cliënt iemand toestemming geeft om zijn gegevens in te zien, mag diegene daarbij niets te weten komen over anderen.

> De psychologe mag niet zomaar informatie geven over hoe Maria Frits beleefd heeft en wat er met haar gebeurd is in de relatie. Aan anderen, in dit geval toevallig de behandelaren van Maria's man Frits, heeft Maria geen toestemming gegeven om haar gegevens in te zien.

Het inzagerecht is een persoonlijk recht van de cliënt; de cliënt kan wel een ander machtigen het medisch dossier namens hem in te zien (bijvoorbeeld een familielid, de klachtencommissie, een advocaat). Ook de beeldend therapeut die in een instelling werkt, mag alleen de dossiers lezen van de cliënten die hij behandelt. En uit het medisch dossier lezen medewerkers alleen de gegevens die relevant zijn voor de werkzaamheden die zij verrichten in het kader van de behandeling.
De hoeveelheid informatie die een beeldend therapeut bij de start van de behandeling verzamelt, is afhankelijk van de visie van de therapeut. Er zijn therapeuten die het liefst met zo min mogelijk voorinformatie observeren. Daarnaast zijn er therapeuten die zo efficiënt en gericht mogelijk willen observeren en die willen weten waar ze speciaal op moeten letten.
Als een cliënt groepstherapie volgt, mogen in het dossier geen namen genoemd staan van andere cliënten. Een behandelplan is individueel opgesteld. Dat er in een groep gewerkt wordt, is daarbij niet relevant. Indien een voorval met een andere cliënt zo belangrijk is dat dit opgenomen moet worden in het dossier, gebeurt dat onder een neutrale term als 'medecliënt'.

Faciliteiten 7

> Jan van 5 jaar komt voor het eerst mee naar de beeldendtherapieruimte. Het is de eerste van drie observaties. Verwachtingsvol loopt hij mee, maar een gesprekje zit er onderweg niet echt in. Spelende kinderen van een andere groep, de wind, dwarrelende bladeren, alles vraagt zijn aandacht. Ook binnen in het grote gebouw ziet hij van alles wat hij even aan wil raken. De route naar de ruimte verloopt zigzaggend via schilderijen, beletlampjes en koffieautomaten. Maar eenmaal zittend aan tafel luistert Jan stil naar een korte uitleg, terwijl zijn blik langs de gesloten kasten dwaalt. Als hij hoort dat hij de volgende keer een opdracht krijgt, maar nu zelf mag kiezen wat hij gaat doen, vraagt hij timide of hij nú geen opdracht kan krijgen: hij weet niets te verzinnen. Hij krijgt echter eerst een rondleiding langs de materialen. Vooral bij de houtbak, de gereedschapskast en dan bij de schopschijf leeft hij op. Jan weet wat hij wil: een kleitaart maken op de schopschijf en de volgende keer met hout een boot maken en nooit een opdracht krijgen!

Een andere situatie in dezelfde instelling.

> In de beeldendegroepstherapieruimte komt net een groep van 8 adolescenten binnen. Voor hen staan aan de ene kant van de ruimte de potten verf uitnodigend in het gelid, terwijl op het prikbord aan de andere kant de kleurrijke afscheidswerkstukken van vertrokken groepsgenoten herinneren aan waar je uit kunt komen als je hier met elkaar aan de slag gaat. Al snel bedekken grote vellen papier de tafel en vult het geluid van een hamer en een zaag de ruimte. Iedereen is aan de slag, ook het nieuwe

> groepslid dat even de kat uit de boom keek, maar al snel geïnspireerd is door de activiteiten om haar heen.

In de beeldende therapie staat het werken met materialen centraal. Dat vraagt om een aantal bijzondere voorzieningen en voorwaarden, andere dan bij andere vaktherapieën en bij verbale therapieën. Er zijn specifieke voorwaarden voor de ruimte waarin gewerkt wordt, de materialen waarmee gewerkt wordt, de duur van de therapie, de plek van de producten, en de zichtbaarheid van dit alles naar buiten toe. Zorg voor de omgeving waarin gewerkt wordt, is ook zorg voor de cliënt. Dat geldt voor alle therapieën, maar bij een therapievorm waarbij de ruimte, de materialen en de werkstukken zo'n centrale rol spelen, is die zorg extra belangrijk. En de zorg en aandacht die de cliënt besteedt aan de materialen, de ruimte en de werkstukken is een belangrijke indicator in het therapeutisch proces. Verwaarlozing van de materiële omgeving kan vaak in verband gebracht worden met verwaarlozing in de geschiedenis van de cliënt.

In dit hoofdstuk wordt stil gestaan bij de faciliteiten waarmee juist de beeldend therapeut rekening moet houden bij het creëren van een veilige, uitnodigende ruimte waar gevoelens een plek kunnen krijgen en met gedrag geëxperimenteerd kan worden.

7.1 Ruimte

> Jan past met zijn 5 jaren goed in de therapieruimte. De krukken zijn niet te hoog en de tafel niet te groot. De werkbank kan in twee hoogtestanden worden gezet. De materialen zitten achter deuren en in lades, de gereedschappen in een afgesloten kast. De eerste keer is de ruimte prikkelarm ingezet en blijkt dat Jan uit zichzelf pas ideeën heeft als hij een voorbeeld ziet. Ook bleek op de heenweg dat zijn aandacht associatief van de ene prikkel naar de andere vliegt. Het wordt dus zaak de ruimte prikkelarm te houden en gedoseerd enkele impulsen ter inspiratie aan te bieden.
> In de adolescentengroep krijgt een aantal zagende en timmerende groepsleden aan de werkbank steeds meer plezier in het harde werken. De bewegingen in de ruimte en het geluid van ieders activiteiten maken dat ze elkaar niet kunnen negeren. Ze

volgen elkaars vorderingen en helpen hier en daar een handje. Het vormt een contrast met de andere tafel, waar stil en naar binnen gericht wordt gewerkt en wordt geklaagd over het lawaai van de anderen aan de werkbank. Het werken in één ruimte maakt het onmogelijk de anderen te negeren. Als vanzelf gaat het in de groep over grenzen, over afstand en nabijheid en wordt geoefend met de eigen mogelijkheden daarin.

Afbeelding 7.1 Een overzichtelijke ruimte.

Bij binnenkomst zien sommige beeldendetherapielokalen er druk en rommelig uit. Overal hangen of staan werkstukken, de keuze uit materialen is enorm, erfenissen uit het verleden zijn tastbaar gebleven, beladen onder dikke lagen stof staan takken troosteloos creatief te wezen. Ze zijn er ooit neergezet om tot inspiratie en als voorbeeld te dienen voor vastgelopen cliënten. Er is onderzoek gedaan (Van der Ven, 2005) naar de behoefte van cliënten ten aanzien van de beeldendetherapieruimte. Hierin komt naar voren dat zowel ouderen als jongeren graag in een overzichtelijke, rustige en vrolijke ruimte werken: niet te veel prikkels in de ruimte, gesloten kasten, zachte kleuren op de muur en liefst planten in het lokaal.
Opmerkelijk genoeg denken beeldend therapeuten daar anders over.

Afbeelding 7.2 Alle materialen onder handbereik.

Zij willen graag een veilige en uitnodigende sfeer en denken dat vooral te bereiken met werkstukken aan de muur en open kasten met de materialen voor het grijpen. De cliëntgroepen in het onderzoek ervaren zo'n therapieruimte als druk en onrustig, de beeldend therapeuten als uitnodigend. Dit duidt op een verschil in waarneming. Het is belangrijk om je daar als therapeut bewust van te zijn. Het is voor een beeldend therapeut normaal om tussen allerlei verfpotten en werkstukken te zitten, maar voor een cliënt niet. Je afstemmen en je bewust zijn van dit verschil in beleving is van groot belang.
In de beeldendetherapieruimte wordt gewerkt met allerlei materialen. Er wordt gewerkt met natte en met droge materialen, schoon, stoffig en nat, groot en klein, staand en zittend, met weerbarstige materialen, en er wordt lawaai gemaakt of stil gewerkt. Materialen moeten worden opgeslagen, maar ook de gemaakte werkstukken moeten een plek krijgen. Er is voldoende licht nodig om goed te kunnen werken en de buitenwereld te zien, maar ook voldoende privacy om je veilig van de buitenwereld te kunnen afsluiten. De ruimte moet ruim genoeg zijn, maar ook veilige beslotenheid kunnen uitstralen en je moet elkaar tegenkomen.
Los van de grootte van de groep en de problematiek van de cliënt(en) moet de beeldendetherapieruimte aan een aantal basisvoorwaarden voldoen.

7.1.1 WERKEN MET WATER

> Jan werkt met steeds meer plezier aan zijn lelijke schilderij. Naarmate de bewegingen van de therapeut op haar vel groter worden, ze meer water gebruikt en er meer kleuren door elkaar gaan, durft hij het ook beter aan. Dikke klodders verf komen op het papier, maar vooral ook op de tafel ernaast. Hij geniet zichtbaar. Dan is het tijd en worden beide vellen opzij gelegd. Op een schoon nieuw vel moet een mooi schilderij gemaakt worden. Jan kijkt naar het slagveld van modderkleuren om zich heen en vindt dat die niet bij een mooi schilderij passen. Hij heeft andere kleuren nodig en schone kwasten. Samen met de therapeut maakt hij alles schoon en begint met verse kleuren en kwasten op een schoon wit vel aan een mooi schilderij.

In de beeldendetherapieruimte moet een kraan zijn en er moet met water gewerkt kunnen worden. Een aanrecht met een gootsteen en voldoende spatruimte zijn noodzakelijk. Als er met meer cliënten wordt gewerkt zijn meer kranen handig. Naast het aanrecht kunnen in een gipsopvangbak alle gips-, klei- en verfresten bezinken, daarmee wordt voorkomen dat de afvoer verstopt raakt en verf in het milieu terechtkomt.
Het is vaak handig als de ruimte een harde gladde vloer heeft, zodat er probleemloos met natte of stoffige materialen gewerkt kan worden. Sommige doelgroepen echter vragen juist om een zachte vloer: in de epilepsiezorg en de verstandelijk gehandicaptenzorg kan een zachte vloer een val iets minder hard maken en zitten op de vloer aangenamer maken.

7.1.2 OPBERGRUIMTE

> Het lelijke en het mooie schilderij van Jan hangen op het prikbord. Jan is trots: het eerste is echt heel lelijk geworden, daartegen steekt het mooie schilderij heel helder en aantrekkelijk af. Hij wil ze graag meenemen, maar weet ook dat dat pas na de derde keer mag. Bovendien zijn ze nog nat. De therapeut laat de map zien waarin zijn schilderijen zullen worden opgeborgen als ze droog zijn. Dan leggen ze het werk samen in het droogrek en belooft de therapeut ze in de map te doen als ze droog zijn. De derde keer gaat de blik van Jan meteen naar het prikbord waar de

> schilderijen hingen. Maar daar zijn ze niet meer. Ze blijken inderdaad in de map te zitten. Gerustgesteld zet hij de map weer terug in het vak.

In de beeldendetherapieruimte moeten de materialen waarmee gewerkt wordt een overzichtelijke en geordende plek hebben en moeten ook de resultaten van het beeldend werken, de producten, veilig opgeborgen kunnen worden. Juist daarin onderscheidt de beeldende therapie zich van andere therapievormen: de beeldende producten zijn de waardevolle blijvende sporen van het therapeutische proces. Met het werk moet zorgvuldig (kunnen) worden omgegaan, zoals je alles wat er in een therapie gebeurt zorgvuldig ontvangt en een plek geeft. Het werk moet heel kunnen blijven en niet zoekraken. Het moet gedurende de hele behandeling bewaard kunnen blijven, zodat naar het proces teruggekeken kan worden. Over het algemeen zal elke cliënt een eigen map op A2-formaat nodig hebben voor het platte werk. Voor het ruimtelijke werk heeft elke groep vaak een plank, terwijl het in individuele therapieën prettiger is per cliënt een krat of doos beschikbaar te hebben, zodat het individuele ook individueel blijft. In alle gevallen geeft de opbergruimte de grenzen aan van de werkmogelijkheden: er kan niet groter gewerkt worden dan de grootte van de opbergruimte. Groepswerkstukken kunnen daarom soms een opbergprobleem geven. Het werk op foto's vastleggen is een tussenoplossing: het werk gaat mee naar huis, de foto blijft achter. Daarbij gaat wel een deel van het karakter van het werk verloren, maar het bewaren wordt vergemakkelijkt.

In instellingen worden therapieruimtes vaak optimaal bezet en sluit de ene therapie op de andere aan. Er is dan geen gelegenheid een nat werkstuk in de ruimte zelf te laten drogen. Voor natte werkstukken is een apart droogrek handig.

Als de opbergruimte zich buiten de therapieruimte bevindt, is het belangrijk dat die wel naast of vlak bij de therapieruimte is. Dat maakt het mogelijk dat cliënten zelf hun werk pakken en opbergen en dus de zorg voor het werk zelf dragen. Bovendien moet soms tijdens de therapie een ander werkstuk worden gepakt. Het contact tussen therapeut en cliënt(en) zou verbroken worden en de veiligheid kan in het geding komen als daarvoor ver gelopen moet worden.

7.1.3 MEUBILAIR

> De beeldendetherapieruimte van een behandelafdeling heeft negen zitplaatsen met tafelruimte. Er zijn zes draaikrukken met rug- en armleuningen en wieltjes onder de stoel, één draaikruk met alleen een rugleuning en zonder wieltjes en twee krukken. Sommige cliënten van een groep met negen groepsleden beleven de krukken als 'tweederangsplek', er is eigenlijk geen plaats voor je gemaakt, je mag er op een 'bijzetkruk' bij komen. Een cliënt verwoordt: 'Het is net of er eigenlijk geen plaats is voor negen groepsleden, en er wat mensen voor het geld bijgeschoven zijn.'

De inventaris is belangrijk. Stoelen, krukken... cliënten zijn alert op de kleinste signalen. De ruimte moet geschikt zijn voor verschillende doelgroepen. Daarbij botsen de belangen van de verschillende cliëntgroepen, maar ook de interpretaties van de cliënten in een groep. Terwijl de cliënten hierboven een rangorde herkennen in de stoelen, willen ouderen juist liever niet zitten op een kruk met wieltjes eronder, ze zijn bij het gaan zitten bang dat de kruk ineens achteruitschuift. Ook de verstelbare rugleuning vinden ze 'instabiel'. Een gewone bijzetkruk wordt prettiger gevonden, omdat je er makkelijker met een rechte rug op kunt zitten.

Ouderen willen vaak armleuningen aan de stoelen, maar zullen merken dat ze bij het werken juist hun armen vrijuit moeten kunnen bewegen, dan zien ze wat het oplevert als ze meer beweegruimte voor zichzelf creëren. Als je ook nog met kinderen in de ruimte werkt, is het helemaal belangrijk dat de stoelen snel en makkelijk instelbaar zijn in hoogte. Een hyperactief kind echter zal geen rust vinden op een draaikruk en heeft de handel van de hoogte-instelling waarschijnlijk snel gevonden.

Tijdens de beeldende therapie moet met verschillende materialen en op verschillende manieren gewerkt kunnen worden. Het is belangrijk dat er schoon en precies gewerkt kan worden, en dus zittend aan een tafel met een glad en schoon oppervlak. Maar er moet ook een groot gebaar kunnen worden gemaakt: staand aan de ezel of werkend op een groot vel op het prikbord aan de muur. En bij ruimtelijk werken nodigt een bok uit om het werk heen te lopen en het van alle kanten te bekijken. Voor het grovere werk met hout en dergelijke is een stevige werkbank nodig. Om de meubels heen moet zoveel ruimte zijn dat de gewenste bewegingen ook echt gemaakt kunnen worden zonder anderen lastig te vallen.

7.1.4 SFEER

De sfeer van de beeldendetherapieruimte moet aansluiten bij de doelgroep. Voor prikkelgevoelige, afleidbare cliënten is een prikkelarme ruimte nodig. Daarin zijn alle materialen en werkstukken in kasten opgeborgen. Prikkels kunnen zo per situatie gedoseerd worden aangeboden. Adolescenten spiegelen zich juist aan elkaar en zijn gericht op hun leeftijdgenoten (peergroup). Zij zijn op zoek naar hoe anderen werken. Om ze over de streep te trekken, mogen materialen en werkstukken van anderen uitnodigend zichtbaar zijn. Volwassenen en adolescenten zullen baat hebben bij een stimulerende en inspirerende ruimte. Een ruimte met de sfeer van een atelier, waar met kunstenaarsmaterialen wordt gewerkt, zal volwassenen en adolescenten meer uitnodigen aan de slag te gaan en te experimenteren dan een steriele ruimte of een ruimte die is ingericht voor kinderen.

Een schone overzichtelijke ruimte nodigt uit om aan de slag te gaan en het is duidelijk dat en hoe er na afloop weer opgeruimd en schoongemaakt moet worden.

Naarmate de doelgroep ouder wordt, zal de beeldendetherapieruimte meer de sfeer van een atelier krijgen en wordt de associatie met kunst maken gecreëerd. Terwijl (jonge) kinderen vooral structuur en overzicht nodig hebben, maar meestal niet overgehaald hoeven te worden om aan het werk te gaan, zullen jongeren en volwassenen zich meer uitgenodigd voelen door een ruimte waar inspirerende beelden en materialen zichtbaar zijn.

Een lijst voor het inrichten van een beeldende therapieruimte is als bijlage bijgevoegd (zie bijlage 7.1 op de website).

7.2 Veiligheid

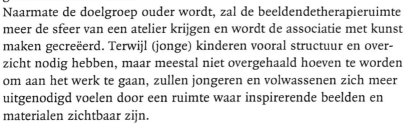

De adolescentengroep heeft wekelijks vijf kwartier beeldende therapie. Ze kijken ernaar uit aan de slag te kunnen gaan; even een andere benadering dan al dat praten tijdens veel andere therapieën. Een nieuw groepslid vraagt zich af wat ze moet gaan doen. De groep raadt haar aan eerst de map waarin ze haar werkstukken kan bewaren, te beschilderen. Ze leggen uit dat je beter rustig kunt beginnen, en dat ze zal merken dat, wat je ook doet, het altijd wel over jezelf blijkt te gaan.

Voor een cliënt in therapie aan de slag kan gaan en zich kwetsbaar kan opstellen, is het essentieel dat de omstandigheden veilig zijn. Op een vast terugkerend tijdstip en plek en binnen een duidelijke context wat betreft de therapeut, de groepssamenstelling en de therapieregels, kan stilgestaan worden bij de problematiek, kunnen gevoelens geuit worden en kan geëxperimenteerd worden met nieuw gedrag. Alle omstandigheden moeten bijdragen aan een productief therapeutisch proces en dat niet juist in de weg staan. Voor beeldende therapie gelden de algemene (veiligheids)voorwaarden die voor alle (vak)therapieën gelden, maar er zijn, in verband met de gebruikte materialen en gereedschappen, ook specifieke voorwaarden.

7.2.1 FYSIEKE VEILIGHEID

> De sfeer in de adolescentengroep is open, er is oog voor elkaar. Maar de therapieruimte is met een groep van acht jongeren ook vol, zeker nu er met veel verschillende materialen wordt gewerkt. De hele tafel is bedekt met grote vellen en verfspullen. Aan de werkbank staat iemand te kleien. Een groepslid heeft gevraagd of de gereedschapskast open mag, hij heeft een zaag nodig. Een meisje dat werkt aan beter voor zichzelf opkomen, wil graag heel groot werken met verf. Aan tafel is voor haar geen plek meer. De werkbank is ook vol. Ze kiest voor de ezel en staat daarmee bij de gereedschapskast en de werkbank. Met een werkjas aan en alle materialen om haar heen, gaat ze helemaal op in haar werk. Ze gooit verf op het papier, werkt met haar handen, gebruikt allerlei onorthodox gereedschap. Ze is een en al actie en beweging en haar handelen lijkt steeds meer op uitleven. De verf komt allang niet meer alleen op het papier. Kleding en werk van groepsgenoten zijn niet veilig voor de rondspattende verf. En haar zagende groepsgenoot heeft daardoor steeds minder armslag en kan niet goed meer werken. Als de groep protesteert, besluit de therapeut haar even te laten stoppen en afstand te laten nemen van haar eigen werk en werkplek. Pas nu ziet ze wat er om haar heen is gebeurd. Voor zichzelf opkomen blijkt meer te zijn dan uitleven. En de groep merkt een belangrijke rol te hebben in het aangeven van grenzen als iemand zijn grenzen onderzoekt.

Een beeldendetherapieruimte moet een praktische en veilige ruimte zijn, zowel fysiek als emotioneel. Met fysieke veiligheid wordt bedoeld dat cliënt en therapeut geen fysiek gevaar lopen. Gevaarlijke gereedschappen liggen in afsluitbare kasten. De meubels zijn stevig en stabiel, zijn op elkaar afgestemd en voorzien van afgeronde hoeken om stoten zo veel mogelijk te voorkomen. Verstelbare ezels en tafels staan goed vastgedraaid klaar voor gebruik. Er is een goede ventilatie – bij voorkeur via ramen die open kunnen – in verband met (gevaarlijke) stoffen en de ruimte is goed schoon te maken met water.

Fysieke veiligheid wordt ook bereikt door beeldende materialen en gereedschappen die veilig zijn om mee te werken. Materialen en gereedschappen zijn veilig als ze op de juiste manier en met de juiste voorzorgsmaatregelen worden gebruikt. Voor sommige gereedschappen is eerst uitleg nodig. Over hoe je een zaag hanteert, veilig met een stanleymes snijdt en veilig een linoleumsnede kunt maken. Bij het gebruik van andere gereedschappen en materialen is het belangrijk een veiligheidsbril en werkhandschoenen aan te trekken. En om het inademen van gevaarlijke stoffen te voorkomen, is een afzuiginstallatie belangrijk, zijn stofkapjes nodig of moeten gevaarlijke stoffen niet (binnen) gebruikt worden.

Daarnaast moet rekening worden gehouden met de psychische en fysieke conditie van de cliënt bij het aanbieden van gereedschap en materiaal. Op grond van leeftijd of fysieke beperking kan het onveilig zijn met scherp gereedschap te werken. Een schaar is prima gereedschap om papier mee te knippen, maar kan in handen van een cliënt met problemen rond agressieregulatie een gevaarlijk wapen worden. Het maken van een mozaïek met glasscherven kan een automutilerende cliënt in een beginfase van zijn behandeling te veel in de verleiding brengen, terwijl het materiaal in een latere fase een goede ervaring kan bieden: met hetzelfde materiaal dat eerder gebruikt werd om zichzelf te beschadigen, wordt later iets nieuws en moois gemaakt (catharsis). De fysieke veiligheid moet gekoppeld worden aan cliëntgebonden risico's: aspecten van de problematiek en de persoonlijkheid die veiligheidsrisico's kunnen opleveren. Bijvoorbeeld: ernstige depressiviteit met gevaar voor suïcide, agressieregulatieproblematiek en impulscontroleproblematiek met gevaar voor dreigend en gevaarlijk gebruik van materialen en gereedschappen.

Het is in elke therapie daarom van belang dat bij aanvang van de behandeling en ook in de tussentijdse evaluatiemomenten expliciet wordt nagedacht over de risico's en in welke situaties die tot uiting zouden kunnen komen. Ook in een verbale therapie kan een stoel een projectiel worden als iemand zijn zelfbeheersing kwijtraakt. In de beeldende therapie echter gelden ook een aantal mediumspecifieke risico's: risico's die het werken met materialen en werkvormen binnen de beeldende therapie met zich meebrengen.

7.2.2 EMOTIONELE VEILIGHEID

> Jan, het jongetje van 5 jaar uit de eerdere voorbeelden, is onder de indruk van de mogelijkheden in de beeldende ruimte. De therapeut heeft de lamellen halfdicht gedaan en het beletlampje op rood gezet, zodat er niet nog meer indrukken bij zullen komen en anderen niet zomaar naar binnen kunnen kijken en komen, maar Jan zich ook niet opgesloten zal voelen. Dan laat ze een voor een de materialen de revue passeren. Pas dan kan Jan een keuze maken; werken op de schopschijf blijkt een goede keuze: het draaien van de schopschijf en het voelen van de klei worden vanzelf het centrum van zijn aandacht. Maar onzekerheid weerhoudt hem ervan binnen die keuze alle mogelijkheden uit te proberen. Omdat het pas de eerste observatie is, stelt de therapeut zich volgend op. En Jan verlaat opgelucht en trots de ruimte, omdat hij toch maar mooi een kleitaart heeft gemaakt. De tweede keer krijgt Jan een opdracht die geen eisen stelt aan het eindresultaat en die niet anders dan goed kan zijn: ieder maken ze een lelijk en een mooi schilderij. Zo kan de therapeut indirect ideeën aanreiken: hardop benoemt ze wat er op haar vel gebeurt en als ze merkt dat Jan dan ook over zijn vel durft te gaan bewegen, benoemt ze ook zijn resultaten. Regelmatig lopen Jan en de therapeut om de tafel heen om het werk van de ander te bekijken. En halverwege het mooie schilderij begint Jan adviezen en suggesties te geven aan de therapeut, die deze natuurlijk enthousiast ontvangt.

Een emotioneel veilige beeldendetherapieruimte is belangrijk omdat cliënten zich op hun gemak moeten voelen om tot ontwikkeling te kunnen komen. Een ruimte voor beeldende therapie dient daarom een prettige sfeer uit te stralen en te stimuleren tot beeldend werken zonder overprikkelend te zijn.

Zichtbaar is dat het een ruimte is waar je kunt experimenteren met materialen, waar het vies mag worden en waar je zelf vies kunt worden (werkjassen). De ruimte heeft voldoende daglicht nodig. Daglicht en contact met de buitenwereld zijn belangrijk om een ruimte veilig te laten voelen. In een therapie krijgt de cliënt letterlijk en figuurlijk weer wat perspectief in het leven en moet de realiteit binnen handbereik zijn. Er is echter geen overlast van de buitenwereld: harde geluiden, inkijk of zelfs naar binnen lopende derden kunnen het vertrouwde gevoel en de werksfeer verstoren. Een beletlampje, lamellen en dergelijke kunnen helpen een gevoel van veilige beslotenheid te creëren, terwijl de weg naar buiten nog vrij is. Bij gedeeld gebruik met een andere therapievorm moet de ruimte zo verbouwd kunnen worden dat die andere materialen geen rol spelen tijdens de beeldende therapie. Soms is het noodzakelijk na afloop van de therapie de ruimte helemaal schoon op te leveren, zodat er bijvoorbeeld een verbale therapeut aan de slag kan. Het kan de emotionele ruimte tijdens de beeldende therapie erg beperken als dat zou betekenen dat het niet vies of stoffig mag worden.

Het lokaal moet ook groot genoeg zijn. Cliënten hebben bewegingsruimte nodig bij het schilderen, zagen en kleien en er moet ruimte zijn voor agressie en het vormgeven hiervan. Het moet echter ook niet zo groot zijn dat een individuele cliënt of een klein kind zich er verloren zal voelen, of de groepsleden elkaar niet tegen hoeven te komen.

7.2.3 RISICO'S

> Een paar weken voordat het meisje in de adolescentengroep de ruimte voelde om haar grenzen te onderzoeken, was de sfeer minder open. Er werd weinig aangesproken, iedereen kreeg veel eigen ruimte, maar kwam de anderen nauwelijks tegen en eigenlijk was de sfeer er een van onderlinge verwaarlozing. Een jongen in de groep heeft moeite zijn agressie te reguleren. Hij is de vriendelijkheid zelve, maar spaart intussen al zijn ergernissen en boosheid op tot hij explodeert. Tijdens de voorbespreking in de beeldende therapie heeft niemand iets in te brengen, iedereen kan aan de slag. Ook de genoemde jongen gaat stil aan het werk met mooie zachte materialen, glitters, een stanleymes en een schaar. De therapeut merkt op dat hij eindeloos doorwerkt op eenzelfde stuk en dat daardoor de heldere zachte kleuren troebel worden. Ze besluit het hem zelf te laten ontdekken. Dat doet hij even later ook, maar de woede die dat losmaakt, levert de groep een angstige ervaring op. Terugkijkend kan later onderzocht worden waarom niemand in de groep, hijzelf evenmin, ter sprake had gebracht dat hij het de avond ervoor erg moeilijk had gehad en steeds op het randje van een woede-uitbarsting had gestaan. En de therapeut is weer met de neus op het feit gedrukt dat het onverantwoord is het programma zo vol te laten lopen dat de overdracht op de afdeling erbij inschiet.

Naast de genoemde veiligheidsaspecten rond mediumspecifieke en cliëntgebonden factoren, is het belangrijk te kijken naar de setting. Veel beeldend therapeuten werken in een klinische setting. Daar kunnen groepsgebonden risico's optreden. Het betreft tendensen op gemeenschapsniveau, bijvoorbeeld subgroepvorming, een verstoorde verhouding tussen staf en cliënten, processen binnen de staf, de neiging bepaalde informatie weg te houden uit de programma's waar dat aan de orde zou moeten komen, toename van symptomatologie bij meerdere cliënten tegelijk (bijvoorbeeld zelfbeschadiging) enzovoort. Tijdens het bespreken van de processen op gemeenschapsniveau zou daarom aandacht besteed moeten worden aan de risico's voor het beeldend werken die de ontwikkelingen met zich mee brengen. Vaktherapeuten werken vaak in een solopositie, ook met een therapiegroep. Dit kan de vaktherapeuten kwetsbaar maken als zij onvoldoende gelegenheid hebben het eigen handelen in relatie tot het functioneren van de cliënt en de interacties in de groep te toetsen. Intervisie biedt gelegenheid om het eigen functioneren te toetsen en splitsingsfenomenen tijdig te herkennen. Het is in verband hiermee ook belangrijk dat vaktherapeuten deelnemen aan teambesprekingen. Op het moment dat deze overige risico's niet goed zijn ingeschat, kunnen mediumspecifieke risico's een probleem worden. Een aantal problemen kan voorkomen worden door een andere materiaalkeuze te maken. Je kunt je beperken tot verven en vernissen op waterbasis, geen lak gebruiken, geen loodhoudende glazuren aanschaffen, geen technieken aanbieden waarvoor thinner nodig is, terpentine en wasbenzine in gesloten kasten bewaren en alleen in controleerbare situaties gebruiken. Scherpe materialen, voorwerpen en gereedschappen kunnen het best in een afsluitbare gereedschapskast worden opgeborgen. En je kunt zorgen dat er voldoende veiligheidsbrillen, -handschoenen en dergelijke beschikbaar zijn. Per keer kan dan beoordeeld worden of de situatie het toelaat met die middelen aan de slag te gaan. En cliënten die weigeren veiligheidsmaatregelen in acht te nemen kan het verder werken verboden worden.
Aan de overweging om wel of niet een materiaal aan te bieden moet steeds een belangrijk criterium ten grondslag liggen: er moet een veilige groei- en oefenruimte voor de cliënt zijn.

7.3 Materialen

> Een van de leden van een adolescentengroep is al wekenlang een stuk speksteen aan het bewerken. Niet luidruchtig hakkend en staand aan de werkbank, maar zittend aan tafel vijlt hij in stilte steeds kleine beetjes weg. Hij sluit aan bij de vorm van de steen, versterkt die hier en daar en maakt hem gladder. Zo blijft hij niet alleen aan het oppervlak van de steen, maar komt hij ook niet tot verdieping in zijn behandelproces. Om hem heen worden allerlei materialen gebruikt. Als besproken wordt hoe die werkvormen bij iemand aansluiten, zit hij er stil bij. Zijn steen komt nauwelijks meer aan bod in de groep, er verandert toch haast niets aan. Dit kent hij wel: zo op de achtergrond aanwezig zijn. Na weken besluit hij iets nieuws te gaan doen, iets wat nog niemand in de groep doet en wat op zal vallen. Hij vraagt of hij mag solderen en staat even later stoer aan de werkbank met tangen, koperdraad, blik en soldeermaterialen te werken. Geleidelijk komen alle groepsgenoten even langs. Daar willen ze meer van weten. Hoe werkt dat precies? Het is gelukt zichtbaar te worden en op een positieve manier centraal te staan.

Het werken met beeldende materialen is de kern van de beeldende therapie. Toch zal het niet meevallen een lijst van materialen samen te stellen waar 'de beeldend therapeut' zich in kan vinden. Het materiaal wordt ingezet om behandeldoelen te bereiken. Hoe dat bereikt wordt, hangt van allerlei factoren af: de doelgroep, de problematiek, de interacties in de groep. Maar ook de voorkeur van de beeldend therapeut en de gekozen methode spelen een rol. En dan zijn er nog beperkende factoren als (gebrek aan) ruimte, tijd en financiën.

Anders dan in een tekenles of schildercursus is het leren omgaan met een materiaal niet het doel van de therapie, het is slechts een middel. De in de beeldende therapie ingezette materialen en technieken moeten het mogelijk maken met het gestelde therapiedoel aan de slag te gaan. Er wordt in de beeldende therapie uitgegaan van een analogie tussen ervaringen die materialen kunnen bieden en de beleving van de maker zelf in het dagelijks leven (Smeijsters, 2000). De cliënt zal zich door de materialen uitgenodigd moeten voelen om vanuit de persoonlijke beleving te gaan vormgeven. Om de cliënt hierbij te stimuleren de eigen weg te zoeken en te vinden en te experimenteren met andere mogelijkheden, is het belangrijk verschillende soorten materialen aan te kunnen bieden. Niet alleen teken- en schildermaterialen waarmee tweedimensionaal gewerkt kan worden, maar ook ruimtelijke materialen moeten aan bod kunnen komen. Het contrast nat-droog is belangrijk, bijvoorbeeld door naast klei ook hout aan te bieden of naast ecoline ook stevige oliepastels. Behalve materialen die veel weerstand bieden, zoals hout en metaal, moeten materialen aanwezig zijn die makkelijk vormbaar zijn, zoals klei en verf. Naast zachte materialen, zoals stof en zacht krijt, kunnen harde materialen staan, zoals hout, metaal en oliepastels en naast materialen waarmee gestructureerd gewerkt kan worden, staan materialen die weinig structuur in zich hebben (potlood en liniaal tegenover ecoline). De genoemde tegenstellingen geven alle cliënten de ruimte de eigen manier van werken te leren ontdekken, verder uit te werken of met het tegenovergestelde aan de slag te gaan.

Bij de aanschaf van materialen moet rekening worden gehouden met de doelgroep en de werkplek. In het werken met kinderen is het prettig uitwasbare verf en schorten te hebben. Bij gebrek aan een kleioven, kan met zelfuithardende klei worden gewerkt.

De meeste beeldend therapeuten vinden het belangrijk dat het materiaal dat wordt gebruikt een goede kwaliteit heeft, zeker in het werken met volwassenen en adolescenten. Vooral cliënten die niet gewend zijn om te tekenen of schilderen, vinden het vaak onplezierig om met 'kinderachtige' materialen te werken. Associaties met kunstenaars en beeldende kunst, serieus genomen worden en aangesproken worden op een volwassen niveau, is vaak een insteek die hen helpt zichzelf en de therapie serieus te nemen. Ook als therapeut is het belangrijk om materialen van goede kwaliteit beschikbaar te hebben. Deze werken vaak makkelijker en een gegeven advies klopt ook: kleuren mengen meer betrouwbaar en behouden na droging dezelfde toon.

Op de website zijn twee checklijsten opgenomen, een met de meest basale materialen en een voor aanvullende materialen.

7.4 Tijd

Tijd is een van de kaders van een behandeling, daarbinnen begint het therapeutische werk. Vaste tijdstippen in de week voor de beeldende therapie dragen bij aan de regelmaat en het vertrouwen in een behandeling. De sessie, afgebakend door tijd, moet een ruimte zijn waarbinnen kwetsbaarheden en moeilijkheden onderzocht kunnen worden (Schaverien, 1989; Case & Dalley, 2007).

7.4.1 TIJD ALS THERAPEUTISCHE FACTOR

> Het is tijd voor de nabespreking. De groep heeft een collage gemaakt en de meeste spullen zijn opgeruimd. Alleen Bas zit nog met losse plaatjes voor zich en is nog steeds aan het zoeken om een mooi afscheidscadeau te maken voor een groepslid. Pas vijf minuten nadat de therapeut gezegd heeft dat het tijd is voor de nabespreking, is Bas klaar. Bas komt ook vaak precies drie of vier minuten te laat binnen, terwijl de regel is: meer dan vijf minuten te laat betekent 'je mag niet meer binnenkomen'.

Therapeut en cliënt spreken bij aanvang van de therapeutische relatie tijden af waarop de sessies plaatsvinden. Als het tijdskader van de therapie als rekbaar en onderhandelbaar wordt ervaren, kan dat een onrustig of onveilig gevoel geven. Een cliënt wil weten hoe lang hij kan werken, wanneer een groepslid nog binnen mag, en wanneer hij weer therapie heeft.

In beeldende therapie zijn de setting (ruimte en tijd), de persoon van de therapeut en het beeldend werk van de cliënt belangrijke constanten. Vaak zijn de cliënten in hun jeugd of door hun problematiek geen stabiliteit en betrouwbaarheid gewend. Het maken van afspraken en je daaraan houden, geeft grenzen aan en biedt duidelijkheid. Het is voor cliënten belangrijk om grenzen te ervaren, maar soms ook lastig om met grenzen om te gaan.

De omgang met tijd als therapeutische grens kan een manier zijn waarop een cliënt moeilijkheden uitdrukt. Het zichtbare gedrag heeft vaak een nog niet gekende onderliggende oorzaak. De therapeut gebruikt deze en andere indicatoren voor het psychische proces (Case & Dalley, 2007). De omgang met tijd kan onderwerp zijn binnen de behandeling omdat het veel zegt over prioriteiten stellen, opkomen voor jezelf, er mogen zijn.

> In het voorbeeld van Bas zie je dat Bas vaak nét te laat is. Het team had zich al afgevraagd wat daar achter kon zitten. Uit de observaties bij beeldende therapie blijkt dat Bas moeite heeft met plannen. Hij rekent de tijd om een werkstuk af te ronden en op te ruimen niet mee. En Bas vindt zijn werk niet snel goed genoeg. Hij wil vaak op het laatst nog iets veranderen, in de hoop dat het nóg beter wordt.

De omgang met tijd werkt ook door in de sessie zelf: is een cliënt snel klaar, of werkt hij juist door terwijl de anderen al opruimen? Ellen Budde schrijft daarover:

'Zolang het werkstuk niet af is, kan het nog van alles worden. Op het moment dat gestopt wordt, is het werkstuk min of meer af en laat het de mogelijkheden en onmogelijkheden van de deelnemer zien. Dit kan confronterend zijn als de deelnemer zou willen dat het ook anders of beter zou willen' (Budde, 1989).

De focus van een sessie kan gericht worden op hoe de cliënt de tijd gebruikt heeft.

7.4.2 TIMING

> Jet is net drie weken in de groep, en laat nog heel weinig van zichzelf zien. Bij de start van een opdracht stelt ze voor om met oliepastel te werken, omdat je dat zo goed met oplosmiddel kunt uitpoetsen. Ze doet dat aan de groep voor en de groep vindt het een goed idee om die techniek in een groepswerkstuk te gebruiken. Als ieder zijn eigen deel in het werkstuk met lijnen en vlakken met dat van een ander gaat verbinden, trekt Jet zich terug. Ze maakt een gespannen indruk, kijkt alleen, maar werkt niet mee. In haar interventies probeert de therapeut haar te stimuleren om mee te tekenen, door te vragen welke verbindingen ze zelf zou willen maken. Jet zegt echter dat ze het leuk vindt om te kijken.
>
> Om haar toch ook actief in het werk te betrekken, intervenieert de therapeut met 'uitleg geven' over hoe je verbindingen maakt. Jet reageert: 'Dit materiaal ligt me niet zo.'
>
> Op dat moment begrijpt de therapeut dat haar interventies te vroeg zijn. Het dwingt Jet tot een vorm van afweer: het vluchten van de taak door zich terug te trekken en het zo sterk ontwijken van het 'meedoen' dat ze er het verdraaien van de werkelijkheid voor nodig heeft. Het klopt niet dat het materiaal Jet niet ligt: ze had immers het materiaal en de techniek zelf voorgesteld en uitgelegd.

Tijd speelt ook een rol bij het doen van interventies. Een interventie kan te vroeg zijn, waardoor hij het beoogde doel niet bereikt (Remmerswaal, 2004). Als interventies te laat zijn, kan het gebeuren dat je het contact verliest of dat de situatie uit de hand loopt: als een groep kinderen niet op tijd afgeremd wordt, kunnen verschillen van mening uitlopen op ruzies en moet je eerst de rust herstellen en verbiedend optreden, voordat je verder kunt werken.

Voor de continuïteit van het therapieproces is een wekelijkse afspraak belangrijk. Vinden er in de tussentijd andere therapieën plaats waarin het therapeutische proces van de cliënt doorloopt, dan kan de cliënt op die plekken ervaringen uit de beeldende therapie vasthouden, terug laten komen en verder uitwerken.

Zo beïnvloedt het therapietijdstip het therapieproces zowel inhoudelijk als in de mate waarin openleggend gewerkt kan worden en hoe er moet worden afgesloten. Als de beeldende therapie onderdeel is van een klinisch weekprogramma, kan gezocht worden naar een moment op de dag en in de week waarop de beeldende therapie optimaal wordt ingebed. Afhankelijk van het moment in het therapieprogramma kan worden aangesloten bij weekendervaringen (op maandagochtend) of bij het thema van de verbale groepstherapie (het tweede therapieblok). In een klinische setting moet, afhankelijk van de egosterkte van de doelgroep, de laatste therapie voor het weekendverlof als een afgerond geheel worden afgesloten. De plek die de therapie heeft in het (dagelijkse) leven van de cliënt bepaalt mede hoe de cliënt in de therapie aan de slag gaat en erbij betrokken is.

Per doelgroep kan de sessieduur anders zijn. Ouderen komen vaak langzamer op gang en doen langer over het opruimen dan volwassenen en jongeren; kinderen met AD(H)D of ontremde cliënten hebben een korte concentratieboog of raken overprikkeld als de sessie te lang duurt. Een therapiesessie van drie kwartier kan dan al heel passend of zelfs te veel zijn. In een instelling is voor een groep vijf kwartier tot anderhalf uur een gebruikelijke sessielengte; voor individuele cliënten wordt vaak een uur uitgetrokken.

7.4.3 START VAN DE ZITTING

> Een adolescentengroep komt halverwege de therapieweek binnen bij de beeldende therapie. De therapeut vraagt hen zonder verdere introductie een materiaal te pakken dat op dit moment goed voelt of wat hen als eerste te binnen schiet, en daarmee te gaan werken. Na tien minuten zet ze de groep stil en vraagt ieder groepslid in één woord of één zin het thema van die eerste tien minuten te benoemen. In een even korte reactie koppelt ze dat steeds aan het werkdoel van die cliënt en vraagt de groep een advies te geven over hoe diegene verder moet gaan. Zo is in vijf

> minuten duidelijk hoe iedereen erbij zit en wordt het doel van die sessie helder.

Een beeldende therapie wordt vaak een non-verbale therapie genoemd. Dat suggereert dat er niet of nauwelijks gesproken wordt. De start van de zitting vraagt echter vaak om een afstemming tussen cliënt(en) en therapeut. Zeker in een groep kan een rondje langs alle groepsleden veel tijd vergen. Tijd die ten koste gaat van de kern van de therapie: het beeldend werken. Hoe dit probleem opgelost wordt, zal afhangen van de methodiek en de doelgroep. Sommige therapeuten zullen eerst een verbaal rondje maken: 'Hoe zit iedereen erbij?' Anderen pakken dat rondje beeldend aan. Maar soms is dat te abstract en blijven belangrijke dingen weg.

> Halverwege de genoemde zitting in de adolescentengroep merkt de therapeut tegen een groepslid op dat ze een heel heftig thema met een heel zacht materiaal heeft verbeeld: met pijpenragers heeft ze twee poppetjes gemaakt waarvan de één de ander bij de keel grijpt. Die opmerking blijkt de kurk uit de fles te halen bij de cliënt: ze spuit haar woede over een groepsgenoot en als die reageert, vliegt ze haar aan. Het gekozen zachte materiaal heeft de groep en therapeut een ander verhaal verteld dan het uiteindelijke beeld en de uiteindelijke interactie.

7.4.4 AFRONDING VAN DE ZITTING

Een therapie heeft een vaste eindtijd. Betrouwbaarheid in het op tijd stoppen geeft de cliënt duidelijkheid: 'Als ik nog iets wil, moet het nu.' Tijdbewaking helpt de therapeut om de nabespreking goed op te bouwen en gericht te blijven op de behandeldoelen.

Soms is het verleidelijk om eerder te stoppen (iedereen is klaar en er wordt niets meer ingebracht) of juist uit te lopen (er komt nog een belangrijk item op tafel). Ook dit heeft betekenis. De therapeut moet zich afvragen waar het mee te maken heeft als de cliënten eerder klaar zijn. Is het een individuele actie of is de hele groep al klaar? Zegt het iets over de moeilijkheidsgraad van de opdracht, over de afweer of over de groepsdynamiek? Als een sessie uitloopt omdat er op het laatste moment iets heel belangrijks besproken wordt, is de vraag waarom dat nu besproken wordt en niet tien minuten eerder of een andere keer? De cliënt kan zich afvragen: 'Waarom wel wat langer nu deze groepsgenoot het moeilijk heeft en niet toen ik het moeilijk had?' Hij kan zich daardoor onveilig en verwaarloosd gaan voelen. De manier en het moment waarop iets wordt ingebracht (het betrekkingsniveau) kunnen van meer betekenis zijn dan dat wat er gezegd wordt (inhoudsniveau). Er zijn cliënten die weinig zeggen, cliënten die veel tijd in beslag nemen in de nabespreking en cliënten die op het allerlaatst, bij het verlaten van de ruimte, nog iets belangrijks melden. Door te veel tijd te nemen, verliezen groepsgenoten hun aandacht voor de inbreng. Door iets aan het einde te melden, kan er in die sessie niets meer mee gedaan worden. Er kan een relatie gelegd worden tussen de problematiek van de cliënt en onderliggende, soms onbewuste gevoelens.

> Anja gaat juist bij de start van de nabespreking vaak naar de wc. Als ze terugkomt is ze 'vergeten' om haar werk op te hangen voor de nabespreking. Daar is dan geen tijd meer voor. Ze vertelt niet graag over haar werk, ze zegt het liefst: 'Och, sla mij maar over.'

Het is belangrijk als therapeut de tijd te bewaken en de grenzen van tijd aan te geven. Gaat de therapeut te lang door of laat deze iemand na tijd nog binnen, dan houdt de therapeut de cliënt afhankelijk van het moment dat hij besluit dat de therapie écht begint of eindigt. Veel cliënten zijn opgegroeid in onduidelijkheid en afhankelijkheid en hebben moeite hun autonomie neer te zetten of te ontwikkelen. Het is belangrijk dat zij de gelegenheid krijgen om te leren zelf de verantwoording te nemen voor het eigen therapeutische proces. Als de cliënt de zekerheid heeft dat de therapie op de afgesproken tijd begint en stopt, kan hij binnen dit gegeven keuzes maken.

7.4.5 TIJD ALS ECONOMISCHE FACTOR

Terwijl het therapeutische aspect van tijd een belangrijke rol speelt in het therapeutische proces, is tijd ook belangrijk als economische factor. Het betreft dan de tijd die besteed wordt aan een behandeling zelf en aan zaken eromheen. Een therapeut heeft meerdere taken. Als hij uitloopt met zijn sessie, heeft dat ook gevolgen voor andere cliënten. Hij komt misschien te laat bij zijn volgende cliëntafspraak, heeft onvoldoende tijd voor rapportage, reflectie en om vooruit te blikken op de volgende sessie. En ook de cliënt mist pauzetijd of komt te laat bij een andere afspraak. De therapeut doet de cliënt en ook zichzelf tekort door niet op tijd te pauzeren en afstand te nemen.

Er is een spanningsveld tussen de tijd die de professional nodig heeft om kwaliteit te leveren en de factor 'tijd is geld'. Voor degene die betaalt voor de behandeling is het belangrijk te weten hoe de tijd gebruikt wordt. Tegenwoordig maken zorgkantoren afspraken met behandelaren of instellingen over welke bedragen zij vergoeden voor behandeling van bepaalde diagnoses en welke behandelduur daarbij hoort. Het is aan de instelling om te bepalen hoe zij dat bedrag besteden en welke behandelingen zij gaat inzetten. Voor een instelling is het dus belangrijk om precies te weten hoeveel weken een bepaalde behandelvorm duurt, hoeveel tijd een sessie kost en wat die bijdraagt aan de oplossing van het probleem. Wat de tijd betreft is het relevant hoeveel tijd er nodig is per cliënt. Daarom wordt de werktijd verdeeld in twee verschillende soorten tijd: cliëntgebonden tijd, de tijd die rechtstreeks samenhangt met de uitvoering van de therapie, en niet-cliëntgebonden tijd, tijd besteed aan voorwaardenscheppende en ondersteunende zaken. De cliëntgebonden tijd wordt vervolgens verdeeld in direct cliëntgebonden tijd en indirect cliëntgebonden tijd. Zie afbeelding 7.3.

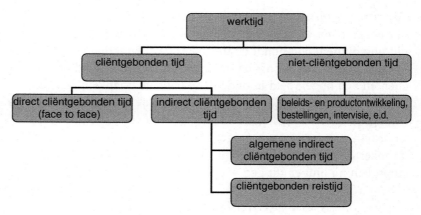

Afbeelding 7.3 Indeling werktijd.

Direct cliëntgebonden tijd

Direct cliëntgebonden tijd is de tijd die direct besteed wordt aan het contact met de cliënt in het kader van een therapie. Het bestaat uit 'face to face'-contacttijd in de therapie zelf en telefonisch of e-mailcontact met de cliënt.

Voor beeldend therapeuten geldt dat het werken met beeldende materialen in de therapie meer tijd kost dan een gesprek voeren: het verzamelen van materialen, het schoonmaken en het opbergen van de werkstukken zijn belangrijke onderdelen van de therapie, maar ook tijdrovend. Tussen die momenten in moet er voldoende tijd zijn om in het medium tot verdieping te komen. Hoe een beeldend therapeut de tijd indeelt, zal ook afhangen van de rol die het praten over het product en het proces speelt.

Om te bepalen hoeveel direct cliëntgebonden tijd uitgetrokken moet worden, moet men er ook rekening mee houden dat werken met een groep meer tijd vraagt dan met een individu en met een grote groep meer dan met een kleine. De sessieduur wordt verder ook bepaald door de setting, de omstandigheden waarin de therapie plaatsvindt: de behandelopzet, bijvoorbeeld een deeltijd- of ambulante behandeling, een groeps- of individuele behandeling en dergelijke. Per setting wordt gekeken wat een wenselijke therapietijd is en wat financieel haalbaar is: een kosten-batenanalyse.

Indirect cliëntgebonden tijd

Een therapeut kan niet alle werktijd besteden aan de therapiesessie zelf. Er is ook veel voorbereidend werk te doen en er gaat veel tijd zitten in de verslaglegging en in overlegvormen. Indirect cliëntgebonden tijd is alle tijd die rechtstreeks samenhangt met het behandelen van cliënten, maar waar de cliënt zelf niet bij is. Het gaat dan om bijvoorbeeld het voorbereiden van de sessie, verslaglegging en administratie over de sessie of behandeling, het opruimen van de therapieruimte en hersteltijd na een intensieve behandelsessie.

Algemene indirecte cliëntgebonden tijd

De tijd die je gereserveerd had voor cliënten die niet op zijn komen dagen ('no show'), een multidisciplinair overleg en ander overleg over een specifieke cliënt wordt algemene indirecte cliëntgebonden tijd genoemd.

Cliëntgebonden reistijd

Cliëntgebonden reistijd zullen beeldend therapeuten niet vaak hebben, maar als de beeldend therapeut een cliënt thuis behandelt, telt ook de reistijd. Dit kan bijvoorbeeld voorkomen bij het werken in het kader van preventie, bij het leggen van eerste contacten met cliënten die over een drempel geholpen moeten worden of bij een behandelcontact bij een getraumatiseerde asielzoeker.

Niet-cliëntgebonden tijd

De overige werktijd is niet-cliëntgebonden tijd, dus tijd waarin niet de relatie met een specifieke cliënt of een cliëntsysteem centraal staat. Je kunt hierbij denken aan bestellen en wegruimen van materialen, het verzorgen of opruimen van (oude) werkstukken, het op orde houden van de ruimte, de oven stoken, maar ook aan werkgroepen, intervisie niet over specifieke cliënten, het schrijven van een module, post en mail bijhouden, werkoverleg, scholing, algemene vergaderingen, productontwikkeling, het lezen van vakliteratuur, opleiden van collega's, reistijd vanwege meerdere locaties enzovoort.

In het werkveld kom je soms de norm tegen van 60 procent directe cliëntgebonden tijd tegenover 40 procent indirecte cliëntgebonden tijd en niet-cliëntgebonden tijd. Dit is niet altijd reëel. Zo vraagt een groep meer rapportagetijd dan een individueel contact en een grote groep meer dan een kleine. Een open observatiegroep vraagt meer indirecte cliëntgebonden tijd dan een steunend structurerende groep met langlopende behandelingen. Beeldend therapeuten hebben bovendien relatief veel algemene indirecte cliëntgebonden tijd en indirecte tijd nodig voor het opbergen van beeldend werk, het klaarzetten van materialen, het uitprinten van fotomateriaal en dergelijke. Een goed voorbeeld is het bijhouden van de materiaalvoorraad: per bestelling kost het inventariseren van de voorraad, verzorgen en ordenen van de werkmaterialen en het doen van een bestelling, ongeveer anderhalve dag. Bij drie bestellingen per jaar is dat al vierenhalve dag, 36 uur, dus wekelijks ongeveer drie kwartier. Vooral bij kleine dienstverbanden vormen die drie kwartier algauw een aanzienlijk deel van de werkweek. Terwijl het doen van de bestelling bij een groot en een klein dienstverband evenveel absolute tijd kost, is de relatieve tijd bij een klein dienstverband veel groter.

Het is soms moeilijk uit te maken in welk geval het extra werk van de beeldend therapeut cliëntgebonden tijd of niet-cliëntgebonden tijd is. In overleg met de werkgever moeten daarover dan afspraken worden gemaakt.

Zo ontstaan er in de praktijk heel verschillende verhoudingen, variërend van 60 tot 30 procent directe cliëntgebonden tijd tegenover 40 tot 70 procent indirecte cliëntgebonden tijd (zie www.dbcggz.nl).

Alleen cliëntgebonden tijd, dus terug te leiden tot een cliënt, wordt door de zorgverzekering vergoed. De druk om alle activiteiten en overlegvormen die niet direct aan een cliënt te verbinden zijn, te beperken, is daarom groot. Juist beeldend therapeuten kunnen daardoor extra klem komen te zitten.

7.4.6   BEHANDELDUUR

Onder invloed van de marktwerking is er bij zorgverzekeraars en dus bij instellingen steeds meer vraag naar in de tijd afgebakende behandelvormen. Samen met onderzoek naar effectiviteit van behandelingen heeft dit geleid tot meer efficiënte, kortere behandelingen voor een aantal doelgroepen.

Therapie heeft echter vaak ook tijd nodig. Volgens Yalom (1988) is het verstrijken van tijd zeer essentieel voor het therapeutische proces. Ergens bij betrokken raken, verantwoordelijkheid kunnen dragen, intimiteit en vertrouwen ervaren; het kan allemaal niet onder druk tot stand gebracht worden. Uit onderzoek van Lorr (1962) blijkt dat de behandelduur belangrijker is dan het aantal behandelingen: het toepassen van inzichten en het oefenen in de dagelijkse praktijk moeten steeds opnieuw uitgeprobeerd worden totdat het geleerde uiteindelijk geconsolideerd is. Het met vallen en opstaan groeien, is een voorwaarde voor het proces van groei en verandering.

Er wordt ook een link gelegd met de zwaarte en de duur van de problematiek: problemen die meerdere ontwikkelingsgebieden beïnvloeden en al lang duren, vragen meer behandeltijd. Enkelvoudige problematiek is vaak met een eenduidige focus goed kortdurend te behandelen. Meervoudige problematiek vraagt om een veelzijdiger, multidisciplinaire en langdurige benadering.

7.5   Budgettering

> Het is begin december en door een communicatiefout met de financiële afdeling hebben de beeldend therapeuten het totaal van hun budget al bereikt. De bestelling van drie weken eerder is om die reden door de afdeling inkoop nooit de deur uit gedaan. Op de schappen in het voorraadhok ontbreekt een aantal belangrijke materialen.
> Een 8-jarige jongen met een stoornis in het autistische spectrum is al weken bezig van hout een auto te maken. Deze activiteit past bij hem: hij is gepreoccupeerd met voertuigen en kan met dit materiaal goed structureren en plannen. Het houvast en de controle die hij ervaart aan de activiteit bieden daarnaast de mogelijkheid de samenwerking en een relatie met de therapeut op te bouwen. Maar doordat er enkele materialen ontbreken, heeft hij al een paar keer van het afgesproken plan moeten afwijken. Dat lukte met het vooruitzicht van de bestelling die elk moment

> binnen kon komen. Nu duidelijk is dat dat voorlopig niet zal
> gebeuren, is zijn flexibiliteit uitgeput. Hij wil niet meer verder
> werken, wil van geen auto meer weten en ook niet van hout. Het
> kost veel inzet en tijd om het zorgvuldig opgebouwde, maar nu
> geschonden vertrouwen te herstellen.

Het beeldend materiaal is de basis van de beeldende therapie. Als middel om een therapeutisch proces op gang te laten komen, staat het meestal centraal in de aandacht. Terwijl in andere vaktherapieën vooral gebruiksmaterialen worden ingezet en het eenmalige aanschaffen betreft, zijn de beeldende materialen vooral verbruiksmaterialen. Naast de werkbank, de ezel en de gereedschappen, die langere tijd meegaan, kunnen materialen als hout, verf en papier slechts eenmalig gebruikt worden.

7.5.1 BEGROTING

Voor de behandelingen die verricht worden in een instelling, of in een beeldendtherapeutische praktijk, komen inkomsten binnen, geld van de zorgverzekeraars, van cliënten die hun behandeling zelf betalen of via het persoonsgebonden budget, het PGB. Op managementniveau wordt zelfs gesproken over 'de productie' als het over cliëntcontacten gaat: aan het werken aan de gezondheid en het welzijn van mensen zit ook een financieel aspect. In een financieel beleidsplan wordt bepaald hoe de inkomsten verdeeld worden.

> In een verslag van studenten beeldende therapie stond de volgende tip aan de organisatie waar ze een onderzoekje hadden gedaan:
> 'Misschien vinden de creatief therapeuten het niet zo leuk, maar als er geen onbeperkt budget meer is voor materialen in creatieve therapie, dan is er ruimte voor een extra creatief therapeut in de instelling.'

In het voorbeeld hierboven lijkt het alsof alle financiële middelen uit dezelfde pot komen: personeel en materialen. Echter, het geld waarover een organisatie beschikt, is verdeeld over verschillende kostenposten, die bepaald worden door beleidskeuzes.
Dat beleid werkt door in alle keuzes die door het jaar heen gemaakt

worden: over het aantal cliënten dat behandeld kan worden, groepen die aangeboden worden, investeringen die gedaan worden, personeel dat aangenomen wordt. De beeldend therapeut met een eigen praktijk zal daar zelf een beleidsplan voor moet schrijven. In een grotere organisatie zal het management beleidskeuzes maken. Toch is het ook dan goed om op de hoogte te zijn van die keuzes, zodat men weet hoeveel uren men heeft voor de cliënten die men ziet en welke uitgaven men kan doen voor materiaal.

De beeldend therapeut wordt begroot op de post 'personeelskosten', vaste kosten die niet variëren met het aantal cliënten dat de beeldend therapeut behandelt. Materialen, zoals papier en verf vallen onder de post 'variabele kosten', en hangen juist wel samen met het aantal te behandelen cliënten.

De grootte van beide kostenposten is niet te vergelijken.

Voor een beeldend therapeut in een instelling zijn de financiële verantwoordelijkheden kleiner dan voor de beeldend therapeut met een eigen praktijk: men krijgt een budget, een geldbedrag dat men alleen of eventueel samen met andere disciplines of collega's beeldende therapie kan besteden. De grootte van het budget voor beeldende therapie wordt beïnvloed door beleidskeuzes en is afhankelijk van hoeveel cliënten beeldende therapie hebben. Binnen dat budget is de beeldend therapeut verantwoordelijk voor de voorraad en bestellingen en moet een goede planning worden gemaakt.

> Er is al een tijd niet meer geïnvesteerd in het beeldendetherapielokaal. Voor het komend jaar heeft de beeldend therapeut maar eens een lijstje gemaakt van investeringen die nodig zijn. Het lokaal is vrij klein en er is weinig ruimte om de werkstukken te bewaren. Het vastleggen van ruimtelijk werk op foto kan helpen om het lokaal toch op orde te houden. Daarvoor staat een goede digitale camera op de lijst van investeringen.
> Verder zijn de lamellen kapot. Ze zijn te vies om nog schoon te maken en er zijn er een paar afgevallen. Ook deze moeten vervangen worden.
> Daarnaast wil de programmaleider dat het aantal cliënten in de groep van acht naar negen gaat. Het lokaal is echter te klein om er nog een schildersezel bij te zetten. Een van de wanden is al geschikt gemaakt om op te schilderen. Als de andere wand nu ook van zo'n laag voorzien kan worden, kunnen de cliënten toch allemaal staand werken.

> Verder zou een computer in het lokaal prettig zijn, zodat het beeldend werk zonder veel heen en weer geloop tijdens het rapporteren gezien kan worden. De oude papiersnijmachine is eigenlijk te klein dus is een grotere snijmachine nodig.
> De teamleider neemt de lijst en motivatie van de beeldend therapeut en de andere therapeuten in november op. In januari is de begroting vastgesteld. Duidelijk wordt dat de beleidsbeslissing om de therapiegroepen te vergroten vooropstond: voor de beeldende therapie kan er dit jaar een extra wand komen, zodat de groep definitief van acht naar negen cliënten kan. Verder mag de snijmachine vervangen worden. De digitale camera was ook een goed idee, die kan dan ook voor de foto's van het interne blad gebruikt worden. Deze camera zal aangeschaft worden en op het kantoor van de manager facilitaire dienst bewaard worden. Iedereen die hem wil gebruiken, mag hem daar via de secretaresse komen lenen.
> Verder zal er dit jaar vooral geïnvesteerd worden in keukenapparatuur voor de activiteitenbegeleiding, zodat daar een kookmodule gestart kan worden.

Voor duurzame artikelen als een schopschijf, een etspers of duur gereedschap, kan jaarlijks een budget worden gereserveerd. Voor deze investeringen wordt de kostprijs uitgesmeerd over de periode tot de aanschaf. Instellingen hebben meestal een bepaald budget voor grote uitgaven dat vaak gedeeld moet worden met verschillende vakgroepen. Er wordt gevraagd om vooruit te denken en een aanvraag te motiveren. Het is daarbij belangrijk duidelijk te maken wat het gevraagde artikel aan het behandelaanbod toe zal voegen. Zo kan de aanschaf van een schopschijf gemotiveerd worden met een stukje over hoe hij hyperactieve kinderen helpt focussen, terwijl kinderen met tactiel afweer of moeite direct contact aan te gaan, verleid kunnen worden de klei aan te raken en van vorm te veranderen. Het zal voor degene die verantwoordelijk is voor de verdeling van het budget duidelijk moeten zijn op basis waarvan welke uitgaven prioriteit hebben.

De beeldend therapeut met een eigen praktijk kan jaarlijks zelf een potje reserveren voor de aanschaf van duurzame artikelen.

De beeldend therapeut houdt meestal zelf bij welke materialen er nodig zijn en wanneer er een bestelling gedaan moet worden. Voor een helder zicht op hoeveel er nog uitgegeven kan worden, is een goede planning belangrijk. Er moet vooruitgerekend en begroot worden. Een begroting is meestal op jaarbasis en geeft helder zicht op de financiële consequenties van genomen besluiten.

Zonder een goede inschatting te maken van het benodigde materiaal en de bestel- en levertijd, zou men ineens zonder bijvoorbeeld rode verf of zachte klei kunnen zitten. In de eigen therapiepraktijk is het inschatten van kosten en begroten helemaal belangrijk: de gemaakte kosten moeten er met de gekregen vergoedingen van de cliënt of zorgverzekeraar weer uitgehaald worden en er moet een inkomen voor de therapeut overblijven. In de eigen praktijk loop je ook tegen kosten aan die in een instelling door alle disciplines gedeeld kunnen worden, zoals kosten voor kantoormaterialen en voor onderhoud van machines en apparatuur.

> Vandaag is het 'vrij werken' bij de groep van de psychotherapeutische deeltijdbehandeling. De cliënten mogen daarbij zelf weten op welke manier ze aan hun beeldendtherapeutische behandeldoelen werken. Achmed heeft met vrij werken een zelfportret geschilderd, na veel sessies op papier gewerkt te hebben, werkt hij nu voor het eerst op doek.
> Wilma is net nieuw in de groep. Terwijl iedereen zijn spullen pakt, vraag Wilma aan de stagiaire of ze nog zo'n doek heeft, ze wil ook schilderen. Wilma schildert met blauwe krullen en golven op het doek en bekijkt het eens van een afstand. Ze vindt het mooi geworden, en ook Achmed zegt: 'Goh, wat kun jij lekker vrij werken!'
> Wilma zegt dan tegen de stagiaire: 'Heb je nog een doek van dezelfde maat, ik wil er graag nog een bij maken, maar nu zo dat er wat meer wit bij is.' De stagiaire gaat in het magazijn kijken en ziet daar nog één doekje staan, helaas net wat groter. Er liggen nog wel vier pakken papier.

De kosten zijn voor de beeldend therapeut misschien niet de belangrijkste motivatie om voor een bepaald materiaal te kiezen. Een materiaalkeuze wordt bepaald door wat je wilt bereiken met een cliënt en welke methodiek je daarvoor hanteert. In het voorbeeld hierboven wordt duidelijk dat er ook een kostenaspect aan zit. Je kunt je afvragen waarom Wilma al meteen op doek wilde werken: is het omdat een groepsgenoot dat doet, omdat het professioneel oogt, omdat ze niet anders weet, omdat ze graag het beste wil en ze het gevoel tekortgedaan te zijn wil compenseren, of omdat ze heel resultaatgericht is en nauwelijks aandacht besteedt aan het proces? Naast die inhoudelijke vragen speelt een rol dat in het magazijn nog veel papier ligt en nog maar één, veel duurder doek. Papier is goed genoeg om op te schilderen, zelfs beter voor veel beeldendetherapieopdrachten en omdat het goedkoper is, biedt het meer vrijheid te experimenteren en opnieuw te beginnen.

7.5.2 VARIABELE KOSTEN

Variabele kosten zijn de kosten die veranderen naarmate meer of minder cliënten behandeld worden: verf, papier, klei, inkt, was, gips en dergelijke. Bij het besteden van het budget zullen keuzes moeten worden gemaakt. Met welke methodieken werkt men en met welke doelgroep, welke materialen gebruikt men bij voorkeur en hoeveel ruimte heeft men?

Wil men alle kleuren acrylverf die er zijn, omdat de cliënten weinig schilderervaring hebben, of wil men alleen een paar basiskleuren in de kast, omdat er niet veel bergruimte is? Wil men een kleioven ter beschikking hebben of gebruikt men eigenlijk zelden klei? Een beeldend therapeut die veel met klei werkt en alle werkstukken bakt, maakt meer kosten dan een beeldend therapeut die alle kleiwerkstukken weer terug laat doen in de bak. Mogelijk vond de eerste het belangrijk terug te kunnen kijken naar het werk, terwijl de tweede de nadruk op de ervaring en het vrije experimenteren wilde leggen.

De mate van zorg voor het materiaal bepaalt mede de materiaalkosten: als cliënten penselen onvoldoende schoonspoelen, moeten ze vaker vervangen worden.

Voor het maken van de begroting variabele kosten wordt een inschatting gemaakt van de hoeveelheid materiaal die gemiddeld per cliënt per sessie gebruikt wordt. Dat wordt vermenigvuldigd met het gemiddelde aantal cliënten per week. Rekening moet worden gehouden met enige variatie: hoe vaak gaat het kleiwerk gemiddeld terug in de zak en hoe vaak wordt het gebakken?

Voor het aanvullen van de bestaande voorraad kan een paar keer per jaar geïnventariseerd worden welke materialen opraken. Het is handig daarvoor, bijvoorbeeld aan de binnenkant van de kastdeur, een lijst op te hangen, waarop wordt bijgehouden wat er op is en waarop materiaalsuggesties van cliënten genoteerd worden.

Een grotere organisatie werkt vaak met vaste leveranciers, waarbij grotere hoeveelheden besteld worden en de organisatie korting krijgt. Vaak zijn dit leveranciers van 'kunstenaarsmaterialen' of 'handenarbeidmaterialen'. De beeldend therapeut maakt een bestellijst, levert die na akkoordverklaring van zijn teamleider in bij de afdeling inkoop,

die de bestelling verder verzorgt. Soms is er een klein contant budget voor bijzonderheden.
In een eigen praktijk kan men vrij kiezen waar men materialen bestelt. Veel leveranciers hebben materiaallijsten op internet staan, zodat men ook digitaal kan bestellen.

7.5.3 ANDERE KOSTEN

Aan het op de hoogte blijven van ontwikkelingen in het vak en aan (bij)scholing zijn ook kosten verbonden. Kosten van bijscholing en congressen komen bij een instelling uit een gezamenlijk budget. Elke aanvraag moet gemotiveerd worden ingediend en de werkgever bepaalt of hij een aanvraag honoreert in kosten en tijd.
Voor de ontwikkeling van de therapeut zijn vakliteratuur en scholing nodig. Vakliteratuur kan via de instellingsbibliotheek worden aangevraagd. Soms heeft het eigen budget genoeg ruimte om een eigen collectie vakliteratuur en naslagwerken op te bouwen. Aan scholing wordt vaak door de instelling mee betaald in tijd en/of geld. Een therapeut moet ook zelf bijdragen aan het ontwikkelen en bijhouden van zijn vakbekwaamheid door het lezen van binnen- en buitenlandse vakliteratuur en door het volgen van studiedagen. De werkgever hoeft volgens de CAO maar een deel van de contributie aan de beroepsvereniging of een eventuele registratie te betalen en niet alle bijscholing zal door de werkgever betaald worden. De gevolgde bijscholing moet bijgehouden worden op een curriculum vitae of in een portfolio. Bij het jaarlijks functioneringsgesprek zal het ter sprake komen. Samen met de leidinggevende kijkt de werknemer dan ook vooruit naar wat hij wil met zijn ontwikkeling in het vak of de organisatie.
In een eigen praktijk zullen verder bij de vaste kosten de volgende posten begroot moeten worden: huur of hypotheek van de werkruimte, verzekeringen voor aansprakelijkheid, ziektekosten en inventaris, administratiekosten waaronder tijd voor boekhouding en kosten zoals telefoon, verzendkosten en computer, foldermateriaal en/of andere wervingskosten. Het kan ook verstandig zijn om voor de belastingaangiftes een accountant of financieel adviseur in de begroting op te nemen. Deze kan, behalve voor de belastingaangifte, ook adviseren over bijvoorbeeld de termijn waarop bedragen kunnen worden afgeschreven.

8 Onderzoek en beeldende therapie

> Een aantal jaren geleden suggereerde een psychiater tijdens een werkbespreking dat de aanwezige beeldend therapeut wellicht een artikel kon schrijven over de behandeling van een cliënt met wie zij werkte. Hij gaf haar de tip om de casus te onderbouwen met literatuur en adviseerde tevens welke actuele literatuur zinvol zou zijn om erbij te gebruiken. Het was een klus waar zij met gemengde gevoelens aan werkte: het bestuderen van de literatuur leek in eerste instantie nogal saai. Uiteindelijk heeft het toch veel plezier opgeleverd. Ook heeft het verdiepen in de literatuur en het systematisch beschrijven van de specifieke kenmerken van de casus veel opgeleverd. De therapeut kreeg meer inzicht in de problematiek van de cliënt en van cliënten met vergelijkbare problematieken. Observaties en interventies kon zij doelgerichter uitvoeren en toelichten in het multidisciplinaire team. Het heeft voor de kwaliteit van de behandeling veel opgeleverd en het droeg bij aan een betere samenwerking met teamgenoten. Daarbij gaf het meer zelfvertrouwen als beeldend therapeut.

Beeldend therapeuten in Nederland hebben in het algemeen een hbo-opleiding en zijn echte praktijkmensen. De praktijk van de beeldend therapeut is echter een complex geheel van belangen die om veel nuancering en uitwerking vragen. Een cliënt heeft als eerste doel zo goed en zo snel mogelijk weer zelfredzaam, gelukkiger of beter worden. Een professional heeft als centraal doel meer te weten over hoe kwalitatief goed, 'effectief', 'juist' en 'waardevol' te handelen. Een verzekeraar heeft als eerste doel meer te weten over efficiënt en effectief werken. Een goed algemeen kader en beheersbare kosten zijn van groot belang.
In dit hoofdstuk wordt allereerst beschreven wat onderzoek kan bijdragen aan professionaliteit van de beeldend therapeut. Vervolgens

worden soorten onderzoeksmethoden belicht. Onderzoekstheorieën worden beschreven en ook hoe deze bij beeldende therapie toegepast kunnen worden. In grote lijnen wordt de stand van zaken in het onderzoek in beeldende therapie beschreven. Binnen het kader van dit boek blijft dit een globaal overzicht. Voor meer informatie wordt verwezen naar specifieke onderzoeksliteratuur.

8.1 Praktijkonderzoek

Praktijkonderzoek is veelal gebaseerd op vragen uit de praktijk zelf, waarbij het onderzoeken moet leiden tot praktische kennisvermeerdering, verbetering van handelingswerkwijzen, het ontwikkelen van *good practices*, methodieken enzovoort (Opleidingsprofiel, 2008). Met behulp van onderzoeksmethoden wordt op systematische wijze informatie over het denken, voelen en handelen van cliënt en therapeut in en om het medium verzameld. De beeldend therapeut fungeert zelf als professionele kennisbron. Deze categorie onderzoek is geschikt om kleinschalig uit te voeren. Onderzoek van de praktijk dient ertoe om kennis te verzamelen die de praktijk, het handelen van de professional en de positie van de cliënt kan ondersteunen. Praktijkonderzoek dient ertoe de praktijk te kennen en te verbeteren. Het onderzoek gaat eigenlijk over niets anders dan dit: heel goed kijken, herkennen, benoemen, beschrijven en analyseren wat er gebeurt. Verder gaat het erom dit alles te onderbouwen met informatie die al elders gevonden of ontwikkeld is en die in dit verband verhelderend en bruikbaar is om de stand van zaken verder toe te lichten. Hierbij wordt gebruikgemaakt van methoden uit wetenschappelijk onderzoek.

8.2 Professionaliteit en onderzoek

Waarop baseert de therapeut zijn kennis en inzicht omtrent behandelingssituaties? De drijfveer van de beeldend therapeut is vooral de combinatie van het beeldend werken en het helpen van mensen om hun problemen beter aan te kunnen. De beeldend therapeut wordt enthousiast als hij merkt dat de cliënt vooruitgang boekt, die zichtbaar en voelbaar is in beeldend werk, gedrag en communicatie. Voor collega's in het multidisciplinair team van de beeldend therapeut is gedragsverandering waar te nemen, zo ook voor naaste familie, collega's enzovoort van de cliënt.

Voor de beeldend therapeut vormt de geschoolde intuïtie, het vertrouwen op het eigen gevoel en verstand een belangrijk ingrediënt van de behandeling. Eerdere ervaringen spelen daarin een belangrijke rol.

De eigen beeldende ervaringen zijn van groot belang om het beeldend proces van de cliënt te kunnen begrijpen en te stimuleren. De dialoog tussen de therapeut en de cliënt is een grote bron van inzicht. Daarnaast is het voor een professionele beroepsuitoefening noodzakelijk om het beeldendtherapeutisch handelen praktisch en theoretisch te kunnen verantwoorden en te onderbouwen. In praktisch opzicht 'onderzoekt' de beeldend therapeut zijn professionele handelen met behulp van supervisie, intervisie en het systematisch schrijven van behandelrapportage (zie ook hoofdstuk 9). Het verzamelen, reflecteren, analyseren en systematiseren van observatie en behandelingsgegevens is onderdeel van het dagelijks werk van de beeldend therapeut. In feite berust het schrijven van observatie en behandelrapportage op 'onderzoeksmatige handelingen'.

Ter legitimering maakt de beeldend therapeut gebruik van bestaande kennisbronnen over problematieken, interventiemogelijkheden en behandelmethoden. Dit draagt bij aan een doelgerichter behandeling. In bovenstaand voorbeeld merkte de therapeute dat gerichte bestudering van literatuur verdiepend werkte op de behandeling en op haar eigen professionaliteit. Onderzoek en wetenschappelijke onderbouwing leveren een doelgerichter en beter onderbouwd behandelaanbod op. Daar profiteren cliënten van. De therapeut zal ook beter kunnen aantonen of zelfs voorspellen welke therapeutische methoden voor bepaalde problematieken effectief zijn en wat de resultaten zijn van bepaalde interventies en waar cliënten tevreden over zullen zijn. Het kan voor hen leiden tot betere resultaten, maar ook tot meer inzicht en beter verstaan worden in de behandeling. Veel verschillende vormen van onderzoek lenen zich daarvoor. Een aantal daarvan zullen in dit hoofdstuk de revue passeren.

Theoretische en methodische onderbouwing leidt ook tot versteviging van de (maatschappelijke) positie van de beeldend therapeut. Door middel van onderzoek systematiseert en onderbouwt de professional zijn bevindingen. Hij deelt zijn kennis beter met anderen, waardoor zijn handelen voor anderen transparanter wordt en zijn kennis een grotere mate van objectiviteit bezit.

De overheid, organisaties in de geestelijke gezondheidszorg en hun financiers (zorgverzekeraars) verwachten van werkers in de zorg in toenemende mate een transparant en doelmatig behandelaanbod. Beeldend therapeuten moeten hun bijdrage in het totale behandelaanbod kunnen aantonen en legitimeren. Zij moeten, individueel en als beroepsgroep, hun eigen antwoord kunnen geven op eisen als 'evidence-based' werken.

8.3 'Evidence-based practice'

8.3.1 MAATSCHAPPELIJKE CONTEXT

In de verpleegkunde staat anno 2009 'evidence-based medicine' hoog aangeschreven. Hier worden in toenemende mate belangrijke resultaten geboekt.

> Zo heeft enige tijd geleden een onderzoek aangetoond dat bepaalde manieren van verplegen die vrij algemeen werden toegepast om het zogenoemde 'doorliggen' (decubitus) te voorkomen, er juist voor zorgen dat het doorliggen bevorderd wordt. Als een dergelijk resultaat door wetenschappelijk onderzoek in voldoende mate is aangetoond, komt het erop aan de praktijk te veranderen. 'Evidence-based practice' is: geen oude doorligmatrasjes meer, maar andere aangewezen maatregelen nemen die wel helpen (Keller, 2006). Deze behandelstrategie zal op grote schaal ingang moeten vinden.

De eis om professioneel handelen te baseren op wetenschappelijk aangetoonde resultaten, is in de medische wetenschap in de loop van de jaren tachtig en negentig van de vorige eeuw ontstaan. Deze zogenaamde 'evidence-based medicine', is uitgegroeid tot een algemeen aanvaard kader voor verantwoorde zorgverlening 'evidence-based practice'. In de eerste jaren gold dit streven vooral de medici. In de loop van de tijd breidde deze opvatting over inhoudelijke kwaliteit zich uit naar de paramedische beroepen en de geestelijke gezondheidszorg.

Na de gezondheidszorg kregen ook de niet puur medische zorginstellingen, zoals de jeugdhulpverlening, ouderenzorg en de zorg voor mensen met beperkingen en het onderwijs met verwante vormen van resultaatverantwoording te maken. In alle sectoren is 'evidence-based' handelen van groot belang. Dat geldt ook voor de vaktherapeutische beroepen.

Daarmee is de al langer bestaande wens om wetenschappelijke kennis te verzamelen door middel van onderzoek een noodzaak geworden.

Het Trimbos-instituut heeft, in opdracht van de overheid en zorgverzekeraars, voor de ggz-sector het voortouw genomen bij het ontwikkelen van 'evidence-based' praktijken door klinische richtlijnen te ontwikkelen (zie www.trimbos.nl). Dit zijn systematisch ontwikkelde aanbevelingen die hulpverlener en cliënt ondersteunen bij het nemen van een beslissing over de meest passende zorg in de gegeven omstandigheden (Hutschemaekers, Tiemens & Kalff, 2006). Vanaf 2004 worden ook steeds meer stoornissen in de 'geestelijke gezondheidszorg' en 'gedragsstoornissen' in deze richtlijnen beschreven (www.cbo.nl) Aan deze multidisciplinaire richtlijnontwikkeling wordt ook door beeldend therapeuten meegewerkt die gespecialiseerd zijn in een specifieke doelgroep waar de betreffende richtlijn voor bedoeld is. Verwijzing naar beeldende therapie wordt, waar richtlijnen opgesteld zijn, ook in toenemende mate op deze richtlijnen gebaseerd. Klinische richtlijnen zijn inmiddels zo belangrijk geworden, dat het gezondheidszorgstelsel langs deze lijnen ook wel wordt beoordeeld en gefinancierd.

Naast de ontwikkeling van op aantoonbare wetenschappelijke resultaten gebaseerde praktijken ('evidence-based practice') speelt steeds de kostenbeheersing en de organisatorische beheersbaarheid een rol. In dit in vele opzichten kostbare krachtenveld wensen overheid, subsidieverstrekkers en management enige greep te hebben of krijgen op de inhoud van de professionele praktijk. De discussie is in volle gang over wenselijkheid en haalbaarheid van de ontwikkeling in deze vorm. Inmiddels heeft men gemerkt dat te sterke nadruk op effectiviteit en doelmatigheid ook een keerzijde heeft. Een groot aantal lichamelijke ziektes is gemakkelijker eenduidig te verklaren dan psychische stoornissen. Wanneer geestelijke gezondheid en menselijk geluk aan de orde zijn, kan een sterk op effectiviteit gerichte werkwijze aanzienlijke nadelen hebben. Methoden van onderzoek kunnen een te sterke eenzijdigheid met zich meebrengen. Mede op grond van discussies hierover is het concept van 'practice-based evidence' ontwikkeld. Op de inhoudelijke argumenten en de nuanceringen zullen wij later in dit hoofdstuk nader ingaan.

8.3.2 WAT IS 'EVIDENCE-BASED PRACTICE'?

'Evidence-based practice' is ontwikkeld als een concept voor handelen dat gebaseerd is op kennis uit bewezen effectieve interventies, methoden en werkwijzen. Aan het streven naar 'evidence-based' handelen ligt de veronderstelling ten grondslag dat handelen causaal verklaarbaar is, dus als relaties tussen een oorzaak en een gevolg, en dat resultaten van handelen goed meetbaar zijn. In 'evidence-based practice' heeft kennis zo veel mogelijk een algemeen geldig niveau. In die zin is deze vorm van wetenschappelijke evidentie een kennisbron die grotendeels 'lineair' is, dus steeds toeneemt. De verwachting is dat meer empirisch onderzoek leidt tot meer kennis die de praktijk rationeler en doelmatiger kan maken. Rationeel handelen, op wetenschappelijke resultaten gebaseerd, houdt rekening met deze kennis die geformuleerd is in bewezen algemene verbanden van oorzaak en gevolg.

In het kader van beeldende therapie gaat het bijvoorbeeld om de relatie tussen een stoornis en een behandelaanbod. Of tussen de keuze voor een bepaalde methode en het te verwachten resultaat. Waar belangrijke resultaten aangetoond en bekend zijn, daar moeten deze ook zeker een rol spelen in het professionele handelen. Naarmate de stand van de wetenschap verder gaat, mag steeds nieuwe kennis als bekend verondersteld worden. De multidisciplinaire richtlijnontwikkeling is een voorbeeld van de toepassing van empirisch-wetenschappelijke kennis in 'evidence-based practice'.

Ontsluiten van kennis ten aanzien van het beeldend medium is geen eenvoudige zaak. Voor het 'kennen' van de vaktherapeutische media in het algemeen is hersenonderzoek van groot belang. De toegenomen kennis op het gebied van neurobiologie en neuropsychologie is een kennisbron die in een aantal opzichten de wetenschappelijke evidentie een stevigere basis geeft en die ook een aantal klassieke theoretische aannames kritisch onder de loep neemt.

De ontwikkeling van de algemeen geldige kennis zoals die is opgenomen in de 'Diagnostic Statistic Manual, was en is ook een zoektocht in de complexe werkelijkheid van de psychische stoornissen. De steeds terugkerende wetenschappelijke discussies over en veranderingen in het DSM-classificatiesysteem, geven inzicht in de stand van zaken en in de moeilijkheidsgraad van het geldig en betrouwbaar maken van deze kennis.

Grootschalig empirisch onderzoek wordt wereldwijd weinig uitgevoerd op het gebied van beeldende therapie. Het DDS-onderzoek (Diagnostic Drawing System; zie ook hoofdstuk 5 en de website) is hiervan een voorbeeld. Het onderzoek heeft als doel bijvoorbeeld om met de combinatie van de DSM-IV en beeldend werk doelgroepen te kunnen diagnosticeren.

'Evidence-based practice' is dus professioneel handelen op basis van wetenschappelijk vastgestelde werkzame factoren. Dat is meer dan het inzetten van kennis omtrent causale relaties en aangetoonde effecten. In verschillende beroepsgroepen, zoals medici en paramedici, is onderkend dat het gaat om een drietal zaken die onlosmakelijk met elkaar in evenwicht dienen te zijn:

1 De actuele wetenschappelijke kennis.

2 De cliënt die zelf op basis van zijn hulpvraag zijn eigen behandelingsproces 'beheert' (Sackett e.a., 1996; Kuiper, 2004; Kalf & De Beer, 2004; Smeijsters, 2005). Steeds meer wordt expliciet erkend dat de cliënt met zijn ervaringskennis, zijn mogelijkheden en zijn waardeoriëntatie zelf probleemeigenaar moet blijven. Dit wil zeggen dat in de therapie de cliënt conform zijn eigen wensen en behoeften keuzevrijheid heeft en sturing houdt op zijn eigen leven, zijn ziekteproces en zijn behandeling. In 'evidence-based practice' dienen deze 'cliëntfactoren' betrokken te worden.

3 De professional, de beeldend therapeut dus, is de derde factor in 'evidence-based practice'. Hier gaat het om het al eerder genoemde persoonlijke professionele inzicht gebaseerd op de kennis en ervaring van de therapeut zelf. Kennis van professionals bestaat niet alleen uit het bijhouden van de laatste stand van zaken in de wetenschap. Het maken en uitvoeren van een behandelplan omvat ook het analyseren en reflecteren van de totale therapiesituatie en het op systematische wijze tot conclusies komen omtrent de behandeling. Het voortouw kunnen nemen in de wijze van contactlegging, voorlichting geven op een bij de cliënt aansluitende wijze over de mogelijkheden van het medium en de behandeling, het bepalen van de noodzakelijke stappen, het is allemaal onderdeel van de 'evidence-based' praktijk.

Echter, door deze drie kennisfactoren onlosmakelijk met elkaar te verbinden, blijkt wel dat de praktijk niet een volledig rationeel gebeuren is. De laatstgenoemde factor, de kennis van professionals, is in de laatste decennia steeds meer in de belangstelling gekomen (Polanyi, 1967; Smeijsters, 2008; Smeijsters, 2005; Kranz, 2006). Vanaf het moment dat de professional gezien werd als een centrale kennisbron kon kritiek op een te eenzijdige opvatting van 'evidence-based practice' niet uitblijven. Dit alles heeft in belangrijke mate bijgedragen aan de ontwikkeling van het concept 'practice-based evidence'. In Nederland is de kritiek vanuit de positie van de professional onder meer te vinden bij Kwakman (2003), Van der Laan (1996, 2007), Kunneman (2003) en Smeijsters (2005). Ook Hutschemaekers, Tiemens en Kalff (2006) zetten vraagtekens bij de toepassing van 'gestandaardiseerde professionaliteit', die voor 'evidence-based practice' benodigd is. Een op algemeen geldige wetenschappelijke evidentie gebaseerd behandelaanbod zou in theorie beter toetsbaar moeten zijn. In praktijk dreigt uitholling van de kwaliteit van de hulpverlening, vooral ten aanzien van zaken die niet zo gemakkelijk vast te stellen zijn, maar toch een werkzaam bestanddeel van de therapie vormen.

8.4 'Practice-based evidence'

> Eva, beeldend therapeut in een 'cluster vier'school, heeft in haar werk veel kennis opgedaan over ontwikkelingsstoornissen in combinatie met andere gedragsproblemen. De kinderen die bij haar in therapie komen zijn veelal op meer stoornissen tegelijk gediagnosticeerd. Eva weet wat dat betekent. Zij heeft de problematieken bestudeerd door erover te lezen. Ook heeft zij klassenobservaties meegemaakt en intervisie. Zij heeft ervaring opgedaan met veel verschillende kinderen. De reden waarom kinderen aangemeld worden voor beeldende therapie heeft vaak te maken met de 'structuur van het medium' en de hoop van leerkrachten of ouders dat het kind 'rustiger','zelfverzekerder' en 'beter geconcentreerd' zal worden. De kinderen zelf vinden het vaak leuk om extra aandacht te krijgen en leuke dingen te doen. Steven, een jongen van 10 jaar, heeft hoge verwachtingen als hij voor het eerst naar therapie komt. Maar Eva heeft de ervaring dat hoge verwachtingen niet alleen maar tot een goed resultaat leiden. Juist dan is 'mislukken' en een 'kinderachtig' gevoel een voortdurende dreiging voor een geslaagde mediumconfrontatie. Eva wil de eerste zittingen van de therapie dit spanningsveld zo aanpakken dat een stevige basis ontstaat om aan de slag te kunnen en een stap verder te komen ondanks de stoornis. Haar interventie is gericht op het zoeken naar en aanbieden van de meest passende beeldende materialen en werkvormen voor Steven.
>
> Interessant is enerzijds om te weten wat er bekend is over de stoornissen, de kansen voor ontwikkeling en algemeen methodische uitgangspunten die daarbij aansluiten. Interessant is echter ook om van een ervaren therapeut als Eva precies te horen wat zij in haar mediumaanbod allemaal voelt, denkt, doet en nalaat om met Steven uit het dilemma te komen. En wat doen andere beeldend therapeuten in dergelijke omstandigheden? Is dat bij kinderen met vergelijkbare problemen steeds hetzelfde of levert elke combinatie van cliënt, therapeut en context een andere mediuminterventie op?

In 'practice-based evidence', speelt de reconstructie van de werkzame bestanddelen in het handelen van effectieve praktijkwerkers de hoofdrol (Van der Laan, 2003). Nadruk ligt niet op 'algemene' maar op 'contextuele' kennis. De professional zelf in zijn werkcontext is hier de centrale bron van kennis voor de beroepspraktijk. Onderzoek dient de waarde van de professie zo dicht mogelijk bij de praktijk te beschrijven.

Hier gaat het niet om zo algemeen mogelijke kennis, maar juist om bijzondere kennis die de praktijk 'dicht op de huid' zit, of zelfs 'onderhuids' aanwezig is. In 'practice-based evidence' ontstaat de 'evidence' in de dialoog tussen déze cliënt en déze therapeut in déze context. Deze kennis is niet lineair, maar circulair. De terugkoppeling die steeds plaatsvindt in de relatie tussen cliënt, medium en therapeut, staat centraal. En zo wordt deze kennis steeds opnieuw geproduceerd, steeds in een bepaalde context, steeds een beetje anders dan de vorige keer dat er een soortgelijke situatie was. De therapeut 'leert' steeds heel veel op grond van zijn ervaringen (Van der Laan, 1996). In die zin spreekt Smeijsters (2005) van vaktherapie als lerend beroep.

> In het voorbeeld van Eva en Steven speelt de kennis die Eva eerder heeft opgedaan een rol in de wijze waarop zij de situatie materieel en relationeel voorstructureert, in de beslissingen die zij neemt tijdens het proces en de wijze waarop zij de situatie als geheel beoordeelt. Sommige dingen beredeneert zij expliciet, andere blijven intuïtief of onbewust, maar bepalen wel het handelen.

8.4.1 ONDERZOEK NAAR INTERVENTIES VAN DE PROFESSIONAL

Onderzoek naar de therapeut als een centrale bron van kennis in het professionele handelen, zoekt niet alleen naar 'manifeste' kennis, direct zichtbaar en reproduceerbaar en bijvoorbeeld vastgelegd in een artikel of boek. Het zoekt naar alles dat in de ervaring is opgeslagen en een rol speelt in het handelen, maar dat vaak pas bij doorvragen of nauwkeurig observeren met behulp van een filmopname wordt geformuleerd en geëxpliciteerd. De persoonlijke betrokkenheid van de beeldend therapeut op de cliënt en het vormgevingsproces is onderdeel van de professionele attitude. Om de interventies af te kunnen stemmen is het nodig om zo nauwkeurig mogelijk waar te nemen wat er belangrijk is voor de cliënt. De kracht van beeldend therapeuten ligt op het terrein van het werken met cliënten in het medium. Dit maakt zelfreflectie voor de beeldend therapeut tot een noodzakelijk instrument voor zelfonderzoek. Het professioneel handelen krijgt vorm door middel van de geschoolde intuïtie en door bewuste kennis van verschijningsvormen van problematieken. Veel beeldend therapeuten leveren kwaliteit door middel van een 'innerlijk weten' of 'stilzwijgende kennis' dat ze op de goede weg zitten. 'Tacit knowledge', stilzwijgende, ontastbare kennis, is het concept dat hier veel gebruikt wordt en voor het eerst beschreven werd door Polanyi (1967). Het onderzoek naar interventies is moeilijk te objectiveren. De betrokkenheid van de therapeut is er onlosmakelijk mee verbonden. Kranz (2006) heeft die interventies in (onder andere) beeldende therapie beschreven met behulp van video-opnames. Ze heeft de therapeuten zelf laten kijken naar de opnames en de interventies laten beschrijven. Deze methode wordt wel 'video stimulated recall' genoemd. Meer onderzoek op dit gebied kan veel bijdragen aan explicitering van het beeldendtherapeutisch handelen.

> In het voorbeeld van Eva en Steven is sprake van minstens twee soorten kennis, de geabstraheerde en de contextuele, persoonlijke professionele kennis. Eva kan niet zonder de abstracte kennisbron. Zij heeft die ontwikkeld en is in staat om veel van deze geabstraheerde kennis 'toe te passen' in haar therapieën. Maar Eva weet ook dat deze kennisbron niet volstaat. Abstractie bant bijzonderheden uit en zoekt verklaringen. Eva weet iets meer over de achtergrond van het probleem en over hoe de stoornis zich kan manifesteren. Maar pas als ze Steven zelf ziet, ziet ze wat dit voor Steven betekent. Zij weet dat ze in het medium 'structuur kan bieden', maar zij weet ook dat het er elke keer net weer anders uitziet. Bij het ene kind betekent dit alle kasten op slot en maar één soort materiaal op tafel. Een ander kind kan zich door een enkele mogelijkheid juist ook heel beklemd voelen en veel meer plezier en eigenheid beleven aan het maken van een keuze uit een overzichtelijk maar gevarieerd aanbod. En een volgende keer is de beste structuur toch om eerst te verkennen hoe de hele ruimte en de materiaalkast in elkaar zitten en dan pas een duidelijke keuze te maken.

De praktijk zit vol van deze bijzonderheden. De beeldende therapie bevat door haar mediuminterventies buitengewoon veel verrassingen en mogelijkheden voor vormgeving. Sommige daarvan zijn manifest en verklaarbaar te maken, maar juist de verrassingen die in het werk naar boven komen zijn een belangrijk bestanddeel van de werkzaamheid van de beeldende therapie.

> Eva weet dat een complexe stoornis veel niet-voorspelbaar gedrag met zich mee brengt. Juist haar verschillende ervaringen hebben haar geholpen om zich daarop goed te kunnen voorbereiden en vooral om er 'open' voor te staan.

Uitgangspunt in het onderzoek naar 'practice-based evidence' is de uniciteit en contextgebondenheid in het samenspel van cliënt en professional en medium. In de interactie tussen therapeut en cliënt ontstaat een hulpverleningsrelatie. De beeldend therapeut stimuleert de cliënt om ervaringen door te maken waarin het voelen, denken en handelen kunnen worden verstevigd of heroverwogen en herzien. (H)erkenning door de therapeut van de persoon en van de individuele beeld/vormtaal van de cliënt is daarbij van groot belang. Door zijn professionele kennis kan de therapeut zodanig interveniëren dat het beeldend proces voor de cliënt een eigen behandelingstraject inhoudt. De gegevens van de beeldendetherapiesituatie zijn dus gebonden aan de unieke relatie tussen hulpverlener en cliënt en vormgevingsprocessen. Dat heeft gevolgen voor het onderzoeksmatig, systematisch beschrijven en analyseren van de behandelvorm.
Tijdens het verloop van de beeldende therapie treedt kennis en inzicht door 'te doen en te laten' naar voren en alleen in de context van deze therapie van deze cliënt(en) blijkt de beeldend therapeut 'weet te hebben' van veel zaken, op een unieke manier. Door te handelen wordt deze kennis zichtbaar. Via reflectief bevragen is een deel van deze kennis manifest te maken. Onderzoek door professionals is veelal daarop gericht. Dit leidt tot een praktische en contextgebonden vorm van wetenschap. Van der Laan (2003) heeft de 'reconstructie' van werkzame bestanddelen in het handelen van effectieve praktijkwerkers beschreven als 'practice-based evidence'. Smeijsters (2005) beschrijft in dit verband het therapeutisch proces als bron voor impliciete kennis. Het leerproces bestaat eruit dat er voordurend in alle fasen enerzijds geïnternaliseerd en anderzijds geëxpliciteerd wordt door de therapeut.
Veelal wordt in dit verband gewezen op drie belangrijke resultaten van deze manier van kenniscreatie:
1 verbeteren en veranderen van de bestaande praktijk;
2 ontwikkelen van gemeenschappelijke kwaliteit ten aanzien van de praktijken ('consensus-based best practices');
3 een meer gedeeld idee over de professie.

Smeijsters (2008b) adviseert te beginnen met het expliciet maken en uitwisselen van 'tacit knowledge'. Vervolgens raadt hij aan om samen te werken in een kennisnetwerk van collega-therapeuten in hetzelfde medium. Op basis van de op deze manier ontwikkelde meer expliciete kennis kunnen vervolgens praktijken verder ontwikkeld worden, ze kunnen getoetst worden aan theorie en onderzoek. En zo kunnen nieuwe 'best practices' ontwikkeld en toegepast worden.

> Voor Eva zou dit kunnen betekenen dat zij, samen met andere beeldend therapeuten die in onderwijs, ggz of Jeugdzorg werken met jongeren met complexe ontwikkelingsstoornissen, opgedane kennisaspecten gaat verzamelen en toegankelijk maken voor derden. Door deze uitwisseling zouden zij een begin kunnen maken met het starten van een 'kennisnetwerk'. De explicitering zou zich kunnen richten op werkzame mediumkeuzes, beeldende werkvormen, methodische keuzes, relationele of houdingsaspecten enzovoort. Een handelingsinstrument of strategie kan daarvan het gevolg zijn.

8.4.2 DE CLIËNT ALS ERVARINGSDESKUNDIGE

In praktijkonderzoek is de ervaringskennis van de cliënt een potentiële en in toenemende mate sterk gewaardeerde kennisbron. Dit type onderzoek gaat ervan uit dat mensen hun eigen verhaal hebben, hun eigen visie op ziekte en ongemak of ongeluk. Cliënten die al langere tijd problemen hebben, ziek zijn, en die al meerdere malen met de hulpverlening in aanraking zijn geweest, hebben ook hun eigen hulpverleningsgeschiedenis waarover zij een eigen gevoel en mening en eigen wijsheid hebben ontwikkeld. Zij hebben vaak gedachten en wensen over de wijze waarop zij geholpen zouden kunnen en willen worden en met welk resultaat. Tijdens een crisis zijn cliënten vaak voor korte of langere tijd de sturing op hun leven behoorlijk kwijt. Zodra de crisis voorbij is, willen zij echter graag weer zelf sturing op het leven hebben. Dit geldt ook als dit proces ondersteund moet worden door anderen. In algemene zin willen cliënten meestal in samenspraak met anderen, familie, artsen, therapeuten, verzekeraars, vrijwilligers, zelf hun eigen herstelproces vormgeven. De kennis die cliënten van zichzelf hebben, of die familieleden van hun kinderen, ouders, broer of zus als cliënt hebben, wordt wel ervaringsdeskundigheid genoemd.

> Een simpel voorbeeld van zo'n onderzoek zou kunnen zijn de
> vraag op welke gronden (opvattingen, waarden, gevoelens,
> enzovoort) cliënten of cliëntsystemen kiezen voor beeldende
> therapie. Een wat zou de uitkomst zijn van een onderzoek naar de
> betekenisvolle momenten in de therapie (momenten van flow,
> verandering, omkering enzovoort), waarbij de waarneming van
> de therapeut vergeleken wordt met de door de cliënt als zodanig
> ervaren momenten? Het nut van dergelijke onderzoeken, die
> dicht in de buurt komen bij onderwerpen waarover therapeuten
> en cliënten individueel zeker ook uitwisselen, is zeker in te zien.

De cliënt als kennisbron zou een aansprekend onderwerp kunnen zijn voor vaktherapeuten. In wezen draait de hele therapie om de ervaringsdeskundigheid en de ontwikkelbereidheid van cliënten. Zij drukken die uit in hun beeldende werk en zo worden zij in de beeldende therapie volkomen serieus genomen. Meer nog kan dit ook als onderwerp van onderzoek onderkend worden. Overwegingen en onderzoeksmatige werkwijzen zijn onder meer te vinden bij Abma en Widdershoven (2006) en Maso (2008).

In de werkveldsectoren waar beeldend therapeuten werken wordt het erkennen en inzetten van ervaringskennis de laatste jaren een steeds groter belang toegekend. De cliënt blijft probleemeigenaar (Hutschemaekers, Tiemens & Kalff, 2006) en de handelwijze die aansluit bij deze opvatting is responsief, vraaggericht en dialogisch. In dit verband is ook de term 'disability studies' van belang zoals die gehanteerd wordt onder andere bij ZonMw. Hier gaat het met name om de biografieën en herstelprocessen van mensen met chronische of langdurige problemen, stoornissen en beperkingen. Een beeldend therapeut zou hier onderzoek en therapie hand in hand kunnen laten gaan en door een gerichte methodisch verantwoorde inzet in het medium een bijzondere factor toevoegen.

8.5 De beeldend therapeut en niveaus van kennis

'Evidence-based practice' en 'practice-based evidence' staan niet lijnrecht tegenover elkaar. Ze vormen in de beroepspraktijk twee kanten van de medaille. Toch wordt kennis vaak pas 'wetenschappelijk' genoemd als het om het meest algemene kennisniveau gaat, los van de context en vergaard volgens zeer specifieke standaards. Professionals in de praktijk worden om juiste kwaliteit te leveren geacht deze kennis toe te passen. Smeijsters (2008) beschrijft deze kennis in een onlangs verschenen artikel als als 'top-down'kennis. Deze kennistoepassing is zeer belangrijk, maar vaak merken professionals ook dat de toepassing maar ten dele lukt. Ze komen er niet mee uit en ervaren een 'kloof' tussen wetenschappelijke inzichten, zoals algemene verbanden en complexe theorieën, en hun eigen dagelijkse handelen. In beeldende therapie als beroepspraktijk speelt mee dat er nog weinig experimenteel onderzoek is gepubliceerd waaruit kennis op een sterk algemeen niveau is voortgekomen. Een blik op www.cochrane.nl geeft daar snel een beeld van. Daarbij blijken beslissingen in de praktijk mede op praktisch ethische gronden genomen te worden.

Beeldend therapeuten staan reflectief in hun werk en vinden het leren van ervaringen heel belangrijk. Vaak wordt echter de uitkomst van deze reflecties niet als 'kennis' gezien, maar als 'inzicht'. Kennis wordt dikwijls gezien als iets dat 'gestold' is en het beeldend therapeutisch werk een te sterk rationeel-cognitieve lading zou gaan geven. En wat de therapeut zeker ook wil is een 'open' houding ontwikkelen, waarin bij de therapeut intuïtie, authenticiteit, flexibiliteit op de voorgrond staan. 'Practice-based evidence' legt de contextueel wetenschappelijke basis voor het expliciteren en systematiseren van dit type 'bottom up' professionele kennis.

En zo is in de laatste jaren steeds meer het besef ontstaan dat de verschillende vormen van kennis en inzicht veel meer met elkaar te maken hebben dan wel eens gedacht werd. Juist 'natuurwetenschappelijk' onderzoek bevestigt het belang van intuïtie en gevoeligheid door de processen die daaraan ten grondslag liggen beter te begrijpen en in kaart te brengen. In eerdere hoofdstukken is dit besproken. Van Yperen en Veerman (2007) en Smeijsters (2008) laten zien dat er een tweeledige verbinding kan zijn: de 'top-down'kennis kan in de toepassing op deductieve wijze worden verfijnd en aan de specifieke context aangepast. De 'bottom-up'kennis kan door verdere systematisering op inductieve wijze deel gaan uitmaken van een meer algemeen kennisbestand. De vele inzichten van bovengenoemde Eva en haar collega's kunnen door henzelf of in samenwerking met een praktijkonderzoeker zodanig geëxpliceerd worden dat inzichtelijk beschreven kennis ontstaat, die het methodische en het wetenschappelijk handelen kan versterken.

Een voorbeeld daarvan is te vinden bij Van Yperen en Veerman (2007), zij onderscheiden een viertal niveaus van kennisontwikkeling. Voor de beeldende therapie zou dat tot een kennisontwikkelingscyclus in vier fasen kunnen leiden:

1 expliciet maken van de ervaringskennis;

2 ontwikkelen van interventietheorieën;
3 toetsen of interventiedoelen behaald worden;
4 experimenteel vaststellen van effectiviteit.

Een kritische aantekening is hier ten slotte echter op zijn plaats. Bij deze cyclus bestaat het gevaar dat toch alleen kennis van de derde of vierde fase gezien wordt als 'ware' kennis. De verzuchting 'experimentele kennis is net de olie in de slasaus; ze komt altijd weer bovendrijven' (Van Houten, 2006) is hier op haar plek. Algemene kennis en contextuele professionele kennis staan in relatie tot elkaar, maar het zijn ook twee verschillende typen kennis, ieder met een eigen bereik en een eigen waarde in zichzelf.

8.6 Onderzoeksbenaderingen

In het onderzoek naar beeldende therapie zijn er verschillende onderzoeksbenaderingen mogelijk die elk met specifieke methoden en technieken werken. In het volgende gedeelte wordt een overzicht gegeven.

Onderzoeksparadigma's

Een onderzoeksparadigma (onder andere Kuhn, 1962) is een onderling samenhangend stelsel van modellen, theorieën en methoden om de werkelijkheid, in casu de beeldendtherapeutische praktijk, mee te benaderen, te beschrijven, te analyseren en/of te verklaren.

Deze samenhang in benadering leidt ertoe dat op een bepaalde manier naar de werkelijkheid gekeken wordt en dat de beschrijving, analyse of verklaring daarbij aansluit. Bepaalde begrippen, methoden en handelingen passen vanzelfsprekend in dit kader. Andere mogelijkheden en manieren vallen er haast vanzelfsprekend buiten. Paradigma is een veelgebruikte term. Voor het onderzoek in beeldende therapie is deze term van belang, omdat er verschillende paradigmatische opvattingen bestaan die tot andere veronderstellingen, vragen, onderzoeksmethoden en uitkomsten kunnen leiden.

Veel beeldend therapeuten zijn lange tijd 'opgevoed' met het onderscheid tussen 'begrijpen' en 'verklaren'. In deze tweedeling is een paradigmatische tegenstelling te herkennen tussen twee *wetenschapsfilosofische* opvattingen, de natuurwetenschappelijke en geesteswetenschappelijke benadering. Natuurwetenschap richt zich op de natuur als object van onderzoek. Op de wetmatigheden van de natuur gebaseerde verbanden worden onderzocht, ook om het leven, werken en spelen van mensen te kunnen verklaren. De geesteswetenschappen vormden een reactie op deze benadering, omdat de mens te zeer als mechanistisch of biologisch gezien zou worden. Geesteswetenschap hield zich bezig met het begrijpen van de menselijke geest en de producten die door die geest tot stand waren gekomen. De kunsten vormden daarvan een belangrijk onderdeel. Het is niet moeilijk om in te zien dat het beeldende medium volstrekt anders ingeschat wordt vanuit een natuurwetenschappelijke blik of vanuit een geesteswetenschappelijke blik. Toch heeft de therapeut met beide te maken.

Een tweede paradigmatische tegenstelling is het onderscheid tussen de empirisch-analytische en fenomenologisch-hermeneutische wetenschapsopvatting is. Hier gaat het over visie op de methode die gebruikt wordt om kennis te verzamelen. 'Empirisch-analytisch' wil zeggen dat aan bepaalde strenge voorwaarden voldaan moet zijn om van een echte relatie tussen de bestaande werkelijkheid en de onderzochte 'objectieve' feiten te kunnen spreken. Maar al te gauw wordt een beeld vertekend door veronderstellingen van de onderzoeker, door belangen van anderen, doordat er niet goed genoeg gekeken is waardoor een scheef beeld is ontstaan enzovoort. De wetenschappelijke methode kent een aantal gedragsregels voor onderzoek. Op dit moment is de meest kernachtige verwoording daarvan een onderzoeksclassificatie volgens een vijfsterrensysteem, dat als meetlat voor onderzoeksmethoden geldt. Effectonderzoek dat aan de hoogste standaarden voldoet, de zogenaamde 'randomized controlled trial', is in de geestelijke gezondheidszorg en jeugdzorg momenteel van groot belang. Medicijnen, behandelingen, interventiemethoden worden hierop beoordeeld. Publicaties zijn erop gericht te laten zie in hoeverre aan deze methodologische voorwaarden werd voldaan (zie www.cochrane.nl). Voor dit onderzoek is een bepaalde omvang van de onderzoeksgroep nodig, moet een interventie heel duidelijk omschreven zijn en steeds op eenzelfde manier worden toegepast, is een controlegroep ter vergelijking belangrijk. Het is voor vaktherapie heel moeilijk om aan de hoogste normen te voldoen, maar momenteel zijn er ook in Nederland toch enkele therapeut-onderzoekers bezig met experimenteel onderzoek dat dit streven in zich heeft.

Niet alleen voor vaktherapeuten is dit moeilijk. Het is voor de mens heel moeilijk om zichzelf zo tot onderzoeksobject te maken en naar objectieve kennis te streven. Sceptici zeggen dat dit alleen maar lukt op heel kleine onderdeeltjes en dan vaak toch nog heel voorlopig. Voorstanders van een brede wetenschapsopvatting wijzen op het voordeel van meer onderzoeksmethoden naast elkaar (Tromp, 2004). Ook vanuit de fenomenologie en de hermeneutiek wordt deze onderzoeksmethode en haar uitkomsten bekritiseerd. Het verwijt is dat deze kennis de mens en de werkelijkheid reduceert tot wat bewijsbaar is. Zo laten de mens, en de sociaalculturele werkelijkheid, en vanzelfsprekend ook de menselijke uitingsvormen zich niet ten volle begrijpen. Fenomenologen en hermeneuten hebben onderzoeksmethoden ontwikkeld die juist het (inter)subjectieve een ruime plaats geven. Ook deze methoden zijn 'empirisch', maar de werkelijkheid, de fenomenen, de ervaringen of de verhalen (narratieven), worden langs andere wegen benaderd. Door verschijnselen te doorgronden, kan de fenomenoloog iets van hun aard ontsluieren. Door de mens op hermeneutische wijze in al zijn facetten te begrijpen en te erkennen valt de 'ervaringshorizon' van de ene mens even samen met die van de ander. Een (moreel) narratieve benadering is in de veelkleurige, veelvormige samenleving ook een werkzaam bestanddeel om het kennen te ondersteunen en te waarderen. Doordat de mens de kans heeft zijn verhaal te beleven en te beschrijven in beelden, woorden, klanken en geuren, maakt hij zich 'kenbaar' en kan hij zich tevens ontwikkelen of veranderen. 'Narratieve kennis' heeft grote verwantschap met vooral de hermeneutische kennis. Echter, de nadruk ligt hier op de waarde die cliënten zelf toekennen aan hun leven en aan de gebeurtenissen die daarin plaatshebben. De kennis richt zich op de 'emotionele en cognitieve schema's' of 'sociale constructies' die mensen zelf hanteren om de wereld en zichzelf te interpreteren (Maso e.a., 2004).

Een derde paradigmatische tegenstelling die hierbij aansluit is het onderscheid tussen positivistische en constructivistische type kennis over de werkelijkheid. Een positivistische opvatting van kennis ziet een direct verband tussen de werkelijkheid en de vorm waarin wij die kennen. Een positivistisch 'feit' wordt beschouwd als een directe en ware afspiegeling van een stukje van de werkelijkheid. Een depressie bezit een aantal kenmerken die overeenkomen met wat depressieve mensen denken, voelen en doen. Een sociaalconstructivist gaat helemaal niet van zo'n directe relatie uit. Een depressie is iets dat we bedacht hebben om de werkelijkheid te kunnen snappen en te beschrijven. Het is niet letterlijk zo; wij denken dat het zinvol is om het idee te hebben dat het zo in elkaar zal zitten. We hebben die werkelijkheid geconstrueerd, in taal, in beelden, in geuren en kleuren enzovoort. Een geschoold beeldend therapeut is eigenlijk wel vertrouwd met dit onderscheid.

Theorieën over 'visuele waarneming' en 'informatieverwerking' gaan in het vak van de beeldend therapeut al van oudsher over het vormen van beelden en van evenwicht. Waarnemingselementen beïnvloeden elkaar en ook de werking van de hersenen speelt een rol in de visuele beelden. Waar vroeger (psychologische) experimenten werden uitgevoerd, daar bevestigt neurologisch onderzoek steeds meer het 'constructivistische' element in de waarneming, in kennis. Toch nemen we gemakshalve maar aan dat resultaten uit hersenonderzoek de complexe werkelijkheid in die hersenpan steeds beter benaderen. Een positivistische instelling maakt 'ons kennen' graag gemakkelijk, ook al beseffen we dat veel kennis voorlopig is en verbeterd zal worden. Het denken in paradigma's helpt ons om te beseffen dat werkelijkheid door verschillende mensen op veel verschillende manieren begrepen, geordend, benoemd en geleefd kan worden. In het overleggen met elkaar als beeldend therapeuten of vaktherapeuten, in het multidisciplinaire samenspel, op landelijke of internationale congressen, in het presenteren en profileren van het beroep in alle opzichten, daar spelen dit soort verschillen op de achtergrond een rol. In elk psychopathologie- of klinisch psychologieboek wordt van deze onderscheiden gewag gemaakt, bijvoorbeeld bij het onderscheiden van therapeutische benaderingen. In de verschillende basisopvattingen zoals beeldend therapeuten die in Nederland en over de wereld hebben, zijn dergelijke verschillen terug te zien. De sociale werkelijkheid is er vol van; zo ook de beeldende therapie.

8.7 Een onderzoek ontwerpen in de praktijk

Een beeldend therapeut die zelf een praktijkonderzoek wil opzetten, bepaalt in de eerste plaats een onderwerp uitgewerkt als een probleem. De vraagstelling voor het onderzoek komt daar direct uit voort en perkt het onderwerp in tot een te onderzoeken onderzoeksvraag. De beslissingen die daarna genomen dienen te worden hebben betrekking op de methode en het type van onderzoek. Ten slotte wordt alles uitgewerkt in een onderzoeksontwerp of onderzoeksdesign.

8.7.1 KWALITATIEF EN KWANTITATIEF ONDERZOEK

De onderzoeksmethode gaat over de aard en intensiteit van een onderzoek. In grote trekken valt dit onderscheid uiteen in kwalitatief en kwantitatief onderzoek. In het onderscheid tussen kwalitatief en kwantitatief onderzoek speelt de kwestie van de hoeveelheid aan informanten of proefpersonen die wordt onderzocht. Daaruit vloeit de wijze voort waarop de resultaten zullen worden gewogen.

> Stel dat er geconstateerd wordt dat 'het woorden geven aan beeldend werk door de cliënt' een veelvoorkomend probleem is.

> Stel dat iemand over dit probleem meer kennis zou willen verzamelen. Hoe kan dat het best aangepakt worden en wat moet het resultaat zijn van dat onderzoek?

> a Wil de onderzoeker weten wat dat 'woorden geven aan beeldend werk door de cliënt' eigenlijk inhoudt, of wil hij weten hoe een therapeut daar interventies op kan ontwikkelen ter bevordering, of nog iets anders? En welke betekenis heeft 'woorden geven aan beeldend werk door de cliënt' volgens de beeldend therapeuten in het kader van een therapie? Wat betekent het voor de cliënt? Moet het bevorderd worden of is de ervaring zonder de woorden belangrijker? Of moet het juist onderdeel van de therapie worden? En wanneer is dat laatste dan eventueel het geval? Willen beeldend therapeuten hun inzichten met elkaar delen? Hebben zij nieuwe competenties of vaardigheden nodig om met dit 'probleem' om te gaan?
> b Wil de onderzoeker weten hoe vaak het probleem 'woorden geven aan beeldend werk door de cliënt' voorkomt tijdens de beeldende therapie en op welke momenten in de behandeling? Komt het iedere zitting voor of alleen tijdens een specifieke behandelfase of gekoppeld aan een specifieke beeldende opdracht? Als dat zo is, hoe vaak komt dat dan voor? En is het een probleem voor de therapeut of ook voor de cliënt?

Het type vragen onder a) zijn typisch vragen voor een kwalitatief onderzoek. Door dit te onderzoeken, krijgt men een beter zicht op de inhoud die aan woorden geven aan beeldend werk door de cliënt wordt toegekend. Ook is zo te zien hoe de therapeuten dit betekenis geven en hoe zij hun doen en laten daarop afstemmen. Het type vragen onder b) bevat voorbeelden van een kwantitatieve benadering van het woorden geven aan beeldend werk tijdens de therapie. Het gaat in kwalitatief onderzoek over hoeveel en hoe vaak, over toename en afname van het aantal keren. Het zegt niets over wat het precies is en ook niet over waarom het er is of hoe te handelen ten aanzien van 'woorden geven aan beeldend werk door de cliënt'. Om dit onderzoek uit te kunnen voeren, mag er geen misverstand zijn over wat precies onder 'woorden geven aan beeldend werk door de cliënt' wordt verstaan en welke interventies hierbij toegepast worden. Het heeft ook geen zin om een kwantitatief onderzoek te doen als de groep onderzochten maar klein is. Vaak gaat daarom, als een 'pilot', een vorm van kwalitatief onderzoek vooraf aan een grootschalig kwantitatief onderzoek.

De onderzoeksmethoden en instrumenten van kwantitatief onderzoek zijn sterk gestandaardiseerd en de uitkomsten zijn in zeer geabstraheerde kernwaarden uitgedrukt. Als onderzoeksinstrumenten worden gestandaardiseerde tests gebruikt of enquêtes. Informanten zijn vaak gereduceerd tot slechts eigenschappen die voor dit onderzoek relevant zijn. Bijvoorbeeld: 'alle mannelijke patiënten tussen 15 en 25 jaar met een sociale fobie die gedurende de laatste drie jaar meer dan drie weken in beeldende therapie waren.'

Aan de informanten wordt vaak gevraagd om met ja/nee te antwoorden of met hoeveel, hoe vaak enzovoort. Niet de inhoudelijke betekenis, maar meten en tellen zijn vaak kernactiviteiten. Vandaar het begrip kwantitatief onderzoek.

> Veel zorgorganisaties houden 'benchmark'onderzoeken in het kader van hun kwaliteitsbeleid. Cliënten of patiënten, ouders, hulpverleners, opdrachtgevers; allen vullen zij van tijd tot tijd een voor hen bestemd voorgedrukt formulier in met enkele meerkeuze- en ja/nee-antwoorden. Een enkele opmerking kan vaak ten slotte worden toegevoegd. Door de uitkomsten bij elkaar op te tellen, ontstaat een beeld over de mate waarin de organisatie aan gestandaardiseerde kwaliteitseisen voldoet. De individuele cliënt of hulpverlener is alleen indirect gebaat bij de deelname aan deze vorm van onderzoek. Het kwaliteitsbeleid is daar voor een belangrijk deel op gebaseerd.

Kwalitatief onderzoek is gericht op het begrijpen van situaties, bijvoorbeeld door het verkrijgen van betrouwbare informatie over wat er in een bepaalde groep mensen leeft of hoe een bepaalde maatregel is overgekomen. Er zijn vele vormen van kwalitatief onderzoek. In feite gaat het erom werkzame manieren te vinden om inhoudelijke informatie te krijgen en de manier waarop dat gebeurt, hangt sterk af van het soort informatie en het veld van onderzoek.

Er zijn situaties waarvoor kwalitatief onderzoek beter geschikt is dan kwantitatief onderzoek. We noemden al het feit dat te onderzoeken begrippen en standen van zaken helder moeten zijn voordat een kwantitatief onderzoek zin heeft. Maso en Smaling (1998) noemen een aantal situaties waarin beter voor kwalitatief dan voor kwantitatief onderzoek gekozen kan worden. Zij wijzen op situaties waarin nog veel onbekend is, waarin het bijzondere en niet het algemene op de voorgrond staat, waarin complexiteit en veranderlijkheid een grote rol spelen, waarin iets veranderd of verbeterd moeten worden, waarin het gaat om (sociale) processen van betekenisverlening, enzovoort. Er is de laatste decennia veel gepubliceerd over kwalitatieve vormen van onderzoek: Swaans-Joha en Hox (1989); Baarda, Teunissen en De Goede (1995); Wester (1995) en Smeijsters (2003; 2005) (enzovoort). Ook in inleidende basisboeken wordt steeds meer aandacht besteed aan kwalitatieve vormen van onderzoek, mede omdat juist professionals er veel aanknopingspunten voor hun handelen in vinden. Er zijn heel veel verschillende manieren van kwalitatief onderzoek, van diepte-interview via groepsgesprek naar beeldanalyse en projectieve technieken. Kwalitatief onderzoek biedt dus een heel flexibele manier om de werkelijkheid te onderzoeken. Het is echter alleen wetenschappelijk onderzoek als het systematisch en transparant gebeurt, de geldigheid, betrouwbaarheid en/of bruikbaarheid goed gewaarborgd is en als het gedaan wordt met het oog op een kwalitatieve vorm van kennisverzameling. Soms werd en wordt kwalitatief onderzoek beschouwd als een voorstadium van 'echt' onderzoek en dat is dan kwantitatief.

Bij praktijkonderzoek naar beeldende therapie zal vaak gekozen worden voor kwalitatief onderzoek. Verschillende kwalitatieve vormen van onderzoek zijn zelf uit te voeren door een beeldend therapeut. Toch kan de keuze ook wel op kwantitatief onderzoek vallen. 'Meten en weten' is ook van belang. De vraag naar therapiesucces bijvoorbeeld, is niet alleen een inhoudelijke kwestie; het gaat ook om hoeveel en hoe vaak. Voor kwantitatief onderzoek verwijzen we naar daarvoor bestemde literatuur.

8.8 Onderzoek naar instrumenten en methoden voor beeldende therapie

Waar gebruik wordt gemaakt van een duidelijke en gefaseerde onderzoeksmethodiek ontstaat een vorm van expliciet praktijkonderzoek. Wanneer vervolgens een instrument volgens een wetenschappelijk design getoetst wordt op inhoud, efficiency en effectiviteit, is er sprake van een derde vorm van praktijkonderzoek. Enkele promovendi waren en zijn bezig om vaktherapeutische instrumenten zo te ontwikkelen. Een bekend gevalideerd diagnostisch instrument is de RS-index. Het biedt een overzicht van aan ontwikkelingsfasen gekoppelde tekenelementen, vanuit lichaamsbeweging (Rutten-Saris, 2002). Een ander bekend instrument dat is ontwikkeld in Amerika is de Diagnostic Drawings Series (Cohen, 2005). Beide instrumenten zijn zodanig onderzocht dat sprake is van een hoge mate van 'evidence', een aantoonbare effectieve werkwijze en bewezen resultaat. Tegelijk zijn de instrumenten zelf in te zetten om op wetenschappelijk verantwoorde wijze beeldend onderzoek te doen bij cliënten.

Regulatieve cyclus

In de praktijk van de beeldende therapieën zijn er veel onderzoeksinstrumenten ontwikkeld om in de context van de desbetreffende cliënt en instelling toe te passen. Zo zijn er kennismakingsprogramma's, behandelmodules, observatielijsten, doelgroepgerichte stappenplannen enzovoort, ontwikkeld. In eerste instantie is er vaak een individuele therapeut die binnen zijn eigen werkcontext zo'n 'instrument' ontwikkelt. Waar therapeuten met elkaar gaan samenwerken om gezamenlijk op systematische wijze een dergelijk product te ontwikkelen, wordt de intersubjectiviteit groter. Dat is een belangrijke stap op de weg van wetenschappelijke verantwoording. Daarnaast is het buitengewoon stimulerend om samen met anderen een dergelijke ontwikkeling in gang te zetten.

Een onderzoeksinstrument van het handelen in de praktijk is de regulatieve cyclus. Het werken volgens deze cyclus is inmiddels gemeengoed geworden bij veel beeldend therapeuten. Het behoort zodanig tot het systematische, planmatige en procesmatige handelen van de beeldend therapeut, dat het sinds een aantal jaren een geïntegreerd onderdeel is van het opleidingsprofiel voor creatief therapeuten. De regulatieve cyclus nodigt uit tot systematisering van ervaringen, tot analyse en verantwoording, waarmee het bijdraagt aan een onderzoeksmatige therapie-uitvoering. Toch is het gebruik van een regulatieve werkwijze heel lang niet gebruikelijk geweest bij veel beeldend therapeuten. Door sommigen werd het gebruiken van een duidelijk gefaseerd plan gezien als in strijd met het procesmatige of intuïtieve karakter van een therapie. Het werken met een wetenschappelijke cyclus biedt echter veel duidelijkheid.

Zo'n instrument moet in de praktijk met de nodige flexibiliteit toegepast worden. In het geval van beeldende therapie moet het ruimte laten voor de eigen aard van het medium en voor de kracht van intuïtie. Naast het eigenlijke instrument is er daarom ook altijd een heel aantal vuistregels en/of aanbevelingen nodig. Zij moeten professionals instrueren over hoe het instrument goed te gebruiken is. Daarnaast moeten zij de gebruikers helpen een eigen visie te ontwikkelen. Die is leidraad in bijzondere omstandigheden om te kunnen afwijken, aanpassen en veranderen, kortom: om te kunnen verbijzonderen. Zo is de onderzoeksmatige ontwikkeling van een toepasbare methode of een bruikbaar instrument vaak niet een lineair proces. Er is vaak veel meer sprake van een circulair proces waarbij de uitkomsten steeds een hoger niveau van inzicht en bekwaamheid weerspiegelen.

Iets dergelijks geldt voor de ontwikkeling van richtlijnen voor verwijzers, zoals die sinds een aantal jaren verschijnen. De behandelprogramma's (modulen en producten) die hiervoor worden ontwikkeld, gaan nu zeker behoren tot het instrumentarium waarmee de beeldende therapie verandert, doelmatiger en wetenschappelijker wordt. Door het behandelaanbod op deze wijze te standaardiseren wordt het meten van behandelresultaten gemakkelijker.

8.9 Onderzoek in het medium en over de grenzen van het vak

Beeldend therapeuten verzamelen in de beroepspraktijk informatie volgens een systematische methode. Er wordt doelgericht geobserveerd om systematisch informatie te verzamelen over de mogelijkheden en beperkingen van de cliënt om aan de behandelvraag te kunnen werken door middel van beeldende therapie. Tijdens vormgevingsprocessen worden materialen, thema's, werkvormen en technieken ervaren en intuïtief en reflectief onderzocht. Het expliciteren en ordenen van dergelijke ervaringen leidt tot het ontdekken van voorkeuren, weerstanden, de ontwikkeling van een eigen stijl, een eigen beeldend verhaal. Waar deze ervaringsgerichte manier van onderzoeken op grotere schaal wordt uitgevoerd en verder wordt gesystematiseerd in een werkwijze en methodische vuistregels, is al sprake van een meer expliciete contextgebonden vorm van onderzoek. Een onderzoeksmatige stap verder kan ontstaan uit een meer omvattend systematisch onderzoek met een toetsende fase. Een voorbeeld daarvan is het vergelijken van verschillende behandelingen. Zo worden meer overstijgende beeldendtherapeutische-theoretische concepten en methodieken ontwikkeld.

Voor de onderbouwing en legitimering van werkwijzen en methodieken waarbij het beeldend medium voertuig is, kan men gebruikmaken van diverse theoretische en methodische kaders. Gilroy (2006) onderscheidt drie groepen van onderzoeksmethoden: er wordt onderzoek gedaan naar art therapy vanuit de interpretatieve kaders van de traditionele psychoanalyse en de jungiaanse symbooltheorie. Er wordt kleinschalig fenomenologisch onderzoek gedaan en er wordt diag-

nostisch onderzoek gedaan waarbij formele beeldelementen als indicatoren met analogie in het dagelijks leven worden gehanteerd (Gilroy, 2006).
De zeggingskracht van het vooral non-verbale werken met het kunstzinnige middel laat zich niet eenvoudig omschrijven als vorm van onderzoek. Kunst heeft als eigenschap dat het zich niet aan contexten wil binden (Bogdorff, 2005). De hermeneutiek biedt ons mogelijkheden om enerzijds systematisch en anderzijds niet zodanig vast te leggen dat de feiten altijd geldend zijn. Zo is bijvoorbeeld voor de ene cliënt zwart een deprimerende kleur waar diegene zich in verliest en voor de ander een kleur om kracht en woede vorm te geven en te verwerken. McNiff (1998) is er een voorstander van om vooral onderzoek ín het medium uit te voeren. Beeldend is immers de taal van het medium en het gesproken of geschreven woord kan nooit dezelfde ervaring opleveren als het beeldend werk. Chris Kuiper (2007) heeft in zijn promotieonderzoek 'The eventmaker' hetzelfde principe uitgewerkt. Een beeldend kunstenaar heeft gereageerd op de interviews van cliënten. De cliënten hebben naar deze beelden gekeken. Chris Kuiper heeft beschreven dat in de mensberoepen 'de werkelijkheid' beter beschreven wordt met poëtische momenten dan met grootschalig effectonderzoek. In poëtische momenten weten we dat we geraakt worden en grootschalige effectonderzoeken staan te ver van ons af om nog werkelijk iets te zeggen over ons functioneren.

Internationaal
Internationaal is er meer onderzoekstraditie in ons vakgebied. Dit hangt samen met het gegeven dat de meeste opleidingen voor art therapy op masterniveau zijn. Er wordt op universitair niveau onderzoek gedaan tijdens de studie en deze art-therapist is er meer aan gewend om op theoretisch niveau over het vak te reflecteren. In publicaties is de neerslag ervan te vinden.
Internationale uitwisseling over onderzoek is niet eenvoudig. Er zijn boeken over onderzoek in beeldende therapie (art therapy) en tijdschriften waarin onderzoeksresultaten gepubliceerd worden: het *American Journal of Art Therapy, Inscape, Journal of Art Psychotherapy*. Hogescholen waar een opleiding tot beeldend therapeut is zouden hier een abonnement op moeten hebben. Sommige universiteitsbibliotheken hebben een abonnement op een van de tijdschriften.
Lidmaatschap van de British Association of Art Therapists (BAAT) of American Art Therapists Association (AATA) geeft via de websites toegang tot recente publicaties. Ook is er een wereldwijd netwerk waarbinnen actuele publicaties openbaar gemaakt worden: Interna-

tional Networking Group Art Therapy (ING/AT). Ook hier is een lidmaatschap voorwaarde voor toegang tot informatie. Instellingen en opleidingen zouden lid moeten zijn van deze instellingen, zodat professionals, docenten en studenten op de hoogte kunnen blijven van actuele ontwikkelingen.

Verwante beroepen
Beeldend therapeuten kunnen gebruikmaken van onderzoek naar verwante beroepen. Op het gebied van therapeutische interventies gekoppeld aan specifieke doelgroepen is er door psychologen, psychiaters, psychotherapeuten, maatschappelijk werkers en hersenonderzoekers veel gepubliceerd. Collega's, internet en vaktijdschriften kunnen onze beroepsgroep veel informatie verschaffen voor de onderbouwing van onze vakkennis. Binnen de neuropsychologie is onderzoek naar hersenfuncties actueel. Als ondersteuning van cognitieve therapieën blijken experiëntiële werkvormen een gunstige invloed op de hersenfuncties te hebben (zie ook hoofdstuk 1).
Binnen 'de kunsten' wordt ook onderzoek gedaan naar zeggingskracht van symboliek, vormentaal enzovoort. Dergelijke onderzoeken kunnen een inspirerende invalshoek zijn om de betekenis en functie van het beeldend werken nader te beschouwen.

Professionalisering en positionering in perspectief 9

9.1 Inleiding

De professionalisering van een beroep kan worden omschreven met begrippen als 'institutionalisering' en 'legitimering'. Dit krijgt vorm in kaders zoals een beroepsvereniging, eigen deskundigheidsdomeinen, beroepsprofiel, kwaliteitsregistratiesysteem, een eigen beroepscode en tuchtrecht en kwaliteitscriteria voor de beroepsopleidingen.

Zowel professionalisering als positionering vindt plaats in een wisselwerking tussen de individuele beroepsbeoefenaar en beroepsvereniging enerzijds en de context van maatschappelijke ontwikkelingen en overheidsmaatregelen anderzijds.

In de ontwikkelingsgeschiedenis van het beroep beeldend therapeut heeft er altijd een wisselwerking plaatsgevonden tussen beroepspraktijk, beroepsvereniging en opleidingen. Deze wisselwerking tussen beroepspraktijk, opleidingen en beroepsverenging is onmisbaar voor een stevige positionering van het beroep.

In hoofdstuk 1 is in het historisch overzicht vrij gedetailleerd te lezen welke ontwikkelingen er hebben plaatsgevonden, zowel in de praktijk, als op de opleidingen, als bij overheidsinstanties. In dit hoofdstuk wordt de actuele situatie op het gebied van scholing, maatschappelijke positionering en inhoudelijke beroepsontwikkeling weergegeven. Dit hoofdstuk wordt afgerond met een aantal essentiële aandachtspunten waarmee de beroepsgroep zich de komende jaren zal bezighouden.

9.2 Scholing

Beeldende therapie heeft in Nederland altijd onderdeel uitgemaakt van de opleiding voor creatieve therapie op hbo-niveau. Daarnaast is er een aantal particuliere initiatieven geweest, zoals de opleiding voor expressieve en creatieve therapie in Amsterdam van Annette Brederode en Fiety Meijer. Deze opleiding is later voortgezet in Amersfoort door Fiety Meijer en Joke Dinklage. De laatste opleiding heeft zich ontwik-

keld tot het Instituut voor Creatieve Therapie en Expressieve Psychotherapie (ICTEP).
In de structuur van de opleidingen voor beeldende therapie heeft er door de jaren heen een ontwikkeling plaatsgevonden die de laatste decennia vooral vanuit de overheid is aangestuurd. Inhoudelijke ontwikkelingen vonden plaats onder invloed van maatschappelijke veranderingen en ontwikkelingen in de hulpverlening en in de kunsten.

9.2.1 HUIDIGE OPLEIDINGENSTRUCTUUR

Met de ondertekening van de Bologna-verklaring in 1999 hebben ruim dertig Europese landen besloten de Bachelor-Masterstructuur (BaMa) in te voeren in het hoger onderwijs. Daarmee wordt beoogd de internationale herkenbaarheid van het hoger onderwijs te vergroten. Dat heeft een gunstig effect op uitwisseling van studenten en de voorbereiding op de internationale arbeidsmarkt.
Voor de opleidingen in het segment hoger onderwijs heeft dit geleid tot een herschikking. Het aanbod in het hoger onderwijs bestaat uit hbo- en wo-bacheloropleidingen en hbo- en wo-masteropleidingen. De opleiding voor beeldende therapie is vanaf het begin een vierjarige hbo-opleiding geweest. Er is een aantal deeltijdvarianten, die verschillen per hogeschool. Sinds 2006 zijn de voltijd-hbo-opleidingen verplicht om twee semesters te besteden aan een verbredend ofwel een verdiepend studieonderdeel. Dat betekent dat de hbo-opleiding, 'major' drieënhalf jaar duurt en dat er 'minors' gevolgd moeten worden van twee keer drie of één keer zes maanden. Deze minors kunnen uitgewisseld worden tussen de verschillende hogescholen.
De opleiding voor Psychomotorische Therapie, de nieuwe partnerberoepsgroep in de vaktherapeutische beroepen, is al enige jaren op verschillende niveaus te volgen: als hbo-bachelor, als hbo-master en op wo-niveau. In 2003 is er aan de Hogeschool Zuyd gestart met een masteropleiding die gericht is op alle beroepsgroepen binnen de vaktherapie. Deze opleiding is vooral gericht op de inhoudelijke ontwikkeling van het beroep door middel van praktijkgericht onderzoek, terwijl de Master Psychomotorische Therapie vooral het karakter heeft van een Professional Master. In 2009 zal er gestart worden met een internationale Professionele Master Creatieve Therapie, een opleiding in samenwerking van de Hogeschool Arnhem en Nijmegen en de universiteit van Freiburg. Aan deze internationale master werken diverse opleidingen uit verschillende Europese landen mee. Uit Nederland werkt ook de opleiding in Leeuwarden mee.

Erkenning en toetsing van huidige beroepsopleidingen beeldende therapie

In 2008 zijn alle beroepsopleidingen erkend waar een opleiding tot beeldend therapeut kan worden gevolgd. Erkenning geschiedt op de eerste plaats binnen het hoger onderwijs door middel van accreditatie. Alle opleidingen voldoen daarmee aan de normen die aan een hbo-opleiding wordt gesteld. Deze erkenning houdt in dat door onderwijsspecialisten en de beroepsgroep is onderzocht en vastgesteld dat het hier daadwerkelijk gaat om een opleiding tot de professie beeldende therapie. Daarnaast zijn de opleidingen erkend door de beroepsvereniging en de federatie van beroepsverenigingen.

De opleidingen zijn verplicht tot het instellen en raadplegen van werkveldcommissies. In deze commissies hebben beroepsbeoefenaren uit verschillende werkvelden zitting. De leden bewaken de aansluiting van de opleidingen op de praktijk.

Op dit moment zijn de volgende opleidingen voor beeldende therapie erkend. Bachelor Opleidingen Creatieve Therapie met erkende differentiaties:

- Hogeschool Arnhem-Nijmegen (drama, muziek, beeldend, PMT; www.han.nl);
- Stenden Hogeschool (drama, beeldend; voorheen CHN Leeuwarden; www.chn.nl);
- Hogeschool Zuyd, Heerlen (beeldend, muziek, drama, dans en beweging; www.hszuyd.nl);
- Hogeschool Utrecht, Utrecht-Amersfoort (drama, muziek, beeldend; www.hu.nl).

Opleidingen internationaal

In de hele wereld wordt het beroep art therapy of kunsttherapie onderwezen. Vooral in Amerika en Engeland zijn de tradities van beroep en opleiding diepgeworteld. In de meeste landen is art therapy een opleiding op masterniveau. In allerlei varianten wordt de studie gecombineerd met een studie psychologie, een kunstopleiding en een leertherapie. Samenhangend met het wetenschappelijk niveau verschijnen er internationaal veel waardevolle publicaties.

Het European Consortium for Arts Therapies Educations (ECArtE) is een internationaal platform met leden van opleidingen uit verschillende Europese landen. De leden van dit platform komen regelmatig bijeen. Er worden tweejaarlijkse congressen georganiseerd, de kwaliteit van opleidingen wordt bewaakt en inhoudelijke uitwisseling vindt plaats (zie: www.ecarte.info).

Kenniskringen

Sinds 2004 zijn er op de vier hogescholen expertisecentra waar onder leiding van een lector onderzoek gedaan wordt naar aspecten van onder andere het beroep beeldend therapeut. Onderzoek naar beeldende therapie wordt uitgevoerd op Hogeschool Utrecht en Hogeschool Zuyd in het verband van kenniskring Kenvak, onder leiding van lector Henk Smeijsters. Ook op de andere hogescholen wordt onderzoek gedaan naar beeldende therapie. In Leeuwarden is dit op Hogeschool Stenden, in de kenniskring 'Social work and Arts therapies'. In Nijmegen is kenniskring 'Professionalisering' werkzaam op dit terrein. Het doel van deze kenniskringen is om op hbo-niveau praktijkgericht onderzoek uit te voeren, om de praktijkkennis vast te leggen en te toetsen. Er wordt samengewerkt met het werkveld, de FVB en de NVBT. Het werkveld weet steeds beter de weg naar de kenniskringen te vinden met onderzoeksvragen en de onderzoekers benutten de beroepsbeoefenaren in het werkveld voor hun onderzoeken. Hiermee dragen kenniskringen bij aan de professionalisering.

Specialisatiemogelijkheden en nascholing

De hbo-opleiding voor creatieve therapie is gericht op de behandeling van alle problematieken. Specialisatie voor één of een aantal specifieke doelgroepen vindt vooral plaats in het werkveld. Tijdens de opleiding gedurende de jaarstage doet de student in beeldende therapie de eerste praktijkervaringen op. Vaak is dit het werkveld waarin na de studie werk wordt gevonden, maar dat is niet vanzelfsprekend. De specialisatie van de individuele beeldend therapeut wordt verdiept door gerichte nascholing te volgen. Deze nascholing kan worden gezocht bij daartoe gespecialiseerde nascholingsinstituten zoals de Rino in Amsterdam, of een aantal hogescholen waar een gericht nascholingsaanbod voor de vaktherapeutische beroepen is ontwikkeld.

Ook is een mogelijkheid om via de Masteropleiding Vaktherapieën aan de Hogeschool Zuyd een eigen specialisatie te ontwikkelen, gebaseerd op praktijkonderzoek naar de eigen werksituatie. Iemand die bijvoorbeeld in de ouderenpsychiatrie werkzaam is, kan in deze opleiding de methode voor de eigen doelgroep verder ontwikkelen, toetsen en onderbouwen. Er vindt landelijk overleg plaats met als inzet de ontwikkeling van de Masteropleiding Vaktherapieën tot een landelijke master waaraan meerdere hogescholen deelnemen.

Verwacht wordt dat er in 2009 een International Master start, een initiatief van Hogeschool Arnhem en Nijmegen en Fachhochschule Freiburg. Er zijn diverse andere hogescholen betrokken bij deze Master, waaronder Stenden Leeuwarden. Deze Master richt zich vooral op de verdere professionalisering van de creatief therapeut.

Verder wordt binnen de CONO (Centraal orgaan nascholing en opleiding voor beroepen in de GZ) nagedacht over de ontwikkeling van zogeheten differentiaties of specialisaties voor vaktherapeuten. Onderzocht wordt of het zinvol is om voor vaktherapeuten specialisaties te ontwikkelen op het gebied van ouderenpsychiatrie, kind- en jeugdpsychiatrie en/of verslavingszorg.

Onderzoek op de bachelor- en masteropleidingen

Praktijkgericht onderzoek is een integraal onderdeel van het afstudeerprogramma van de bacheloropleidingen. Hiermee heeft de noodzaak om het professioneel handelen systematisch te onderbouwen door middel van onderzoek en methodiekontwikkeling een belangrijke plaats gekregen. De praktijkonderzoeken van studenten creatieve therapie worden vaak voorafgegaan door of monden uit in het ontwikkelen van een eigen praktijkproduct. Daarbij kan het gaan om producten zoals een therapiemodule, een eenvoudig observatie-instrument, een systematische beschrijving van een bepaalde casus of een onderbouwing van de werkwijze met een bepaalde doelgroep. Dit type onderzoek is heel veelzijdig en flexibel. Een aantal van deze onderzoeken leidt tot het schrijven van een tijdschriftartikel. Praktijkgericht onderzoek zou door beeldend therapeuten in de praktijk nog veel vaker gebruikt kunnen worden. Overleg met werkgevers leidt lang niet altijd tot facilitering, hoewel het zeker zijn nut zou kunnen hebben.

Wetenschappelijk onderzoek is een meer algemeen niveau van onderzoek. Dit is bedoeld om meer algemeen geldende informatie en kennis te verzamelen. Op de bacheloropleidingen wordt dit type onderzoek gestart vanuit de lectoraten of kenniscentra. Docenten en studenten kunnen daaraan deelnemen en bij elkaar leiden deze grotere onderzoeken tot kennis met een meer algemene bruikbaarheid of geldigheid. Zo hebben de lectoraten van KenVak (Zuyd en Utrecht), Leeuwarden en Nijmegen al tot vormen van praktijkonderzoek geleid die in boeken en meer omvangrijk artikelen werden gepubliceerd. Het resultaat van dergelijke onderzoeken strekt zich uit van veelomvattende beschrijvingen van werkwijzen en bevindingen met een bepaalde problematiek of in bepaalde werkcontexten, tot een vergelijking van de eigen beroepsgroep en het profiel met verwante andere beroepsgroepen en profielen. Bij deze vorm van onderzoek valt ook te denken aan verdere theorieontwikkeling, betere onderbouwing van werkwijzen en resultaten, het systematisch optekenen van betekenisvolle verhalen van cliënten. Lectoraten ondersteunen de ontwikkeling van onderzoek naar de beroepsgroep en werken aan onderbouwing en legitimering van het beroepshandelen.

9.3 Supervisie en intervisie

In de professionele ontwikkeling van de beeldend therapeut worden, naast nascholing, het volgen van intervisie en supervisie als de belangrijke instrumenten gezien om te waarborgen dat het beroep goed wordt uitgeoefend. Beeldend werken kan hier een onderdeel van vormen.

9.3.1 SUPERVISIE

Supervisie is het onder begeleiding leren door reflectie op eigen werkervaringen. Degene die supervisie krijgt, de supervisant, leert het eigen handelen tegen het licht te houden. De supervisant verwerft inzichten om de persoonlijke relatie en communicatie professioneel te leren inzetten en te verbeteren.

Supervisie vindt meestal plaats in een serie van tien tot vijftien bijeenkomsten van één tot tweeënhalf uur, met tussenpozen van twee weken. Ze kan individueel of in groepen plaatsvinden, met maximaal vier supervisanten. De supervisant bepaalt zelf welke ervaringen en vragen actueel zijn.

Om meer inzicht in zijn handelen te krijgen en dit te verbeteren, schrijft de supervisant reflectieverslagen, die elke bijeenkomst worden besproken.

Voor de beeldend therapeut is naast de verbale reflectie het beeldend werk een geëigende manier om te reflecteren. Dit betreft zowel het eigen beeldend werk als dat van cliënten. Bij het eigen beeldende werk kan gedacht worden aan vrij werk of aan werk naar aanleiding van specifieke thema's of logboekachtig beeldend werk. Ook video-opnames zijn een wenselijk leermiddel omdat daar behalve de gesproken taal ook de interacties en het procesmatige (beeldend) werken op zichtbaar zijn.

De onderwerpen die de supervisant kan aandragen, liggen op het gebied van:
– werken met cliënten;
– omgang met collega's;
– eigen manier van leidinggeven of werken.

9.3.2 INTERVISIE

Intervisie is een vorm van deskundigheidsbevordering en onderhoud van de professionaliteit waarbij collega's elkaar ondersteunen en helpen hun functioneren te onderhouden en te verbeteren. Het doel is dat de deelnemers reflecteren op hun werk, nieuwe inzichten verwerven en elkaar daarin begeleiden. De deelnemers brengen beurtelings actuele ervaringen in, onderling wordt hulp geboden met het omgaan met een als problematisch ervaren situatie, zodat het eigen functioneren kan verbeteren.

Een intervisiegroep heeft drie tot acht deelnemers, die allen op vrijwillige basis betrokken zijn bij de intervisie. Ze hebben een overeenkomstig beroep of functie, maar geen directe werk- of gezagsrelatie. Intervisie impliceert dat de deelnemers gewend zijn om methodisch te denken en te werken. Alle groepsleden zijn verantwoordelijk voor hun eigen werkuitvoering. Dit draagt bij aan het niveau en de intensiteit van de bijeenkomsten en een tot creativiteit leidende discussie. Intervisie vindt plaats op basis van vrijwilligheid en wederkerigheid, veiligheid en vertrouwen. Dit draagt ertoe bij dat de leden van de intervisiegroep zich vrij voelen om naar voren te brengen wat hen met betrekking tot hun werk echt bezighoudt. Er kan gewerkt worden met begeleide intervisie. Hierbij is een onafhankelijke supervisor betrokken, die het intervisieproces bewaakt en aanstuurt.

Intervisie is gericht op het verhelderen van problemen die essentieel zijn voor de professionele uitvoering van het werk. Het hoort bij de aard van het werk van een beeldend therapeut dat hij, hoe ervaren ook, periodiek te maken krijgt met problematiek waarbij het niet zonder meer evident is hoe te handelen. Meer dan eens gaat het dan om problemen die zich bevinden op het snijvlak van het persoonlijke en het professionele. Het is van belang om een mogelijkheid tot uitwisselen te hebben met gelijkwaardige collega's. Vaak is die uitwisseling voldoende om te weten hoe verder te gaan.

Intervisie heeft tot doel het werken met cliënten te optimaliseren. Het accent ligt op de kwaliteit van de werkuitvoering en niet op de kwaliteit van het leerproces. Het spreekt vanzelf dat er veelal wel sprake zal zijn van een leerproces, maar dat is niet het primaire doel. Voor een goede werkuitvoering zijn inlevingsvermogen, zelfreflectie, een doorgaand leerproces en creativiteit onmisbaar. Een goedlopend intervisieproces zal deze aspecten stimuleren.

Uit het bovenstaande vloeit voort dat intervisie van een aantal andere groepsactiviteiten van professionals dient te worden onderscheiden.
- Het is geen (groeps)supervisie. In supervisie staat het leerproces centraal, in intervisie de kwaliteit van de werkuitvoering.

- Het is geen intercollegiale toetsing. Bij intercollegiale toetsing gaat het om oordelen, toetsen, met als doel toetsbare verbetering. Bij intervisie gaat het om bevorderen van reflectie op het individuele handelen.
- Het is geen casuïstiekteambespreking. In een team werken mensen samen binnen dezelfde instelling en dus met belangen ten opzichte van elkaar. Dit belemmert vrije reflectie.

9.3.3 BEELDEND WERK EN REFLECTIE

Supervisie en intervisie hebben als functie om de professionaliteit van de hulpverlener te onderhouden. Het is voorwaarde om het instrument dat je als therapeut zelf bent schoon en helder te houden. Een manier is om aan collega's te vertellen over indringende ervaringen met cliënten en hierop te reflecteren en er gedachten en gevoelens over uit te wisselen. Het beeldend werken speelt echter ook een belangrijke rol in de beroepsuitoefening. Denk bijvoorbeeld aan hoe de beeldend therapeut het beeldend werken van de cliënten ervaart en erop inspeelt met interventies. Het verdient aanbeveling dat een beeldend therapeut gedurende de beroepsuitoefening beeldend blijft werken. Dit kan bijvoorbeeld door het volgen van een cursus, maar ook in eigen atelier of op de werkplek wanneer de cliënten niet aanwezig zijn. Doordat de beeldend therapeut ruimte creëert om het eigen medium te blijven ervaren en zich erin te ontwikkelen, blijft het contact met het medium open. Vormgeven aan het eigen verhaal draagt bij aan een heldere communicatie in het medium en de inspiratie blijft stromen. De kans wordt minder groot dat persoonlijke behoeften en ideeën van de beeldend therapeut zich ongewenst opdringen in het beeldend werk van de cliënt.

9.4 Registratie

Een beroepsregistratiesysteem is een keuringssysteem dat de kwaliteit van beroepsuitoefening waarborgt. In juli 2007 heeft het bestuur van de Federatie Vaktherapeutische Beroepen (FVB) een nieuw registratiesysteem voor vaktherapeuten vastgesteld. De Stichting Registratie Vaktherapeutische Beroepen (SRVB) is verantwoordelijk voor het beheren en onderhouden van het register en daarmee van de kwaliteitseisen die er gesteld worden aan de beroepsuitoefening (zie ook: www.registervaktherapie.nl).
Een beeldend therapeut kan zich in het beroepsregister laten opnemen als hij voldoet aan een aantal kwaliteitseisen. In het register zijn dus

beeldend therapeuten opgenomen die aan bepaalde minimale kwaliteitskenmerken voldoen.

Registratie als beeldend therapeut is niet wettelijk verplicht, maar dient wel een aantal belangen. We kunnen bij registratie drie soorten belangen onderscheiden:
- belang van externe organisaties en individuen (zoals de overheid, werkgevers, andere beroepsgroepen, zorgverzekeraars en patiënten en/of cliënten);
- belang van alle beroepsbeoefenaren gezamenlijk (de beroepsgroep);
- belang van de individuele beroepsbeoefenaar.

Externe belangen

Externe organisaties en individuen stellen het meer en meer op prijs om goed geïnformeerd te zijn over wat ze mogen verwachten van vaktherapeuten en dus ook van beeldend therapeuten. Tegenwoordig wordt een grote nadruk gelegd op verantwoording en transparantie. Van alle beroepsgroepen in de werkvelden waar beeldend therapeuten werkzaam zijn, wil men van alles weten: wat ze precies doen, welke resultaten ze bereiken en bij welke problemen ze behulpzaam kunnen zijn.

Professionals moeten professionaliteit en deskundigheid laten zien, en niet alleen ten aanzien van de inhoud van hun vak. Ook een beeldend therapeut moet actuele kennis hebben van wat er zich in het werkveld afspeelt, moet kunnen aansluiten bij collega-beroepsgroepen en moet op een begrijpelijke wijze kunnen communiceren met werkgevers, behandelaars, cliënten en collega's.

Beroepsgroep

De beroepsgroep heeft twee hoofdbelangen: het verbeteren van de maatschappelijke positie van de beeldend therapeut en het verbeteren van de inhoudelijke kennis en vaardigheden van de beeldend therapeut. Deze twee deelbelangen versterken elkaar en kunnen niet zonder elkaar: zonder inhoudelijke ontwikkeling van het vak geen ontwikkeling in de maatschappelijke positie. En omgekeerd: zonder maatschappelijke waardering en ondersteuning wordt het erg moeilijk het vak verder inhoudelijk te ontwikkelen.

Beeldend therapeut zelf

Het belang van registratie voor de vaktherapeut is het op een zelfbewuste en kwalitatief hoogstaande wijze uitoefenen van het beroep. De beroepsuitoefening moet aansluiten bij de behoeften van de cliënt en de instelling waar hij een erkende bijdrage levert aan de behandeling van cliënten. Alleen op deze wijze zal de beeldend therapeut zich op langere termijn niet alleen staande kunnen houden, maar ook door zijn werkgever beloond worden met werk en inkomen. Alleen zo zullen, ook in een eigen praktijksituatie, cliënten hun vertrouwen en hun geld geven om behandeld te worden.

Bovengenoemde belangen worden niet vanzelf behartigd. Er is een continue inspanning nodig, zowel op het niveau van de individuele beroepsbeoefenaar als op het collectieve niveau van de beroepsgroep. Deelname aan intervisiegroepen en werkgroepen van de NVBT en het registratiesysteem dragen eraan bij dat het beroep op de kaart blijft. Het registratiesysteem draagt bij aan de profilering en positionering van de beroepsgroep door duidelijkheid en transparantie te vragen van de beroepsbeoefenaren:
- door dezelfde eisen te stellen aan alle beeldend therapeuten wordt het voor anderen duidelijker wat deze beroepsbeoefenaren te bieden hebben;
- door het opvolgen van deze eisen verplicht te stellen, kan met een bepaalde zekerheid een omschreven kwaliteitsniveau van de beeldend therapeuten verwacht worden;
- door duidelijkheid te geven over wat een beeldend therapeut moet kunnen, wordt de beroepsgroep gepositioneerd binnen het werkveld ten opzichte van andere beroepsgroepen;
- door aan de eisen te voldoen, kan een individuele beeldend therapeut zich zekerder opstellen binnen zijn werksituatie; hij heeft daarmee een betere positie in de verdeling van de middelen;
- door het systeem vanuit de beroepsgroepen te organiseren (via de Stichting Registratie Vaktherapeutische Beroepen, SRVB) wordt het voor de individuele beeldend therapeut ook steeds duidelijker wat de hoofdstroom binnen de beroepsgroep is: welke cursussen zijn van belang en zijn van het juiste niveau, welke supervisoren hebben de gevraagde kwaliteit en dergelijke; dit zal wederom het onderlinge inhoudelijke debat versterken.

Registratieniveaus
Er zijn twee registratieniveaus ingevoerd: de registratie en de seniorregistratie. Deze ordening doet recht aan de huidige situatie waarin vaktherapeuten functioneren op verschillende opleidingsniveaus. De registratie is bedoeld voor vaktherapeuten met een bacheloropleidingsniveau met werkervaring, waaraan aanvullende kwaliteitseisen in de vorm van een registratietraject worden gesteld. De seniorregistratie

is bedoeld voor vaktherapeuten met een masteropleidingsniveau met werkervaring, waaraan eveneens aanvullende kwaliteitseisen in de vorm van een registratietraject worden gesteld.

9.5 Maatschappelijke positionering

Er wordt onderscheid gemaakt tussen de maatschappelijke positionering van de beroepsgroep en het vak beeldende therapie enerzijds en anderzijds de positie van de beeldend therapeut in de instelling.

Om de maatschappelijke positie van de beroepsgroep te bevorderen is betrokkenheid bij de ontwikkeling van overheidsbeleid via NVBT, FVB, CONO en ten aanzien van de wet BIG van belang. NVBT, FVB, Abva, CONO zijn bestuurlijke organen die bijdragen aan de maatschappelijke positionering buiten de organisatie waar de beeldend therapeut werkt.

9.5.1 BEROEPSVERENIGING

De beeldend therapeuten hebben sinds 2007 een eigen beroepsvereniging: de Nederlandse Vereniging voor Beeldende Therapie (NVBT). De vereniging stelt zich ten doel de ontwikkeling en uitoefening van de beeldende therapie te bevorderen en de professionele belangen van de leden te behartigen. In 2008 is deze jonge vereniging nog volop in ontwikkeling. De NVBT is met de beroepsverenigingen van de verwante beroepsgroepen (muziektherapeuten, danstherapeuten, dramatherapeuten en psychomotorisch therapeuten) verenigd in de Federatie Vaktherapeutische Beroepen (FVB).

De ontwikkeling van de beeldende therapie kan niet los gezien worden van die van de andere vaktherapeutische beroepen. De beeldend therapeuten zullen samen met hun vakgenoten op de werkvloer en in de FVB de voordelen en ook het onvermijdelijke van het gezamenlijk optrekken in de professionalisering combineren met de profilering en de inhoudelijke ontwikkeling van het 'eigenlijke' vak van beeldend therapeut.

De FVB benoemt het gemeenschappelijke in deze beroepsgroepen als volgt.

Therapeuten behorend tot deze vaktherapeutische beroepen behandelen cliënten met psychosociale problemen en/of psychiatrische stoornissen, en maken daarbij op methodische wijze gebruik van beeldende, dans-, drama-, muzikale of psychomotorische interventies. De FVB heeft voor zichzelf de volgende opdrachten geformuleerd:
- het richting geven aan voortdurende kwaliteitsbevordering van de vaktherapeutische beroepen;

- het realiseren van een goede positionering binnen de verschillende werkvelden;
- het expliciteren van de waarde van de vaktherapeutische beroepen en die in heldere bewoordingen duidelijk maken aan andere professionals, cliënten, werkgevers, overheid en zorgverzekeraars.

De FVB geeft vier keer per jaar het *Tijdschrift voor Vaktherapie* uit; dit is het vakblad van alle vaktherapeuten.
Het is gebruikelijk voor een professional (dus ook voor een beeldend therapeut) om lid te worden van de beroepsvereniging. Het merendeel van de actieve beeldend therapeuten in Nederland is lid van de beroepsvereniging (in 2008 zijn dit ongeveer 700 leden). De beroepsvereniging is het platform om collega's te ontmoeten, een actieve rol te spelen in de ontwikkeling van het beroep of op de hoogte te blijven van de relevante ontwikkelingen. Het lidmaatschap van de vakvereniging betekent dat men samen met andere beeldend therapeuten georganiseerd is en samen deel uitmaakt van een professionele organisatie. Het bundelen van krachten en van kennis is noodzakelijk om samen te werken aan de professionalisering van de beeldende therapie en de verbetering van de positie van de beeldende therapie.
Daarnaast zijn er andere voordelen te noemen. Ieder lid van de NVBT is automatisch geabonneerd op het *Tijdschrift voor Vaktherapie*; leden van de NVBT krijgen korting op de toegangsprijs van studiedagen, congressen en symposia; verschillende NVBT- en FVB-publicaties zijn tegen gereduceerd tarief of gratis verkrijgbaar.
Actief lidmaatschap, een actieve inbreng in de professionalisering van de beeldende therapie, in samenwerking met andere beeldend therapeuten in de NVBT en de FVB heeft het grote voordeel dat dit bijdraagt aan verbetering van de kwaliteit en de positie van de beeldende therapie. Samenwerking aan de professionaliteit van het vak bevordert ook je eigen professionele ontwikkeling. Hierbij valt te denken aan samenwerking in een van de werkgroepen of commissies van de NVBT of de FVB. Bijvoorbeeld kennisinnovatie, productontwikkeling of onderzoek, de commissie PR, de werkgroep studiedagen of een functie in het bestuur van de NVBT.
Daarnaast is er de mogelijkheid een actieve bijdrage te leveren aan een van de regionale intervisiegroepen, vakgroepen, vaktherapeutische beroepen van de instellingen. Op dit moment is er een aantal instellingen die een Vakgroep Vaktherapie hebben, bijvoorbeeld: De Gelderse Roos in Wolfheze, Vincent van Gogh in Venray en Mediant in Enschede.
Voor beeldend therapeuten en vakgroepen die zich verder willen ver-

diepen in het beroep is lidmaatschap van internationale verenigingen interessant. Door lid te worden van de British Association of Arts Therapists (BAAT) of de American Art Therapy Association (AATA) wordt er toegang verkregen tot recente onderzoekspublicaties in art therapy met diverse doelgroepen. De International Networking Group Art Therapy (ING/AT) is een organisatie die één keer per jaar een overzicht publiceert van publicaties op vakgebied van over de gehele wereld. Ook blijft men op de hoogte van internationale congressen via hun websites.

9.5.2 DE OVERHEID IN DE CONTEXT VAN DE BEROEPSUITOEFENING

CONO

Een belangrijke functie voor de professionalisering en positionering van de vaktherapeut en daarmee voor de beeldend therapeut in de ggz, wordt vervuld door het Coördinerend Orgaan Nascholing en Opleiding in de geestelijke gezondheidszorg (CONO). De ggz is het werkveld waar de meeste beeldend therapeuten werkzaam zijn. Om die reden is de ontwikkeling van het beroep binnen dit werkveld van groot belang.

Het CONO is een adviesorgaan van het ministerie van VWS. Het heeft zich de onderstaande taken tot doel gesteld:
- expertisecentrum voor beroepen in de ggz;
- innovatie en coördinatie van beroepsuitoefening en opleiding van ggz-beroepen;
- regulering opleidingscapaciteitvraagstukken ggz-beroepen.

De deelnemers van het CONO zijn afkomstig uit de volgende organisaties:
- GGZ-Nederland;
- ZN (Zorgverzekeraars Nederland);
- Beroepsverenigingen ggz-beroepen, te weten die van agogen, psychiaters, psychologen, psychotherapeuten, vaktherapeuten en verpleegkundigen;
- IGZ (Inspectie voor de Gezondheidszorg);
- NPCF (Nederlandse Patiënten en Consumenten Federatie);
- opleidingsinstellingen;
- RVZ (Raad voor de Volksgezondheid en Zorg);
- CVZ (College van Zorgverzekeringen);
- Trimbos-instituut;
- ministerie van VWS.

De beroepen zijn georganiseerd in zogeheten kamers, waarbij de beeldend therapeuten zichzelf terug kunnen vinden in de Kamer Vaktherapie. Daarmee is een goede stap gezet in de professionalisering van de vaktherapeut (in de in het voorgaande omschreven betekenis van institutionaliseren en legitimeren van een beroep) binnen de ggz. Het is belangrijk te onthouden dat hier dus geen onderscheid wordt gemaakt tussen de verschillende beroepsgroepen binnen de vaktherapie: er is binnen de ggz een erkenning voor het beroep vaktherapeut en niet voor het beroep beeldend therapeut. Dit onderstreept weer eens de complexe ontstaansgeschiedenis en positionering van het beroep beeldend therapeut.

Binnen de CONO is er een belangrijk onderscheid tussen de beroepen die in de BIG zijn geregeld en de beroepen die dat niet zijn (de vaktherapeuten en de agogen).

BIG

De *(beroepsuitoefening in de individuele gezondheidszorg) (Wet BIG)* beoogt de kwaliteit van de beroepsuitoefening in de individuele gezondheidszorg te bevorderen en te bewaken en de cliënt te beschermen tegen ondeskundig en onzorgvuldig handelen door beroepsbeoefenaren. De wet spitst zich toe op de individuele gezondheidszorg, dat wil zeggen: zorg die rechtstreeks is gericht op een persoon. De *Wet BIG* regelt de zorgverlening door beroepsbeoefenaren. In de *Wet BIG* is een aantal voorbehouden handelingen omschreven, die alleen mogen worden verricht door daartoe bevoegde beroepsbeoefenaren, om te voorkomen dat door ondeskundig handelen onaanvaardbare gezondheidsrisico's voor de cliënt ontstaan.

Voor een beperkt aantal beroepen wordt titelbescherming ingevoerd. Een dergelijke titel geeft aan dat de drager deskundig is op een bepaald terrein van de gezondheidszorg.

Bij wet worden acht beroepen geregeld: apothekers, artsen, fysiotherapeuten, gezondheidszorgpsychologen, psychotherapeuten, tandartsen, verloskundigen en verpleegkundigen. Voor elk van die acht beroepen worden opleidingseisen vastgesteld. Bovendien komt er per beroep een omschrijving van het terrein waarop de beoefenaar deskundig is. Voor de acht beroepen stelt de rijksoverheid registers in, zogenaamde BIG-registers. Alleen geregistreerde personen mogen de beroepstitel voeren en alleen zij vallen onder het tuchtrecht.

Zoals reeds gesteld geldt de titelbescherming binnen de ggz dus niet voor vaktherapeuten (en daarmee beeldend therapeuten). Het is niet te verwachten dat dit zal gebeuren. Het is echter wel zo dat wellicht op termijn een regeling krachtens artikel 34 in de *Wet BIG* zal worden gerealiseerd. In dit artikel wordt voor een groep (merendeels) paramedische beroepen wettelijk geregeld aan welke opleidingsvereisten een beroepsbeoefenaar moet voldoen. Dit is wettelijk niet geregeld voor beeldend therapeuten, vandaar dat dit door de beroepsgroep zelf moet worden bepaald.

De beroepsgroep streeft al jaren deze regeling in artikel 34 van de *Wet BIG* na, tot nu toe zonder resultaat. Dat heeft vooral te maken met de terughoudendheid van de overheid om deze zaken wettelijk te regelen. Het is wel zo dat er een officieel advies van de CONO naar het ministerie van VWS is uitgegaan om de positie van de vaktherapeut (en ook de ggz-agoog) via dit artikel te regelen.

9.5.3 POSITIONERING VAN DE BEELDEND THERAPEUT BINNEN DE ORGANISATIE

De positie van de beeldend therapeut in de organisatie hangt samen met opleidingsniveau, werkervaring, behandelvisie en beleid in de organisatie, maatschappelijke ontwikkelingen, overheidsmaatregelen, financieringsbeleid. Veel van deze invloeden zijn hiervoor al beschreven. Bijvoorbeeld het SRVB-registratiesysteem, dat is verdeeld in een junior- en seniorniveau, wat ervaring en salariëring beïnvloedt. Wanneer een beeldend therapeut de enige vaktherapeut binnen de instelling is, vraagt dit een andere inzet dan wanneer een beeldend therapeut deel uitmaakt van een team van vaktherapeuten. Een beeldend therapeut die als enige in een organisatie werkt, heeft een grotere zelfstandigheid en dit vraagt meer om het vak te profileren. In een team hebben vaktherapeuten vaak een duidelijker ingebedde positie, met alle voor- en nadelen daarvan.

Beeldend therapeut als ondernemer

Het verwerven en behouden van een eigen plek binnen de organisatie vraagt om een actieve inbreng: het vraagt om samenwerking, zowel met vakgenoten als met andere disciplines; het vraagt om heldere communicatie over het vak en het is van groot belang om zichtbaar te zijn en te blijven binnen de instelling. De eigenheid van het vak draagt bij aan de positionering, denk bijvoorbeeld aan de creativiteit van de beeldend therapeut, het beeldend werk van cliënten.

Beeldend therapeuten kunnen hun behandelaanbod beschouwen als een winkel waarin ze hun therapieaanbod op een transparante, aantrekkelijke manier aanbieden. De zorgverzekeraar wil voor de desbetreffende behandeling het beste, meest efficiënte product kopen voor de laagste prijs. Hierdoor ontstaan er marktmechanismen en concurrentieposities tussen de zorgaanbieders. De zorgaanbieders zijn als het ware de instellingen en binnen de instellingen zijn er verschillende disciplines: waaronder de beeldend therapeuten. Van de beeldend therapeuten in de instellingen wordt gevraagd om inzichtelijk te maken wat zij doen, met welk doel, hoe lang en met welk resultaat. Het systematisch vaststellen en evalueren van behandeldoelen met specifieke doelgroepen, kan bijdragen aan inzicht over behandelresultaten voor beleidsmakers. Ook dragen inzichtelijke behandelprogramma's, of zogenaamde 'producten' bij aan de profilering. Er is vrij eenvoudig onderzoek op te zetten naar tevredenheid van cliënten. Door op de hoogte te blijven van actuele literatuur over problematieken en benaderingen, blijft professionaliteit op peil en is de communicatie met collega's over de behandeling duidelijker (zie verder hoofdstuk 8).

Salariëring

De pas afgestudeerde beeldend therapeut verdient een salaris onder het gemiddelde van de gemiddelde pas afgestudeerde hbo'er. Hulpverleners laten zich dan ook over het algemeen leiden door een ander zingevingsprincipe dan 'snel rijk worden'. Er zijn verschillende financieringsstromen waar beeldend therapeuten hun salaris uit ontvangen. In de ggz wordt het FWG-systeem (Functie Waardering Gezondheidszorg) gehanteerd. In dit systeem wordt rekening gehouden met werkervaring, mate van zelfstandigheid, verantwoordelijkheid en risico's. In de welzijnszorg wordt er volgens een ander salarissysteem gewerkt. NVBT en FVB en ook Abva Kabo steunen de belangen van beeldend therapeuten die niet tevreden zijn over hun salariëring.

Multidisciplinaire richtlijnen

Om de kwaliteit van de gezondheidszorg te verbeteren, wordt meer en meer gewerkt volgens richtlijnen. In Nederland wordt sinds 1999 samengewerkt in de geestelijke gezondheidszorg (ggz) om te komen tot betere richtlijnen voor verwijzers. Hierbij zijn vele beroepsgroepen betrokken en ook cliënten- en familieorganisaties. Tegenwoordig wordt bij het opstellen van richtlijnen voor de diagnostiek en behandeling van cliënten met psychische stoornissen gebruikgemaakt van kennis die via wetenschappelijk onderzoek is vastgelegd. Dit noemt men 'evidence-based' (letterlijk: gebaseerd op bewijs). Behalve resultaten van wetenschappelijk onderzoek kunnen ook praktijkkennis van hulpverleners en ervaringskennis van patiënten/cliënten en hun omgeving dienen om richtlijnen te ontwikkelen. Hierbij is belangrijk dat de aanwezige kennis op een gestructureerde, systematische manier wordt geïnventariseerd. Dit kunnen n=1-studies zijn, (wetenschappelijk beschreven casussen), kleinschalige studies of 'practice-based evidence' (gebaseerd op praktijkervaring).

In het project Multidisciplinaire Richtlijnontwikkeling in de ggz werken tientallen personen en veel organisaties samen om te komen tot kwalitatief goede en werkbare richtlijnen voor verwijzers. Deze projecten en richtlijnen worden ontwikkeld onder auspiciën van het Trimbos-instituut.

Voor creatief therapeuten is het dus belangrijk dat ze opgenomen worden in de multidisciplinaire richtlijn van het Trimbos-instituut. Daarvoor is onderzoek nodig naar de werking van creatieve therapie. In de multidisciplinaire richtlijn zijn verschillende gradaties van 'bewijs' vastgesteld. Hoe sterker het bewijs dat een behandelvorm werkt, hoe eerder deze in het protocol ingezet wordt.

9.6 Professionalisering en positionering in perspectief

Identiteit

Tegen de historische achtergrond van het vak is het de vraag wat de professionaliseringsslag van creatieve therapie tot een 'evidence-based' vaktherapie betekent in termen van fundamentele opvattingen over het vak. Actuele maatschappelijke trends maken het noodzakelijk om vakinhoudelijke discussies te blijven voeren. We hoeven onze energie niet te verspillen aan een machtsstrijd om erkenning, maar we moeten wel blijven inspelen op maatschappelijke ontwikkelingen.

De eigenheid van de beeldende therapie schuilt in de cliëntgerichte benadering en de zeggingskracht van het beeldend werk. De problematiek en de mogelijkheden die zichtbaar, tastbaar en behandelbaar worden in beeldend werk, zijn veelzeggend voor cliënt, cliëntsysteem en collega-behandelaar.

De beeldend therapeut heeft altijd te maken met cliënten, collega's, beleidsmakers die wel of juist niet goed begrijpen wat de waarde van beeldende therapie is. De beeldend therapeut zal zich dan ook altijd moeten verhouden tot verschillende manieren van kijken, ervaren en praten over het vak. Een beeldend therapeut kan vanuit meerdere perspectieven naar het vak en de professionalisering ervan kijken: op microniveau is dit vanuit de behandeling, het cliëntperspectief, de ervaringen in de relatie en in het medium (reflectieve professional) en vanuit de algemene behandeltaal (gericht op collega's en beleidsmakers). Op mesoniveau gaat het om de positie in de organisatie en op macroniveau betreft het de invloed van de maatschappelijke ontwikkelingen en overheidsbeleid. Op meso- en zeker op macroniveau wordt het moeilijk om als individu de situatie te beïnvloeden. Dan zijn beroepsvereniging en de regelgeving de aangewezen instanties.

Verantwoording afleggen

Professionalisering is een voortdurend proces waarnaar vanuit meerdere perspectieven gekeken kan worden. Actueel is de noodzaak om binnen de ggz een transparant behandelaanbod aan te bieden. Dit vraagt om explicitering en onderbouwing van het professioneel handelen. Een gestandaardiseerd behandelaanbod draagt bij aan mogelijkheden om te onderzoeken en te onderbouwen. Standaardisering is een punt van discussie en onderzoek. Argumenten worden genoemd dat met standaardisering de uniciteit van de behandelrelatie verdwijnt, de creativiteit van het vak niet in woorden te vatten is, externe partijen te veel invloed kunnen krijgen en vaktherapeuten tot uitvoerders van protocollen worden. Toch zal er verantwoording afgelegd moeten worden aan niet-vakgenoten over wat het vak te bieden heeft. Het is de vraag welk idioom en welke manieren van beschrijven en welke methoden van onderzoek het meest relevant zijn voor de beeldende therapie in het huidige professionaliseringsproces.

In ieder geval is het voor de actuele situatie van de beeldende therapie nodig om de aanwezige kennis en ervaring te beschrijven, te filmen, te exposeren en te bundelen. Met publicaties, presentaties, workshops en trainingen wordt bekendheid met en kennis over beeldende therapie bevorderd bij cliënten, partners van cliënten, verwijzers, beleidsmakers en financiers.

Onderzoek en verdere specialisatie dragen bij aan een betere positionering van de beeldende therapie. Dat geldt ook voor uitwisseling van kennis en ervaring tussen beroepsbeoefenaren, beroepsvereniging, opleidingen en instellingen, zowel op landelijk als internationaal niveau.

Therapeut, coach of trainer

We profileren ons om onze werkzaamheden professioneel verantwoord uit te voeren. We blijven de grenzen verkennen van de mogelijkheden die de kern van het beroep met zich meebrengt. De beeldend therapeut is als geen ander een specialist in het ervaringsgericht werken met vormgevingsprincipes, creatieve processen en ontwikkeling van mogelijkheden van mensen. Juist door deze kennis en kunde ligt een specialisatie als coach of trainer dicht bij de mogelijkheden.

Internationaal

Het internationale perspectief biedt weer andere kennis over en visie op het vak beeldende therapie. Eerder in dit hoofdstuk zijn er verschillen in opleidingsniveau en inhoud aangegeven. Een blik over de grenzen (internet) biedt veel wetenschappelijk onderbouwde kennis van en andere manieren van werken en denken over het vak. Internationale uitwisseling betekent dan ook een verrijking voor onze beroepsgroep.

Van creatief therapeut naar beeldend therapeut

We worden geconfronteerd met een aantal belangrijke vragen:
1 Is met de verandering in naamgeving van het beroep (beeldend therapeut, een van de vaktherapeutische beroepen) ook de focus zodanig verschoven dat er iets fundamenteels uit het zicht dreigt te geraken dat met de oude benaming van creatieve therapie, weliswaar impliciet en vaag, maar wel aanduidend centraal werd gesteld?
2 Raakt de methodologische reductie van de meerdimensionale en complexe werkelijkheid van creatieftherapeutische processen en interventies tot het platte vlak van kwantitatieve effectmetingen en lineaire causaliteit ook de identiteit van het vak?
3 Zal met de verandering van creatief- tot vaktherapeutisch, ook langzamerhand de wijze waarop we de cliënt bejegenen veranderen? Zal dit gevolgen hebben voor hoe de beeldend therapeut de mens achter de klacht ziet? Wat zijn de gevolgen voor de menselijke inbedding van het beeldendtherapeutische handelen?

In de context van een zich ontwikkelende maatschappij, veranderende overheidseisen, nieuwe inzichten in de beroepsuitoefening, blijft de beeldend therapeut in beweging. Er blijven tal van onderwerpen waar de beroepsbeoefenaar en de beroepsgroep zich toe moet verhouden. De uitdaging ligt op het vlak van de profilering vanuit eigenheid en kwaliteit van het vak. Het vastleggen van het eigen beeldendtherapeutisch werk in artikelvorm, op film in product- of modulevorm vraagt om onderbouwing met literatuuronderzoek en reflectie op eigen werken. Dit levert bewustwording van het methodisch denken op, onderbouwing van het professioneel handelen en meer zicht op de behandelvraag van de patiënt, en aanscherping van het beste antwoord daarop. Dit draagt ertoe bij dat we geen kortzichtige uitvoerders van protocollen worden, maar onze eigen visie uitdragen en het beroep met verve uitoefenen!

Toelichting bij dvd en website

Toelichting bij de dvd

Bij dit handboek is een dvd gevoegd om verschillende onderwerpen die in het boek worden behandeld inzichtelijk te maken. In de tekst is telkens met een dvd-symbool aangegeven dat aanvullende informatie op de dvd te vinden is. Er wordt verwezen naar de meest passende hoofdstukken en paragrafen. Het beeldmateriaal bevat echter vaak ook informatie die bij andere onderwerpen kan aansluiten. Het is aan de gebruiker om van de mogelijkheden van andere inzichten en verbanden te profiteren.

RECHTEN
De dvd bevat een aantal filmopnames. Degenen die in beeld komen in het filmmateriaal hebben hun toestemming gegeven voor publicatie.

VIDEOBEELDEN
Juist bij een ervaringsgerichte en visuele behandeling zoals beeldende therapie, is het belangrijk om praktijksituaties te kunnen bekijken. Op de dvd zijn verschillende doelgroepen te zien. Ook wordt er een kijkje geboden in instellingen en therapieruimtes waar beeldend therapeuten werken.
In verband met privacybescherming van cliënten is het bijzonder moeilijk toestemming te verkrijgen om filmmateriaal van beeldende therapie openbaar te maken. Dat heeft als gevolg dat er beperkt filmmateriaal voorhanden is. We hebben dan ook dankbaar gebruikgemaakt van de archieven van Marijke Rutten-Saris, die ten behoeve van onderzoek (Rutten-Saris, 2002) veel filmmateriaal tot haar beschikking heeft, waarvoor al toestemming is verkregen van de betrokkenen. Dit betekent echter dat de doelgroepen op de dvd niet representatief zijn voor de doelgroepen waar beeldend therapeuten mee werken. Het materiaal biedt wel veel aanknopingspunten om de informatie te

'vertalen' of te vergelijken met andere situaties waarin beeldend therapeuten werken.

Het filmmateriaal is niet van optimale kwaliteit, aangezien de behandeling op de eerste plaats komt en niet de kwaliteit van de film. Wanneer er met grote lampen gewerkt zou worden in een situatie waarin in een huiskamer behandeld wordt, zou dit een nadelige invloed op de behandeling kunnen hebben.

De waarde van film- en beeldmateriaal om het vak beeldende therapie over te dragen en te beschrijven is groot. Het verdient dan ook aanbeveling in de toekomst veel meer gebruik te maken van dit medium.

Hoofdstuk 1 Beeldende therapie
Bij 1.3.2

Shaun MacNiff, beeldend therapeut uit Amerika, is in 1987 naar Nederland gekomen en daarna nog vele malen. Deze historische opname is gemaakt op de Kopse Hof (thans opleiding Creatieve Therapie Hogeschool Arnhem en Nijmegen). Hier is voor het eerst sprake van beeldende therapie op een manier die leidt tot de kunstanaloge benadering. Shaun MacNiff heeft veel gepubliceerd en is bij uitstek een kunstenaar en beeldend therapeut die de helende kracht van kunst heeft beschreven.

Hoofdstuk 3 Methodisch handelen en fasering
Bij 3.2

Ontwikkeling in vertrouwen

Een meisje met hechtingsproblematiek komt eerst bij een orthopedagoog die haar test en gedrag met haar oefent. Een beeldend therapeut helpt de orthopedagoog omdat het meisje anders moeilijk te onderzoeken is. Een jaar later komt het meisje in beeldende therapie. Daar wordt ze behandeld voor haar moeite om de ander te vertrouwen.

Bij 3.3.3

Reproduceren is makkelijker

Timo is een autistische puber. Hij is op school vastgelopen met leren omdat hij niet kan improviseren. Hij kan alles reproduceren, maar is niet in staat in te spelen op onverwachte situaties. De behandeling is erop gericht te onderzoeken of Timo meer variatie in zijn handelingsrepertoire kan ontwikkelen. Op de dvd worden beelden getoond uit de kennismakingsfase. Te zien is hoeveel tijd het kost om aan zijn beeldende werk te gaan.

Bij 3.5
De koppen aanraken
Henny is een stagiaire beeldende therapie en werkt op een school voor leerlingen met spraak- en taalverwervingsproblemen. Een aantal filmfragmenten toont een cliënt van Henny die tijdens de behandelfase fysiek en emotioneel aanraakbaar wordt. Hij gaat zich lekkerder voelen en gemakkelijker praten. Het verwerven van deze sociale vaardigheden verruimt zijn mogelijkheden in sociale situaties aanzienlijk.

Bij 3.5
De spugende vulkaan
Hidde is een jongen van 7 jaar. Hij heeft een aan autisme verwante contactstoornis en krijgt beeldende therapie met als doel te onderzoeken of zijn veelvuldige frustratie en agressie om te bouwen zijn. Hidde spuugde mensen in het gezicht en vond dit interessant om de reacties, die hij ermee uitlokte.
De filmfragmenten over Hidde brengen de analogie tussen vormgevingsproces en het dagelijks leven in beeld. Op het niveau van de vitality affects is bijvoorbeeld zichtbaar dat er in de beginfase van de behandeling eetbaar materiaal uit de keuken wordt gebruikt om hem te helpen zich meer bewust te worden van de spuugbeweging. Hidde krijgt grip op de spuugbeweging, het overkomt hem na een tijdje niet meer. Het uitspugen kan dan ervaren worden als 'iets ergens uit laten komen'. In een latere fase van de behandeling wordt het spugen ook zichtbaar gemaakt voor Hidde bij het maken van een vulkaan. Een volgende stap in de behandeling ontstond na anderhalf jaar behandeling. Doordat hij de vulkaan ziet spugen, kan Hidde benoemen dat hij spuugt vanuit boosheid.

Hoofdstuk 4 Interventies
Bij 4.5.4
Samen is niet beperkt
Opname van beeldende gezinstherapie met een kind met downsyndroom.

Bij 4.5.7
'Dat kan toch niet'
Jurgen is een 25-jarige autistische man die functioneert als een baby van 0-2 maanden. Hij woont op een afdeling met twaalf andere mannen waar 'je niks mee kunt'. Vaak zijn deze mannen heel agressief omdat ze te weinig uitingsmogelijkheden hebben. In deze opname wordt zichtbaar hoe de beeldend therapeut 'afstemt', contact maakt.

De Ton
Beeldende therapieassessment met een diep autistische puber.

Vormgeven aan uitstraling
Toelichting bij de methode EBL met situaties uit behandelingen van Boris en Igor.

Hoofdstuk 5 Methoden en methodieken
Een aantal methoden en methodieken die aan de orde komen in hoofdstuk 5 zijn gefilmd terwijl er in praktijk mee gewerkt wordt. Van sommige methoden zijn foto's te zien van beeldend werk.
- Bij 5.2.5: **'t Tijdloze uur**, Michiel Dhont, de grondlegger van deze methode, aan het werk op een basisschool.
- Bij 5.2.6: **Vormgeven aan uitstraling**, toelichting bij de methode EBL met films over Boris en Igor, twee autistische jongens.
- Bij 5.3.7: **Fragmenten uit gezinscreatieve therapie.**
- Bij 5.3.10: **Analytische beeldende therapie**, foto's van tekeningen bij de methode.
- Bij 5.4.4: **Aanschilderen**, foto's van de voortgang van een beeldend proces.
- Bij 5.4.11: **Florence Cane**, filmopname van Ingrid van der Drift aan het werk met een cliënte.
- Bij 5.5.1: **DDS**, Barry Cohen neemt de test af.
- Bij 5.5.2: **RS-index**
  - Foto's van baby Oscar. De eerste grafische beeldelementen van een baby.
  - Interview met Marijke Rutten-Saris over onderzoek naar grafische beeldelementen.

Hoofdstuk 6 De beeldend therapeut in de organisatie
Bij 6.1.5 is een aantal films en foto's te bekijken van beeldende therapie met diverse doelgroepen.
- **De spugende vulkaan**: Harry, een jongen met PDD-NOS.
- **Pakken omhoog, vaállen**: een 5-jarige meervoudig gehandicapte jongen.
- **Ontwikkeling in vertrouwen**: beeldende therapie met een meisje met hechtingsproblematiek.
- **Reproduceren is makkelijker**: Klaas, 18 jaar, licht autistisch.
- **De koppen aanraken**: beeldende therapie met een sociaal angstige puber.
- **Vormgeven aan uitstraling**: toelichting bij de methode EBL met situaties Boris en Igor.

- **Nando kent zijn olifantjes**: beeldende therapie met een jongen met downsyndroom.
- **Kruisbestuiving**: samenwerking tussen een beeldend therapeut en een orthopedagoog.
- **'Dat kan toch niet'**: beeldende therapie met een meervoudig gehandicapte autistische man van 25 jaar.
- Foto's van beeldend werk van een cliënt met NAH (niet-aangeboren hersenletsel) en van beeldend werk van een slechtziende cliënt.
- **Getekend bestaan**: fragmenten uit de film over het werk van Truus Wertheim-Cahen; beeldende therapie met oorlogsslachtoffers.
- **Ontwortelden**: fragmenten uit een film over het werk van Fiety Meijer; beeldende therapie met vluchtelingen en ernstig getraumatiseerden.
- **Oeps wat nu?** Verkenningen van beeldend therapeuten als ze even niet weten hoe verder te werken met een cliënt.

Hoofdstuk 7 Faciliteiten

Er is een aantal praktijkruimtes te zien, zowel in instellingen als in privépraktijken.
Foto's brengen de wandeling in beeld van de voordeur van een instelling of praktijk, naar de ruimte waar de beeldende therapie wordt gegeven. Beelden van een school voor speciaal onderwijs, een kinder- en jeugdpsychiatrische instelling en een aantal ggz-instellingen. Er worden foto's van bergruimtes getoond en van een opslagplaats voor beeldend werk van cliënten.
Onder hoofdstuk 9 worden op de dvd folders en naambordjes getoond van de eigen praktijk van een aantal beeldend therapeuten.

Hoofdstuk 8 Onderzoek

- Oscar, foto's van onderzoek naar de ontwikkeling naar grafische beeldelementen.
- Interview Marijke Rutten-Saris over haar onderzoek naar EBL en RSige.
- Barry Cohen neemt de DDS af.

Hoofdstuk 9 Profilering en positionering in perspectief

Een aantal folders en naambordjes van privépraktijken van beeldend therapeuten.

Toelichting bij de internetsite

Aanvullende informatie wordt ook gegeven op de internetsite www.hbo-switch.nl. De formulieren en lijsten die op deze site zijn opgenomen, bieden uitgangspunten voor de beroepspraktijk. Hiermee wordt een maat voor kwaliteit van werken aangereikt. Op de site zijn gestandaardiseerde instrumenten opgenomen alsmede instrumenten die nader onderzocht en beschreven kunnen worden. In de tekst is telkens met het websitesymbool aangegeven dat aanvullende informatie te vinden is op deze internetsite.

Ga naar www.hboswitch.nl, klik op 'Handboek beeldende therapie' in het menu voor alle bijlagen.
De volgende lijsten zijn opgenomen:
- beeldaspectenlijst behorend bij paragraaf 1.3.2;
- appèllijst behorend bij paragraaf 1.3.1 en 5.2.1;
- DDS-powerpointpresentatie voor handboek beeldende therapie behorend bij paragraaf 5.5.1;
- DDS-Handboek behorend bij paragraaf 5.5.1;
- DDS-scoringslijst, behorend bij paragraaf 5.5.1;
- RS-index behorend bij paragraaf 5.2.6.; 5.5.2;
- RS-matrix behorend bij paragraaf 5.5.2;
- producttypering, bijlage a (schema met toelichting) behorend bij paragraaf 6.3;
- producttypering, bijlage b (voorbeeld) behorend bij paragraaf 6.3;
- de checklist beeldendetherapieruimte behorend bij paragraaf 7.1;
- beeldende materialenlijst behorend bij paragraaf 7.3.

(De formulieren en lijsten zijn gemakkelijk af te drukken en te gebruiken volgens de regels van het copyright.)

Bronnen

Literatuur

Hoofdstuk 1

Alaouanine, T. (1948). Aphasia and artistic realization. *Brain*, 71, 229-241.
Arnheim, R. (1954). *Art and visual perception, a psychology of the creative eye*. Berkeley, LA: University of California Press.
Arnheim, R. (2005). *Gestalt and Art, a psychological theory; Opnieuw ontsloten door Versteegen I*. Wenen: Springer Verlag.
Asselbergs-Neessen, V. (1989). *Kind, kunst en Opvoeding*. Amersfoort/Leuven: Acco.
Bachelard, G. (1990). *Psychoanalyse van het vuur*. Meppel: Boom.
Bakker, C. & Goei, L. de (2002). *Een bron van goede zorg en goede werken*. Nijmegen: SUN.
Berger, J. (1974). *Anders zien*. Nijmegen: SUN.
Bosman, A. (2008). *Pedagogische wetenschap, koorddansen tussen kunst en kunde; Oratie sektie orthopedagogiek van leren en ontwikkelen*. Nijmegen/Hilversum: Radboud Universiteit Nijmegen/Eenmalig.
Brodmann, K. (1909). *Vergleichende Lokalisationslehre der Grosshirnrinde in ihren Prinzipien dargestellt auf Grund des Zellenbaues*. Leipzig: J.A. Barth.
Brom, M. M. (1981). Ehrenzweig en het articulatieproces. In M. M. Brom (1984). *Over de kreatief process theorie en haar toepassingsmogelijkheden* (Interne uitgave). Amersfoort: Sociaal Pedagogische Opleidingen, Middeloo.
Buber, M. (1998). *Ich und Du*. Utrecht: Erven J. Bijleveld.
Buurman, K. (2005). *Van Kunstanaloog naar morfoloog en analoog proces* (Werkstuk module Theorieontwikkeling Masteropleiding Vaktherapieën). Sittard: Hogeschool Zuyd.
Buytendijk, F. (1932). *Het spel bij mens en dier, als openbaring van levensdriften*. Amsterdam: Kosmos.
Cane, F. (1951). *The artist in each of us, art therapy publications*. Washington DC: Craftsbury Common.
Carey, D. P., Dijkerman, C., Murphy, K. J., Goodale, M. A. & Milner, D. A. (2006). Pointing to places and spaces in a patient with visual form agnosia. *Neuropsychologia*, 44, 1584-1594.
Damasio, A. (2003). *Ik voel dus ik ben, hoe gevoel en lichaam ons bewustzijn vormen*. Amsterdam: Wereldbibliotheek.
Damasio, A. (2004). *Het gelijk van Spinoza, vreugde verdriet en het voelende brein*. Amsterdam: Wereldbibliotheek.
Damasio, A. R. (1994). *Descartes' error: emotion, reason, and the human brain*. New York: Grosset/Putnam.
Damasio, A. R. (1998). *De vergissing van Descartes, gevoel, verstand en het menselijke brein*. Amsterdam: Wereldbibliotheek.

Damasio, A. R., Tranel, D. & Damasio, H. (1991). Somatic markers and the guidance of behavior: Theory and preliminary testing. In H.S. Levin, H.M. Eisenbert & A.L. Benton (eds.), *Frontal lobe function and dysfunction* (pp. 217-229). New York: Oxford University Press.

Dewey, J. (1934). *Art as Experience*. New York: Minton Balch & Co.

Dijksterhuis, A. (2007). *Het slimme onbewuste, denken met gevoel*. Amsterdam: Bert Bakker.

Drift, H. van der (1957). *Beknopte leidraad bij de toepassing van speltherapie, culturele therapie en bewegingstherapie in de psychiatrische inrichting*. Utrecht: Bijleveld.

Droste, M. (2002). *Bauhaus 1919-1933*. Tübingen: Taschen.

Ehrenzweig, A. (1986). *Onbewuste processen bij het horen en zien van (kunst-) vormen* (H. Smitskamp, Trans.) (Interne uitgave). Amersfoort: Sociaal Pedagogische Opleidingen, Middeloo (oorspronkelijk werk gepubliceerd in 1953).

Erikson, E. (1964). *Kind en Samenleving* (Norton, Trans.). Utrecht: Het Spectrum (oorspronkelijk werk gepubliceerd in 1950).

Federatie Vaktherapeutische Beroepen (2007). *Profiel Vaktherapeutische beroepen, concept december*. Utrecht: FVB.

Franklin, S., Sommers, P. V. & Howard, D. (1992). Drawing without meaning? Dissociations in the graphic performance of an agnostic artist. In R. Campbell (ed.), *Mental Lives: Case studies in cognition* (pp. 179-198). Oxford: Blackwell.

Freud, A. (1973). *Het Ik en de afweermechanismen*. Baarn: Ambo.

Freud, S. (1984). *Cultuur en religie*. Meppel: Boom.

Gadamer, H. G. (1960). *Wahrheit und methode*. Tübingen: Taschen.

Gadamer, H. G. (1993). *De actualiteit van het schone, Kunst als spel, symbool en feest*. Meppel: Boom.

Gerritsen, R. (2004). *James. Reeks Kopstukken Filosofie*. Rotterdam: Lemniscaat.

Geschwind, N., & Galaburda, A. M. (1987). *Cerebral lateralization: biological mechanisms, associations and pathology*. Cambridge, MA: MIT Press.

Giddens, A. (1991). *Modernity and the self identity*. Cambridge, MA: Polity Press.

Gombrich, E. (1964). *Kunst en illusie, De psychologie van het weergeven*. Zeist: De Haan.

Gombrich, E. (1992). *Eeuwige schoonheid*. (14e ed.). Houten: De Haan.

Goodale, M. A., & Milner, A. D. (1992). Separate visual pathways for perception and action. *Trends in Neuroscience, 15*, 20-25.

Goodale, M. A., & Milner, A. D. (2004). *Sight unseen: An exploration of conscious and unconscious vision*. Oxford: Oxford University Press.

Grabau, E. & Visser, H. (1987). *Creatieve therapie, spelen met mogelijkheden*. Houten: Bohn Stafleu van Loghum.

Greenburg, L. S. (2002). *Emotion focused therapy*. Washington, DC: American Psychological Association.

Heidegger, M. (1996). *De oorsprong van het kunstwerk*. Meppel: Boom.

Hermans, H. e.a. (1995). *Self narratives, the construction of meaning in psychotherapy*. New York: Guilford Press.

Houben, J. & Smitskamp, H. (1982). *Derde Wil Waardenburg week* (Interne uitgave). Amersfoort: Sociaal Pedagogische Opleidingen Middeloo.

Huizinga, J. (1938). *Homo Ludens* (3e ed.). Groningen: Wolters Noordhoff.

Huizinga, J. (1938). *Homo Ludens, proeve van ener bepaling van het spel in de cultuur*. Haarlem: W.E.J. Tjeenk Willink.

Hutschemaekers, G. (1998). *Beroepen in beweging*. Utrecht: Trimbos-instituut.

Itten, J. (1994). *Kleurenleer*. Utrecht: Cantecleer.

James, W. (1901). *The principles of psychology*. Londen: MacMillan & Co.

Jung, C. (1992). *De mens en zijn symbolen*. Rotterdam: Lemniscaat.

Kastner, S., Schneider, K. A. & Wunderlich, K. (2006). Beyond a relay nucleus: neuroimaging views on the human LGN. *Progress in Brain Research*, 155, 125-143.

Kennedy, F. & Wolf, A. (1936). The relationship of intellect to speech defect in aphasic patients. *Journal of Nervous and Mental Disease*, 84, 125-145, 293-311.

Kliphuis, M. (1957). De betekenis van de creatieve activiteit. *Maandblad Geestelijke volksgezondheid*, 6.

Kliphuis, M. (1957). De creatieve bezigheid in de kinderbescherming (11e ed.). *De Koepel*.

Kliphuis, M. (1957). Psychiatrische bezigheidstherapie. *Maandblad Geestelijke volksgezondheid*, 11.

Kliphuis, M. (1973). Het hanteren van creatieve processen in vorming en hulpverlening. In L. Wils (red.), *Bij wijze van spelen, creatieve processen bij vorming en hulpverlening*, (chap. 3). Alphen aan den Rijn: Samsom.

Kliphuis, M. (1976). Basisbegrippen voor een algemene methodiek van kreatieve procestherapie (Lezing 8^e Congress of Art and Psychotherapy). *Documentatiebladen van de Vereniging voor Kreatieve Therapie*, 4.

Köhler, W. (1947). *Gestaltpsychology*. New York: International University Press.

Kramer, E. (1971). *Art as therapy with children*. New York: Schocken Books.

Kramer, E. (1980). *Creativiteitstherapie*. Rotterdam: Ad Donker.

Kris, E. (1952). The aesthetic illusion. In Kris, E., *Psychoanalytic explorations in Art New York Internationa*, (chap I, III). New York: University Press Inc. (Vertaling: Kris E. *De esthetische illusie* 1989, Meppel, Boom).

Kunneman, H. (1996). *Van theemutscultuur naar walkmanego, contouren van een postmoderne identiteit*. Amsterdam: Boom.

Kunneman, H. (2005). *Voorbij het dikke ik*. Amsterdam: SWP.

Kwant, R. C. (1968). *De fenomenologie van Merleau Ponty*. Utrecht/Antwerpen: Het Spectrum.

Kwant, R. C. (1968). *Mens en Expressie*. Utrecht: Prisma.

Landy, R. (1993). *The meaning of role in drama, therapy and every day life*. Londen: Jessica Kingsley.

Linde, M. van der (2007). *Basisboek geschiedenis sociaal werk in Nederland*. Amsterdam: SWP.

Löwenfeld, V. (1939). *The nature of Creative Activity*. New York: Harcourt Brace & Co.

Löwenfeld, V. (1952). *Creative and mental Growth*. New York: Macmillan & Co.

Marr, D. (1976). Early processing of visual information. *Philosophical Transactions of the Royal Society of London*, 275, 483-524.

McIntosh, R.D., Dijkerman, H.C., Mon-Williams, M. & Milner, A.D. (2004). Grasping what is graspable: Evidence from visual form agnosia. *CORTEX*, 40, 695-702.

McNiff, S. (1979). From shamanism to art therapy. *Art Psychotherapy*, 6(3).

McNiff, S. (1981). *The arts and psychotherapy*. Springfield, IL: Charles C. Thomas.

McNiff, S. (1988). *Fundamentals of art therapy*. Springfield, IL: Charles C. Thomas.

McNiff, S. (1991). *The Arts in Psychotherapy*, Springfield, IL: Charles C. Thomas.

McNiff, S. (1992). *Art as medicine: Creating a therapy of the imagination*. Boston: Shambhala.

Mei, J. van der & Verbeek, B. (1978). *Bij wijze van werken* (Intern document). Amsterdam: Universiteit van Amsterdam.

Mell, J. C., Howard, S. M. & Miller, B. L. (2003). Art and the brain: The influence of frontotemporal dementia on an accomplished artist. *Neurology*, 60, 1707-1710.

Merleau Ponty, M. (1945). *Phenomenologie de la Perception*. Parijs: Gallimard.

Merleau Ponty, M. (1964). *Le visible et l'invisible*. Paris: Gallimard.

Middeloonummer (1972). Uitgave bij 25 jaar Middeloo. *Documentatiebladen Nederlandse Vereniging voor Creatieve en Expressieve Therapie en Stichting Muziektherapie*, 8-3.

Milner, A. D. & Goodale, M. A. (1993). Visual pathways to perception and action. In T. P. Hicks, S. Molotchnikoff & T. Ono (eds.), *Progress in Brain Research*, 95, 317-337.

Milner, A. D. & Goodale, M. A. (1995). *The visual brain in action*. Oxford: Oxford University Press.

Milner, A. D. & Goodale, M. A. (2006). *The visual brain in action*. (2nd ed.). Oxford: Oxford University Press.

Mooij, A. (2002). *Psychoanalytisch gedachtegoed*. Amsterdam: Boom.

Muijen, H. (2001). *Metafoor tussen magie en methode*. Kampen: Agora.

Naumberg, M. (1948). Studies of 'free' art expression of behaviour problem children and adolescents as a means of diagnosis and therapy. *International Journal of Psychoanalysis*, 29, 69.

Naumberg, M. (1950). *Schizophrenic art: its meaning in psychotherapy*. New York: Grune & Stratton.

Naumberg, M. (1953). *Psychoneurotic Art*. New York: Grune & Stratton.

Naumberg, M. (1966). *Dynamically oriënted arttherapy*. New York: Grune & Stratton.

Nederlandse Vereniging Beeldend Therapeuten (n.d.). *Beleidsplan Nederlandse Vereniging Beeldend Therapeuten 2006-2008*. Utrecht: Auteur.

Perls, F. (1973). *Gestalttherapie verbatim* (Stevens, J., Trans.). Den Haag: Bert Bakker (oorspronkelijk werk gepubliceerd in 1977).

Peursen, C. van (1970). *Strategie van de cultuur*. Amsterdam: Elsevier.

Pizzagalli, D., Shackman, A. J. & Davidson, R. J. (2003). The functional neuroimaging in human emotion: Asymmetrical contributions of cortical and subcortical circuitry. In K. Hughdahl & R. J. Davidson (eds.), *The Asymmmetrical Brain* (pp. 511-532). Cambridge, MA: MIT Press.

Redl, F. & Wineman, D. (1970). *De behandeling van het agressieve kind* (P. J. Miessen, Trans.). Utrecht: Bijleveld (oorspronkelijk werk gepubliceerd in 1952).

Redl, F. & Wineman, D. (1987). *Kinderen die haten* (P. J. Miessen, Trans.). Utrecht: Bijleveld (oorspronkelijk werk gepubliceerd in 1951).

Revonsuo, A. & Newman, J. (1999). Binding and consciousness. *Consciousness and Cognition*, 8, 123-127.

Rogers, C. (1951). *Client centered therapy*. Boston: Hougton Mifflin.

Rogers, C. (1977). *On becoming a person*. Londen: Constable.

Rosmalen, J. van (1999). *Het woord aan de verbeelding*. Houten: Bohn Stafleu van Loghum.

Rutten-Saris, M. (1990). *Basisboek lichaamstaal*. Assen: Koninklijke Van Gorcum. www.EBLcentre.com

Sacks, O. (1995). The case of the color blind painter. *An Anthroplogist On Mars* (pp. 3-41). New York: Alfred A. Knopf.

Sala, S. Della (1999). *Mind myths: Exploring popular assumptions about the mind and brain*. New York: Wiley.

Schouten, K. (2001). *Geschiedenis en ontwikkeling van de creatieve therapie* (Gastcollege Creatieve Therapie). Amersfoort: Hogeschool van Utrecht.

Schweizer, C. (red.). (2001). *In beeld*. Houten: Bohn Stafleu van Loghum.

Sitskorn, M. (2006). *Het maakbare brein*. Amsterdam: Bert Bakker.

Sitskorn, M. (2008). *De passies van het brein*. Amsterdam: Bert Bakker.

Sitskorn, M. (2008). *Lang leve de hersenen*. Amsterdam: Bert Bakker.

Smeijsters H. (2008a). *De kunsten van het leven, hoe kunst bijdraagt aan een emotioneel gezond leven*. Diemen: Veen.

Smeijsters, H. (2007). *Emotion focuses* (Lezing Vaktherapieën Lectoraat KenVak). Heerlen: Hogeschool Zuyd.

Smeijsters, H. (2008). *Handboek Creatieve Therapie* (3e ed.). Bussum: Coutinho.
Smeijsters, H. (n.d.) *De muziek van het gevoel* (Lezing Lectoraat KenVak). Heerlen: Hogeschool Zuyd.
Smitskamp, H. & Te Velde, J. (1988). *Het kreatief proces, toepassingen in therapie en onderwijs.* Culemborg: Phaedon.
Smitskamp, H. (1977). *Onderzoek kreatieve procestheorie, twee veldboeketten* (Intern document). Amersfoort/Amsterdam: SPO Middeloo/Orthopedagogisch instituut Amsterdam.
Smitskamp, H. (1981). Methodologische wederwaardigheden bij onderzoek naar muziektherapie. *Documentatiebladen van de Vereniging voor Kreatieve Therapie*, 5.
Smitskamp, H. (1981). *Verwarringen en ontdekkingen, onderzoek naar de kreatief procestheorie* (Intern document). Amersfoort/Amsterdam: SPO Middeloo / Orthopedagogisch instituut Amsterdam.
Stern, D. (2000). *The interpersonal world of the infant. A view from psychoanalysis and development psychology.* New York: Basis Books.
Stern, D. (2004). *The present moment in psychotherapy and everyday life.* New York: Norton.
Vaessen, (1957). *Creatieve diagnostiek en therapie.* Voordrachtenreeks van de Nederlandse psychiaters in dienstverband.
Vaessen, M. L. J. (1955). Een afdeling creatieve therapie in het kader van de psychotherapie in de psychiatrische inrichting. *Maandblad Geestelijke volksgezondheid*, 11, 133-142.
Vermeer, E. (1955). *Spel en spelpedagogische problemen.* Utrecht: Bijleveld. http://Imagenarymuseum.org
Vermeer, E. A. A. (1959). Het spel van het kind. In L. van Gelder & E. A. A. Vermeer (eds.). *Informatie over opvoeding en onderwijs.* Groningen: Wolters Noordhoff.
Verstegen, I. (2005). *Arnhem, Gestalt and Art, a psychological theory.* Wenen: Springer.
Visser, H. (1986). *Kunst als opvoedingsideaal. Historisch pedagogisch onderzoek in het kader van doctoraalstudie orthopedagogiek.* Eigen beheer.
Weiskrantz, L. (1986). *Blindsight: A case study and its implications.* Oxford: Oxford University Press.
Wertheim-Cahen, T. (2003). Een brug tussen intuïtie en cognitie; veertig jaar creatieve therapie in de Nederlandse GGZ. *Maandblad Geestelijke volksgezondheid*, 58, 666-682.
Wijze, J. e.a. (1977). *Een droogboeket* (Intern document). Amsterdam: Universiteit van Amsterdam.
Wils, L. Expressie en creativiteit, wijsgerige notities. In L. Wils (red.). (1973). *Bij wijze van Spelen, creatieve processen bij vorming en hulpverlening.* Alphen aan den Rijn: Samsom.
Wright, C. L., Dickerson, B. C., Feckzo, E., Negeira, A. & Williams, D. (2007). A functional magnetic resonance imaging study of amygdala responses to human faces in aging and mild Alzheimer's Disease. *Biological Psychiatry*, 62, 1388-1395.
Yalom, I. (1983). *Inpatient group psychotherapy.* New York: Basic Books.

Hoofdstuk 2

Abraham, R. E. (2005). *Het ontwikkelingsprofiel* (3e ed.). Assen: Koninklijke Van Gorcum.
American Psychiatric Association (1994). *DSM IV Tr (Diagnostic Statistic Manual of Mental Disorders).* Washington: APA.
Aydin, C. (2007). Charles S. Peirce, Fenomenologie van Een Twee Drie. In C. Aydin (red.), *De vele gezichten van de fenomenologie.* Kampen: Klement.
Banning, H. & Banning-Mull, M. (2006). *Narratieve begeleidingkunde.* Baarn: Nelissen.

Beelen, F. & Oelers, M. (2000). *Interactieve creatieve therapie met groepen*. Houten: Bohn Stafleu van Loghum.

Beelen, F. (2003). *Gezins creatieve therapie*. Houten: Bohn Stafleu van Loghum.

Boevink, W. e.a. (2007). *Herstel, empowerment en ervaringsdeskundigheid, van mensen met psychische aandoeningen*. Amsterdam: SWP.

Bowlby, J. (1969). *Attachment and loss*. New York: Basic Books.

Bringuier, J. C. (1982). *Gesprekken met Piaget*. Amsterdam: Meulenhoff.

Buber, M. (1998). *Ik en Jij* (M. Storm, Trans.). Utrecht: Erven J. Bijleveld (oorspronkelijk werk gepubliceerd in 1924).

Cane, F. (1951). *The artist in each of us*. Washington DC: Craftsbury Common.

Cilissen, A. (2008). *De creatief therapeutische driehoek* (Interne publicatie). Heerlen: Opleiding Creatieve Therapie, Hogeschool Zuyd.

Cluckers, G. e.a. (1986). *Steungevende kinderpsychotherapie, een andere weg*. Houten: Van Loghum Slaterus.

Cooper, D. E. (1997). Immanuel Kant, Critique on aesthetic judgement. In D. E. Cooper, *Aesthetics, the classical readings*. Oxford: Blackwell.

Cooper, D. E. (1997). John Dewey, Art as experience. In D. E. Cooper, *Aesthetics, the classical readings*. Oxford: Blackwell.

Csikszentmihalyi, M. (1996). *Creativity, flow and the psychology of discovery and invention*. New York: Harper Collins.

Damasio, A. (1998). *De vergissing van Descartes, gevoel, verstand en het menselijke brein*. Amsterdam: Wereldbibliotheek.

Damasio, A. (2001). *Ik voel, dus ik ben, hoe gevoel en lichaam ons bewustzijn vormen*. Amsterdam: Wereldbibliotheek.

Damasio, A. (2003). *Het gelijk van Spinoza, vreugde, verdriet en het voelende brein*. Amsterdam: Wereldbibliotheek.

Dekkers, W. (2007). Maurice Merleau Ponty, De fenomenologie van het lichaam. In C. Aydin (red.), *De vele gezichten van de fenomenologie*. Kampen: Klement.

Delft, van F. (2004). *Overdracht en tegenoverdracht*. Baarn: Nelissen.

Dewey, J. (1934). *Art as experience*. New York: Peregri Books.

Eco, U. (2005). *De geschiedenis van de schoonheid*. Amsterdam: Bert Bakker.

Eco, U. (2007). *De geschiedenis van de lelijkheid*. Amsterdam: Bert Bakker.

Edelman, G. & Tononi, G. (2001). *A universe of consciousness, How matter becomes imagination*. New York: Basic Books.

Edwards, B. (2001). *The new drawing on the right side of the brain*. New York: Harper Collins.

Eerenbeemt, E. van den & Heusden, A. van (1983). *Balans in beweging*. Haarlem: De Toorts.

Eerenbeemt, E. van den (2007). *De liefdesladder*. Amsterdam: Archipel.

Ehrenzweig, A. (1975). *Psychoanalysis of artistic vision and hearing*. Londen: Sheldon.

Ehrenzweig, A. (1986). *Onbewuste processen bij het horen en zien van (kunst)vormen* (H. Smitskamp, Trans.) (Interne uitgave). Amersfoort: Sociaal Pedagogische Opleidingen, Middeloo. (oorspronkelijk werk gepubliceerd in 1953)

Erikson, E. (1950). *Het kind en de samenleving*. Utrecht: Prisma.

Erikson, E. (1968). *Identiteit, jeugd en crisis*. Utrecht: Prisma.

Freeland, C. (2004). *Maar is het kunst?* Amsterdam: Prometheus.

Freud, A. (1973). *Het Ik en de afweermechanismen*. Bilthoven: Ambo.

Freud, S. (1967). *Interpretation of dreams*. New York: Avon-Discus Books.

Gadamer, H. G. (1960). *Wahrheit und Methode*. Tübingen: Mohr.

Gadamer, H. G. (1993). *De actualiteit van het schone, kunst als spel, symbool en feest*. Meppel: Boom.

Gerritsen, R. (2004). *Reeks Kopstukken Filosofie.* Rotterdam: Lemniscaat.
Goldschmidt, T. (2007). *De kloten van de engel.* Amsterdam: Atheneum-Polak & Van Gennep.
Gombrich, E. (1996). *Eeuwige Schoonheid.* Houten: Unieboek.
Grabau, E. & Visser, H. (1987). *Creatieve Therapie.* Houten: Bohn Stafleu van Loghum.
Guilford, J. (1950). *Creativity.* New York: MacGraw-Hill.
Guilford, J. (1967). *The Nature of human Intelligence.* New York: MacGraw-Hill.
Gurp, W. van (2001). Angst in beeld. In C. Schweizer (red.), *In beeld: doelgroepgerichte behandelmethoden van beeldend therapeuten.* Houten: Bohn Stafleu van Loghum.
Habermas, J. (1981). *Theorie des kommunikatieven Handelns.* Frankfurt: Suhrkamp.
Haeyen, S. (2007). *Niet uitleven maar beleven, beeldende therapie bij persoonlijkheidsproblematiek.* Houten: Bohn Stafleu van Loghum.
Hart, O. van der (1984). *Rituelen in psychotherapie.* Houten: Van Loghum Slaterus.
Heijst, A. van (2006). *Menslievende zorg, een ethische kijk op professionaliteit.* Kampen: Klement.
Hellendoorn, J. (1985). *Therapie kind en spel, bijdrage tot de beeldcommunicatie.* Houten: Van Loghum Slaterus.
Henrich, D. & Iser, W. (1982). *Theorieën der Kunst.* Frankfurt: Suhrkamp Taschen.
Hermans, H. (2006). *Dialoog en misverstand; leven met de toenemende bevolking van onze innerlijke ruimte.* Soest: Nelissen.
Heylen, M. & Janssens, K. (2001). *Het contextuele denken.* Woudenberg: Acco.
Heymann, F. (1999). *Denken en doen in dialoog, een methode voor behoeften articulatie en ontwikkeling.* Wageningen: Landbouwuniversiteit Wageningen.
Hopman, M. (1999). *Creatieve processen, over studie en beroepshouding van kunstenaars.* Assen: Koninklijke Van Gorcum.
Hopman, M. (1999). *Creativiteit onder druk.* Assen: Koninklijke Van Gorcum.
Huizinga, J. (1938). *Homo Ludens, proeve van ener bepaling van het spel in de cultuur.* Haarlem: Tjeenk Willink.
Hutschemaekers, G. (2001). *Onder professionals, hulpverleners en professionals in de GGZ.* Meppel: Boom.
Hutschemaekers, G., Tiemens, B. & Smit, A. (2006). *Weg van professionalisering.* Wolfheze: De Gelderse Roos.
Itten, J. (1994). *Kleurenleer.* De Bilt: Cantecleer.
Jacobs, G. e.a. (2008). *Goed werk.* Amsterdam: SWP.
James, W. (1901). *Principles of psychology.* Londen: Harvard University Press.
James, W. (1992). *De hoofdsom van de psychologie* (D. Draaisma Trans.). Lisse: Swets en Zeitlinger.
Janssen-Vos, F. (2006). *Spel en ontwikkeling.* Assen: Koninklijke Van Gorcum.
Jung, C. (1966). *De mens en zijn symbolen.* Rotterdam: Lemniscaat.
Klijn, W. & Scheller-Dikkers, S. (2006). *Waar woorden tekort schieten.* Leuven: Acco.
Kliphuis, M. (1957). Psychiatrische bezigheidstherapie. *Maandblad geestelijke volksgezondheid,* 11.
Kliphuis, M. (1973). Het hanteren van creatieve processen in vorming en hulpverlening. In L. Wils (red.), *Bij wijze van Spelen, creatieve processen bij vorming en hulpverlening,* (hfdst. 3). Alphen aan den Rijn: Samsom.
Klompé, H. (2001). Sorry dat ik het papier verspild heb. In C. Schweizer (red.), *In Beeld: Doelgroepgerichte behandelmethoden van beeldend therapeuten.* Houten: Bohn Stafleu van Loghum.
Kolb, D. (1984). *Experiental learning, experience as the source of learning and development.* New York: Prentice Hall.
Kunneman, H. (1998). *Postmoderne Moraliteit.* Meppel: Boom.

Kunneman, H. (2005). *Voorbij het dikke Ik*. Amsterdam: SWP.
Kwant, R. C. (1968). *De wijsbegeerte van Merleau Ponty*. Utrecht: Prisma.
Kwant, R. C. (1968). *Mens en Expressie*. Utrecht: Prisma.
Laan, G. van der (2006). *Maatschappelijk werk als ambacht, inbedding en belichaming*. Amsterdam: Universiteit voor Humanistiek / SWP.
Laan, G. van der (2007). De ambachtelijke professional. *Tijdschrift Sociale Interventie*, 2.
Landelijke Stuurgroep Multidisciplinaire Richtlijnontwikkeling (2007). *Multidisciplinaire Richtlijn Depressie*. www.ggzrichtlijnen.nl.
Landy, R. (1993). *Dramatherapy concepts and practices*. Springfield IL: C.C. Thomas.
Lange, A. (2006). *Gedragsveranderingen in gezinnen*. Groningen: Wolters Noordhoff.
Linehan, M. (2002). *Dialectische gedragstherapie bij Borderline persoonlijkeidsstoornis*. Amsterdam: Harcourt Assessment BV.
Lubbers, R. (1966). *Voortgang en nieuw begin in de opvoeding, Beeldend verhalen als hulpmiddel bij opvoedingsmoeilijkheden*. Assen: Koninklijke Van Gorcum.
Lubbers, R. (1988). *Psychotherapie door beeld en begripsvorming*. Nijmegen: Dekker & Van de Vegt.
Lusebrink, V. B. (1990). *Imagery and visual expression in therapy*. New York: Plenum Press.
Mahler, M. (1974). *Symbiosis and individuation, the psychological birth of the human infant*. New York: Basic Books.
Malan, D. (2000). *Indviduele psychotherapie*. Houten: Bohn Stafleu van Loghum.
Meel-Jansen, A. Th. van (1998). *De kunst verstaan. Inleiding in de psychologie van de beeldende kunst*. Assen/Maastricht: Koninklijke Van Gorcum.
Merleau-Ponty, M. (1945). *Phenomenologie de la Perception*. Parijs: Gallimard.
Merleau-Ponty, M. (1964). *Le visible et le invisible*. Parijs: Gallimard.
Milders, C. & van Tilburg, W. (1988). *Systeemdenken, een kritische benadering*. Assen: Koninklijke Van Gorcum.
Molen, H. van der, Perreijn, S. & Hout, M. van den (2008). *Klinische psychologie, theorieën en psychopathologie*. Groningen: Wolters Noordhoff.
Molenaar-Coppens, E. (1992). *Onderzoeksvoorstel Beeldwaarneming in Kreatieve Therapie*. HAN-intern.
Molenaar-Coppens, E. (1995). Krom en recht: De kromme en de rechte als symbool. *Tijdschrift voor Creatieve Therapie*, 2.
Molenaar-Coppens, E. (2004). Beeldwaarneming. In: *Reader van het Symposium Vakbouquet, Innovatie en Kwaliteit in non-verbale therapie en agogie*. Meerkanten GGZ Flevo-Veluwe (pp. 23-30).
Muijen, H. (2001). *Metafoor tussen magie en methode*. Kampen: Agora.
Oppen, P. van (2004). Cognitive therapy for obsessive-compulsive disorder. *Clinical Case Studies*, *3*, 333-349.
Oppen, P. van & Arntz, A. (1994). Cognitive therapy for obsessive-compulsive disorder. *Behavior Research and Therapy*, *32*, 79-87.
Pameijer, N. e.a. (2004). *Handelingsgerichte diagnostiek*. Amersfoort: Acco.
Peirce, C. S. (1958). *Collected Papers 1931-1935*. Harvard: Harvard University Press.
Piaget, J. & Inhelder, B. (1972). *De psychologie van het kind*. Houten: Van Loghum Slaterus.
Rankanen, M. e.a. (2007). *Taideterapian perusteet (Handbook of Art Therapy)*. Helsinki: Duodecim.
Ricoeur, P. (1992). *Oneself as Another*. Chigago: Chicago University Press.
Rogers, C. (1951). *Clientcentered therapy its current practice, implications and theory*. Boston: Houghton Mifflin.
Rogers, C. (1954). *Psychotherapy and personal change*. Chigago: Chicago University Press.
Rogers, C. (1961). *On becoming a person*. Boston: Houghton Mifflin.

Ruijssenaars, A. (2001). *Leerproblemen en leerstoornissen.* Heemstede: Lemniscaat.
Rutten-Saris, M. (1990). *Basisboek Lichaamstaal.* Assen: Koninlijke Van Gorcum.
Sandler, J. (1976). Countertransference and role responsiveness. *The International Review of Psycho-Analysis, 3.*
Sandler, J., Dare, C. & Holder, A. (1973). *The patient and the analyst: The basis of the psychoanalytic process.* London: Allan & Unwin.
Schön, D. A. (1983). *The reflective practitioner.* New York: Basic Books.
Schön, D. A. (1988). *Educating the reflective practitioner.* San Francisco: Jossey Bass.
Schuld, H. (2008). *Ethiek achter de visie.* (Intern paper t.b.v. master opleiding Begeleidingskunde. Rotterdam: Erasmus Hogeschool te Rotterdam.
Schweizer, C. (red.). (2001). *In Beeld: doelgroepgerichte behandelmethoden van beeldend therapeuten.* Houten: Bohn Stafleu van Loghum.
Seligmann, M. (2006). *Authentic Happiness.* Londen: Nicolas Brealey.
Smeets, M. & Verheugt-Pleiter, J. (2005). *Affectregulatie bij kinderen, een psychoanalytische benadering.* Assen: Koninklijke Van Gorcum.
Smeets, M. & Verheugt-Pleiter, J. (2005). *Affectregulatie bij kinderen, een psychoanalytische benadering.* Assen: Koninklijke Van Gorcum.
Smeijsters, H. (2008). *De kunsten van het leven (deel 2).* Diemen: Veen.
Smeijsters, H. (2000, 2008). *Handboek creatieve therapie* (3e ed.). Bussum: Coutinho.
Smeijsters, H. (red.). (2006). *Handboek Muziektherapie.* Houten: Bohn Stafleu van Loghum.
Stangos, N. (1994). *Concepts of modern Art.* New York: Thames & Hudson.
Stern, D. (1985). *The interpersonal world of the infant.* New York: Basic Books.
Stern, D. (2004). *The present moment in psychotherapy and everyday life.* New York: Basic Books.
Storr, A. (1981, 1997). *Psychotherapie als kunst.* Assen: Boom.
Timmers-Huigen, D. (2001). *Meer dan luisteren.* Amsterdam: Reed Elsevier.
Tonkens, E. (red.). (2006). *Handboek moraliseren.* Amsterdam: Van Gennep.
Tromp, C. (2004). *Breedbeeldwetenschap.* Utrecht: Jan van Arkel.
Verhofstadt-Deneve, L., Vyt, A. & Geert, P. van (2003). *Handboek Ontwikkelingspsychologie, grondslagen en theorieën.* Houten: Bohn Stafleu van Loghum.
Vermeer, E. (1962). *Spel en spelpedagogische problemen.* Utrecht: Bijleveld.
Visser, H. (2007). *Vraagverheldering in de zorg voor mensen met een verstandelijke beperking.* Amsterdam: SWP.
Vossen, A. (1976). *Zichzelf worden in de menselijke relatie.* Haarlem: De Toorts.
Waal, F. de (2005). *De aap en de filosoof, hoe de moraal is ontstaan.* Amsterdam: Contact.
Wallas, G. & Smith, R. (1926). *Art of Thought.* New York: Harcourt.
Watzlawick, P. (1975). *Pragmatische aspecten van de menselijke communicatie.* Houten: Van Loghum Slaterus.
WHO-FIC Collaborating Centre. (2002). *Nederlandse vertaling van de International Classification of Functioning, Diseases and Health.* Bilthoven: RIVM.
Widdershoven, G. (2000). *Ethiek in de kliniek.* Amsterdam: Boom.
Wils, L. (1973). Expressie en creativiteit, wijsgerige notities. In L. Wils (red.). *Bij wijze van Spelen, creatieve processen bij vorming en hulpverlening,* (hfdst. 2). Alphen aan den Rijn: Samsom.
Winnicott, D. (1964). *The child, the family and the outside world.* Harmondworth: Penguin.
Winnicott, D. (1987). *Playing and reality.* Londen: Routledge.
Yalom, I. (1983). *Inpatient group psychotherapy.* New York: Basic Books.
Young, J. & Klosko, J. (2002). *Leven in je leven, leer de valkuilen in je leven kennen.* Amsterdam: Harcourt.

Hoofdstuk 3

Abraham, R. (1997). *Het ontwikkelingsprofiel, een psychodynamische diagnose van de persoonlijkheid.* Assen: Koninklijke Van Gorcum. www.ontwikkelingsprofiel.nl

Abraham, R. (2005). *Het ontwikkelingsprofiel in de praktijk.* Assen: Koninklijke Van Gorcum.

Beelen, F., Oelers, M. & Muller, S. (2000). *Interactief, Creatieve therapie met groepen.* Houten: Bohn Stafleu van Loghum.

Beugen, M. van (1972). *Sociale technologie.* Assen: Koninklijke Van Gorcum.

Budde, E. (2008). *Wat woorden niet kunnen zeggen.* Houten: Bohn Stafleu van Loghum.

Drie, M. van (2001). Lezen wie je bent. *Tijdschrift voor Creatieve Therapie,* 2.

Drift, I. van der (1997). Haalbare doelstellingen. *Tijdschrift voor creatieve therapie,* 1.

Federatie Vaktherapeutische Beroepen (2007). *Beroepsprofiel.* Utrecht: FVB.

Gant, L. & Tabone C. (1998). *PPAT rating manual: the formal elements art therapy scale.* Morgantown WV: Gargoyle Press.

Jonge, F. de e.a. (1987-1988). Uitzicht op inzicht. *Tijdschrift voor Psychiatrie,* 1887-13, 1988-14, 1988-15 (Artikel I, II, III).

Kamp, M. van der, *Reeks methodiekontwikkeling: Methodiekontwikkeling, concepten en trajecten.* Utrecht: SWP.

Landelijk opleidingsprofiel HBO Creatieve Therapie. (2008). Amersfoort/Heerlen/Leeuwarden/Nijmegen: Landelijk Opleidingsoverleg Opleidingen Creatieve Therapie in Nederland.

Laan, G. van der (1993). Methodiekontwikkeling: over systematiek en doelgerichtheid: In: Migchelbrink, F. (2007). *Praktijkgericht onderzoek in zorg en welzijn.* Utrecht: SWP.

Mulder, F. & Tepper, H. (1993). *Kwaliteitsmanagement en resultaatgerichte bedrijfsvoering.* Deventer: Kluwer.

Piaget, J. & Inhelder, B. (1966, 1972). *De psychologie van het kind.* Houten: Van Loghum Slaterus.

Rutten-Saris, M. (1990). *Basisboek Lichaamstaal.* Assen: Koninklijke Van Gorcum. www.eblcenter.com

Silver, R. (2008). Samenvatting 'Silver Drawing Test'. In E. Roodvoets, *Tijdschrift voor Vaktherapie,* 2.

Silver, R. (2007). *The silver drawing test and draw a story.* Florence, Abingdon: Routledge.

Smeijsters, H. (2000, 2008). *Handboek Creatieve Therapie* (3e ed.). Bussum: Coutinho.

Smeijsters, H. (red.). (2005). *Praktijkonderzoek in vaktherapie.* Bussum: Coutinho.

Smeijsters, H. (red.). (2006). *Handboek Muziektherapie.* Houten: Bohn Stafleu van Loghum.

Strien, P. van (1986). *Praktijk als wetenschap, methodologie van het sociaal-wetenschappelijk handelen.* Assen: Koninklijke Van Gorcum.

Winkelaar, P. (2004). *Methodisch werken, Inleiding tot methodisch handelen met en voor mensen.* Leusden: De Tijdstroom.

Hoofdstuk 4

Bos, J. (2006). *Taal en de kracht van non-verbaal* (Lezing Studiedag NVBT). Leeuwarden.

Bruyn, E. E. J. de, Ruijssenaars, A. J. J. M., Pameijer, N. K. van & Aarle, E. J. M. (2003). *De diagnostische cyclus, een praktijkleer,* (pp. 192, 193). Leuven: Acco.

Vanaerschot, G. (2003). Basale interventies. In dr. S. Colijn, drs. J. A. Snijders & dr. W. Trijsenburg (eds.), *Leerboek integratieve psychotherapie* (hfdst 4). Utrecht: De Tijdstroom.

Csikszentmihalyi, M. (1996). *Creativity, flow and the psychology of discovery and invention.* New York: Harper Collins.

Driest, J., Dooren, K. van, Schweizer, C. & Smeijsters, H. (2008). *Concept landelijk opleidingsprofiel creatieve therapie, Voorlopige en gezamenlijke, interne publicatie*. Amersfoort/Heerlen/Nijmegen/Leeuwarden: Hogeschool Utrecht / Hogeschool Zuijd / Hogeschool Arnhem Nijmegen / Stenden Hogeschool.

Haeyen, S. (2007). *Niet uitleven maar beleven, beeldende therapie bij persoonlijkheidsproblematiek*. Houten: Bohn Stafleu van Loghum.

Janzing, C. & Kerstens, C. (2001). *Werken in een therapeutisch milieu*. Houten: Bohn Stafleu van Loghum.

Kranz, B. (2006). *Interventies van vaktherapeuten*. Arnhem/Nijmegen: Opleiding Creatieve Therapie Hogeschool Arnhem/Nijmegen.

Kievit, Th., Wit, J. de, Groenendaal, J. H. A. & Tak, J. A. (eds.). (1992). *Handboek psychodiagnostiek voor de hulpverlening aan kinderen*. Leuven: Acco.

Pool, G., Heuvel, F., Ranchor, A. V. & Sanderman, R. (eds.). (2004). *Handboek psychologische interventies bij chronisch-somatische aandoeningen*. Assen: Koninklijke Van Gorcum.

Remmerswaal, J. (2006). *Handboek groepsdynamica, een nieuwe inleiding op theorie en praktijk*. Houten: Bohn Stafleu van Loghum.

Rutten-Saris, M. (1990). *Basisboek lichaamstaal*. Assen: Koninklijke Van Gorcum.

Rutten-Saris, M. (2002). *The R-S-index. A diagnostical instrument for the assessment of interaction structures in drawing*. Eigen beheer. www.eblcentre.com

Rutten-Saris, M. (2003). *Individual and self-silent group dynamic aspects in an art therapy group*. Eigen beheer. www.eblcentre.com

Schweizer, C. (1997). Structurerend werken: inperking biedt ruimte. *Tijdschrift voor Creatieve Therapie*, 1, 14-18.

Schweizer, C. & Visser, C. (2006). *Verschil moet er zijn. Overeenkomsten en verschillen in interventies met spel en kunstzinnige middelen door creatief therapeuten en creatieve agogen*. Leeuwarden: Kenniskring Social Work and Arts Therapies, Opleiding Creatieve Therapie Hogeschool Stenden.

Smeijsters, H. (2008). *Handboek Creatieve Therapie* (3e ed.). Bussum: Coutinho.

Smeijsters, H. (2008). *De kunsten van het leven, deel 1 en 2*. Diemen: Veen.

Teijen, A. van, Duin, C. van, Perreira, E., Kessler, M. & Tjoa, T. (2007). *Caleidoscopia 2007*. Eigen beheer. www.caleidoscopia.nl

Watzlawick, P., Helmick Beavin, J., Jackson, D. D. (1977). *Pragmatische aspecten van de menselijke communicatie*. Houten: Bohn Stafleu van Loghum.

Winkelaar, P. (2004). *Methodisch werken. Inleiding tot methodisch handelen met en voor mensen*. Utrecht: De Tijdstroom.

Yalom, I. D. (1991). *Groepspsychotherapie in praktijk*. Houten: Bohn Stafleu van Loghum.

Hoofdstuk 5

Achterberg, J. (1984). Imagery and medicine: Psychophysiological speculations. *Journal of Mental Imagery*, 8, 1-13.

Adriaens, M. & Verstegen, D. (2003). *Ruimte zien*. Rotterdam: Asoka.

Amendt, N. (2001). *Art and creativity in gestalt Therapy*. Lyon: The Analytic Press.

Amman, R. (1989). *Heilende Bilder der Seele. Das Sandspiel, der schöpferiches Weg der Persönlichkeitentwicklung*. München: Kösel.

Arguelles, J. & Arguelles, M. (1994). *Mandala, De mandala vanuit een universeel kader belicht* (2nd ed.). Deventer: Ankh-Hermes.

Arnheim, R. (1974). *Art and visual perception*. Berkely: University of California Press.

Arntz, A. & Bögels, S. (2000). *Schemagerichte cognitieve therapie voor persoonlijkheidsstoornissen*. Houten: Bohn Stafleu van Loghum.

Avelingh, M. (1995). *Schilderen, boetseren en tekenen als kunstzinnige therapie*. Zeist: Christofoor.
Bach, S. (1990). *Life Paints its own span*. Zurich: Daimon.
Bachmann, H. I., (1985). *Malen als Lebensspur*. Stuttgart: Klett-Cotta.
Baer, R. (2003). Mindfulness training as a clinical intervention: a conceptual and empirical review. *Clinical Psychology*, 10(2), 125-142.
Bakker, F. (2002). *De wondere wereld van Zen*. Eerserveen: Akasha.
Bannnink, F. P. (2006). *Oplossingsgerichte vragen, Handboek oplossingsgerichte gespreksvoering*. Amsterdam: Harcourt Assessment BV.
Bateman, A. & Fonagy, P. (2005). *Psychotherapy for borderline personality disorder. Mentalisation Based treatment*. New York: Oxford University Press.
Bateman, A. W. & Fonagy, P. (2004). *Psychotherapy for borderline personality disorder; Mentalization based treatment*. Oxford: Oxford University Press.
Bateman, A. W. & Fonagy, P. (2007). *Mentaliseren bij de borderlinepersoonlijkheidsstoornis, praktische gids voor hulpverleners in de GGZ*. Houten: Bohn Stafleu van Loghum.
Batement, A. & Fonagy, P. (2004). *Psychotherapy for borderline personality disorder: mentalization based treatment*. Oxford: Oxford University Press.
Baukus, P. & Thies, J. (1997). *Kunsttherapie, Formzeichen*. Stuttgart: Gustav Fischer.
Beelen, F. (1983). Een gezin in kreatieve therapie. *Tijdschrift voor kreatieve therapie*, 5, 174-188.
Beelen, F. (2003). *Gezins-creatieve-therapie; systeembeïnvloeding, ouderondersteuning in creatieve therapie beeldend*. Houten/Mechelen: Bohn Stafleu van Loghum.
Beelen, F. & Oelers, M. (2000). *Interactief: creatieve therapie met groepen*. Houten: Bohn Stafleu van Loghum.
Beelen, F. & Wernink, P. (2005). *Werkboek gezins-creatieve-therapie; voor creatief therapeuten beeldend die werken met ouders van kinderen met een verstandelijke beperking*. Houten: Bohn Stafleu van Loghum.
Beljon, J. (1980). *Zo doe je dat, grondbeginselen van vormgeving*. Amsterdam: Wetenschappelijke .
Beljon, J. J. (1987). *Open ogen*. Amsterdam: Arbeiderspers.
Berg, H. J. van den (2008). *Beeldende therapie en multimedia*. Arnhem/Nijmegen: Hogeschool Arnhem en Nijmegen.
Berk, T. J. C. e.a. (1995). *Handboek Groepspsychotherapie*. Houten: Bohn Stafleu van Loghum.
Berman, L. (1993). *Beyond the smile, the therapeutic use of the photograph*, (pp. 51-81). Londen: Routledge.
Betts, D. J. (2005). *A systematic analyses of art therapy assessment and rating instrument literature*. Florida: State University School of Visual Arts and Dance.
Biemans, H. & Rees, S. van (1992). *Video Hometraining diverse congressen en supervisies*.
Bion, W. R. (1959). *Experiences in Groups*. Londen: Tavistock.
Bishop, S. R., Lau, M., Shapiro, S., Carlson, L., Anderson, N. D., Carmody, J., Segal, Z. V., Abbey, S., Speca, M., Velting, D. & Devins, G. (2004). *Clinical Psychology*, 11(3), 230-241.
Bod, R. (2004). *De unificatie van taal, beeld en muziek (Voordracht in 'Maagdenhuis op maandag')*. Amsterdam: Universiteit van Amsterdam.
Bohlmeijer, E. & Reus-Vinke, H. de (2006). Op zoek naar zin, de verbeelding van herinneringen als anti-depressivum. *Tijdschrift voor Vaktherapie*, 3, 3-8.
Bohlmeijer, E., Mies, L. & Westerhof, G. (2007). *De betekenis van levensverhalen, theoretische beschouwingen en toepassingen in onderzoek en praktijk*. Houten: Bohn Stafleu van Loghum.

Bolander, K. (1977). *Assessing personality through tree drawings*. New York: Basic Books.
Bolte, B., Dewald, A. & Pluijlaar, L. (2008). *Onder de loep. Een inventariserend praktijkonderzoek naar het gebruik van beeldende observatie- en diagnostiche opdrachten in de beroepspraktijk*. Nijmegen: Mediatheek HAN.
Borst, G. (2007). *Papier is geduldig, Analytische Tekentherapie met basisschoolkinderen in psychodiagnostisch perspectief* (Scriptie Opleiding Analytische Tekentherapie). Heemstede: Pedagogisch Psychologisch Centrum Heemstede.
Bosch, L. M. C. van den, Koeter, M. W. J., Stijnen, T. e.a. (2005). Sustained efficacy of dialectical behavior therapy for borderline personality disorder. *Behavior Therapy Research, 43*, 1231-1241.
Bosman, A. (2008). *Oratie Pedagogische wetenschap. Koorddansen tussen kunst en kunde.* Hilversum: Eenmalig.
Braak, W. J. M. ter. (2007). *Muziek in beeld* (Interne publicatie vakgroep beeldende therapie). Groningen: Universitair Centrum Psychiatrie Groningen.
Bradway, K. & McCoard, B. (1997). *Sandplay, the silent workshop of the psyche*. New York: Routledge.
Brantley, J. (2004). *Angst beheersen met aandacht, een praktische gids voor het beheersen van angst, fobieën en paniek.* Amsterdam: Nieuwezijds.
Brooks, C.W. (1974). *Sensory awareness.* New York: Viking Press.
Brown, G. (1969). Awareness training and creativity based on gestalt therapy. *Journal of Contemporary Psychotherapy, 2*(1), 25-32.
Bruyn, J. de, Steenbeek, M. & Wiebenga, E. (1995). *Projectverslag creatieve gezinstherapie (beeldend)* (Intern verslag). Amstelveen: Tulpenburg.
Bruyn, J. de (2006). *Een onderzoek naar de bijdrage van creatieve therapie in gezinsobservaties.* Amersfoort: Hogeschool Utrecht.
Bruyn, J. de (2006). *Gezinnen in beeld, vaktherapeutische gezinstherapie en -observatie.* Amersfoort: Hogeschool Utrecht.
Bruyn, J. de (2007). Het gezin als veelkoppig dier, beeldend therapeutische gezinsobservaties. *Tijdschrift voor Vaktherapie, 1*, 21-27.
Buijs, J. (2007). *Training in Aandacht.* Nijmegen: www.praktijkvoormindfulness.nl. Geraadpleegd op 16 augustus 2008.
Butler, R. N. (1963). The life review: an interpretation of reminiscence in the aged. *Psychiatry 26*(1), 65-78.
Cane, F. (1951). *The artist in each of us.* Londen: Thames and Hudson.
Canter, D. S. (1987). The therapeutic effects of combining Apple Macintosh computers and creativity software in art therapy sessions. *Art Therapy, 4*(1), 17-26.
Castillo, G. (1974). *Lefthanded teaching lessons in affective education.* New York: Praeger.
Cohen, B. M. (1994). *DDS Revised rating guide.* Eigen beheer.
Cohen, B. M., Hammer, J. S. & Singer, S. (1988). The Diagnostic Drawing Series: A systematic approach to art therapy evaluation and research. *The Arts in Psychotherapie, 15*(1), 11-21.
Cohen, B. M., Mills, A. & Kijak, A. K. (1994). An introduction to the Diagnostic Drawing Series: A standardized tool for diagnostic and clinical use. *Art Therapy, 11*(2), 105-110.
Compernolle, T. & Brand, D. (1996). De praktijk van de structurele gezinstherapie. In J. Hendrickx, F. Boekhorst, Th. Compernolle & A. van der Pas (eds.), *Handboek gezinstherapie.* Houten: Bohn Stafleu van Loghum.
Couch, J. B. (1994). Diagnostic Drawing Series: Research with older people diagnosed with organic mental syndrome and disorders. *Art Therapy, 11*(2), 111-115.
Damasio, A. R. (2003). *Ik voel dus ik ben. Hoe gevoel en lichaam ons bewustzijn vormen.* Amsterdam: Wereldbibliotheek.

Damasio, L. T. (2003). *De vergissing van Descartes: gevoel, verstand en het menselijke brein*. Amsterdam: Wereldbiliotheek.

De Jong, N. (2003). *Ben ik in beeld? De muziektherapeutische behandeling van de narcistische persoonlijkheidsstoornis, volgens de schemagerichte therapie* (Afstudeerscriptie Muziektherapie, Conservatorium). Enschede: Saxion Hogeschool Enschede.

Delcours, H. (1994). *Spel en groeiproces. Een agogische benadering* (1e ed.). Baarn: Nelissen.

Dellesen, P. & Lentz, L. (1987). *Taaldrukken, verder dan zeggen en schrijven*. Bosch & Keuning Didact.

Demmer, T. & Boschloo, I. (2004). Tasten, voelen, kijken, creatieve therapie. In G. Pool e.a. (eds.), *Handboek psychologische interventies bij chronisch somatische aandoeningen*. Assen: Koninklijke Van Gorcum.

Derks, L. & Hollander, J. (1996). *Essenties van NLP. Sleutels tot persoonlijke verandering*. Utrecht: Servire.

Deuser, H. (1989). Die Arbeit am Tonfeld. In E. Zundel & B. Fittkau (eds.), *Spirituelle Wege und Transpersonale Psychotherapie*, (pp. 313-317). Paderborn: Jungfermann.

Deuser, H. (2004). *Bewegung wird gestalt*. Bremen: W. und W. Doering Verlagsgesellschaft.

Deuser, O. (1989). Geführtes Zeichnen. In E. Zundel & B. Fittkau (eds.), *Spirituelle Wege und Transpersonale Psychotherapie*, (pp. 307-312). Paderborn: Jungfermann-Verlag.

Dhont, M. C. (2000a). *'t Tijdloze uur*, Arnhem: Lambo.

Dhont, M. C. (2000b). *'t Tijdloze uur, 22 oefeningen ter bevordering van integratievan de cognitieve, emotionele en sociale intelligentie*. Arnhem: Lambo.

Dhont, M. C. (2008). *Expressive art by movement and intuition*. Geraadpleegd via: http://www.dhont.nl

Diekstra, R. (2002). *Ik kan denken/voelen wat ik wil. Over RET* (27e ed.). Lisse: Swets & Zeitlinger.

Dijk, B. van (2007). *Beïnvloed anderen, begin bij jezelf. Over gedrag en de roos van Leary*. Zaltbommel: Thema.

Dijksterhuis, A. (2007). *Het slimme onbewuste. Denken met gevoel*. Amsterdam: Bert Bakker.

Dollenkamp, T. (2004). *'Op een onbewoond eiland, gezinscreatieve therapie beeldend*. Leeuwarden: Christelijke Hogeschool Noord-Nederland.

Doorn, J. & Karsdorp, N. (1999). *Over grenzen en autonomie binnen de afdeling (Dag)Klinische Psychotherapie* (Interne nota). Alkmaar: Triversum. Ook verschenen onder de titel: 'Is de speeltuin niemandsland?' In: *Over een grens; psychotherapie met adolescenten*. (2001). Assen: Koninklijke Van Gorcum.

Doornenbal, J., Jonker, J. & Bijstra, J. (2006). *Richting en houvast. Visiedocument 2006-2011*. Groningen: Regionaal Expertise Centrum Noord Nederland.

Drift van der, I. J. (1987). De bruikbaarheid van de door Florence Cane ontwikkelde werkwijze binnen de beeldende kreatieve therapie. *Tijdschrift voor Kreatieve Therapie*, 87(3), 79-80.

Dürckheim, K. von. (1976). *Meditatie, doel en weg, het ontwaken van de initiatische mens*. Deventer: Ankh-Hermes.

Elbrecht, C. (2002). *Guided drawing, an initiatic art therapy*. Eigen beheer.

Ernst, W. S. (1968). *Frottagen / Wrijfels (ecriture automatique)*. Stuttgart: Gerd-Hatje.

Faassen, H. (1996). *Jonge geschiedenis van de literaire vorming 1931-1995*. Utrecht: Hogeschool van de Kunsten Utrecht.

Federatie Vaktherapeutische Beroepen. (2008). *Profiel van de vaktherapeutische beroepen*. Utrecht: FVB.

Feldenkrais, M. (1972). *Awareness through movement*. New York: Harper & Row.

Fevere de ten Hove, M. (2000). *Korte therapie; handleiding bij het 'Brugse model' voor psychotherapie met een toepassing op kinderen en jongeren*. Leuven: Garant.

Fieguth, U. (2004). Denken, voelen en handelen in de muziektherapie. *Tijdschrift voor Creatieve Therapie*, 1, 28-33.
Foks-Appelman, T. (2004). *Kinderen geven tekens, de betekenis van kindertekeningen en kinderspel vanuit het perspectief van de analytische psychologie*. Delft: Eburon.
Foks-Appelman, T. (2004). *Kinderen geven tekens*. Delft: Euburon.
Folkman, R. S. & Lazarus, S. (1984). *Stress, appraisal and coping*. New York: Springer Publishing Company.
Fonagy, P. e.a. (2003). The developmental roots of borderline personality disorder in early attachment relations: A Theory and some evidence. *Psychoanalytic Inquiry*, 23, 460-472.
Fowler, J. P. & Ardon, A. M. (2002). Diagnostic Drawing Series and dissociative disorders: A Dutch study. *The Arts in Psychotherapy*, 29(4), 221-230.
Fowler, J. P. (2001). De Diagnostic Drawing Series: Structurele kenmerken van tekeningen als diagnostisch instrument. *Tijdschrift voor Creatieve Therapie*, 3, 28-31.
Franck, F. (1993). *Zen zien, Zen tekenen*. Amsterdam: Karnak.
Franssen, J. & Bohlmeijer, E. T. (2003). *Begeleidersmap Op zoek naar zin*. Utrecht: Trimbos-instituut.
Franssen, J. & Bohlmeijer, E. T. (2003). *Op zoek naar zin: Een cursus rond het eigen levensverhaal voor ouderen met depressieve klachten*. Utrecht: Trimbos-instituut.
Freire, P. (1985). *Pedagogie van de onderdrukten*. Baarn: In den Toren.
Freud, A. (1980). *Het ik en de afweermechanismen*. Baarn: Ambo.
Freud, S. (1950). *Inleiding tot de studie der psycho-analyse*. Amsterdam: Wereldbibliotheek.
Furth, G. (1991). *Tekeningen. Beeldtaal van het onbewuste*. Rotterdam: Lemniscaat.
Gerits, L. & Kleijbergen, K. (2005). Hechting en de herhaling van gezinsdynamieken; Van verklaringsmodel naar therapeutische praktijk. *Systeemtherapie*, 17(3), 134.
Germer, C. K. (2005). Teaching mindfulness in therapy. *Mindfulness and Psychotherapy*, (pp. 113-129). New York: The Guilford Press.
Gerritsen, M. B. G. (1994). Creatieve therapie: het proces is de kunst. *Maandblad voor Geestelijke volksgezondheid*, 4, 405-413.
Gerritsen, M. B. G. (1998). 25 Jaar creatief therapeut in de praktijk. Zichtbaar maken wat ik hoor, hoorbaar maken wat ik zie. *Tijdschrift voor Kreatieve Therapie*, 17(3), 3-8.
Gersie, A. (1996). *Verhalen vertellen in therapie en onderwijs*. Culemborg: Hogeschool van Utrecht Press.
Giesen-Bloo, J., Dyck, R. van, Spinhoven, Ph. e.a. (2006). Outpatient psychotherapy for borderline personality disorder: randomized trial of schema-focused therapy vs transferenced-focused psychotherapy. *Archives of General Psychiatry*, 63, 649-658.
Glas, J. (1991). *Creatieve therapie met gezinnen. Een onderzoek naar de specifieke kenmerken van creatieve therapie met gezinnen*. Leusden: Hogeschool Midden Nederland.
Glas, J. (1994). *Creatieve therapie met gezinnen, een onderzoek naar de specifieke kenmerken van een behandelaanbod*. Leusden: Productgroep beroepsinnovatie.
Glasmacher, J. (2006). *Het zelf in beeld. Mandala-tekenen als onderdeel van een creatief therapeutische diagnose voor coping-gedrag*. Nijmegen: Hogeschool Nijmegen.
Gombrich, E. H. (1964). *Kunst en illusie, De psychologie van het beeldend weergeven*. Zeist: De Haan.
Grabau, E. & Visser, H. (1987). *Creatieve Therapie; spelen met mogelijkheden*. Deventer: Van Loghum Slaterus.
Grätz, E. (1978). *Zeichnen aus dem Unbewusten*. Stuttgart: Hippokrates Verlag.
Greenberg, L. S. (2004). *Emotion-focused therapy. Coaching clients to work through their feelings*. Washington DC: American Psychological Association.
Grossman, P., Niemann, L., Schmidt, S. & Walach, H. (2004). Mindfulness-based

stress reduction and health benefits: a meta-analysis. *Journal of Psychosomatic Research*, 57, 35-43.

Haas, N. de (2008). *Training en therapie*. Nijmegen: www.nouddehaas.nl. Geraadpleegd op 16 augustus 2008.

Haeyen, S. (2004). Verbindend werk, beeldende therapie met borderlinecliënten op basis van de dialectische gedragstherapie van Linehan. *Tijdschrift voor Creatieve Therapie*, 1, 5-10.

Haeyen, S. (2005). *Verslag paneldiscussie creatief therapeuten richtlijn persoonlijkheidsstoornissen* (Intern document). Utrecht: Werkgroep Richtlijn Persoonlijkheidsstoornissen van het Trimbos-instituut.

Haeyen, S. (2006). Imaginatie in schemagerichte beeldende therapie. *Tijdschrift voor Creatieve Therapie*, 1, 3-10.

Haeyen, S. (2007). *Niet uitleven maar beleven, beeldende therapie bij persoonlijkheidsproblematiek*. Houten: Bohn Stafleu van Loghum.

Hanh, T. N. (1975). *The miracle of mindfulness, an introduction to the practice of meditation*. Boston: Beacon.

Hattum, M. van & Hutschemaekers, G. (2000). *Vakwerk – Producttyperingen van vaktherapeuten voor het programma stemmingsstoornissen*. Utrecht: Trimbos-instituut.

Hayes, S. C., Follette, V. M., Linehan, M. M., eds). (2006). *Mindfulness en acceptatie, de derde generatie gedragstherapie*. Amsterdam: Harcourt Assessment BV.

Hebben, M. (1995). Aanschilderen, een terechte keuze. *Tijdschrift voor Kreatieve Therapie*, 1, 15-19.

Heeremans, M., Broeze, E. & Helden, H. van (1991). *Programmeren van onderwijs op basis van leerstijlen*. Utrecht: Phaedon.

Hegie, L. & Nieuwehuize, M. (2003). *De twaalfmens. Twaalf persoonlijkheidstypen: Een nieuwe theorie gebaseerd op het eneagram*. Utrecht: Kosmos Z&K.

Hemelrijk, W. (1998). *De honderd talen van kinderen*. Utrecht: SWP.

Hensbroek, L. (2006). *Nederlandse vertaling van de scoringshandleiding bij de DDS* (Interne publicatie). In opdracht van de DDS Werkgroep Nederland.

Henskens, B. (2007). Meetinstrument De DDS. *Tijdschrift voor Vaktherapie*, 3, 45-47.

Herman, J. L. (1999). *Trauma en herstel*. Amsterdam: Wereldbibliotheek.

Heusden, A. van & Eerenbeemt, E. M. van den (1983). *Iwan Boszormenyi-Nagy en zijn visie op individuele en gezinstherapie*. Amsterdam: De Toorts.

Hijmans van den Bergh, A. H. (1971). Looking and doing: a method of creative therapy with neurotic patients. *Psychotherapy and Psychosomatics*, 1971(19), 240-254.

Hilgeman, D. (1978). Onderzoek met betrekking tot beschrijvingscategorieën van het aanschilderen. *Nieuw Research Bulletin*, 1978(1), 2-10 (Interne uitgave). Halsteren: De Viersprong.

Hippius, M. (1936). *Grafischer Ausdruck von Gefühlen*. Leipzig: Psychologisch Instituut Universiteit Leipzig.

Hirayama, H. (2000). *Sumi-e, Japans penseelschilderen in de geest van Zen*. Baarn: Cantecleer.

Hoefsloot, R. F. (2007). *De handenmeditatie*. Amsterdam: Schors.

Hoefsloot, R. F. (2007). *Kunstzinnig dynamisch coachen*. Amsterdam: Schors.

Hoefsloot, R. F. (2007). *Meditatief boetseren, kunstzinnige therapie en persoonlijke groei*. Amsterdam: Schors.

Hoekema, J. (2005). *Meditatief boetseren* (Afstudeerscriptie opleiding Creatieve Therapie beeldend). Arnhem/Nijmegen: Hogeschool van Arnhem en Nijmegen.

Huyser, A. (1994). *Mandala's maken, een bezinnend en creatief proces*. Deventer: Ankh-Hermes.

Itten, J. (1971). *Kleurenleer*. De Bilt: Cantecleer.

Itten, J. (1980). *Beeldende Vormleer*. De Bilt: Cantecleer.

Itten, J. (1989). *Beeldende kunst in beeld*. De Bilt: Cantecleer.
Jacobi, J. (1999). *Complex/archetype/symbol in the psychology of C.G. Jung*. Londen: Routledge.
Janzing, C. & Lansen, J. (1985). *Milieutherapie. Het arrangement van de klinisch therapeutische setting*. Maastricht: Koninklijke Van Gorcum.
Johnes, M. (1952). *Social psychiatry. A study of therapeutic communities*. Londen: Tavistock.
Jong, R. de (2006). Rillingen over je rug. *Psychologie Magazine*, 1, 38-40.
Jonge, F. de e.a. (1987/1988). Uitzicht op inzicht (Artikelenreeks). *Tijdschrift voor Psychiatrie*, 1987-13, 1988-14, 1988-5.
Jongerius, P. J. (1980). Milieu of sociotherapie. In E. Verschoor (red.), *'In goede handen' Psychiatrie*, (deel 3, pp. 14-30). Leiden: Spruyt van Mantegem en de Does.
Jung, C. (1996). *De mens en zijn symbolen*. Rotterdam: Lemniscaat.
Jung, C. G. (1992). *De mens en zijn symbolen. Een onderzoek naar de verhouding van de mens tot zijn eigen onbewuste*, (pp 200-209). Rotterdam: Lemniscaat.
Junker, J. & Rijdt, F. van de (1995). *Creatieve therapie met ouderen*. Nijmegen: Hogeschool Nijmegen.
Kaarsemaker-Verfaille, M. E. (2008). *Beeldende therapie en MBT; hoe integreer je die twee?* Eindhoven: Geestelijke Gezondheidszorg Eindhoven en de Kempen.
Kabat-Zinn, J. (1990). *Handboek meditatief ontspannen, Effectief programma voor het bestrijden van pijn en stress*. Haarlem: Altamina-Brecht.
Kabat-Zinn, J., Lipworth, L., Burney, R. & Sellers, W. (1986). Four year follow-up of a meditation-based stress reduction program for the self-regulation of chronic pain: treatment outcomes and compliance. *Clinical Journal of Pain*, 2, 159-173.
Kabat-Zinn, J., Wheeler, E., Light, T., Skillings, A., Scharf, M., Cropley, T. G., Hosmer, D. & Bernhard, J. (1998). Influence of a mindfulness-based stress reduction intervention on rates of skin clearing in patients with moderate to severe psoriasis undergoing phototherapy (UVB) and photochemotherapy (PUVA). *Psychosom Medicine*, 60, 625-632.
Kalff, D. M. (1980). *Sandplay. A psychotherapeutic approach to the psyche*. Boston: Sigo Press.
Kaplan, K., Goldenberg, D. & Galvin-Nadeau, M. (1993). The impact of a meditation-based stress reduction program on fibromyalgia. *General Hospital Psychiatry*, 15, 284-289.
Karterud, S. & Pedersen, S. (2004). Short-term day hospital treatment for personality disorders: benefits of the therapeutic components. Therapeutic communities. *International Journal for Therapeutic & Supportive Organisations*, 25, 43-54.
Karterud, S. & Urnes, O. (2004). Short-term day hospital treatment for patients with personality disorders. What is the optimal composition? *Nordic Journal of Psychiatry*, 58, 243-249.
Kellogg, J. (1992). Color theory from the perspective of the great round of mandala. *The Journal of Religion and Psychical Research*, 15(3). 138-146.
Kellogg, J. (2002). *Mandala: Path of beauty* (3rd ed.). Belleair, FL: ATMA.
Kellogg, J., MacRae, M., Bonny, H. & DiLeo, F. (1977). The use of the mandala in psychological evaluation and treatment. *American Journal of Art Therapy*, 16,(4), 123-134.
Kessel, W. van & Linden, P. van der (1973). *Een interactioneel model voor gestoord gedrag en psychotherapie* (Interne publicatie). Utrecht: Instituut klinische en industriële psychologie van de Universiteit Utrecht.
Kessler, K. (1994). A study of the Diagnostic Drawing Series with eating disordered patients. *Art Therapy*, 11(2), 116-118.

Klee, P. (1971). *Unendliche Naturgeschichte, Prinzipielle Ordnung der bildnerischen Mittel*. Basel/Stuttgart: Schwabe &Co.

Klijn, W. J. L. & Scheller-Dikkers, S. (2006). Waar woorden tekort schieten. Leuven: Acco.

Klijn, W. J. L. (2005). Beeldende systeemtherapie en gezins-creatieve therapie. *Kinder- en Jeugdpsychotherapie*, 32(2), 70-77.

Klijn, W. J. L. (red.). (1991). Systeemtaxatie en creatieve technieken. In W. J. L. Klijn, *Systeemtaxatie in beweging*. Amsterdam: Zwets & Zeitlinger.

Kliphuis, M. (1973). Het hanteren van creatieve processen in vorming en hulpverlening. In L. Wils, *Bij wijze van spelen*. Alphen aan den Rijn: Samsom.

Klompé, H. (2001). Sorry dat ik het papier verspild heb. In C. Schweizer (red.), *In Beeld: Doelgroepgerichte behandelmethoden van beeldend therapeuten*. Houten: Bohn Stafleu van Loghum.

Kolb, D. A. (1984). *Learning style inventory*. Boston: MCBerr.

Kristeller, J. & Hallett, C. (1999). An exploratory study of a meditation-based intervention for binge eating disorder. *Journal of Health Psychology*, 4(3), 357-363.

Krop, J. P. (1978). Het gebruik van geleide fantasieën. In J. Krop, *Leren leven met groepen* (3550, 1-31). Alphen aan den Rijn: Samson.

Kruijf, C. de (2007). Studiedag 'Doen'. *Tijdschrift voor Vaktherapie* 2007(3), 48-49.

Kurdika, N. (1982). A Talk with Laura Perls about the therapist and the artist. *Voices*, 18(2), 29-37.

Laan, G. van der (1993). Methodiekontwikkeling: over systematiek en doelgerichtheid. In M. van der Kamp (red.). *Reeks methodiekontwikkeling, Methodiekontwikkeling concepten en trajecten*. Utrecht: SWP.

Lambrechts, G. (2001). *De gestalttherapie tussen toen en straks*. Berchem-Antwerpen: EPO.

Landelijke Stuurgroep Multidisciplinaire Richtlijnontwikkeling in de GGZ. (2008). *Multidisciplinaire Richtlijn Persoonlijkheidsstoornissen*, (hfdst. 5.5, pp. 95-102). Utrecht: Trimbos-instituut.

Lange, A. (2000). *Gedragsverandering in gezinnen*. Groningen: Wolters Noordhof.

Langedijk, P. (1993). *Alpha-hersengolven en hun praktische toepassingen*. Deventer: Ankh-Hermes.

Langedijk, P. (1994). *Rechter en linker hersenhelft bij man en vrouw*. Deventer: Ankh-Hermes.

Lawick, J. van & Colijn, S. (2003). De invloed van systeem, maatschappij en cultuur. In dr. R. W. Trijsburg (red.). (2003). *Leerboek Integratieve Psychotherapie*, (hfdst. 10). Utrecht: De Tijdstroom.

Le Fevere de ten Hove, M. (2000). *Korte therapie: handleiding bij het 'Brugse model' voor psychotherapie met een toepassing op kinderen en jongeren*. Leuven: Garant.

Leary, T. (1957). *Interpersonal diagnosis of personality*. New York: Ronald Press.

LeDoux, J. (1996). *The emotional brain (The mysterious underpinnings of emotional life)*. New York: Simon & Schuster.

LeDoux, J. (1998). *The emotional brain. The mysterious underpinnings of emotional life*. New York: Touchstone.

Leedy, J. L. (1985). *Poetry as healer*. New York: Vanguard Press.

Leitner, M. (1982). Malen und Zeichnen in der gestalttherapie. Ein Literaturbericht. *Kunst & Therapie*, 2, 131-143.

Leuner, H. (1994). *Lehrbuch der katathym imaginativen pschychotherapie*. Bern: Hans Huber.

Linehan, M. M. (1996), *Borderline Persoonlijkheidsstoornis, Handleiding voor training en therapie*. Lisse: Swets & Zeitlinger.

Linehan, M. M., Armstrong, H. E., Suarez, A. e.a. (1991). Cognitive-behavioral treatment of chronically parasuicidal borderline patients. *Archives of General Psychiatry*, 48, 1060-1064.

Linehan, M. M., Comtois, K. A., Murray, A. M. e.a. (2006). Two-year randomized controlled trial and follow-up of dialectical behavior therapy vs therapy by experts for suicidal behaviors and borderline personality disorder. *Archives of General Psychiatry, 63*, 757-66. (A2)

Linehan, M. M., Tutek, D. A., Heard, H. L., e.a. (1994). Interpersonal outcome of cognitive behavioral treatment for chronically suicidal borderline patients. *American Journal of Psychiatry, 151*, 1771-1776.

Lubbers, R. (1988). *Psychotherapie door beeld en begripsvorming*. Nijmegen: Dekker & Van de Vegt.

Luttikhuis, C. (1988). De methode gericht op de ontwikkeling van persoonlijk vormgeven. In J. van Doorn (red.), *Kreatieve therapie beeldend, Acht methodieken*. Culemborg: Nederlandse Vereniging voor Kreatieve Therapie.

Luttikhuis, C. (1990). Beeldend vormgeven en therapie. In F. Schalkwijk & C. Luttikhuis (eds.), *Opstellen over kreatieve therapie*. Nijmegen: Hogeschool Nijmegen.

Ma, H. & Teasdale, J. D. (2004). Mindfulness-based cognitive therapy: replication and exploration of differential relapse prevention efforts. *Journal of Consulting and Clinical Psychology, 72*, 31-40.

Maex, E. (2005, 2 februari). Mediteren tegen depressie (Interview door Decoo, S.). Brussel:

Maex, E. (2006). *Mindfulness, in de maalstroom van je leven*. Arnhem: Terra-Lannoo.

Malchiodi, C. A. (2000). *Art therapy & computer technology, a virtual studio of possibilities*. Londen: Jessica Kingsley.

Manicom, H. & Boronska, T. (2003). Co-creating change within a child protection system: integrating art therapy with family therapy practice. *Journal of Family Therapy*, 25.

McNiff, S. (1981). *The arts and psychotherapy*. Springfield IL: Charles C. Thomas.

Meerman, A. & Gerritsen, M. (1995). *Creatieve therapie beeldend. Handboek integratieve psychotherapie, inventarisatie en perspectief,* (hfdst. IV 2.9, pp. 1-25). Maarssen: Elsevier / De Tijdstroom.

Meijvogel, J. (1999). *Paddentong. Tekeningen en gedichten*. Groningen: Xeno.

Merleau-Ponty, M. (1997). *Fenomenologie van de waarneming*. Amsterdam: Ambo.

Meykens, S. & Cluckers, G. (2000). *Kindertekeningen in ontwikkelingspsychologisch en diagnostisch perspectief*. Leuven: Acco.

Migchelbrink, F. (2002). *Praktijkgericht onderzoek in zorg en welzijn*. Amsterdam: SWP.

Miller, S. (1973). *The here and now of creativity and growth in a group of dramatic artists: A gestalt integration* (Unpublished doctoral dissertation). Chapel Hill DAI: University of North Carolina.

Mills, A., Cohen, B. M. & Meneses, J. Z. (1993). Reliability and validity tests of the Diagnostic Drawing Series. *The Arts in Psychotherapy, 20(1)*, 83-88.

Mills, A., Ford, A., Stroh, A. & Blyler, B. (2006). *The Diagnostic Drawing Series: The posttraumatic stress disorder sample*. New Orleans: American Art Therapy Association.

Molenaar, G. (1996). *Beginnen met mandalatekenen*. Eeserveen: Akasha.

Molenaar-Coppens, E. (1987, 1991, 1994). *Grondbeginselen beeldend vormen* (Interne publicatie). Arnhem/Nijmegen: Hogeschool Arnhem Nijmegen.

Molenaar-Coppens, E. (1992). Het Weten van de Handen. *Tijdschrift voor Creatieve Therapie, 1*, 2-8.

Molenaar-Coppens, E. (1992). *Onderzoeksvoorstel beeldwaarneming in kreatieve therapie* (Interne publicatie). Arnhem/Nijmegen: Hogeschool Arnhem Nijmegen.

Molenaar-Coppens, E. (1994). *Krom en recht* (Workshop). Nederlandse Vereniging Creatieve Therapeuten.

Molenaar-Coppens, E. (1995). Krom en Recht, de kromme en de rechte als symbool, *Tijdschrift voor Kreatieve Therapie, 2*, 3-9.

Molenaar-Coppens, E. (1996). *Krom en recht in symbolen in de creatieve therapie.* Utrecht: Beroepsvereniging NVCT.

Molenaar-Coppens, E. (2004). Beeldwaarneming 2004. In: Meerkanten GGZ Flevo-Veluwe, *Symposium vakbouquet, Innovatie en kwaliteit in non-verbale therapie en agogie* (pp. 23-30) (Reader). Ermelo: Meerkanten GGZ Flevo-Veluwe.

Müller, R. (1981). Das Geführte Zeichnen. In R. Müller, *Wandlung zur Ganzheit, Die Initiatische Therapie nach Karlfried Graf Dürckheim und Maria Hippius,* (pp. 281-300). Freiburg im Breisgau: Herder Verlag.

Nederlandse Vereniging voor Beeldende Therapie. (2006) Studiedag 'Op Maat'. Utrecht.

Nieuwenkamp, E. & Kraan, B. (1993). *Beeldend therapeutisch computergebruik.* Nijmegen: Hogeschool Nijmegen.

Oaklander, V. (1978). *Windows to our children: A gestalt therapy approach to children and adolescents.* Utah/Highland: Real peoples Press.

Oaklander, V. (1979). A gestalt therapy approach with children through the use of art and creative expression. In E. H. Marcus (ed.), *Gestalt therapy and beyond: An integrated mind-body approach,* (pp. 235-247). California: Meta.

Oaklander, V. (1988). *Windows to our children: A gestalt therapy approach to children and adolescents.* 2nd ed. New York: The gestalt Journal Press.

Ofman, D. & Weck, R. van de (2000). *De kernkwaliteiten van het enneagram,* (pp 20-37). Schiedam: Scriptum management.

Orr, P. (2007). Video intervention with special populations: looking for inherent qualities. *International Journal of Special Education,* 22(1), 118-124.

Ouden, F. den & Ploeger, M. (2002). *Westerse wijsheden, oosterse mandala's. Inspirerende beelden, spreuken en aforismen als leidraad in het leven.* Amsterdam: Schors.

Parker-Bell, B. (1999). Embracing a future with computers and art therapy. *Journal of the American Art Therapy Association,* 25(3), 129-133.

Pas, A. van der (1996). *Handboek methodische ouderbegeleiding 2. Naar een psychologie van het ouderschap.* Rotterdam: Ad Donker.

Pattis Zoja, E. (ed.). (2004). *Sandplay therapy. Treatment and psychopathologies.* Einsiedeln, Zwitserland: Daimon.

Perls, F. (1973). *Gestaltbenadering, gestalt in actie.* Haarlem: De Toorts.

Perls, F. S. (1947). *Ego hunger and aggression: A revision of Freud's theory and method.* Londen: Allen & Unwin.

Potocky, M. (1993). An art therapy group for clients with chronic schizophrenia. *Social Work with Groups,* 16(3), 73-82.

Ramshorst, G. van (2004). Samenspel; samenwerking van gezinstherapeut en vaktherapeut bij gezinsdiagnostiek en behandeling. *Systeemtherapie,* 16(3).

Rapp, E. (1980). Gestalt art therapy in groups. In R. Ronall & B. Feder (eds.), *Beyond the hot seat.* New York: Brunner / Mazel.

Reibel, D., Greeson, J., Brainard, G. & Rosenzweig, S. (2001). Mindfulness-based stress reduction and health-related quality of life in a heterogeneous patient population. *General Hospital Psychiatry,* 23(4), 183-192.

Rekkers, M. & Schoemaker, E. (eds.). (2002). *Gewichtige lichamen, Lichaamsbeleving en eetstoornissen* (p. 238). Leuven: Acco.

Remmerswaal, J. (1998). *Handboek groepsdynamica.* Baarn: Nelissen.

Remmerswaal, J. (2003). *Handboek groepsdynamica. Een nieuwe inleiding op theorie en praktijk* (hfdst 6.7, 6.11) (6e ed.). Soest: Nellissen.

Rhyne, J. (1970). The gestalt Art experience. In J. Fagan & L. L. Shepherd (eds.), *Gestalt therapy now: Theory techniques applications.* New York: Harper & Row.

Rhyne, J. (1973a). The gestalt approach to experience, art, and art therapy. *Journal of the American Art Therapy Association,* 12(4), 237-248.

Rhyne, J. (1973b). *The gestalt Art experience: Patternst that connect.* Chicago: Magnolia Street Publishers.

Rhyne, J. (1994). *The gestalt art experience* (Film).

Ridder, D. T. D. de & Schreurs, K. M. G. (1994). *Coping en sociale steun van chronisch zieken.* Zoetermeer: Nationale Commissie Chronisch zieken.

Riedel, I. (1992). *Maltherapie.* Stuttgart: Kreuz.

Riley, S. (1985). 'Draw me a paradox?', Family art therapy utilizing a systemetic approach to change. *Art Therapy, 2*(3), 116-123.

Riso, D. R., Hudson, R. & Geurink, H. (2005). *Enneagram basisboek. De negen persoonlijkheidstypen in kaart gebracht.* Haarlem: Becht.

Roberts, R. J. & Weerts, T. C. (1982). Cardiovascular responding during anger and fear imagery. *Psychological Reports, 50,* 219-230.

Roeck, B. P. de (1987). *Gras onder mijn voeten. Over gestalttherapie* (10e ed.). Haarlem: De Toorts.

Rogers, C. (1971). *Cliënt als middelpunt.* Rotterdam: Lemniscaat.

Roos, B. (2005). *Company Big Five. Persoonlijk rapport.* Woerden: EhrmVision.

Rosenzweig, S., Reibel, D. K., Greeson, J. M., Brainard, G. C. & Hojat, M. (2003). Mindfulness-based stress reduction lowers psychological distress in medical student. *Teaching and Learning in Medicine, 15*(2), 88-92.

Rutten-Saris, M. & Drift van der, I. J. (1990). *Mevrouw P.* (Videofilm). Nijmegen: EBL AT Centre.

Rutten-Saris, M. (1983). *Een goed gesprek is een dans.* Film en filmtekst.

Rutten-Saris, M. (1990). *Basisboek lichaamstaal.* Assen: Koninklijke Van Gorcum.

Rutten-Saris, M. (1993). *Kunst als de partituur van taal.* Nijmegen: Creatieve Therapie Opleiding, Hogeschool van Arnhem en Nijmegen.

Rutten-Saris, M. (2000). *Art therapy with clients suffering from developmental disorders: an investigation of pre-representational drawing in relation to loco-motor development and Emergent-self. The reliability and validity of the Rutten-Saris-index to the diagnosis, assessment and treatment of paedo-sexual offender patients.* (Thesis Mphil). Herfortshire: University of Herfortshire.

Rutten-Saris, M. (2001). Leren als een baby. In C. Schweizer, *In Beeld: Doelgroepgerichte behandelmethoden van beeldend therapeuten,* pp. 103-146. Houten: Bohn Stafleu van Loghum.

Rutten-Saris, M. (2002). *The RS-Index: A diagnostic instrument for the assesment of interaction structures in drawings* (Proefschrift, University of Hertfordshire, UK). Eigen beheer. www.eblcentre.com

Rutten-Saris, M. (2008). *RS-index motorische-elementen, EBL instrument voor diagnose, behandeling en evaluatie van cliënten met onbrekende, verstoorde of gestoorde EBL interactiestructuren.* Eigen beheer. Geraadpleegd via: www.eblcentre.com.

Salm, M. L. (2007). *Module van sensopatische beeldende werkvormen voor de opnamegroep van patiënten met anorexia nervosa van Rintveld, centrumEeetstoornissen in Zeist, resultaat van het Praktijkproject.* Utrecht: Hogeschool van Utrecht, afdeling Creatieve Therapie Beeldend.

Salm, M. L. (2007). *Onderzoek naar het effect van het aanbieden van een module sensopatische beeldende werkvormen op de beleving van de anorexia nervosa patiënten van de opnamegroep van Rintveld, centrum Eetstoornissen in Zeist.* Utrecht: Hogeschool van Utrecht, afdeling Creatieve Therapie Beeldend.

Scheller Dikkers, S. (1998, september). 'Waar woorden tekort schieten', *Gezinstherapie,* 10(3), 157-172.

Schipholt, I. L. (Juli 2007). Behandelen met meditatie, Grondlegger Kabat-Zinn over de mogelijkheden van mindfulness. *Medisch Contact, 62.*

Schmeets, M. G. J. & Verheugt-Pleiter, J. E. (2005). *Affectregulatie bij kinderen. Een psychoanalytische benadering.* Assen: Koninklijke Van Gorcum.

Schulz von Thun, F. (1982). *Hoe bedoelt u? Een psychologische analyse van menselijke communicatie.* Goningen: Wolters Noordhoff.

Schurink, G. (2004). Aandachtgerichte cognitieve therapie bij depressie: een methode die past in het domein van de cognitieve gedragstherapie. *Tijdschrift Gedragstherapie*, 3(37).

Schuthof, P. & Teijken, C. (1975). *Creative Problem Solving. Beeldend onderwijs* (Reader). Groningen: Wolters-Noordhoff.

Schweizer, C. (red.). (2001). *In Beeld: Doelgroepgerichte behandelmethoden van beeldend therapeuten.* Houten: Bohn Stafleu van Loghum.

Segal, Z. V., Williams, J. M. G. & Teasdale, J. D. (2004). *Aandachtgerichte cognitieve therapie bij depressie, een nieuwe methode om terugval te voorkomen.* Amsterdam: Nieuwezijds.

Senders, M. & Kemper, S. (2005). *Probleemgericht activiteitenaanbod & handvaten voor de creatief therapeutische behandeling van depressiviteit* (Afstudeerproject). Utrecht: Hogeschool van Utrecht.

Shuman, S. G. (1989). *Source imagery.* New York: Doubleday.

Simonton, O. C. e.a. (1980). Psychological intervention in the treatment of cancer. *Psychosomatics*, 21, 226-227.

Smeijsters, H. (2000). *Handboek creatieve therapie.* Bussum: Coutinho.

Smeijsters, H. (1995). *Handboek muziektherapie: Theoretische en methodische grondslagen voor de behandeling van psychische stoornissen en handicaps.* Heerlen: Melos.

Smeijsters, H. (2002). De toegevoegde waarde van creatieve therapie. *Tijdschrift voor Creatieve Therapie*, 2002(4), 9.

Smeijsters, H. (2007). De muziek van het gevoel gemeten. *Tijschrift voor Vaktherapie*, 2007(2), 26-35.

Smeijsters, H. (2007). *Emotion focused vaktherapieën* (Lezing) Studiedag GNOON vaktherapie bij GGNet te Apeldoorn.

Smeijsters, H. (2008a). *De kunsten van het leven. Hoe kunst bijdraagt aan een emotioneel gezond leven.* Diemen: Veen.

Smeijsters, H. (red.). (2008b). *De kunsten van het leven. Casusboek.* Diemen: Veen.

Smeijsters, H. (2008c). *Handboek Creatieve Therapie* (3e ed.). Bussum: Coutinho.

Smits, M. (2002). Creatieve therapie met gezinnen, een module. *Tijdschrift voor Creatieve Therapie*, 1, 25-31.

Smits, M. (2008). De do's en de do-nots in beeldende therapie met gezinnen. *Tijdschrift voor Vaktherapie*, 1.

Smitskamp, H. & Velde, te H. (1988). *Het kreatief proces, toepassingen in therapie en onderwijs.* Culemborg: Phaedon.

Smitskamp, H. (1981). *Verwarringen en ontdekkingen, onderzoek naar de kreatief procestheorie* (Intern document). Amersfoort/Amsterdam: SPO Middeloo Amersfoort / Orthopedagogisch instituut Amsterdam.

Stern, D. (2004). *The present moment in psychotherapy and everyday life.* New York: W.W. Norton.

Stern, D. N. (2000). *The interpersonal world of the infant. A view from psychoanalysis and development psychology.* New York: Basic Books.

Strauss, H. & Strauss, M. (1976). *Von den Zeichensprache des kleinen Kindes.* Stuttgart: Freies Geistesleben.

Taal, J. (1994). Imaginatie-therapie. *Tijdschrift voor Psychotherapie*, 20(4), 227-246.

Thunnissen, M. M. & Muste, E. H. (2002). Schematherapie in de klinisch-psychotherapeutische behandeling van persoonlijkheidsstoornissen. *Tijdschrift voor Psychotherapie* 28, 385-401.

Tophoff, M. (1994). Gestalttheorie als aesthetisches Veraenderungsparadigma. In Freiler, C. e.a. (eds.). *100 Jahre Fitz Perls, Tagungsband der int. Psychotherapietagung der fachsektion fuer Integrative gestalttherapie in OEAGG*, (pp. 111-118). Wenen: Facultas.

Tschachler-Nagy, G. & Fleck, A. (2006). *Die Arbeit am Tonfeld nach Heinz Deuser, Eine entwicklungsfördernde Methode für Kinder, Jugendliche und Erwachsene*. Keutschnach: Gerhild Tschachler-Nagy.

Tschachler-Nagy, G. & Fleck, A. (2007). *Im Greifen sich begreifen, Die Arbeit am Tonfeld nach Heinz Deuser*. Keutschnach: Gerhild Tschachler-Nagy / Verlag Tonfeld - Anna Sutter. Geraadpleegd via: www.tonfeld.de

Turner, B. A. Ph. D. (2005). *The handbook of sandplay therapy*. Cloverdale CA: Temenos Press.

Verheugt-Pleiter, J. E., Smeets, M. G. J. & Zevalkink, J. (2005). *Mentaliseren in de kindertherapie*. Assen: Koninklijke Van Gorcum.

Verheul, R., Bosch, L. M. C. van den, Koeter, M. W. J. e.a. (2003). Dialectical behaviour therapy for women with Borderline Personality Disorder. *British Journal of Psychiatry*, 182, 135-140.

Verhulst, F. C. (2005). *De ontwikkeling van het kind*. Assen: Koninklijke van Gorcum.

Vernooij, F. A. M., Trier, J. van, Cheung, S. J. & Veer, N. van der (2008). Mindfulnesstraining op een afdeling psychiatrie en psychologie. *Maandblad Geestelijke volksgezondheid*, 63(7/8) 613-624. Utrecht: Trimbos-instituut.

Verschuren, H. (1994). *Diagnostiek met de luie 8*. Boekelo: IbdM-Twente.

Vich, M. & Rhyne, J. (1967). Psychological growth and the use of art materials: Small group experiments with adults. *Journal of Humanistic Psychology*, 7(1), 163-170.

Visch, L. & Zaat, M. (1993). *Werken met taaldrukken, evaringen en ideeën*. Baarn: Bosch & Keuning Didact.

Visser, A. de (1989). *Kunst met voetnoten*. Nijmegen: Sun.

Visser, A. de (2001). *Anders kijken*. Nijmegen: Sun.

Visser, K. & Hummelen, K. (1988). Verschillen in kreatieve therapie tussen borderliners en neurotische patiënten. *Tijdschrift voor Kreatieve Therapie*, 7, 11-13.

Visser, K. (1999). *Handboek basaal beeldend handelen*. Amsterdam: Thela Thesis.

Vreeswijk, M. F. van & Broersen, J. (2006). *Schemagerichte therapie in groepen. Handleiding voor therapeuten*. Houten: Bohn Stafleu van Loghum.

Waard-van Maanen, E. de (2003). *De veldheer en de danseres*. Leuven: Garant.

Walen, S. e.a. (2001). *Theorie en praktijk van de rationeel emotieve therapie. Handboek over RET*. Maarssen: Elsevier Gezondheidszorg.

Watzlawick, P. (1970). *Pragmatische aspecten van de menselijke communicatie*. Deventer: van Loghum Slaterus.

Weerman, A. (2006). *Zes psychologische stromingen in één cliënt*. Soest: Nelissen.

Weinberg, D. J. (1985). The potential of rehabilitative computer art therapy for the quadriplegic, cerebral vascular accident and brain trauma patient. *Art Therapy*, 2(2), 66-72.

Weinreb E. (1983). *Images of the self, the sandplay therapy process*. Boston: Sigo Press.

Weiser, J. (1984). Phototherapy - becoming visually literate about oneself or, 'Phototherapy??? What's Phototherapy???'. *Phototherapy*, IV (2), 2-7.

Weiser, J. (1986). Ethical considerations in phototherapy training and practice. *Phototherapy*, V(1), 12-17.

Weiser, J. (1988). Phototherapy: Using Snapshots and photo-interactions in therapy with youth. In C. Schaefer (ed.), *Innovative interventions in child and adolescent therapy*. (pp. 339-376). New York: Wiley.

Weiser, J. (2000). Photo therapy's message for art therapists in the new millennium. *Journal of the American Art Therapy Association*, 17(3), 160-162.

Whitmore, D. (1983). *Psychosynthese en educatie.* Amersfoort: De Horstink.
Wiebenga, E. (1998). Ouderbegeleiding en systeemtherapie. Het systeemdenken als inspiratiebron voor methodische ouderbegeleiding. In M. W. M. Akkerman Zaalberg, H. van Leeuwen & N. Pameyer, *Ouderbegeleiding nader bekeken. Schouders onder de ouders. Reeks Psychologie en praktijk.* Amsterdam/Lisse: Swets & Zeitlinger.
Wilberg, T. e.a. (1998). Outcomes of poorly functioning patients with personality disorders in a day treatment program. *Psychiatric Services, 49,* 1462-1467.
Wils, L. (red.). (1973). *Bij wijze van spelen, creatieve processen bij vorming en hulpverlening.* Alphen aan den Rijn: Samsom.
Winkelaar, P. (2004). *Methodisch werken, Inleiding tot methodisch handelen met en voor mensen.* Leusden: De Tijdstroom.
Wolf, M.H.M. de (1998). *Inleiding in de psychoanalytische psychotherapie.* Bussum: Coutinho.
Wolters, B. J. (1977). *Creatief denken.* Groningen: Wolters Noordhoff.
Woodward, S. (1998). Usefulness of the Child Diagnostic Drawing Series within the child witness to domestic violence population. *Canadian Art Therapy Journal,* 12(1), 11-33.
Yalom, I. D. (1978). *Groepspsychotherapie in theorie en praktijk.* Deventer: Van Loghum Slaterus.
Young, E. & Pijnaker, H. (1999). *Cognitieve therapie voor persoonlijkheidsstoornissen, een schemagerichte benadering.* Houten: Bohn Stafleu van Loghum.
Young, J. & Klosko, J. (1999). *Leven in je leven. Leer de valkuilen in je leven herkennen.* Amsterdam: Harcourt Assessment.
Young, J. E. (1990). *Cognitieve therapie voor persoonlijkheidsstoornissen: een schemagerichte benadering.* Sarasota FL: Professional Resource Exchange.
Young, J. E., Klosko, J. S. & Weishaar, M. E. (2005). *Schemagerichte therapie: Handboek voor therapeuten.* Houten: Bohn Stafleu van Loghum.
Young, Y., Young, E. & Pijnaker, H. (1999). *Cognitieve therapie voor persoonlijkheidsstoornissen, een schemagerichte benadering.* Houten: Bohn Stafleu van Loghum.
Zinker, J. (1977). *Creative Process in gestalt Therapy.* New York: Brunner / Mazel.
Zinker, J. (1973). Gestalt therapy is permission to be creative: A sermon in praise of the use of experiment in gestalt therapy. *Voices,* 9(4), 75.

Hoofdstuk 6

Beek, J. L. M. van der (1992). Het inzagerecht, een nadere afweging. *Medisch Contact,* 47, 1234-1236.
Beelen, F., Oelers, M. & Muller, S. (1989). *Interactief.* Deventer: Van Loghum Slaterus.
Berman, A. (1994). De strijd om een eigen plek. Een inleiding in organisatiestructuren en culturen. *Tijdschrift voor Kreatieve Therapie,* 13(4), 107-111.
Berman, A. (1998). Perspectief voor creatieve therapie!? *Tijdschrift voor Kreatieve Therapie,* 2, 20-23.
Bil, P. de (2005). *Observeren, registreren, rapporteren en interpreteren.* Soest: Nelissen.
Bitter, M. (2006). *Knowledge elititation support for virtual multi-expertise teams,* pp 134-141. Washington DC: American Psychiatric Association.
Blokland-Vos, J., Günther, G., Mook, C. van (2008). Je vak in schema's. *Tijdschrift voor vaktherapie,* 2.
Bolscher, A. M. E. & Wijkstra, J. (1993). Inzagerecht en teambehandeling in de psychiatrie. *Tijdschrift voor Gezondheidsrecht,* 189-95.

Born, J.van der (2001). *Dagbesteding, meer dan tijdsbesteding, zoeken naar betekenis*. Houten: Bohn Stafleu van Loghum.
Broeck, E. van den (2007). *Vooronderzoek naar de mogelijkheden van samenwerking tussen Bijzondere Jeugdzorg en Kinder- en Jeugdpsychiatrie*. Gefinancierd door Cera-foundation. Opdracht aan OSBJvzw.
Bruyn, E.E.J. de e.a. (2003). *De diagnostische cyclus. Een praktijkleer*. Leuven/Voorburg: Acco.
Coördinatie Orgaan Nascholingen en Opleiding in de Gezondheidszorg. (2000). *Adviesnota voor de minister over de beroepenstructuur dat een transparante en doelmatige verdeling tussen de in de GGZ werkzame beroepen beoogt*. Utrecht: Auteur.
Drieschner, K. & Pioch, A. (2001). Een pragmatische benadering ter ontwikkeling van modules. *Tijdschrift voor creatieve therapie, 4*.
Drieschner, K. (2002). Het ontwikkelen van creatief therapeutische producten. *Tijdschrift voor creatieve therapie, 1*.
Federatie Vaktherapeutische Beroepen (2008). *Profiel van de vaktherapeutische beroepen*. Utrecht: FVB.
Federatie Vaktherapeutische Beroepen. (2008). *Profiel van de vaktherapeutische beroepen*. Utrecht.
GGNet (2003). Interne uitgave. Vakgroep CT/PMT.
Graamans, J. (2002). Verschillen en overeenkomsten tussen arbeids-, bezigheids- en kreatieve therapie. *Tijdschrift voor Creatieve therapie, 3*, 20-4.
Haeyen, S. (2007). *Niet uitleven maar beleven*. Houten: Bohn Stafleu van Loghum.
Hattum, M. van & Hutschemaekers, G. (2000). *Vakwerk. Producttyperingen van vaktherapeuten voor het programma stemmingsstoornissen*. Utrecht: Trimbos-instituut.
Hellendoorn, J., Groothoff, E., Mostert, P. & Harinck, F. (1986). *Beeldcommunicatie, een vorm van kinderpsychotherapie*. Houten: Bohn Stafleu van Loghum.
Hellendoorn, J. (red.) (1988). *Therapie kind en spel*. Houten: Bohn Stafleu van Loghum.
Hutschemaekers, G. & Neijmeijer, L. (1998). *Beroepen in beweging. Professionalisering en grenzen van de multidisciplinaire GGZ*. Houten: Bohn Stafleu van Loghum.
Janson, E., Rijssen, J. van & Nijenhuis, D. (2006). Winst of verlies? DBC voor vaktherapeuten. *Tijdschrift voor vaktherapie, 1*.
Jonghe, F., Janssen, R. & Rijnierse, P. (1987,1988a,1988b). Uitzicht op inzicht I, II, III. *Tijdschrift voor psychotherapie*.
Klijn, W. & Scheler-Dikkers, S. (2006). *Waar woorden tekort schieten*. Leuven: Acco.
Koerselman, G. F.(1988). Inzagerecht: een psychiatrisch probleem of een probleem van psychiaters?. *Medisch Contact, 43*, 854-5.
Laming, C. (2002). *Activiteitenmethodiek voor agogische beroepen*. Baarn: HB.
Lange, J. de (2005). Terug naar Heiloo. *Tijdschrift voor vaktherapie, 2*.
Legemaate, J. (1986). Het inzagerecht in de psychiatrie. *Maandblad voor geestelijke Volksgezondheid, 11*, 1109-22.
Lommel, A. B. van & Veen, E. B. van (red.) (1999). *De WGBO. De betekenis voor de hulpverleners in de gezondheidszorg*. Lelystad: Koninklijke Vermande.
Lubbers, R. (1988). *Psychotherapie door beeld- en begripsvorming*. Nijmegen: Dekker & Van de Vegt.
Nederlandse Vereniging voor Beeldende therapie (2007). *Folder Beeldende Therapie*. Utrecht: NVBT.
Nederlandse Vereniging voor Kreatieve therapie (2000). *Folder tuintherapie*. Hilversum: NVKT.
Neijmeijer, L., Wijgert, J. van de & Hutschemaekers, G. (1996). *Beroep: vaktherapeut/begeleider*. Utrecht: NcGv.
NVCT (1999), *Beroepsprofiel creatief therapeut beeldend*, Utrecht.

NVCT (1999), Beroepsprofiel creatief therapeut dans, Utrecht.
NVCT (1999), Beroepsprofiel drama therapeut Utrecht.
NVCT (1999), Beroepsprofiel muziektherapeut, Utrecht.
Pieters, A. & Henskens, B. (1999-2001). *Meerjarig cliënttevredenheidsonderzoek*. In opdracht van de Zelfstandig gevestigde creatief therapeuten.
Profiel van de Vaktherapeutische Beroepen, april 2007
Rauh, W. & Duijnhoven, D. van (2004). Vaktherapie onder de loep. *Tijdschrift voor vaktherapie*, 2.
Regouin, W. & Schamp, P. (2006). *Rapportage, gids voor zorg, hulp- en dienstverlening*. Assen: Van Gorcum.
Remmerswaal, J. (2004). *Handboek groepsdynamica*. Soest: Nelissen.
Rijssen, J. van (2005). Samen sterker. *Tijdschrift voor vaktherapie*, 2.
Roos, S. de (1998). *Diagnostiek en planning in de hulpverlening: een dynamische cyclus*. Bussum: Coutinho.
Schaverien, J. (1989). The picture within the frame. In A. Gilroy & T. Dalley (eds.). *Pictures at an exhibition*. Londen: Travistock/Woodledge.
Schweizer, C. & Visser, C. (2006). *Verschil moet er zijn. Onderzoek naar overeenkomsten en verschillen in interventies met kunstzinnige middelen door de creatieve agoog en de creatief therapeut*. Leeuwarden: Stenden Hogeschool.
Schweizer, C. (2001). *In beeld*. Houten: Bohn Stafleu van Loghum.
Smeijsters, H. (2000). *Handboek creatieve therapie*. Bussum: Coutinho.
Smeijsters, H. (2005). *Praktijkonderzoek in vaktherapie*. Bussum: Coutinho.
Tijdschrift voor creatieve therapie (1996/4). Themanummer De praktijk van de eigen praktijk.
Tijdschrift voor creatieve therapie (2002/2). Themanummer 40 jaar NVCT.
Tijdschrift voor creatieve therapie (2001/4). Themanummer Modulen.
Tonkens, E. (2004). Een creatief therapeut is (g)een boekhouder. *Tijdschrift voor vaktherapie*, 3.
Tuender, G. (2007). *Vaktherapie in de eigen praktijk. Een praktijkonderzoek met interviews van vaktherapeuten* (dvd). Nijmegen: HAN.
UMCG informatiebeveiliging 2008. Vuistregels voor medewerkers.
Verheij, F. e.a. (2005). *Integratieve kinder- en jeugdpsychotherapie*. Assen: Van Gorcum.
Weisfelt, P. (2000). *Op weg naar gezondheid*. Baarn: Nelissen.
Wet Bescherming Persoonsgegevens
Wgbo. artikel 7:446, lid 1 BW. Afdeling 5. De overeenkomst inzake geneeskundige behandeling.
Wheeler, B. (2005). *Music therapy research*. Barcelona: Barcelona Publishers.
Yalom, I.D. (1988). *Groepspsychotherapie in theorie en praktijk*. Deventer: Van Loghum.
Yalom, I.D. (1991). *Groepspsychotherapie in theorie en praktijk*. Houten/Antwerpen: Bohn Stafleu van Loghum.

Hoofdstuk 7

Budde, E., (1989). *Creatieve therapie in praktijk*. Deventer: Van Loghum Slaterus.
Case, C. & Dalley, T. (2007). *The handbook of art therapy*. Londen/New York: Tavistock / Routledge.
Lorr, M. (1962). Relation of treatment frequency and duration to psychotherapeutic outcome. In H. Strupp, & L. Luborsky (eds.), *Conference on Psychotherapy Research*.
Remmerswaal, J. (2004). *Handboek groepsdynamica*. Soest: Nelissen.
Schaverien, J. (1989). The picture within the frame. In A. Gilroy & T. Dalley (eds.), *Pictures at an exhibition*. Londen: Travistock / Woodledge.

Smeijsters, H. (2008). *Handboek Creatieve Therapie* (3e ed.). Bussum: Coutinho.
Vem, N. van de (2005). *Aandachtspunten en richtlijnen voor de beeldende therapieruimte.* (Onderzoeksrapport Creatieve Therapie). Arnhem/Nijmegen: Hogeschool van Arnhem en Nijmegen.
Yalom, I. D. (1988). *Groepspsychotherapie in theorie en praktijk.* Deventer: Van Loghum Slaterus.

Hoofdstuk 8

Abma, T. & Widdershoven, G. (2006). *Responsieve methodologie.* Amsterdam: Uitgeverij Lemma.
Baarda, D., Teunissen, J. & Goede, M. de (1995). *Basisboek kwalitatief onderzoek.* Houten: Uitgeverij Stenfert Kroese.
Bogdorf, H. (2005). *Het debat over onderzoek in de kunsten* (Lezing).
Dijsterhuis, A. (2007). *Het slimme onbewuste.* Amsterdam: Uitgeverij Bert Bakker.
Gilroy, A. (2006). *Art therapy, research and evidence based practice.* Londen: Sage.
Goffmann, E. (1986). *Frame analysis. Essay on the organisation of experience.* Cambridge: Cambridge University Press.
Houten, D. van (2006). *Kennissoorten voor Dialogische verbindingen in de sociale sector* (Lezing). Universiteit voor Humanistiek.
Hutschemaekers, G., Tiemens, B. & Kalff, A. (2006). *Weg van professionalisering.* Wolfheze: Uitgeverij Gelderse Roos.
Kalff, H. & Beer, J. de (2004). *Logopedisch handelen gebaseerd op wetenschappelijke evidentie.* Houten: Bohn Stafleu van Loghum.
Keller, P. (2006). *Decubitus.* (Proefschrift). Utrecht: Universiteit van Utrecht. Is te downloaden via internet.
Kranz, B. (2006). *Interventies van vaktherapeuten* (Interne uitgave). Arnhem/Nijmegen: Hogeschool Arnhem/Nijmegen.
Kuiper, C. (2004). *Evidence based practice voor paramedici.* Den Haag: Uitgeverij Lemma.
Kuiper, C. (2007). *The eventmaker.* Den Haag: Uitgeverij Lemma.
Kuhn, T. (1962). *The structure of scientific revolutions.* Chicago: Chicago University Press.
Kwakman, K. (2003). *Anders leren beter werken.* Nijmegen: Hogeschool Arnhem/Nijmegen.
Laan, G. van der (1996). *Leren van gevallen.* Amsterdam: SWP Uitgeverij.
Laan, G. van der (2003). *De professional als expert in practice based evidence. Sociale Interventie,* 12.
Maso, I. e.a. (2004). *De rijkdom van ervaringen.* Den Haag: Uitgeverij Lemma.
Maso I. & Smaling, A. (1998). *Kwalitatief onderzoek.* Amsterdam: Boom.
McNiff, S. (1998). *Art Based Research.* Philadelphia/Londen: Jessica Kingsley Publishers.
Polanyi, M. (1998). *Personal knowledge, Towards a postmodern critical philosophy.* Londen: Routledge.
Polanyi, M. (1967). *The tacit dimension.* New York: Doubleday.
Rutten-Saris, M. (2002). *De RS-index.* Eigen beheer. www.EBL.com
Sacket, D. L. e.a. (1996). *Evidence based medicine, what it is and what it isn't. British Medical Journal, 321,* 71-72.
Smeijsters, H. (2008). *Handboek Creatieve Therapie* (3e ed.). Bussum: Uitgeverij Coutinho.
Smeijsters, H. (2008). *De kunsten van het leven.* Diemen: Veen.
Smeijsters, H. (red.). (2005). *Praktijkonderzoek in vaktherapie.* Bussum: Uitgeverij Coutinho.

Smeijsters, H. (2008). *Onderzoek in de praktijk en practice based evidence in de lerende organisatie.* Heerlen: artikel ter inzage verleend door auteur.
Swaans Joha, D. & Hox, J. (1989). *Praktijkgericht onderzoek.* Amersfoort/Leuven: Uitgeverij Acco.
Tromp, C. (2004). *Breedbeeld wetenschap.* Utrecht: Uitgeverij Van Arkel.
Yperen, T. van & Veerman, J. (eds.). (2007). *Zicht op effectiviteit, Bronnenboek voor praktijkgestuurd effectonderzoek in de jeugdzorg deel 1/3.* Nederlands Instituut voor Zorg en Welzijn; www.nizw.nl.
Wester, F. (1995). *Strategieën voor kwalitatief onderzoek.* Bussum: Coutinho.

Hoofdstuk 9

Berman, A. (1994). De strijd om een eigen plek. Een inleiding in organisatiestructuren en culturen. *Tijdschrift voor Kreatieve Therapie,* 13(4), 107-111.
Born, J. van der (2002). *Dagbesteding, meer dan tijdsbesteding, zoeken naar betekenis.* Houten: Bohn Stafleu van Loghum.
Hattum, M. van & Huschemaekers, G. (2000). *Vakwerk. Producttyperingen van vaktherapeuten voor het programma stemmingsstoornissen.* Utrecht: Trimbos-instituut.
Hutschemaekers, G. & Neijmeijer, L. (1998). *Beroepen in beweging. Professionalisering en grenzen van de multidisciplinaire GGZ.* Houten: Bohn Stafleu van Loghum.
Hutschemaekers, G. (2000). *Beroepen in beweging* (Gastcollege, Opleiding Creatieve Therapie). Amersfoort: Hogeschool Utrecht.
Schouten, K. (2001). *Geschiedenis en ontwikkeling van de creatieve therapie* (Gastcollege, Opleiding Creatieve Therapie, Amersfoort: Hogeschool Utrecht.
Smeijsters, H. (2008). *Handboek Creatieve Therapie* (3e ed.). Bussum: Uitgeverij Coutinho.

Beleidsdocumenten en interne publicaties

Nederlandse Vereniging voor Beeldende Therapie. (2006). *Beleidsplan NVBT 2006-2008.* Utrecht: Auteur.
Nederlandse Vereniging Kreatieve Therapie. (1999). *Beroepsprofiel van de beeldend therapeut.* Utrecht: Auteur.
Nederlandse Vereniging Kreatieve Therapie. (1999). *Beroepsprofiel van de muziek therapeut.* Utrecht: Auteur.
Nederlandse Vereniging Kreatieve Therapie. (1999). *Beroepsprofiel van de dramatherapeut.* Utrecht: Auteur.
Nederlandse Vereniging Kreatieve Therapie. (1999). *Beroepsprofiel van de danstherapeut.* Utrecht: Auteur.
Opleidingsprofiel van opleidingen voor creatieve therapie (2009). Een uitgave van de gezamenlijke opleidingen.
Coördinatie Orgaan Nascholingen en Opleiding in de Gezondheidszorg (2000).
Adviesnota voor de minister over de beroepenstructuur dat een transparante en doelmatige verdeling tussen de in de GGZ werkzame beroepen beoogt. Utrecht: Auteur.

Websites

www.aata.com, American Art Therapists Association.
www.agbcode.nl, website van Algemeen GegevensBeheer Zorgverleners (AGB-Zorgverleners).

www.antroposofie/avin/gezondheidszorg.nl, website met berichten en aankondigingen vanuit en over de Antroposofische Vereniging Nederland.
www.artsintherapy.com, website van het internationale netwerk van creatieve kunsttherapeuten en geïnteresseerden in de helende kracht van kunst.
www.arttherapy.org, website van de American Art Therapy Association.
www.baat.com, website van de British Association Art Therapists.
www.beeldende-therapie.nl website van de Nederlandse Vereniging voor Beeldend Therapeuten.
www.brancherapporten.minvws.nl
www.caleidoscopia.nl, website met uitleg over het kaartspel Caleidoscopia (een kaartspel over diversiteit).
www.cbo.nl, website van het Kwaliteitsinstituut voor de Gezondheidszorg CBO.
www.cochrane.nl, website met informatie over de activiteiten van het Dutch Cochrane Centre.
www.cochrane.org, website met informatie over de activiteiten van The Cochrane Collaboration.
www.dbcggz.nl, website diagnose-behandelingcombinatie voor de geestelijke gezondheidszorg.
www.dedds.nl, website van de werkgroep DDS (Diagnostic Drawing Series, een driedelige diagnostische tekentest).
www.degelderseroos.nl, website met informatie over de geestelijke gezondheidszorg.
www.derby.ac.uk/vart/index.html, website van het Virtual Arts Therapies Network.
www.dhont.nl, website van Michiel Czn. Dhont, grondlegger van de methode 't Tijdloze Uur.
www.diagnosticdrawingseries.com, website van Barry Cohen met informatie over de DDS.
www.dsmivtr.org, website over Diagnostic and Statistical Manual of Mental Disorders (DSM).
www.EBLcentre.com, website van onderzoek en methodiek Rutten-Saris, M.
www.elearning.surf.nl
www.expressiveartsandsocialchange.org, website met informatie over de EGS (European Graduate School).
www.ggzdrenthe.nl, website van GGZ Drenthe.
www.ggzrichtlijnen.nl, website met richtlijnen in de geestelijke gezondheidszorg.
www.ictep.nl, website van ICTEP (Instituut voor Creatieve Therapie & Expressieve Psychotherapie).
www.ingat.com, website International Networking Group of Art Therapists.
www.keesadmiraal.nl, website van Kees Admiraal (beeldende kunstenaar), ontwikkelaar van het CKV-project 'Kijken met je oren'.
www.kijkenmetjeoren.nl, website van een CKV-project over beeldende kunst voor vmbo, havo en vwo.
www.louisvanmarissing.nl, website van Louis van Marissing, kunsttherapeut.
www.mee.nl, website met informatie voor iedereen met een beperking. MEE adviseert, ondersteunt en wijst de weg.
www.minvws.nl, website van het ministerie van Volksgezondheid, Welzijn en Sport.
www.nvvs.nl, website van de Nederlandse Vereniging voor Slechthorenden.
www.ontwikkelingsprofiel.nl, website met informatie over het ontwikkelingsprofiel.
www.opzoeknaarzin.nl, website van het Trimbos-instituut met informatie voor ouderen met depressieve klachten.
www.phototherapy-centre.com, website over Photo Therapy Techniques, in Counseling and Therapy.

www.psychiatrie.umcg.nl, website van het Universitair Centrum Psychiatrie Groningen.
www.registervaktherapie.nl, website met informatie voor vaktherapeuten over hoe de overgang van het oude naar het nieuwe Register zal plaatsvinden.
www.schoolarttherapy.com, website van Janet Blush (geregistreerde art-psychotherapeute).
www.schoolarttherapy.com/school_art_therapy
www.speciaalonderwijs.kennisnet.nl, website voor het speciaal onderwijs.
www.Spiritualityandpractice.com, website van Shaun Mc Niff.
www.tonfeld.de, website van Heinz Deuser met informatie over zijn methode 'Arbeit am Tonfeld'.
www.trimbos.nl, website van het Trimbos-instituut, landelijk kennisinstituut voor geestelijke gezondheidszorg, verslavingszorg en maatschappelijke zorg.
www.umcg.nl, website van het Universitair Medisch Centrum Groningen.
www.uva.nl, website van de Universiteit van Amsterdam.
www.uva.nl/actueel/object.cfm, website van de Universiteit van Amsterdam met publicaties over taal, beeld en muziek.
www.vaktherapie.nl website Federatie van Vaktherapeutische Beroepen (FVB).
www.verhalenwinkel.com, website met informatie over life review.

Aanbevolen
Google op 'poetry therapy', 'beeld en tekst' en 'taaldrukken' enzovoort.

Verantwoording

Eindredactie

Celine Schweizer, beeldend therapeut Middeloo 1983 (SRVB, sr.) en supervisor (LVSB). Van 1986-1988 master (voorheen VO) Beroepsinnovatie aan de faculteit Gezondheidszorg van de Hogeschool Utrecht. Vanaf 1983 zeventien jaar gewerkt als beeldend therapeute, voornamelijk in de kinder- en jeugdpsychiatrie. Sinds 1991 werkzaam op de opleiding creatieve therapie aan Hogeschool Stenden Leeuwarden als docent medium en methodiek, supervisor, coördinator afstudeeronderzoek en lid/onderzoeker bij Kenniskring Social Work and Arts Therapies. Deed praktijkonderzoek naar overeenkomsten en verschillen tussen agogische en therapeutische interventies, schreef diverse publicaties en is eindredacteur van *In beeld. Doelgroepgerichte behandelmethoden* (2001).
Redacteur van hoofdstukken 2, 3, 4, 8 en 9
Auteur van de hoofdstukken 4 en 8, en van paragraaf 6.5
Coauteur van hoofdstuk 9

Redactie

Jacqueline de Bruyn, beeldend therapeut (SRVB). Hogeschool Utrecht, Bachelor of Social Work, Creatieve Therapie Beeldend (2006) en de Praktijk voor Kreatieve Therapie (1991), eerstegraadsdocent tekenen en kunstgeschiedenis, Nijmegen/Amsterdam (1981). Sinds 1991 werkzaam als beeldend therapeut met kinderen en adolescenten in kinder- en jeugdpsychiatrisch ziekenhuis Triversum in Alkmaar. Interne publicaties, artikelen in het *Tijdschrift voor vaktherapie*, *Groepspsychotherapie* (NVGP) en *Systeemtherapie*.
Redacteur van de hoofdstukken 6 en 7
Auteur van de paragrafen 5.3.8, 6.5, 6.6, 7.1, 7.2 en 7.3

Bert Henskens, geregistreerd beeldend therapeut, heeft een praktijk voor beeldende therapie in Den Bosch. Hij is methodiekdocent aan de Creatieve Therapie Opleiding van de Hogeschool Arnhem en Nijmegen. Sinds 2007 voert hij een praktijkonderzoek uit naar beeldende observatie en diagnostiek. Hij is lid van de landelijke werkgroep Diagnostic Drawing Series (DDS). Hij publiceerde hierover in het *Tijdschrift voor vaktherapie*.
Redacteur van hoofdstuk 5
Auteur van de paragrafen 5.5.1 en coauteur van de paragrafen 6.1 en 6.2

Suzanne Haeyen is geregistreerd beeldend therapeut, werkzaam vanaf 1991, en leerkringvoorzitter Vaktherapie bij GGNet te Apeldoorn. Zij werkt daar bij de behandeling van volwassenen, zowel ambulant als in deeltijdprogramma's. Zij is inhoudelijk coördinator van de Deeltijdopleiding voor Creatieve therapie, beeldend en methodiekdocent bij de Creatieve Therapie Opleiding aan de Hogeschool Arnhem Nijmegen. Zij schreef diverse artikelen en het boek *Niet uitleven maar beleven, over beeldende therapie bij persoonlijkheidsproblematiek* (2007). Zij werkte mee aan de landelijke Multidisciplinaire Richtlijn Persoonlijkheidsstoornissen (2008) als vertegenwoordiger van de Nederlandse Vereniging voor Creatieve Therapie (NVCT, nu FVB) (muziek, drama, beeldend).
Redacteur van hoofdstuk 5
Auteur van de paragrafen 5.1, 5.3.2, 5.3.3 en coauteur van paragraaf 5.3.9

Marijke Rutten-Saris, PhD AT (Art Therapy), beeldend therapeute (SRVB sr), supervisor (LVSB). Zij heeft zich verdiept in antroposofische, lichaamsgerichte en dynamische benaderingen van beeldende therapie. Werkervaring als beeldend therapeute met diverse doelgroepen, methodiekdocente en supervisor opleiding Creatieve Therapie aan de Hogeschool Arnhem en Nijmegen en aan de VO BT/Master. Ze richtte kindercentra op en deed daar vanaf 1968 – vooral op de babygroepen – praktijkonderzoek naar zichtbare fysieke interactiekenmerken van veilige hechting. Heeft sinds 2002 haar eigen onderneming, EBL Arts Therapy Centre. Van 1980 tot 1990 deed zij – vanuit de beeldende kunst – onderzoek naar lichaamstaal en hulpverlening in diverse landen in Europa. Mede hieruit is de methode EBL (Emerging Body Language) ontstaan. Promoveerde in 2002 aan de University of Hertfordshire, afdeling Art & Design, Art Therapy bij dr. J. Dubowski met als copromotor prof. dr. A. Bosman van de Radboud Universiteit Nijmegen. Het proefschrift heeft als titel *The RS-index; a Diagnostic Instrument for the Assessment of Interaction-structures in Drawing*.

Redacteur van hoofdstuk 4 en van paragraaf 5.5.2, redacteur van hoofdstuk 4 en producent van de dvd

Henriette Visser, beeldend therapeut, Middeloo 1972. Vervolgstudies: orthopedagogiek, Universiteit van Amsterdam; Supervisor VO, Hogeschool van Amsterdam; cursus onderwijskundig medewerker, Universiteit Twente en masterclasses Master Sociale Interventie LESI. Relevante werkervaring: jeugd- en jongerenwerk Ons Huis Amsterdam, beeldend en speltherapeut RIAGG Purmerend. Beeldend therapeut MFE Symphora; docent, supervisor, projectleider, onderwijsontwikkeling en onderzoeksmedewerker Hogeschool Utrecht vanaf 1979. Publicaties, onder andere: *Creatieve therapie spelen met mogelijkheden* (1987); Bijdrage *Kreatieve Therapie Beeldend, acht methodieken*, sectie Beeldend NVKT (1990); *Art therapy in schools for Special Education* (Ecarte, 1995), diverse onderzoeksrapporten en producten Kenniscentrum Sociale Innovatie Hogeschool Utrecht, onder andere *Vraagverheldering in de zorg voor mensen met verstandelijke beperking* (2007).
Redacteur van de hoofdstukken 1 en 3
Auteur van de hoofdstukken 1, 2, 3 en 8

Auteurs

Frans Beelen, beeldend therapeut (SRVB sr.) supervisor (LVSB), leersupervisor, docent supervisiekunde en kunstenaar. Werkervaring als creatief therapeut, docent en supervisor aan Hogeschool Zuyd en Hogeschool Utrecht, onder meer bij de Voortgezette Opleiding Beroepsinnovatie en Praktisch Pedagogische Gezinsbegeleiding. Gaf van 1990 tot 2004 de post-hbo-cursus Beeldende Creatieve Therapie met Gezinnen. Zij schreef diverse artikelen en boeken: *Interactief. Creatieve Therapie met groepen* (1989) i.s.m. Oelers, Muller, Graamans, Stapel en Hassing. Herziene versie (2000), door Beelen en Oelers. *Gezins-Creatieve-Therapie. Systeembeïnvloeding, ouderondersteuning in creatieve therapie beeldend* (2003). *Werkboek Gezins-Creatieve-Therapie, voor creatief therapeuten beeldend, die werken met ouders van kinderen met een verstandelijke beperking* (2005), i.s.m. Wernink, Bogers en Cuijpers.
Coauteur van de paragrafen 5.3.6 en 5.3.7

René Benneker, dramatherapeut en bestuurskundige, (voormalig) bestuurder van NVCT, SRCT, SRVB en CONO. Sinds 2000 zelfstandig gevestigd als consultant en projectmanager in de gezondheidszorg.
Auteur van hoofdstuk 9

Henk van den Berg, sinds 1980 werkzaam in diverse functies voor de afdeling beeldend van de opleiding Creatieve Therapie in Nijmegen; sinds studiejaar 2001-2002 aangesteld als docent beeldend medium. Hij volgde de parttimeopleiding tot docent aan de kunstacademie in Arnhem (1986-1991).
Auteur van paragraaf 5.4.7

Ineke Boschloo, als docent beeldend vormen verbonden aan de hbo-opleiding Creatieve Therapie, Stenden Hogeschool Leeuwarden en werkt daarnaast als beeldend kunstenaar. Neemt al vele jaren deel aan Therapeuten Tagungen in Neuenzell (Ibach, Zuid-Duitsland).
Coauteur van paragraaf 5.4.3

Mimy ter Braak, sinds 2000 werkzaam als beeldend therapeut met volwassenen bij Universitair Centrum Psychiatrie in Groningen. Sinds 2000 methodiekdocent, docent beeldend vormen en supervisor Stenden Hogeschool Leeuwarden, opleiding Creatieve Therapie. Gaf beeldende workshops binnen bedrijfsleven en onderwijs. In 2007 deed zij onderzoek naar het effect van het gecombineerd aanbieden van muziek en beeldende werkvormen bij mensen met een depressie (interne publicatie UCP).
Auteur van de paragrafen 5.4.4, 5.4.10, 6.1.6, 6.4, 6.4.1, 6.4.2, 6.7, 6.7.1, 6.7.2 en 6.7.3

Tineke Demmer, als coördinerend beeldend therapeut verbonden aan de Afdeling Psychiatrie (UCP) van het Universitair Medisch Centrum Groningen (UMCG). Tevens is zij actief als beeldend kunstenaar. Neemt al vele jaren deel aan Therapeuten Tagungen in Neuenzell (Ibach, Zuid-Duitsland).
Coauteur van paragraaf 5.4.3

Michiel Czn Dhont, beeldend kunstenaar, docent beeldend vormen en musicus. Hij is oprichter van het atelier 'Werkplaats Molenpad' te Amsterdam, sinds 1975 een atelier voor beeldende expressie vanuit beweging en intuïtie. Hij publiceerde in 2000 het werkboek 't Tijdloze Uur, 22 oefeningen ter bevordering van de integratie van de cognitieve, emotionele en sociale intelligentie. Hij verzorgt presentaties en lezingen in binnen- en buitenland.
Coauteur van paragraaf 5.2.5

Wanda Dondorp, gz-psycholoog, onderwijskundig pedagoog en docente tekenen. BIG-geregistreerd en lid van het NIP en de NVVP. Zij is

werkzaam in een vrijgevestigde praktijk, hoofd en oprichter van het Pedagogisch Psychologisch Centrum Heemstede en hoofd en docent opleidingsinstituut Analytische Tekentherapie te Amsterdam. Zij doceert methodiek, didactiek, theorie en praktische toepassing van de analytische tekentherapie. Eveneens verzorgt zij cursussen en workshops aan hogescholen.
Auteur van paragraaf 5.3.10

Karen van Dooren, Vrije Kunst (HKA, 1997), Creatieve Therapie Opleiding (HAN, 1992). Beeldend therapeut bij GGZ Oost-Brabant (adolescenten, volwassenen, ouderen: observatie en diagnostiek, en groeps- en individuele behandeling), TPZ Helmerzijde, docent beeldend vormen De Lindenberg, Nijmegen (kinderen) en beeldend kunstenaar, docent beeldende therapie (HAN).
Publicaties: beeldend werk in catalogi, coauteur van het Landelijk Opleidingsprofiel 2008 en artikelen 'Interventions in Art Therapy', *Institute Journal of St. Petersburg State Institute of Psychology and Social Work* (2008).
Auteur van de paragrafen 6.7, 7.4 en 7.5

Ingrid van der Drift, beeldend therapeut, orthopedagoog, EBL-behartiger en deed de VO-beroepsinnovatie. Werkte een aantal jaren als beeldend therapeut en werkt nu als orthopedagoog binnen de kinderrevalidatie. Zij publiceerde verschillende artikelen en gaf lezingen over beeldende therapie.
Auteur van paragraaf 5.4.11

Gert van Dusseldorp, als beeldend therapeut werkzaam bij GGZ Haagstreek te Leidschendam (stemmings- en angststoornissen, persoonlijkheidsstoornissen (SAS P)), GGZ Midden Holland (psychotische stoornissen). Sinds 1998 lid van de landelijke werkgroep Diagnostic Drawing Series (DDS). Organiseerde met landelijke DDS-werkgroep tweedaagse trainingen. Geeft les aan de Hogeschool Arnhem en Nijmegen, opleiding Creatieve Therapie: vrije minor diagnostiek. Levert bijdragen aan DDS *Nieuwsbrief* sinds 2001 met betrekking tot diagnostiekvragen.
Coauteur van paragraaf 5.5.1

Theresa Foks-Appelman, geregistreerd vaktherapeut beeldend sinds 1995. Zij is gecertificeerd Sandplay-therapeut en lid van de International Society for Sandplay Therapy. Zij werkt zelfstandig in een eigen praktijk met kinderen, ouders en volwassenen.

Auteur van paragraaf 5.4.5 en coauteur van de paragrafen 6.1 en 6.2

Lambert Fortuijn, beeldend kunstenaar, taaldrukker, docent schrijven. Ruim 25 jaar werkervaring met diverse groepen in onderwijs, gevangenissen, met ouderen enzovoort. Het begeleiden van schrijven van persoonlijke teksten en poëzie is zijn specialiteit. Geeft poëziecursussen op zijn schip *de Seefugel* op het Wad.
Auteur van paragraaf 5.4.9

Monique Gerritsen, beeldend therapeut in het Centrum voor Psychotherapie van de Gelderse Roos. Daarnaast heeft zij haar eigen praktijk voor beeldende therapie, supervisie en coaching in Amersfoort en is zij trainer Klinische Psychotherapie.
Auteur van paragraaf 5.3.5

Hannie van der Gijp, sinds 1992 docent methodiek beeldende therapie en supervisor aan de Stenden Hogeschool (voormalig CHN) te Leeuwarden. Hiervoor heeft zij negentien jaar als beeldend therapeute gewerkt in diverse afdelingen van de ggz. SRCT-geregistreerd beeldend therapeute en LVSB-geregistreerd supervisor.
Auteur van paragraaf 5.4.1

Roeland Frank Hoefsloot, orthopedagoog, kunstzinnig dynamisch coach en beeldend kunstenaar. Was 26 jaar methodiekdocent en coördinator van de afstudeerdifferentiatie 'Creativiteit in het Sociale Werk' aan de opleiding Sociaal Pedagogsche Hulpverlening, Hogeschool Rotterdam. Oprichter en inspirator van De Kleine Tiki, school voor Kunstzinnig Dynamisch Coachen en innerlijke ontwikkeling te Breda, Assen en Antwerpen.
Publicaties: *Meditatief Boetseren, kunstzinnige therapie en persoonlijke groei*, Amsterdam: Schors, 2007; *De Handenmeditatie*, Amsterdam: Schors, 2007; *Kunstzinnig Dynamisch Coachen*, Amsterdam: Schors, 2007.
Auteur van paragraaf 5.4.2

Gusta van Geleuken, opleiding beeldend therapie Amersfoort 1980 (SRVB sr.), VO strategische hulpverlening Nijmegen, VO supervisie; diverse trainingen; Zij volgt momenteel de opleiding tot leersupervisor. Werkervaring als beeldend therapeut vanaf 1981, ggz Volwassenen Regio Breda; supervisor Hogeschool Utrecht; supervisor teams gezondheidszorg en Avans Hogeschool. Was lid registercommissie SRVB; Ontwikkelde een cursus creatieve methode voor supervisie.
Auteur van casus paragraaf 1.3 en casussen hoofdstuk 3

Marianne Kaarsemaker-Verfaille, opleiding aan de Kopse Hof en de VO groepswerk. Werkte in klinische en dagklinische psychotherapeutische settings, de laatste jaren met borderlinepopulatie op 'De Wende'. Publiceerde in In Beeld (2001) en beeldende therapie en MBT (2008). Is geregistreerd (1988-RVB) en supervisor.
Auteur van paragraaf 5.3.4

Yvonne van Kolck, beeldend therapeut (SRVB). Sinds 1991 werkzaam op de revalidatieafdeling van het Universitair Longcentrum Dekkerswald. Praktijkbegeleider van stagiaires opleiding Creatieve Therapie (HAN), geeft sinds 2001 gastcolleges en werkt mee aan assessments van studenten.
Auteur van paragraaf 5.4.8

Marijke Kremers, zelfstandig gevestigd, geregistreerd beeldend therapeut en beeldend kunstenaar. Ze geeft tevens persoonsgerichte trainingen en workshops en is docent aan Creatieve Therapie Opleiding, Hogeschool Arnhem en Nijmegen. Ze heeft ervaring met diverse meditatievormen en volgt trainingen aan de School voor Zijnsoriëntatie. www.beeldendzijn.nl.
Coauteur van paragraaf 5.4.12

Esther Krul, beeldend therapeut en kwaliteitsmedewerker PAAZ. Tevens gastdocente Creatieve Therapie Opleiding, Hogeschool Arnhem en Nijmegen. Was bestuurslid FVB-NVBT. Heeft ervaring met diverse meditatievormen en volgt trainingen aan de School voor Zijnsoriëntatie.
Coauteur van paragraaf 5.4.12

Cis Luttikhuis, Middeloo Amersfoort, 1973 en ArtEZ Arnhem, 1985, was – na een aantal jaren werkzaam te zijn geweest in de ggz – tot 2008 verbonden aan de Creatieve Therapie Opleiding van de Hogeschool van Arnhem en Nijmegen als docent Beeldende Therapie en supervisor.
Auteur van paragraaf 5.2.4
Bijdrage aan paragraaf 1.2 kunst en beeldende therapie
Coauteur van paragraaf 5.3.1

Ella Molenaar-Coppens, zelfstandig beeldend therapeute en supervisor SRCT; werd opgeleid tot grafisch ontwerper, docente handvaardigheid en initiaties therapeute. Werkte in de ggz en achttien jaar als beeldend

en methodiekdocent aan de Hogeschool Arnhem en Nijmegen. Zij geeft lezingen/workshops en schreef diverse publicaties.
Auteur van paragraaf 5.2.3

Heidi Muijen, volgde studie Wijsbegeerte aan universiteiten van Utrecht, Leiden en Rotterdam, post-hbo-opleiding beeldende creatieve therapie van Fiety Meijer en Joke Dinklage in Amersfoort, Promotie Universiteit Maastricht 2001 op metaforen in communicatie en veranderingsprocessen. Belangrijkste werkervaring: opzet en vormgeving van creatieve therapie voor ouderen aan dagbehandeling van een verpleeghuis in Rotterdam. Eigen praktijk als coach, supervisor en trainer. Betrokken bij onderzoek en onderwijs (ontwikkeling), onder meer bij de masteropleiding Begeleidingskunde in Rotterdam en de Creatieve Therapie Opleiding in Nijmegen.
Auteur van de paragrafen 1.1 en 1.2

Marcel Mutsaarts, studeerde psychologie aan de Katholieke Universiteit Nijmegen, waar hij in 2000 afstudeerde met een psychomotorisch onderzoek naar de vorm van de haptische ruimte. In 2007 promoveerde hij aan diezelfde universiteit met een onderzoek naar bewegingsplanning bij jongeren met hemiparetische cerebrale parese. Tijdens zijn promotietraject is hij begonnen met lesgeven bij de studierichtingen psychologie en creatieve therapie aan de Hogeschool Arnhem en Nijmegen. Sinds september 2007 werkt hij volledig voor de HAN als hoofddocent theorie.
Auteur van paragraaf 1.4

Eveline van der Pas, van 1985 tot en met 1992 docente tekenen/vakdidactiek aan de VLVU en aan de Amsterdamse Hogeschool voor de Kunsten. Werkt sinds 1992 als beeldend therapeut en kunstenaar in eigen bedrijf. Schreef in een artsenvakblad een casus uit eigen praktijk betreffende een cliënte met mogelijk de ziekte van Huntington.
Coauteur van paragraaf 5.3.1

Drs. Ingrid Pénzes, senior geregistreerd beeldend therapeute en geestelijk gezondheidskundige. Als beeldend therapeute deed zij ervaring op in de psychosociale hulpverlening en in de specialistische zorg voor personen met sterke gedragsstoornissen en een licht verstandelijke handicap (SGLVG). Ze werkt als docent creatieve therapie aan de Hogeschool Zuyd en verricht een promotieonderzoek naar beeldende therapie vanuit KenVaK.
Auteur van paragraaf 5.2.2

Gaby Rademaker, beeldend therapeut (SRVB). Werkt sinds 1982 in ggz-centra met volwassen cliënten, heden ggz-centrum Westfriesland te Hoorn. Werkt met de Interactieve Methode in de Jong Volwassenen groep. Zij schreef samen met Marijke Korting (ggz 's-Hertogenbosch) een module en product: 'Ik trek mijn eigen lijn', beeldende therapie voor seksueel getraumatiseerde vrouwen en een module verliesverwerking. Zette opnieuw de nieuwsbrief op van de Nederlandse Vereniging voor Beeldende Therapie.
Coauteur van paragraaf 5.3.6

Hetty de Reus-Vinke, beeldend therapeut bij GGNet Deeltijdbehandeling Ouderen en bij de afdeling Preventie betrokken bij de uitvoering en (mede) vormgeving van de activiteiten binnen het project Depressie 55+ Op zoek naar Zin en Interculturalisatie Creatieve vrouwengroep.
Coauteur van paragraaf 5.3.9

Marianne Salm, beeldend therapeut. Sinds 2007 eigen praktijk voor beeldende therapie te Wijk bij Duurstede. Hier geeft zij zowel individuele therapie als therapie in kleine groepen aan kinderen, jongeren en volwassen. Zij is oorspronkelijk opgeleid als chemicus en kwaliteitskundige en heeft als zodanig circa vijftien jaar bij de overheid gewerkt.
Auteur van paragraaf 5.4.13

Karin Schouten, beeldend therapeut (SRVB), Hogeschool van Utrecht, Amersfoort (1992); AKI, Akademie voor Beeldende Kunst, Enschede (1984); Werkzaam bij Phoenix, de Gelderse Roos Wolfheze en Centrum '45 in Diemen met getraumatiseerde vluchtelingen en asielzoekers; beeldende gezinstherapie met vluchtelingen en Multifamily-therapie. Publicaties in *Broken Spirits* (2003); *Kunstreiz* (2008); *De kunsten van het Leven* (2008) en *Handboek Transculturele Psychiatrie en Psychotherapie* (2008).
Coauteur van de paragrafen 6.1, 6.2, 6.3, 6.4 en bijdragen aan hoofdstuk 9

Heleen Schuld, beeldend therapeut, geregistreerd supervisor, docent en coördinator Creatieve Therapie Opleiding, Hogeschool Arnhem en Nijmegen, master Begeleidingskunde (2009). Haar expertise gaat uit naar leer- en veranderprocessen in zowel individuele, groeps- als organisatietrajecten, het beeldend medium hierin vanzelfsprekend meegenomen.

Auteur van de paragrafen 7.1 en 4.5, 4.5.1, 4.5.3, 4.5.4, 4.5.5, 4.5.6 en 4.5.7
Bijdragen aan paragrafen 1.3 en 2.1

Madelon Smits, geregistreerd beeldend therapeut. Werkte lang in de jeugdhulpverlening waar zij de Gezins-creatieve-therapie introduceerde. Nu werkzaam bij Lijn 5, OPL, Ambulant Centrum. Een centrum voor therapie, begeleiding en diagnostiek voor licht verstandelijk gehandicapte (LVG) kinderen, jongeren en hun ouders/verzorgers. Sinds 2005 is zij docent van de opleiding beeldende therapie met gezinnen bij het RINO Noord-Holland. Zij schreef een tweetal artikelen in het *Tijdschrift voor Creatieve Therapie* over het werken met gezinnen.
Coauteur van paragraaf 5.3.7

Gisela van Sprang, beeldend therapeut SRVB Hogeschool van Utrecht 1997. Werkervaring in volwassenenpsychiatrie en sinds 1999 in de kinder- en jeugdpsychatrie bij ggz Regio Breda. Specialisatie in emotieregulatietrainingen, gezinstherapie, cognitieve gedragstherapie, interculturele problematiek. Was een tijd actief lid FVB.
Coauteur van hoofdstuk 3

Joanne Spreij, geregistreerd beeldend therapeut bij RMPI, een kinder- en jeugdpsychiatrische instelling in Barendrecht. De methode EBL is daar sinds 2006 een erkend onderdeel van haar methodiek. Vanaf 2006 is zij werkzaam als EBL-consulent in opleiding en vanaf 2007 als zelfstandig EBL-consulent verbonden aan het EBL AT Centre in Nijmegen.
Auteur van paragraaf 5.2.6

Jolanda van Tatenhove, geregistreerd beeldend therapeut. Volgde een workshop bij Judy Weiser en verdiepte zich in het 'therapeutische' gebruik van foto's en fotografie. Zij werkte een jaar in Estland en volgde een jaar van de masteropleiding (Art Psychotherapy) in Leeuwarden. Sinds 2001 is zij werkzaam in RIJ de Doggershoek met adolescenten.
Auteur van paragraaf 5.4.6

Sanne van der Vlugt, beeldend therapeut (SRVB), werkt sinds 2000 binnen het Regionaal Expertisecentrum Noord Nederland met cluster 4-kinderen (RENN4). Daarvoor werkte ze vijf jaar op Curium, kinder- en jeugdpsychiatrisch centrum te Oegstgeest. Sinds 2001 gastlessen

over het werken als beeldend therapeut binnen het onderwijs op de Stenden Hogeschool, opleiding Creatieve Therapie en Pabo.
Auteur van paragraaf 1.3 en van de casussen in paragraaf 5.2.1

Maaike Vriezekolk, beeldend therapeut (HAN CTO, 2006). Afstudeeronderwerp: Vergelijking tussen de diagnostische tekentesten de 'RS-index' (dr. M. Rutten-Saris, 2002) en de ' Baumtest' (K. Koch, 2003). Gecertificeerd EBL-consulent en trainer met eigen praktijk. Werkzaam als freelancer bij EBL AT Centre waar zij videoanalyses en montages maakt. Tevens werkervaring in de forensisch-psychiatrische verslavingszorg en volwassenenpsychiatrie.
Medewerker aan de de dvd

Mariëlle Westrik, studente beeldendcreatieve therapie aan de Hogeschool Arnhem en Nijmegen. Heeft in haar derde studiejaar (2007-2008) stage gelopen bij de Kinder- en Jeugd GGz Nijmegen. Tijdens haar stage heeft ze gewerkt met de methode 't Tijdloze Uur.
Coauteur van paragraaf 5.2.5

Nawoord

In het voorjaar van 2006 is de redactie begonnen met het *Handboek beeldende therapie*. De vraag kwam al een jaar daarvoor vanuit de NVBT, maar het duurde even om voldoende moed te verzamelen om aan dit monnikenwerk te beginnen. Het boek is tot stand gekomen dankzij de constructieve samenwerking van een deskundige redactie en een flink aantal schrijvers.

Bij aanvang was er een groot onoverzichtelijk gebied in kaart te brengen. Het verdelen van taken naar deskundigheid heeft een goed overzicht opgeleverd van de huidige stand van zaken op het vakgebied van de beeldende therapie.

Het bundelen van krachten heeft een geweldige synergie opgeleverd, waardoor het een inspirerend project bleef. Telkens weer bleek dat uitwisseling van gedachten meer kennis opleverde en ook veel enthousiasme. Samen weten we meer dan alleen.

Veel dank gaat uit naar Karin Schouten, destijds voorzitster van de NVBT. Zonder haar aanhoudende vraag was ik nooit aan deze klus begonnen. Ook veel dank aan alle redactieleden en schrijvers. Iedereen heeft enorm veel vrije tijd geïnvesteerd in deze klus. Vooral speciale dank aan Marijke Rutten-Saris. Zonder haar verzameling videomateriaal van beeldende therapie en ervaring met het maken van films was er geen dvd bij het boek gekomen, terwijl een boek over beeldende therapie bij uitstek baat heeft bij visuele ondersteuning. Een aantal deskundige meelezers van alle hbo-opleidingen beeldende therapie in Nederland heeft met feedback een belangrijke bijdrage geleverd. Hierdoor is het boek breed gedragen: Henk Smeijsters, Petra Wernink, Petra Heller (eerstejaarsstudente beeldende therapie), René Benneker en Sjaak Sophie gaven hun constructieve feedback, naast een aantal ervaren beeldend therapeuten die ook bijdroegen aan hoofdstuk 5. Nicolette van Dijk van de uitgeverij heeft veel tijd en enthousiasme geïnvesteerd toen de laatste loodjes erg zwaar werden.

Dank aan Julia Molenaar voor de titel. Dank aan mijn collega's op de opleiding beeldende therapie in Leeuwarden: Sjaak, Mimy, Hannie mijn teamleider Wietske en Dean Hanny voor de ruimte die ik kreeg om aan het boek te werken.

Celine Schweizer, voorjaar 2009

Register

aandachtgericht beeldend werken, werkvormen 409
Aandachtgerichte Cognitieve Therapie (ACT) 406
aandachtgerichte meditatie, mindfulness 404
aandachttrainer, opleiding, Instituut voor Minfulness 410
aandachttraining 404
–, doelgroep 406
–, onderzoek methode 407
aandachttrainingen volgens MBSR en MBCT, mindfulness 407
aanmelding 140
aanschilderen 363
aanschilderingen, grondvormen beeldend handelen 365
ABC-therapie 37
Acceptance and Commitment Therapy (ACT) 406
achromatopsie 74
activerende therapie 36
activeringsfase 309
activiteitenbegeleiding 468
afrondend verslag 184
afronding van de zitting, vaste eindtijd 504
afscheid nemen
–, van groepstherapie 181
–, van therapie 180
afscheidsvormen 175
afsluiten van een therapie 180
afstemming
–, cliënt-medium 201
–, cliënt-therapeut 201
afweer en coping 87
Algemeen Gegevensbeheer Zorgverleners (AGZ) 443

Algemeen Psychiatrisch Ziekenhuis (APZ) 436
Algemene wet bijzondere ziektekosten (AWBZ) 447
ambacht of kunst 121
American Art Therapy Association (AATA) 26, 556
amygdala 75
analoog procesmodel 63, 240
analoge processen 67
analogie 68
analogie als methode 61
analyse van tekeningen, empirisch onderzoek 340
analytische tekentherapie 334
appèlanalyse 47
–, lijst 46, 57
–, lijst van Kliphuis 231
arbeids- en bezigheidstherapie 432
arbeidstherapie 36, 468
arbeids-, bewegings- en creatieve therapie 37
Arbeit am Tonfeld 354
archetypen 343
archetypische betekenis 113
art as therapy 195
art in therapy 195
art therapy
–, onderzoek 542
–, relatie Photo Therapy 374
Art-Based-test, DDS 423
articulatie 55
articulatieproces 53
as II-pathologie 291
Assessment, observatie en diagnostiek in EBL 271
attunement 65
autobiografisch beeldend werken 329
–, schrijven 329

–, reflectie 329

Bachelor Opleidingen Creatieve Therapie 546
basistheorieën 43
Bauhaus 34
beeldcommunicatie, methode 467
beeldelementen, beeldwaarneming 245
beelden, taal van 32
beeldend benoemingssysteem, registers 244
beeldend kunstenaars 58
beeldend therapeut
  –, positie in organisatie 558
  –, positionering 26
beeldende- dialectische gedragstherapie 281
beeldende gezinsobservatie en -therapie 319
beeldende (groeps)therapie 304
beeldende kindertherapie 255
beeldende kunst, veranderingen 31
beeldende methodieken, beschrijving van 41
beeldende schematherapie 287
beeldende therapie
  –, definitie 25, 29
  –, (inter)culturele invalshoek 63
beeldende vraagstelling 253
beeldendetherapieruimte 486
  –, versus atelier 493
beeldendtherapeutische diagnostiek 150
beeldtekenschrift 261
beeldwaarneming 244
begroting 513
  –, variabele kosten 514
behandelaanbod, transparantie 450
behandelcontext 81
behandeldoelen 223
  –, formuleren 157
  –, FVB 157
behandelduur, effectiviteit, consolidatie 509
behandelfasen, beschrijving 139
behandelingsstrategieën 223
behandelplan 155, 164
behandelprotocollen, stepped-careprogramma 434
behandelvisie 457
behandelvormen 471
behoeftehiërarchie 47

beroepenstructuur, clusters 454
beroepskwalificaties 138
beroepsprofiel 27
  –, inhoud van 41
  –, vormen van behandeling 223
Beroepsprofiel van de sociaal-pedagogisch hulpverlener (SPH), creatieve professional 468
beroepsprofiel voor de creatief therapeut 40, 464
beroepsregister, SRVB 551
beroepsregister voor creatief therapeuten 40
beroepsvereniging, NVBT 554
beroepsverenigingen 442
beschermende modi 289
betekenisgeven 112
betrekkingsniveau 505
bevordering integratie linker- en rechterhersenhelft (BLRH) 258
bewegingsimpuls 353
bewegingsoefeningen op papier, Florence Canemethode 400
bewustwording door beweging 257
BIG-registers 557
biopsychosociaal model 85
blindsight 75
borderlinepersoonlijkheidsstoornis, DGT 285
borderlineproblematiek
  –, aanschilderen 367
  –, gebrekkige mentalisatie 293
  –, MBT en SGT 297
British Association of Arts Therapists (BAAT) 556
budget 511

casusevaluatie 177
Centraal beraad voor dramatische vorming (CBDV) 39
Charles Peirce 102
cliënt, vraaggerichte therapie 84
cliëntfactoren 525
cliëntgebonden risico 495
cliëntgebonden tijd, vergoeding 508
cliëntgericht evaluatieverslag 184
cliëntperspectief, dialogische benadering 84
clusters, speciaal onderwijs 437
Cobra-beweging 31
cognitief-symbolische laag 131

cognitieve ontwikkeling, Damasio 89
communicatie
 –, inhoudsniveau en betrekkingsniveau 207
 –, ouders/verzorgers-kinderen 267
complimenten 210
computergames 382
computergebruik 379
consensus-based best practices 529
consolidatie 232
contact, via medium 200
continuüm van Lusebrink 129
 –, functioneringslagen 131
contract, randvoorwaarden 165
contra-indicatie 155
Coördinerend Orgaan Nascholing en Opleiding in de geestelijke gezondheidszorg (CONO) 556
co-therapeut 324
 –, gezinscreatieve therapie 316
coulanceregeling 449
creatiefprocestheorie 44, 231
creatieftherapeutische driehoek 79, 196
creatief proces
 –, doorwerkingsfase 232
 –, fasen 122
creatief professional 468
creatieve therapie 25
CT-molecuul 27
cursus 'Op zoek naar zin' 332
cybernetische gezinstherapie 322

dagelijks functioneren, activiteitenbegeleiding/arbeidstherapie, sociotherapie 471
dagelijks leven, kortdurende therapie 472
Damasio, gevoel en cognitie, ontwikkeling 89
danstherapie 470
deconstructivistische visie 62
decursus 483
denken, in beeldend werken 127
deskundigheidsbevordering, intervisie 550
Deutsche Gesellschaft für Sandspiel Therapie (DGST) 371
DGT-behandelmethode 285
diagnose-behandelingcombinatie (dbc) 448

Diagnose-behandel-beveiligingscombinatie (DBBC) 448
Diagnostic and Statistic Manual (DSM) 92
Diagnostic Drawing Series (DDS) 152, 416, 540
diagnostisch classificatiesysteem 93
diagnostische instrumenten 151
 –, EBL 265
diagnostische tekentest 152
dialectiek, definitie 282
Dialectische Gedragstherapie (DGT) 281, 406
diepteniveau 345
digitale fotografie, Phototherapy 377
digitale techniek 380
direct cliëntgebonden tijd 506
directe/indirecte cliëntgebonden tijd 508
disability studies 531
doelgroepen 444
doelstellingen, SMART 161
dossier
 –, belang 481
 –, privacy 484
 –, werkaantekeningen 484
 –, zakelijke aspecten 481
dossiervorming, zelfstandig gevestigd beeldend therapeut 441
dramatherapie 465, 469
Drawing inquiry'-vragen 418
DSM IV 448
DSM-classificatiesysteem, veranderingen 524

EBL 265
ecriture automatique 259
eenheid van hoofd, hart en handen 257
eindevaluatie 173
eindrapportage 184
Emergent Body Language, Florence Canemethode 402
emerging body language 66
emotieregulatie en impulsregulatie 282
emoties 75
enculturatieproces, Vygotski 90
equifinaliteit 96
erkenning, binnen ggz 557
ervaring
 –, betekenis 103
 –, denken over 97
 –, tactiele 130

ervaringsdeskundigheid, cliënten 530
ervaringsgericht leren 114
ervaringsgerichte therapie 115
esthetische illusie 50
 –, definitie 331
 –, life-review en reminiscentie 331
European Consortium for Arts Therapies Educations (ECArtE) 546
evaluatie
 –, beeldende 174
 –, casus 177
 –, functie 174
 –, met foto's 377
 –, met systeem, voogd of sociaal netwerk 178
 –, multidisciplinair 177
 –, tussentijdse 175
evaluatieformulieren 176
evaluatiegesprek, cliëntgericht 176
evaluatiemomenten 173
evaluatiestappen 174
evidence-based medicine (EBM) 42, 522
experimenteren met eigen vormgeving 232
exposure 167
expressieve en creatieve therapie 38
externe rapportage 480
extramuralisering 433

fantasie 127
fasentheorie 87
fasetheorie 64
Federatie Vaktherapeutische Beroepen (FVB) 25, 43
 –, overeenkomsten vaktherapeutische beroepen 554
feedback, in groepstherapie 219
fenomenologie, en expressie 106
fenomenologisch-hermeneutische benaderingen 103
financiële middelen 510
financieringssysteem, AWBZ, standaardzorgverzekering 447
Florence Canemethode 400
fototherapie, versus Phototherapy 373
frenologie 72
Freud 334
functionele driehoek, denken-voelen-handelen 126
FVB, geformuleerde opdrachten 554
fysieke veiligheid 494

fysiologische psychologie 34

Gadamer 108
gedragsalternatieven, interactieve methode 309
geestelijke gezondheidszorg 435
Geführtes Zeichnen 353
Geführtes Zeigen 354
geleid tekenen 353, 356
geleide fantasie 344
gemeenschappelijk begrippenkader 459
gereedschappen, veiligheid 495
gesloten groep 476
gesloten rapportage, richtlijnen beroepscode 480
gestalt, definitie 276
gestalttherapie 276
gezinscreatieve therapie 316
gezinsinteracties, disfunctionele 320
gezinspathologie 320
gezinstherapie 316, 477
ggz
 –, ontwikkelingen sinds 1900 431
 –, verdeling intramuraal, semimuraal, extramuraal 435
Grafische Elementen, RSiGE 424
groepen, samenstelling/organisatie 476
groepsdynamische psychotherapie 300
groepsproces 301
groepstherapie
 –, afscheid 182
 –, drie werkwijzen 216
 –, genezende factoren 474
 –, nabespreking 217
 –, rol therapeut 475
grondstructuur van beeldende therapie 79
grondvormen beeldend handelen, aanschilderen 365

handelingen, beeldwaarneming 245
hemineglect 75
hemisferen 73
hermeneutisch therapeuten 107
 –, cirkel 61, 108
 –, methode 107
 –, narratieve benadering 108
hersendelen, communicatie 258
hersenen, werking van 71
hersenfuncties 72
hersenonderzoek, Joseph LeDoux 258

heterogene groep 476
holding en containment 87
homeostase 96
homo ludens 35, 103
homogene groep 476
houdingsaspecten volgens Kabat-Zinn 409
huiswerk, gezinscreatieve therapie 315
Huizinga
–, fenomenologische theorie 103
–, spelbegrip 104
hulpvraag, van de cliënt 83

identified patient 477
ik-document, weblog of Hyves-pagina 382
imaginatie 342
–, beeldende schematherapie 290
imaginatietechnieken 345
indicatie 140
–, voor beeldende therapie 154
indicatie en behandelprognose, beeldwaarneming 244
indicatiegebieden, verschillende vaktherapieën 469
indirect cliëntgebonden tijd 507
individuele groei, betekenis van 37
individuele therapie, relatie met therapeut 473
inspiratiebronnen 59
Instituut voor Creatieve Therapie en Expressieve Psychotherapie (ICTEP) 545
instructie, rol van de therapeut 217
intakeopdracht, mandala 387
intelligentie, cognitieve, emotionele, sociale 256
interactieve methode 306
intercollegiale toetsing 551
International classification of functioning, disability and health (ICF/ICDH) 93
International Networking Group Art Therapy (ING/AT) 556
International Society for Sandplay Therapie (ISST) 371
internationale beroepsverenigingen, lidmaatschap 556
interne rapportage 480
internet, in beeldende therapie 382
interventies 190

–, groepsinteractie 198
–, (on)voorspelbare momenten 193
–, relatie beeldend therapeut-cliënt 197
interventietheorie 240
intervisie 550
intervisiegroep 550
intuïtief schrift 259
inzichtgevende fase 309

John Dewey 101
Jung 113
–, imaginatie 343
–, mandala 386
–, tekening als psychisch medium 334

kennis
–, abstracte versus contextuele 528
–, constructivistisch 536
–, experimentele 533
–, kloof tussen wetenschappelijke en praktische 532
–, positivistisch 535
–, therapeutisch proces als leerproces, resultaten 529
–, top-down-, bottum-up 532
–, versus inzicht 532
–, wetenschappelijk, algemeen, top-down- 531
kenniskringen hogescholen 547
kennismaking 142
kennisniveaus 531
kennisontwikkelingscyclus 532
KenVaK 240, 548
kernbewustzijnservaringen 67
kerntaken vaktherapeut 138
kernzelf 68
kernzelf en vitality affects 237
kinderpsychotherapie 467
kindertherapie 33
kindmodi 289
klassieke oudheid 31
kleiveld 353, 361
klinisch redeneerproces 137
kortdurende curatieve zorg 447
kortdurende therapie, indicaties 472
kosten
–, bijscholing, vakliteratuur 515
–, variabele 514
–, vaste, eigen praktijk 515
kostprijs, dbc 448

kunst, opvattingen 99
kunstanaloge benadering 58
kunsteducatie 33
kunstopvoeding 33
kunsttherapeut 59
kunstzinnige kwaliteit 122
kunstzinnige therapie 468
kwalitatief onderzoek 537
    –, eisen wetenschappelijkheid 539
kwaliteitseisen, beroepsregister SRVB 551
Kwant 107

Lagenprofiel, EBL 269
Landelijk Overleg Opleidingen Creatieve Therapie (LOO) 43
langdurende therapie, indicaties 473
laterale geniculate nucleus (LGN) 74
leer- en gedragsstoornissen, classificatie 93
leer/groeimodel 257
leerlinggebonden financiering (LGF) 446
levensbeschouwelijke zuilen 36
levensverhaal 329
lichaamsbeleving 470
lichaamstaal, (in)congruentie met gesproken taal 207
lichamelijk gehandicapten, computergebruik in beeldende therapie 384
life-review 329
Life-review en reminiscentie 328
limbisch systeem 73
limited reparenting
    –, beeldende schematherapie 290
    –, SGT 287
links/rechts-basistekenbeweging 258

maatschappelijke positionering 554
mandala, definitie 386
Mandala Assessment Research Instrument (MARI-test) 389
mandala tekenen 385
Masteropleiding Vaktherapieën 240
materialen, soorten 500
materiële en immateriële structuren 48
MBT borderlineproblematiek 297
meditatief boetseren 347
meditatief kunstzinnig werken 348
mediumdriehoek 121
mediumspecifieke risico's 498

Meebewogen structurerend Meebewegend, EBL-behandeling 272
mentalisatie, definitie 293
mentaliseren, werken met het medium 297
Mentalization-based treatment (MBT) 293
Merleau Ponty 107
metaforen en symboliek 331
metafysisch aspect 354
methode, definitie 221
methode creatiefprocestheorie 230
methoden en methodieken
    –, ordening 220, 224
    –, overeenkomsten en verschillen 227
    –, van beeldende therapie 220
methodiek
    –, criteria 222
    –, definitie 222
middeleeuwen 31
Mikojel-opleidingen 38
mindfulness 404
Mindfulness Based Stress Reduction (MBSR) 406
mindfulness en beeldende therapie 408
Mindfulness-Based Cognitive Therapy (MBCT) 406
modi, SGT 288
module, definitie 450
modus, definitie 288
mondelinge rapportage 479
motiveringsfase 309
motoriek
    –, in beeldende therapie 129
    –, patronen in ontwikkeling 266
Motorische Elementen (ME) 269
motorische patronen 267
MOVE 251
multidisciplinair behandelteam, positie beeldend therapeut 456
multidisciplinair overleg 454
multidisciplinair team
    –, behandelplan 451
    –, beleidsontwikkeling 461
    –, leden 451
    –, parallelproces 455
    –, zorgprogramma 453
multidisciplinaire aanpak 86
multidisciplinaire evaluatie 177
multidisciplinaire richtlijn, Trimbosinstituut 560

multidisciplinaire richtlijnen in de ggz 42
multidisciplinaire richtlijnontwikkeling 524
–, project 560
MultiFunctionele Eenheid (MFE) 436
muziek, bij oefeningen 262
muziek in beeldende therapie 396
muziektherapeut 398
muziektherapie 465, 469
–, effect op depressie 398

naamgeving, van creatief therapeut naar beeldend therapeut 562
nabespreking in groepstherapie 217
'nature-nurture'-debat 457
Nederlands Verbond voor Psychologen, psychotherapeuten en Agogen (NVPA) 442
Nederlandse Vereniging van Psychomotorisch Therapeuten (NVPMT) 42
Nederlandse Vereniging voor Beeldende Therapie (NVBT) 43, 554
Nederlandse Vereniging voor Creatieve Therapie (NVCT) 41
Nederlandse Vereniging voor Expressieve en Creatieve Therapie (NVECT) 38
Nederlandse Vereniging voor Kreatieve Therapie (NVKT) 39
Nederlandse Vereniging voor Sandplay Therapie 372
nevendoelen van behandeling 160
niet-cliëntgebonden tijd 508
non-verbale therapievormen, effectiviteit van 76
normatief afweerproces 51
normatief structureren 50
Notatie RSiGE 426
NVBT, voordelen lidmaatschap 555

objectinternalisatie 87, 112
observatie 144
–, ontwikkelingsgebieden 145
observatiecriteria 144
observatie-instrument, beeldende gezinsobservatie 322
observatieonderzoek 126
observatieopdrachten 149
occipitale kwab 73
oefenfase 309
onderhandelingen 210

onderzoek
–, DDS- 524
–, empirisch, naar beeldende therapie 524
–, evidence-based practice 522
–, gedragsregels 534
–, internationaal 542
–, naar beeldend medium 542
–, naar interventies therapeut 528
–, op bachelor- en masteropleidingen 548
–, paradigma's 533
–, practice-based evidence 529
–, praktijk- 520
–, praktijk-, ervaringskennis cliënt 530
–, professionaliteit, onderbouwing behandelaanbod 521
–, randomized controlled trial 534
–, verwante beroepen 543
onderzoeksbenaderingen 533
onderzoeksclassificatie 534
onderzoeksinstrumenten
–, kwantitatief onderzoek 538
–, voor beeldende therapie 540
onderzoeksmethode, kwalitatief/kwantitatief 536
onderzoeksmethoden 520
onderzoeksontwerp 536
onderzoeksparadigma, definitie 533
ontwikkelingsgebieden 145
ontwikkelingsniveau 127
ontwikkelingsprofiel van Abraham 88
ontwikkelingspsychologische denkkaders 87
ontwikkelingstheorie van Stern 64, 88
opbergruimte 491
open groep 476
open rapportage 480
opleiding, specialisatie en nascholing 547
opleiding voor beeldende therapie 545
opleiding voor creatieve therapie 544
opleiding voor psychomotorische therapie 545
opleidingen, internationaal 546
organisatievormen 429
–, ggz 430
ouder-ervaringen 316
oudermodi 289
overdracht 87

oxytocine 398

paradigmatische tegenstelling
 –, empirisch-analytisch/fenomenologisch hermeneutisch 534
 –, natuurwetenschappelijk/geesteswetenschappelijk 533
 –, positivistische/constructivistische kennis 535
parallelproces, multidisciplinair team 455
partner-relatietherapie 477
peakprofiel 420
persoonlijkheidsstoornissen, werkgroep richtlijn 304
persoonsgebonden budget (PGB) 446
perspectief van de cliënt 82
 –, invalshoeken 82
perspectief van de therapeut 113
perspectief van het medium 96
phototherapy 374
PhotoTherapy Centre/PhotoExplorations 373
Piaget 89
planmatige opzet 135
positie van de therapeut, per behandelvorm 473
positieve destructie 262
postmodernisme 31, 62
PPAT 153, 423
practice-based evidence 525
 –, definitie 526
pragmatische opvattingen 99
praten, in beeldende therapie 204
prelogische structuur 49
present moment 238
product, definitie 450
professionalisering 40, 560
 –, CONO 556
 –, kaders 544
professionaliteit
 –, intervisie 550
 –, ontwikkeling, lidmaatschap FVB/NVBT 555
Professioneel Statuut Kreatief Therapeut 40
Professionele Master Creatieve Therapie 545
profilering 559
programma of module voor behandeling 169

progressie in DDS 420
Psychiatrische Afdeling van een Algemeen Ziekenhuis (PAAZ) 436
psychiatrische stoornissen 91
psychische modi 63
psychoanalyse 37
psychoanalytisch referentiekader 112
psychodiagnostiek 145
psychodynamisch model 87
 –, onderzoek effectiviteit 303
psychodynamische-beeldende groepstherapie 299
psychologische drogreden 100
psychologische dwaling 53
psychologische verankering 64
psychomotorische therapie 466, 470
psychopathiform afweerproces 52
psychopathologie, in klinisch redeneerproces 91
psychopathologiediagnose 91
psychosociale problemen 91
psychotherapie 26

rapportage 478
 –, beroepscode 478
 –, per zitting 171
 –, verantwoording, objectiveing 109
 –, WBP/WGBO 482
rationale, vast behandelprogramma 169
referentiekader 322
reflectie 123
reflective professionals 123
Regionaal Psychiatrisch Centrum (RPC) 436
regionale ggz-instellingen 436
Regionale Instelling voor Ambulante Geestelijke Gezondheidszorg (RIAGG) 436
Regionale Instelling voor Beschermd Wonen (RIBW) 436
registers van beeldwaarneming 245
registratie 552
registratie-eisen, zelfstandig gevestigd beeldend therapeuten 440
registratiesysteem voor vaktherapeuten, FVB 551
regulatieve cyclus 136, 540
relatie tussen waanzin en kunstbeoefening 35
reminiscentie 328
renaissance 31

richtlijnen, klinische, Trimbos-instituut 522
richtlijnen voor verwijzers 559
RSiGE 424
RS-index Grafische Elementen (RSiGE) 244, 267, 424, 537
RS-index ME 269
RS-matrix 424
ruimtelijk inzicht 127

salarissysteem 559
Samenspelvormen, EBL 268
sandplaytherapie 368
schemagerichte therapie (SGT) 287
scholing, zelfstandig gevestigd beeldend therapeut 442
schoonheidsgevoel 51
schriftelijke rapportage 479
scoringshandleiding DDS 419
scribble, definitie Florence Cane 401
sensopathisch ervaren 130
sensopathisch materiaal, klei 361
sensopathische beeldende werkvormen 413
silent interpretation, sandplaytherapie 370
Silver Drawing Test 153
SMART 161
Smeijsters
  –, hoofdcategorieën van behandelingsstrategieën 224
  –, indeling behandelstrategieën 224
sociotherapeut, versus beeldend therapeut 468
software, tekenprogramma's 381
somatic-markertheorie 75
speciaal onderwijs 437
  –, zorgteam 451
specialisatie, coach, trainer 561
speelwerelden van Vermeer 105
spel, sensopathische beeldende werkvormen 413
spelbegrip 104
spelen, kunst en ambacht, denken over 106
spelen met materiaal, sensopathische beeldende werkvormen 415
speltherapie 467
stabiliseringsfase 309
start van de zitting 504
stepped care, definitie 434

stepped-careprogramma 434
Stichting Registratie Vaktherapeutische Beroepen (SRVB) 440, 551
stijlen, beeldwaarneming 246
stimuleringsfase 309
Story Telling, verwantschap imaginatie 345
structurele gezinstherapie 321
structureren 48
structureren met taal 208
structuur, via werkvormen 202
subject-objectwereld 111
subject-subjectwereld 111
supervisie 549
symbolen 111
  –, persoonlijke betekenis 131
symbolische structuur 49
symbolisering, beeldwaarneming 246
systeembenadering 95
systeemtheoretisch kader 94
systemen, systeemtherapeut 477

't Tijdloze Uur 257
taak- of probleemniveau 345
taal
  –, als belemmerende factor 219
  –, betekenis en beleving 205
  –, definitie 204
  –, in de focaal-inzichtgevende werkwijze 214
  –, in directief-klachtgerichte werkwijze 213
  –, in pragmatisch-structurerende werkwijze 212
  –, in steunende werkwijze 212
  –, ontwikkelingslijn 205
  –, tijdens observatie 211
  –, uitleg over werkvorm en doel 210
taal en beeld 392
taal van de cliënt, afstemmen 209
taaldrukken 392
taalwerkplaatsen 392
tacit knowledge 528, 530
talige interventies 211
tekenen en schrijven, grensgebied 259
tekening
  –, analytische tekentherapie 336
  –, werkvorm analytische tekentherapie 337
Tekeningen Analyse Formulier (TAF) 420

tekenopdrachten DDS 419
tekenprogramma's, software voor beeldend werken 381
tekstlabels in tekeningen, DDS 422
teleologische denkwijzen, versus intentionele denkwijzen 298
tevredenheid over de behandeling 189
theoretische en methodische kaders 220
theorie van Damasio 66, 88
theorie van Kliphuis 45
theorie van Stern 88
therapeut
 –, identiteit 116
 –, opleiding 117
 –, persoonlijke reacties 123
 –, vaardigheden en kwaliteiten 117
therapeutisch resultaat 123
therapeutische deskundigheid 29
therapeutische relatie 198
therapiecyclus, fasen 138
therapiediagnose 138
tijd
 –, cliëntgebonden 506
 –, niet-cliëntgebonden 506
tijd als economische factor 505
tijd als therapeutische factor 501
timing 502
titelbescherming, wet-BIG 557
Tonfeldmethode 354
Transference Focused Therapy, vergelijking SGT 291
transitional objects 294
 –, space 294
transmurale zorg, definitie 434
transpersoonlijke psychologie en psychiatrie 354
trauma
 –, analytische tekentherapie 336
 –, behandelthema's 339
trialoog: kind-beeld-therapeut 262
Trimbos-indeling 223
tuintherapie 466, 470
tussenevaluatie 173

uitvoering therapie, uitvoeringsfasen 171

vaktherapie 25
vaktherapieën, overeenkomsten en verschillen 464
veiligheid 232
veiligheidsaspecten, ruimte, materialen, gereedschappen, fysiek, emotioneel 498
verantwoording, standaardisering, onderzoek, uitwisseling 561
verbale instructie, criteria 217
Vermeer
 –, fenomenologische theorie 105
 –, speelwerelden 105
verslaglegging 184
verwante therapievormen 463
verwijzing 445
video stimulated recall 528
videonotatieformulier 270
 –, EBL 270
vijfassensystematiek, DSM-IV-TR2 92
visualisatie 344
visuele aandoening, kunstenaars met 76
visuele systeem 73
visuele vormagnosie 74
visuele waarneming 130
vitality affects 65, 197
voelen, manieren in beeldende therapie 128
voorraad en bestellingen 511
vormelementen, beeldwaarneming 245
vormgeven 60
vormrelaties, beeldwaarneming 246

waarneming en gevoel 130
werkpunten 310
 –, gezinsreatieve therapie 315
 –, interactieve methode 308
werkveldcommissies 546
werkwijze, definities 222
wet BIG 557
wiegende balansbeweging 258, 261
William James 99
Wil-Waardenburg-Weken 45

zakelijke structuur 49
zandbak, Seelengarten, tuin van de ziel 369
zandbeeld
 –, sandplaytherapie 370
 –, sybolische zelf-beelden 372
zelf-beelden, sandplaytherapie 372
zelfbewustzijn, stadia van 66
zelfobservatie 404
zelfstandig gevestigd beeldend therapeut 439
 –, aquisitie, reclame 442

–, dossiervorming, WGBO, FVB 441
–, scholing 442
–, vergoeding zorgverzekering 449
zelfstandig gevestigd beeldend therapeuten, waarborging kwaliteit 439
zelftheorie van Stern 89
zelftransformatie 404
zenboeddhisme, meditatief kunstzinnig werken 348
zingeving, life-review en reminiscentie 330
zintuigactivering 414
zorg op maat 433
zorgcircuits 435
zorgcontinuüm, stepped-careprogramma 434
zorgprogramma's 436
zorgteam, speciaal onderwijs 451

Printed by Printforce, the Netherlands